Versäumte Lektionen
Ein Lesebuch

Versäumte Lektionen
Ein Lesebuch

Herausgegeben
von Peter Glotz und Wolfgang R. Langenbucher

Büchergilde Gutenberg
Frankfurt am Main Wien Zürich

C. Bertelsmann Verlag München, Gütersloh, Wien. Schutzumschlag und Einband Juergen Seuss, Niddatal bei Frankfurt am Main. Für den Schutzumschlag wurden 4 Holzstiche von Karl Rössing verwendet, die zum Zyklus seines ›Alphabets‹ gehören, den er 1928 für die Büchergilde Gutenberg entworfen hat. Gesamtherstellung Gerhard Stalling AG, Oldenburg (Oldb). Schrift Petit und Borgis Sabon (Filmsatz). Printed in Germany 1976. ISBN 3 7632 1946 3

Vorbemerkung 1975

Reformpolitik vollzieht sich in einer Art Wellenbewegung. 1965, als dieses Buch zum ersten Mal erschien, stand die Bundesrepublik vor einer Welle des Protestes gegen die versteinerte gesellschaftliche Ordnung der Ära Adenauer. 1970, als die Taschenbuch-Ausgabe herauskam, war der konservative Zeitgeist zurückgedrängt; das Wort ›Bildungsreform‹ wurde zum Schlüsselbegriff dieser Jahre. Und heute besteht die Gefahr, daß die Bildungseuphorie der unpolitisch Begeisterten zum Defaitismus gerinnt.

Wichtige bildungspolitische Fortschritte sind erzielt. Statt 6% eines Jahrgangs besuchen heute über 20% eine Hochschule; und dies ist nur *ein* Beispiel für die Expansion unseres Bildungswesens, die die Chancengleichheit in unserem Land verbessert hat. Auch die Debatte um die Bildungsinhalte ist in Gang gebracht worden; sie hat allerdings, wie wir 1970 vorhergesagt haben, mächtige konservative Gegenkräfte mobilisiert. Gesellschaftliche Reformen erzeugen nicht Zufriedenheit, sondern Konflikte. Man muß sich diesen Konflikten stellen, statt sich in eine angeblich spannungslose Vergangenheit zurückzusehnen. Deshalb muß die Auseinandersetzung um die Bildungsinhalte fortgeführt werden. Deshalb erscheint dieses Buch in einer neuen Ausgabe in der Büchergilde Gutenberg.

Konservative Tendenzen haben heute die Jugend erreicht. Kein Wunder: das bankrotte Zulassungssystem an unseren Hochschulen erzeugt schon bei 14- bis 15jährigen ein übersteigertes Konkurrenzdenken, das demokratisches Engagement zurückdrängt. Die großen Gesten der Verschüchterung – man denke an die Praxis des Radikalenerlasses in manchen Bundesländern – beginnen sich auszuwirken. Deswegen ist dieses Buch auch heute noch aktuell. Vielleicht ist es aktueller, als uns lieb sein kann. Die ›Versäumten Lektionen‹ sind ein Beitrag zur Bildungsreform. Die Bildungsreform muß weitergehen.

Vorwort

I

Die Lesebücher, die heute in deutschen Schulen verwendet werden, sind in der Mehrzahl – gemessen an den Forderungen, die man in einer durchrationalisierten, industrialisierten und demokratischen Gesellschaft an die Erziehung stellen muß – ein Anachronismus. Das hier vorgelegte Buch ist als polemischer Gegenentwurf zu dieser Idylle deutscher Lesebuchliteratur gedacht. Es wäre nicht entstanden ohne die immer noch andauernden Gespräche über die deutschen Lesebücher; es möchte als Zwischenresultat dieser Gespräche verstanden werden: einerseits verdankt es der vehement geäußerten öffentlichen Kritik eine Fülle von Anregungen, andererseits will es zur Konkretisierung dieser Kritik beitragen. Die Herausgeber wünschen sich, daß der hier vorgelegte ›Entwurf eines Lesebuchs‹ die Konzeption künftiger *Lesebuchwerke* bestimmen möge; wieviel Chancen sie diesem Wunsch geben, ist eine ganz andere Frage.
In ihren Lesebüchern – ›zugelassen zum Gebrauch an Schulen‹ – spiegelt eine Gesellschaft die Erziehungsziele, die Bildungsabsichten ihrer Schulen; der Kanon der Geschichten und Gedichte dokumentiert, welcher Teil der Kultur und Literatur den Kindern vermittelt werden soll, wie sie die Welt erfahren und durch welche Werte sie geprägt werden sollen. Als nach der Befreiung Deutschlands 1945 Schulbuchkontrollkommissionen der alliierten Behörden zusammen mit deutschen Pädagogen darangingen, neue Lesebücher zusammenzustellen – man sprach von einer echten kulturellen Revolution und wollte nach ›tausendjähriger‹ mythologischer Überernährung ›kühn‹ die Realität als Ausgangspunkt nehmen –, bot sich die große Gelegenheit, die Lesebücher der modernen Welt und den Erziehungszielen einer ›neuen Gesellschaft‹ anzupassen. Wäre diese Chance genutzt worden, so müßte dieses Buch nicht erscheinen. Der Lesebuchhistoriker *Peter-Martin Roeder* mußte registrieren: ›Ein Gesamtüberblick muß zu dem Urteil führen, daß die erhoffte ‚geistige' Revolution ausgeblieben ist und daß man fast überall an das Vorbild des Lesebuchs der zwanziger Jahre anknüpfte.‹
Die Restauration, die in Deutschland nach 1949 einsetzte, ließ die

Lesebuchmacher schnell zu liebgewordenen Traditionen und ›Ordnungen‹ zurückkehren. Daran konnte auch die Attacke des streitbaren französischen Germanisten *Robert Minder* nichts ändern, der 1953 eine Soziologie der – miserablen – deutschen und – guten – französischen Lesebücher schrieb. Ebenso blieben – drei Jahre später – die kritischen Anmerkungen des Literaturwissenschaftlers *Walther Killy* ohne positives Echo, der sich selbst daranmachte, ›Ein deutsches Lesebuch‹ zu edieren. Erst eine großangelegte Untersuchung des Berliner Arbeitskreises Didaktik über ›Die Darstellung der Welt in Lesebüchern der Gegenwart‹ holte diese ansehnliche Buchproduktion aus dem Windschatten. Ausführlicher nahm sich dann 1962/63 die Politikerin *Hildegard Hamm-Brücher* die Schulbücher Bayerns vor. Nun verstummte das Gespräch über jene zweifelhafte Idylle nicht mehr: Zeitungen und Zeitschriften, der Rundfunk, das Fernsehen, selbst die Illustrierten und Kabaretts sorgten für die öffentliche Erörterung dieser ›Visitenkarte unserer Volksbildung‹.

Der Katalog der ›Mängelrügen‹, den die Schulbuchkritiker unabhängig voneinander, von ganz verschiedenen Positionen aus, aber doch in schöner Einigkeit erstellten, ist lang. Die wichtigsten Vorwürfe seien schlagwortartig zusammengefaßt:

Die Mehrzahl der Lesebuchherausgeber hat einen ›Morgenthau-Plan der Literatur‹ verwirklicht. Ein ›Stilleben von Riesenausmaß! Agrarliteratur im durchorganisierten Industriestaat‹ (Robert Minder). Die moderne Berufs- und Freizeitwelt der Groß- und Mittelstadt kommt in den Lesebüchern nicht vor (Hildegard Hamm-Brücher). Die Lesebücher erziehen zu antizivilisatorischen Affekten; sie schwelgen in billiger Zeit- und Kulturkritik (Hubert Ivo / Wolfgang Schulz / Robert Minder). Die Lesebücher sind inhuman, weil sie – gewollt oder ungewollt – lehren, ›daß ein menschenwürdiges Leben nur außerhalb der Realität möglich ist‹ (Wolfgang Schulz).

Die pädagogischen Leitmotive sind antiintellektuell; der Versuch, alle Kräfte und Fähigkeiten des Menschen – also auch die gemüthaften – zu entwickeln, wird zu einer unreflektierten Abwertung der rationalen Komponente des Bildungsprozesses verfälscht (Killy, Ivo). In der Arbeitswelt des Lesebuchs zählt nur ›die völlige Hingabe an die Arbeit an sich‹ (Wolfgang Schulz). Der Erziehungswille der Lesebücher geht dahin, ›unsere Kinder zu frommen, gehorsamen, fleißigen und in jeder Weise materiell, aber auch intellektuell genügsamen Untertanen zu erziehen‹ (Hamm-Brücher). Vereinzelt taucht unverhüllt nazistisches Gedankengut auf: Blut und Boden werden beschworen (Walther Killy, Wilhelm Götting). Wolfgang Schulz fand, daß in hundertsechzehn deutschen Lesebüchern von den zwölf 1933 aus der Preußi-

schen Dichterakademie gejagten Autoren insgesamt zwölf Beiträge, von den zwölf nachrückenden ›Dichtern‹ jedoch dreihundertvierunddreißig abgedruckt sind!
Die Auswahl der Texte ist bestimmt von einer pseudoidealistischen Ästhetik mit Ideen vom ›richtigen Leben‹, von der ›heilen Welt‹ – der ›waschechten Heimatschnulze oft nicht fern‹ (Hamm-Brücher). An diesen Texten verbildet das Kind seine Sprache: es wird mit Steuergeldern zum Konsumenten von Kitsch und Kolportage erzogen. Die Lesebücher vermitteln kein literarisches Bewußtsein; sie verbannen den Dichter aus dem gesellschaftlichen und politischen Zusammenhang.
Fazit: ›Das ‚Nationalgesicht' (Hugo von Hofmannsthal), das den Kindern hier als ‚Lebensgut' entgegengehalten wird, hat seine edelsten Züge verloren. Ein leeres Antlitz oder ein Zerrbild blickt uns an: als ob wir ein Volk wären fast ohne Vergangenheit, gewiß eines ohne große Literatur, ein Volk von idyllischen Ackerbauern, dessen talentlose Schriftsteller nur zuweilen herben Stolz oder tiefes Gefühl durchbrechen lassen, je nachdem, ob das deutsche Individuum eines Verräters oder eines Waldvögeleins ansichtig wird.‹ (Walther Killy.)

II

Die Vorurteile und Stimmungen, aus denen diese unbekömmliche, den Verstand betäubende Lesebuchideologie gemixt ist, haben eine gemeinsame Quelle: das gestörte Verhältnis des bürgerlichen Intellektuellen der Jahrhundertwende zur modernen Gesellschaft, das eine – an der Lesebuchzusammenstellung offenbar wesentlich beteiligte – Schicht der Gebildeten in der Bundesrepublik über zwei Kriege gerettet hat. Die Krankheitsgeschichte dieser – wie man wohl sagen kann – ›sozialen Neurasthenie‹, die zu völliger Daseinsuntauglichkeit führt, kann hier nicht nachgezeichnet werden: sie begann spätestens nach jenen Kriegen, die erstmals ein deutsches Volksheer ausfocht und die bestimmte Historiker noch heute die ›Freiheitskriege‹ nennen, obwohl sie nur mit totaler Unfreiheit endeten, nämlich mit den Karlsbader Beschlüssen von 1819. Die politische Ohnmacht des Bürgers, nach der gescheiterten Revolution von 1848 aufs neue besiegelt, lassen es zu einer verhängnisvollen ›Trennung von praktischem Leben und Bildung‹ kommen, der ›Flucht ins Reich klassischer Schönheit und allgemeinmenschlicher Problematik‹ (Peter-Martin Roeder).
Das spiegelt sich auch im Lesebuch des neunzehnten Jahrhunderts: es beginnt der lange Marsch ins Reich einer ›kleinbürgerlich pervertier-

ten Schrumpfform der Innerlichkeit‹ (Robert Minder). Heutzutage werden die Marschsäulen von prominenten Vertretern der ›Kulturkritik‹ angeführt – und an jedem Kilometerstein wird das Pflichtgebet heruntergeleiert: Verfall der Metaphysik, Auflösung der Gemeinschaft, Vermassung, Großstadtmisere, seelische Dürre, kalte Versachlichung usw. usw.

Der Soziologe *Theodor Geiger* hat in seinem letzten, bekenntnishaften Werk ›Die Gesellschaft zwischen Pathos und Nüchternheit – Zerstörung der Vernunft im zwanzigsten Jahrhundert‹ die Geschichte des modernen Irrationalismus geschrieben und die traurige Ahnengalerie abgeleuchtet, die bei den Massenpsychologen Le Bon und De Man beginnt und dann über Spengler, Ortega, Tönnies, Lewis Mumford bis hin zu Wilhelm Röpke führt.

›Wer jene Zeit, das erste Viertel des zwanzigsten Jahrhunderts, mit offenen Sinnen miterlebt, wer ihr kulturelles Treiben beobachtet hat, dem ist deutlich, daß jene neuromantische Metaphysik eine Maske war, hinter der das innere Versagen des Menschen gegenüber der vom neunzehnten Jahrhundert geschaffenen industriellen und demokratischen Massengesellschaft sich unzulänglich verbarg. Jene Zeit bot das Bild einer objektiven Kultur und Zivilisation, die paradiesische Möglichkeiten in sich bargen – und einer Menschheit, die weder wagte noch vermochte, von diesen Möglichkeiten Gebrauch zu machen. Die Legende vom Babylonischen Turm wurde zur Wahrheit. Aber nicht ein zorniger und eifersüchtiger Gott war es, der die Menschheit mit Verwirrung und Blindheit schlug – die Menschen selber wurden in schuldhafter Schwäche auf den Zinnen ihres Wunderwerkes von Schwindelgefühl und Zagen erfaßt.‹ Dieselben ›Symptome sozialer Platzangst‹ (Geiger), die den vereinsamten Intellektuellen der Jahrhundertwende, ›der nicht mehr in seiner Zeit zu Hause‹ war (Peter R. Hofstätter), in überspannter Mystik der ›Gemeinschaft‹ zutrieb (die sich dann bald SA nannte), weisen auch viele Texte auf, die unseren Kindern heute in den Lesebüchern vorgesetzt werden. Niemand, der bei Sinnen ist, wird die Jugendbewegung und den (literarischen, pädagogischen, philosophischen) Expressionismus für Auschwitz verantwortlich machen – aber: ›Von der Traumwelt und Geistesdämmerung jener Zeit wandert der Gedanke zwanglos hin zu Faschismus und Hitlerei‹ (Geiger). Solche ›Traumwelt und Geistesdämmerung‹ hat in den Lesebüchern einer demokratischen Gesellschaft nichts zu suchen.

Darin steckt kein akzeptabler Versuch der Erziehung in einem hochindustrialisierten Land; damit lassen sich junge Menschen nicht auf die Offenheit, die Dynamik, die Mobilität und die Rationalität unserer Wirklichkeit vorbereiten; es genügt nicht, ›gemüthaft‹ mit ihren Problemen vertraut zu sein. Für den Menschen, den heute täglich schwer durchschaubare Prozesse erwarten, sollten die vielfach verschlungenen Wirkungszusammenhänge von Politik, Wirtschaft, Kultur und Gesellschaft wenigstens dort überschaubar sein, wo sie sein eigenes Leben wesentlich bestimmen. Er müßte dazu erzogen werden, sich mit dem Unsicherheitserlebnis des ›Ich weiß nicht ...‹, dem er ständig ausgesetzt wird, rational auseinanderzusetzen und ihm durch überlegte (moralische, sittliche) Entscheidungen zu begegnen, anstatt es durch billige Patentlösungen aus der Zauberkiste des Irrationalismus hinwegzueskamotieren.

Das erfordert – im Lesebuch – anstelle von Texten, die Idyllen und tiefe Gefühle heraufbeschwören, Texte, die etwas zu denken geben, die ›intellektuelle Anforderungen‹ stellen, ›ohne die es keine Bildung geben kann‹ (Walther Killy). Wenn die Schule erreichen will, daß ihre Schüler einmal mit der Wirklichkeit in der zweiten Hälfte des zwanzigsten Jahrhunderts fertig werden, dann muß sie Geigers Rat befolgen: ›Die Schule sollte sich mehr um den Geist als um die ‚Seele' kümmern.‹ Auf den Vorwurf, diese laufe auf eine unfruchtbare Intellektualisierung hinaus und führe zum Gemütsverfall, antwortet Geiger: ›Es ist Torheit und beinahe eine Kulturschmach, wie man uns in dem abfälligen Wort ‚Intellektualisierung' den Verstand zu entwerten sucht. Es ist überdies kaum mehr als eine billige Ausrede dafür, daß man aus Gründen der Staatsraison gerne vermeiden möchte, den Witz des gemeinen Mannes zu sehr zu schärfen.‹

Der Erziehung zu wirklichkeitsfremdem Tiefsinn, die unsere Lesebücher heute betreiben, soll in diesem Entwurf eine aufklärerische Weltorientierung entgegengesetzt werden, die der ›Idee der kritischen Vernunft‹ (Hans Albert) verpflichtet ist. Denn: ›Souveränität des Volkes und staatsbürgerliche Mitverantwortung jedes einzelnen setzen allgemeine Aufgeklärtheit voraus‹ (Geiger). Wer die Demokratie bejaht, darf die Vernunft nicht als ›flach‹ und ›trocken‹ verketzern.

Diejenigen aber, die Wilhelm von Humboldt immer wieder zitieren, um mit den Argumenten eines trivialisierten Neuhumanismus reaktionäre Bildungsziele zu verteidigen, sollten ihn genau lesen. Er hat nämlich auch gesagt: ›Man glaube nicht, daß jene Geistesfreiheit und Aufklärung nur für einige wenige des Volks sei, daß für den größeren Teil desselben, dessen Geschäftigkeit freilich durch die Sorge für die physischen Bedürfnisse des Lebens erschöpft wird, sie unnütz bleibe oder gar nachteilig werde, daß man auf ihn nur durch Verbreitung bestimmter Sätze, durch Einschränkung der Denkfreiheit wirken könne. Es liegt schon an sich etwas Herabwürdigendes in dem Gedanken, irgendeinem Menschen das Recht abzusprechen, ein Mensch zu sein. Keiner steht auf einer so niedrigen Stufe der Kultur, daß er zur Erreichung einer höheren unfähig wäre.‹

III

Diese Überlegungen haben ihre bildungstheoretischen Konsequenzen: auch der Deutschunterricht muß entschlossen daran geprüft werden, wie er sich zu der Bemühung um eine demokratische Erziehung verhält, welchen Einfluß er darauf hat, ›ob der Schüler einst als Faschist oder als Demokrat die Schule verlassen wird‹ (Peter-Martin Roeder). Der Bezug auf verschwommene Gemüts›werte‹ – das Ahnende, Seelenvolle, Erhebende – ist, wie Rolf Gutte überzeugend zeigt, ein Täuschungsmanöver: ›*Wovon* sollen die jungen Menschen eine Ahnung haben? *Wessen* soll ihre Seele voll sein? *Was* soll sie erheben? *Das* sind die entscheidenden Fragen. Sie richten sich auf den Inhalt und nicht auf irgendeine verschwommene Stimmung. Nicht Seelenmassage, sondern Stärkung der sittlichen Kräfte, nicht Einfühlung in ländliche Idylle, sondern Vorbereitung auf moralisch-politische Entscheidungen tun not.‹
Eine solche Neuorientierung des Deutschunterrichts hat, wie Robert Minder nachweist, auch bei uns ein Vorbild: *Herder*. Es muß für die Dichtung keinen Schaden bedeuten, wenn man im ›Rahmen der Dichtungsgeschichte die Jugend auf brennende Gesellschaftsprobleme hinführt‹ und eine ›besondere Art von Gemeinschaftskunde entwikkelt‹.
Es wäre ein Mißverständnis, dieses Plädoyer für eine ›Literaturgeschichte als Kulturgeschichte‹ zur bloßen Neuauflage des ›deutschkundlichen Prinzips‹ zu stempeln, wenn auch gegen beide Versuche das gleiche Argument geläufig ist: es gibt sich ästhetisch. ›Dichtung‹ – so wird gesagt – werde ›entweiht‹, wenn man ihr auch sachliche Informationen entnehmen wolle. Der Deutschunterricht – und das Lesebuch – habe sich vielmehr um das ›sprachliche Kunstwerk‹, um die ›künstlerische Seinsweise der Dichtung‹ zu bemühen. Der pädagogische Sinn der Lektüre, ja überhaupt jedes Umgangs mit Literatur, liege im ›existentiellen Angesprochensein‹. Die Textauswahl für ein Lesebuch müsse allein bestimmt werden durch die Absicht, das spontane und naive Erlebnis der dichterischen Sprache freizusetzen.
Die Genealogie dieser Argumentationsreihe ist bekannt: die Schillersche Position der Briefe über die ästhetische Erziehung wird – meist ohne die dahinterstehende, längst verwehte Metaphysik zu beachten

– trivialisiert und mit Maximen der Kunsterziehungsbewegung versetzt. Dilthey wird zitiert: ›Das poetische Werk versetzt den Auffassenden in Freiheit, indem er sich in dieser Welt des Scheinens außerhalb der Notwendigkeit seiner tatsächlichen Existenz findet. Es erhöht sein Lebensgefühl.‹ Es folgt die offensichtlich unvermeidliche Unterscheidung von ›Dichtung‹ und ›Literatur‹, von ›Schriftsteller‹ und ›Dichter‹.

Das ›Siegel philosophischen Tiefsinns‹ drückt diesem Dichtungsverständnis heute Martin Heidegger auf und ›legitimiert weltanschaulich den ungeheuerlichen Kastrierungsversuch, die Beschneidung und Verwerfung aller extrovertierten Elemente einer Literatur‹ (Robert Minder). Am Kanon der Werke, den diese Schule deutscher Literaturwissenschaft als Dichtung gelten läßt, zeigen sich schnell die ideologischen Implikationen jener vorgeblichen Ästhetik. Die Beschreibung der Wirklichkeit, der sozialen Umwelt und der politischen Konstellationen wird als ›vordergründig‹ ausgeschieden, die metaphysische Grübelei zum Kriterium erhoben. Die Analyse der von solchen Leitmotiven bestimmten Lesebücher enthüllt die bereits bezeichnete weltanschauliche Grundhaltung: ›Die Welt des Geistes, der Innerlichkeit‹ wird – wie etwa im Programm des Lesewerks ›Sammlung‹ – ›stark betont‹; man erstrebt ›Besinnung und Besinnlichkeit‹; man will ›höhere Werte‹ vermitteln.

Robert Minder hat diese Versuche, Dichtung vom sozialen, politischen und historischen Hintergrund zu lösen und die jungen Leute damit ergriffen zu machen, grimmig charakterisiert: ›Im Literaturunterricht floriert die sogenannte Textinterpretation. Nur keine großen kulturhistorischen Überblicke, man halte sich strikt an die Texte; durch sie spricht Dichtung unmittelbar zu uns; Deutschlehrer legen ihren Rilke, ihren Trakl aus wie Talmudisten die Heilige Schrift; die neue Orthodoxie hat überall Zäune errichtet; gesellschaftskritische Probleme aufwerfen, heißt Verrat am Dichterwort; Biographie und Psychologie sind erledigt. Für viele ist die Lehre vom Wort Weltanschauung und Dogma geworden. Deutschunterricht wird zum Bühnenweihfestspiel, mir zur Feier, selig in sich selber. Innerlichkeit, derart potenziert, ist Fluchterscheinung vor der Geschichte, Alibi vor unbequemen Fragen; die Leidtragenden sind die Dichter selbst, sie werden im Niemandsland angesiedelt; Zugang erhält nur, wer fern vom Lärm des Tages der reinen Versenkung sich hingibt; die ganze Literatur ist ins Feierliche umstilisiert.‹

Gegenüber einer derartigen Praxis beruft sich dieses Lesebuch auf das Beispiel *Frankreich,* wo – wiederum Robert Minder hat dies nachgewiesen –, zum Besten für das allgemeine Literaturverständnis,

das ›literarisch-weltanschauliche Erlebnis im Rahmen einer konkret und präzis dargestellten Kulturgeschichte‹ vermittelt wird.
Der Schüler (das bedeutet ja: der junge Staatsbürger) muß lernen, sich unbefangen und selbstverständlich im sozialen Raum zu bewegen. Er muß lernen, die komplizierten Strukturen gesellschaftlicher Wirklichkeit nicht als undurchschaubares Schicksal zu nehmen, sondern sie als Konstellationen konkreter sozialer Umstände zu erkennen. Das Lesebuch muß literarische Texte bieten, in denen der Mensch nicht nur im Kampf mit irgendeiner Transzendenz, sondern auch in der Auseinandersetzung mit den gesellschaftlichen Mächten seiner Zeit gesehen wird. Erzählungen, in denen nicht nur Seelen, sondern auch Soldaten und Bauern, Handelsvertreter und Versicherungsangestellte vorkommen; Essays, die nicht nur das Motiv der ›Wacht am Sein‹ präludieren, sondern auch zuweilen auf die Wirklichkeit der Welt blicken. Eine solche ›Tradition der Aufklärung‹ – wie man sie nennen könnte – findet sich auch in der deutschen Literatur. Sie gehört zu den Lektionen, die man in unseren Lesebüchern noch immer versäumt.
Damit soll nicht in die Diskussion der wissenschaftlichen Ästhetik oder der literaturwissenschaftlichen Methodologie eingegriffen werden. Es wird nicht dekretiert, Literatur habe die soziale Außenwelt darzustellen, sie müsse realistisch sein oder dürfe sich nicht mit metaphysischen Ideen beschäftigen. Es sollen keine allgemeinen Prinzipien der Literaturkritik, sondern nur Auswahlprinzipien für ein zeitgemäßes Lesebuch formuliert werden. Die Beobachtung allerdings, daß die Betonung des Nicht-Rationalen am Kunstwerk ›allzuleicht in Anti-Rationalismus umschlägt‹ (Hubert Ivo) und dann schnell zu ästhetischen ›Normen‹ wie ›gesund‹ und ›entartet‹ führt, rechtfertigt wohl eine gewisse Skepsis gegenüber einem solchen Literaturbegriff.
Das Mißtrauen gegen Leute, die vorgeben, jegliche politischen oder ideologischen Akzente aus der Erziehung herauszuhalten und nur ästhetische Erlebnisse zu vermitteln, wird von der Sozialpsychologie bestätigt. Peter R. Hofstätter macht deutlich, daß Erziehung immer eine normative Struktur gibt und daß die Anwälte einer scheinbar progressiven pädagogischen Richtung, die statt gesellschaftlicher Normen nur Denk- und Kritikfähigkeit anerziehen wollen, von falschen Voraussetzungen ausgehen. ›Erziehung ist eine Angelegenheit der Gemeinschaft, ein ‚Politikum' nach dem Worte Maria Theresias; sie ist dies in einer Demokratie nicht weniger als in einem totalitären Staat.‹ Hofstätter bestreitet die ›naive Anschauung‹, ›daß die Grenzlinie zwischen Propaganda und Erziehung leicht zu ziehen sei‹.
Für ein Lesebuch folgt aus diesen wissenschaftlich erhärteten Er-

kenntnissen, die noch so guter Wille nicht aus der Welt schaffen kann: auch die demokratische Gesellschaft muß darauf achten, daß die Normen, nach denen ein Lesebuchherausgeber seine Texte auswählt, mit denen der demokratischen Gesellschaftsordnung übereinstimmen.
Welche Normen das sind, lehrt zum Beispiel ein Blick in das Grundgesetz. So wird man es nicht als einseitig bezeichnen können, wenn das Lesebuch, das für Schüler einer sozialen und politischen Demokratie gemacht wurde, auch die Sprecher und Verteidiger einer sozialen und politischen Demokratie in Vergangenheit und Gegenwart häufiger zu Wort kommen läßt als ihre absolutistisch oder aristokratisch gesinnten Widersacher; die Vertreter sozialer und politischer Gleichheit mehr als die Verteidiger feudaler Privilegien und obrigkeitsstaatlichen Denkens. In einer Demokratie eignet sich Billingers treue Magd – ›Du klagtest kaum, du murrtest nie‹ – weit weniger zur Heldin einer Lesebuchgeschichte als Bert Brechts ›unwürdige Greisin‹. Es ist naiv, wenn die Schule – und das Lesebuch – sich aus den Auseinandersetzungen, denen wir unsere Demokratie verdanken, ›heraushalten‹ will, um ja niemandem weh zu tun, also auch denen nicht, die diese Demokratie einstmals heftig bekämpften. Wolfgang Schulz hat recht, wenn er feststellt: ›Weicht sie (die Schule) ins scheinbar Unverbindliche aus, dann lehrt sie – gewollt oder ungewollt –, daß ein menschenwürdiges Leben nur außerhalb der Realität möglich ist.‹

IV

Diese Konzeption wird durch die neueren Diskussionen um die Aufgaben des Deutschunterrichts bestätigt. Die meisten Bildungspläne sehen heute schon ›Sozialkunde als Unterrichtsprinzip‹ für alle Fächer – also auch den Deutschunterricht – vor. Erst kürzlich forderte Dolf Sternberger im Namen der ›Deutschen Akademie für Sprache und Dichtung‹, daß künftig alle typischen Aufgaben praktischer Rede und des Schreibens (›Brief, Beschreibung, Bericht, Werbung, Aufruf, Debatte, Ansprache‹) als Pflichtgegenstände des Deutschunterrichts zu gelten hätten. Das macht – noch einmal – eindeutig klar, daß Deutschunterricht nicht mit ›Literaturunterricht‹ gleichgesetzt werden kann. Das Fach soll Denk- und Kritikfähigkeit, Ausdrucksvermögen und persönliche wie staatsbürgerliche Reife fördern. Sternbergers Thesen lassen sich nicht ohne einen ›weiten Literaturbegriff‹ realisieren.
In Frankreich ist dieses Literaturverständnis selbstverständlich. Dort

ist der Schriftsteller als ›Sprecher im sozialen Raum‹ anerkannt. ›In Deutschland ist der Dichter, der Künstler in erster Linie Bürger einer anderen Welt; in Frankreich ist er in weit größerem Ausmaß ‚citoyen', eingebürgert. ‚Homme de lettres' ist in Frankreich ein Ehrentitel. In Deutschland bleibt das Wort ‚Literat' suspekt. ‚Weltfrömmigkeit' wird – mit unübersetzbarem Ausdruck – der Deutsche an Gerhart Hauptmann rühmen und seinerseits der französischen Literatur vorwerfen, sie sei zu stark auf das Verhalten des Menschen in der Gesellschaft gerichtet, ohne den letzten metaphysischen Bezug.‹ Robert Minder.

Minder spart nicht mit Beispielen: Heinrich Heine etwa wurde als der ›große Entweiher‹ abgetan. ›Aber nicht an ihm ist Deutschland zugrunde gegangen, sondern an jenen, denen Weihe verliehen wurde, wo sie als Verbrecher hätten entlarvt werden müssen. Heine als Trommler ist unersetzlich. Seine totale Auslöschung fiel nicht umsonst zusammen mit der politischen Entmündigung der Nation. Aus seinen Strophen ließ sich kein stiller Garten mit Ruhebank für sentimental gewordene Mörder und ihre schwärmenden Gehilfen aufbauen als seelisches Alibi, ehe sie weitermordeten, wie korsische Banditen, die sich bekreuzigen, ehe sie totschlagen.‹

Ein anderes Beispiel: Karl Marx. Noch heute ist es ein Sakrileg, ihn einen ›großen deutschen Schriftsteller‹ zu nennen, ›dessen Analysen der Industriegesellschaft seiner Epoche noch tiefer drangen als die Proudhons, seines Zeitgenossen. Proudhon ist in Frankreich ein Schulbuchautor; Marx bleibt in Deutschland der Gottseibeiuns, wie einst Luther im Österreich der Habsburger. Die Geisteswissenschaft verhüllt ihr Haupt vor so viel krassem Materialismus‹. Diese und ähnliche Hinweise sind bei der Zusammenstellung des vorliegenden Lesebuches aufgegriffen worden. Die Herausgeber haben sich bemüht, der – so Hans Mayer – ›in Deutschland ohnehin stets latenten Gefahr‹ aus dem Weg zu gehen, ›Literatur bloß noch auf Lyrik, wenn möglich auf sogenannte unpolitische Lyrik zu reduzieren. Als gehörte die große Essayistik nicht ebenso zur Literatur wie die große Publizistik und auch eine große, gedanklich wie sprachlich geprägte Philosophie. In Frankreich wurde die Literatur, jedenfalls seit dem siebzehnten Jahrhundert, stets an der Sprach- und Ausdruckskraft gemessen. Wer große französische Prosa zu schreiben vermochte, gehörte zur französischen Literatur. In England war dies nicht wesentlich anders. Hier überall hatte Literatur mit der Sprache und Ausdruckskraft zu tun. In Deutschland bedeutete umgekehrt die Reduzierung des Literarischen auf das Sprachliche sehr häufig, alle unbequemen Sachbereiche aus der Literatur auszumerzen und Sprachkunstwerke möglichst mit Lyrik und mit einer in Deutschland von jeher so beliebten ‚lyrischen Prosa' gleichzusetzen. Hier: Anerkennung der literarischen Sprache eigentlich nur in der Form der Dichtung oder dessen, was man dafür hält – dort: sprachliche Meisterschaft als fast einziges literarisches Kriterium‹.

Mit Blick auf diese literatursoziologischen Details verliert das unzweifelhaft wichtige pädagogische Ziel, den Schüler zu einem ›Wertverhalten‹ gegenüber der Sprache zu erziehen, seine Selbstverständlichkeit. Hans Mayer merkt in dem eben zitierten Zusammenhang weiter an, daß in Deutschland selten Klarheit darüber herrschte, welche Kriterien bei der Unterscheidung von schlechtem und gutem Stil gültig sind: ›Immer wieder hat man erleben müssen, daß eine schwülstige, aufgeplusterte Sprache von zahlreichen, durchaus nicht urteilslosen Lesern für Meisterprosa gehalten wurde.‹

Ein unkritisch verabsolutiertes Auswahlkriterium der sprachlichen Qualität garantiert also noch lange kein ›gutes‹ Lesebuch. Eine sorgfältige ideologiekritische und wissenssoziologische Analyse der Werturteile über das, was sprachlich meisterhaft sei und was nicht, würde erschließen, daß diese Urteile nie ohne Bezug auf ganz bestimmte Wertsysteme gefällt werden. Auch die scheinbar ›objektiven‹ Urteile der traditionellen Literaturwissenschaft über sprachliche Qualitäten rekurrieren meist sehr schnell auf die Normen einer bewußt oder unbewußt übernommenen Ästhetik (›stimmig‹, ›dichterisch‹, ›harmonisch‹ usw.), die von außerästhetischen Primärwertungen bestimmt ist. Eine hierauf zielende soziologische Untersuchung des Kanons der Literatur, den unsere Lesebücher überliefern, kann hier nicht versucht werden. Ganz vorläufig könnte man immerhin die Hypothese formulieren, daß ein wichtiger Teil unserer Lesebuchliteratur auf Grund ästhetischer Werturteile ›lesebuchwürdig‹ wurde, die aus der ›Weltanschauung‹ des bürgerlichen Irrationalismus ableitbar sind. *Fritz Stern* beschreibt dieses kulturpessimistische, politisch gefährliche ›Lebensgefühl‹ in seiner breitangelegten Analyse der ›nationalen Ideologie in Deutschland‹ als einen ›Idealismus der Antimodernität‹, der eine Verfälschung der europäischen Aufklärung voraussetzt. Was damit gemeint ist, steckt – unausgesprochen – in den Parodien Robert Neumanns auf einige typische Autoren des traditionellen Lesebuchs.

Gegen die Tradition, die in ihren schlechteren – aber oft gedruckten – Produkten die deutsche Sprache zu dunklem, unklarem Geraune, beschwörendem Singsang und schwerfälligem Tiefsinn zurückentwikkelte, ist in diesem Buch antithetisch eine Sprachhaltung gesetzt, die am besten Lessings Satz: ›Ich kenne keinen Stil, der seinen Glanz nicht von der Wahrheit entlehnt‹, charakterisiert. In Satzgliederung, Bildauslegung, Rhythmus und Wortfeld ist sie der ›Idee der kritischen Vernunft‹ verpflichtet. Die Namen Wekhrlin, Heine, Börne, Weerth, Glassbrenner, Tucholsky, Döblin oder Erich Kästner stehen für viele andere.

Daß diese sprachliche Tradition in einem Unterricht, der vor allem ›sprachschöpferisch‹ sein will und bei den Kindern die ›Ausbildung zum eigenen, sachgemäßen Ausdruck in der Sprache‹ (Sternberger) anstrebt, besonders wichtig ist, bestätigen auch Pädagogen. In dem Buch ›Sprachschöpferischer Unterricht‹ berichten Artur und Erwin Kern: ›Bei einer Unterhaltung mit einem Lehrer an einer höheren Schule kam das Gespräch auch auf Ausdrucksfähigkeit und Stil der Schüler. ‚Alle haben eine langjährige Schulbildung hinter sich', sagte er, ‚aber im sprachlichen Ausdruck gibt es neben der Verwendung unverstandener Bilder und Vergleiche endlose Reihen von Phrasen.' Paßt nicht auch ganz in dieses Bild die Tatsache, daß der weitaus größte Teil unseres Volkes kaum vertraut ist mit den Werken unserer großen Sprachmeister und Dichter, daß er sich zufriedengibt mit schwächster Auchdichtung, ja daß er sprachliche Kunst geradezu ablehnt? Es ist schon so: am Ende der Schulzeit ist nicht jene echte Sprachhaltung geschaffen, die die Weiterentwicklung der ursprünglichen, kindlich naiven Haltung darstellen sollte. Liegt hier nicht ein Versäumnis, ein Verschulden der Schule vor?‹

Wer Lesebücher, die Pflichtlektüre deutscher Schüler, kennt, weiß, wie er diese Frage beantworten muß. Artur und Erwin Kern analysierten als Musterfall die Aufsätze achtjähriger Mädchen; sie lasen Wendungen wie: ›unsere gefiederten Freunde‹; ›frohes Kinderauge‹; ›herrliche Märchenwelt‹. Ihr Resümee: ›Die Kinder schreiben, wie sie im natürlichen Leben niemals sprechen. Sie ‚machen in Wörtern'. Sie ‚machen in Stil'.‹

Kein Zweifel: *auch* die deutschen Lesebücher (wenn auch nicht allein) sind schuld, wenn Kinder, die sich mit sechs noch sachgerecht, wenn auch einfach, ausdrücken konnten, mit acht Jahren plötzlich von ›gefiederten Freunden‹ sprechen statt von Spatzen und Amseln.

V

Dieser Band ist – um es noch einmal zu sagen – als *Entwurf* eines neuen Lesebuches gedacht, als ›polemischer Gegenentwurf‹ zur traditionellen Gestalt deutscher Lesebücher. Ziel war also nicht ein Lesebuch*werk*, dessen verschiedene Bände ganz bestimmten Klassenstufen das vom Lehrplan vorgeschriebene Pensum an Literatur bieten, sondern eine an einem eingegrenzten Beispiel demonstrierte neue Konzeption; keine Enzyklopädie der ›versäumten Lektionen‹ also, wohl aber ein typisches *Modell*.

Dieser Plan machte einige radikale *Beschränkungen* notwendig: Aufnahme fand nur *Prosa* aus dem *deutschen* Sprachraum der Literatur seit dem *achtzehnten Jahrhundert*. Mit ebenso guten Gründen könnte man Lesebücher, die den hier formulierten Intentionen entsprechen, aus einem anderen literarischen Reservoir zusammenstellen. Auch in der Lyrik, der Theater-, ja selbst der ›Jugendliteratur‹ und natürlich der ausländischen Literatur gibt es ›versäumte Lektionen‹: Textarsenale für zukünftige Lesebuchherausgeber.

Selbst diese Konzentration auf Prosa ließ sich – einfach aus Umfangsgründen – nicht ohne ›Verzichtleistungen‹ realisieren: so fehlen Lesestücke aus (populär-)wissenschaftlichen Veröffentlichungen und im einzelnen manche Autoren – Theodor Fontane, Max Weber, Thomas Mann und Theodor Heuss etwa –, die dem hier hervorgehobenen Kanon der deutschen Literatur zweifellos auch zugehören.

Aus dieser Begrenzung auf einen als Muster gemeinten Ausschnitt resultiert auch die *thematische Gliederung*. Viele ›Wirklichkeiten‹ und Sachgruppen blieben unberücksichtigt, die in ein mehrbändiges Lesewerk durchaus gehören würden, so etwa die regionalen Eigenarten; allerdings meinen die Herausgeber, daß mit den in diesem Band betonten Sachverhalten der gemeinsame Nenner eines Schulleseprogramms für die gesamte Bundesrepublik angedeutet ist.

Für die Sachgruppen I und II wurden Lesestücke gesammelt, die dem Schüler die zwei Kulturmächte ›Staat‹ und ›Gesellschaft‹ erfahrbar machen sollen: Texte – wenn man so will – zur politischen Historie und zur Sozialgeschichte.

Die Gruppe III soll durch ein paar Beispiele zeigen, wie auch die Literatur in den Gesamtzusammenhang einer Gesellschaft gehört, soll andeuten, wo eine ›fundierte kulturell-soziale Standortbestimmung über das Wirken der Schriftsteller in ihrer jeweiligen Epoche‹ (Robert Minder) ansetzen muß.

Die Gruppe IV ist programmatisch gemeint: die Texte von Kant zu Popper sind Dokumente zu der ›noch kurzen‹ Geschichte der Aufklärung und zur Auseinandersetzung mit der Religion.

Die *Anordnung* der Lesetexte innerhalb der einzelnen Sachgruppen geschah nach einer Chronologie der Inhalte; die sich so ergebende Abfolge entsprach meist auch der Chronologie der biographischen Daten der Autoren und den in der Literaturgeschichte gängigen Epocheneinteilungen.

Auch in der *Präsentation* seiner Texte versucht dieses Lesebuch ein Gegenentwurf zu sein: die kommentarlose Aneinanderreihung von Stücken, wie sie in deutschen Lesebüchern gehandhabt wird, kommt der Bildung von literarischem Verständnis nicht entgegen. Die bei uns üblichen Auswahlprinzipien, die einen wenig bekannten deutschen Heimatdichter neben einen amerikanischen Journalisten oder einen schriftstellernden Pfarrer aus Schwaben plazieren, machen es selbst dem orientierten Lehrer sehr schwer, Werke und Autoren kultur- und sozialgeschichtlich zu orten und literarisch zu werten. Bei Goethe und Schiller mögen Erläuterungen zur Biographie und Werkgeschichte entbehrlich sein; auch bei Wekhrlin, Glassbrenner, Prutz oder Graf? Nach dem Vorbild französischer Lesebücher werden deshalb die meisten Texte mit Angaben über ihre Entstehungszeit, Hinweisen auf zeit- und sozialgeschichtliche Hintergründe, literarhistorischen oder -ästhetischen Anmerkungen und Daten über den Autor vorgestellt. In diesen Vorbemerkungen wird ferner versucht, durch Zitate von Zeitgenossen, von Literaturhistorikern, von Kritikern und Essayisten die da und dort gesehenen Positionen einer ›Tradition der Aufklärung‹ zusammenzufassen. Diese Praxis kann den Schüler anregen, über Absichten und Fähigkeiten eines Autors nachzudenken und jeden Text als ›Diskussionsbeitrag‹, nicht aber als Evangelium zu nehmen.
Eine solche *Editionstechnik* wirkt sich auch auf die mögliche Offenheit eines Lesebuches aus: der einzelne Text kann, wenn in ihm etwa eine zweifelhafte historische, menschliche oder politische Haltung vertreten wird, relativiert werden. Viele Themen, die man bisher glaubte schamhaft verschweigen zu müssen, werden so durch literarische Dokumente bezeugt: Man kann eine der wenigen plastischen Schilderungen der Rationalisierung in Großbetrieben (um 1925) abdrucken, obwohl sie von dem fanatischen Kommunisten Willi Bredel stammt, wenn man in einer Notiz erläutert, daß Bredels Roman in vielen Passagen die verzerrten Züge eines für den politischen Tageskampf geschriebenen Pamphletes trägt. Teil dieser Vorbemerkungen sind auch die *Lesehinweise:* sie sind den abgedruckten Stücken thematisch zugeordnet und könnten prinzipiell an ihre Stelle treten. Auch sie sollen an ›versäumte Lektionen‹ erinnern.
Ohne *Kürzungen* ließen sich aus der vorhandenen Literatur oftmals keine Lesestücke ›gewinnen‹, zumal es sich in vielen Fällen nur um Ausschnitte aus größeren Werken handelt. Die Texte wurden modernisiert und von Anspielungen, die nur in der jeweiligen Zeit verständlich waren, weitgehend befreit. Das geschah ohne ›kriminelle Werkschändungen‹, war aber an den pädagogischen Zwecken eines Lesebuches und nicht an philologischen Absichten orientiert.

VI

Es wäre ein Mißverständnis, zu meinen, diese Sammlung versäumter Lektionen beanspruche ein Monopol. Den Kritikern bundesdeutscher Lesebücher wurden immer wieder Gegenbeispiele genannt. Zu Recht, denn selbstverständlich fehlt es nicht an Anthologien aller Art, ob sie nun ausdrücklich für die Schule oder für junge Menschen allgemein gemacht sind. Beliebt etwa sind Zusammenstellungen, die sich ›Vorlesebuch‹ nennen; einige Schulbuchverlage geben Reihen mit broschierten Bändchen heraus, und in dem vierbändigen Werk ›Zeichen der Zeit‹, herausgegeben von Walther Killy, wird auf vorbildlich umfassende Weise die historische und ästhetische Entwicklung der deutschen Literatur und Kultur seit der Vorklassik dokumentiert. Dieses ›Lesebuch‹ erschien in einer Taschenbuchreihe.
Keine Frage: ein in der Literatur- und Geistesgeschichte wohlbewanderter Lehrer ist dem üblichen Schulbuchangebot keineswegs ›wehrlos‹ ausgeliefert; er könnte seinen Unterricht gut und gerne mit dem bestreiten, was ihm die Taschenbuchverlage und etwa die Universalbibliothek (von Reclam) bereithalten. Und niemand hindert ihn daran, sich den – besseren – Lesestoff für seine Schüler aus den Bibliotheken zu holen! Keine Frage aber auch, daß dem in den Schulbetrieb eingespannten Lehrer die Zeit zu jener Sammelarbeit fehlt, die die Schulbuchherausgeber eigentlich für ihn leisten sollen. Sie – und nicht der einzelne Lehrer – sind dazu bestellt, immer wieder neu – auch dann, wenn manches verschollen scheint oder verschwiegen wurde – zusammenzutragen, was den ›Kanon‹ für die literarische Bildung in unseren Schulen ausmacht.
Dieses Lesebuch wird den Vermerk ›Zugelassen zum Gebrauch in Schulen‹ nicht bekommen; es entstand, ohne die Prüfungsprozedur eines Kultusministeriums durchlaufen zu haben; es kommt nicht aus dem ›pädagogischen Raum‹, sondern von ›außen‹; es ist kein Lesebuchwerk, präpariert für den Gang durch die verschiedenen Klassenstufen.
An wen also wendet es sich eigentlich?
Vorab an den Lehrer; ihm soll es helfen, das hoffnungslos irreale und falsche Bild der Welt und der Literatur zu korrigieren, das die vorgeschriebenen Lesebücher ihm für seinen Unterricht zu oktroyieren suchen.
Aber auch für Eltern erscheint dieses Lesebuch; für Eltern, die ihren Kindern anderes gönnen, als unter so blumigen Titeln wie ›Lebensgut‹, ›Die gute Saat‹ oder ›Schauen und Schaffen‹ vermittelt wird.
Vielleicht wird sich auch mancher Schüler – trotz schlechter Erfah-

rungen – dafür interessieren, weil er mehr kennenlernen will, als in seinen Lesebüchern verraten wird.
Keine ›Entweihung‹ würde begehen, wer glaubt, einige der ›versäumten Lektionen‹ im Geschichts-, Gemeinschafts- oder Sozialkundeunterricht nachholen zu sollen. Vielleicht erspart die Sammlung auch den Dozenten der Volkshochschulen, die Deutschkurse abhalten, manchen Gang in die Bibliotheken und Archive.
Und noch ein Personenkreis soll angesprochen werden: die Autoren, Herausgeber und Verleger von Lesebüchern. Wenn sie nicht bereit sind, sich neu zu orientieren, wird die Misere andauern.
Denkbar wäre, daß die Gutachter der Kultusministerien den Band in die Hand nehmen, nachdem ja *sie* es waren, die die bisherigen Produkte guthießen (oder nicht? Dann wäre die Misere Folge ihrer Einsprüche, ihrer Änderungswünsche?).
Dankbar wären die Herausgeber, wenn jene Politiker, Wissenschaftler, Pädagogen und Publizisten, deren Gespräch gleichsam der Hintergrund ihrer Lesebuchkonzeption war, dieses Gespräch am Beispiel kritisch fortsetzen würden: so nur werden die Konturen eines verbindlich neuen Lesebuchs immer deutlicher und klarer hervortreten.

VII

Dieses Buch geht davon aus, daß der Satz, den Heinrich Gloel 1897 als Lesebuchprogramm formulierte, falsch ist: ›Fernzuhalten ist all das Widerwärtige und Häßliche, das mit der getreuen Schilderung der sozialen und sittlichen Verkommenheit unserer Zeit zusammenhängt, während sich die Poesie über das Alltägliche erheben, von dem Druck des Daseins frei machen und das Leben verklären soll.‹
Dieses Buch versteht sich *nicht* als ›Bollwerk gegen den Zeitgeist‹. Seine Herausgeber sind nämlich der Ansicht, daß solche ›Bollwerke‹ doch nicht mehr sind als klägliche Mäuerchen, die keinen einzigen Schüler vor der Wirklichkeit beschützen. Mit frommen Lügen ist niemandem geholfen.
Deshalb sind in dieses Buch auch Texte aufgenommen, die ›getreue Schilderungen der sozialen und sittlichen Verkommenheit unserer‹ – und anderer – ›Zeiten‹ bieten. Einen Text wie Gottfried August Bürgers ›Verhör einer Kindsmörderin‹ – einen kalt und sachlich das Ungeheuerliche fixierenden Bericht des Amtmanns Bürger, in dem gezeigt wird, wie ein Mädchen der sozialen Unterschicht im achtzehnten Jahrhundert an der Unwissenheit und dem Aberglauben, in dem man sie hielt, zerbricht –, einen solchen Text würden die Herausgeber tra-

ditioneller Lesebücher selbst für Abiturienten für viel zu ›gewagt‹ halten. Die Version vom Klapperstorch kann Bürger allerdings nicht aufrechterhalten, aber man wird fragen müssen, was besser ist: daß vierzehnjährige Mädchen, in die Fabrik entlassen, an Arbeitstisch und Fließband durch eine Zote oder daß sie durch Gottfried August Bürger erfahren, wie die Welt (auch) sein kann.

Viele Pädagogen wollen immer noch bewahren – aber ob man bald wehrpflichtige Schüler vor irgend etwas ›bewahrt‹, wenn man ihnen unterschlägt, was sich Europa in den letzten zweihundert Jahren an sinnlosen Kriegen geleistet hat? Wohl kaum – und deshalb (unter anderem) stehen in diesem Lesebuch statt einer Schnulze des schriftstellernden Pastors Adolf Schmitthenner die eindringlichen Schilderungen Ulrich Bräkers aus dem Siebenjährigen Krieg und Joseph Roths Darstellung des Ersten Weltkriegs aus ›Zipper und sein Vater‹. Und noch eines: Zwar ist es den Interessenten gelungen, Deutschland aufzuteilen – die säuberliche Aufteilung der deutschen Literatur in ›westliche‹ und ›östliche‹ aber sollte hintertrieben werden. Daß es eine Georg-Forster-Gesamtausgabe zwar in der DDR, nicht aber in der Bundesrepublik gibt, spricht – so meinen die Herausgeber dieses Buches – nicht gegen Georg Forster, eher schon gegen die ›Bewußtseinsindustrie‹ in der Bundesrepublik. Dasselbe gilt für viele andere deutsche Schriftsteller der Vergangenheit und Gegenwart.

In den älteren Diskussionen über das deutsche Lesebuch hieß es immer in etwas gravitätischer Formulierung, das Lesebuch solle ein ›Hausbuch deutscher Bildung‹ sein. Hoffen wir, daß es in Deutschland nicht mehr *zu* lange dauert, bis auch Wekhrlin und Knigge, Forster und Heine, Börne und Weerth, Döblin und Tucholsky in diesem Hausbuch vertreten sind.

München, Juli 1965

Literaturnachweis

Hans Albert, *Die Idee der kritischen Vernunft,* in *Club Voltaire I,* hg. von Gerhard Szczesny, München 1953;

Theodor Geiger, *Die Gesellschaft zwischen Pathos und Nüchternheit,* Aarhus 1960; Neuausgabe unter dem Titel *Demokratie ohne Dogma,* München 1963;

Wilhelm Götting, *Was aber bleibt, stiften die Lehrer, Ein kritischer Bericht,* in *Die Welt der Literatur,* Jg. 2, Heft 2, 1965;

Rolf Gutte, *Keineswegs nur in Bayern . . .,* in *Frankfurter Hefte,* 18. Jg., 1963;

Hildegard Hamm-Brücher, *Anmerkungen zu bayerischen Schulbüchern,* in *Frankfurter Hefte,* Jg. 18, 1963;

dies., *Wie es im Schulbuch steht,* in *Sind wir noch das Volk der Dichter und Denker?,* hg. von Gert Kalow, Hamburg 1964;

Hubert Ivo, *Unzeitgemäßer Literatur-Unterricht,* in *Frankfurter Hefte,* Jg. 19, 1964;

Arthur und Erwin Kern, *Sprachschöpferischer Unterricht,* Freiburg 1951;

Walther Killy, *Zugelassen zum Gebrauch in Schulen – Kritische Anmerkungen zur Physiognomie des deutschen Lesebuches,* in *Neue Deutsche Hefte,* Jg. 3, 1956;

Hans Mayer, *Von guten und schlechten Traditionen deutscher Sprache und Literatur,* in *Sind wir noch das Volk der Dichter und Denker?,* Hamburg 1964;

Robert Minder, *Die Literaturgeschichten und die deutsche Wirklichkeit,* in *Sind wir noch das Volk der Dichter und Denker?,* Hamburg 1964;

ders., *Kultur und Literatur in Deutschland und Frankreich, Fünf Essays,* Frankfurt am Main 1962, Reihe *Insel-Bücherei* Nr. 771;

Peter Krebs, *Schulbücher von gestern – für die Schüler von heute,* in *Süddeutsche Zeitung,* Nr. 41/1963;

Alfred Oberlack, *Schulbücher unter dem Dreschflegel,* Bad Godesberg 1965;

Peter-Martin Roeder, *Zur Geschichte und Kritik des Lesebuches der höheren Schule,* Reihe *Marburger Pädagogische Studien,* Band 2, Weinheim/Bergstraße 1961;

Wolfgang Schulz, *Unbehagen an Lesebüchern – Ein Beitrag zum Thema Erziehung und Gesellschaft,* in *Deutsche Jugend,* Jg. 9, 1961;

Fritz Stern, *Kulturpessimismus als politische Gefahr – Eine Analyse nationaler Ideologie in Deutschland,* Vorwort Ralf Dahrendorf, Bern-Stuttgart-Wien 1963;

Dolf Sternberger, *Acht Thesen zum Deutschunterricht,* in *Jahrbuch 1964,* Deutsche Akademie für Sprache und Dichtung, Heidelberg 1965.

Immanuel Kant
Was ist Aufklärung?

›Hundertfünfzig Jahre sind verflossen, seit Immanuel Kant, 1724 bis 1804, in Königsberg, wo er die achtzig Jahre seines Lebens verbracht hatte, starb. Als sich das Gerücht von seinem Tode durch die Stadt verbreitete, strömten Menschenmengen zu seinem Hause. Am Tage des Begräbnisses stand aller Verkehr in Königsberg still. Ein unabsehbarer Zug folgte unter dem Geläute aller Glocken der ganzen Stadt dem Sarg. Mir scheint, diese Ereignisse hatten eine tiefere Bedeutung. Ich möchte die Vermutung wagen, daß im Jahre 1804 jenes Glockenläuten für Kant ein Nachhall der amerikanischen und französischen Revolutionen, ein Nachhall der Ideen der Jahre 1776 und 1789 war. Kant war für seine Mitbürger zu einem Symbol dieser Ideen geworden, und sie kamen zu seinem Begräbnis, um einem Lehrer und Verkünder der Menschenrechte, der Gleichheit vor dem Gesetz, des Weltbürgertums, des ewigen Friedens auf Erden und der Selbstbefreiung durch das Wissen zu danken.
Fast alle modernen philosophischen und politischen Bewegungen lassen sich direkt oder indirekt auf die Aufklärung zurückführen. Denn sie sind entweder unmittelbar aus der Aufklärung, oder dann aus der romantischen Reaktion gegen die Aufklärung, die die Romantiker gerne als ›Aufklärerei‹ oder ›Aufklaricht‹ bezeichneten, entstanden. Kant glaubte an die Aufklärung; er war ihr letzter großer Vorkämpfer. Ich weiß wohl: dies ist nicht die heute übliche Ansicht. Er wird öfter als der Gründer jener Schule angesehen, die die Aufklärung vernichtete – der romantischen Schule des ›Deutschen Idealismus‹, der Schule von Fichte, Hegel und Schelling. Fichte und später Hegel versuchten Kants Ruhm für sich auszunützen; sie gaben ihn als den Gründer ihrer Schule an. Aber Kant lebte lange genug, um die wiederholten Anbiederungsversuche Fichtes zurückzuweisen. In einer öffentlichen *Erklärung in Beziehung auf Fichtes Wissenschaftslehre* (7. August 1799) ging Kant so weit, zu schreiben: ›Gott bewahre uns vor unseren Freunden. Es gibt nämlich auch bisweilen betrügerische, hinterlistige, auf unser Verderben sinnende und dabei doch die Sprache des Wohlwollens führende sogenannte Freunde, vor denen und ihren ausgelegten Schlingen man nicht genug auf der Hut sein kann.‹ Aber nach Kants Tod, als er sich nicht mehr wehren konnte, wurde dieser Weltbürger benützt, um den Zwecken der nationalistischen romantischen Schule zu dienen, und zwar trotz allem, was er gegen den romantischen Geist, den sentimentalen Enthusiasmus und die Schwärmerei gesagt und geschrieben hatte, mit Erfolg.‹
Karl R. Popper, aus *Immanuel Kant – Eine Gedächtnisrede zu seinem hundertfünfzigsten Geburtstag.*

Aufklärung ist der Ausgang des Menschen aus seiner selbstverschuldeten Unmündigkeit. Unmündigkeit ist das Unvermögen, sich seines Verstandes ohne Leitung eines anderen zu bedienen. *Selbstverschul-*

det ist diese Unmündigkeit, wenn die Ursache derselben nicht am Mangel des Verstandes, sondern der Entschließung und des Mutes liegt, sich seiner ohne Leitung eines andern zu bedienen. Sapere aude! Habe Mut, *dich* deines *eigenen* Verstandes zu bedienen! ist also der Wahlspruch der Aufklärung.

Faulheit und Feigheit sind die Ursachen, warum ein so großer Teil der Menschen, nachdem sie die Natur längst von fremder Leitung freigesprochen (naturaliter majorennes), dennoch gerne zeitlebens unmündig bleiben; und warum es andern so leicht wird, sich zu deren Vormündern aufzuwerfen. Es ist so bequem, unmündig zu sein. Habe ich ein Buch, das für mich Verstand hat, einen Seelsorger, der für mich Gewissen hat, einen Arzt, der für mich die Diät beurteilt usw., so brauchte ich mich ja nicht selbst zu bemühen. Ich habe nicht nötig zu denken, wenn ich nur bezahlen kann; andere werden das verdrießliche Geschäft schon für mich übernehmen. Daß der bei weitem größte Teil der Menschen (darunter das ganze schöne Geschlecht) den Schritt zur Mündigkeit, außerdem daß er beschwerlich ist, auch für sehr gefährlich halte, dafür sorgen schon jene Vormünder, die die Oberaufsicht über sie gütigst auf sich genommen haben und sorgfältig verhüteten, daß diese ruhigen Geschöpfe ja keinen Schritt außer dem Gängelwagen, darin sie sie einsperrten, wagen durften, so zeigen sie ihnen nachher die Gefahr, die ihnen droht, wenn sie es versuchen, allein zu gehen. Nun ist diese Gefahr zwar eben so groß nicht; denn sie würden durch einigemal Fallen wohl endlich gehen lernen; allein ein Beispiel von der Art macht doch schüchtern und schreckt gemeiniglich von allen ferneren Versuchen ab.

Es ist also für jeden einzelnen Menschen schwer, sich aus der ihm beinahe zur Natur gewordenen Unmündigkeit herauszuarbeiten. Er hat sie sogar lieb gewonnen und ist vor der Hand wirklich unfähig, sich seines eigenen Verstandes zu bedienen, weil man ihn niemals den Versuch davon machen ließ. Satzungen und Formeln, diese mechanischen Werkzeuge eines vernünftigen Gebrauchs oder vielmehr Mißbrauchs seiner Naturgaben, sind die Fußschellen einer immerwährenden Unmündigkeit. Wer sie auch abwürfe, würde dennoch auch über den schmalsten Graben einen nur unsicheren Sprung tun, weil er zu dergleichen freier Bewegung nicht gewöhnt ist. Daher gibt es nur wenige, denen es gelungen ist, durch eigene Bearbeitung ihres Geistes sich aus der Unmündigkeit herauszuwickeln und dennoch einen sicheren Gang zu tun.

Daß aber ein Publikum sich selbst aufkläre, ist eher möglich; ja es ist, wenn man ihm nur Freiheit läßt, beinahe unausbleiblich. Denn da werden sich immer einige Selbstdenkende, sogar unter den eingesetz-

ten Vormündern des großen Haufens, finden, welche, nachdem sie das Joch der Unmündigkeit selbst abgeworfen haben, den Geist einer vernünftigen Schätzung des eigenen Werts und des Berufs jedes Menschen, selbst zu denken, um sich verbreiten werden. Besonders ist hierbei: Daß das Publikum, welches zuvor von ihnen unter dieses Joch gebracht worden, sie hernach selbst zwingt, darunter zu bleiben, wenn es von einigen seiner Vormünder, die selbst aller Aufklärung unfähig sind, dazu aufgewiegelt worden; so schädlich ist es, Vorurteile zu pflanzen, weil sie sich zuletzt an denen selbst rächen, die oder deren Vorgänger ihre Urheber gewesen sind. Daher kann ein Publikum nur langsam zur Aufklärung gelangen. Durch eine Revolution wird vielleicht wohl ein Abfall von persönlichem Despotismus und gewinnsüchtiger und herrschsüchtiger Bedrückung, aber niemals wahre Reform der Denkungsart zustande kommen; sondern neue Vorurteile werden, ebensowohl als die alten, zum Leitbande des gedankenlosen großen Haufens dienen.
Zu dieser Aufklärung aber wird nichts erfordert als Freiheit: und zwar die unschädlichste unter allem, was nur Freiheit heißen mag, nämlich die, von seiner Vernunft in allen Stücken öffentlichen Gebrauch zu machen. Nun höre ich aber von allen Seiten rufen: räsonniert nicht! Der Offizier sagt: räsonniert nicht, sondern exerziert! Der Finanzrat: räsonniert nicht, sondern bezahlt! Der Geistliche: räsonniert nicht, sondern glaubt! Hier ist überall Einschränkung der Freiheit. Welche Einschränkung aber ist der Aufklärung hinderlich? welche nicht, sondern ihr wohl gar beförderlich? – Ich antworte: der *öffentliche* Gebrauch seiner Vernunft muß jederzeit frei sein, und der allein kann Aufklärung unter Menschen zustande bringen; der *Privatgebrauch* derselben aber darf öfters sehr enge eingeschränkt sein, ohne doch darum den Fortschritt der Aufklärung sonderlich zu hindern. Ich verstehe aber unter dem öffentlichen Gebrauche seiner eigenen Vernunft denjenigen, den jemand als *Gelehrter* von ihr vor dem ganzen Publikum der *Leserwelt* macht. Den Privatgebrauch nenne ich denjenigen, den er in einem gewissen ihm anvertrauten *bürgerlichen Posten* oder Amte von seiner Vernunft machen darf. Nun ist zu manchen Geschäften, die in das Interesse des gemeinen Wesens laufen, ein gewisser Mechanismus notwendig, vermittelst dessen einige Glieder des gemeinen Wesens sich bloß passiv verhalten müssen, um durch eine künstliche Einhelligkeit von der Regierung zu öffentlichen Zwekken gerichtet oder wenigstens von der Zerstörung dieser Zwecke abgehalten zu werden. Hier ist nun freilich nicht erlaubt, zu räsonnieren; sondern man muß gehorchen. Sofern sich aber dieser Teil der Maschine zugleich als Glied eines ganzen gemeinen Wesens, ja sogar

der Weltbürgergesellschaft ansieht, mithin in der Qualität eines Gelehrten, der sich an ein Publikum im eigentlichen Verstande durch Schriften wendet, kann er allerdings räsonnieren, ohne daß dadurch die Geschäfte leiden, zu denen er zum Teile als passives Glied angesetzt ist. So würde es sehr verderblich sein, wenn ein Offizier, dem von seinem Oberen etwas anbefohlen wird, im Dienste über die Zweckmäßigkeit oder Nützlichkeit dieses Befehls laut vernünfteln wollte; er muß gehorchen. Es kann ihm aber billigermaßen nicht verwehrt werden, als Gelehrter über die Fehler im Kriegsdienste Anmerkungen zu machen und diese seinem Publikum zur Beurteilung vorzulegen. Der Bürger kann sich nicht weigern, die ihm auferlegten Abgaben zu leisten; sogar kann ein vorwitziger Tadel solcher Auflagen, wenn sie von ihm geleistet werden sollen, als ein Skandal (das allgemeine Widersetzlichkeiten veranlassen könnte) bestraft werden. Ebenderselbe handelt demungeachtet der Pflicht eines Bürgers nicht entgegen, wenn er als Gelehrter wider die Unschicklichkeit oder auch Ungerechtigkeit solcher Ausschreibungen öffentlich seine Gedanken äußert. Ebenso ist ein Geistlicher verbunden, seinen Katechismusschülern und seiner Gemeinde nach dem Symbol der Kirche, der er dient, seinen Vortrag zu tun, denn er ist auf diese Bedingung angenommen worden. Aber als Gelehrter hat er volle Freiheit, ja sogar den Beruf dazu, alle seine sorgfältig geprüften und wohlmeinenden Gedanken über das Fehlerhafte in jedem Symbol und Vorschläge wegen besserer Einrichtung des Religions- und Kirchenwesens dem Publikum mitzuteilen.

Aber sollte nicht eine Gesellschaft von Geistlichen, etwa eine Kirchenversammlung, oder eine ehrwürdige Classis (wie sie sich unter den Holländern selbst nennt) berechtigt sein, sich eidlich auf ein gewisses unveränderliches Symbol zu verpflichten, um so eine unaufhörliche Obervormundschaft über jedes ihrer Glieder und vermittelst ihrer über das Volk zu führen und diese sogar zu verewigen? Ich sage: das ist ganz unmöglich. Ein solcher Kontrakt, der auf immer alle weitere Aufklärung vom Menschengeschlechte abzuhalten geschlossen würde, ist schlechterdings null und nichtig; und sollte er auch durch die oberste Gewalt, durch Reichstage und die feierlichsten Friedensschlüsse bestätigt sein. Ein Zeitalter kann sich nicht verbünden und darauf verschwören, das folgende in einen Zustand zu setzen, darin es ihm unmöglich werden muß, seine (vornehmlich so sehr angelegentlichen) Erkenntnisse zu erweitern, von Irrtümern zu reinigen, und überhaupt in der Aufklärung weiterzuschreiten. Das wäre ein Verbrechen wider die menschliche Natur, deren ursprüngliche Bestimmung gerade in diesem Fortschreiten besteht; und die Nachkommen sind

also vollkommen dazu berechtigt, jene Beschlüsse, als unbefugter- und frevelhafterweise genommen, zu verwerfen. Auf eine beharrliche, von niemanden öffentlich zu bezweifelnde Religionsverfassung, auch nur binnen der Lebensdauer eines Menschen, sich zu einigen, und dadurch einen Zeitraum in dem Fortgange der Menschheit zur Verbesserung gleichsam zu vernichten und fruchtlos, dadurch aber wohl gar der Nachkommenschaft nachteilig zu machen, ist schlechterdings unerlaubt. Ein Mensch kann zwar für seine Person, und auch alsdann nur auf einige Zeit in dem, was ihm zu wissen obliegt, die Aufklärung aufschieben, aber auf sie Verzicht zu tun, es sei für seine Person, mehr aber noch für die Nachkommenschaft, heißt, die heiligen Rechte der Menschheit verletzen und mit Füßen treten. Was aber nicht einmal ein Volk über sich selbst beschließen darf, das darf noch weniger ein Monarch über das Volk beschließen. Denn sein gesetzgebendes Ansehen beruht eben darauf, daß er den gesamten Volkswillen in dem seinigen vereinigt. Wenn er nur darauf sieht, daß alle wahre oder vermeinte Verbesserung mit der bürgerlichen Ordnung zusammen bestehe, so kann er seine Untertanen übrigens nur selbst machen lassen, was sie um ihres Seelenheils willen zu tun nötig finden; das geht ihn nichts an; wohl aber zu verhüten, daß nicht einer den andern gewalttätig hindern, an der Bestimmung und Beförderung desselben nach allem seinem Vermögen zu arbeiten. Es tut selbst seiner Majestät Abbruch, wenn er sich hierin mischt, indem er die Schriften, wodurch seine Untertanen ihre Einsichten ins reine zu bringen suchen, seiner Regierungsaufsicht würdigt, sowohl wenn er dieses aus eigener höchster Einsicht tut, als auch und noch weit mehr, wenn er seine oberste Gewalt soweit erniedrigt, den geistlichen Despotismus einiger Tyrannen in seinem Staate gegen seine übrigen Untertanen zu unterstützen.
Wenn denn nun gefragt wird: leben wir jetzt in einem aufgeklärten Zeitalter? so ist die Antwort: nein, aber wohl in einem Zeitalter der Aufklärung. Daß die Menschen, wie die Sachen jetzt stehen, im ganzen genommen schon imstande wären, oder darin auch nur gesetzt werden könnten, in Religionsdingen sich ihres eigenen Verstandes ohne Leitung eines andern sicher und gut zu bedienen, daran fehlt noch sehr viel. Allein, daß jetzt ihnen doch das Feld geöffnet wird, sich dahin frei zu bearbeiten, und die Hindernisse der allgemeinen Aufklärung, oder des Ausganges aus ihrer selbstverschuldeten Unmündigkeit, allmählich weniger werden, davon haben wir doch deutliche Anzeigen.

Gotthold Ephraim Lessing

Die Geschichte des alten Wolfs in sieben Fabeln

›Jede Erdichtung, womit der Poet eine gewisse Absicht verbindet, heißt eine Fabel. So heißt die Erdichtung, welche er durch die Epopöe, durch das Drama, herrschen läßt, die Fabel seiner Epopöe, die Fabel seines Dramas. – Von diesen Fabeln ist hier die Rede nicht. Mein Gegenstand ist die sogenannte Äsopische Fabel. Auch diese ist eine Erdichtung; eine Erdichtung, die auf einen gewissen Zweck abzielt. Wenn wir einen allgemeinen moralischen Satz auf einen besondern Fall zurückführen, diesem besondern Falle die Wirklichkeit erteilen, und eine Geschichte daraus dichten, in der man den allgemeinen Satz anschauend erkennt: so heißt diese Erdichtung eine Fabel.‹ Lessing, *Von dem Wesen der Fabel.*

I

Der böse Wolf war zu Jahren gekommen und faßte den gleißenden Entschluß, mit den Schäfern auf einem gütlichen Fuß zu leben. Er machte sich also auf und kam zu dem Schäfer, dessen Horden seiner Höhle die nächsten waren.

Schäfer, sprach er, du nennest mich den blutgierigen Räuber, der ich doch wirklich nicht bin. Freilich muß ich mich an deine Schafe halten, wenn mich hungert; denn Hunger tut weh. Schütze mich nur vor dem Hunger; mache mich nur satt, und du sollst mit mir recht wohl zufrieden sein. Denn ich bin wirklich das zahmste, sanftmütigste Tier, wenn ich satt bin.

Wenn du satt bist? Das kann wohl sein, versetzte der Schäfer. Aber wann bist du denn satt? Du und der Geiz werden es nie. Geh deinen Weg!

II

Der abgewiesene Wolf kam zu einem zweiten Schäfer.

Du weißt, Schäfer, war seine Anrede, daß ich dir das Jahr durch manches Schaf würgen könnte. Willst du mir überhaupt jedes Jahr sechs Schafe geben, so bin ich zufrieden. Du kannst alsdenn sicher schlafen und die Hunde ohne Bedenken abschaffen.

Sechs Schafe? sprach der Schäfer. Das ist ja eine ganze Herde! – Nun, weil du es bist, so will ich mich mit fünfen begnügen, sagte der Wolf.

Du scherzest; fünf Schafe! Mehr als fünf Schafe opfre ich kaum im ganzen Jahre dem Pan.
Auch nicht viere? fragte der Wolf weiter; und der Schäfer schüttelte spöttisch den Kopf. Drei? – Zwei? – –
Nicht ein einziges, fiel endlich der Bescheid. Denn es wäre ja wohl töricht, wenn ich mich einem Feinde zinsbar machte, vor welchem ich mich durch meine Wachsamkeit sichern kann.

III

Aller guten Dinge sind drei, dachte der Wolf und kam zu einem dritten Schäfer.
Es geht mir recht nahe, sprach er, daß ich unter euch Schäfern als das grausamste, gewissenloseste Tier verschrien bin. Dir, Montan, will ich jetzt beweisen, wie unrecht man mir tut. Gib mir jährlich ein Schaf, so soll deine Herde in jenem Walde, den niemand unsicher macht als ich, frei und unbeschädigt weiden dürfen. Ein Schaf! Welche Kleinigkeit! Könnte ich großmütiger, könnte ich uneigennütziger handeln? – Du lachst, Schäfer? Worüber lachst du denn?
O über nichts! Aber wie alt bist du, guter Freund? sprach der Schäfer.
Was geht dich mein Alter an? Immer noch alt genug, dir deine liebsten Lämmer zu würgen.
Erzürne dich nicht, alter Isegrim! Es tut mir Leid, daß du mit deinem Vorschlage einige Jahre zu spät kommst. Deine ausgebissenen Zähne verraten dich. Du spielst den Uneigennützigen, bloß um dich desto gemächlicher mit desto weniger Gefahr nähren zu können.

IV

Der Wolf ward ärgerlich, faßte sich aber doch und ging auch zu dem vierten Schäfer. Diesem war eben sein treuer Hund gestorben, und der Wolf machte sich den Umstand zunutze.
Schäfer, sprach er, ich habe mich mit meinen Brüdern in dem Walde veruneinigt, und so, daß ich mich in Ewigkeit nicht wieder mit ihnen aussöhnen werde. Du weißt, wieviel du von ihnen zu fürchten hast! Wenn du mich aber anstatt deines verstorbenen Hundes in Dienste nehmen willst, so stehe ich dir dafür, daß sie keines deiner Schafe auch nur scheel ansehen sollen.
Du willst sie also, versetzte der Schäfer, gegen deine Brüder im Walde beschützen? –

Was meine ich denn sonst? Freilich.
Das wäre nicht übel! Aber wenn ich dich nun in meine Horden einnähme, sage mir doch, wer sollte alsdann meine armen Schafe gegen dich beschützen? Einen Dieb ins Haus nehmen, um vor den Dieben außer dem Hause sicher zu sein, das halten wir Menschen – –
Ich höre, sagte der Wolf, du fängst an zu moralisieren. Lebe wohl!

V

Wäre ich nicht so alt! knirschte der Wolf. Aber ich muß mich, leider, in die Zeit schicken. Und so kam er zu dem fünften Schäfer. Kennst du mich, Schäfer? fragte der Wolf.
Deinesgleichen wenigstens kenne ich, versetzte der Schäfer.
Meinesgleichen? Daran zweifle ich sehr. Ich bin ein sonderbarer Wolf, daß ich deiner und aller Schäfer Freundschaft wohl wert bin.
Und wie sonderbar bist du denn?
Ich könnte kein lebendiges Schaf würgen und fressen, und wenn es mir das Leben kosten sollte. Ich nähre mich bloß mit toten Schafen. Ist das nicht löblich? Erlaube mir also immer, daß ich mich dann und wann bei deiner Herde einfinden und nachfragen darf, ob dir nicht –
Spare der Worte! sagte der Schäfer. Du müßtest gar keine Schafe fressen, auch nicht einmal tote, wenn ich dein Feind nicht sein sollte. Ein Tier, das mir schon tote Schafe frißt, lernt leicht aus Hunger kranke Schafe für tot und gesunde für krank ansehen. Mache auf meine Freundschaft also keine Rechnung und geh!

VI

Ich muß nun schon mein Liebstes daran wenden, um zu meinem Zwecke zu gelangen! dachte der Wolf und kam zu dem sechsten Schäfer. Schäfer, wie gefällt dir mein Pelz? fragte der Wolf.
Dein Pelz? sagte der Schäfer. Laß sehen! Er ist schön; die Hunde müssen dich nicht oft untergehabt haben.
Nun so höre, Schäfer; ich bin alt und werde es so lange nicht mehr treiben. Füttere mich zu Tode; und ich vermache dir meinen Pelz. Ei sieh doch! sagte der Schäfer. Kommst du auch hinter die Schliche der alten Geizhälse? Nein, nein; dein Pelz würde mich am Ende siebenmal mehr kosten, als er wert wäre. Ist es dir aber ein Ernst, mir ein Geschenk zu machen, so gib mir ihn gleich jetzt. – Hiermit griff der Schäfer nach der Keule, und der Wolf floh.

VII

O die Unbarmherzigen! schrie der Wolf und geriet in die äußerste Wut. So will ich auch als ihr Feind sterben, ehe mich der Hunger tötet; denn sie wollen es nicht besser!
Er lief, brach in die Wohnungen der Schäfer ein, riß ihre Kleider nieder und ward nicht ohne große Mühe von den Schäfern erschlagen.
Da sprach der Weiseste von ihnen: Wir taten doch wohl unrecht, daß wir den alten Räuber auf das Äußerste brachten und ihm alle Mittel zur Besserung, so spät und erzwungen sie auch war, benahmen!

Gotthold Ephraim Lessing
Briefe an seinen Bruder und an Eschenburg

›Die Tragik von Lessings Leben, 1729 bis 1781, ist aufs engste verknüpft mit den öffentlichen Zuständen des damaligen Deutschland. Für eine selbständige, weitgreifende, kampfesfreudige Natur wie die seine war in den engen Berufs- und Standesgehegen des aufgeklärten Despotismus kein Platz. Sein reformatorisches Streben entbehrte völlig des Rückhaltes an einer kräftig entwickelten öffentlichen Meinung; jeden Fußbreit mußte er sich selbst erobern. Lessing hat im Grunde, trotz seines ausgesprochen geselligen und lebensfrohen Temperaments, zeit seines Lebens allein gestanden; und je weiter er auf seinem Wege vorwärts drang, um so einsamer wurde es um ihn. Nicht nur in seiner Jugend hat der unermüdliche Arbeiter seine Kraft um des lieben Brotes willen in fortwährendem Wechsel wissenschaftlicher und journalistischer Handlangerdienste verzetteln müssen; selbst der Dichter der *Emilia Galotti* ist durch erbärmliche Nahrungssorgen der Verzweiflung nahe gebracht worden. Nie und nirgends hat er eine Lebensstellung gefunden, die seiner geistigen Bedeutung angemessen war. Er, der ebenbürtige Mitkämpfer Friedrichs des Großen, wurde von seinem königlichen Geistesgenossen geflissentlich ignoriert und zurückgesetzt. Alles, was aus der staatlichen und kirchlichen Umwelt auf ihn einwirkte, war dazu angetan, seinen Willen zu lähmen und seine schöpferische Kraft zu ersticken. Nur wenige Jahre, bevor er im *Nathan* sein Höchstes erreichte, glaubte er es als sein Schicksal vor sich zu sehen ‚unter Schwarten zu vermodern'.‹ Kuno Francke. Eschenburg, 1743 bis 1820, war Professor der Schönen Literatur in Braunschweig und Literaturhistoriker.

An Johann Joachim Eschenburg

Wolfenbüttel, den 31. Dezember 1777

Mein lieber Eschenburg, ich ergreife den Augenblick, da meine Frau ganz ohne Besonnenheit liegt, um Ihnen für Ihren gütigen Anteil zu danken. Meine Freude war nur kurz. Und ich verlor ihn so ungern, diesen Sohn! Denn er hatte so viel Verstand! so viel Verstand! – Glauben Sie nicht, daß die wenigen Stunden meiner Vaterschaft mich schon zu so einem Affen von einem Vater gemacht haben! Ich weiß, was ich sage. – War es nicht Verstand, daß man ihn mit eisern Zangen auf die Welt ziehen mußte? daß er so bald Unrat merkte? – War es nicht Verstand, daß er die erste Gelegenheit ergriff, sich wieder davonzumachen? – Freilich zerrt mir der kleine Ruschelkopf auch die Mutter mit fort! – Denn noch ist wenig Hoffnung, daß ich sie behalten werde. – Ich wollte es auch einmal so gut haben wie andere Menschen. Aber es ist mir schlecht bekommen. *Lessing*

Den 3. Jenner 1778

Mein lieber Eschenburg, ich habe nun wieder einige Hoffnung. Seit gestern versichert mir der Doktor, daß ich meine Frau diesmal wohl noch behalten werde. Wie ruhig ich dadurch geworden, mögen Sie auch daraus abnehmen, daß ich schon wieder an meine theologischen Scharmützel zu denken anfange. *Lessing*

An Karl Gotthelf Lessing

Wolfenbüttel, den 5. Januar 1778

Mein lieber Bruder, bedaure mich, daß ich diesmal so eine gültige Ursache habe, Dir während der Zeit, da Du so viel Güte für meinen Stiefsohn hast, noch nicht geschrieben zu haben. Ich habe nun eben die traurigsten vierzehn Tage erlebt, die ich jemals hatte. Ich lief Gefahr, meine Frau zu verlieren, welcher Verlust mir den Rest meines Lebens sehr verbittert haben würde. Sie ward entbunden und machte mich zum Vater eines recht hübschen Jungen, der gesund und munter war. Er blieb es aber nur vierundzwanzig Stunden und ward hernach das Opfer der grausamen Art, mit welcher er auf die Welt gezogen werden mußte. Oder versprach er sich von dem Mahle nicht viel, zu welchem man ihn so gewaltsam einlud, und schlich sich von selbst wieder davon? Kurz, ich weiß kaum, daß ich Vater gewesen bin. Die Freude war so kurz, und die Betrübnis war von der größten Besorgnis so überschrien! Denn die Mutter lag ganze neun bis zehn Tage ohne Verstand, und alle Tage, alle Nächte jagte man mich ein paarmal von ihrem Bette, mit dem Bedeuten, daß ich ihr den letzten Augenblick nur saurer mache. Denn mich kannte sie noch bei aller Abwesenheit des Geistes. Endlich hat sich die Krankheit auf einmal umgeschlagen, und seit drei Tagen habe ich die zuverlässige Hoffnung, daß ich sie diesmal noch behalten werde, deren Umgang mir jede Stunde, auch in ihrer gegenwärtigen Lage, immer unentbehrlicher wird.

Wie Du mir verzeihest, daß ich Dir seit vierzehn Tagen nicht geschrieben, so verzeihest Du mir auch, daß ich Dir jetzt nicht mehr schreibe. Ich denke ungern daran, daß Dir jetzt unser Stiefsohn mancherlei Inkommodität verursacht. Gott lasse Dich unter ähnlichen Umständen eine freudigere Szene erleben! *Gotthold*

An Johann Joachim Eschenburg

Wolfenbüttel, den 7. Jenner 1778

Mein lieber Eschenburg, ich kann mich kaum erinnern, was für ein tragischer Brief das kann gewesen sein, den ich Ihnen soll geschrieben haben. Ich schäme mich herzlich, wenn er das Geringste von Verzweiflung verrät. Auch ist nicht Verzweiflung, sondern vielmehr Leichtsinn mein Fehler, der sich manchmal nur ein wenig bitter und menschenfeindlich ausdrückt. Meine Freunde müssen mich nun ferner schon so dulden, wie ich bin. – Die Hoffnung zur Besserung meiner Frau ist seit einigen Tagen wieder sehr gefallen; und eigentlich habe ich jetzt nur Hoffnung, bald wieder hoffen zu dürfen. – Ich danke Ihnen für die Abschrift des Goezischen Aufsatzes. Diese Materien sind jetzt wahrlich die einzigen, die mich zerstreuen können.

Ihr ergebener Freund *Lessing*

Wolfenbüttel, den 10. Januar 1778

Lieber Eschenburg, meine Frau ist tot; und diese Erfahrung habe ich nun auch gemacht. Ich freue mich, daß mir viel dergleichen Erfahrungen nicht mehr übrig sein können zu machen; und bin ganz leicht. – Auch tut es mir wohl, daß ich mich Ihres und unsrer übrigen Freunde in Braunschweig Beileides versichert halten darf. Der Ihrige, *Lessing*

An Karl Gotthelf Lessing

Wolfenbüttel, den 12. Januar 1778

Mein lieber Bruder, zu was für einen traurigen Boten an meinen Stiefsohn muß ich Dich machen! – Und gleichwohl weiß ich, daß Dein gutes Bruderherz selbst nötig haben dürfte, vorbereitet zu werden. – Seine gute Mutter, meine Frau, ist tot. Wenn du sie gekannt hättest! – Aber man sagt, es sei nichts als Eigenlob, seine Frau zu rühmen. Nun gut, ich sage nichts weiter von ihr. Aber wenn Du sie gekannt hättest! Du wirst mich, fürchte ich, nie wieder so sehen, als unser Freund Moses mich gefunden hat: so ruhig, so zufrieden, in meinen vier Wänden! – Gib den Einschluß nicht eher in die Hände des jungen Menschen, als bis Du ihn so gut vorbereitet hast als Dir möglich. Laß ihn auch nicht eher abreisen, als bis er sich beruhiget hat. Er kann seine Mutter auch tot nicht mehr sehen, denn sie ist diesen Morgen schon begraben worden. Sollte er zu seiner Rückreise Geld brauchen, so schieße es ihm vor. Du sollst es mit der nächsten Post bar zurückhaben, wie auch die letzte Auslage, die ich so schändlich vergessen habe. Lebe wohl und laß mich von Dir und Deiner lieben Frau bald eine Nachricht hören, wie ich Dir von mir und meiner Frau zu geben hoffte, aber wirklich zu geben unstreitig nicht verdiente. *Gotthold*

Justus Möser

Das Glück der Bettler

Justus Möser, 1720 bis 1794, bekleidete wichtige Staatsämter: er war Staatsanwalt in Rechtsstreitigkeiten, Geheimer Referendar und Mitglied der Regierung. Von 1766 bis 1782 gab er die *Wöchentlichen Osnabrückischen Anzeigen* heraus, in denen er auch eigene Betrachtungen und Satiren ›staatsbürgerlichen Inhalts‹ (Goethe) veröffentlichte. Möser gehörte nach der Charakterisierung Goethes zu den Schriftstellern, ›deren Talent aus dem tätigen Leben ausging und in dasselbe unmittelbar nützlich sogleich wieder zurückkehrte‹. Über Mösers Aufsätze, die seine Tochter sammelte und die unter dem Titel *Patriotische Phantasien* erschienen, sagte Goethe: ›An diesen kleinen Aufsätzen, welche sämtlich in einem Sinne verfaßt, ein wahrhaft ganzes ausmachen, ist die innigste Kenntnis des bürgerlichen Wesens im höchsten Grade merkwürdig und rühmenswert. Durchaus läßt der Verfasser die gründlichste Einsicht in die besondersten Umstände sehen. Seine Vorschläge, sein Rat, nichts ist aus der Luft gegriffen, und doch so oft nicht ausführbar, deswegen er auch die Sammlung *Patriotische Phantasien* genannt, obgleich alles sich darin an das Wirkliche und Mögliche hält.‹
Im folgenden Text *Das Glück der Bettler* vergleicht Möser ironisch die Lebensbedingungen der arbeitenden Bevölkerung mit denen der Bettler und spricht, in einem gleichgültigen Nebensatz, das Urteil über eine Gesellschaftsordnung, in der es ›eine überaus starke Versuchung sei, lieber zu betteln als zu arbeiten‹.
Lesehinweis: Justus Möser, *Verfall des Handwerks in kleinen Städten,* in *Sämtliche Werke,* Band 4, Oldenburg/Berlin o. J.; *Schreiben einer alten Ehefrau an eine junge Empfindsame,* in *Sämtliche Werke,* Bd. 7, Braunschweig o. J.

Neulich sah ich einen Handwerksmann mit seiner Frau bereits um vier Uhr morgens in seiner Werkstätte an der Arbeit. Der Mann schien mir munter und zufrieden zu sein, die Frau aber mit einer gewissen ängstlichen Eilfertigkeit zu spinnen. Auf eine kleine Warnung, sie würde sich auf diese Weise überarbeiten, antwortete sie mit Seufzen: »Ach, ich habe acht lebendige Kinder.« Und in dem Augenblick traten die vier ältesten schon munter herein, um zu beten und zu arbeiten. Der Anblick war überaus rührend; und der Mann erzählte mir mit einem anständigen Stolze, wie sauer er es sich werden ließ, als ein ehrlicher Mann mit den Seinigen durch die Welt zu kommen, und wie sichtbar Gott seinen Fleiß und Ordnung segnete: »Wir haben«, setzte er hinzu, »im Anfang oft Wasser und Brot gegessen, waren aber gesund und freudig dabei, bis uns endlich Gott mit Kindern segnete und mein täglicher Verdienst mit ihnen zunahm. Sauer ist es mir geworden«, schloß er, »blutsauer, aber ich habe Brot und bin vergnügt.«

Ich verglich hiermit eine Szene, die mir einmal zu London in einem Speisekeller, im Kirchspiel St. Giles, aufgestoßen ist. Herr Schutter, ein berühmter Akteur auf dem Schauplatze in Covent-Garden, welcher damals eben die niedrigen Klassen der Menschen studierte, um sich in der komischen Malerei festzusetzen und eine völlige Kenntnis vom *high life below stairs* zu erhalten, führte mich dahin. Die Magd, welche uns empfing, setzte geschwind die Leiter an, worauf wir herunterstiegen, und zog solche sogleich wieder herauf, damit wir ohne Bezahlung nicht entlaufen mochten. Im Keller fanden wir zehn saubere Tische, woran Messer und Gabel in langen Ketten hingen. Man setzte uns eine gute Rindfleischsuppe, etwa vier Lot Rindfleisch mit Senf, einen Erbsenpudding mit etwa sechs Lot Speck, zwei Stück gutes Brot und zwei Gläser Bier vor; und vor der Mahlzeit forderte die Wäscherin unser Hemd, um es während derselben zu waschen und zu trocknen; alles für zweieinhalb Pence oder sechzehn Pfennig unser Münze mit Einschluß der Wäsche. Doch diese Beschreibung im Vorübergehen. Am Sonntag wird kein Hemd gewaschen und dafür ein halbes Pfund gebratenes Rindfleisch mit Kartoffeln zur Mahlzeit aufgesetzt.

In diesem Keller fanden wir uns in Gesellschaft der Gassenbettler. Da wir uns vorher eine dazu geschickte Kleidung vom Trödelmarkte gemietet hatten, so wurden wir bald mit ihnen vertraut; und man tat uns leicht die Ehre zu glauben, daß wir Diebe oder Bettler aus einem andern Kirchspiel wären. Allein, wie sehr erstaunten wir nicht, als wir die angenehme und unbekümmerte Lebensart dieser Bettler erblickten.

Erstlich zählte ein jeder seinen Gewinn vom Tage; und besonders ließen sich die Blinden von zwei andern ihre Einnahmen öffentlich und auf ihre Ehre zählen, damit sie von ihren Führerinnen nicht betrogen werden mochten. Es war keiner unter ihnen, der nicht doppelt und dreimal soviel erbettelt hatte, als der fleißigste Handwerksmann in einem Tage verdienen kann. Nachdem das Finanzwesen in Ordnung gebracht und die Mahlzeit vorüber war, ließ sich ein jeder nach Gewohnheit einen Bumper mit starkem Porterbier geben, welcher auf die Gesundheit aller wohltätigen Seelen ausgeleert wurde. Hierauf spielten die Blinden zum Tanz; und es war ein Vergnügen zu sehen, wie geschickt Bettler und Bettlerinnen, auch sogar einige, die des Tages über lahm gewesen waren, miteinander tanzten. Die kräftigsten Gassenlieder folgten auf diese Bewegung; bis endlich der erwartete Durst erfolgte. Dann ward von gewärmtem Porter und Rum ein starker Punsch gemacht, die Zeitung dabei gelesen und der Abend bis drei Uhr des Morgens mit Trinken und politischen Urteilen über das Ministerium auf das vergnügteste zugebracht.

Überhaupt aber hat der Bettelstand sehr viel Reizendes. Unser Vergnügen wird durch nichts besser befördert als durch die Menge von Bedürfnissen. Wer viel dürstet, hungert und friert, hat unendlich mehr Vergnügen an Speise, Trank und Wärme als einer, der alles im Überfluß hat. Was ist ein König, der nie zum Hungern oder Dürsten kommt und oft zwanzig große und kleine Minister gebraucht, um eine einzige neue Kitzelung für ihn auszufinden, gegen einen solchen Bettler, der sechs Stunden des Tages Frost, Regen, Durst und Hunger ausgehalten und damit alle seine Bedürfnisse zum höchsten gereizet hat, jetzt aber sich bei einem guten Feuer niedersetzt, sein erbetteltes Geld überzählt, vom Stärksten und Besten genießt und das Vergnügen hat, seine Wollust verstohlner Weise zu sättigen? Er schläft ruhig und unbesorgt; bezahlt keine Auflagen; tut keine Dienste; lebt ungesucht, ungefragt, unbeneidet und unverfolgt; erhält und beantwortet keine Komplimente; braucht täglich nur eine einzige Lüge; errötet bei keinem Loche im Strumpf; kratzt sich ungescheut, wo es ihn juckt; nimmt sich ein Weib und scheidet sich davon unentgeltlich und ohne Prozeß; zeugt Kinder ohne ängstliche Rechnung, wie er sie versorgen will; wohnt und reist sicher vor Dieben, findet jede Herberge bequem und überall Brot; leidet nichts im Kriege oder von betrügerischen Freunden; trotzt dem größten Herrn und ist der ganzen Welt Bürger. Alles, was ihm dem Anschein nach fehlt, ist die Delikatesse oder derjenige zärtliche Ekel, womit wir alles, was nicht gut aussieht, verschmähen. Allein, wer ist im Grunde der glücklichste: der Mann, der ein Stück Brot, wenn es gleich sandig ist, vergnügt herunterschlucken kann, oder der Zärtling, der in allen Herbergen hungern muß, weil er seinen Mundkoch nicht bei sich hat? Und wie sehr erweitert derjenige nicht die Sphäre seines Vergnügens, der sich jedes Brot wohl schmekken läßt? Wie beschwerlich ist dagegen der Zustand des fleißigen Arbeiters, der sich von dem Morgen bis zum Abend quält, sich und seine Familie von eigenem Schweiße zu ernähren? Alle öffentlichen Lasten fallen auf ihn. Bei jedem Überfall feindlicher Parteien muß er zittern. Um sich in dem nötigen Ansehen und Kredit zu erhalten, muß er oft Wasser und Brot essen, seine Nächte mit ängstlicher Sorge zubringen und eine heimliche Träne nach der andern vergießen. Wenn ich solchergestalt den ehrlichen fleißigen Arbeiter mit dem Bettler vergleiche, so muß ich gestehen, daß es eine überaus starke Versuchung sei, lieber zu betteln als zu arbeiten. Das einzige, was den Bettlern bisher gefehlt, ist dieses, daß ihre Nahrung unrühmlich gewesen, und diesem Fehler will ich nächstens abhelfen.

Christoph Martin Wieland
Patriotismus der Abderiten

Wieland, 1733 bis 1813, schrieb mit seinem Erziehungsroman *Der Goldene Spiegel* und der satirischen *Geschichte der Abderiten* zwei politische Zeitromane, wie sie in der deutschen Literatur nicht eben häufig sind. Die Stadt Abdera in Thrakien ist längst untergegangen, ›aber nicht so die Abderiten! Diese leben und weben noch immer fort, wiewohl ihr ursprünglicher Wohnsitz längst von der Erde verschwunden ist. Sie sind ein unzerstörbares, unsterbliches Völkchen; ohne irgendwo einen festen Sitz zu haben, findet man sie allenthalben‹. Mit diesem *Schlüssel zur Abderitengeschichte* siedelt Wieland Abdera überall in Deutschland an; der Roman – und zumal das Kernstück, *Der Prozeß um des Esels Schatten* – ist eine Satire auf deutsches Spieß- und Kleinbürgertum. Demokrit, weitgereist und weltkundig, kehrt nach zwanzig Jahren zu seinen Mitbürgern zurück, die seine ›unangenehme Aufrichtigkeit‹ und Weisheit zu spüren bekommen. Eine seiner Strafpredigten wider die Unvernunft der Abderiten gilt ihrer falschen Vorstellung von der Freiheit. Die Rache an Demokrits ›Unhöflichkeit‹ ist ein Dekret: ›,So geht es', sagten sie, ,wenn man naseweisen Jünglingen erlaubt, in der weiten Welt herumzureisen, um sich ihres Vaterlandes schämen zu lernen und nach zehn oder zwanzig Jahren mit einem Kopfe voll ausländischer Begriffe als Kosmopoliten zurückzukommen, die alles besser wissen als ihre Großväter, und alles anderswo besser gesehen haben als zu Hause.'‹ Eilends gingen die Abderiten hin und machten ein Gesetz: daß kein Abderitensohn hinfort weiter als bis an den Korinthischen Isthmus, länger als ein Jahr und anders als unter der Aufsicht eines bejahrten Hofmeisters von altabderitischer Abkunft, Denkart und Sitte sollte reisen dürfen.
›Wielands humane Urbanität hat die deutsche Sprache in ungeahnter Weise geschmeidigt.‹ Robert Minder.
Lesehinweis: Christoph Martin Wieland, *Über deutschen Patriotismus (Betrachtungen, Fragen und Zweifel)*, in *Ausgewählte Prosa aus dem Teutschen Merkur*, hg. von Werner Seiffert, Marbach 1963.

Patriotismus der Abderiten. Ihre Vorneigung für Athen als ihre Mutterstadt. Ein paar Proben von ihrem Attizismus und von der unangenehmen Aufrichtigkeit des weisen Demokrit.

Demokrit hatte noch keinen Monat unter den Abderiten gelebt, als er *ihnen*, und zuweilen auch sie *ihm*, schon so unerträglich waren, als Menschen einander sein müssen, die mit ihren Begriffen und Neigungen alle Augenblicke widereinander stoßen.
Die Abderiten hegten von sich selbst und von ihrer Stadt und Republik eine ganz außerordentliche Meinung. Ihre Unwissenheit alles

dessen, was außerhalb ihres Gebiets in der Welt Merkwürdiges sein oder geschehen möchte, war zugleich eine Ursache und eine Frucht dieses lächerlichen Dünkels. Daher kam es denn durch eine sehr natürliche Folge, daß sie sich gar keine Vorstellung machen konnten, wie etwas recht oder anständig oder gut sein könnte, wenn es anders als zu Abdera war – oder wenn man zu Abdera gar nichts davon wußte. Ein Begriff, der *ihren* Begriffen widersprach, eine Gewohnheit, die von den *ihrigen* abging, eine Art zu denken oder etwas ins Auge zu fassen, die ihnen *fremd* war, hieß ihnen ohne weitere Untersuchung ungereimt und belachenswert. Die Natur selbst schrumpfte für sie in den engen Kreis ihrer eigenen Tätigkeit zusammen; und wiewohl sie es nicht so weit trieben, sich, wie *die Japaner,* einzubilden, außer Abdera wohnten lauter Teufel, Gespenster und Ungeheuer, so sahen sie doch wenigstens den Rest des Erdbodens und seiner Bewohner als einen ihrer Aufmerksamkeit unwürdigen Gegenstand an; und wenn sie zufälligerweise Gelegenheit bekamen, etwas Fremdes zu sehen oder zu hören, so wußten sie nichts davon zu machen, als sich darüber aufzuhalten und sich selbst Glück zu wünschen, daß sie nicht wären wie andre Leute. Dies ging so weit, daß sie denjenigen für *keinen guten Bürger* hielten, der an einem andern Orte bessere Einrichtungen oder Gebräuche wahrgenommen hatte als zu Hause. Wer das Glück haben wollte, ihnen zu gefallen, mußte schlechterdings so reden und tun, als ob die Stadt und Republik Abdera mit allen ihren zugehörigen Stücken, Eigenschaften und Zufälligkeiten ganz und gar untadelig und das Ideal aller Republiken gewesen wäre.

Von dieser Verachtung gegen alles, was nicht Abderitisch hieß, war die Stadt *Athen* allein ausgenommen; aber auch diese vermutlich nur deswegen, weil die Abderiten als *ehemalige Tejer* ihr die Ehre erwiesen, sie für ihre Mutterstadt anzusehen. Sie waren stolz darauf, für das *thrazische Athen* gehalten zu werden; und wiewohl ihnen dieser Name nie anders als spottweise gegeben wurde, so hörten sie doch keine Schmeichelei lieber als diese. Sie bemühten sich, die Athener in allen Stücken zu kopieren, und kopierten sie genau – wie der Affe den Menschen. Wenn sie, um lebhaft und geistreich zu sein, alle Augenblicke ins Possierliche fielen, wichtige Dinge leichtsinnig und Kindereien ernsthaft behandelten, das Volk oder ihren Rat um jeder Kleinigkeit willen zwanzigmal versammelten, um lange, alberne Reden für und wider über Sachen zu halten, die ein Mann von alltäglichem Menschenverstand in einer Viertelstunde besser als sie entschieden hätte; wenn sie unaufhörlich mit Projekten von Verschönerung und Vergrößerung schwanger gingen und, sooft sie etwas unternahmen, immer erst mitten im Werke ausrechneten, daß es über ihre Kräfte gehe;

wenn sie ihre halb thrazische Sprache mit attischen Redensarten spickten, ohne den mindesten Geschmack eine ungeheure Leidenschaft für die Künste affektierten und immer von Malerei und Statuen und Musik und Rednern und Dichtern schwatzten, ohne jemals einen Maler, Bildhauer, Redner oder Dichter, der des Namens wert war, gehabt zu haben; wenn sie Tempel bauten, die wie Bäder, und Bäder, die wie Tempel aussahen; wenn sie die Geschichte von Vulkans Netz in ihre Ratsstube und den großen Rat der Griechen über die Zurückgabe der schönen Chryseis in ihre Akademie malen ließen; wenn sie in Lustspiele gingen, wo man sie weinen, und in Trauerspiele, wo man sie lachen machte, und in zwanzig ähnlichen Dingen glaubten die guten Leute *Athener* zu sein, und waren – *Abderiten.*

»Wie *erhaben* der Schwung in diesem kleinen Gedicht ist, das *Physignathus* auf meine *Wachtel* gemacht hat!« sagte eine Abderitin. – »Sehen Sie«, sprach der erste *Archon von Abdera,* »die Fassade von diesem Gebäude, welches wir zu unserm Zeughause bestimmt haben? Sie ist von dem besten parischen Marmor. Gestehen Sie, daß Sie nie ein Werk von größerem Geschmack gesehen haben.«

»Es mag der Republik schönes Geld kosten«, antwortete *Demokrit.*

»Was der Republik Ehre macht, kostet nie zuviel«, erwiderte der *Archon,* der in diesem Augenblick den *zweiten Perikles* in sich fühlte. »Ich weiß, Sie sind ein Kenner, Demokrit, denn Sie haben immer an allem etwas auszusetzen. Ich bitte Sie, finden Sie mir einen Fehler an dieser Fassade?«

»Tausend Drachmen für einen Fehler, Herr *Demokrit«,* rief ein junger Herr, der die Ehre hatte, ein Neffe des Archon zu sein, und vor kurzem von Athen zurückgekommen war, wo er sich aus einem *abderitischen Bengel* für die Hälfte seines Erbgutes zu einem *attischen Gekken* ausgebildet hatte.

»Die Fassade ist schön«, sagte Demokrit ganz bescheiden, »so schön, daß sie es auch zu Athen oder Korinth oder Syrakus sein würde. Ich sehe, wenn's erlaubt ist, so was zu sagen, nur einen Fehler an diesem prächtigen Gebäude.«

»Einen Fehler?« – sprach der Archon mit einer Miene, die sich nur ein *Abderit,* der ein *Archon* war, geben konnte.

»Einen Fehler! Einen Fehler!« wiederholte der junge Geck, indem er ein lautes Gelächter aufschlug.

»Darf man fragen, Demokrit, wie Ihr Fehler heißt?«

»Eine Kleinigkeit«, versetzte dieser; »nichts, als daß man eine so schöne Fassade – nicht sehen kann.«

»Nicht sehen kann? Und wieso?«

»Je, beim *Anubis!* Wie wollen Sie, daß man sie vor allen den alten übel-

gebauten Häusern und Scheunen sehen soll, die hier ringsum zwischen die Augen der Leute und Ihre Fassade hingesetzt sind?«
»Diese Häuser standen lang', ehe Sie und ich geboren wurden«, sagte der Archon.
Dergleichen Dialoge gab es, solange Demokrit unter ihnen lebte, alle Tage, Stunden und Augenblicke.
»Wie finden Sie diesen Purpur, Demokrit? Sie sind zu Tyrus gewesen, nicht wahr?«
»Ich wohl, Madame, aber dieser Purpur nicht; dies ist *Coccinum,* das Ihnen die Syrakuser aus Sardinien bringen und für Tyrischen Purpur bezahlen lassen.«
»Aber wenigstens werden Sie doch diesen Schleier für *Indischen Byssus* von der feinsten Art gelten lassen?«
»Von der feinsten Art, schöne *Atalanta,* die man in Memphis und Pelusium verarbeiten läßt.«
Nun hatte sich der ehrliche Mann zwei Feindinnen in einer Minute gemacht. Konnte aber auch was ärgerlicher sein als eine solche Aufrichtigkeit?

Ulrich Bräker
Die Schlacht bei Lowositz

Ulrich Bräker, 1735 bis 1798, war von preußischen Werbern übertölpelt worden und mußte als Soldat im Siebenjährigen Krieg mitkämpfen; er desertierte bei der ersten Gelegenheit: bei der Schlacht von Lowositz am 1. Oktober 1756. Gustav Freytag stellte seine Schilderungen des friderizianischen Preußens neben die Dokumente der offiziellen Heroisierung ›Friedrichs des Einzigen‹. Hans Mayer sagt über den ›bäuerlichen Dante‹: ›Denn zur deutschen Literatur gehört er ganz ohne Frage, der Uli Bräker aus dem Weiler Näppis in der Gemeinde Wattwil, der Hirtenjunge aus dem Dreyschlatt, der preußische Söldner, Salpetersieder und hausierende Garn- und Tuchhändler. Nicht bloß durch Eigentümlichkeit, durch ein Was im Lebensbericht ist er auf die Nachwelt gekommen, sondern durch die unverkennbar poetische Begabung, durch Echtheit des Erlebens. Immer wieder wird man die Jugend- und Mannesgeschichte, die erlittene Barbarei und durchlittene Not, die Glücksmomente in der Natur und in der Liebe, denen Bräkers Darstellung gilt, mit Ergriffenheit lesen.‹

Lesehinweis: *Die Werke Friedrichs des Großen,* für die Gegenwart hg. und übertragen von Albert Ritter, Band 1, *Geschichte des Siebenjährigen Krieges,* Berlin 1915; Wilhelm Ludwig Wekhrlin, *Die Kunst, im kleinen groß zu sein,* in *Hyperboreische Briefe, Nr. 3.*

Berlin ist der größte Ort in der Welt, den ich gesehen; und doch bin ich bei weitem nie ganz darin herumgekommen. Wir drei Schweizer machten zwar oft den Anschlag zu einer solchen Reise; aber bald gebrach's uns an Zeit, bald an Geld, oder wir waren von Strapazen so marode, daß wir uns lieber der Länge nach hinlegten. Von der Stadt Berlin sagen zwar viele, sie bestehe aus sieben Städten, aber unsereinem hat man nur drei genannt: Berlin, Neustadt und Friedrichstadt. Alle drei sind in der Bauart verschieden. In Berlin – man sagt auch Cölln – sind die Häuser hoch wie in den Reichsstädten, aber die Gassen nicht so breit wie in Neu- und Friedrichstadt, wo hingegen die Häuser niedriger, aber egaler gebaut sind. Da sehen auch die kleinsten derselben, oft von sehr armen Leuten bewohnt, doch wenigstens sauber und nett aus. An vielen Orten gibt es ungeheuer große leere Plätze, die teils zum Exerzieren und zur Parade, teils zu gar nichts gebraucht werden; ferner Äcker, Gärten, Alleen, alles in die Stadt eingeschlossen. Vorzüglich oft gingen wir auf die lange Brücke, auf deren Mitte ein alter Markgraf von Brandenburg, zu Pferd in Lebensgröße, von Erz gegossen steht und etliche Enakssöhne mit krausen Haaren zu seinen Füßen gefesselt sitzen, dann der Spree nach auf den Weidendamm, wo's gar lustig ist, dann ins Lazarett, um dort das traurigste Spektakel unter der Sonne zu sehen, wo einem, der nicht gar ein Unsinniger ist, die Lust zu Ausschweifungen bald vergehen muß. In diesen Gemächern, so geräumig wie Kirchen, wo Bett an Bett gereiht steht, in deren jedem ein elender Menschensohn auf seine eigene Art den Tod und nur wenige ihre Genesung erwarten. Hier ein Dutzend, die unter den Händen der Feldscherer ein erbärmliches Zetergeschrei erheben; dort andere, die sich unter ihren Decken krümmen wie ein halb zertretener Wurm; viele mit an- und weggefaulten Gliedern. Meist mochten wir's da nur wenige Minuten aushalten, gingen dann wieder an Gottes Luft und setzten uns auf einen Rasenplatz. Da führte unsere Einbildungskraft uns fast immer unwillkürlich in unser Schweizerland zurück, und erzählten wir einander unsre Lebensart zu Hause; wie wohl's uns war, wie frei wir gewesen, was es hingegen hier für ein verwünschtes Leben sei und dergleichen. Dann machten wir Pläne zu unsrer Entledigung. Bald hatten wir Hoffnung, daß uns heut oder morgen einer derselben gelingen möchte; bald hingegen sahen wir vor jedem einen unübersteiglichen Berg, und noch am meisten schreckte uns die Vorstellung der Folgen eines allenfalls fehlschlagenden Versuches. Bald alle Wochen hörten wir nämlich neue ängstigende Geschichten von eingebrachten Deserteuren, die, wenn sie noch so viele List gebraucht, sich in Schiffer und andre Handwerksleute oder gar in Weibsbilder verkleidet, in Tonnen und Fässer versteckt, dennoch ertappt wurden. Da mußten wir zusehen, wie man sie durch zweihundert Mann achtmal die lange Gasse auf und ab Spießruten laufen ließ, bis sie atemlos hinsanken – und des folgenden Tags aufs neue dran mußten, die Kleider ihnen vom zerhackten Rücken heruntergerissen und wieder frisch drauflos gehauen wurde, bis Fetzen geronnenen Bluts ihnen über die Hosen hinabhingen. Dann sahen Schärer und ich einander zitternd und totenblaß an und flüsterten einander in die Ohren: Die verdammten Barbaren! Was hiernächst auch auf dem Exerzierplatz vorging, gab uns zu ähnlichen Betrachtungen Anlaß. Auch da war des Fluchens und Karbatschens von prügelsüchtigen Junkerleins und hinwieder des Lamentierens der Geprügelten kein Ende. Wir selber zwar waren immer von den ersten auf der Stelle und tummelten uns wacker. Aber es tat uns nicht minder in der Seele weh, andre um jeder Kleinigkeit willen so unbarmherzig behandelt und nun selber so jahrein, jahraus kujoniert zu sehen; oft ganze fünf Stunden lang in unsrer Montur eingeschnürt wie geschraubt stehen, in die Kreuz und Quere pfahlgerade marschieren und ununterbrochen blitzschnelle Handgriffe machen zu müssen, und das alles auf Geheiß eines Offiziers, der mit einem furiosen Gesicht und aufgehobenem Stock vor uns stand und alle Augenblick wie unter Kabisköpfe dreinzuhauen drohte. Bei einem solchen Traktement mußte auch der starknervigste Kerl halb lahm und der geduldigste rasend werden. Und kamen wir dann todmüde ins Quartier, so ging's schon wieder über Hals und Kopf, unsre Wäsche zurechtzumachen und jedes Fleckchen auszumustern, denn bis auf den blauen Rock war unsre ganze Uniform weiß. Gewehr, Patronentasche, Koppel, jeder Knopf an der Montur, alles mußte spiegelblank geputzt sein. Zeigte sich an einem dieser Stücke die geringste Untat, oder stand ein Haar in der Frisur nicht recht, so war, wenn er auf den Platz kam, die erste Begrüßung eine derbe Tracht Prügel. Das währte so den ganzen Mai und Juni fort. Selbst den Sonntag hatten wir nicht frei, denn da mußten wir auf das properste Kirchenparade machen. Also blieben uns zu jenen Spaziergängen nur wenige zerstreute Stunden übrig, und wir hatten kurz und gut zu nichts Zeit übrig – als zum Hungerleiden. Wahr ist's, unsre Offiziere erhielten gerade damals die gemessenste Order, uns über Kopf und Hals zu mustern; aber wir Rekruten wußten den Henker davon und dachten halt, das sei sonst so Kriegsmanier. Alte Soldaten vermuteten wohl so etwas, schwiegen aber mausstill. Indessen waren Schärer und ich blutarm geworden, und was uns nicht an den Hintern gewachsen war, hatten wir alles verkauft. Nun mußten wir mit Brot und Wasser oder Kovent, das nicht viel besser als Wasser ist, vorliebnehmen. Des Tags ging ich umher wie der Schatten an der Wand. Des Nachts legt' ich mich ins Fenster, guckte weinend in den Mond hinauf und erzählte dem mein bitteres Elend:

»Du, der jetzt auch überm Tockenburg schwebt, sag es meinen Leuten daheim, wie armselig es um mich stehe, meinen Eltern, meinen Geschwistern, meinem Ännchen sag's, wie ich schmachte, wie treu ich ihr bin, daß sie alle Gott für mich bitten. Aber du schweigst so stille, wandelst so harmlos deinen Weg fort? Ich armer, unbesonnener Mensch! Gott erbarm' sich mein! Ich wollte mein Glück bauen und baute mein Elend! Was nützt mir dieser herrliche Ort, worin ich verschmachten muß! Ja, wenn ich die Meinigen hier hätte und so ein schön Häuschen, wie dort grad gegenüber steht, und nicht Soldat sein müßte, dann wär's hier gut wohnen; dann wollt' ich arbeiten, handeln, wirtschaften und ewig mein Vaterland meiden! Doch nein! Denn auch so müßt' ich den Jammer so vieler Elenden täglich vor Augen sehn! Nein, geliebtes, liebes Tockenburg! Du wirst mir immer vorzüglich wert bleiben! Aber, ach! Vielleicht seh' ich dich in meinem Leben nicht wieder, verliere sogar den Trost, von Zeit zu Zeit an die zu schreiben, die in dir wohnen! Denn jedermann erzählt mir von der Unmöglichkeit, wenn's einmal ins Feld gehe, auch nur eine Zeile fort-

zubringen, worin ich mein Herz ausschütten könnte. Doch, wer weiß? Noch lebt mein guter Vater im Himmel; dem ist's bekannt, wie ich nicht aus Vorsatz oder Liederlichkeit dies Sklavenleben gewählt, sondern böse Menschen mich betrogen haben. Ha! Wenn alles fehlen sollte – doch nein! Desertieren will ich nicht. Lieber sterben als Spießruten laufen. Und dann kann sich's ja auch ändern. Sechs Jahre sind noch wohl auszuhalten. Freilich eine lange, lange Zeit; wenn's zumal wahr sein sollte, daß auch dann kein Abschied zu hoffen wäre! Doch, was? Kein Abschied? Hab' ich doch eine, und zwar mir aufgedrungene Kapitulation? – Ha! Dann müßten sie mich eher töten! Der König müßte mich hören! Ich wollte seiner Kutsche nachrennen, mich anhängen, bis er mir sein Ohr verliehe. Da wollt' ich ihm alles sagen, was der Brief ausweist. Und der gerechte Friedrich wird nicht gegen mich allein ungerecht sein.«
Das waren damals so meine Selbstgespräche. –
Frühmorgens mußten wir uns rangieren und durch ein enges Tälchen gegen das große Tal hinuntermarschieren. Wegen des dicken Nebels konnten wir nicht weit sehen. Als wir aber vollends in die Plaine hinunterkamen und zur großen Armee stießen, rückten wir in drei Treffen weiter vor und erblickten von ferne durch den Nebel wie durch einen Flor feindliche Truppen auf einer Ebene, oberhalb des böhmischen Städtchens Lowositz. Es war kaiserliche Kavallerie, denn die Infanterie bekamen wir nie zu Gesicht, da sich dieselbe bei gedachtem Städtchen verschanzt hatte. Um sechs Uhr ging schon das Donnern der Artillerie sowohl aus unserm Vordertreffen als aus den kaiserlichen Batterien so gewaltig an, daß die Kanonenkugeln bis zu unserm Regiment, das im mittleren Treffen stand, durchschnurrten. Bisher hatt' ich immer noch Hoffnung, vor einer Bataille zu entwischen; jetzt sah ich keine Ausflucht mehr, weder vor noch hinter mir, weder zur Rechten noch zur Linken. Wir rückten inzwischen immer vorwärts. Da fiel mir vollends aller Mut in die Hosen; in den Bauch der Erde hätt' ich mich verkriechen mögen, und eine ähnliche Angst, ja Todesblässe, las man bald auf allen Gesichtern, selbst deren, die sonst noch soviel Herzhaftigkeit gleißneten. Die geleerten Brenzfläschchen, wie jeder Soldat eines hat, flogen unter den Kugeln durch die Lüfte; die meisten soffen ihren kleinen Vorrat bis auf den Grund aus, denn da hieß es: Heute braucht es Courage und morgen vielleicht keinen Fusel mehr! Jetzt avancierten wir bis unter die Kanonen, wo wir mit dem ersten Treffen abwechseln mußten. Potz Himmel, wie sausten da die Eisenbrocken ob unsern Köpfen weg, fuhren bald vor, bald hinter uns in die Erde, daß Stein und Rasen hoch in die Luft sprangen, bald mitten ein und spickten uns die Leute aus den Gliedern weg, als

wenn's Strohhalme wären! Dicht vor uns sahen wir nichts als feindliche Kavallerie, die allerhand Bewegungen machte, sich bald in die Länge ausdehnte, bald in einem halben Mond, dann in ein Drei- und Viereck sich wieder zusammenzog. Nun rückte auch unsere Kavallerie an; wir machten Lücke und ließen sie vor auf die feindliche losgaloppieren. Das war ein Gehagel, das knarrte und blinkerte, als sie nun einhieben! Allein kaum währte es eine Viertelstunde, so kam unsere Reiterei, von der österreichischen geschlagen und bis nahe unter unsre Kanonen verfolgt, zurück. Da hätte man das Spektakel sehen sollen: Pferde, die ihren Mann im Stegreif hängend, andere, die ihr Gedärm auf der Erde nachschleppten. Inzwischen stunden wir noch immer im feindlichen Kanonenfeuer bis gegen elf Uhr, ohne daß unser linker Flügel mit dem kleinen Gewehr zusammentraf, obschon es bereits auf dem rechten sehr hitzig zuging. Viele meinten, wir müßten noch auf die kaiserlichen Schanzen Sturm laufen. Mir war's schon nicht mehr so bange wie anfangs, obgleich die Feldschlangen Mannschaft zu beiden Seiten neben mir wegrafften und der Wallplatz bereits mit Toten und Verwundeten übersät war, als mit eins, ungefähr um zwölf Uhr, die Order kam, unser Regiment nebst zwei andern müßten zurückmarschieren. Nun dachten wir, es gehe dem Lager zu und alle Gefahr sei vorbei. Wir eilten darum mit muntern Schritten die gähen Weinberge hinauf, brachen unsre Hüte voll schöner roter Trauben, aßen vor uns her nach Herzenslust, und mir und denen, welche neben mir stunden, kam nichts Arges in den Sinn, obgleich wir von der Höhe herunter unsre Brüder noch in Feuer und Rauch stehen sahen, ein fürchterlich donnerndes Gelärm hörten und nicht entscheiden konnten, auf welcher Seite der Sieg war. Mittlerweile trieben unsre Anführer uns immer höher den Berg hinan, auf dessen Gipfel ein enger Paß zwischen Felsen durchging, der auf der andern Seite wieder hinunterführte. Sobald nun unsre Avantgarde den erwähnten Gipfel erreicht hatte, ging ein entsetzlicher Musketenhagel an, und nun merkten wir erst, wo der Has im Stroh lag. Etliche tausend kaiserliche Panduren waren nämlich auf der andern Seite den Berg hinauf beordert, um unsrer Armee in den Rücken zu fallen. Dies muß unsern Anführern verraten worden sein, und wir mußten ihnen darum zuvorkommen. Nur etliche Minuten später, so hätten sie uns die Höhe abgewonnen und wir wahrscheinlich den kürzern gezogen. Nun setzte es ein unbeschreibliches Blutbad ab, ehe man die Panduren aus jenem Gehölz vertreiben konnte. Unsre Vordertruppen litten stark, allein die hintern drangen ebenfalls über Kopf und Hals nach, bis zuletzt alle die Höhe gewonnen hatten. Da mußten wir über Hügel von Toten und Verwundeten hinstolpern. Alsdann ging's hudri, hudri mit den Panduren die Weinberge hinunter, sprungweise über eine Mauer nach der andern hinab in die Ebene. Unsre gebornen Preußen und Brandenburger packten die Panduren wie Furien. Ich selber war in Jast und Hitze wie vertaumelt, und, mir weder Furcht noch Schrecken bewußt, schoß ich eines Schießens fast alle meine sechzig Patronen los, bis meine Flinte halb glühend war und ich sie am Riemen nachschleppen mußte; indessen glaub' ich nicht, daß ich eine lebendige Seele traf, sondern alles ging in die freie Luft. Auf der Ebene am Wasser vor dem Städtchen Lowositz postierten sich die Panduren wieder und pulverten tapfer in die Weinberge hinauf, daß noch mancher vor und neben mir ins Gras biß. Preußen und Panduren lagen überall durcheinander, und wo sich einer von diesen letzern noch regte, wurde er mit dem Kolben vor den Kopf geschlagen oder ihm ein Bajonett durch den Leib gestoßen. Und nun ging in der Ebene das Gefecht von neuem an. Aber wer wird das beschreiben wollen, wo jetzt Rauch und Dampf von Lowositz ausging, wo es krachte und donnerte, als ob Himmel und Erde hätten zergehen wollen, wo das unaufhörliche Rumpeln vieler hundert Trommeln, das herzzerschneidende und herzerhebende Ertönen aller Art Feldmusik, das Rufen so vieler Kommandeure und das Brüllen ihrer Adjutanten, das Zeter- und Mordiogeheul so vieler tausend elender, zerquetschter, halbtoter Opfer dieses Tages alle Sinnen betäubte! Um diese Zeit, es mochte etwa drei Uhr sein, da Lowositz schon im Feuer stand, viele hundert Panduren, auf welche unsre Vordertruppen wieder wie wilde Löwen einbrachen, ins Wasser sprangen, wo es dann auf das Städtchen selber losging; um diese Zeit war ich freilich nicht der Vorderste, sondern unter dem Nachtrab noch etwas im Weinberg droben, von denen indessen mancher, wie gesagt, weit behender als ich von einer Mauer über die andere hinuntersprang, um seinen Brüdern zu Hilf' eilen. Da ich also noch ein wenig erhöht stand und auf die Ebene wie in ein finsteres Donner- und Hagelwetter hineinsah, in diesem Augenblick deucht' es mich Zeit, oder vielmehr mahnte mich mein Schutzengel, mich mit der Flucht zu retten. Ich sah mich deswegen nach allen Seiten um. Vor mir war alles Feuer, Rauch und Dampf, hinter mir noch viele nachkommende, auf die Feinde loseilende Truppen, zur Rechten zwei Hauptarmeen in voller Schlachtordnung. Zur Linken endlich sah ich Weinberge, Büsche, Wäldchen, nur hie und da einzelne Menschen, Preußen, Panduren, Husaren, und von diesen mehr Tote und Verwundete als Lebende. Da, da, auf diese Seite, dacht' ich, sonst ist's pur lautere Unmöglichkeit!

Ich schlich also zuerst mit langsamem Marsch ein wenig auf diese linke Seite, die Reben durch. Noch eilten etliche Preußen an mir vorbei:

»Komm, komm, Bruder!« sagten sie, »Viktoria!« Ich ripostierte kein Wort, tat nur ein wenig blessiert und ging immer noch allgemach fort, freilich mit Furcht und Zittern. Sobald ich mich indessen so weit entfernt hatte, daß mich niemand mehr sehen mochte, verdoppelte, verdrei-, vier-, fünf-, sechsfachte ich meine Schritte, blickte rechts und links wie ein Jäger, sah noch von weitem – zum letztenmal in meinem Leben – morden und totschlagen, strich dann in vollem Galopp an einem Gehölze vorbei, das voll toter Husaren, Panduren und Pferde lag, rannte eines Rennens gerade dem Fluß nach hinunter und stand jetzt an einem Tobel. Jenseits desselben kamen soeben auch etliche kaiserliche Soldaten angestochen, die sich gleichfalls aus der Schlacht weggestohlen hatten, und schlugen, als sie mich so daherlaufen sahen, zum drittenmal auf mich an, ungeachtet ich immer das Gewehr streckte und ihnen mit dem Hut den gewohnten Wink gab. Doch brannten sie niemals los. Ich faßte den Entschluß, gerad' auf sie zuzulaufen.

Wilhelm Ludwig Wekhrlin
Die Seuche zu Abdera

Wilhelm Ludwig Wekhrlin, 1739 bis 1792, demokratisch gesinnter, aufklärerischer Satiriker und Publizist des achtzehnten Jahrhunderts, lebte in der produktivsten Zeit seines Lebens in einem kleinen Ort des Fürstentums Öttingen-Wallerstein, in der Nähe von Nördlingen, und empfing dort ungezählte Briefe von Korrespondenten, die ihm das Nachrichtenmaterial und damit die Grundlage für seine sozial und politisch engagierte Journalistik lieferten. Herausgeber verschiedener Zeitschriften: *Chronologen 1779 bis 1781, Das Graue Ungeheuer 1784 bis 1787* u. a. Er kam 1792 in Ansbach, wo er als Redakteur der *Ansbacher Blätter* tätig war, auf ungeklärte Weise ums Leben.
Der Schriftsteller war für Wekhrlin der ›geborene Advokat der Menschlichkeit‹. Die Fabel *Die Seuche zu Abdera* wendet sich gegen die Unterdrückung der freien Meinungsäußerung im absolutistischen Staat und wurde in den *Chronologen* veröffentlicht.
Lesehinweis: Ludwig Börne, *Der Narr im weißen Schwan* oder *Die deutsche Presse, Gesammelte Schriften,* Band 1, Leipzig o. J.

Zu Abdera herrschte eine seltsame Seuche. Man ging nicht ohne die größte Vorsicht aus. Man verschloß seine Haustüre und Fenster. Die Schergen liefen mit Wurfprügeln und Schlingen durch die Gassen; die Ärzte verordneten Maikäferbutter, und die Poltrons trugen Strümpfe und Handschuhe von Büffelleder. Ein fremder Hund, der sich nach Abdera verlaufen, war Schuld daran. Zehn bis zwölf Spießbürger hatten sich's gefallen lassen müssen, von ihm gebissen zu werden, vornehmlich der Linnenbleicher Meister Grünauge. Alle litten an der Wasserscheu, mit Meister Grünauge aber ging's am schlimmsten: er lief auf allen vieren, er reckte eine schwarze Zunge zum Halse heraus, der Schaum stand ihm vor dem Munde, er kollerte.
Dergleichen war zu Abdera noch nicht erlebt worden. Alle Gevattern und Gevatterinnen liefen zusammen. Ein ehrbarer Rat beratschlagte. Die Prediger schrien von den letzten Dingen, vom Ende der Welt. Man sprach von nichts mehr als vom tollen Hunde und dem Koller der zwölf Spießbürger.
Alles kam darauf an, den Hund zu fangen. Sein Schicksal hatte der wohlweise Rat bereits entschieden: er sollte gevierteilt und über jedes Stadttor einer seiner Schinken aufgesteckt werden. Allein er war bereits in salvo.
Nun wurde vom Bürgermeister amtswegen eine Kopfjagd auf alle Hunde anbefohlen. Der wohlweise Rat hatte die Ausrottung des ge-

samten Hundegeschlechts notwendig erachtet. Ein Gerichtsdiener, von einem Trompeter begleitet, mußte in Abdera herumziehen und an allen Ecken ausrufen, wer einen Hund besäße, solle ihn sogleich dem Abdecker einliefern und sich bei schwerer Strafe hüten, einen dergleichen fernerhin zu beherbergen, ihm Aufenthalt zu gewähren, mit ihm Umgang zu pflegen usw.

Inzwischen taten die Maikäferbutter und die Diät ihre Schuldigkeit. Die Patienten überstanden die Krankheit völlig, die zurückbleibenden Narben ausgenommen. Das Hundegeschlecht aber war mittlerweile vertilgt.

Was geschah nun? Hausdiebstahl und Straßenraub nahmen überhand; Bettler stießen die Türen ein; das Wild hauste erbärmlich in den Feldern, die Jagd hingegen war um die Hälfte heruntergebracht. Jetzt begann jedermann der Nutzen der Hunde einzuleuchten.

Von ewigen Zeiten her war's zu Abdera Sitte, mit der Tabakpfeife im Munde und einem Hunde an der Seite zum Bier zu gehen. Da letztere nicht mehr existierten, riß eine neue Seuche unter der Bürgerschaft ein: die Langeweile. Tausende starben dahin, und innerhalb drei Jahren glich die Stadt Abdera einem Leichenacker.

Nun gingen dem Rate die Augen auf. Er empfand seinen Irrtum. Er erkannte, daß ein Dutzend kollernder Bürger weit erträglicher sei als ein allgemeiner Schaden. Man verfaßte eine Ehrenerklärung für die verfolgten Tiere und setzte sie wieder in den vorigen Stand ein.

Nehmt für die Hunde Journalisten, für Meister Grünauge die Unterdrückungs- und Verfolgungswut, für Abdera das Publikum: so habt ihr den Sinn meiner Fabel.

Matthias Claudius
Schreiben eines parforcegejagten Hirschen an den Fürsten, der ihn parforcegejagt hatte

Matthias Claudius, 1740 bis 1815, leitete von 1770 bis 1774 den *Wandsbecker Boten* – der Name wurde schließlich der seine. Barbara Bondy schreibt über Claudius: ›... im *Wandsbecker Boten* fand er das ihm Gemäße, seinen Ton, die dichterische Grundgebärde. Sie ist volkserzieherisch, moralistisch, christlich und genial. Ein Sammelsurium – graziös, gewichtig – sind seine Arbeiten: Poesie und Prosa, Späße, Grillen, Traktate, Epigramme, Gespräche – sokratisch oft –, Beobachtungen, Deskriptionen; in Sprüngen – manchmal in königlichen – durcheilt er alle subjektiven Formen; aber gerade dies ist seine Ausdruckswelt.‹

Die Parforcejagd kommt als Motiv in der Literatur der Zeit immer wieder vor, besonders eindrucksvoll in Bürgers Gedicht *Der Bauer an seinen durchlauchtigsten Tyrannen,* in dem es heißt: ›Wer bist Du, Fürst, daß ohne Scheu / zerrollen mich Dein Wagenrad / zerschlagen darf Dein Roß? / Wer bist Du, daß durch Saat und Forst / Das Hurra Deiner Jagd mich treibt / Entatmet wie das Wild? / Du Fürst hast nicht, bei Egg und Pflug / Hast nicht den Erntetag durchschwitzt / Mein, mein ist Fleiß und Brot.‹

Lesehinweis: Jean Paul, *Wie ein Fürst seine Untertanen nach der Parforcejagd bewirten lassen,* in *Auswahl aus des Teufels Papieren,* 1789.

Durchlauchtiger Fürst, Gnädigster Fürst und Herr!

Ich habe heute die Gnade gehabt, von Ew. Hochfürstlichen Durchlaucht parforcegejagt zu werden; bitte aber untertänigst, daß Sie gnädigst geruhen, mich künftig damit zu verschonen. Ew. Hochfürstl. Durchl. sollten nur einmal parforcegejagt sein, so würden Sie meine Bitte nicht unbillig finden. Ich liege hier und mag meinen Kopf nicht aufheben, und das Blut läuft mir aus Maul und Nüstern. Wie können Ihre Durchlaucht es doch übers Herz bringen, ein armes unschuldiges Tier, das sich von Gras und Kräutern nährt, zu Tode zu jagen? Lassen Sie mich lieber totschießen, so bin ich kurz und gut davon. Noch einmal, es kann sein, daß Ew. Durchlaucht ein Vergnügen an dem Parforcejagen haben; wenn Sie aber wüßten, wie mir noch das Herz schlägt, Sie täten's gewiß nicht wieder, der ich die Ehre habe zu sein mit Gut und Blut bis in den Tod usw. usw.

Gottfried August Bürger
Verhör einer Kindsmörderin

Im späten achtzehnten Jahrhundert vollzieht sich in Deutschland ein entscheidender gesellschaftlicher Wandel: ein ›Verfall der sozialen Formen‹ (Arnold Gehlen) – wie etwa der Großfamilie – setzt ein, die (nun öfter frei gewählten) Liebesbeziehungen zwischen Mann und Frau gewinnen immer mehr an Individualität und Gefühlsbetontheit, und all das macht viele Menschen ›– die Bastionen der Gewohnheit schleifend – schutzlos vor den zufälligen nächsten Reizen‹ (Gehlen). Desungeachtet sind aber die gesellschaftlichen Konventionen und moralisch-religiösen Gebote noch in voller Geltung, die etwa die uneheliche Geburt mit strengen Strafen bedrohen. Dazu kommt: Aberglaube, Prüderie und pseudoreligiöse Vorbehalte verhindern in vielen Schichten auch die einfachste sexuelle Aufklärung. So ist es verständlich, daß der ›Kindsmord‹, den eine uneheliche Mutter an dem eben geborenen Säugling begeht, um die ›Schande‹ zu verbergen, in diesen Jahren zu einem der wichtigsten Sujets der Literatur wird: Goethes *Gretchentragödie,* Wagners *Kindermörderin* und Lenzens *Zerbin* sind die berühmtesten Ausführungen des Themas.
Gottfried August Bürger, 1747 bis 1794, einer der stärksten politischen Lyriker Deutschlands, war zwölf Jahre Amtmann in dem hannoverschen Dorf Gelliehausen. In dieser Stellung mußte er am 6. Januar 1781 die zwanzigjährige Magd Catharina Elisabeth Erdmann verhören, die beschuldigt wurde, ihr Kind umgebracht zu haben. Seine Beschreibung dieses Verhöres, in karger, dienstlicher Sprache gehalten und ohne literarische Effekte, ist ein wichtiges Zeitdokument.

Nachdem ich mich nebst dem Schulzen Lockemann persönlich anhero verfüget, die übrigen anwesenden Personen nebst der Wache entfernet und die Arrestantin sanftmütig zum Bekenntnis der Wahrheit vermahnet, so gab dieselbe in des Schulzen Gegenwart unter öfterm Weinen, Schluchzen und Seufzen folgendes auf summarisches Befragen vom Munde.
Sie heiße Catharina Elisabeth Erdmann, sei des hiesigen Einwohners und Schuhmachers Lorenz Erdmann eheleibliche Tochter, zu Gelliehausen im hiesigen Gericht geboren, zur Kirche und Schule erzogen, evangelisch-lutherischer Religion und ihrer Meinung nach jetzt zwanzig Jahre alt. Sie habe seit fünf Jahren in Göttingen bei verschiedenen Brotherren und zuletzt bei dem Bäcker und Krugwirt Quenti im Grabensteinschen Hause als Magd gedienet. Hier habe sie das Unglück gehabt, im verwichenen Frühjahr, oder wohl gar schon im Winter vorher, wie sie ja eigentlich nicht mehr wisse, von dem dasigen

Fleischhauer Riemschneider, wohnhaft auf der Marsch, zum ersten Male nicht ohne Gewalt und Zwang, und nachher noch öfter, mit ihrer ehern Einwilligung, zu fleischlichem Beischlaf verleitet zu werden, wovon sie schwanger geworden. Sie sei zu dumm gewesen, um einzusehen, daß sie wirklich schwanger sei, und habe immer geglaubt, daß es nicht wahr sein sollte; daher sie dann gegen ihre Brotherrschaft, welche ihr ihre Umstände zwar vorgehalten und der Schwangerschaft Schuld gegeben, immer standhaft geleugnet hätte.
Als sie nun vor letztverwichenen Feiertagen von ihrem Vater erfahren, wie ihre Mutter so schwerlich krank und bettlägerig wäre, so habe sie mit gutem Willen ihrer Brotherrschaft den Dienst verlassen, ihr guthabendes Lohn aufgenommen und sich in voriger Weihnachtswoche zu ihren Eltern anhero verfüget, wo sie sich seither auch aufgehalten. In letztverwichener Nacht habe sie heftige Leibschmerzen verspüret, allein dabei noch immer den Glauben und die Hoffnung gehabt, daß diese von einer Schwangerschaft nicht herrührten. Weil nun ihr Vater ihr Stöhnen vernommen, habe ihr derselbe erst Knoblauch und Branntwein, danach aber Hauslauch eingegeben, als welches gut gegen das Leibweh sein sollte. Als dies jedoch nichts helfen wollen, habe sie sich von ihrem Vater vor die Tür hinaus in die frische Luft leuchten lassen, der aber drauf wieder zurück in die Stube gegangen wäre. Sie sei nicht lange draußen vor der Tür gewesen, als das Kind von ihr gegangen und auf die Erde gefallen, wobei dasselbe geschrien habe. Im Niederfallen des Kindes sei auch die Nabelschnur losgerissen und das übrige habe sie noch bei sich im Leibe behalten. Weil sie sich nun vor ihrem Vater, welcher schlimm wäre, gefürchtet und nicht gewollt hätte, daß der etwas gewahr werden sollte, so habe sie das Kind gleich von der Erde aufgenommen, sei nach der Garte gesprungen und habe es ins Wasser geworfen.
Arrestantin weinete und seufzte hierbei mit dem Hinzufügen, daß es für sie wohl besser sein würde, wenn dieses nicht geschehen wäre, und fuhr danach fort:
Als sie schon wieder vom Wasser zurück und vor der Haustür gewesen, sei ihr Vater mit dem Lichte herausgekommen und habe gesagt: Es hätte ja eben ein Kind geschrien! Wo denn solches wäre? Allein sie habe alles gegen ihren Vater abgeleugnet. Nachdem nun derselbe, nebst ihrem Bruder, auf dem Hofe umhergeleuchtet und nichts gefunden, hätte er sie in die Stube hineingezogen, ihr mit Drohungen von Schlägen hart zugesetzt, daß sie bekennen sollte, auch sie vor ihrer Mutter Bett gestellet. Zu gleicher Zeit habe er ihren Bruder nach der Bademutter und dem Schulzen gesendet. Vor ihrer Mutter Bette habe sie, auf das heftige Drohen ihres Vaters, die Röcke emporheben müs-

sen, da denn die Mutter ihr gleich Schuld gegeben hätte: daß sie ein Kind gehabt habe. Da habe sie denn nun freilich alles bekennen müssen. Sie wünschte nunmehr, wiewohl leider zu spät, daß sie eher jemandem etwas gesagt haben möchte. Allein daran sei ihre Dummheit schuld, weil sie immer geglaubet, daß es nicht wahr sein sollte; sie sich auch vor ihrem Vater, welcher schlimm wäre, gescheuet hätte. Sie hätte daher auch kein Arg draus gehabt, den Riemschneider noch vor nicht gar langer Zeit, etwa vor drei oder vier Wochen, bei sich schlafen zu lassen. Allein sie hätte sowenig zu ihm als er etwas zu ihr von ihren Umständen gesagt, wie sie denn überhaupt keiner lebendigen Seele was offenbaret hätte, daher sie denn auch von niemand zu der letzten Tat verführet wäre. Riemschneider hätte ihr verschiedentlich vorgeschwatzt, es sollte ihr keinen Schaden tun, wenn sie bei ihm schliefe. Niemals hätte sie von demselben das kleinste Geschenk begehrt oder empfangen. Bei dem ersten Male habe er ihr ein Paar silberne Ohrringe versprochen, aber niemals gegeben. Einst hätte er ihr sechs Mgl. angeboten, die sie aber nicht angenommen hätte. Übrigens habe sie mit keinem andern als dem Riemschneider zu tun gehabt.
Arrestantin beweinte und beseufzte ihr Unglück mit dem Hinzufügen: Es wäre ihr diesen Morgen alles so plötzlich über den Hals gekommen, und sie könne kaum selbst noch sagen, wie sie zu der Tat gekommen, ihr Kind sogleich in das Wasser zu werfen, welches ihr nun freilich alles bitterlich leid sei.
Nach verlesener und genehmigter obiger Aussage wurde Arrestantin der Aufsicht der Wache wiederum anvertrauet, dabei dem Schulzen Lockemann aufgetragen, fleißig zu visitieren, alles schädliche Gewehr, solange sie hier sein wird, von ihr entfernt zu halten; und ihr die nötige Pflege verabreichen zu lassen, zu welchem Behuf einstweilen vierundzwanzig Mgl. in des Schulzen Händen gelassen wurden. ut supra in fidem (Obiges beglaubigt)

Schulze Lockemann G. A. Bürger

Christian Wilhelm Dohm
Über die bürgerliche Verbesserung der Juden

Dohm, 1751 bis 1820, Pagenhofmeister des Prinzen Ferdinand, später Redakteur der Zeitschrift *Deutsches Museum* und Professor in Kassel. 1779 wurde Dohm – Bewunderer Friedrichs des Großen und seines Staates – geheimer Archivar in Berlin und kam 1783 in das Ministerium des Auswärtigen. Nach einer erfolgreichen diplomatischen Laufbahn schrieb er die *Denkwürdigkeiten meiner Zeit von 1778 bis 1806*, Lemgo 1814 bis 1819, 5 Bände, die ein bedeutendes Geschichtsdokument sind. Zu seiner im 18. Jh. epochemachenden Schrift über die Juden wurde er von Moses Mendelssohn, 1729 bis 1786, angeregt. In *Nathan der Weise* hat Lessing sich von der Gestalt seines Freundes Mendelssohn anregen lassen, der – aus ärmsten Verhältnissen – sich selbständig zu einem der großen Männer des geistigen Lebens im 18. Jh. heranbildete. Sein Kampf um die Gleichberechtigung der Konfessionen und die gesellschaftliche und staatliche Gleichstellung des Judentums war aus eigenen bitteren Erfahrungen gespeist. In einem Brief vom 28. Juli 1780 berichtet er: ›Allhier in diesem sogenannten duldsamen Lande lebe ich so eingeengt, durch wahre Intoleranz so von allen Seiten beschränkt, daß ich meinen Kindern zu Liebe mich den ganzen Tag in einer Seidenfabrik‹ – deren Gesellschafter Mendelssohn war – ›einsperren muß. Ich ergehe mich zuweilen des Abends mit meiner Frau und meinen Kindern. ‚Papa!' fragt die Unschuld, ‚was ruft uns jener Bursche dort nach? warum werfen sie mit Steinen hinter uns her? was haben wir ihnen getan?' – ‚Ja, lieber Papa!' spricht ein anderes, ‚sie verfolgen uns immer in den Straßen, und schimpfen: Juden! Juden! Ist denn dieses so ein Schimpf bei den Leuten, ein Jude zu sein? und was hindert dieses andere Leute?' – Ach! ich schlage die Augen unter, und seufze mit mir selber: Menschen! Menschen! wohin habt ihr es endlich kommen lassen?‹

Fast in allen Teilen von Europa zielen die Gesetze und die ganze Verfassung des Staats dahin ab, soviel wie möglich zu verhindern, daß die Zahl jener unglücklichen asiatischen Flüchtlinge, der *Juden*, vermehrt werde. In einigen Staaten hat man ihnen den Aufenthalt ganz versagt und erlaubt nur für einen gewissen Preis den Reisenden, den landesherrlichen Schutz für eine kurze Zeit (oft nur für eine Nacht) zu genießen. In den meisten andern Staaten aber hat man die Juden nur unter den lästigen Bedingungen, nicht sowohl zu Bürgern als zu Einwohnern und Untertanen aufgenommen. Nur einer gewissen Anzahl jüdischer Familien ist es meistens erlaubt, sich in einem Lande niederzulassen, und diese Erlaubnis ist gewöhnlich nur auf gewisse Orte eingeschränkt und muß allemal mit einer ansehnlichen Summe Geldes erkauft werden. In sehr vielen Landen ist sogar ein gewisses schon erworbenes Vermögen die notwendige Bedingung des verstatteten Daseins. Hat ein jüdischer Vater mehrere Söhne, so kann er gewöhnlich die Vergünstigung des Daseins in dem Lande seiner Geburt nur auf einen derselben fortpflanzen, die übrigen muß er mit einem abgerissenen Teile seines Vermögens in fremde Gegenden ausschicken, wo sie mit gleichen Hindernissen zu kämpfen haben. Bei seinen Töchtern kommt es darauf an, ob er glücklich genug ist, sie in eine der wenigen Familien seines Orts einzuführen. Selten kann also ein jüdischer Vater das Glück genießen, unter seinen Kindern und Enkeln zu leben, den Wohlstand seiner Familie auf eine dauerhafte Art zu gründen. Denn auch der wohlhabende wird durch die notwendige Trennung seiner Kinder und die Kosten ihres Etablissements an verschiedenen Orten zu einer beständigen Zerreißung seines Vermögens gezwungen. Hat man dem Juden die Erlaubnis, sich in dem Staate aufzuhalten, bewilligt, so muß er dieselbe jährlich durch eine starke Abgabe wieder erkaufen, er darf sich nicht ohne besondere Bewilligung, die von gewissen Umständen abhängt, und nicht ohne neue Kosten verheiraten; jedes Kind vermehrt die Größe seiner Abgaben, und fast alle seine Handlungen sind damit belegt. In jedem Geschäfte des Lebens sind die Gesetze mit härtester Strenge gegen ihn gerichtet, und die mildere Behandlung der übrigen Menschen, unter denen er lebt, macht die seinige nur desto härter. Und bei diesen so mannigfaltigen Abgaben ist der Erwerb des Juden auf das äußerste beschränkt. Von der Ehre, dem Staat sowohl im Frieden als im Kriege zu dienen, ist er allenthalben ganz ausgeschlossen; die erste der Beschäftigungen, der Ackerbau, ist ihm allenthalben untersagt, und fast nirgends kann er in seinem Namen liegende Gründe eigentümlich besitzen. Jede Zunft würde sich entehrt glauben, wenn sie einen Beschnittenen zu ihrem Genossen aufnähme, und daher ist der Hebräer fast in allen Landen von den Handwerken und mechanischen Künsten ganz ausgeschlossen. Nur seltenen Genies (die, wenn vom Ganzen der Nation die Rede ist, nicht gerechnet werden können) bleibt bei so vielen niederdrückenden Umständen noch Mut und Heiterkeit, sich zu den schönen Künsten oder den Wissenschaften zu erheben, von denen, zugleich als Weg des Erwerbs betrachtet, nur allein Meßkunst, Naturkunde und die Arzneigelehrtheit dem Hebräer übrigbleiben. Und auch diese seltenen Menschen, die in den Wissenschaften und Künsten eine hohe Stufe erreichen, sowie die, welche durch die untadelhafteste Rechtschaffenheit der Menschheit Ehre machen, können nur die Achtung weniger Edlen erwerben; bei dem großen Haufen machen auch die ausgezeichnetsten Verdienste des Geistes und Herzens den Fehler nie verzeihlich – ein *Jude* zu sein. Diesem Unglücklichen

also, der kein Vaterland hat, dessen Tätigkeit allenthalben beschränkt ist, der nirgends seine Talente frei äußern kann, an dessen Tugend nicht geglaubt wird, für den es fast keine Ehre gibt – ihm bleibt kein andrer Weg des vergünstigten Daseins zu genießen, sich zu nähren, als der *Handel.* Aber auch dieser ist durch viele Einschränkungen und Abgaben erschwert, und nur wenige dieser Nation haben so viel Vermögen, daß sie einen Handel im Großen unternehmen können. Sie sind also meistens auf einen sehr kleinen Detailhandel eingeschränkt, bei dem nur die öftere Wiederholung kleiner Gewinne hinreichen kann, ein dürftiges Leben zu erhalten; oder sie werden gezwungen, ihr Geld, das sie selbst nicht benutzen können, an andere zu verleihen. Aber auf wie mannigfache Art ist nicht auch dieser einzige ihnen noch übriggelassene Erwerb fast in allen Landen beschränkt.
Viele Gattungen von Handel sind ihnen ganz untersagt, bei andern sind ihnen mit Absicht von Zeit, Ort und Personen Gesetze vorgeschrieben, unter denen nur allein der Handel erlaubt ist; dieser erlaubte ist mit so vielen Abgaben belegt und jene Vorschriften haben so viele Untersuchungen abhängig, daß der Gewinn des Juden äußerst klein wird und nur noch für den reizend sein kann, der an die elendste Art des Daseins gewöhnt, nur zwischen dieser und dem Untergange wählen kann. Wenn es bei diesen Einschränkungen des eigenen Gebrauchs seines Vermögens für den Juden notwendig geworden ist, dasselbe an andre zu verleihen, so hat man den Vorteil, der hiervon nach der natürlichsten Billigkeit entrichtet werden muß, in ältern Zeiten fast für unrechtmäßig und die Ausleihung auf Zinsen für ein ehrliches Gewerbe erklärt. Und wenn man gleich jetzt von diesem Vorurteil zurückgekommen, so hat man sich doch noch in keinem europäischen Staate zu den wahren und natürlichen Begriffen über dieses Geschäft erheben können, nach denen die größtmöglichste Freiheit in demselben eben sowohl dem Rechte eines jeden über sein Eigentum angemessen als zur Verhütung von schädlichen Mißbräuchen zuträglich sein würde. Von diesen Grundsätzen ist man in den meisten Ländern noch sehr weit entfernt, und wenn man es von einer Seite zu einem Hauptnahrungsmittel des Juden macht, sein Geld auszuleihen, so beweisen sich die Gesetze fast immer parteiisch für die Schuldner, und diese werden nur zu oft durch ihr Bedürfnis gezwungen, den jüdischen Gläubiger zur Übertretung dieser Gesetze zu nötigen und ihn unaufhörlichen Strafen auszusetzen.
Welche Gründe können wohl die Regierungen der europäischen Staaten fast so einstimmig zu diesem harten Betragen gegen die jüdische Nation bewogen haben? Was hat dieselben (und sogar die weisesten) veranlaßt, nur bei dieser allein eine Ausnahme von allen Gesetzen der

erleuchteten Politik zu machen, nach welchen alle Bürger durch die gleichförmigste Gerechtigkeit, durch Erleichterung des Erwerbs und größtmöglichste Freiheit der Handlungen bewogen werden müssen, zum Wohl des Ganzen beizutragen. Sollten viele fleißige und gute Bürger dem Staat weniger nützlich sein, weil sie aus Asien abstammen, sich durch Bart, Beschneidung und eine besondre, ihnen von ihren ältesten Vorfahren hinterlassene Art, das *Höchste der Wesen* zu verehren, unterscheiden? Die letztre würde sie allerdings unfähig machen, gleiche Rechte mit andern Bürgern des Staats zu genießen, sie würde alle einschränkenden Maßregeln rechtfertigen, wenn dieselbe solche Grundsätze enthielte, welche die Juden abhielte, ihre Pflichten gegen den Staat zu erfüllen, Treue und Glauben in den Handlungen gegen die bürgerliche Gesellschaft und die einzelnen Glieder derselben zu beobachten; welche ihnen den Haß derer, die nicht zu ihrem Glauben gehören, zur Pflicht machte, Betrug und Verletzung fremder Rechte gestattete.
Es müßte deutlich bewiesen werden, daß die Religion der Juden solche ungeselligen Grundsätze enthalte, daß ihre göttlichen Gebote mit den Geboten der Gerechtigkeit und Menschenliebe im Widerspruch stehen, wenn es vor den Augen der Vernunft gerechtfertigt werden sollte, daß man dem Juden die Rechte des Bürgers ganz versagt und nur unvollkommen die des Menschen ihn genießen läßt. Soviel bis jetzt von der jüdischen Religion bekannt geworden, enthält sie solche schädlichen Grundsätze nicht; nur der Pöbel, der sich selbst für erlaubt hält, einen Juden zu hintergehen, gibt ihm schuld, daß er nach seinem Gesetz fremde Glaubensgenossen betrügen dürfe, und nur verfolgende Priester haben Märchen von den Vorurteilen der Juden gesammelt, die nur ihre eigenen beweisen. Das Hauptbuch der Juden, *das Gesetz Mosis,* wird auch von den Christen mit Ehrfurcht betrachtet und einem unmittelbar göttlichen Einfluß zugeschrieben. Schon diese Meinung von dem Ursprung desselben muß jeden Gedanken entfernen, daß dieses Gesetz Laster vorschreiben könne und daß seine Befolger schädliche Bürger sein müßten. Gewiß wird auch der Jude durch seine Religion nicht abgehalten werden, ein guter Bürger zu sein, sobald ihm nur die Regierung die Rechte desselben angedeihen lassen will. Entweder enthält dieselbe nichts, was den Pflichten eines Bürgers widerspricht, oder dies Widersprechende wird durch sittliche und politische Verfügungen sehr bald aufgehoben werden können.
Vielleicht aber möchte man allen diesen Gründen die allgemeine Erfahrung unsrer Staaten von der politischen Schädlichkeit der Juden entgegensetzen und das harte Betragen der Regierungen gegen sie

damit rechtfertigen wollen, daß der Charakter und Geist dieser Nation nun einmal so unglücklich gebildet sei und sie deshalb in keine bürgerliche Gesellschaft mit völlig gleichen Rechten aufgenommen werden könnten. Man hört in der Tat diese Behauptung im gemeinen Leben sehr oft, nach welcher den Juden eine so verderbte Gesinnung beigemessen wird, daß nur die einschränkendste und drückendste Verfassung sie unschädlich machen könnte. Diesen Unglücklichen, sagt man, ist von ihren Vorfahren, wenn auch nicht durch ihre älteste Lehre, doch durch die mündliche Überlieferung und durch die späteren sophistischen Folgerungen der Rabbiner, ein so erbitterter Haß gegen alle diejenigen eingeflößt, die nicht zu den Ihrigen gehören, daß sie sich nie gewöhnen können, dieselben als Glieder einer gemeinschaftlichen bürgerlichen Gesellschaft anzusehen und sich ihnen zu gleichen Pflichten verbindlich zu glauben. Der fanatische Haß, womit die Vorfahren der heutigen Hebräer den ersten Stifter des Christentums verfolgten, ist noch auf ihre jetzigen späten Nachkommen gegen alle Bekenner desselben vererbt worden; und die Ausbrüche desselben haben sich oft deutlich gezeigt, wenn sie nicht durch Gewalt zurückgehalten wurden. Besonders ist von jeher unter allen Nationen den Juden Mangel an Treue und Ehrlichkeit, die wesentlichste Eigenschaft in dem einzig ihnen verstatteten Nahrungsmittel, dem Handel, schuld gegeben worden. Jede kleine Betrügerei in demselben wird einer jüdischen Erfindung beigemessen, und die Münze eines Staats ist verdächtig, an welcher die Juden Anteil gehabt oder die oft durch ihre Hände gegangen. Auch hört man an allen Orten, wo man zu duldend die Zahl der Juden sich zu sehr vermehren lasse, die Beschwerde, daß sie die ihnen erlaubten Nahrungszweige fast ganz an sich ziehn und die Christen neben ihnen nicht aufkommen können. Aus diesem Grunde, fährt man fort, haben die Regierungen fast aller Staaten mit einer Gleichheit der Grundsätze, die schon allein auf ihre Güte schließen läßt, einschränkende Gesetze für diese Nation nötig gefunden und sich gezwungen gesehen, *nur bei ihr* von der allgemeinen Regel der immer zu vermehrenden Bevölkerung abzuweichen. Sie haben diese dem Wohlstand der übrigen Bürger schädlichen Menschen nicht in gleiche Rechte mit denselben einsetzen können und sich entschließen müssen, bei den wenigen, denen sie die Rechte der Menschheit gestatten, ein gewisses Vermögen zur Bedingung zu machen, das schon mehr in der sittlichen Ordnung erhält und von ungeselligen Vergehungen ableitet.

Wenn ich nicht sehr irre, so wird bei diesem Räsonnement der Fehler begangen, daß man für die Ursache angibt, was vielmehr die Wirkung ist, und daß man das Übel, welches die bisherige fehlerhafte Politik hervorgebracht hat, zur Rechtfertigung derselben anführt. Ich kann es zugeben, daß die Juden sittlich verdorbner sein mögen als andre Nationen; daß sie sich einer verhältnismäßig größeren Zahl von Vergehungen schuldig machen als die Christen; daß ihr Charakter im Ganzen mehr zu Wucher und Hintergehung im Handel gestimmt, ihr Religionsvorurteil trennender und ungeselliger sei; aber ich muß hinzusetzen, daß diese einmal vorausgesetzte größere Verdorbenheit der Juden eine notwendige und natürliche Folge der drückenden Verfassung ist, in der sie sich seit so vielen Jahrhunderten befinden. Eine ruhige und unparteiische Erwägung wird an der Richtigkeit dieser Behauptung nicht zweifeln lassen.

Der harte und drückende Zustand, in welchem die Juden fast allenthalben leben, würde auch noch eine viel größere Verderbtheit derselben als die, welcher man sie mit Wahrheit beschuldigen kann, wenn nicht rechtfertigen, doch erklären. Sehr natürlich wird durch denselben der Geist des Juden, der edlen Gefühle entwöhnt, in den niedern Geschäften des täglichen kümmerlichen Erwerbs versinken. Die mannigfachen Arten von Drückung und Verachtung, die er erfährt, müssen natürlich seine Tätigkeit niederschlagen und jede Empfindung von Ehre in seiner Brust ersticken. Da ihm fast kein ehrliches Mittel, sich zu ernähren, übriggelassen, so ist es natürlich, daß er zu Betrug und Hintergehung herabsinkt, zu denen ohnedem der Handel mehr als andre Arten des Erwerbs zu verführen pflegt. Wie darf man sich wundern, daß der Jude an Gesetze, die ihm kaum das Dasein verstatten, nur dann sich gebunden glaubt, wenn er sie nicht ungestraft übertreten würde? Wie kann man von ihm willigen Gehorsam und Liebe eines Staats fordern, in dem er sich nur insoweit geduldet sieht, als er imstande ist, Abgaben zu entrichten? Wie wundert man sich über seinen Haß einer Nation, die ihm so viele und so empfindliche Beweise des ihrigen gibt? Wie kann man Tugend von ihm erwarten, wenn man ihm keine zutraut? Wie ihm Vergehungen vorwerfen, die man ihn zwingt zu begehen, da man ihm keinen schuldlosen Erwerb gestattet, ihn mit Abgaben unterdrückt und ihm nichts übrigläßt, um für die Erziehung und sittliche Bildung seiner Jugend zu sorgen.

Alles, was man den Juden vorwirft, ist durch die politische Verfassung, in der sie jetzt leben, bewirkt, und jede andre Menschengattung, in dieselben Umstände versetzt, würde sich sicher ebenderselben Vergehungen schuldig machen. Denn jene übereinstimmenden Eigenheiten der Denkart, der Gesinnungen und Leidenschaften, die man bei dem größern Teil der einzelnen Glieder einer Nation findet und die man ihren *bestimmten* Charakter nennt, sind nicht unterscheidende und unabänderliche Eigenschaften einer ihnen eignen Modifikation der menschlichen Natur; sondern, wie man in unsern Zeiten deutlich anerkannt hat, teils des Himmelsstrichs, der Nahrungsmittel usw., teils und vornehmlich aber der politischen Verfassung, in der sich eine Nation befindet. Wenn also der Jude in Asien von dem in Deutschland verschieden ist, so wird man dieses für eine Folge der verschiednen physischen Situationen ansehen müssen; wenn er aber in Krakau wie in Cadix des Betrugs im Handel usw. angeklagt wird, so muß dieses eine Folge der gleichen Drückung sein, die er an den entferntesten Enden von Europa erfährt. Die Beschuldigung, daß die jetzigen Juden noch mit ebendem schwärmerischen Haß die Christen verabscheuen, mit dem einige ihrer Vorfahren vor achtzehn Jahrhunderten Christum kreuzigten, verdient kaum eine ernsthafte Beantwortung. Nur in dem Zeitalter der Barbarei konnte man die entferntesten Nachkommen in Frankreich und Deutschland noch zur Rechenschaft wegen eines Vergehens ziehn, das vor so vielen Jahrhunderten an der asiatischen Küste des Mittelländischen Meers begangen worden. Freilich hat sich die ungesellige Abneigung der beiden religiösen Gesellschaften, die einen gemeinschaftlichen Ursprung haben, stärker erhalten, als der Philosoph nach einem so langen Zeitraum und bei so fortschreitender Aufklärung vermuten und wünschen möchte. Aber gerade dieses ist der Fehler der Regierungen, welche die trennenden Grundsätze der Religion nicht weiser zu mildern gewußt und nicht vermocht haben, in der Brust des *Juden* und des *Christen* ein *Gefühl des Bürgers* anzufachen, das die Vorurteile beider längst hätte verzehren müssen. Diese Regierungen waren christliche, und wir können also, wenn wir unparteiisch sein wollen, den Vorwurf nicht von uns ablehnen, daß wir zu den ungeselligen Gesinnungen beider Parteien das meiste beigetragen haben. Wir waren immer die Herrschenden, uns lag es daher ob, dem Juden menschliche Gefühle dadurch einzuflößen, daß wir ihm Beweise der unsrigen gäben; wir mußten, um ihn von seinen Vorurteilen gegen uns zu heilen, die eignen zuerst ablegen. Wenn diese also noch jetzt den Juden abhalten, ein guter Bürger, ein geselliger Mensch zu sein, wenn er Abneigung und Haß gegen den Christen fühlt, wenn er sich durch die Gesetze der Redlichkeit gegen ihn nicht so gebunden glaubt, so ist dies alles *unser Werk*. Seine Religion gebietet ihm diese Vergehungen nicht, aber die Vorurteile, die wir ihm eingeflößt haben und noch immer bei ihm unterhalten, wirken stärker als die Religion. Wir sind der Vergehungen schuldig, deren wir ihn anklagen; und die sittliche Verderbtheit, in welche diese unglückliche Nation jetzt durch eine fehlerhafte Politik versunken ist, kann kein Grund sein, die fernere Fortdauer der letztern zu rechtfertigen.

Diese Politik ist ein Überbleibsel der Barbarei der verflossenen Jahrhunderte, eine Wirkung des fanatischen Religionshasses, die der Aufklärung unsrer Zeiten unwürdig, durch dieselbe längst hätte getilgt werden sollen.

Maximilian Klinger
Hans Ruprechts Kalb

Maximilian Klinger, 1752 bis 1831, ist vor allem als Dramatiker des ›Sturm und Drang‹ bekannt. Er prägte – mit seinem gleichnamigen Drama von 1776 – den Begriff, mit dem heute die ganze literarische Epoche nach 1770 bezeichnet wird.
Seine später geschriebenen Romane wurden jedoch – wenn man von der Interpretation Hettners in seiner *Geschichte der deutschen Literatur im achtzehnten Jahrhundert* absieht – zumeist übergangen.
Klinger konnte in Deutschland kein Auskommen finden, ging 1780 nach Rußland und bekleidete bis 1820, dem Jahr seiner Pensionierung, bedeutende Funktionen im russischen Militärdienst. Er war zuletzt Kurator der Universität Dorpat.
Der folgende Text ist ein Ausschnitt aus seinem gesellschaftskritischen Roman *Fausts Leben, Taten und Höllenfahrt,* der 1791 erschien.

Der Teufel und Faust ritten unter Gesprächen an der Fulda hin; als sie nahe bei einem Dorfe unter einem Eichbaum ein Bauernweib mit ihren Kindern sitzen sahen, die leblose Bilder des Schmerzes und der stumpfen Verzweiflung zu sein schienen. Faust, den die Tränen ebenso schnell wie die Freude herbeizogen, nahte sich hastig und fragte die Elenden um die Ursache ihrer Not. Das Weib sah ihn lange starr an. Nur nach und nach taute sein freundlicher Blick ihr Herz so weit auf, daß sie ihm unter Tränen und Schluchzen folgendes mitteilen konnte: »In der ganzen Welt ist niemand unglücklicher als ich und diese armen Kinder. Mein Mann war dem Fürstbischof seit drei Jahren die Gebühren schuldig. Das erste Jahr konnte er sie wegen Mißwuchs nicht bezahlen; das zweite fraßen die wilden Schweine des Bischofs die Saat auf und das dritte ging seine Jagd über unsere Felder und verwüstete die Ernte. Da der Amtmann meinen Mann beständig mit Pfändung bedrohte, so wollte er heute ein gemästetes Kalb mit dem letzten Paar Ochsen nach Frankfurt führen, sie zu verkaufen, um die Gebühren zu bezahlen. Als er aus dem Hof fuhr, kam der Haushofmeister des Bischofs und verlangte das Kalb für die fürstliche Tafel. Mein Mann stellte ihm seine Not vor, bat ihn, die Ungerechtigkeit zu bedenken, daß er das Kalb für nichts hingeben sollte, da man es ihm in Frankfurt teuer bezahlen würde. Der Haushofmeister antwortete, er wisse doch wohl, daß kein Bauer etwas über die Grenze führen dürfe, was ihm anstände. Der Amtmann kam mit den Schergen dazu; anstatt meinem Manne beizustehen, ließ er die Ochsen ausspannen; der Haushofmeister nahm darauf das Kalb, mich trieben die Schergen mit den Kindern von Haus und Hof, und mein Mann schnitt sich in der Scheune aus Verzweiflung den Hals ab, während sie unser Hab und Gut wegführten. Da seht den Unglücklichen unter diesem Tuche! Wir sitzen hier, seinen Leichnam zu bewachen, damit ihn die wilden Tiere nicht fressen, denn der Pfarrer will ihn nicht begraben.«

Sie riß das weiße Tuch von der Leiche weg und sank zu Boden. Faust fuhr bei dem schrecklichen Anblick zurück. Dicke Tränen drängten sich aus seinen Augen, er rief: »Menschheit! Menschheit! Ist dies dein Los?« *Zum Himmel.* »Ließest du diesen Unglücklichen darum geboren werden, daß ihn ein Diener deiner Religion durch Verzweiflung zum Selbstmorde treibe?« Er deckte den Unglücklichen zu, warf der Frau Gold hin und sagte: »Ich gehe zum Bischof, ich will ihm Eure unglückliche Geschichte erzählen, er muß Euren Mann begraben, Euch das Eurige zurückgeben und die Bösewichter bestrafen.«

Diese Geschichte machte einen so starken Eindruck auf ihn, daß sie schon an dem bischöflichen Schlosse waren, bevor er seiner Empfindung Luft machen konnte. Man nahm sie sehr gut auf und lud sie zur Tafel. Der Fürstbischof war ein Mann in seinen besten Jahren und so ungeheuer dick, daß das Fett seine Nerven, sein Herz und seine Seele ganz überzogen zu haben schien. Er fühlte nirgends als bei Tische, hatte nur Sinn auf der Zunge und kannte kein andres Unglück, als wenn eine von ihm angeordnete Schüssel nicht geriet. Seine Tafel war so gut besetzt, daß Faust, dem der Teufel durch dienstbare Geister einigemal hatte auftischen lassen, gestehen mußte, ein Bischof überträfe selbst diesen Tausendkünstler an feinem Geschmacke. Auf der Mitte des Tisches stand unter andern ein großer fetter Kalbskopf, ein Lieblingsgericht des Bischofs. Er, der mit Leib und Seele bei Tische war, hatte noch nicht gesprochen. Auf einmal erhob Faust seine Stimme:

»Gnädiger Herr, nehmt mir nicht übel, wenn ich Euch die Eßlust verderben muß; aber es ist mir gar nicht möglich, diesen Kalbskopf da anzusehen, ohne Euch eine schreckliche Geschichte zu erzählen, die sich heute ganz nahe bei Eurem Hoflager zugetragen hat. Auch hoffe ich von Eurer Gerechtigkeit und christlichen Milde, daß Ihr den Beleidigten Genugtuung verschaffen und in Zukunft dafür sorgen werdet, daß Eure Angehörigen die Menschheit nicht mehr auf eine so unerhörte Art verletzen.«

Der Bischof sah verwundert auf, blickte Fausten an und leerte seinen Becher aus.

Faust erzählte mit Wärme und Nachdruck die obige Geschichte, keiner der Anwesenden schien darauf zu horchen; der Bischof aß fort.

Faust. Mich dünkt doch, ich rede hier zu einem Bischofe, einem Hir-

ten seiner Herde, und sitze mit Lehrern und Predigern der Religion und christlichen Liebe zu Tische.
Herr Bischof, seid Ihr es oder nicht?
Der Bischof sah ihn verdrießlich an, ließ den Haushofmeister rufen und fragte: »He, was ist denn das mit dem Bauer da, der sich wie ein Narr den Hals abgeschnitten hat?«
Der Haushofmeister lächelte, erzählte die Geschichte wie Faust und setzte hinzu: »Ich habe ihm darum das fette Kalb genommen, weil es eine Zierde Eurer Tafel und für die Frankfurter, denen er's verkaufen wollte, zu gut ist. Der Amtmann hat ihn gepfändet, weil er immer ein schlechter Wirt war und seit drei Jahren seine Gebühren nicht bezahlt hat. So verhält sich's, gnädiger Herr, und wahrlich, kein Bauer soll mir etwas Gutes aus dem Lande führen!«
Bischof. Da hast du recht. – *Zu Faust.* Was wollt Ihr nun? Ihr seht doch, daß er wohlgetan hat, dem Bauer das Kalb zu nehmen; oder meint Ihr, die Frankfurter Bürger sollten die fetten Kälber meines Landes fressen und ich die magern?
Faust wollte reden.
Bischof. Hört Ihr, eßt, trinkt und schweigt. Ihr seid der erste, der an meiner Tafel von Bauern und solchem Gesindel spricht, und wenn Euch Euer Rock nicht zum Edelmann machte, so müßt' ich denken, Ihr stammt von Bettlern her, weil Ihr ihnen so laut das Wort redet. Wißt, ein Bauer, der seine Gebühren nicht bezahlen kann, tut ebenso wohl, daß er sich den Hals abschneidet, als gewisse Leute tun würden, zu schweigen, wenn sie einem die Eßlust mit unnützem Gerede verderben. – Haushofmeister, das ist ja ein vortrefflicher Kalbskopf –
Haushofmeister. Es ist eben der von Hans Ruprechts Kalbe.
Bischof. So! So! Gib ihn her und reiche mir die Würze. Ich will ihm ein Ohr herunterschneiden – es wird auch dem Schreier dort schmecken.
Der Haushofmeister stellte die Schüssel vor den Bischof. Faust raunte dem Teufel etwas ins Ohr, und in dem Augenblick, da der Bischof das Messer an den Kalbskopf setzte, verwandelte ihn der Teufel in den Kopf Ruprechts, der wild, gräßlich und blutig dem Bischof in die Augen starrte. Der Bischof ließ das Messer fallen, sank rücklings in Ohnmacht, und die ganze Gesellschaft saß da in lebloser Lähmung des Schreckens.
Faust. Herr Bischof und ihr geistlichen Herren, laßt euch nun diesen da christliche Milde vorpredigen!
Er brach mit dem Teufel auf.

Georg Forster
Die Sprache der Vernunft

Johann Georg Adam Forster, 1754 bis 1794, nahm mit achtzehn Jahren als Begleiter seines Vaters an der zweiten Weltumseglung von Kapitän James Cook, 1772 bis 1775, teil. Später lebte er als Professor in Kassel und Wilna, 1788 als Bibliothekar in Mainz, wo er 1793 Präsident des revolutionären Jakobinerklubs wurde. Die Rede *Über das Verhältnis der Mainzer gegen die Franken,* aus der ein Ausschnitt folgt, hielt Forster am 15. November 1792 vor der *Gesellschaft der Volksfreunde.* Im Mai 1792 war der österreichisch-preußische Koalitionskrieg gegen Frankreich ausgebrochen, im September traten die Preußen bei Valmy den Rückzug an, und am 21. Oktober 1792 besetzte die republikanische Armee die Stadt Mainz. Der Kurfürst von Mainz, der auch gegen Paris marschiert war, floh beim Herannahen der Franzosen: die Witwen- und Waisenkasse hatte er mitgenommen! Die Pariser Regierung befahl, daß sich Mainz durch Wahlen eine demokratische Verwaltung geben solle. Im März 1793 konstituierte sich ein rheinisch-deutscher Nationalkonvent, als dessen Abgesandter Forster in Paris den Anschluß des linken Rheinufers an Frankreich forderte. In Deutschland wurde er nun als Landesverräter geächtet. In seinen *Ansichten vom Niederrhein, von Brabant, Flandern, Holland, England und Frankreich,* 1790, entwirft Forster ein politisch-kulturell-soziales Gesamtbild dieser Gegenden; diese Skizzen sind das Dokument einer Reise, die er gemeinsam mit Alexander von Humboldt von April bis Juni 1790 unternahm. Heinrich Reintjes schreibt in seiner Biographie Forsters *Weltreise nach Deutschland:* ›Aufklärung, das Zauberwort seiner Zeit, war ihm kein fernes Ideal, sondern ein notwendiges Element wie die Luft zum Atmen. Seine Reise fand ein Ziel: die Freiheit des Bürgers, die Republik. Das kam über ihn, es wurde sein Schicksal, und er hat es sehenden Auges angenommen. Er tat das, wovon die anderen nur reden durften, und um Gottes willen nicht zu laut: er ließ die Aufklärung praktisch werden. Tat's auch für seine Deutschen, als es soweit war; ihre Misere wollte er nicht ertragen. Da wandten sie sich ab. Sie konnten ihn nicht mehr verstehen. Sie hatten seine Jugend nicht: die großen Ebenen nicht und nicht die große Stadt; die Befreiung Amerikas nicht und nicht die Junius-Briefe. Er kämpfte den einsamen Kampf gegen Dummheit und Adelsstolz – und sie verleugneten ihn bis heute. Die Weltreise nach Deutschland endete in Paris, wo unsere neue Welt geboren wurde.‹
Lesehinweis: K. A. Varnhagen von Ense, *Denkwürdigkeiten und vermischte Schriften,* Bd. 1, Leipzig 1843.

Mitbürger! Die Ränke und heimlichen Intrigen der Übelgesinnten scheinen es mit jedem Tage dem guten Bürger dringender ans Herz zu legen, daß er ihnen gesunde Vernunft und offenherzigen, lauten Widerspruch entgegensetze. Ich bitte daher mit Vertrauen auf eure brü-

derliche Zuneigung um eure Aufmerksamkeit, indem ich willens bin, euch von unserm Verhältnis zu den Franken zu unterhalten und womöglich einige der schwachen Einwendungen zu widerlegen, welche die Feinde des gemeinen Wohls sorgfältig unter das Volk ausstreuen, welche manche vielleicht Gutmeinende, aber Irregeführte ihnen nachbeten, welche endlich die Absicht haben, zwischen uns und der Frankenrepublik allerlei Dämme und Scheidemauern zu errichten, im Grunde aber nur durch ihre Menge und durch die heimliche Art ihrer Fortpflanzung als Werke der Finsternis wichtig sind.
Zuerst will ich der Mißverständnisse erwähnen, welche zwischen unsern Brüdern, den Franken, und uns etwa aus der Verschiedenheit des Nationalcharakters entspringen könnten, welche man aber auf eine hinterlistige Art so sehr zu vergrößern sucht, daß man sie als Beweise von der vermeinten großen Schwierigkeit einer politischen Vereinigung zwischen beiden Nationen anzuführen sich nicht entblödet.
Bisher war es eine schlaue Politik der Fürsten, die Völker sorgfältig voneinander abzusondern, sie an Sitten, Charakter, Gesetzen, Denkungsart und Empfindung gänzlich voneinander verschieden zu erhalten, Haß, Neid, Spott, Geringschätzung einer Nation gegen die andere zu nähren und dadurch ihre eigene Oberherrschaft desto sicherer zu stellen. Umsonst behauptete die reinste Sittenlehre, daß alle Menschen Brüder sind; dieselbe Innung, die einen besonderen Beruf zu haben vorgab, das zu lehren, hetzt diese Brüder gegeneinander auf; denn ihr verderbtes und versteinertes Herz erkannte keinen Bruder. Die Befriedigung ihrer oft niedrigen, oft bitteren Leidenschaften, ihr stolzes Ich ging ihnen über alles und ließ kein Mitgefühl in ihnen emporkommen. Herrschen war ihre erste und letzte Glückseligkeit, und um ihre Herrschaft zu erweitern, gab es kein zuverlässigeres Mittel, als diejenigen, die sich schon unter ihrem Joch befanden, zu blenden, zu täuschen und sodann – zu plündern.
Unter den tausenderlei Erfindungen, womit sie ihre Untergebenen zu hintergehen wußten, gehört auch diese, daß sie sich's sorgfältig angelegen sein ließen, den Glauben an erbliche Unterschiede unter den Menschen allgemein zu verbreiten, durch Gesetze zu erzwingen und durch gedungene Apostel predigen zu lassen. Einige Menschen, hieß es, sind zum Befehlen und Regieren, andere zum Besitz von Pfründen und Ämtern geboren; der große Haufe ist zum Gehorchen gemacht; der Neger ist seiner schwarzen Haut und seiner platten Nase wegen schon zum Sklaven des Weißen von der Natur bestimmt; und was dergleichen Lästerungen der heiligen gesunden Vernunft noch mehr waren.
Aber sie sind verschwunden von unserm gereinigten, der Freiheit und

Gleichheit geweihten Boden, sie sind auf ewig in das Meer der Vergessenheit geworfen, diese Denkmäler der Bosheit der wenigen und der Schwachheit und Verfinsterung der Menge. Frei sein und gleich sein, der Sinnspruch vernünftiger und moralischer Menschen, ist nunmehr auch der unsrige geworden. Für den Gebrauch seiner Kräfte, des Körpers und des Geistes, fordert jeder gleiches Recht, gleiche Freiheit; und nur die Verschiedenheit dieser Kräfte selbst bestimmt die verschiedene Art ihrer Anwendung und Nützlichkeit. Du Glücklicher! dem die Natur große Vorzüge des Geistes oder auch gewaltige Leibesstärke geschenkt hat, bist du nicht zufrieden, zu so großem Genusse deiner eigenen Kräfte ausgestattet zu sein? Wie darfst du dem, der schwächer ist als du, das Recht versagen, mit seinem geringern Maß von Kräften anzufangen, was er kann und was er ohne Nachteil eines andern will?

Dies, Mitbürger, ist die Sprache der Vernunft, die so lange verkannt und erstickt worden ist. Daß wir sie hier laut reden dürfen, hier, wo sie nie ertönte, solange nicht der Auswurf des Menschengeschlechts, nämlich ausgeartete, schwachsinnige Privilegierte, hier ihre besseren, nicht privilegierten Brüder verdrängten – daß wir diese Sprache reden, wem andern verdanken wir es als den freien, den gleichen, den tapferen Franken?

Es ist wahr, man hat dem Deutschen von Jugend auf eine Abneigung gegen seinen französischen Nachbarn eingeflößt; es ist wahr, ihre Sitten, ihre Sprache, ihre Temperamente sind verschieden; es ist wahr, als die grausamsten Ungeheuer noch in Frankreich herrschten, da rauchte unser Deutschland auf ihr Geheiß.

Laßt euch aber nicht irreführen, Mitbürger, durch die Begebenheiten der Vorzeit; erst vier Jahre alt ist die Freiheit der Franken, und seht, schon sind sie ein neues, umgeschaffenes Volk; sie, die Überwinder unsrer Tyrannen, fallen als Brüder in unsre Arme, sie schützen uns, sie geben uns den rührendsten Beweis von Brüdertreue, indem sie ihre so teuer erkaufte Freiheit mit uns teilen wollen – und dies ist das erste Jahr der Republik! So kann die Freiheit im Herzen der Menschen wirken, so heiligt sie sich selbst den Tempel, den sie bewohnt!

Was waren wir noch vor drei Wochen? Wie hat die wunderbare Verwandlung nur so schnell geschehen können, aus bedrückten, mißhandelten, stillschweigenden Knechten eines Priesters in aufgerichtete, lautredende, freie Bürger, in kühne Freunde der Freiheit und Gleichheit, bereit, frei zu leben oder zu sterben! Mitbürger! Brüder! Die Kraft, die uns so verwandeln konnte, kann auch Franken und Mainzer verschmelzen zu einem Volk! Unsere Sprachen sind verschieden; – müssen es darum auch unsere Begriffe sein?

Sind Liberté und Egalité nicht mehr dieselben Kleinode der Menschheit, wenn wir sie Freiheit und Gleichheit nennen? Seit wann hat es die Verschiedenheit der Sprachen unmöglich gemacht, demselben Gesetz zu gehorchen? – Herrscht nicht Rußlands Despotin über hundert Völker von verschiedenen Zungen? Spricht denn nicht der Ungar, der Böhme, der Österreicher, der Brabanter, der Mailänder seine eigene Sprache, und sind sie nicht alle eines Kaisers Knechte? Und hießen nicht einst die Einwohner der halben Welt Bürger von Rom? – Es wird doch freien Völkern nicht schwerer werden, sich gemeinschaftlich zu den ewigen Wahrheiten, die in der Natur des Menschen ihren Grund haben, zu bekennen, als es den Sklaven war, einem Herrn zu gehorchen?

Damals, als Frankreich noch unter der Peitsche seiner Despoten und ihrer abgefeimten Werkzeuge stand, war es ja das Muster, nach welchem sich alle Kabinette bildeten! Damals fanden Fürsten und Edle nichts so ehrenvoll, als ihre Muttersprache zu verleugnen, um schlechtes Französisch noch schlechter auszusprechen. Doch seht! Die Franken zerbrechen ihre Ketten, sie sind frei – und plötzlich ändert sich der ekle Geschmack des lispelnden und lallenden Aristokraten; die Sprache freier Männer verwundet seine Zunge; gern möchte er uns jetzt überreden, daß er durch und durch ein Deutscher sei, daß er sich sogar der französischen Sprache schäme, um hinterdrein mit dem Wunsch hervorzutreten, daß wir doch nicht den Franken nachahmen sollten. Hinweg mit diesen hinterlistigen, diesen schwachen Eingebungen! Was wahr ist, bleibt wahr, in Mainz wie in Paris, und es mag gesagt werden wo und in welcher Sprache man will.

Die Torheiten und Laster der Nachbarn, da sie noch von ihren Tyrannen mißleitet wurden, drang man mit lächerlicher und strafbarer Nachahmungssucht dem Deutschen auf, man schämte sich nicht, dem Volke darin mit verderblichem Beispiel voranzugehen – und jetzt, da wir Weisheit, Tugend, Glückseligkeit – kurz Freiheit und Gleichheit aus ihrer Hand erhalten können, will man uns warnen vor dem fränkischen Beispiel? Wer durchschaut nicht diese armseligen, ohnmächtigen Künste der sterbenden Aristokratie?

Immer entzweite die Aristokratie die Menschen miteinander, immer säte sie Zwiespalt und Haß, um ihre Herrschaft sicher zu gründen; jetzt, in ihrem gefallenen Zustande, streut sie noch erdichtete Nachrichten, verleumderische Anklagen, heimtückischen Verdacht, leere Drohungen und tausendfache Schrecken unter das Volk, um Zeit zu gewinnen, um uns in Untätigkeit zu versenken, um Lauigkeit und Betäubung hervorzubringen und sich den Weg zur Tyrannei von neuem zu bahnen. –

Ich erinnere noch einmal, daß die Feinde des Bürgers geschäftig sind, ihr Gift überall einzumischen, damit nur Mainz still sitze, damit es fürchte und warte, mit einem Wort: damit es nimmermehr frei werde! Dies ist der wichtige Punkt, wohin ich eigentlich kommen mußte, um von unserm Verhältnis zu den Franken zu reden.
Hütet euch, Mitbürger, vor denen, die euch raten, die Hände in den Schoß zu legen und der Freiheit nicht entgegenzukommen; traut den Ohrenbläsern nicht, die euch gern beschwatzen möchten, die alte Tyrannei unter einem neuen Namen wieder anzunehmen.
Dies ist aber ein Zeitpunkt, wo kein guter Bürger unentschieden bleiben darf; jeder muß jetzt zum allgemeinen Besten seinen kleinen Beitrag liefern, und vor allem ist jeder schuldig, jetzt seine wahren Gesinnungen an den Tag zu legen. Nach diesen Grundsätzen, liebe Brüder, richtet mich. Ich finde mich in meinem Gewissen gedrungen, öffentlich zu bekennen:
1. Daß mir die freieste Verfassung die beste scheint.
2. Daß wir es vor Gott und der Welt nicht verantworten können, wenn wir die Gelegenheit, wo wir eine Verfassung bekommen können, von uns stießen.
3. Daß man jedesmal, sooft es auf das dauerhafte Glück einer ganzen Stadt und eines ganzen Landes ankommt, auf einzelne Personen keine Rücksicht nehmen, viel weniger der Befriedigung einiger wenigen, wenn sie auch sonst unbescholten wären, die Freiheit und die damit verbundene moralische Veredlung aller aufopfern darf.
Endlich 4., daß dies der glückliche, erwünschte Zeitpunkt wirklich ist, wo wir alle Kräfte anspannen müssen, um die Freiheit und Gleichheit, die unsere fränkischen Brüder uns darbieten, mit Eifer und warmen Dankgefühlen anzunehmen und mit Mut bis in den Tod für ihre Beibehaltung zu streiten.
Alle diese Sätze sind so wahr in sich selbst, tragen das Siegel der Wahrheit so deutlich an der Stirne, daß man ohne Wahnsinn das Gegenteil nicht behaupten kann.
Eine Macht gibt es auf Erden, die sollten alle vernünftigen Menschen erkennen; die Macht der Wahrheit meine ich, deren unwiderstehlicher Andrang jedes Hindernis überwältigen und die unumschränkte Triebfeder unserer Handlungen werden muß. Nicht euch, Freunde der Freiheit und Gleichheit, nicht euch, die ihr auf dieses Grundgesetz geschworen habt, fordere ich hier auf, der Wahrheit die Ehre zu geben und ihr gemäß zu wirken. Ihr bedürft meiner Aufforderung nicht, ihr seid schon durch den Eintritt selbst in unsern Bund zu Söhnen der Freiheit, zu rastlos wirkenden Freunden und Wohltätern des Menschengeschlechts, zu Mitkämpfern der freien Franken gestempelt.

Aber euch, Zuhörer und Mitbürger, die ihr noch nicht im heiligen Bunde der Brudertreue zu den Fahnen der Freiheit schwurt, euch muß ich hier noch einige Worte ins Herz reden. Ist eure Ehre euch gleichgültig oder nicht? Haltet ihr etwas auf euern guten Namen? Liegt euch daran, daß Franken euch hochschätzen und Deutsche euer Beispiel bewundern? Verdrießt es euch, wenn man von euerm Phlegma, von eurer Unentschlossenheit, von eurem Kleinmut spricht? Wollt ihr lieber lebhaft fühlende, stark denkende Männer heißen? Soll man glauben, daß ihr wißt, was ihr zu tun habt, daß ihr einen entschiedenen Charakter besitzt, euch nicht von jedem Winde hin- und herbewegen laßt, euch nicht fürchtet vor den Toten, das heißt, vor dem seligen Domkapitel und seinem Fürsten, die das Frankenheer im lustigen Takt des ça ira zu Grabe getragen hat? Soll nicht ewige Schande auf eurem Namen haften, soll die Nachwelt nicht sagen, im Jahr 1792, als die Franken anfingen, die Welt von ihren Tyrannen zu befreien, da waren die Mainzer die einzigen trägen, unentschlossenen, von Sklavensinn und Feigheit niedergedrückten, fühllosen Geschöpfe, die nicht froh der Freiheit entgegenjauchzten, die einzigen, die nicht mit Eifer, mit Männermut, mit Kraft und Tat ihr Glück zu schätzen wußten; sollten nicht eure Kinder einst erröten und sich schämen, wenn man sie Mainzer nennt – so eilt, so strömt hinzu, so drängt euch heran und zeichnet eure Namen in das Buch, das die Wünsche freier Männer enthält; so laßt die Franken endlich sehen, wie die Freiheit auch deutsche Männer begeistern kann; so erholt euch von der entehrenden Betäubung, worin ihr noch versunken seid, so verleugnet nicht länger euren Volkscharakter, die Stimmung zur leichten heitern geselligen Freude, zu Scherz und Fröhlichkeit, welche jedes Geschäft erleichtert und jede Arbeit versüßt; so fühlt den ganzen Umfang eures Glücks, so atmet aus freier Brust, so laßt euch nicht länger zurückhalten von dem Recht, das euch gebührt, und tretet, tretet männlich und fest zum Handeln hervor, mit dem stolzen Bewußtsein, daß die Herrschaft dem ganzen Volke gehört!

Friedrich Christian Laukhard
Der Feldzug gegen Frankreich

Friedrich Christian Laukhard, 1758 bis 1822, war der Sohn eines Predigers aus Wendelsheim in der Pfalz, der schon während seines Studiums in Gießen und Marburg verkam, sich dann als Hofmeister, Soldat, Schriftsteller, Pfarrverweser durchs Leben schlug. Seine einzige größere Veröffentlichung ist die Lebensgeschichte, die er in drei Teilen, 1792, 1795 und 1802, schrieb. Er nahm am Ersten Koalitionskrieg gegen Frankreich auf preußischer Seite teil. Seine Schilderungen aus der Perspektive des einfachen Soldaten, der auf seiten der Monarchien gegen die Revolution kämpfte, ergänzen die Beobachtungen, die – von ganz anderem Standpunkt – Goethe machte, den auch ›zwiespältige Empfindungen beim Anblick des Revolutionsheeres vor Valmy und des unsinnigen Treibens im Hauptquartier des fürstlichen Interventionsheeres‹ (Hans Mayer) bewegten.
Lesehinweis: Johann Wolfgang von Goethe, *Die Kanonade von Valmy,* in *Kampagne in Frankreich 1792.*

Den 19. August, an welchem wir in Frankreich einrückten, werde ich nicht vergessen, solange mir die Augen aufstehen. Als wir früh aus unserem Lager aufbrachen, war das Wetter gelinde und gut; aber nach einem Marsche von zwei Meilen mußten wir haltmachen, um die Kavallerie und Artillerie vorzulassen; und während dieses Halts fing es an jämmerlich zu regnen. Der Regen war kalt und durchdringend, so daß wir alle rack und steif wurden. Endlich brachen wir wieder auf und postierten uns nächst einem Dorfe, das Brehain la ville hieß, eine gute Meile von der deutschen Grenze.
Der Regen währte ununterbrochen fort, und weil die Packpferde weit zurückgeblieben waren, indem sie wegen des gewaltig schlimmen Weges nicht voran konnten, so mußten wir unter freiem Himmel aushalten und uns bis auf die Haut durchnässen lassen. Da hätte man das Fluchen der Offiziere und Soldaten hören sollen!
Endlich wurde befohlen, daß man einstweilen für die Pferde furagieren und aus den nächsten Dörfern Holz und Stroh holen sollte.
Das Getreide stand noch meistens im Felde, weil dieses Jahr wegen des anhaltenden Regens die Ernte später als gewöhnlich gefallen war. Das Furagieren ging so recht nach Feindesart: man schnitt ab, riß aus und zertrat alles Getreide weit und breit und machte eine Gegend, woraus acht bis zehn Dörfer ihre Nahrung auf ein ganzes Jahr ziehen sollten, in weniger als einer Stunde zur Wüstenei.
In den Dörfern ging es noch abscheulicher her. Das unserm Regiment

zunächst liegende war das genannte Brehain la ville, ein schönes großes Dorf, worin ehedem ein sogenannter *Bailli du Roi* seine Residenz gehabt hatte. Um durch Laufen mich in Wärme zu setzen, lief ich mit vielen anderen auch nach diesem Dorf, wo wir Holz und Stroh holen sollten. Ehe aber diese Dinge genommen wurden, durchsuchten die meisten erst die Häuser, und was sie da Anständiges vorfanden, nahmen sie mit, als: Leinwand, Kleider, Lebensmittel und andere Sachen, welche der Soldat entweder selbst brauchen oder doch an die Marketender verkaufen kann. Was dazu nicht diente, wurde zerschlagen oder sonst verdorben. So habe ich selbst gesehen, daß Soldaten vom Regimente Woldeck ganze Service von Porzellan im Pfarrhof und anderwärts zerschmissen; alles Töpferzeug hatte dasselbe Schicksal. Aufgebracht über diese Barbarei, stellte ich einen dieser Leute zur Rede, warum er einer armen Frau, trotz ihres bitteren Weinens und Händeringens, das Geschirr zerschmissen und ihre Fenster eingeschlagen habe? Aber der unbesonnene, wüste Kerl gab mir zur Antwort: »Was, sackerment, soll man denn hier schonen? Sind's nicht verfluchte Patrioten? Die Kerls sind ja eigentlich schuld, daß wir so viel ausstehen müssen!« Und damit ging's mit dem Ruinieren immer vorwärts. Ich schwieg und dachte so mein Eigenes über das Wort *Patriot* in dem Munde eines – Soldaten. Die Männer aus diesen Dörfern hatten sich alle wegbegeben und bloß ihre Weiber zurückgelassen, vielleicht weil sie glaubten, daß diese den eindringenden Feind eher besänftigen könnten. Aber der rohe Soldat hat eben nicht viel Achtung für das schöne Geschlecht überhaupt, zumal im Kriege, und es gibt wüste Teufel unter ihnen, welche einem Frauenzimmer allen Drang antun können, die aber vor jedem Mannsgesicht aus Feigheit gleich zu Kreuze kriechen. Ich habe davon manch eine Probe gesehen.

Unsere Leute hatten auf den Dörfern die Schafhürden und Schweineställe geöffnet; und so sah man auf den Feldern viele Schafe und Schweine herumlaufen. Diese wurden, wie leicht zu denken steht, haufenweise aufgefangen und nach dem Lager geschleppt. Ich muß gestehen, daß ich mich auch unter den Haufen der Räuber mischte und ein Schaf nach meinem Zelt brachte; ich dachte, wenn du's nicht nimmst, so nimmt es ein anderer; und dieser Grund bestimmte mich, an der allgemeinen Plünderei teilzunehmen. Der rechte Eigentümer, dachte ich ferner, gewinnt doch nichts, wenn auch ich sein Eigentum nicht berühre; ja, ich werde dann noch obendrein für einen Pinsel gehalten, der seinen Vorteil nicht zu benutzen wisse. Kurz, alle Imputabilität des Plünderns gehört, wie mich dünkt, für die Aufseher über die Disziplin und den Lebensunterhalt; diese haben zunächst alles zu verantworten.

Das Hammel- und Schweinefleisch wurde gekocht oder an den Säbel gesteckt und so in der Flamme gebraten und hernach ohne Brot und ohne Salz verzehrt; denn das Brot war uns auch ausgegangen. Und zwar hier zum erstenmal fühlten wir Brotmangel, der uns nach dieser Zeit noch oft betroffen und bitter gequält hat. Das Dorf Brehain la ville und alle anderen in dessen Nähe sahen bald aus wie Räuberhöhlen; selbst das Dorf nicht ausgenommen, worin unser König logierte. Endlich, als es bald dunkel war, kamen die Zelte an, worin wir uns, durchnaß und überaus besudelt, niederlegten und auf dem nassen Boden und Stroh eine garstige Nacht hinbrachten. Die Burschen, welche auf der Wache waren, gingen des Nachts von ihrem Posten in die Dörfer auf Beute.
Das abscheuliche kältende Wetter und das schlechte nasse Lager hatten die Folge, daß schon am anderen Tage gar viele Soldaten zurück in die Spitäler gebracht werden mußten, weil sie das Fieber hatten und nicht mehr mitmarschieren konnten.
Die armen Leute in den Dörfern, welche sich nun ihres Auskommens auf lange Zeit beraubt sahen, schlugen die Hände zusammen und jammerten erbärmlich; aber unsere Leute ließen sich von dem Angstgeschrei der Elenden nicht rühren und lachten ihnen ins Gesicht oder schalten sie Patrioten und Spitzbuben.
Wegen des Plünderns hörte ich noch am nämlichen Tage zwei Offiziere – es war ein Kapitän und ein Major – dies miteinander reden:
Major: Aber, bei Gott, es ist doch eine Schande, daß gleich am ersten Tage unseres Einmarsches solche Greuel verübt werden!
Kapitän: Oh, verzeihen Sie, Herr Obristwachtmeister, das ist eben unser Hauptvorteil, daß dies gleich geschieht.
Major: Nun, lassen Sie hören, wie und warum.
Kapitän: Sehn Sie, das geht heute vor, und zwar etwas stark, ich gestehe es; aber nun macht das auch einen rechten Lärm in ganz Frankreich. Jeder spricht: So machen's die Preußen! So plündern die Preußen! So schlagen die Preußen den Leuten das Leder voll!
Major: Das ist eben das Schlimme, daß man nun so in ganz Frankreich herumschreien wird. Das wird uns wahrlich wenig Ehre machen.
Kapitän: Ei was Ehre! Es schreckt doch die Patrioten ab. Sie werden denken: machen's die Preußen schon am ersten Tage so, was werden sie noch tun, wenn sie weiterkommen? Da werden die Spitzbuben desto eher zum Kreuze kriechen.
Major: Meinen Sie? Nein, mein Lieber, es wird die Nation erbittern und selbst die wider uns aufbringen, die es bisher noch gut mit uns gemeint haben. Und wirklich, das heißt doch nicht Wort halten!

Kapitän: Wieso, Herr Obristwachtmeister?
Major: Hat nicht der Herzog im neulichen Manifest den Franzosen versprochen, daß er als Freund kommen und bloß die Herstellung der inneren Ruhe zum Zwecke haben wolle? Das heißt aber schön als Freund kommen, wenn man die Dörfer ausplündert, die Felder abmäht und Leuten, die uns nichts getan haben, das Fell ausgerbt. Pfui, pfui!
Kapitän: Das ist aber doch Kriegsmanier!
Major: Der Teufel hole diese Kriegsmanier! Ich sage und bleibe dabei: das heutige Benehmen der Truppen und ihr verdammtes Marodieren wird uns mehr schaden, als wenn wir eine Schlacht verloren hätten!
Kapitän: Herr Obristwachtmeister, innerhalb drei Wochen ist die ganze Patrioterei am Ende; in drei Wochen ist Frankreich ruhig, und wir haben Frieden. Wollen Sie wetten? Ich biete zehn Louisdor.
Major: Topp: wenn in drei Wochen Friede ist, so haben Sie gewonnen!
Der Hauptmann schlug ein, und – zahlte hernach bei Luxemburg auf dem Rückzuge zehn Louisdor!
Der Herzog erfuhr die Plündereien nicht so bald, als er sie gleich aufs schärfste untersagen ließ. Allein was half's! Anfangs folgte man; aber hernach, besonders auf dem Rückzug, ging's, trotz mancher exemplarischen Bestrafung, oft sehr arg.
Ich hasse zwar die französischen Räuber und ihre Barbareien in der Pfalz so sehr, als man es nur kann: denn ich bin ja selbst ein Pfälzer; aber die Invasion und die Räubereien der Deutschen in Lothringen und in Champagne kann ich auch nicht loben. Man muß jedem sein Recht widerfahren lassen, dem Deutschen und dem Franzosen, damit wir selbst billiger und toleranter werden und uns so gegenseitig desto eher wieder aussöhnen.
Ich habe mich mit Lothringern mehrmals unterhalten und mit Vergnügen vernommen, daß sie durch die Revolution von jeder Seite durchaus gewonnen hätten. Die schrecklichen Abgaben, sagten sie, wären nicht mehr; jetzt könnten sie auch an sich denken, bauen, anderen aushelfen, ihres Lebens wie ihrer Arbeit froh werden, einen Notpfennig ersparen. Die vielen Akzisen hätten aufgehört, das grobe Wild verwüstete ihre Fruchtfelder nicht weiter, kurz, sie fühlten jetzt, daß sie Menschen wären und nicht mehr Sklaven des Edelmanns und der Priester usw.
Man muß, dünkt mich, bei einer Revolution nicht die vornehmen Kasten der Städter, noch weniger die Kaufleute, Juden, Wucherer, besoldeten Gelehrten und Dienstleute, am allerwenigsten diejenigen fra-

gen, welche bloß vom alten Systeme, von den Vorurteilen, dem Aberglauben und von dem Luxus der Nation sich zu nähren vorher gewohnt waren. Diese Leute sind alle nicht in der Lage, einen richtigen Begriff von der Staatsänderung anzugeben, denn sie haben dabei verloren, und ihr Verlust hindert sie, den Gewinn des Ganzen gehörig zu würdigen. Man frage den Landmann, den Handwerker, der nötige Sachen macht, kurz, die erwerbende Klasse, nicht die verzehrende, nicht den Höfling, den Priester, den Friseur oder das Modemädchen, und man wird von der Revolution richtiger urteilen lernen. Dabei aber bedenke man ja beständig, daß man eine Revolution vor Augen habe und daß bei einer Revolution, besonders wenn sie von allen Seiten durch in- und ausländische Angriffe bestürmt wird, gar viel Abscheuliches und Grausiges vorfallen müsse. Dies nebenher!
Wir hatten unter anderen schlimmen Posten auch die sogenannte Leimgrube, dicht an einer Rheininsel, zu besetzen. Diese Grube wurde von unseren Leuten bald die Mordgrube genannt, weil alle Tage mehrere daselbst erschossen wurden. Denn auf der Insel, welche nur durch einen schmalen Kanal davon getrennt war, standen die Franzosen, und sobald sich nur einer von uns über den aufgeworfenen Damm mit dem Kopf erhob, schossen sie so gewiß, daß sie ihm allemal das Hirn zerschmetterten. In diesem Mordloch liegen viele von den Unsrigen begraben; von unserem Bataillon allein büßten mehr als dreißig Mann ihr Leben da ein.
Die Franzosen waren, wie gesagt, nur durch einen schmalen Kanal von unserem Posten getrennt, und sonach konnte man gegenseitig alles hören, was auf dieser oder jener Seite gesprochen wurde, wenn man nur vernehmlich sprach. Merkten nun die Deutschen, daß auch Deutsche unter den Franzosen waren, so ging sofort das Geschimpfe an, welches zuweilen viele Stunden immer im nämlichen Tone fortging, endlich bloß zum Spaße. Ich will einen solchen Schimpfdialog hier anführen, nur um zu zeigen, daß auch die kühnsten Ideen ohne Wirkung bleiben, sobald sie familiär werden, zumal Ideen vom Feinde.
Preuße: Höre, du sakkermentscher Patriot, wirst du bald die Schwerenot kriegen?
Franzose: Elender Tyrannenknecht, sag, wird dich dein Korporal bald lahm- oder totprügeln müssen?
Preuße: Du verfluchter Königsmörder!
Franzose: Du niederträchtiger Sklav!
Preuße: Ihr Spitzbuben habt euren König ermordet, und dafür müßt ihr alle zum Teufel fahren.
Franzose: Wenn ihr keine Hundsfötter wäret, so würdet ihr es allen

Tyrannen ebenso machen! Wenn ihr das tätet, so wäret ihr noch Menschen, so aber seid ihr Tyrannensklaven und verdient alle Prügel, die ihr bekommt.
Preuße: Ihr habt noch alle eure Strafen vor euch. Die ganze Christenheit wird euch angreifen und eure gottlosen Taten bestrafen.
Franzose: Laßt sie doch kommen, die ganze Christenheit mit dem ganzen Heer des Teufels und mit der Armee des Erzengels: wir fürchten uns nicht!
Preuße: Aber Mainz müßt ihr hergeben; das soll euch der Teufel nicht danken!
Franzose: Laß auch Mainz zum Teufel fahren; glaubt ihr denn, wir scheren uns um so ein Rackernest, wie Mainz ist? Da steckt noch alles voll Pfafferei und Adel. Aber so leicht sollt ihr's doch nicht kriegen!
Preuße: Wenn ihr nur euren König nicht umgebracht hättet.
Franzose: Kamerad, sei kein Narr! Es ist nun einmal so, und weil's einmal so ist, daß wir keinen König mehr haben, so wollen wir auch dafür sorgen, daß weder euer König noch der Kaiser, noch der Teufel uns einen wiedergeben soll.
Preuße: Aber wo kein König ist, da sind auch keine Soldaten.
Franzose: Oh, du armer Kerl, du, wie räsonnierst du so dumm! Ja freilich, solche Soldaten gibt es dann nicht wie du und deinesgleichen. Ihr seid Sklaven, leibeigene Knechte, die einen Tyrannen über sich haben müssen, der ihnen kaum halb satt zu essen gibt und sie prügeln, Spießruten laufen und krumm schließen läßt, wenn's ihm einfällt. Solche Soldaten sind wir nicht. Wir sind freie Leute, republikanische Krieger!
Preuße: Das ist aber bei uns anders; wir haben einen Herrn, dem wir gehorchen müssen.
Franzose: Weil ihr gehorchen wollt usw. usw.
Solche Gespräche fielen oft vor, und man hatte seinen Spaß daran und lachte darüber.

Johann Gotthilf August Probst
Handwerksbarbarei

Johann Gotthilf August Probst, 1759 bis 1830, ließ sein kleines Buch *Handwerksbarbarei oder die Geschichte meiner Lehrjahre* anonym im Jahr 1790 erscheinen. Sein *Beitrag zur Erziehungsmethode deutscher Handwerker,* so der Untertitel, ist eine der wenigen authentischen Darstellungen von Lebensweise und Lebenshaltung eines Berufsstandes, der in der Folgezeit unentwegt Figuren für idealisierende, romantische und verlogene Darstellungen liefern mußte. Probst verließ den erlernten Beruf des Seilers bald, wurde zuerst Lehrer am Freimaurererziehungsinstitut in Friedrichsstadt und später Direktor des Landesarbeitshauses in Colditz.

Lesehinweis: *Reisetagebuch des wandernden Leinewebergesellen Benjamin Riedl (1803 bis 1816),* Goslar 1938;
Johann Wolfgang von Goethe, *Wilhelm Meisters Wanderjahre,* 3. Buch, 5. Kapitel.

Ich wurde in einer mittelmäßigen Stadt der preußischen Staaten erzogen, wo mein Vater sich von der Seilerprofession nährte. Ich weiß nicht, woher es kam, daß mein Vater alle seine acht Söhne anhielt, seine Profession zu erlernen, und daß kein einziger von diesen auf den Einfall kam, künftig auf eine andre Art sein Brot zu erwerben. Es ist dies um so wunderbarer, da mein Vater selbst die beiden ersten verunglücken sah; hätte er länger gelebt, so sähe er die übrigen ebenso nahrungslos als die ersten. Er starb aber, da ich gerade im vierzehnten Jahre war. Sosehr ich mich nach etwas anders als nach der Seilerprofession sehnte, so drang doch meine rechtschaffene Mutter darauf, indem sie für ihre Erziehung eine Stütze im Alter an mir haben wollte. Nun konnte ich aber unmöglich zu Hause so viel lernen, als zu einem tüchtigen Meister oder Gesellen erfordert wird, weil wir nur abwechselnd einen Gesellen hielten, deshalb wurden lauter gute Freunde weiblichen Geschlechts konsultiert und beschlossen, daß ich außer dem Hause getan werden sollte. Es waren gerade zu der Zeit alle Werkstätten, wo Lehrjungen angestellt werden konnten, besetzt, und zweimal machte es meine Mutter dem Handwerk bekannt, daß man für mich einen Meister finden möchte. Nach einigen fruchtlosen Versuchen fand sich endlich einer, der mich zu lehren sich entschloß. Im Anfange war er sehr freundlich, und sooft er mit jemandem sprach, lächelte er. Er war erst vor einem Jahre Meister geworden und etwas über dreißig Jahre alt und zwölf Jahre teils in der Fremde, teils unter den Soldaten gewesen. Seine Forderungen spannte er sehr hoch, anfangs forderte er vierzig, dann fünfzig Rtlr. Allein da durch den Tod meines Vaters die Kasse meiner Mutter sehr erschöpft wurde, indem so viele Kinder, außer mir, ihre Erbanteile dahinnahmen, so konnte sie ihm soviel nicht bewilligen; und wollte Gott, sie hätte in Ewigkeit nichts bewilligt! Sie bot ihm endlich zwanzig Rtlr. und ein Bett, womit er dann auch zufrieden schien. Ich trat also den zwanzigsten Juni 1774 meine Lehrzeit an. Anfangs ging es mir, wie es vielleicht allen meinen Mitbrüdern gehen mag, gut, und er scherzte oft mit mir. Das war denn eine herrliche Sache für mich, und alle Geschäfte tat ich mit Freuden. Ich war so mit Leib und Seele diesem Mann ergeben, daß ich durchs Feuer für ihn gelaufen wäre.

In der Zeit war nun wieder eine Magd angenommen worden.

Allein in fünf Wochen liefen drei, weil sie des Diebstahls beschuldigt worden, davon. Es ging dies sehr natürlich zu, und auch ich hätte durch ein kleines Versehen leicht sehr übel ankommen können. Ich wurde nämlich mit Verwunderung gewahr, wie schlecht man in diesem Hause mit dem Gelde umging. In allen Stuben, Kammern, auf dem Boden, wo ich hinkam, lagen Drei- und Sechspfennigstücke, welche ich alle überbrachte: Das konnte mir unmöglich bei meiner wenigen Weltkenntnis einfallen, daß man die Absicht hatte, meine Ehrlichkeit auf die Probe zu stellen. Ich entging aber glücklich diesem boshaften Fallstrick, der so leicht den Unschuldigen zum Diebe machen kann. Bisher war wenig an die Arbeit bei der Profession gedacht worden, allein nun sollte das Versäumte mit einmal ersetzt werden. Ich wurde nun an verschiedene Arten derselben gebracht. Es wäre zu wünschen gewesen, daß ich das alles, was mir in ein paar Minuten gewiesen wurde, auch sogleich hätte fassen und nachmachen können, da aber jede Wissenschaft und Kunst bald mehr, bald weniger Zeit zur Erlangung der begehrten Fertigkeit erfordert, so mußte ich mir, da es unmöglich war, alles sogleich so zu verfertigen, als es mir gewiesen wurde, gefallen lassen, daß mein Meister das volle Gewicht seiner Ungeduld und gewaltigen Hand meine Backen und meinen Rücken fühlen ließ. Da er so wenig Lust zur Arbeit hatte, so forderte er desto mehr von mir. Seine Lehrmethode dabei war folgendergestalt. Erst trat er hin und machte mir die Sache zweimal vor, dann gebot er mir unter den fürchterlichsten Drohungen, es auch so zu machen: Er habe mir es nun gewiesen, und wenn ich keine Lust habe, so wolle er mir schon welche einbleuen. Und nun ging's die Treppe hinunter; statt daß er mir bei der Arbeit hätte zu Hilfe kommen sollen, überließ er mich mir selbst, der ich noch mit allen Kunstgriffen unbekannt war. Wie oft stand ich tränenvoll da und beseufzte meinen unglücklichen Zustand! Denn ich konnte immer schon erraten, welche Behandlung mir bevorstand, wenn ich nicht nach dem Befehl des Meisters gearbeitet hatte. Zum Glück dauerten dergleichen qualvolle Stunden nicht lange, denn bald wurde ich gerufen, häusliche Geschäfte zu verrichten. Allein, wenn er dann kam, nachzusehen, was ich mittlerweile gemacht hatte, welches oft in einigen Tagen erst geschah, wenn er dann sah, wie schlecht und nicht selten zum Schaden ich gearbeitet hatte, so erhob sich ein solches Donnerwetter, daß mir noch jetzt die Haare zu Berge stehen, wenn ich daran denke. Fluchen, Drohungen, Reden, die wie zweischneidige Schwerter mich durchbohrten, und dann eine ungemeßne Tracht Schläge, daß ich oft ohnmächtig daniedersank, waren dann mein Teil. Wenn einige Stunden nach so grausamer Behandlung vorüber waren, so gab er mir gemeiniglich eine leichtere Arbeit, weil sein Gewissen ihn folterte, und er pflegte dann gewöhnlich sehr gütig gegen mich zu sein, nur durfte ich nicht merken lassen, daß mir das Vorhergegangene schmerzlich wäre, sonst wurde er aufs neue wütend. So vergingen traurige achtzehn Wochen, als ich das Unglück hatte, daß ein Henkeltopf in meiner Hand zerbrach, wobei ich noch ohnedem vorsichtig genug gewesen war. Da ich nie gewohnt war, ihn zu belügen, so zweifelte ich gar nicht, er werde mir keine Vorwürfe deshalb machen, wenn ich es ihm geradezu sagte, wie der kleine Verlust sich zugetragen habe. Ich ging geschwind zu meiner Mutter, und diese gab mir ein ebensolches Gefäß, das jedoch eine andre Farbe hatte. So kam ich nach Hause. Anfänglich sagte er nicht viel, aber seine Ehehälfte desto mehr. Meine Mutter, als eine verständige, erfahrne und betagte Frau, mochte ihr vielleicht einmal nicht hochachtungsvoll genug begegnet haben, weswegen sie einen innern Grimm gegen sie und mich gefaßt hatte. Sie blökte mir schon in der Tür entgegen: den Topf zerbrochen? Denjenigen, welchen ich an dessen Statt mitgebracht hatte, tadelte sie im höchsten Grad, weil er durchaus nicht so als der zerbrochene sei. Nun gab man mir das Geld, was der Topf wert war, zurück, um mich gegründeter mißhandeln zu können, allein da ich das merkte, so weigerte ich mich, das Geld zu nehmen, aber dadurch machte ich es nur schlimmer, denn nun fing er sogleich an, unbarmherzig mit Schlägen auf mich einzudringen. Ich fühlte zu lebhaft, wie hart und unmenschlich dies Verfahren sei, um dazu schweigen zu können, und sagte: Wenn Sie fortfahren, mich so zu behandeln, so werde ich meine drei Jahre nicht überleben. –

Es ist bei den Handwerkern mehrenteils gebräuchlich, daß die Lehrjungen ihren Meistern und Gesellen die Schuhe putzen müssen. Dieses hatte auch ich den vorigen Abend, so wie jedesmal, mit größter Sorgfalt verrichtet. Sobald als er mich sah, bewillkommte er mich mit vier Ohrfeigen, die mir an der einen Seite die Nadeln meiner Haarlocken tief ins Fleisch trieben. Ich erschrak und schrie laut über den unvermuteten Schmerz auf. Schreist du noch? Warte, ich will dich's lehren. Und nun etliche dreißig mit dem Peitschenstock. Ich war mir keines Vergehens bewußt, wußte also gar nicht, wie mir geschah. Da die Bastonade vorüber war, erfuhr ich das schreckliche Geheimnis. Ich sollte nämlich einige Stellen an den Schuhen zu schwärzen verfehlt haben, und doch hatte er sie angehabt. – Hier war also alle Verteidigung unmöglich, weil ich früher als er ausgegangen war. Nun wurde das Essen aufgetragen; allein mir war die Begierde danach vergangen. Warum ißt du nicht? Unter einem Strom von Tränen bezeugte ich die Unmöglichkeit. Narrenpossen! sagte der von Branntwein und Zorn Trunkene, du arbeitest für mich, folglich mußt du auch bei mir essen. Ich bat ihn flehentlich, nicht in mich deshalb zu dringen; vergeblich! er gebot mir ohne Widerrede, das Vorgelegte zu genießen, oder er wolle mir Appetit machen. Ich machte den Anfang, aber bei dem zweiten Bissen glaubte ich zu ersticken. Ich will dir die Ziererei vertreiben, und nun bekam ich noch eine vollwichtige Tracht Schläge. Ich suchte mich an ihm festzuhalten, um die Hiebe zu entkräftigen: er stieß mich aber von sich, und in der Wut erhielt ich einen Hieb über den Kopf mit umgekehrtem Stock, daß ich sinnlos zu Boden sank. Die Frau, welche glaubte, er habe mich unversehens totgeschlagen, erhob ein erbärmliches Geschrei, und die ganze Nachbarschaft hörte dem Lärm aus ihren Fenstern zu. Man schleppte mich in meine Kammer, auf mein Bette, man wusch mich, und ich erwachte nach einigen Minuten. Mein Bett war von Blut und Wasser naß. Das erste Wort, welches ich vernahm, war: Du Spitzbube, warte! –

Man hat manches darüber in neuern Zeiten geschrieben, daß reicher Leute Kinder ein Handwerk lernen sollten. Noch vor kurzem ist mir eine Abhandlung der Art zu Gesichte gekommen, und ich muß mich wundern, wie Männer von so tiefen Einsichten und so reicher Menschenkenntnis nicht den Grund einsehen, warum begüterte Eltern ihre Söhne lieber bei einem Krämer in die Lehre tun, als daß sie ihnen ein ehrenvolles, nahrhaftes Gewerbe lehren lassen; in allen Städten Deutschlands weiß jeder, nur der Gelehrte nicht, die barbarische Behandlung und Tyrannei der Meister und Gesellen gegen die armen, wehrlosen Lehrlinge. Welche Eltern werden, wenn sie nur einigermaßen zärtlich denken, ihr Kind einer solchen Behandlung wissentlich aussetzen? Alles menschliche Gefühl wird in der Seele des aufsprossenden Jünglings erstickt, gerade in den Jahren erstickt, in denen der Mensch der größten, der edelsten Empfindungen fähig und empfänglich ist, in denen er seine Bildung für die ganze Lebenszeit, ja für die Ewigkeit erhält. Alle sanften Empfindungen werden aus seinem Her-

zen herausgerissen und an ihre Statt Härte, Betrug und Fühllosigkeit hineingepflanzt. Alle Tage hört er die teuflische Moral: ein Lehrjunge muß viel leiden; es ist mir auch so gegangen, nun mache ich es wieder so, tue du nachmals ein Gleiches.
O Aufklärung, wie wenig hat dein Schimmer bis jetzt noch in diese Höhlen des menschlichen Elends und Jammers dringen können!

Johann Gottfried Seume
Soldatenhandel

Seume, 1763 bis 1810, wird gerne von den Bewunderern frischfröhlicher Wanderromantik in Anspruch genommen. Sein *Spaziergang nach Syrakus im Jahre 1802* hat ihn ›einschlägig‹ berühmt gemacht. Weniger oft wurde die Vorrede seiner Schrift *Mein Sommer 1805* zitiert, wo er Napoleon und die deutschen Fürsten scharf kritisiert. Dem Vorwurf, dieses Buch sei zu politisch, begegnet Seume mit der Antwort, er glaube, ›jedes gute Buch müsse näher oder entfernter politisch sein‹. ›Ein Buch, das dieses nicht ist, ist sehr überflüssig oder gar schlecht. Wenn man das Gegenteil sagt, so hat man seine – nicht guten – Ursachen dazu.‹ Wilhelm Hausenstein charakterisiert diese Haltung in einer Auswahlausgabe von Seumes Werk, Leipzig 1912, als ›demokratischen Radikalismus‹, der alle Handlungen, Gedanken und literarischen Leistungen auf die ›politischen Grundprobleme der Menschheit‹ bezieht: ›Seume liebte sein Vaterland heiß. Aber er liebte nicht das Vaterland, wie er war, sondern das Vaterland, das er ersehnte – ein Vaterland der staatsbürgerlichen Gleichheit. Dem Vaterland des Feudalismus stand er als Hasser, Verneiner, Zerstörer gegenüber.‹ Seume betonte: ›Meine Hoffnung als Deutscher finde ich nur in der Zerstörung.‹ Darin unterscheidet er sich von seinen Zeitgenossen, die einem ›ästhetischen Optimismus‹ huldigten (Schiller, *Ästhetische Erziehung des Menschengeschlechtes*). Hier sieht Hausenstein Seumes eigentliche geschichtliche Größe; ›in einer Zeit, die alles Heil von der Kunst erhoffte, gab er die mannhafte realistische Überzeugung kund: das politische Wesen könne nur durch Politik gebessert werden‹.
Die Niederschrift seiner Autobiographie *Mein Leben* begann Seume erst kurz vor seinem Tode; so kam er nur bis zu seinem dreiundzwanzigsten Lebensjahr. Sein Freund Chlodius erzählte die weiteren vierundzwanzig Jahre. Der folgende Ausschnitt schildert, wie es dem Studenten ergeht, der aus Unzufriedenheit sein theologisches Studium abgebrochen hat und auf einer Reise 1781 von hessischen Werbern aufgegriffen wird. Nach seiner Rückkehr aus den USA 1783 desertierte Seume, fiel aber dann preußischen Werbern in die Hand. Nach zwei vergeblichen Fluchtversuchen bekam er schließlich Urlaub auf Kaution, die er im Laufe der Zeit abverdiente.
Lesehinweis: Joachim Nettelbeck, *Eine Lebensbeschreibung*, hg. von J. Haken, 2 Bde., Leipzig 1821; hier finden sich detaillierte Schilderungen des Sklavenhandels.

Ich nahm mein Monatsgeld, verkaufte einige Bücher, die etwas Wert hatten, und nach Abzahlung meiner kleinen Schulden, die ich notwendig haben mußte, blieben mir ungefähr neun Taler. Mit diesen dachte ich schon nach Paris zu kommen und mich umzusehen, was da für mich zu tun sei. Von dort aus – wer sieht nicht gern zuvor Paris? – dachte ich nach Metz in die Artillerieschule zu gehen, da ich eben da-

mals angefangen hatte, etwas ernsthaft Französisch und Mathematik zu treiben. Das übrige überließ ich billig dem Schicksal.
Den Degen an der Seite, einige Hemden auf dem Leibe und im Reisesacke und einige Klassiker in der Tasche, marschierte ich zwar ganz rüstig und leicht, aber nichts weniger als ruhig durch die Dörfer nach Dürrenberg, setzte dort über die Saale, ging über das Schlachtfeld bei Roßbach und blieb die erste Nacht in einem kleinen Dorfe bei Freiburg, das, glaube ich, Zeugefeld hieß. Den zweiten Abend blieb ich in einem Dorfe vor Erfurt, wo man mich mit vieler Teilnahme sehr gut, sehr wohlfeil bewirtete und mich schonend merken ließ, ich hätte wohl jemand mit dem Instrumente da, man wies auf den Degen, etwas übel behandelt und müsse das Weite suchen. Ich widersprach zwar; aber man schien doch so etwas zu glauben. In Erörterungen mochte ich mich nicht einlassen, und ihre Meinung tat mir weiter keinen Schaden. Den dritten Abend übernachtete ich in Vach, und hier übernahm trotz allem Protest der Landgraf von Kassel, der damalige große Menschenmäkler, durch seine Werber die Besorgung meiner ferneren Nachtquartiere nach Ziegenhain, Kassel und weiter nach der neuen Welt.
Man brachte mich als Halbarrestanten nach der Festung Ziegenhain, wo der Jammergefährten aus allen Gegenden schon viele lagen, um mit dem nächsten Frühjahr nach Fawcets Besichtigung nach Amerika zu gehen. Ich ergab mich in mein Schicksal und suchte das Beste daraus zu machen, so schlecht es auch war. Wir lagen lange in Ziegenhain, ehe die gehörige Anzahl der Rekruten vom Pfluge und dem Heerwege und aus den Werbestädten zusammengebracht wurde. Die Geschichte und Periode ist bekannt genug: Niemand war damals vor den Handlangern des Seelenverkäufers sicher; Überredung, List, Betrug, Gewalt, alles galt. Man fragte nicht nach den Mitteln zu dem verdammlichen Zwecke. Fremde aller Art wurden angehalten, eingesteckt, fortgeschickt. Mir zerriß man meine akademische Inskription als das einzige Instrument meiner Legitimierung. Am Ende ärgerte ich mich weiter nicht; leben muß man überall: wo so viele durchkommen, wirst du auch: über den Ozean zu schwimmen war für einen jungen Kerl einladend genug; und zu sehen gab es jenseits auch etwas. So dachte ich. Während unseres Aufenthalts in Ziegenhain brauchte mich der alte General Gore zum Schreiben und behandelte mich mit vieler Freundlichkeit. Hier war denn ein wahres Quodlibet von Menschenseelen zusammengeschichtet, gute und schlechte, und andere, die abwechselnd beides waren. Meine Kameraden waren noch ein verlaufener Musensohn aus Jena, ein bankerotter Kaufmann aus Wien, ein Posamentierer aus Hannover, ein abgesetzter Postschreiber

aus Gotha, ein Mönch aus Würzburg, ein Oberamtmann aus Meiningen, ein preußischer Husaren-Wachtmeister, ein kassierter hessischer Major von der Festung und andere von ähnlichem Stempel. Man kann denken, daß es an Unterhaltung nicht fehlen konnte, und nur eine Skizze von dem Leben der Herren müßte eine unterhaltende lehrreiche Lektüre sein. Da es den meisten gegangen war wie mir oder noch schlimmer, entspann sich bald ein großes Komplott zu unserer aller Befreiung. Man hatte so viel gutes Zutrauen zu meinen Einsichten und meinem Mut, daß man mir Leitung und Kommando mit uneingeschränkter Vollmacht übertrug; und ich ging bei mir zu Rate und war nicht übel willens, den Ehrenposten anzunehmen und die fünfzehnhundert Mann auf die Freiheit zu führen und sie dann in Ehren zu entlassen, einen jeden seinen Weg. Außer dem glänzenden Antrage kitzelte mich vorzüglich, dem Ehrenmanne von Landgrafen für seine Seelenschacherei einen Streich zu spielen, an den er denken würde, weil er verteufelt viel kostete. Als ich so ziemlich entschlossen war, kam ein alter preußischer Feldwebel zu mir sehr vertraulich. »Junger Mensch«, sagte er, »Sie eilen in Ihr Verderben unvermeidlich, wenn Sie den Antrag annehmen. Selten geht eine solche Unternehmung glücklich durch; der Zufälle, sie scheitern zu machen, sind zu viele. Glauben Sie mir altem Manne; ich bin leider bei dergleichen Gelegenheiten schon mehr gewesen. Sie scheinen gut und rechtschaffen, und ich liebe Sie wie ein Vater. Lassen Sie meinen Rat etwas gelten! Wenn die Sache glücklich durchgeht, werden wir nicht die letzten sein, davon Vorteil zu ziehen.« Ich überlegte, was mir der alte Kriegsmann gesagt hatte, und unterdrückte den kleinen Ehrgeiz, entschuldigte mich mit meiner Jugend und Unerfahrenheit und ließ die Sache vorwärtsgehen. Der Kanonier-Feldwebel hatte recht; es wurde alles verraten; ein Schneider aus Göttingen, der ein Stimmchen sang wie eine Nachtigall, erkaufte sich durch die Schurkerei eine Unteroffiziersstelle bei der Garde, und da man ihn dort gehörig würdigte und er des Lebens nicht mehr sicher war, die Freiheit und eine Handvoll Dukaten. Ich erinnere mich der Sache noch recht lebhaft. Alle Anstalten zum Ausbruch waren getroffen. Wir lagen in verschiedenen Quartieren, in den Kasernen, dem Schlosse und einem alten Rittersaale. Man wollte um Mitternacht auf ein Zeichen ausziehen, der Wache stürmend die Gewehre wegnehmen, was sich widersetzte, niederstechen, das Zeughaus erbrechen, die Kanonen vernageln, das Gouvernementshaus verriegeln und zum Tore hinausmarschieren. In drei Stunden wären wir in Freiheit gewesen; Leute, die den Weg wußten, waren genug dabei. Als wir aber den Tag vorher abteilungsweise auf den Exerzierplatz kamen, fanden wir statt der gewöhnlichen zwanzig

Mann deren über hundert, Kanonen auf den Flügeln mit Kanonieren, die brennende Lunten hatten, und Kartätschen in der Ferne liegend. Jeder merkte, was die Glocke geschlagen hatte. Der General kam und hielt eine wahre Galgenpredigt. »Am Tore sind mehr Kanonen«, rief er, »wollt ihr nicht gehen?« Die Adjutanten kamen und verlasen zum Arrest: Hans, Peter, Michel, Görge, Kunz. Meine Personalität war eine der ersten; denn daß der verlaufene Student nicht dabeisein sollte, kam den Herren gar nicht wahrscheinlich vor. Da aber niemand etwas auf mich bringen konnte, wurde ich, und vermutlich noch mehr der Menge wegen, bald losgelassen. Der Prozeß ging an; zwei wurden zum Galgen verurteilt, worunter ich unfehlbar gewesen sein würde, hätte mich nicht der alte preußische Feldwebel gerettet. Die übrigen mußten in großer Anzahl Gassen laufen, von sechsunddreißig Malen herab bis zu zwölfen. Es war eine grelle Fleischerei. Die Galgenkandidaten erhielten zwar nach der Todesangst unter dem Instrument Gnade, mußten aber sechsunddreißigmal Gassen laufen und kamen auf Gnade des Fürsten nach Kassel in die Eisen. Auf unbestimmte Zeit und auf Gnade in die Eisen waren damals gleichbedeutende Ausdrücke und hießen soviel als *ewig ohne Erlösung*. Wenigstens war die Gnade des Fürsten ein Fall, von dem niemand etwas wissen wollte. Mehr als dreißig wurden auf diese Weise grausam gezüchtigt, und viele, unter denen auch ich war, kamen bloß deswegen durch, weil der Mitwisser eine zu große Menge hätte bestraft werden müssen. Einige kamen bei dem Abmarsche wieder los, aus Gründen, die sich leicht erraten lassen; denn ein Kerl, der in Kassel in den Eisen geht, wird von den Engländern nicht bezahlt.

Endlich ging es von Ziegenhain nach Kassel, wo uns der alte Betelkauer in höchsteigenen Augenschein nahm, keine Silbe sagte und uns über die Schiffbrücke der Fulda, die steinerne war damals noch nicht gebaut, nach Hannövrisch-Münden spedierte. Unser Zug glich so ziemlich Gefangenen; denn wir waren unbewaffnet, und die bewehrten Stieletten-Dragoner und Gardisten und Jäger hielten mit fertiger Ladung Reihe und Glied fein hübsch in Ordnung. Ich genoß, trotz der allgemeinen Mißstimmung, doch die schöne Gegend zwischen den Bergen am Zusammenfluß der Werra und der Fulda, die dort die Weser bilden, mit zunehmender Heiterkeit. Das Reisen macht froher, und unsere Gesellschaft war so bunt, daß das lebendige Quodlibet alle Augenblicke neue Unterhaltung gab. So ging es denn auf sogenannten Bremer Böcken den Strom hinab. Ich hatte damals die Gewohnheit, ein Buch zwischen Weste und Beinkleider unter den Gürtel zu stecken. Das Buch mochte diesmal etwas zu stark sein und den Leib unförmlich machen. »Was Teufel, ist der Kerl schwanger?« sagte ein Hauptmann Lesthen, der eben vor mir stand, und hob die Weste beim Flügel auf, und es wurde der Julius Cäsar zutage gefördert. »Was Henker, macht Er denn mit dem Buche?« fuhr er fort. »Ich lese darin«, war meine Antwort. »Wo hat Er denn das Latein gelernt?« – »Das Latein pflegt man gewöhnlich in der Schule zu lernen.« Er schüttelte den Kopf. Ich hatte in dem Buche eine Menge Randnoten. »Von wem sind denn die Bemerkungen hier?« – »Von mir, und vor mir von den angegebenen Herrn.« Er sah mich fest an und endigte mit dem spöttischen Abschied: »Er wird wohl einmal ein recht großer Mann werden.« – »Schwerlich«, sagte ich; »das ist unter den Deutschen gar nicht wahrscheinlich: aber wenigstens will ich nicht schuld sein, daß es nicht wird.«

So fuhren wir denn den ganzen Strom hinab von Münden bis zu Bremerlee, wo uns die englischen Transportschiffe erwarteten. In Münden auf der Wiese besichtigte uns der Mäkler Fawcet, und es gab von den Dragoner-Unteroffizieren und Gardisten einige freundliche Rippenstöße, weil wir nicht laut und voll und sonorisch genug: »Es lebe der König!« schrien. Da ich als ein kleiner Kerl im Ranzengliede, das heißt im mittelsten, stand, entging ich den Püffen, ohne eine Silbe zu sagen genötigt zu sein. Aber den Hut mußte ich wenigstens mit schwingen.

In den englischen Transportschiffen wurden wir gedrückt, geschichtet und gepökelt wie die Heringe. Den Platz zu sparen, hatte man keine Hängematten, sondern Verschläge in der Tabulatur des Verdecks, das schon niedrig genug war; und nun lagen noch zwei Schichten übereinander. Im Verdeck konnte ein ausgewachsener Mann nicht gerade stehen und im Bettverschlage nicht gerade sitzen. Die Bettkasten waren für sechs und sechs Mann; wenn viere darin lagen, waren sie voll, und die beiden letzten mußten hineingezwängt werden. Das war bei warmem Wetter nicht kalt: es war für einen einzelnen gänzlich unmöglich, sich umzuwenden, und ebenso unmöglich, auf dem Rücken zu liegen. Die geradeste Richtung mit der schärfsten Kante war nötig. Wenn wir so auf einer Seite gehörig geschwitzt und gebraten hatten, rief der rechte Flügelmann: »Umgewendet!«, und es wurde umgeschichtet; hatten wir nun auf der andern Seite quantum satis ausgehalten, rief das nämliche der linke Flügelmann, und wir zwängten uns wieder in die vorherige Quetsche. Das war eine erbauliche, vertrauliche Lage. Daß das obengenannte Menschenragout die Unterhaltung unterhielt, wird man nicht bezweifeln. Die Seele derselben war ein dort vergessener ehemaliger französischer Offizier aus dem Siebenjährigen Kriege, mit Namen Dechar, der seit der Zeit abwechselnd gemeiner preußischer Dragoner und Füsilier-Unteroffizier und

Sprachmeister und Fechtmeister, Unteroffizier und polnischer Revolutionshauptmann gewesen war, abwechselnd Gassen gelaufen, unter dem Galgen gestanden und im Felde Kanonen genommen hatte, der in Frankfurt am Main und Kassel, Berlin und Warschau, Breslau und Jauer alle Winkel kannte, alles Gute und Schlechte wußte. Das Leben dieses Abenteurers allein würde Stoff zu einem großen Gemälde geben. Der schlechteste, gelehrteste und traurigste Gesellschafter war der gute Exmönch aus Würzburg, von dessen entsetzlichem Ende ich hernach noch einiges sagen will.

Die Kost war übrigens nicht sehr fein, so wie sie nicht sehr reichlich war. Heute Speck und Erbsen und morgen Erbsen und Speck; übermorgen pease and pork und sodann pork and pease: das war fast die ganze Runde. Zuweilen Grütze und Graupen, und zum Schmause Pudding, den wir auf muffigem Mehl halb mit Seewasser, halb mit süßem Wasser und altem Schöpsenfett machen mußten. Der Speck mochte wohl vier oder fünf Jahre alt sein, war von beiden Seiten am Rande schwarzstriefig, weiter hinein gelb, und hatte nur in der Mitte noch einen kleinen weißen Gang. Ebenso war es mit dem gesalzenen Rindfleische, das wir in beliebter Kürze oft roh als Schinken aßen. In dem Schiffsbrote waren so viele Würmer, die wir als Schmalz mitessen mußten, wenn wir nicht die schon kleine Portion noch mehr reduzieren wollten; dabei war es so hart, daß wir nicht selten Kanonenkugeln brauchten, es nur aus dem Gröbsten zu zerbrechen; und doch erlaubte uns der Hunger selten, es einzuweichen; auch fehlte es oft an Wasser. Man sagte uns, und nicht ganz unwahrscheinlich, der Zwieback sei französisch; die Engländer haben ihn im Siebenjährigen Kriege den Franzosen abgenommen, seit der Zeit habe er in Portsmouth im Magazine gelegen, und nun füttere man die Deutschen damit, um wieder die Franzosen unter Rochambeau und Lafayette, so Gott wolle, totzuschlagen. Gott muß aber doch nicht recht gewollt haben. Das schwergeschwefelte Wasser lag in tiefer Verderbnis; ohne es durch ein Tuch zu sieben, war es nicht wohl trinkbar, und dann mußte man immer noch die Nase zuhalten, und dann schlug man sich doch noch, um nur die Jauche zu bekommen. An Filtrieren war für die Menge nicht zu denken. Guten, ehrlichen Landmenschen kommt dieses ohne Zweifel schrecklich vor; aber wer Feldzüge und Seefahrten mitgemacht hat, findet darin nichts Ungewöhnliches.

Unsere Hinfahrt dauerte zweiundzwanzig Wochen, eine ungeheure Länge; den nämlichen Weg machten wir rückwärts in dreiundzwanzig Tagen; also machte ich eine der besten und eine der schlimmsten Fahrten mit. Heimwärts segelten wir, als flögen wir davon; und es gewährte ein eigenes, großes, kühnes Vergnügen, auf den ungeheuren

Maschinen im Sturm dahergeschleudert zu werden. Es hatte sich eine große Menge Schiffe aller Arten und aller Nationen zuerst nach dem Frieden gesammelt, und wir liefen wohl über zweihundert zusammen in den Kanal ein, unter denen sich auch zwei amerikanische Fregatten mit der neuen freien Staatsflagge befanden, für einen Alt-Engländer wohl das größte Herzeleid, seitdem die britischen Flotten die Meere besegelten. Die letzte Nacht gehört zu den schönsten, die ich auf dem Wasser erlebt habe. Es war ein gewaltiger Gewittersturm auf dem Kanale in der Gegend von Portsmouth. Die zusammengeengte Flotte, das Heulen des Sturmes, das Schlagen des Tauwerks, das Rollen des Donners, das Leuchten der Blitze, das grelle Aufhellen der glühenden Wogen und das augenblickliche Schließen zur schwärzesten Nacht, das Rufen und Schreien der Matrosen, das Geläute der Glocken, der ferne, dumpfe Hall der Signalschüsse, das Dröhnen und Krachen der Schiffsfugen und die Angst, daß wir vielleicht über Klippen stürzten – man denke sich die Wirkung des Ganzen auf die entzündete Einbildungskraft! Und mit dem sich heiternden Morgenhimmel waren wir wirklich in der Nähe der Kreideberge, die dem Lande den Namen Albion geben. Es war still und frisch und freundlich wie nach einer Gewitternacht, und die Schiffe schaukelten nur noch unwillkürlich heftig auf der empörten See. Bei diesen und ähnlichen Gelegenheiten war es mein gewöhnliches Vergnügen, mich im Raum unter die Öffnung zu setzen und in die Höhe an den Horizont hinauszusehen; da sah ich denn die Schiffe rechts und links oben auf den Wellen tanzen. Man denke die Winkel, welche die Schiffe auf der Woge machen mußten, damit dieses möglich war. Oft war die Täuschung so groß, daß man minutenlang glaubte, ein Schiff sei von den Wellen verschlungen, das plötzlich mit Blitzesschnelle wieder auftauchte und ebenso wieder verschwand. Bei Deal lagen wir einige Zeit in den Dünen vor Anker, und da wurde es uns denn wohl einzeln erlaubt, an das Land zu gehen; das ist also das Ganze meines Aufenthaltes in Alt-England und kaum der Erwähnung wert. Die Fahrt über die Nordsee war diesmal sehr stürmisch und langweilig, welches desto verdrießlicher war, da die Reise über den Ozean so schnell ging und wir das übrige nur noch für einen Katzensprung hielten. Auf einmal befanden wir uns bei Cuxhaven und Ritzebüttel, vermutlich weil wir nicht in die Weser einlaufen konnten. Ich erinnere mich hier eines Vorfalls, der die außerordentliche Gewalt der Flut beweist. Ein Mensch saß auf dem Verschlage, der als Bequemlichkeit diente. Die Flut war im Ablaufen; er mochte sich's bequem machen, und sein ganzes Gewicht ruhte auf dem Seitenstükke: das Stück brach, er fiel hinunter, und obgleich zwei der besten Schwimmer sogleich nachsprangen, so war er doch augenblicklich verschwunden und wurde nicht wieder gesehen. Mit vieler Mühe rettete das ausgesetzte Boot nur die beiden Matrosen und hatte einige Stunden zu arbeiten, ehe es wieder an das Schiff kam. Nach einigen Tagen segelten wir wieder nach Bremerlee, wo wir Fahrzeuge wechselten und ebenso wieder hinaufbugsiert wurden, wie wir hinunterfuhren.

Hier erschreckte uns die Besorgnis, daß wir bei Minden würden an die Preußen verkauft werden. Es wurde laut gesprochen, und der bekannte gewissenlose Seelenschacher des alten Landgrafen machte die Sache nicht unwahrscheinlich. Serre also, ein gewisser Wurzner aus Gotha, und meine Personalität hatten bei Elsfleth den löblichen Entschluß gefaßt, uns den Fesseln der schändlichen Dienstbarkeit zu entziehen. Einige Nächte lauerten wir ohne Erfolg auf Gelegenheit; denn die Büchsenschützen hatten ihre geladenen Läufe überall hingerichtet. Aus Verdruß und Müdigkeit war ich auf meinem Habersack eingeschlafen, und als ich den Morgen erwachte, waren die beiden Hechte fort und hatten mich vermutlich mit Sicherheit nicht wecken können. Ich kratzte mich hinter den Ohren und sah ärgerlich nach dem Kahne, der sie in Freiheit geführt hatte. In Bremen versuchte ich's indessen allein auf meine eigene Hand, und es gelang mir am hellen, lichten Tage unter ziemlicher Gefahr. Die nächste Veranlassung war ein Gezänk mit dem Feldwebel über Brotlieferung, in welches sich der kommandierende Offizier etwas diktatorisch handgreiflich mischte. Das Gespenst der Preußen saß mir fest im Gehirn; ich hatte, ganz gegen meine Gewohnheit, ohne alle Absicht in einigen Gläsern Wein mich etwas warm getrunken und machte kurz und gut auf und davon, am Ufer hin, über die Brücke weg, in die Altstadt hinein. Ein guter, alter, ehrlicher Spießbürger mochte mir doch wohl einige Verwirrung ansehen; er kam freundlich zu mir und fragte: »Freund! Ihr seid wohl ein hessischer Deserteur?« – »Und wenn ich denn einer wäre?« sagte ich. »Da müßte ich Euch sagen, unser Magistrat hat Kartell mit dem Landgrafen.« Und nun –

»Und nun« – das sind die letzten Worte, welche Seume geschrieben hat; das Folgende ist leider nur Erzählung aus den Erinnerungen einiger Freunde des Verewigten.

Das gutmütige Volk der guten Stadt Bremen drängte sich als eine Schutzwehr um Seume herum und schob gewissermaßen den Fremdling hilfreich zum nächsten Tore hinaus. Seume, ein trefflicher Läufer, flog wie ein Pfeil. Demungeachtet waren seine Verfolger, die hessischen Jäger, ihm immer ganz nahe und trieben ihn endlich in den Sack zwischen den beiden Flüssen der Hunte und der Weser. Hier glaubten sie, könnte er ihnen nicht entspringen, und er hielt sich verloren; denn wollte er sich ins Wasser stürzen, so tötete ihn, den durch und durch Erhitzten, der Schlag; blieb er stehen, so war er das Opfer seiner Flucht. Zum Glück sah er in einem Weidenbusche am Ufer der Hunte einen Fischerkahn und sprang hinein. Der mitleidige Fischer, welcher der Menschenjagd zugesehen hatte, hieß ihn sich gleich auf dem Boden niederlegen und stieß augenblicklich vom Lande ab. Nun kamen auch die Jäger und schossen; aber die Kugeln flogen über das Schiff, und der gleichmütige Schiffer arbeitete ruhig durch die Gefahr, bis er glücklich das jenseitige Ufer erreichte. »Hier, Freund«, sagte der Mann, »seid Ihr frei und auf oldenburgischem Grund und Boden. Gott helf' Euch weiter!« Das Leben war gerettet, die Kette zerbrochen, und der Landgraf litt einen Verlust von einer Handvoll Taler, die er aus Seumes Verkauf zum zweiten Male hätte lösen können.

Jean Paul
Selberlebensbeschreibung

Über Jean Paul, 1763 bis 1825, der eigentlich Johann Paul Friedrich Richter hieß, und seine hier in Auszügen gedruckte autobiographische Skizze *Mein Leben* schreibt Eduard Berend in einer Neuausgabe des Werkes, Marbach 1963: ›Mit einer Feder, die ihm zufällig aus seinem Geburtsort Wunsiedel zugekommen war, begann Jean Paul in seinem sechsundfünfzigsten Lebensjahr die Niederschrift der *Selberlebensbeschreibung.* Wie fast alle seine Werke mußte auch dieses eine Einkleidung erhalten; aus vielen Einfällen, die er dafür hatte, wählte er schließlich die Form der Vorlesungen, die er selber als Professor über seine eigene Geschichte hält. Bis zum Anfang des nächsten Jahres waren drei Kapitel ziemlich vollendet, die drei ersten ,Stationen' seines Lebens, Wunsiedel, Joditz und Schwarzenbach. Dann hat er die Arbeit, die ihn nicht recht befriedigte, abgebrochen und nicht wiederaufgenommen. Von der Unlust, mit der Jean Paul angeblich an dem Werk gearbeitet hat, ist in den ausgeführten Kapiteln wenig zu spüren. Sie gehören zu dem Allerköstlichsten, was wir aus seiner Feder besitzen.‹

Geneigteste Freunde und Freundinnen!
Mein Vater hieß Johann Christian Christoph Richter und war Terzius und Organist in Wunsiedel; meine Mutter, die Tochter des Tuchmachers Johann Paul Kuhn in Hof, hieß Sophia Rosina. Am Tage nach der Geburt wurd' ich vom Senior Apel getauft. Der eine Taufpate war gedachter Johann Paul; der andere Johann Friedrich Thieme, ein Buchbinder, der damals nicht wußte, welchem Mäzen seines Handwerks er seinen Namen verlieh; daher denn der von beiden zusammen geschossene Name Johann Paul Friedrich entstand, dessen großväterliche Hälfte ich ins Französische übertragen und dadurch zum ganzen Namen *Jean Paul* erhoben.
Aber jetzo mag der Held und Gegenstand dieser historischen Vorlesungen unbesehen in der Wiege und an der Mutterbrust so lange liegen und schlafen – da doch dem langen Morgenschlaf des Lebens nichts für allgemein-welthistorisches Interesse abzuhören ist – so lange, sag' ich, bis ich von denen gesprochen, wenn auch nicht viel und genug, nach welchen mein Herz sich und die Feder hindrängt, von meinen Vorverwandten, von Vater, Mutter und Großeltern.
Mein Vater war der Sohn des Rektors Johann Richter in Neustadt am Kulm. Man weiß nichts von diesem, als daß er im höchsten Grade arm und fromm war. Kommt einer von seinen zwei noch übrigen Enkeln nach Neustadt, so empfangen ihn die Neustädter mit dankbarer

Freude und Liebe, alte erzählen, wie gewissenhaft und strenge sein Leben und sein Unterricht gewesen und doch wie heiter beide. Noch zeigt man ein Bänkchen hinter der Orgel, wo er jeden Sonntag betend gekniet. Die Abenddämmerung war eine tägliche Herbstzeit für ihn, worin er einige dunkle Stunden in der ärmlichen Schulstube auf und ab gehend die Ernte des Tags und die Aussaat für den Morgen unter Gebeten überschlug. Sein Schulhaus war ein Gefängnis, zwar nicht bei Wasser und Brot, aber doch bei Bier und Brot; denn viel mehr als beide – und etwa frömmste Zufriedenheit dazu – warf ein Rektorat nicht ab, das, obwohl vereinigt mit der Kantor- und Organistenstelle, doch diese Löwengesellschaft von drei Ämtern ungeachtet nicht mehr abwarf als hundertfünfzig Gulden jährlich. Und an dieser gewöhnlichen bayreuthischen Hungerquelle für Schulleute stand der Mann fünfunddreißig Jahre lang und schöpfte. Allerdings hätt' er ein oder mehr Paar Bissen oder Pfennige gewonnen, wär' er weitergerückt, z. B. zu einem Landpfarrer hinauf. Sooft die Schulleute ihre Kleider wechseln, z. B. den Schulmantel in den Priestermantel, so bekommen sie bessere Kost, wie die Seidenraupen bei jeder neuen Häutung reicheres Futter erhalten.

Wenn indes mein Großvater die Eltern seiner Schüler nachmittags besuchte, mehr der Schüler als der Eltern wegen, so brachte er von dem vorhin erwähnten Bier und Brot, bei welchem er lebenlag saß, sein Stück Brot in der Tasche mit und erwartete als Gast bloß ein Kännchen Bier. Es traf sich aber endlich im Jahre 1763 – eben in meinem Geburtsjahr –, daß er am sechsten August, wahrscheinlich durch besondere Konnexionen mit *Höhern* steigend, eine der wichtigsten Stellen erhielt, wogegen freilich Rektorat und Stadt und der Culmberg leicht hinzugeben waren, und zwar zählte er gerade erst sechsundsiebzig Jahre, vier Monate und acht Tage, als er die gedachte Stelle wirklich erhielt im Neustädter – Gottesacker; seine Gattin aber war schon zwanzig Jahre vorher dahin vorausgegangen in die Nebenstelle. – Meine Eltern waren mit mir als fünf Monate altem Kinde zu seinem Sterbelager gereiset. Er war im Sterben, als ein Geistlicher (wie mir mein Vater öfter erzählt) zu meinen Eltern sagte: lasset doch den alten Jakob die Hand auf das Kind legen, damit er es segne. Ich wurde in das Sterbebett hineingereicht, und er legte die Hand auf meinen Kopf – Frommer Großvater! Oft hab' ich an deine im Erkalten segnende Hand gedacht, wenn mich das Schicksal aus dunkeln Stunden in hellere führte; und ich darf schon den Glauben an deinen Segen festhalten in dieser von Wundern und Geistern durchdrungenen, regierten und beseelten Welt!

Mein Vater, in Neustadt 1727 den sechzehnten Dezember geboren –

fast mehr zum Winter des Lebens als gleich mir zu einem Frühling, würd' ich sagen, hätte seine Kraftnatur sich nicht auch in Eisberge gute Häfen einzuschneiden vermocht – konnte das Lyzeum in Wunsiedel, wie Luther die Schule in Eisenach, nur als sogenannter *Alumnus* oder armer Schüler genießen oder erdulden; denn wenn man hundertfünfzig fl. jährliche Einnahme gehörig unter Vater, Mutter und mehrere Schwestern verteilte, so mußte auf ihn selber gerade gar nichts kommen als höchstens das *Alumnus*-Brot. Darauf bezog er das *Gymnasium poeticum* in Regensburg, um nicht nur in einer größeren Stadt zu hungern, sondern auch darin statt des Laubes die eigentliche Blüte seines Wesens zu treiben. Und diese war die Tonkunst. In der Kapelle des damaligen Fürsten von Thurn und Taxis – des bekannten Kenners und Gönners der Musik – konnte er der Heiligen, zu deren Anbetung er geboren war, dienen. Klavier und Generalbaß erhoben ihn zwei Jahrzehnte später zu einem geliebten Kirchenkomponisten des Fürstentums Bayreuth. An Karfreiabenden erfreute er oft sich und uns Kinder mit den Darstellungen der heiligen Allmacht, womit an eben diesen Tagen die Töne in katholischen Kirchen die Seelen hoben und heiligten. Ich muß leider bekennen, daß mir, als ich vor einigen Jahren in Regensburg war, unter allen dortigen Antiken und Vergangenheiten – nicht einmal den Reichstag ausgenommen – das väterliche gedrückte Leben die wichtigste war; und ich dachte im Thurn und Taxisschen Palast und in den engen Gassen, wo ein paar Dickbäuche ein schweres Ausweichen haben, oft an die einklemmenden Wege und engen Pässe seiner Jugendtage. Darauf studierte er statt der Tonkunst in Jena und Erlangen Theologie, vielleicht bloß um in Bayreuth, wo sein Sohn alle diese Nachrichten sammelt, als Hauslehrer eine Zeitlang, das heißt bis zu seinem zweiunddreißigsten Jahr, sich abzuplagen. Denn schon 1760 rang er dem Staate den Posten eines Organisten und Terzius in Wunsiedel ab; und machte sonach unter dem Bayreuther Markgrafen mehr und früheres Glück als jener Kandidat in Hannover, wovon ich gelesen, welcher siebzig Jahre alt wurde und doch keine andere Stelle in der Kirche bekam als eine daneben im Kirchhofe.

Nur fürchte aus dem bisherigen ja niemand von meinen Zuhörern, daß sie etwa einen Vater von mir vorbekommen, welcher erbärmlich wie einige neue Überchristen in tränennasse Schnupftücher eingewindelt daherzieht; er lebte auf Flügeln und wurde als der anmutigste Gesellschafter voll Scherz in den Familien von Brandenburg und Schöpf gesucht. Die Kraft des geselligen Scherzes begleitete ihn durch sein ganzes Leben, indes er im Amte als strengster Geistlicher und auf der Kanzel als sogenannter Gesetzprediger galt. In seiner Vaterstadt gewann er durch seine begeisterten Predigten seine Anverwandten, in Hof im Vogtland noch etwas Wichtigeres, eine Braut und, was noch schwerer war, die reichen Schwiegereltern dazu. Wenn ein Bürger, der durch Tuchmachen und Schleierhandel wohlhabend geworden, von seinen zwei einzigen Töchtern die schönste kränklichzart gebildete und geliebteste einem dürftigen Terzius, der mit seinen Gläubigern eine Tagreise von ihm wohnt, nicht versagt, so konnte auf der einen Seite dieser Terzius nur mit vielem Verdienst der persönlichen Erscheinung und mit dem Ruhm und Eindruck großer Kanzelgaben Tochter und Eltern erobert haben, und auf der andern mußte in dem Tuchmacher eine über sein Tuch und Geld erhobene Seele wohnen, für welche der Stand des Talents und der geistlichen Würde in einem höhern Lichte erschien als der gleißende Silberhaufe eines gemeinen Wesens. Im Jahre 1761 den dreizehnten Oktober ging die Liebende als Braut mit ihren Schätzen in sein enges Schulhäuschen, das er zum Glück ohnehin durch kein Hausgeräte noch enger gemacht. Sein heiteres Leben, seine Gleichgültigkeit gegen Geld, verbunden mit seinem Vertrauen auf seine Haushälterin, ließen in der Terziat-Konchylie überflüssig-leeren Raum für alles offen, was aus Hof von fahrender Habe Platz nehmen wollte; – aber meine Mutter – so waren die damaligen Eheleute und einige jetzige – stieß sich in der ganzen Ehe sowenig an diese Leerheit als mein Vater selber. Der kräftige Mann muß den Mut haben, ebensogut eine Landreiche zu ehelichen als eine Hausarme.

In meinen historischen Vorlesungen wird zwar das Hungern immer stärker vorkommen – bei dem Helden steigt's sehr, aber ich kann doch nicht umhin, zur Armut zu sagen: sei willkommen, sobald du nur nicht in gar zu späten Jahren kommst. Reichtum lastet mehr das Talent als Armut, und unter Goldbergen und Thronen liegt vielleicht mancher geistige Riese erdrückt begraben. Wenn in die Flammen der Jugend und vollends der heißen Kräfte zugleich noch das Öl des Reichtums gegossen wird, so wird wenig mehr als Asche vom Phönix übrigbleiben; und nur ein Goethe hatte die Kraft, sogar an der Sonne des Glücks seine Phönixflügel nicht kürzer zu versengen. Der arme historische Professor hier möchte um vieles Geld nicht in der Jugend viel Geld gehabt haben. Das Schicksal macht es mit Dichtern wie wir mit Vögeln und verhängt dem Sänger so lange den Bauer finster, bis er endlich die vorgespielten Töne behalten, die er singen soll.

Nur aber verschone, gerechtes Geschick, einen alten Menschen mit Darben! Der, gerade dieser soll und muß etwas haben; seinen Rücken haben schon die schweren Jahre zu krumm gebogen, und er kann sich nicht mehr aufrichten und wie Jünglinge Lasten leicht tragen auf dem

Kopfe. Der alte Mensch braucht die Ruhe in der Erde schon auf ihr; von der Erde kann er nur Gegenwart gebrauchen und wenig Zukunft. Er will zwei Schritte vom letzten und tiefsten Schlafbette ohne andere Vorhänge als Blumen im Großvaterstuhl des Alters noch ein wenig ruhen und schlummern und noch einmal halb im Schlafe die Augen aufmachen und die alten Sterne und Wiesen seiner Jugend anschauen, und ich habe so wenig dagegen – da er doch sein Wichtigstes getan hat, sogar für die andere Welt –, wenn er sich abends freuet auf sein Frühstück und am Morgen auf sein Bett und wenn ihn als zum zweiten Male ein Kind die Welt unter den unschuldigen Sinnenfreuden entläßt, womit sie ihn als erstes aufgenommen.

Nur einen einzigen Fehlentschluß meines Vaters könnte man vielleicht auf die Rechnung der Dürftigkeit setzen, daß er nämlich anstatt sein ganzes musikalisches Herz der Tonmuse zu geloben, wie ein Mönch sich dem Predigtamte hingab und daß er sein Tongenie in einer Dorfkirche begraben ließ. Freilich war damals – zumal nach der Meinung bürgerlicher Schwiegereltern – das Kirchenschiff das Proviant- und Luftschiff, und der dürftige Musensohn suchte in den Kanzelhafen einzulaufen. Aber wer eine nicht von Bedürfnissen und Abrichtungen aufgedrungene, mit ihm aufgewachsene Deklination und der Inklination seiner Magnetnadel in sich fühlt, der folge ihrer Weisung getrost als einer Nadel durch die Wüste hin. Hätte gegenwärtiger Professor der eignen Geschichte seinem Vater, wie dieser es selber begehrte, nachgeahmt, so hielte er jetzt statt dieser Vorlesungen heilige Amtreden, sowohl Kasual- als andere Reden und etwa im ›allgemeinen Magazin für Prediger‹ dürft' er stehen, nur leider dasselbe über Gebühr anschwellend.

Aber mein Vater wurde im Grunde weder sich noch der Tonmuse untreu. Besuchte sie ihn denn nicht als alte Geliebte im Nonnengewande der Heiligen Jungfrau und brachte ihm im einsamen tonlosen Pfarrdorf Joditz jede Woche Kirchenmusik mit? – Und auf der andern Seite wohnte noch eine andere Kraft neben seiner musikalischen in ihm und suchte ihren Spielraum, die Kanzel. Beredsamkeit, die prosaische Wand- und Türnachbarin der Poesie, wohnte im Predigerherzen meines Vaters; und dieselben Sonnenstrahlen des Genius, die am Morgen seines Lebens in ihm wie in einem Memnons-Bild Wohllaute weckten, vereinigten später auf der Kanzel warmes Licht und den Donner der Gesetzespredigten. Das Pfarrdorf Joditz ist nun der zweite Aufzug dieses kleinen historischen Monodramas, wo Sie, hochgeehrteste Herren und Frauen, den Helden des Stücks schon in ganz andern Entwicklungen antreffen werden in der zweiten Vorlesung; denn jede Vorlesung spielt an einem andern Wohnorte.

Aus der zweiten Vorlesung ›Joditz – Dorfidyllen‹

Verehrteste Herren und Frauen!
Sie finden jetzt den Professor der Selbergeschichte im Pfarrdorfe Joditz, wo er in einer Weiberhaube und einem Mädchenröckchen mit seinen Eltern eingezogen. Die Saale, gleich mir am Fichtelgebirge entsprungen, war mir bis dahin nachgelaufen.
Wir nähern uns wieder mehr unserem Pfarrsohne, dessen Leben in Joditz ich am besten darzustellen glaube, wenn ich dasselbe (später) als einen ganzen Idyllenjahrgang vorüberziehen lasse. Aber wie Nebelwetter gehe das voraus, was nicht zu den hellen Tagen gehört; und dieser Nebel war mein Unterricht; obwohl am Ende, freilich erst nach zehn Jahren, dieser Nebel fiel. Alles Lernen war mir Leben, und ich hätte mit Freuden, wie ein Prinz, von einem halbdutzend Lehrern mich auf einmal unterweisen lassen; aber ich hatte kaum einen rechten.
Noch erinnere ich mich der Winterabendlust, als ich aus der Stadt endlich das mit einem Griffel als Zeilenweiser versehene Abc-Buch in die Hand bekam. Damit bezog ich nun in einer grüntaftnen Haube, aber schon in Höschen die hohe Schule, nämlich die der Pfarrwohnung gegenüber gelegene Schulmeisterwohnung, und sagte gleich jedem auf mit dem Griffel.
Leider schloß ich mir selber durch eine unzeitige Klage bei meinem Vater, daß ein langer Bauernsohn (*Zäh* ist sein Name für die Nachwelt) mich mit einem Einlegemesser ein wenig auf die Fingerknöchel geschlagen, auf immer die Schulstube zu. Er, in seinem ehrgeizigen Zorne, gab nun mir und meinen Brüdern allein den Unterricht; und mir gegenüber mußt' ich jeden Winter die Schulkinder in einen Hafen einlaufen sehen, der mir versperrt war.
Vier Stunden vor- und drei nachmittags gab unser Vater uns Unterricht, welcher darin bestand, daß er uns bloß auswendig lernen ließ, Sprüche, Katechismus, lateinische Wörter und Langens Grammatik. Wir mußten die langen Geschlechtsregeln jeder Deklination samt den Ausnahmen nebst der beigefügten lateinischen Beispielzeile lernen, ohne sie zu verstehen. Ging er an schönen Sommertagen über Land, so bekamen wir so verdammte Ausnahmen wie *panis, piscis* zum Hersagen für den nächsten Morgen auf, von welchen mein Bruder Adam, dem der ganze lange Tag kaum zu seinem Herumrennen und Kindereien aller Art zulangte, gewöhnlich kein Achtel im Kopfe übrig hatte. Übrigens war's auch gar nichts Leichtes, an einem blauen Juniustag, wo der Allherrscher Vater nicht zu Hause war, sich selber in einen Winkel festzusetzen und gefangenzunehmen und zwei oder drei

Seiten von Vokabeln desselben Buchstabens und ähnlichen Klanges im Kopf einzuprägen und einzuhauen; an einem blauen langen Wonnetag, sag' ich, war es nichts Leichtes, sondern mehr an einem weißdunkeln kurzen Dezembertag, und man muß sich nicht wundern, wenn mein Bruder Adam desfalls immer Schläge von solchen Tagen davontrug. Professor dieser eignen Geschichte darf aber den allgemeinen Satz aufstellen, daß er überhaupt *niemals* in seinem ganzen Schülerleben ausgeprügelt worden, weder gliederweise, geschweige vollends im ganzen; der Professor wußte immer das Seinige.

Nur werfe dieses bloße Auswendiglernenlassen kein falsches Licht auf meinen unverdrossnen und liebevollen Vater. Er, der den ganzen Tag dem Aufschreiben und Auswendiglernen der Predigten für seine Bauern opferte, bloß aus überstrenger Amtgewissenhaftigkeit, da er die Kraft seiner improvisierenden Beredsamkeit mehrmals erfahren hatte, und er, der im wöchentlichen Besuche der Schulstube und im Verdoppeln öffentlicher Kinderlehren und überall die Pflichten mit Opfern überbot, und der mit einem weichen warmen Vaterherzen an mir am meisten hing und leicht über kleine Zeichen meiner Anlagen oder Fortschritte in frohes Weinen ausbrach, dieser Vater beging in seiner ganzen Erziehweise keine anderen Fehler – so seltsame auch noch vorkommen mögen – als die des Kopfes, nicht des Willens.

Um das Joditzer Leben unsers Hans Paul – denn so wollen wir ihn einige Zeitlang nennen, jedoch immer mit andern Namen abwechseln – am treuesten darzustellen, tun wir, glaub' ich, am besten, wenn wir dasselbe durch ein ganzes Idyllenjahr durchführen und das Normaljahr in vier Jahrzeiten als ebenso viele Idyllenquatember abteilen; vier Idyllen erschöpfen sein Glück.

Kaum würd' ich wissen, mit welchem unter den vier Idyllenquatembern anzufangen wäre; denn jeder ist ein kleiner Vorhimmel des nächsten; indes gerät doch, wenn wir mit dem Winter und Januar anheben, das Steigern der Freuden am besten. In der Kälte war der Vater, wie ein Senne, gewöhnlich von der Treppenhöhe der Studierstube herabgezogen und hielt zur Freude der Kinder sich in der Ebene der allgemeinen Wohnstube auf. Am Morgen saß er an einer Fensterecke und lernte seine Sonntagspredigt auswendig, und die drei Söhne, Fritz (das bin ich selber) und Adam und Gottlieb (denn Heinrich kam erst gegen das Ende des Joditzer Idyllenlebens dazu), trugen abwechselnd die volle Kaffeetasse zu ihm, um noch froher die leere zurückzuholen, weil der Träger die ungeschmolzenen Reste des gegen Husten genossenen Kandiszuckers frei aus ihr nehmen durfte. Draußen deckte zwar der Himmel alles mit Stille zu, den Bach durch Eis, das Dorf mit Schnee; aber in der Wohnstube war Leben, unter dem Ofen ein Taubenstall, an den Fenstern Zeisig- und Stieglitzenhäuser, auf dem Bogen die unbändige Bullenbeißerin, unsere *Bonne,* der Nachtwächter des Pfarrhofs, und ein Spitzhund und der artige Scharmantel, ein Geschenk der Frau von Plotho – und daneben die Gesindestube mit zwei Mägden; und weiter gegen das andere Ende des Pfarrhauses der Stall mit allem möglichen Rind-, Schwein- und Federvieh und dessen Geschrei; unsere auch vom Pfarrhofe umschlossenen Drescher könnt' ich mit ihren Flegeln auch rechnen. So von lauter Gesellschaft umgeben, brachte leicht der ganze männliche Teil der Wohnstube den Vormittag mit Auswendiglernen zu, nahe neben dem weiblichen Kochen. Ferien fehlen keinem Geschäfte in der Welt; und so hatt' auch ich die Luftferien – ähnlich den Brunnenferien –, daß ich in den Schnee des Hofs gehen durfte und an die dreschende Scheune. Ja, war im Dorfe ein schweres Redegeschäft auszurichten, z. B. bei dem Schul- oder bei dem Schneidermeister, so wurde ich dahin mitten aus meinen Lerngeschäften verschickt; und so kam ich denn immer ins Freie und Kalte und konnte mich mit dem neuen Schnee messen. Mittags konnten wir Kinder noch vor unserem Essen die hungrige Freude haben, daß wir Drescher in der Gesindestube einbeißen und aufessen sahen.

Der Nachmittag wurde schon bedeutender und freudenreicher. Der Winter verkürzte und versüßte die Lernstunden. In der langen Dämmerung ging der Vater auf und ab, und die Kinder trabten unter seinem Schlafrock nach Vermögen an seinen Händen. Unter dem Gebetläuten stellten sich alle in einen Kreis und beteten das Lied einstimmig ab: »Die finstre Nacht bricht stark herein.« Nur in Dörfern – nicht in der Stadt, wo es eigentlich mehr Nacht- als Tagarbeiten und -freuden gibt – hat das Abendläuten Sinn und Wert und ist der Schwanengesang des Tags; die Abendglocke ist gleichsam der Dämpfer der überlauten Herzen und ruft als der Kuhreigen der Ebene die Menschen von ihren Läufen und Mühen in das Land der Stille und des Traums. – Nach dem süßen Warten auf den Mondaufgang des Talglichtes unter der Türe des Gesindestübchens wurde die weite Wohnstube zu gleicher Zeit erleuchtet und verschanzt, nämlich die Fensterläden wurden zugeschlossen und eingeriegelt, und das Kind fühlte nun hinter diesen Fensterbasteien und Brustwehren sich traulich eingehegt und hinlänglich gedeckt gegen die verdammten Spitzbuben und auch gegen den Knecht Ruprecht, der draußen nicht hereinkann, sondern nur vergeblich brummt.

Um dieselbe Zeit geschah es dann, daß wir Kinder uns auskleiden und in bloßen langen Schlepphemden auf und ab hüpfen durften. Idyllenfreuden verschiedner Arten wechselten. Entweder trug der Vater in eine mit leeren Folioblättern durchschossne Quartbibel bei jedem

Verse die Nachweisung auf das Buch ein, worin er über ihn etwas gelesen; oder er hatte gewöhnlicher sein rastriertes Folioschreibbuch vor sich, worauf er eine vollständige Kirchenmusik mit der ganzen Partitur mitten unter dem Kinderlärmen setzte: in beiden Fällen, in letztem aber am liebsten, sah ich dem Schreiben zu und freute mich vorzüglich, wenn durch Pausen mancher Instrumente schnell ganze Viertelseiten sich füllten. Er dichtete seine innere Musik ohne alle äußeren Hilfstöne – was auch Reichardt den Tonsetzern anriet – und unverstimmt von Kinderlärm. Die Kinder saßen spielend alle am langen Schreib- und Eßtische, ja sogar auch *unter* ihm. Unter die Freuden, welche auf immer der schönen Kinderzeit nachsinken, gehört auch die, daß zuweilen ein so grimmiges Frostwetter eintrat, daß der lange Tisch der Wärme wegen an die Ofenbank geschoben wurde; und wir lauerten den ganzen Winter auf dieses frohe Ereignis. Um den Kutschkasten von unförmlichem Ofen liefen nämlich zwei Holzbänke; und unser Gewinn bestand darin, daß wir auf ihnen sitzen und laufen konnten.

Wie stieg wöchentlich vollends der Winterabend an Wert, wenn die alte Botenfrau, mit Schnee überzogen, mit ihrem Frucht- und Fleisch- und Warenkorbe aus der Stadt in der Gesindestube einlief und wir alle im Stübchen die ferne Stadt im kleinen und Auszuge vor uns hatten und vor der Nase wegen einiger Butterwecken!

In den frühern kindischern Zeiten wurde vom Vater nach dem frühen Abendessen noch ein Lustnachtisch des Winterabendes zugelassen, welchen die Viehmagd am Spinnrocken in der Gesindestube bei aller der Beleuchtung auftrug, welche die Kienspäne geben konnten, die man, wie in Westfalen, von Zeit zu Zeit in den Kienstock angezündet steckte. Auf diesem Nachtisch stand nun – außer mehreren Konfekttellern und Eistassen mit Volksmärchen wie der Aschenbrödel – die von der Magd selber getriebne Ananas von Geschichte eines Schäfers und seiner Tiergefechte mit Wölfen: wie zur einen Zeit die Gefahr immer größer wurde und zur andern seine Verproviantierung. Noch fühl' ich das Glücksteigen des Schäfers als ein eignes nach; und merke dabei nur aus eigener Erfahrung an, daß Kinder in Erzählungen weit mehr von den Steigerungen des Glücks als von denen des Unglücks ergriffen werden und daß sie die Himmelfahrten ins Unendliche hinauf, aber die Höllenfahrten nur so tief hinabgetrieben wünschen, als zur Verherrlichung und Erhöhung des Himmelthrones nötig ist.

Nur das Ende der Winterabende streckte für den Helden eine verdrießliche Wespenstachelscheide oder Vampirenzunge aus. Die Kinder mußten sich nämlich um neun Uhr in die Gaststube des zweiten Stocks zu Bett begeben, meine Brüder in ein gemeinschaftliches in

der Kammer und ich in eines in der Stube, das ich mit meinem Vater teilte.
Wir steigen nun zu solchen Joditzer Idyllen auf, meine teuern Zuhörer und Hörerinnen, welche von Paul mehr außerhalb Joditz' genossen werden und die man wohl am bequemsten einteilt in die, wo er selber nicht zu Hause ist, und die, wo sein Vater nicht zu Hause ist. Ich fange mit den letzten an, weil ich es unter die unerkannten Kindheitsfreuden rechne, wenn die Väter verreisen. Denn gerade in diesen Zeiten erteilen die Mütter die herrlichen akademischen Zensur- und Handelsfreiheiten der Kinder. Paul und seine Brüder konnten hinter den Augen der in Geschäfte verstrickten Mutter über die Hofklingeltüre hinaus nach einigem Grenzwildpret des Dorfs jagen, z. B. nach Schmetterlingen, Grundeln und Birkensaft und Weidenrinden zu Pfeifen, oder einen neuen Spielkameraden, den Schulmeisters-Fritz, hereinlassen, oder mittags läuten helfen, bloß um von dem Seil bei dem Ausschwingen der Glocke in die Höhe gezogen zu werden. Eine an sich bedeutende Lustbarkeit innerhalb des Hofes war auch groß genug – nur konnte Paul dabei sich leicht das Genick brechen und so mir meine ganze Professur im voraus abnehmen – und bestand darin, daß er in der Scheune auf einer Leiter einen freiliegenden Balken bestieg und von ihm auf das anderthalb Stockwerk tief gelegte Heu heruntersprang, um unterwegs das Fliegen zu genießen. Zuweilen setzte er das Klavier im obern Stock ans offne Fenster und spielte auf ihm über alle Maßen in das Dorf hinab und suchte gehört zu werden von Vorübergehenden. Das Hinabklingen verstärkt' er noch gewaltig durch eine Feder, die er stark über die Saiten, welche die Linke vermittels der Tasten spannte, mit der Rechten führte. Wohl tat er auch einige Federstriche auf die vom Saitenstege gespannten Saiten hinüber, aber viel Wohlklang wollte nicht dabei herauskommen.
Natürlich fallen Joditzer Sommeridyllen noch reicher aus, wenn man gar das ganze Dorf verläßt und in ein anderes geht oder in die Stadt. Gibt es an einem schönen Sommertag einen segenvolleren Befehl nach dem Hersagen der Langischen Grammatik, als der war: »Zieh dich an, du gehst nach dem Essen mit nach Köditz«? Nie schmeckte das Essen schlechter. Paul mußte dem starken Schritte des Vaters gleichlaufen. Nach einer Stunde hatt' er nun sein Pfarrherrlein, freie Spiele, dessen herrliche Mutter – deren Sprachton ihm noch wie ein Lautenzug und eine Harmonikaglocke durch die Ferne des Herzens nachklingt – und zuweilen einen oder den anderen winzigen Lorbeerkranz, groß genug für sein Köpfchen. Der Vater nämlich, väterlich erfreuet über dessen Auffassen und Behalten seiner Predigten, von welchen er ihm Sonntagabends Hauptsatz und Teile und anderes

flink wiederholte, befahl ihm, das nämliche zu wiederholen vor den Pfarrleuten; – und der Kleine, darf ich sagen, bestand beständig. An einem Knaben, der in seinem Leben nichts Großes gesehen – keinen Grafen – keinen General – keinen Superintendenten – einen Edelmann nur selten, an einem solchen Knaben zeigte es Mut, öffentlich in der Stube vor den Pfarrleuten zu sprechen. Aber von jeher fuhr, so scheu er im Schweigen dastand, Mut und Feuer in ihn, sobald er zum Sprechen gelangte. Ja, wagte er sich nicht einmal an etwas noch Kühneres? Nahm er nicht an einem Nachmittage, wo sein Vater nicht zu Hause war, ein Gesangbuch und ging damit zu einer steinalten Frau, die jahrelang gichtbrüchig darniederlag, und stellte sich vor ihr Bette, als sei er ein erwachsener Pfarrer und mache seinen Krankenbesuch, und hob an, ihr aus den Liedern Sachdienliches vorzulesen? Aber er wurde bald unterbrochen von dem Weinen und Schluchzen, mit welchem nicht etwa die alte Frau das Gesangbuch anhörte – diese ließ sich kalt auf nichts ein –, sondern er selber.
Einmal nahm der Vater den Helden sogar an den Hof mit nach Versailles, wie man wohl Zedtwitz ohne Übertreiben nennen mag, da es die Residenz der Patronatherrschaft der Joditzer Pfarrer war. Jedesmal, wenn er bei Hofe gewesen – im Sommer fast zweimal monatlich –, setzte er abends Frau und Kind in das größte ländliche Erstaunen über hohe Personen und deren Hofzeremoniell und über die Hofspeisen und Eisgruben und Schweizerkühe, und wie er selber aus dem ›Domestiken‹-Zimmer sehr bald zu dem Herrn von Plotho oder auch zum Fräulein, dem er auf dem Klavier einige Vor- und Nachübungen gab, und endlich zur Freiin von Bodenhausen und stets wegen seiner Munterkeit zur Tafel gezogen wurde, wenn auch daran (dies änderte nichts) die bedeutendsten Rittergutsbesitzer Vogtlands saßen und aßen. Aber gleich einem alten lutherischen Hofprediger erkannte er die unabsehliche Größe des Standes wie das Erscheinen der Gespenster an, ohne vor beiden zu beben. Und doch sag' ich: wie glücklicher seid ihr jetzigen Kinder, die ihr aufgerichtet erzogen werdet, zu keinem Niederfallen vor dem Range belehrt und von innen gegen den äußern Glanz gestärkt! – Das eine Stunde entfernte Niederfallen der Joditzer Pfarrsöhne vor dem Zedtwitzer Thron wurde noch besonders jährlich durch eine prächtige Kutsche verstärkt, welche jeden Grünen Donnerstag den Vater als Beichtvater zur Abendmahlfeier der Herrschaft abzuholen kam. Die Söhne können von der Kutsche sprechen, da sie jedesmal abends vor der Abfahrt selber darin ein wenig im Dorfe mit ihren Entzückungen herumgefahren wurden.
Jetzt haben Sie vielleicht eine Vorstellung von dem Unternehmen unsers Helden, als er mit dem Hofbeichtvater, der von ihm höhern Orts

mit zu großen Loben und Lieben gesprochen, nach Zedtwitz ging, um sich dem regierenden Hause vorstellen zu lassen. Die Freiin von Bodenhausen empfing ihn, nachdem er lange vor den Ahnenbildern unten im Schlosse herumgegangen, oben auf der Treppe, gleichsam das Präsenzgemach, wo Paul, der sogleich hinaufschoß, nach der Hofordnung ihr Kleid erschnappte und diesem den Zeremoniellkuß aufdrückte. – Und so war die ganze Audienz ohne besondere Hofdegen und Obristhofmarschälle glücklich abgetan, und der Junge konnte wieder herumlaufen.

Und dies tat er im prächtigen Garten. Schwerlich hat je ein anderer Gesandter als unser damals noch kleiner Hildburghäuser Legationsrat unmittelbar nach der abgemessenen regelrechten Audienz solche romantische Stunden durchgeatmet und eingesogen, wie die Laubengänge, die Springbrunnen, die Mistbeete, die Baumaltane einem mehr in als außer sich phantasierenden Dorfkinde geben mußten, das zum ersten Male und einsam in diesen Herrlichkeiten mit gepreßter und mit gedehnter Brust umherwankte. Was den aufgeschwungenen Paul wieder in die niedere Wirklichkeit trug, war ein hölzerner Vogel an einem Seile, den er mit dem Eisenschnabel treffend in das Schwarze einer Scheibe schießen lassen konnte. Ein vom Schlosse herabgesandter Obstkuchen hielt die Mitte zwischen Flug und Stand, und dessen köstlicher Nachgeschmack erhält sich unverwüstlich im Reliquiarium des Helden. O ihr schönen einsamen Stunden und Gänge für das darbende Dorfkind, dessen Herz so gern sich füllen, ja nur sehnen wollte an der Außenwelt! –

So weit gehen die Joditzer Idyllen, welche für Eltern und Kinder lange genug gedauert, nämlich so lange wie der Trojanische Krieg. Die Schulden und die Ausgaben für vier Söhne wuchsen, und diesen wurde die versprochene bessere Schule immer nötiger. Auch den Vater faßte zuweilen ein Unmut an, daß er schöne Jahre und schöne Kräfte in einer so engen Dorfkirche abmatte und verzehre. Endlich starb der Pfarrer Barnickel in Schwarzenbach an der Saale, einem kleinen Städtchen oder großen Marktflecken. Der Tod ist der eigentliche Schauspieldirektor und Maschinenmeister der Erde. Er nimmt einen Menschen wie eine Ziffer aus der Zahlenreihe vorn, mitten oder hinten heraus, und siehe, die ganze Reihe rückt in eine andere Geltung zusammen. Die Pfarrstelle, welche der Fürst von Reuß und die Frau von Bodenhausen wechselnd besetzten, bekam dieses Mal die Gönnerin Richters in die Hand, welche sich lange und unverhohlen auf die Gelegenheit gefreuet, den guten uneigennützigen heitern und verarmenden Pfarrer zu erretten und zu belohnen.

Aber deshalb ging er jetzt nicht öfters nach Zedtwitz, sondern selte-

ner. Vollends eine Bittschrift um die Pfarrei oder nur eine mündliche Bitte zu bringen, dies hätte ihn nach seiner altgläubigen Überzeugung, daß nur der Heilige Geist zum heiligen Amte rufen müsse, als eine Simonie befleckt. So mußte denn die geburtsstolze Gönnerin sich den festen amtsstolzen ärmlichen Schwarzrock ohne Bitte und ohne Gesuch gefallen lassen. Ich teile Ihnen hier ein Geheimnis des Zedtwitzer Hofes mit – das er selber längst vergessen –, wenn ich aus dem Munde des alten Pfarrers erzähle, wie es dort am Tage seiner Berufung zugegangen. Da er gewöhnlich zuerst bei dem alten Herrn (von Plotho) vorgelassen wurde, so konnte dieser vor Liebe und Freude ihm die Nachricht seiner Beglückung nicht zurückhalten, sondern gab sie ihm geradezu oder gar die Vokation selber, indes eigentlich erst dessen Gemahlin als die wahre Patronatsherrin ihm das Schreiben hätte geben können. Natürlicherweise war nachher, als der neugeschaffne Pfarrer vor sie mit seinem Danke eintrat, einige Verstimmung der Freiin gegen ihren Gemahl dem Hofe nicht ganz zu verstecken. Übrigens hatten beide mit der eigenhändigen Übergabe der Vokation dem geldlosen Freunde allerlei Gratiale und Douceurs der Überbringer – fatale Worte für die eine Partei – ersparen wollen.
Da ich Ihre wohlwollenden Gesinnungen für Vater und Sohn so gut kenne, so wollt' ich wohl erraten, daß Sie jetzt innerlich im Jubel rufen: ›Dies ist ja köstlich, daß endlich der Mondwechsel der Pfarreien ihm ein anderes, schönes Wetter bringt; und wir sehen den jovialen Tonkünstler ordentlich früher als sonst von der Herrschaft (er unterhielte sie aus Dank gern länger) mit seiner Bullenbeißerin nach Hause laufen, bloß um nur so früh wie möglich eine Selberentzückung unter die Seinigen, besonders an die arme Gattin auszuteilen, welche durch das bisherige Ährenlesen, ja Zehenten-Sammeln auf den elterlichen Feldern wahrlich genug geduldet hat.‹ –
Ich bemerke dagegen nichts, als daß Sie sämtlich ins Blaue fehlschießen, und mich wundert der Fehlgriff. Ernst und traurig brachte er die Freudenpost; aber nicht bloß, weil auf dem Blumen- und Erntekranz des Glücks wie auf dem Brautkranz immer einige Tautropfen hängen, die wie Tränen aussehen, sondern auch, weil in ihm schon der Abschied von der geliebt-liebenden Gemeinde zu weinen anfing, welche seit vielen Jahren seine zweite Familie, nur im größeren Familienbetsaal der Kirche, geworden, und zuletzt noch, weil nur das stille, ruhige, unbegaffte Stilleben des Dorfes in der Zukunft nur als ein fernes Gemälde in seiner Erinnerung hangen sollte. Freilich ist das Landleben, gleich dem Seeleben, einfarbig und ohne Abwechselung kleiner und großer Gegenstände; aber es gibt eine Art einförmiger Freude, welche stärkt, so wie das einfarbige Meer auf Lungensüchtige freund-

lich wirkt, weil keine Staubwolken einzuatmen sind und keine Insekten qualen.
Wir verlassen mit ihm das unbekannte Dörfchen; aber ob es sich gleich noch keinen Lorbeerkranz, wie so manches andere Dorf, durch eine Schlacht aufgesetzt, so darf er, glaub' ich, es doch hoch in seinem Herzen halten und noch heute zu ihm, als wenn er heute schiede, sagen: ›Liebes Dörflein! du bleibst mir teuer und wert! Zwei kleine Schwestern ließ ich *in* deinem Boden – Mein zufriedener Vater hat *auf* ihm seine schönsten Sonntage gefunden – Und unter dem Morgenrote meines Lebens sah ich deine Fluren stehen und glänzen. Zwar sind deine bekannten Bewohner, denen ich danken will, längst fortgegangen wie mein Vater; aber ihren unbekannten Kindern und Enkeln wünscht mein Herz, es geh' ihnen wohl, und jede Schlacht ziehe weit vor ihnen vorbei.‹

Ludwig Börne
Briefe aus Paris

Nach der Französischen Revolution von 1789, die die alte Ordnung in ganz Europa erschüttert hatte, verlief die weitere politische Entwicklung in Frankreich und Deutschland auf geradezu entgegengesetzten Bahnen. Während die französischen Freiwilligenheere im Ersten Koalitionskrieg 1792 die Revolution verteidigt hatten, festigte die Volksbewegung, die in Preußen den Krieg gegen Napoleon trug, nur die politische Reaktion. Die ›Befreiungskriege‹ befreiten die Deutschen zwar von Napoleon, nicht aber von Fürstenwillkür: 1819 wurden alle Reformen Humboldts und des Freiherrn vom Stein eingestellt, das Verfassungsversprechen des Königs von 1815 wurde nie erfüllt, ein rücksichtsloses Bauernlegen begann. Deshalb konnten die deutschen Intellektuellen sagen: ›Französischer Patriotismus – ja – er ist der Stolz der Revolution. Deutscher Patriotismus – nein: er bedeutet Reaktion. Wer also ist noch patriotisch? Die Reaktion. Wer ist es nicht mehr? Die Freiheit.‹
Arnold Ruge.
Als 1830 in Frankreich die Julirevolution gegen das 1814 zurückgekehrte Königshaus der Bourbonen ausbrach, hielt es viele deutsche Schriftsteller nicht mehr zu Hause: sie mußten in Paris dabeisein. Unter ihnen auch Ludwig Börne, eigentlich Löw Baruch, 1786–1837. Die *Briefe aus Paris* waren zuerst gar nicht zur Veröffentlichung bestimmt: keine deutsche Zeitung hätte sie drucken können! Sie gingen an die Freundin Jeanette Wohl. 1831 erschienen sie erstmals im Rahmen der Gesamtausgabe von Börnes Schriften. Am Freiheitskampf Griechenlands gegen die Türkei 1821–1829 hatte ganz Europa Anteil genommen. Im Jahr 1832 wurde ein bayrischer Prinz griechischer König. Der Aufstand der Polen, von der Pariser Julirevolution angeregt, wurde von Rußland grausam niedergeschlagen – das Land wurde zur russischen Provinz. Diese Ereignisse erregten Börne, als er die folgenden Briefe schrieb.
Heine schrieb über Börnes *Briefe aus Paris:* ›Himmel! welche entsetzlichen Wortfügungen; welche hochverräterischen Zeitwörter! welche majestätsverbrecherischen Akkusative! welche Imperative! welche polizeiwidrigen Fragezeichen! welche Metaphern, deren bloßer Schatten schon zu zwanzig Jahr Festungsstrafe berechtigte.‹
Lesehinweis: Heinrich Heine, *Gespräch auf der Themse,* in *Englische Fragmente,* 1831.

Freitag, den 14. Dezember 1832

Heute gehe ich zum ersten Male wieder aus, nachdem ich, wegen meiner Zahnschmerzen, drei Tage das Zimmer nicht verlassen. Ich habe dabei gewonnen, daß ich drei Tage lang den stinkenden Nebel auf der Straße nicht zu trinken und so lange die stinkenden deutschen Zeitungen nicht zu lesen brauchte. Der Geschmack der letzten, die ich vor einigen Tagen las, liegt mir heute noch auf der Zunge. Nein, es ist nicht zu ertragen. Die Deutschen müssen Nerven haben wie von Eisendraht, eine Haut von Sohlleder und ein gepökeltes Herz. Diese Unverschämtheit der Fürstenknechte, dieses freche Ausstreichen eines ganzen Jahrhunderts, dieser weintolle Übermut, dieses Einwerfen aller Fensterscheiben, weil das Licht da durchfällt, als wenn sie mit dem Glase auch die Sonne zerstörten – es übersteigt meine Erwartung. Aber das steigert auch meine Hoffnung. Man muß mit den dummen Aristokraten Mitleid haben, man muß ihnen nicht eher sagen, daß das Kassationsgericht dort oben ihre Appellation verworfen hat, bis an dem Tage, wo sie hingerichtet werden. Das deutsche Volk wird einst gerächt werden, seine Freiheit wird genommen werden, aber seine Ehre nie. Denn nicht von ihnen selbst, von anderen Völkern wird die Hilfe kommen. Ich sehe es schon im Geiste; wenn einst die finsteren Gewitterwolken sich werden über den deutschen Palästen zusammenziehen, wenn der Donner zu grollen anfängt, wird das geschmeidige deutsche Volk wie ein Eisendraht hinaufkriechen zu allen Dächern seiner Tyrannen, um die geliebten Herrscher vor dem Blitze zu bewahren und ihn auf sich selbst herabzuziehen. Wem daran gelegen ist, verhöhnt und betrogen zu werden, der braucht nur großmütig gegen seine Feinde zu sein, zumal gegen die Fürsten, welche die Feinde aller Menschen sind. Wenn in Frankreich ein Don Miguel und ein Robespierre zugleich regierten, wenn an jeder Straßenecke rechts ein Galgen, links eine Guillotine stünde – die Franzosen ertrügen vielleicht lange das Morden von ihren Tyrannen geduldig; aber ihren Spott, ihre Verachtung, ihr unverschämtes Hofmeistern, ihre Ohrfeigen und ihre Rute, das, was der Deutsche das ganze Jahr erduldet – sie ertrügen es keine Stunde lang. Die Franzosen waren Jahrhunderte lang Sklaven unter ihren Königen; aber sie durften doch singen in ihren Ketten, sie durften ihre Kerkermeister verspotten. Zur Schreckenszeit wurden edle und schuldlose Menschen auf das Blutgerüst gebracht, aber nie fand Robespierre ein Gericht, das so feige und unmenschlich gewesen, einen Aristokraten zu verurteilen, daß er vor dem Ölbilde der Freiheit kniend Abbitte tue. Unter der Despotie der Könige wie unter der der Republikaner erkannte man etwas im Menschen an, das, weil von Gott gesandt, heilig und unverletzlich ist und nie zur Verantwortung gezogen werden darf. Aber dieses Göttliche, Heilige und Unverletzliche im Menschen: seine Ehre, sein Glauben, seine Tugend, das wird in Deutschland am meisten zuerst bestraft, am boshaftesten gezüchtigt. Ein Dr. Schulz in München wurde wegen seines politischen Glaubens *auf unbestimmte Zeit* zum Zuchthause verurteilt und zu der schlimmeren Züchtigung, vor dem Bilde des Königs kniend Abbitte zu tun. Sie werfen die Freiheit in den Kot, daß sie

aussehe wie die Knechtschaft, damit man keinen Mann von Ehre ferner von einem Hofmanne unterscheiden könne und gemeinschaftlicher Schmutz Volk und Land und Regierung bedecke.
Würde in Paris die Todesstrafe darauf gesetzt, wenn einer es wagte, im Theater einen Laut des Mißfallens zu äußern, und es versuchte einmal ein schamlos schmeichelnder und bettelnder Hofdichter, die Leidenschaften, Torheiten und Verbrechen seiner Fürsten durch Poesie, Musik, Tanz und Malerei auf der Bühne zu verherrlichen und so ein ganzes Volk zu Mitschuldigen seiner niederträchtigen Gesinnungen zu machen – und stünde die Todesstrafe auf ein Lächeln –, es fänden sich hier Hunderte von Zuschauern, die lachen, zischen und pfeifen und ihr Leben an ihre Ehre setzen würden. Man jauchzte keinem schamlosen, tollen Schauspiele zu wie das, was neulich ein Herr von Poißl in München zur Feier der Thronbesteigung des Königs Otto dichtete und auf der Bühne vorstellen ließ. *Vergangenheit und Zukunft* hieß das Schauspiel, welches alle das dicke Bockbier, das seit dem vorigen Sommer in den bayerischen Adern stockte, in die freudigste Wallung brachte. Hellas, Bavaria, Glaube, Liebe und Hoffnung treten auf. Sooft ein deutscher Hofdichter etwas Politisches singt, umgibt er sich mit Glaube, Liebe und Hoffnung. Es sind seine Grazien und seine Parzen zugleich. Mit ihnen versüßt er die Tyrannei, mit ihnen spinnt er die Freiheit zu Tode. Übrigens ist es eine nützliche Bedeckung; denn ohne Glaube, Liebe und Hoffnung ertrüge man keinen Tag, ein deutscher Untertan zu sein.
Das zweite Bild stellt die Gegend von Athen vor. ›Mit erst düsterem Himmel, verbrannten Olivenwäldern und verdorrten Fluren. Nach und nach kleidete sich der Himmel in *Bayerns Nationalfarbe*. Die Olivenwälder begannen zu grünen. Die Fluren bedeckten sich mit Blumen und Blüten, aus Ruinen entstanden Paläste. Und in diesem Augenblick erschien, von der Liebe getragen und den Glauben und die Hoffnung zur Seite, das als Segensgestirn über Hellas aufgehende Bildnis des Königs Otto, vor dem sich Griechenlands Volk in freudiger Huldigung neigte.‹ Bavaria-Sappho ist verrückt, sie ist verliebt, weiß nicht mehr, was sie spricht, und ich sehe sie schon vom leucadischen Felsen hinab in die Isar springen. Aber Herr von Poißl hat nicht die geringste Lebensart, daß er den König Otto, der ein Mann ist, von der *Liebe,* die ein Frauenzimmer ist, tragen ließ. Ich begreife nicht, wie das zarte Wesen diese Last von München bis zum Himmel, einen so weiten Weg, hat aushalten können; König Otto muß sehr leicht sein! Warum hat er den König nicht dem *Glauben* auf die breiten Schultern gesetzt? Der hat schon in seiner Dummheit viel schwerere Lasten getragen. Dann wäre die Liebe an der Seite der Hoffnung, hin-

ter dem Glauben und dem König Otto leicht hergeflogen, und dann wäre doch Symmetrie dabeigewesen, und das Ganze wäre ein Meisterstück geworden. Oh, Herr von Poißl! ich weiß nicht, ob Sie Verstand haben, aber Geschmack haben Sie nicht den geringsten. Wie freue ich mich, daß die verbrannten Olivenfelder wieder grün werden; jetzt können doch die armen Griechen wieder Salat essen. Aber die *bayerische Nationalfarbe,* in welche sich der Himmel kleidete, als er Audienz beim König Otto hatte – ist das nicht himmlisch? ja, ja, so ist es. Den Himmel selbst möchten sie gern zum Lakaien machen, und sein heiliges Blau soll die Livreefarbe eines deutschen Fürsten sein! Verdammnis! Es kommt mir manchmal vor, als wäre die Erde ein großer Pfeifenkopf, aus dem Gott raucht, und Deutschland wäre der Wassersack der Pfeife, bestimmt, um diese rein zu erhalten, allen Schmutz, alle stinkenden Säfte aufzunehmen. Die Zeit wird kommen, daß jeder europäische Fürst mit einem Stück seines Landes in den deutschen Bund treten wird, um sich mit einem solchen heilsamen Wassersacke zu versehen.

Dienstag, den 18. Dezember 1832

Als ich gestern abend nach Hause kam, fand ich eine schwarze Visitenkarte vor, mit dem Namen weiß darauf. Es war ein Schauer, wie sie da lag auf dem schwarzen Marmortische im rötlichen Scheine der Lampe; es war wie der Besuch eines Geistes. Es war der Name eines Polen. Ich habe solche schwarze Karten hier nie gesehen. Sollten sie vielleicht die Polen als ein Zeichen der Trauer angenommen haben? Ich werde es erfahren. Da haben Sie sie, ich schicke sie Ihnen, bewahren Sie sie gut. Und haben Sie je eine Träne für einen König vergossen, und sollte das Glück es wollen, daß Sie noch ferner eine weinen, dann sehen Sie diese Karte an, daß Ihr Herz zur Wüste werde und der Sand alle Brunnen der Empfindung verschütte. Denn wahrlich, es ist edler die ganze Menschheit hassen, als nur eine einzige Träne für einen König weinen.

Ein sterbendes Volk zu sehen, das ist zu schrecklich; Gott hat dem Menschen keine Nerven gegeben, solches Mitleid zu ertragen. Jahre, ein Jahrhundert lang in den Zuckungen des Todes liegen und doch nicht sterben! Glied nach Glied unter dem Beile des Henkers verlieren und all das Blut, alle die Nerven der verstorbenen Glieder erben und dem armen und elenden Rumpfe den Schmerz des Ganzen aufbürden – o Gott! das ist zu viel! Denn einem Volke, wenn es leidet, werden nicht wie einem kranken Menschen Geist und Sinne geschwächt, es verliert das Gedächtnis nicht; sei es noch so bejahrt, wird es im Unglück wieder zum Jüngling, zum Kinde, und die Jugend mit all ihrer

Kraft und Hoffnung, die Kindheit mit ihrer Lust und allen ihren Spielen kehren ihm zurück. Als Gott die Tyrannen erschuf, diese Folterknechte der Welt, hätte er wenigstens die Völker sollen sterblich machen.
Man hat jetzt den Deutschen eiserne Reifen um die Brust geschmiedet, sie dürfen nicht mehr seufzen um die Polen; aber die Franzosen brauchen noch nicht zu schweigen. Es kommt dahin auch noch, aber bis dahin kommt auch die Hilfe. Haben Sie in den französischen Blättern von dem neuen Jammer gelesen, den man auf die Polen gehäuft? Aus jeder polnischen Provinz werden fünftausend Edelleute eingefangen und nach dem Kaukasus getrieben, um dort unter die Kosaken eingesteckt zu werden. Sie dürfen auf ihre Verbannung nicht vorbereitet werden, sie müssen unvermutet nachts aus ihrem Bette geschleppt werden. So befiehlt es ausdrücklich der kaiserliche Befehl. Und dem Belieben des Gouverneurs bleibt es freigestellt, welche sie zur Verbannung wählen wollen; nur ist ihnen auf das strengste untersagt, die Begnadigung mit dem Kaukasus auf die Schuldigsten der Polen fallen zu lassen; diese kommen nach Sibirien oder werden hingerichtet oder werden im Gefängnisse erdrosselt und vergiftet. Was ich gestern gelesen, das ist noch ungeheurer. Fünfzig Polen wurden in Kronstadt, im Hafen, wie im Angesichte ganz Europas, auf Tod und Leben gegeißelt, weil sie ihr Vaterland nicht abschwören, weil sie dem Nikolaus nicht Treue schwören wollten. Und während sie die Reihen der Soldaten durchschlichen, durch Bajonette auf der Brust am schnellen Gehen gehindert, ging ein Geistlicher zusprechend neben den Verurteilten und ermahnte sie zu schwören. Ein Geistlicher, das Kruzifix in der Hand, ermahnte im Namen des Erlösers zum Meineide! Aber wo gab es je einen Kaiser oder König, der nicht einen Pfaffen gefunden hätte, der noch schlechter war als er? Dreitausend andere Polen standen in einen Haufen zusammengetrieben auf dem Richtplatze, den Jammer ihrer Brüder mit anzusehen, und hinter ihnen sechstausend Russen, Kanonen vor sich, den Haufen Polen niederzuschmettern, wenn einer von ihnen murren sollte. Die anwesenden russischen Offiziere lachten – o nein, ich erzähle das nicht ihnen zum Vorwurfe, sondern daß man diese Schlachtopfer der Tyrannei auch beweine. Sie *mußten* lachen; nicht zu lachen wäre ihnen als Kaisermord angerechnet worden. Und das duldet der Himmel? Das heißt nicht die Menschheit, das heißt Gott selbst in den Kot treten. Aber nicht an Nikolaus allein denke ich: so schuldig er ist, er hat es nicht verdient, unseren ganzen Fluch zu tragen. Er ist nur der gefällige Wirt, er gab seinen königlichen Brüdern ein königliches Schauspiel. Denn es ist kein Fürst in Europa, der nicht aus seiner Lage dieses blutige

Schauspiel mit Wollust ansähe und nicht dabei auf sein eigenes Volk hinabschielte und ihm den stummen Wunsch zugrinste: nun wohl bekomme euch diese Lehre!
Der Haß und der Ekel steigen mir manchmal bis an den Hals hinauf, und da werde ich meiner Wünsche und selbst meiner Verwünschungen überdrüssig. Es sind jetzt fünfzig Jahre, daß die europäische Menschheit aus ihrem Fieberschlummer erwachte und, als sie aufstehen wollte, sich an Händen und Füßen gekettet fand. Fesseln trug sie immer, aber sie hatte es nicht gefühlt in ihrer Krankheit. Seitdem kämpften die Völker mit ihren Unterdrückern. Und rechnet man jetzt zusammen all das edle Blut, das vergossen worden, all den schönen Heldenmut, all den Geist, alle die Menschenkraft, die verbraucht worden, alle die Schätze, die Reichtümer, drei kommenden Geschlechtern abgeborgt, die verschlungen worden – und wofür? Für das Recht, frei zu sein, für das Glück, auf den Punkt zu kommen, wo man aufhört, Schulden zu haben, und wo erst die Armut beginnt. Und bedenkt man, wie dieses Blut, dieser Heldenmut, dieser Geist, diese Kraft, diese Reichtümer, wären sie nicht verbraucht worden zur Verteidigung des Daseins, zur Veredelung, zur Verschönerung, auf die Freuden des Daseins hätten verwendet werden können – möchte man da nicht verzweifeln? Alles hinzugeben für die Freiheit, alles aufzuopfern – nicht für das Glück, sondern für das Recht, glücklich sein zu dürfen, für die Möglichkeit, glücklich sein zu können! Denn mit der Freiheit ist nichts gewonnen als das nackte Leben, dem Schiffbruche abgekämpft. Und gewönnen nur die Feinde der Menschlichkeit etwas durch ihren Sieg, ja teilten sie nur selbst die Hoffnung des Sieges, es wäre noch ein Trost dabei. Aber nein, der Sieg ist unmöglich. Eine neue Macht, die Widerstand findet, kann im Kampfe den Sieg finden und im Siege ihre Befestigung; aber eine alte befestigte Macht war schon besiegt an dem Tage, wo der Kampf gegen sie begann. Wäre es nicht toll, wenn Männer, die Zahnschmerzen haben, sich einredeten, sie zahnten? Aber so toll sind unsere Tyrannen nicht. Dort die Pfaffen – sie wissen recht gut, daß der Zauber ihrer Gaukelkünste nicht mehr wirkt. Dort die Edelleute – sie wissen recht gut, daß die Zeit ihrer Anmaßung vorüber ist. Dort die Fürsten – sie wissen recht gut, daß ihre Herrschaft zu Ende geht. Ja, alle diese unsere Feinde wissen das besser als wir selbst; denn ihren Untergang sehen sie durch das Glas ihrer Furcht weit näher, als wir es sehen durch das Glas unserer Hoffnung. Aber weil sie es wissen, darum wüten sie; sie wollen sich nicht retten, sie wollen sich rächen. Es gibt in Europa keinen Fürsten mehr, der so verblendet wäre, daß er noch hoffte, es werde einer seiner Enkel den Thron besteigen. Aber weil ohne Hoffnung, ist er auch

ohne Erbarmen und nimmt sich die Tyrannei seines Enkels voraus, sie zu der seinigen gesellend.

– Heute kaufte ich einen schönen Geldbeutel für Sie, von der Farbe des griechischen Himmels und der königlich bayrischen Nation: nämlich hellblau, mit einem goldenen Saume und mit weißer Seide gefüttert. So wonniglich weich anzufühlen, daß es einer zarten Seele schwer fiele, hartes, unerbittliches Geld hineinzulegen. Aber Sie werden ihn zu Almosen bestimmen. Hören Sie, wie Sie dazu gekommen. Noch fünf Minuten vorher dachte ich nicht daran, ihn zu kaufen, ob ich zwar an Sie dachte, denn ich schrieb Ihnen gerade. Ich las die Allgemeine Zeitung und darin von den hannöverischen Ständen und von der Öffentlichkeit, die man ihnen bewilligt von der Größe eines Nadelstichs; und wie man doch noch Angst gehabt, es möchten Spitzbuben von außen durch diesen Nadelstich in die Kammer steigen, und wie man darum den Nadelstich mit einem eisernen Gitter verwahrte und von außen Läden anbrachte und innen eine Gardine davorhing. Darüber mußte ich so lachen, daß ich das Pult erschütterte; von der Erschütterung floß mein Stacheltintenfaß über, das eben gefüllt worden war und zu hoch. Jetzt kam ein Tintenbach von der Höhe herab und strömte über die Allgemeine Zeitung gerade durch das Hannöverische. Schnell rettete ich meinen Brief, faßte die Allgemeine Zeitung am trockenen Zipfel und warf sie ins Feuer. Dann holte ich Wasser und wusch das Pult ab. Während dem Trocknen machte ich einige Gänge durch das Zimmer und kam bei dieser Gelegenheit an das Fenster und sah die Straße hinab. Da gewahrte ich, daß in das große Haus mir gegenüber viele Menschen gingen und daß viele glänzende Equipagen davor standen. Dann sah ich wieder viele Menschen und Wagen herauskommen, und so ging das abwechselnd immer fort. Ich ward neugierig, schickte hinunter und ließ Erkundigungen einziehen; erhielt aber keine Aufklärung. Da zog ich mich schnell an und ging selbst hinüber. Ich fragte den Portier des Hotels: *où est*... weiter wußte ich nicht, was ich fragen sollte. Er antwortete mir: im Hofe, links, im zweiten Stock über dem Entresol. Da stieg ich hinauf und kam durch eine Reihe Zimmer, voll der schönsten Frauen und Waren; es war ein Bazar und Serail zugleich. Man sah alle möglichen Handarbeiten in Nähereien, Strickereien, Malereien und wie sie sonst heißen. Auch männliche Handarbeiten, Bücher waren zum Verkaufe ausgestellt. An jedem Tische oder Laden stand eine Dame, die verkaufte; an jedem Artikel war der Preis geschrieben. Eine Bekannte, die ich dort fand, erklärte mir: das wäre der Bazar eines Frauenvereins, der jeden Winter zum Besten der Armen diese Ware verfertigte und verkaufte. Stifterin dieses Vereins ist eine Madame *Lutteroth*,

Schwiegertochter des reichen Kaufmanns, der früher in Frankfurt wohnte. Die wohltätige Neigung dieser Dame wurde durch die Religionssekte, zu welcher sich ihr Mann bekennt (ich glaube zu den Mennoniten), noch verstärkt und angetrieben. Auch ist es ihre Wohnung, in welcher die Waren ausgestellt sind. Es war recht artig zu sehen, wie die Damen alle ihre Sachen priesen und anboten, mit einem Eifer, einer Zutulichkeit, als verkauften sie zu ihrem eigenen Gewinne. Auf diese Art sind Sie zu dem blauen Geldbeutel gekommen. Jetzt aber bleiben Sie nicht länger eine versteckte Aristokratin und lernen Sie endlich begreifen, wozu die Öffentlichkeit gut ist. Ich bringe ihn mit, wenn die Lerchen und die Veilchen kommen und unter Ottos Strahlen die verdorrten Ölbäume wieder blühen.

Paris, Sonntag, den 6. Januar 1833

Über Frankfurt habe ich merkwürdige Dinge erfahren, teils aus guten gedruckten Quellen, teils aus den mündlichen Berichten eines sehr glaubwürdigen Reisenden. Von meiner teuren Gesandtschaft dort erfahre ich nie das geringste; wenn diese diniert hat, denkt sie, sie habe auch genug repräsentiert, und eine geheime Schublade ist ihr heilig. Das soll aber anders werden.

Es wurde mir erzählt, man habe mehrere ausgezeichnete Juden zu Mitgliedern des Museums aufgenommen und allen ohne Unterschied erlaubt, Äcker zu kaufen und Landwirtschaft zu treiben. Sehen Sie, mein eigenes Feld, das ich seit fünfzehn Jahren im Schweiße meines Angesichts bebaue, fängt an grün zu werden. Man muß nur die Geduld nicht verlieren; die geistige Erdkugel dreht sich alle Jahrhundert nur einmal um die Sonne. Aber Geduld! Ich habe schon oft daran gedacht, ob nicht möglich wäre, wie Geldanleihen Geduldanleihen zu machen und so, wie die Fürsten durch Rothschild sich die Abgaben der Urenkel ihrer Untertanen ein Jahrhundert voraus bezahlen lassen, uns auch die Geduld, die unseren Enkeln zufallen wird, vorauszunehmen. Das letztere wäre unschädlicher, als das erstere ist; denn unsere Urenkel werden keine Geduld brauchen. Im Gegenteile, alsdann werden die sie brauchen, gegen die wir sie jetzt brauchen. Übrigens bleibt es immer schön, was die Direktoren des Museums und der gesetzgebende Körper getan haben. Zugleich hoffe ich aber, daß sie bei ihren Reformen mit weiser Vorsicht zu Werke gehen werden. Sie haben wegen der Juden schöne Beschlüsse gefaßt; das möge aber hinreichen für gegenwärtiges Jahrhundert, die Ausführung bleibe dem kommenden vorbehalten. Sie mögen beherzigen, was der Kaiser von Österreich kürzlich in der Rede gesagt, mit welcher er den ungarischen Landtag eröffnete. Er sagte nämlich: ›Schwierig sind die Geschäfte,

zu deren Verhandlungen wir euch diesmal berufen haben; sie übertreffen weit alle die Gegenstände, worüber während der vierzigjährigen Dauer meiner Regierung auf Reichstagen zu beraten war... Unsere Väter haben durch das, was sie im einundneunzigsten *Jahre des vorigen Jahrhunderts beschlossen,* ihre Sorgfalt bereits auf diesen Gegenstand gewendet, *die Art und Weise der Ausführung* aber, welche reichlichen Stoff, sich um das Vaterland verdient zu machen, darbietet, *uns ganz überlassen.*‹ Und jetzt fordert der Kaiser seine getreuen Stände auf, bei diesen Verhandlungen *langsam und vorsichtig* zu Werke zu gehen und den gefährlichen *Reizen der Neuerungen* zu widerstehen. Wenn nun der Kaiser von Österreich sogar einen *reichlichen Stoff, sich um das Vaterland verdient zu machen,* vierzig Jahre geschont hat, wie viel nötiger ist es, daß die Regierung des kleinen Frankfurts einen so ärmlichen Stoff, als die Verbesserung des Zustandes der Juden ist, nicht zu früh angreife, sondern durch Aufhäufung der Zinsen das Kapital wachsen lasse, damit der Stoff, sich um das Vaterland verdient zu machen, nach vierzig Jahren auch reich werde. Ihnen aber gebe ich jetzt drei Aufträge und einen zwar freundschaftlichen, aber ernst gemeinten Rat. Erstens gehen Sie in das Theater und sehen Sie, wie Richard hinkt. Zweitens gehen Sie in das Museum und geben acht, ob nicht die *G-moll*-Symphonie von Mozart aus Verdruß, daß sie Juden mit anhören, in das *Dur* überspringt. Drittens lassen Sie auf dem Römer Erkundigungen einziehen, ob man die Äcker der Juden in dem Grundlagerbuche unter der Rubrik *Äcker jüdischer Nation* einschreibe. Mein Rat ist: berichten Sie mir künftig besser, sonst werden Sie zurückberufen, dann gibt es Kriegsfurcht, die Papiere fallen und die Handelskammerdiener erheben ein Jammergeschrei, daß alle Milch davon gerinnt.
Haben Sie ›die Thronrede‹ des Großherzogs von Darmstadt gelesen? Schlafen Sie recht wohl.

Dienstag, den 15. Januar 1833

Ein preußischer Naturforscher wollte eine wissenschaftliche Reise nach Nordamerika machen und bat seinen König um Unterstützung. Dieser antwortete: Amerika sei schon genug ausgeforscht, aber in Sibirien wären noch die schönsten Entdeckungen zu machen. Als sich nun ein anderer Naturforscher fand, der sich bereitwillig zu Sibirien erklärte, bekam er achthundert Taler Reisegeld. Ist das nicht artig? Ja, dieses Amerika tut ihnen wehe wie ein hohler Zahn und stört sie im Schlafe. Wenn er nur zu plombieren wäre! Eine Republik ohne Guillotine – und sie sagen uns doch seit vierzig Jahren: Republik und Guillotine, das wäre alles eins! Freiheit ohne Blut – und sie lehren doch der Hofratsjugend in allen Schulen: die Freiheit sei eine Art Fisch, der nur im Roten Meere lebe! Aber sie hoffen sehr auf eine bessere Zukunft, auf Blut und Königtum auch in der neuen Welt. Sie haben es längst vorhergesagt, das Band, welches die verschiedenen Länder Amerikas aneinanderknöpfe, würde bald zerrissen und dann würden die Vereinigten Staaten aus der gottlosen Liste der Republiken gestrichen und in die heilige Zivilliste gesetzt werden. Und in diesen Tagen hat sich wirklich ereignet, daß eine Provinz der Vereinigten Staaten aus Unzufriedenheit mit einem Douanengesetze, das ihrem Handel schadet, sich von der Union gewaltsam loszutrennen droht. Schon fangen die Aristokraten zu jubeln an: ›*Das Werk Washingtons und Frankreichs stürzt zusammen!*‹ Schon halten die europäischen Fürsten im stillen eine Familienmusterung und verteilen Amerika zwischen ihre Ottos, Karls, Wilhelms und Friedrichs; schon erkundigt sich Herr von Gagern bei Herrn Rothschild, wer am meisten Kredit habe, und arbeitet an einer schönen Rede für die hessen-darmstädtische Kammer, worin er von der Brüderschaft des Mississippi und des Rheins spricht. Unvergleichlich ist die dumme Naivität, mit welcher die Royalisten die Naturnotwendigkeit der monarchischen Regierungen dartun und ihre feste Hoffnung ausdrücken, daß Gott in seiner Barmherzigkeit auch bald den amerikanischen Völkern Könige verleihen werde. Sie sagen: ein Staat in seiner Kindheit und in seinem Greisenalter könne der Monarchie nicht entbehren. Oh! zugegeben mit tausend Freuden. Aber was folgt daraus? Daß eine Monarchie nichts als eine Laufbank oder eine Krücke ist und daß, wenn man der Laufbank nicht mehr und der Krücke noch nicht bedarf, man keine Könige braucht. Ich gebe ihnen mehr zu, als sie verlangen, und bekenne, daß die Staaten nicht bloß in ihren Kinderjahren und im hohen Alter, sondern auch zu jeder Zeit ihres Lebens einer fürstlichen Regierung bedürfen – sobald sie krank werden. Dann ist die Monarchie das Heilmittel und der Fürst der Arzt. Aber sobald die Gesundheit zurückkehrt, wirft man das Arzneiglas zum Fenster hinaus und verabschiedet die Ärzte. In diesem Zustande der Wiedergenesung ist jetzt der größte Teil der europäischen Welt.

Arthur Schopenhauer
Die Stachelschweine

Arthur Schopenhauer, 1788 bis 1860, war Privatdozent in Berlin und später Privatgelehrter in Frankfurt am Main. Er hat als Philosoph und Stilist nachhaltig die Entwicklung der deutschen Literatur beeinflußt.

Eine Gesellschaft Stachelschweine drängte sich an einem kalten Wintertage recht nahe zusammen, um durch die gegenseitige Wärme sich vor dem Erfrieren zu schützen. Jedoch empfanden sie die gegenseitigen Stacheln; welches sie dann wieder voneinander entfernte. Wann nun das Bedürfnis der Erwärmung sie wieder näher zusammenbrachte, wiederholte sich jenes zweite Übel, so daß sie zwischen beiden Leiden hin- und hergeworfen wurden. Bis sie eine mäßige Entfernung voneinander herausgefunden hatten, in der sie es am besten aushalten konnten. – Und diese Entfernung nannten sie Höflichkeit und feine Sitte.

Heinrich Heine
Allgemeine Fütterungsstunde

Nach 1831 überarbeitete Heine in Paris die Aufzeichnungen, die er in der Mitte der zwanziger Jahre gemacht hatte, autobiographische Skizzen und *Briefe über Hamburg,* die eigentlich im zweiten Band der *Reisebilder* veröffentlicht werden sollten. Es entstand ein Fragment *Aus den Memoiren des Herrn Schnabelewopski,* das zuerst 1834 erschien. Im Kapitel 4 dieses Fragments, das hier folgt, gibt Heine eine Beschreibung Hamburgs, genauer: des Hamburger Großbürgertums, die zu den klarsichtigsten und künstlerisch gelungensten gesellschaftskritischen Studien gehört, die im neunzehnten Jahrhundert geschrieben wurden. Das ›Frühlingsbild‹ von Hamburg verdüstert sich zu einer Winteransicht, einer faszinierenden Folge ›unheimlicher und verwirrender‹ Bilder und Eindrücke, und dem Flaneur auf dem Jungfernstieg werden die von dem ›wunderbaren Wahnwitz‹ des bürgerlichen Börsen- und Kontoralltags befangenen Menschen plötzlich zu einem Gespensterzug arabischer Ziffern. **Lesehinweis:** Im Kapitel 12 des gleichen Fragments findet sich ein Gegenstück zur *Allgemeinen Fütterungsstunde,* eine der ersten Schilderungen des Kleinbürgertums, nämlich der Ehe eines holländischen ›Bruchbandmachers‹, in satirischer Zuspitzung. Eine Schilderung des Adels steht im zweiten Teil der *Reisebilder Nordsee.* Dritte Abteilung.

Für Leser, denen die Stadt Hamburg nicht bekannt ist – und es gibt deren vielleicht in China und Oberbayern –, für diese muß ich bemerken, daß der schönste Spaziergang der Söhne und Töchter Hammonias den rechtmäßigen Namen Jungfernsteg führt; daß er aus einer Lindenallee besteht, die auf der einen Seite von einer Reihe Häuser, auf der anderen Seite von dem großen Alsterbassin begrenzt wird; und daß vor letzterem, ins Wasser hineingebaut, zwei zeltartige lustige Kaffeehäuslein stehen, die man Pavillons nennt. Besonders vor dem einen, dem sogenannten Schweizerpavillon, läßt sich gut sitzen, wenn es Sommer ist und die Nachmittagssonne nicht zu wild glüht, sondern nur heiter lächelt und mit ihrem Glanze die Linden, die Häuser, die Menschen, die Alster und die Schwäne, die sich darauf wiegen, fast märchenhaft lieblich übergießt. Da läßt sich gut sitzen, und da saß ich gut gar manchen Sommernachmittag und dachte, was ein junger Mensch zu denken pflegt, nämlich gar nichts, und betrachtete, was ein junger Mensch zu betrachten pflegt, nämlich die jungen Mädchen, die vorübergingen – und da flatterten sie vorüber, jene holden Wesen mit ihren geflügelten Häubchen und ihren verdeckten Körbchen, worin nichts enthalten ist – da trippelten sie dahin, die bunten

Vierlanderinnen, die ganz Hamburg mit Erdbeeren und eigener Milch versehen und deren Röcke noch immer viel zu lang sind – da stolzierten die schönen Kaufmannstöchter, mit deren Liebe man auch soviel bares Geld bekommt. Wie oft saß ich vor dem Pavillon und sah sie vorüberwandeln in ihren rosagestreiften Roben – die Elle kostet vier Mark und drei Schilling, und Herr Seligmann hat mir versichert, die Rosastreifen würden im Waschen die Farbe behalten. – »Prächtige Dirnen!« riefen dann die tugendhaften Jünglinge, die neben mir saßen. – Ich erinnere mich, ein großer Assekuradeur, der immer wie ein Pfingstochs geputzt ging, sagte einst: »Die eine möchte ich mir mal als Frühstück und die andere als Abendbrot zu Gemüte führen, und ich würde an solchem Tage gar nicht zu Mittag speisen.« – »Sie ist ein Engel!« sagte einst ein Seekapitän ganz laut, so daß sich beide Mädchen zu gleicher Zeit umsahen und sich dann einander eifersüchtig anblickten. – Ich selber sagte nie etwas, und ich dachte meine süßesten Garnichtsgedanken und betrachtete die Mädchen und den heiter sanften Himmel und den langen Petriturm mit der schlanken Taille und die stille blaue Alster, worauf die Schwäne so stolz und so lieblich und so sicher umherschwammen. Die Schwäne! Stundenlang konnte ich sie betrachten, diese holden Geschöpfe mit ihren sanften langen Hälsen, wie sie sich üppig auf den weichen Fluten wiegten, wie sie zuweilen selig untertauchten und wieder auftauchten und übermütig plätscherten, bis der Himmel dunkelte und die goldnen Sterne hervortraten, verlangend, verheißend, wunderbar zärtlich, verklärt. Die Sterne! Sind es goldne Blumen am bräutlichen Busen des Himmels? Sind es verliebte Engelsaugen, die sich sehnsüchtig spiegeln in den blauen Gewässern der Erde und mit den Schwänen buhlen? –
Ach! das ist nun lange her. Ich war damals jung und töricht. Jetzt bin ich alt und töricht. Manche Blume ist unterdessen verwelkt und manche sogar zertreten worden. Manches seidne Kleid ist unterdessen zerrissen, und sogar der rosagestreifte Kattun des Herrn Seligmann hat unterdessen die Farbe verloren. Er selbst aber ist ebenfalls verblichen – die Firma ist jetzt ›Seligmanns selige Witwe‹.
Und die Stadt selbst, wie war sie verändert! Und der Jungfernsteg! Der Schnee lag auf den Dächern, und es schien, als hätten sogar die Häuser gealtert und weiße Haare bekommen. Die Linden des Jungfernstegs waren nur tote Bäume mit dürren Ästen, die sich gespenstisch im kalten Winde bewegten. Der Himmel war schneidend blau und dunkelte hastig. Es war Sonntag, fünf Uhr, die allgemeine Fütterungsstunde, und die Wagen rollten, Herren und Damen stiegen aus mit einem gefrorenen Lächeln auf den hungrigen Lippen – Entsetzlich! In diesem Augenblick durchschauerte mich die schreckliche Be-

merkung, daß ein unergründlicher Blödsinn auf allen diesen Gesichtern lag und daß alle Menschen, die eben vorbeigingen, in einem wunderbaren Wahnwitz befangen schienen. Ich hatte sie schon vor zwölf Jahren, um dieselbe Stunde, mit denselben Mienen, wie die Puppen einer Rathausuhr, in derselben Bewegung gesehen, und sie hatten seitdem ununterbrochen in derselben Weise gerechnet, die Börse besucht, sich einander eingeladen, die Kinnbacken bewegt, ihre Trinkgelder bezahlt und wieder gerechnet: zwei mal zwei ist vier – »Entsetzlich!« rief ich, »wenn einem von diesen Leuten, während er auf dem Kontorbock säße, plötzlich einfiele, daß zwei mal zwei eigentlich fünf sei, und daß er also sein ganzes Leben verrechnet und sein ganzes Leben in einem schauderhaften Irrtum vergeudet habe!« Auf einmal aber ergriff mich selbst ein närrischer Wahnsinn, und als ich die vorüberwandelnden Menschen genauer betrachtete, kam es mir vor, als seien sie selber nichts anderes als Zahlen, als arabische Chiffren; und da ging eine krummfüßige Zwei neben einer fatalen Drei, ihrer schwangeren und vollbusigen Frau Gemahlin; dahinter ging Herr Vier auf Krücken; einherwatschelnd kam eine fatale Fünf, rundbäuchig mit kleinem Köpfchen; dann kam eine wohlbekannte kleine Sechse und eine noch wohlbekanntere böse Sieben – doch als ich die unglückliche Acht, wie sie vorüberschwankte, ganz genau betrachtete, erkannte ich den Assekuradeur, der sonst wie ein Pfingstochs geputzt ging, jetzt aber wie die magerste von Pharaos mageren Kühen aussah – blasse, hohle Wangen wie ein leerer Suppenteller, kaltrote Nase wie eine Winterrose, abgeschabter schwarzer Rock, der einen kümmerlich weißen Widerschein gab, ein Hut, worin Saturn mit der Sense einige Luftlöcher geschnitten, doch die Stiefel noch immer spiegelblank gewichst – und er schien nicht mehr daran zu denken, Heloisa und Minka als Frühstück und Abendbrot zu verzehren, er schien sich vielmehr nach einem Mittagessen von gewöhnlichem Rindfleisch zu sehnen. Unter den vorüberrollenden Nullen erkannte ich noch manchen alten Bekannten. Diese und die anderen Zahlenmenschen rollten vorüber, hastig und hungrig, während unfern, längs den Häusern des Jungfernstegs, noch grauenhafter drollig, ein Leichenzug sich hinbewegte. Ein trübsinniger Mummenschanz! Hinter den Trauerwagen, einherstelzend auf ihren dünnen schwarzseidenen Beinchen, gleich Marionetten des Todes, gingen die wohlbekannten Ratsdiener, privilegierte Leidtragende in parodiert altburgundischem Kostüm; kurze, schwarze Mäntel und schwarze Pluderhosen, weiße Perücken und weiße Halsberge, wozwischen die roten bezahlten Gesichter gar possenhaft hervorgucken, kurze Stahldegen an den Hüften, unterm Arm ein grüner Regenschirm.

Aber noch unheimlicher und verwirrender als diese Bilder, die sich, wie ein chinesisches Schattenspiel, schweigend vorbeibewegten, waren die Töne, die von einer anderen Seite in mein Ohr drangen. Es waren heisere, schnarrende, metallose Töne, ein unsinniges Kreischen, ein ängstliches Plätschern und verzweifelndes Schlürfen, ein Keuchen und Schollern, ein Stöhnen und Ächzen, ein unbeschreibbar eiskalter Schmerzlaut. Das Bassin der Alster war zugefroren, nur nahe am Ufer war ein großes, breites Viereck in der Eisdecke ausgehauen, und die entsetzlichen Töne, die ich eben vernommen, kamen aus den Kehlen der armen weißen Geschöpfe, die darin herumschwammen und in entsetzlicher Todesangst schrien, und ach! es waren dieselben Schwäne, die einst so weich und heiter meine Seele bewegten. Ach! die schönen weißen Schwäne, man hatte ihnen die Flügel gebrochen, damit sie im Herbst nicht auswandern konnten nach dem warmen Süden, und jetzt hielt der Norden sie festgebannt in seinen dunkeln Eisgruben – und der Markeur des Pavillons meinte, sie befänden sich wohl darin und die Kälte sei ihnen gesund. Das ist aber nicht wahr, es ist einem nicht wohl, wenn man ohnmächtig in einem kalten Pfuhl eingekerkert ist, fast eingefroren, und einem die Flügel gebrochen sind und man nicht fortfliegen kann nach dem schönen Süden, wo die schönen Blumen, wo die goldnen Sonnenlichter, wo die blauen Bergseen – Ach! auch mir erging es einst nicht viel besser, und ich verstand die Qual dieser armen Schwäne; und als es gar immer dunkler wurde und die Sterne oben hell hervortraten, dieselben Sterne, die einst in schönen Sommernächten so liebeheiß mit den Schwänen gebuhlt, jetzt aber so winterkalt, so frostig klar und fast verhöhnend auf sie herabblicken – wohl begriff ich jetzt, daß die Sterne keine liebende, mitfühlende Wesen sind, sondern nur glänzende Täuschungen der Nacht, ewige Trugbilder in einem erträumten Himmel, goldne Lügen im dunkelblauen Nichts –

Heinrich Heine
Die Stadt Göttingen

Heinrich Heine, 1797 bis 1856, schuf mit seinen *Reisebildern* eine literarische Ausdrucksform, die es *so* vorher nicht gegeben hatte. Denn mit den landläufigen Reisebeschreibungen des achtzehnten Jahrhunderts hatte diese assoziierende Prosa nichts zu tun – nur hier und da, in Wekhrlins *Anselmus Rabiosus Reise durch Oberdeutschland* oder zuweilen bei Forster entdeckt man Stilelemente, die Heine aufgriff. Hans Mayer nennt diese Prosa ›sensualistisch als ein Erzeugnis genossener Welt. Heines Prosa ist eine Sache des genießenden und neugierig erlebenden Individuums‹. Der erste Band der *Reisebilder* erschien 1826. ›Heine hat in seiner Prosa vor allem zwei rhythmische Gangarten entwickelt: den dahingleitenden, aufzählenden und assoziierenden Stil, der der Heineschen Auffassung von der romantischen und der desillusionierenden Kreisbewegung im Daseinsablauf angemessen ist, und den Augenblicksstil. Das Dahingleiten und Aufzählen findet sich am reinsten ausgeprägt dort, wo ironisch das Welttheater entlarvt wird. Die berühmte Schilderung Göttingens in der *Harzreise* ist in diesem Stil gehalten.‹ Walter Höllerer.

Die Stadt Göttingen, berühmt durch ihre Würste und Universität, gehört dem Könige von Hannover und enthält 999 Feuerstellen, diverse Kirchen, eine Entbindungsanstalt, eine Sternwarte, einen Karzer, eine Bibliothek und einen Ratskeller, wo das Bier sehr gut ist. Der vorbeifließende Bach heißt ›die Leine‹ und dient des Sommers zum Baden; das Wasser ist sehr kalt und an einigen Orten so breit, daß Lüder wirklich einen großen Anlauf nehmen mußte, als er hinübersprang. Die Stadt selbst ist schön und gefällt einem am besten, wenn man sie mit dem Rücken ansieht. Sie muß schon sehr lange stehen; denn ich erinnere mich, als ich vor fünf Jahren dort immatrikuliert und bald darauf konsiliiert wurde, hatte sie schon dasselbe graue, altkluge Ansehen und war schon vollständig eingerichtet mit Schnurren, Pudeln, Dissertationen, Teedansants, Wäscherinnen, Kompendien, Taubenbraten, Guelfenorden, Promotionskutschen, Pfeifeköpfen, Hofräten, Justizräten, Relegationsräten, Profaxen und anderen Faxen. Einige behaupten sogar, die Stadt sei zur Zeit der Völkerwanderung erbaut worden, jeder deutsche Stamm habe damals ein ungebundenes Exemplar seiner Mitglieder darin zurückgelassen, und davon stammten all die Vandalen, Friesen, Schwaben, Teutonen, Sachsen, Thüringer usw., die noch heutzutage in Göttingen, hordenweis und geschieden durch Farben der Mützen und der Pfeifenquäste, über die Weenderstraße einherziehen, auf den blutigen Walstätten der Ra-

senmühle, des Ritschenkrugs und Bovdens sich ewig untereinander herumschlagen, in Sitten und Gebräuchen noch immer wie zur Zeit der Völkerwanderung dahinleben und teils durch ihre Duces, welche Haupthähne heißen, teils durch ihr uraltes Gesetzbuch, welches Komment heißt und in den legibus barbarorum eine Stelle verdient, regiert werden.
Im allgemeinen werden die Bewohner Göttingens eingeteilt in Studenten, Professoren, Philister und Vieh, welche vier Stände doch nichts weniger als streng geschieden sind. Der Viehstand ist der bedeutendste. Die Namen aller Studenten und aller ordentlichen und unordentlichen Professoren hier herzuzählen, wäre zu weitläufig; auch sind mir in diesem Augenblick nicht alle Studentennamen im Gedächtnisse, und unter den Professoren sind manche, die noch gar keinen Namen haben. Die Zahl der Göttinger Philister muß sehr groß sein, wie Sand, oder besser gesagt, wie Kot am Meer; wahrlich, wenn ich sie des Morgens, mit ihren schmutzigen Gesichtern und weißen Rechnungen, vor den Pforten des akademischen Gerichts aufgepflanzt sah, so mochte ich kaum begreifen, wie Gott nur soviel Lumpenpack erschaffen konnte.
Ausführlicheres über die Stadt Göttingen läßt sich sehr bequem nachlesen in der Topographie derselben von K. F. H. Marx. Obzwar ich gegen den Verfasser, der mein Arzt war und mir viel Liebes erzeigte, die heiligsten Verpflichtungen hege, so kann ich doch sein Werk nicht unbedingt empfehlen, und ich muß tadeln, daß er jener falschen Meinung, als hätten die Göttingerinnen allzu große Füße, nicht streng genug widerspricht. Ja, ich habe mich sogar seit Jahr und Tag mit einer ernsten Widerlegung dieser Meinung beschäftigt, ich habe deshalb vergleichende Anatomie gehört, die seltensten Werke auf der Bibliothek exzerpiert, auf der Weenderstraße stundenlang die Füße der vorübergehenden Damen studiert, und in der grundgelehrten Abhandlung, so die Resultate dieser Studien enthalten wird, spreche ich 1. von den Füßen überhaupt, 2. von den Füßen bei den Alten, 3. von den Füßen der Elefanten, 4. von den Füßen der Göttingerinnen, 5. stelle ich alles zusammen, was über diese Füße auf Ullrichs Garten schon gesagt worden, 6. betrachte ich diese Füße in ihrem Zusammenhang und verbreite mich bei dieser Gelegenheit auch über Waden, Knie usw., und endlich 7., wenn ich nur so großes Papier auftreiben kann, fügte ich noch hinzu einige Kupfertafeln mit dem Faksimile göttingischer Damenfüße.

Adolf Glassbrenner
Die neue Dampfprügelmaschine

Adolf Glassbrenner, 1810 bis 1876, veröffentlichte die Mehrzahl seiner Satiren und Genrebilder unter dem Pseudonym Adolf Brennglas. Er begann mit vierzehn Jahren eine Kaufmannslehre; ab 1830 lebte er als Schriftsteller und Journalist an verschiedenen Orten, später vor allem in Berlin. Glassbrenner wollte die Kluft zwischen Bürgertum und Arbeiterschaft überbrücken: ›Von dem größten Teile der Bevölkerung sind wir durch alles getrennt: durch verschrobene Sitten und Bildung, durch das Geld, durch Sprache und Kleidung und das Phantom Ehre, das uns Auserwählte bei der Nase herumführt.‹ Deshalb schilderte er in Hunderten von kleinen dramatischen Szenen, in Dialogen, Straßen- und Wirtshausgesprächen ›das Volk‹. Erzählung, Epos, Drama schienen ihm dazu nicht zu taugen: ›Solche literarischen Unmenschen passen noch nicht in die Formen ästhetischer Konvention.‹ So konzentrierte er sich – in seinen populären Schriftenreihen *Guckkasten, Berlin, wie es ist und – trinkt, Volkskalender* – auf die literarischen Kleinformen und schuf typische Berliner Figuren wie den Eckensteher Nante und den Rentier Buffey, die er die Tagesgeschehnisse bissig kommentieren ließ.
Lesehinweis: Adolf Glassbrenner, *Unterm Brennglas*, eingeleitet von Franz Diederich, Berlin 1912.

Die Humanität, welche leider immer noch eine Wissenschaft und keine Sitte ist, bekennt sich trotz unserer vorgerückten Bildung und der hohen Weisheit und Gerechtigkeit vieler Fürsten zu der höchst irrigen Ansicht: der Mensch dürfe nicht geprügelt werden. Die Humanisten halten diese Strafe für entwürdigend und glauben, daß durch jeden Hieb, den ein Mensch erhalte, die ganze Menschheit beleidigt sei. Diese sonderbare Behauptung wird schon dadurch geschlagen, daß durch alle Prügel, welche bisher ausgeteilt wurden, immer nur der Geprügelte Wunden davontrug, niemals ein anderer, selbst der Prügelnde nicht. Freilich führen die Humanisten die Bibel, ja sogar unsere ewige Autorität, Gott, für sich an. Gott, sagen sie uns, hat die Menschen nach dem Sündenfalle nicht durch einen Polizeiknecht mit einer Keule prügeln, sondern durch einen Engel mit einem Schwerte aus dem Paradies verjagen lassen. Allein der jetzige Mensch ist nicht mehr wie Adam und Eva, der gemeine Mensch mit seinem freien Willen, der Mensch an sich. Der jetzige Mensch hat sich vielmehr durch die Bildung und Erfahrung von Jahrtausenden zum Untertanen, also zu einem bedingten, gesetzlich beschränkten Menschen, emporgearbeitet. Zum andern hat keiner unserer Fürsten jemals den Anspruch,

Gott zu sein, verkündet; zum dritten leben wir gegenwärtig in zivilisierten Staaten, also nicht im Paradiese, und endlich sind unsere Staatsdiener keine Engel. Dies Beispiel also ist ein total falsches, unpassendes. Wir Untertanen müssen nach jedem Sündenfalle – namentlich wenn wir zu der Masse, zu dem Kern der Bevölkerung der Welt, zu dem 899 Millionen starken Pöbel und nicht zu der einen Million der Auserwählten gehören – stets geprügelt werden, weil wir uns eben niemals zu der feinen Bildung der Auserwählten aufschwingen und bei den meisten Sündenfällen, bei Widersetzlichkeiten, beim Streben zur Wiedererlangung entzogener Rechte, bei zu freier Rede usw. nur durch Prügel zu bestrafen sind. Denn in welcher Weise wären wir sonst wirklich zu bestrafen? Durch Hinrichtung meinen die Juristen. Die Hinrichtung ist aber nur die Form einer Strafe, im Grunde ist sie eine Belohnung. Denn unsere Religion sagt ganz offen, das Jenseits sei besser als das Diesseits, jenes Reich, trotz der vollkommenen, unverbesserlichen Zustände anderer irdischen Länder, sei das beste Reich und Gott ein barmherziger Richter, der allen wahrhaft Reuigen ihre Sünden verzeihe. Mithin ist die Hinrichtung nur die Form einer Strafe, nicht solche selbst. Auch die Landesverweisung ist keine. Denn da die meisten Untertanen, wie uns die fortwährende erbärmliche Opposition in fast allen Ländern zeigt, nicht mit ihren allerhöchstweisen und gerechten Staatseinrichtungen zufrieden sind, so kann die Verweisung niemals als Strafe, sondern nur als sehr deutlicher Fingerzeig gelten, sich ein besseres Land auszusuchen. Es bliebe mithin nur die Entziehung unserer Freiheit übrig. Wie aber wäre diese zu bewerkstelligen? Die Freiheit, welche wir in zivilisierten Staaten besitzen, kann man uns nicht entziehen. Man kann uns allerdings in Gefängnisse setzen: dadurch wird aber unsere Freiheit, welche wir in zivilisierten Staaten besitzen, keineswegs aufgehoben, sondern es wird uns nur erlaubt, uns derselben in einem mehr einfachen und beschränkten, mithin in einem glücklicheren Raume zu bedienen. Nach allem diesem bleibt uns daher nur die Prügelstrafe übrig, wenn wir wirklich bestraft sein wollen, und wir hatten uns bisher nur zu beklagen, daß dieselbe in unsern glücklichen Staaten sich in einem so wenig geordneten, gesetzmäßigen und das große Bedürfnis erfüllenden Zustande befindet.

Der schützende Genius Europas hat aber auch hier wieder geholfen! Er, der zur Zeit, als die langsame Verbreitung polizeilicher und landesherrlicher Verordnungen immer empfindlicher wurde, durch Johannes Gutenberg die Buchdruckerkunst erfinden ließ; er, der erst vor kurzem die Eisenbahnen legte, damit der österreichische Beobachter früher nach Berlin komme; er, der Genius Europas, erleuchtete

den Kopf meines Freundes Ego und ließ denselben die Dampfprügelmaschine erfinden, deren Nutzen ich aber nur schwach anzudeuten vermag, denn die welterschütternden Folgen dieser Prügelmaschine sind, wie die der Eisenbahnen, gegenwärtig noch gar nicht zu überdenken.
Wieviel durch diese Erfindung der Staat in ökonomischer Hinsicht gewinnt, leuchtet wohl jedem ein. Während intelligente Reiche, die bereits zur Erkenntnis gekommen, daß Prügeln die einzig mögliche und wahrhafte Strafe sei, Hunderte oder Tausende von Staatsdienern zur Ausübung dieser Gerechtigkeit besolden und dennoch noch immer viele, sehr viele ungeprügelt lassen mußten, welche vielleicht am meisten Prügel verdienten: bedürfen dieselben von nun an in jeder Provinz nur einer dieser Dampfprügelmaschinen, um alles auszuhauen, was mit den Gesetzen und den Zuständen des Landes nicht gänzlich zufrieden ist. Die Maschine ist nämlich so konstruiert, daß sie, nach einer dem großen Zweck gegenüber höchst unbedeutenden Heizung, in einer Stunde zwei- bis dreihundert Personen vollständig durchprügelt. Aber selbst die Kosten der Maschine, ihrer Heizung und der wenigen für ihre Leitung erforderlichen Beamten – denen man vielleicht den Charakter als wirkliche Prügelräte erster und zweiter Klasse verleihen dürfte – werden nicht nur durch die Einnahme dieser Maschine gedeckt, sondern in solcher Weise überwogen, daß ihre der Unzufriedenheit und Sündhaftigkeit der Untertanen einigermaßen gleichkommende Benutzung den besten Regalien an die Seite zu stellen wäre. Denn da das menschliche Blut nach der Aussage aller gelehrten Mediziner Eisenteile enthält, so könnten durch das Menschenblut die beschwerlichen Bergwerksarbeiten oder die bisher dem Auslande zufließenden bedeutenden Summen für das Eisen erspart werden.
Aber auch in moralischer Beziehung ist diese Dampfprügelmaschine von großem Nutzen. Bisher waren nämlich die Regierungen bei Erteilung der Prügel dem individuellen oder subjektiven Gefühl ihrer ausübenden Polizeiknechte anheimgegeben. Trotz der kostspieligen Aufpasser tat gewiß das noch immer hier und da grassierende menschliche Mitleid das Seinige, und dem Malefikanten wurde eine zu gelinde Gerechtigkeit. In einzelnen Fällen mochte auch wohl persönlicher Haß oder eine wenn man sich dieses Ausdrucks bedienen darf, fast zu sehr übertriebene Staatsdienstbarkeit und Untertanentreue die Gerechtigkeit zu stark auftragen. Mit einem Worte, die bisherigen landesherrlichen Hiebe waren willkürlich und entweder schwächer oder stärker als die Milde und Weisheit der Regierungen. Durch die Anwendung eines Prüglometers bei der Dampfprügelmaschine ist die-

sem Übelstande gänzlich abgeholfen. Die Kriminal- und Kriegsgerichte, die Polizei und diejenigen Erbherren, welche im Besitze von Menschen sind, haben nach Einführung dieser Maschine meines unsterblichen Freundes nur zu befehlen, auf wieviel Grad der Prüglometer gestellt werden soll, um der vollkommensten und genauesten Prügel sicher zu sein.

Um Holz zu sparen, ist Ego nicht in die Schwäche einiger Regierungen verfallen, welche das System der Knute in das der Peitsche verwandelt haben. Ohne der Peitsche ihre Verdienste rauben zu wollen, muß doch jeder tieferblickende Staatsmann erkennen, daß die Knute dasjenige mit einem Schlage erreicht, was die Peitsche und andere einfacher gewundene Gerechtigkeitsmittel erst durch Wiederholungen zu erreichen imstande sind, und darum meinem Freunde beistimmen. Für ebenso geistvoll halte ich seine neue Einrichtung, daß künftighin, des Anstands wegen, nicht mehr von oben nach unten, sondern von unten nach oben geprügelt werden soll. Dadurch ist es möglich, bei allen Exekutionen Zuschauer jedes Geschlechts zuzulassen und der irdischen Strafe auch ihren Nebenzweck: Abschrekkung, zu geben!

Die erste von Ego erbaute Dampfprügelmaschine heißt der ›Adler‹ und hat ungefähr achtzig Kosakenkraft. Er gedenkt übrigens schon die zweite, welcher er den Namen ›der Kosmopolit‹ geben will, auf hundert Kosakenkraft zu bringen.

Obschon nicht weniger als reich und gegen wahrhafte Ehre gleichgültig, macht mein großer Freund doch weder auf eine Auszeichnung der Regierung noch auf ein Patent Anspruch. Er überläßt seine erhabene Erfindung zu Nutz und Frommen der gesamten Menschheit und hat nur den einzigen, gewiß höchst billigen Wunsch, daß endlich einmal alle diejenigen Prügel bekommen möchten, die sie längst verdient haben.

Adolf Glassbrenner
Eingabe an Seine Majestät den König

Lieber König Wohljebohren! Magesteht!
Aus unterteenjen Herzen schreibe ich an Ihn, mit mein Blut und Tränen, denn ich bin ein janz Armer Mann, der nicht weis, wo er Haupt herkriechen soll, un wo Er sein Brod hinlegen soll. Sie sind wohlhabend und kennen Ein unterstitzen, der ein untertan von Ihn ist, und der in elend ist wie viele sind, die nich König Magesteht sind, was nich Jeder sein kann, sondern sich so lange rechtschafen ernehren muß biß er nich mehr kann. Dann muß Er sich an den juten König Magesteht wenden, weil er sich nicht mehr ernehren kann, und weil so viel Unjlick is, deß die meisten Arbeiter nichts zu essen haben, und doch Jeden Menschen sein Brod zukommt, weil er sonst nich Untertan seind kann und seine kinder von den Staat ernehren kann. Eier Wohljebohren König Magesteht sind so jut ein Mensch wie ich, und wenn Sie nichs zu eßen hätten, dann wirde ihnen auch hungern, und dann wirden Sie auch klagen, daß Sie Ihre Prinzen nich ernehren kennten, wehrend sie jetzt zu leben haben. Ich war früher Weber und habe orndtlich jelernt, und habe meine Abjaben orndlich jezahlt, was von so einen armen Man viel is un ich nich einsehe, warum solche arme Menschen noch was abjeben müßen. Aber nu kann ich keine arbeit mehr kricjen un habe Unjlick, un nu möchte ich den lieben König Wohljeboren Magesteht bitten, daß er mir allens das Jeld wiederjibbt, was ich vor den Staat jejeben habe, weil der Staat nischt vor mir jedhan hat und das Betteln nicht erlaubt ist. Vielleicht is es möglich, daß ein paar Mann Soldaten entbehrt wern können, wovon ich denn mit meine Familche janz jut leben kennte, un wollte jerne arbeiten. In Erwartung einer schnellen jehorsamen Antwort un jütigen Bescheid, herzlich grüßend,

Ihr, König Magesteht Wohljebohren
mit Respekt
Gottlieb Kreese, früher Weber.

An König Magesteht Wohljebohren,
Ins Paleeh, Schildwache vor de Türe, Zeughaus jejenüber.

Alfred Krupp
Ein Wort an meine Angehörigen

Alfred Krupp, 1812 bis 1887, entwickelte das von seinem Vater übernommene Stahlwerk zu einem der bedeutendsten deutschen Industriewerke und sicherte seine Rohstoffgrundlage durch den Erwerb von Erz- und Steinkohlengruben. Der folgende Text ist ein Auszug aus einer Rede vom 11. Februar 1877, die sich vor allem gegen die Argumente der 1869 von August Bebel und Wilhelm Liebknecht gegründeten ›Sozialdemokratischen Arbeiterpartei Deutschlands‹ richtete. Krupp, der noch von einer patriarchalischen Form des Frühkapitalismus her denkt, formuliert hier die Argumente und Denkfiguren seiner Klasse zur sozialen Frage.

Ich richte diese Ansprache an die Angehörigen meiner gewerblichen Anlagen, der Gußstahlfabrik, der Gruben und der Hüttenwerke, vertraulich und ausdrücklich beschränkt auf den Verband von Arbeitern, Meistern und Beamten des obigen Privatbesitzes.
Wenn eine Gefahr sich erhebt, so soll man nicht leichtsinnig sie verachten oder feige vor ihr sich zurückziehen, sondern mit offenen Augen Ursprung, Wesen und Gang derselben verfolgen und aufmerksam und tätig die Abwehr bereiten. Zu ähnlichem Zwecke richte ich an Euch das letzte Mal die Ermahnung zu Frieden und Verträglichkeit trotz jeder Glaubensverschiedenheit und, wie ich glaube, nicht ohne Erfolg. Jetzt handelt es sich um die sogenannte Sozialdemokratie. In der gemäßigten Form und in den mildesten Grenzen wollen ihre Vertreter, daß jedermann zur Arbeit berechtigt und verpflichtet sei unter einem allgemeinen Gesetz und einer oberen Verwaltung. Besitz und Verfügung des Privaten sollen damit aufgehoben werden. Nehmen wir einmal an, daß die Sozialdemokratie bei uns in Deutschland in der mildesten Form zur Herrschaft gelange – ohne Kampf und ohne Widerstreben (wenn dies auch gar nicht als Möglichkeit im Ernste angenommen werden kann). Nehme man an, daß auch ich freiwillig zurücktrete aus meinem Besitz und andere gewähren lasse. – Aus der Spitze der Verwaltung und von den wirklich Eingeweihten und Befähigten würde wohl schwerlich jemand der neuen Herrschaft sich unterordnen. An Stelle der Erfahrung, welche allein imstande ist, durch geschickte Leitung der Fabrikation und des Verkehrs die Existenz der Werke zu sichern und über die Gefahren ungünstiger Zeitumstände hinwegzuführen, würden zweifelhafte unbewährte Kenntnisse und Kräfte das große Ganze dem Untergang bald zuführen. Das braucht

wohl niemandem näher erklärt zu werden. Aber selbst angenommen, daß man Leute finden würde, welche die Werke zu führen imstande wären, welche in Preis und Qualität das bisher uns vorbehaltene Kunststück ausführen würden, mit der mächtigen fremden Industrie zu konkurrieren, so würde dennoch die Fabrik untergehen müssen und ferner niemandem mehr Nahrung geben, der nicht Steine und Eisen verdauen kann. Denn bekannt ist genug, daß die Fabrik nicht existieren kann von dem inländischen Verbrauch.

Der größte Teil der Arbeiten geht in fremde Länder über den ganzen Erdball. Diese Ausnahmestellung verdankt das Werk dem alten Rufe, dem Vertrauen, welches die Verwaltung seit der Existenz der Fabrik vor und nach erworben hat. Ohne dieses an Personen gebundene Vertrauen fällt der ganze Verkehr weg. Kein Staat und keine Regierung wird das Etablissement als das alte ansehen und respektieren, wenn auch nur das leitende Personal gewechselt wird; der Charakter der Sozialdemokratie wird aber nur zu Mißtrauen und Abneigung veranlassen. Die Verfechter der neuen Lehre für Glückseligkeit der Völker werden sich aber auch nicht mit diesem bloßen Anfange der Umwälzung begnügen, sie werden weitergehen von Stufe zu Stufe. Sie wollen keinen Thron, keine Regierung, keine Religion, kein Eigentum und kein Erbe, auch ebensowenig Zucht, Scham und Sitte anerkennen und gelten lassen. Was Jahrhunderte an Gutem geschaffen, veredelt und geheiligt haben, soll vernichtet werden, und selbstverständlich geht das nicht ohne Feuer und Schwert. Was eine fleißige sparsame Familie, was eine Generation ehrlich erworben hat, soll der Faule, Liederliche sich aneignen dürfen, und wenn er einmal seinen Teil verzehrt hat, so teilt er nachher wiederholt mit denjenigen, welche inzwischen durch Fleiß und Sparsamkeit sich wieder etwas erworben haben. Das ist in klaren Worten das Ziel, wonach diese ausschreitenden Verfechter der neuen Lehre streben.

Ich verlasse nun dieses häßliche Bild und so unerquickliche Betrachtungen, um zu einem andern Gegenstande überzugehen, und zwar zu der Geschichte meiner Werke, damit Ihr einsehen möget, aus welchen Gründen und mit welchem Rechte ich nicht eine Handbreit nachgebe in meinen Forderungen.

Es ist bekannt und braucht nicht wiederholt zu werden, daß im Jahre 1826 die verfallene Gußstahlfabrik ohne Vermögen mir zur Führung anvertraut wurde. Mit wenigen Leuten fing ich an, sie verdienten mehr und lebten besser als ich; so ging es fast fünfundzwanzig Jahre fort mit Sorgen und mühevoller Arbeit, und als ich dann eine größere Zahl von Leuten beschäftigte, war dennoch mein Vermögen geringer, als was heute mancher Arbeiter der Gußstahlfabrik besitzt. Es waren

sehr brave Leute, mit denen ich die Arbeiten begonnen und durchgeführt habe, und ich danke ihnen allen, den meisten bereits verewigten, auch nachträglich für ihre Treue. Jene aber, die ich von der Herde, vom Pflug als arbeitslose Handwerker oder als Kinder von Witwen angenommen habe, traten gern bei mir ein, weil sie ihr Los verbesserten, und sie haben in den meisten Fällen auch dafür ihren Dank gern ausgedrückt. Mancher von ihnen ist ein wohlhabender Mann geworden. Es ist niemandem jemals eingefallen, nach Empfang des vereinbarten Lohnes noch einen Anspruch zu haben an den Gewinn. Für diesen Anspruch treten aber heutigen Tages gelehrte Volksbeglücker mit den schönen Redensarten auf, und diese haben zu den sozialistischen Lehren geführt.
Ich habe Kräfte gebraucht und solche engagiert, ich habe ihnen den geforderten Lohn gezahlt, meistens ihre Stellung verbessert und, nach gesetzlichen Bestimmungen, den Kontrakt verlängert oder sie entlassen. Mancher hat die Fabrik verlassen, um anderswo sich zu verbessern, der eine ist gegangen und ein anderer hat die Stelle wieder besetzt, und wo ursprünglich drei Mann beschäftigt waren, standen später fünfzehntausend. Im Laufe der Zeit haben mehr als hunderttausend Mann solchen Wechsel auf meinen Werken durchgemacht. Jeder hat nach seiner Kraft und nach seiner Fähigkeit seinen Lohn erhalten, und anstatt eines jeden konnte in den meisten Fällen auch ein anderer hingestellt werden, denn die Arbeiter haben nicht das Verdienst der Erfindungen, und überall finden sich geschickte Arbeiter zum Ersatz. Es kann also keine Rede davon sein, daß irgend jemand einen besonderen Anspruch behalte außer solchem, der selbstverständlich ist, der in Steigerung des Lohnes und des Gehaltes besteht und immer Folge größerer Leistung ist. Die Apostel der Sozialdemokraten suchen aber den bescheidensten Leuten durch ihre verführerischen Reden den Kopf zu verdrehen, und sie werden das Unglück von manchem Arbeiter verschulden, der ihnen Gehör schenkt und deshalb entlassen wird.
Der gewerbliche Arbeitgeber muß geradezu wie der Landmann auf Wechselfälle vorbereitet sein. Beide haben oft die Kosten für die Saat und keine Ernte. Der Arbeiter will aber ungeschmälert seinen Lohn für seine Arbeit. Die Gußstahlfabrik muß ohne Scheu vor Kosten ihre Agenten in alle Enden des Erdballs senden, um Arbeit für die Fabrik zu beschaffen, und nicht immer geschieht dies mit Erfolg. Es treten Jahre ein, welche keinen Gewinn abwerfen, der Arbeiter aber erhält trotzdem seinen Lohn. Es muß in guten Jahren notwendige Kraft gewonnen werden, um die schlechten zu überstehen. Ohne Reserve im Gewinn müßte man in schlechten Jahren die Leute gehen lassen. Es

hat dagegen die Fabrik in den schlechtesten Jahren, wenn alles darniederlag, dennoch die Arbeit fortgesetzt, auf Vorrat fabriziert oder zu Preisen mit Verlust geliefert, bloß zu dem Zwecke, die Leute zu ernähren und den Herd warm zu halten. – Die Lehre der Sozialisten streitet auch mit dem jedem Menschen eingeborenen Rechtsgefühl; so wie jedermann sein Eigentum verteidigt, so tue ich dasselbe. – Wenn mein Gedanke mein ist, so ist auch meine Erfahrung mein und die Frucht derselben. – Dasselbe gilt für die Gußstahlfabrik und ihre Produktion. Ich habe die Erfindung und neuen Produktionen eingeführt, nicht der Arbeiter. Er ist abgefunden mit seinem Lohne, und ob ich darauf gewinne oder verliere, das ist meine eigene Sache.

Ich habe den Mut gehabt, für die Verbesserung der Lage der Arbeiter Wohnungen zu bauen, worin bereits zwanzigtausend Seelen untergebracht sind, ihnen Schulen zu gründen und Einrichtungen zu treffen zur billigen Beschaffung von allem Bedarf. Ich habe mich dadurch in eine Schuldenlast gesetzt, die abgetragen werden muß. Damit dies geschehen kann, muß jeder seine Schuldigkeit tun in Friede und Eintracht und in Übereinstimmung mit unsern Vorschriften.

Genießet, was Euch beschieden ist. Nach getaner Arbeit verbleibt im Kreise der Eurigen, bei den Eltern, bei der Frau und den Kindern und sinnt über Haushalt und Erziehung. Das sei Eure Politik, dabei werdet Ihr frohe Stunden erleben. Aber für die große Landespolitik erspart Euch die Aufregung. Höhere Politik treiben erfordert mehr freie Zeit und Einblick in die Verhältnisse, als dem Arbeiter verliehen ist. Ihr tut Eure Schuldigkeit, wenn Ihr durch Vertrauenspersonen empfohlene Leute erwählt.

Ihr erreicht aber sicher nichts als Schaden, wenn Ihr eingreifen wollt in das Ruder der gesetzlichen Ordnung. Das Politisieren in der Kneipe ist nebenbei sehr teuer, dafür kann man im Hause Besseres haben. Mit dem Laufe der Zeit von Jahrzehnt zu Jahrzehnt wird alles besser, und wer zurückblickt in die Vergangenheit, kann sich der Überzeugung nicht verschließen, daß große Fortschritte gemacht worden sind zum Besten aller und so auch der arbeitenden Klassen. Vor fünfzig Jahren lebte kein Arbeiter so gut in Nahrung, Wohnung und Kleidung als heute. Keiner wird tauschen wollen mit dem Lose seiner Eltern und Vorfahren.

Was ich nun hiermit ausgesprochen habe, möge jedem zur Aufklärung dienen über die Verhältnisse und deutlich machen, was er zu erwarten hat von Handlungen und Bestrebungen im Dienste des Sozialismus. Man erwärmt keine Schlange an seiner Brust, und wer nicht von Herzen ergeben mit uns geht, wer unsern Ordnungen widerstrebt, der beeile sich, auf anderen Boden zu kommen, denn seines

Bleibens ist hier nicht. Es wird eine Bestimmung meines letzten Willens sein, daß stets mit Wohlwollen und Gerechtigkeit das Regiment geführt werden soll, aber äußerste Strenge soll gehandhabt werden gegen solche, die den Frieden stören wollen, und wenn bis jetzt mit großer Milde verfahren wurde, so möge das niemanden verleiten. Ich schließe mit den besten Wünschen für alle.

Georg Büchner
Der hessische Landbote

Georg Büchner, 1813 bis 1837, wird heute als einer der großen Dichter des vorigen Jahrhunderts in den Literaturgeschichten geführt. Aber erst um die Jahrhundertwende begann sein Werk breiter ins literarische Leben zu wirken. ›Eine Farce eröffnete die neue Ära: 1891 druckte die sozialdemokratische Zeitung der Hauptstadt den *Danton* ab; und so gefährlich erschien der staatlichen Aufsicht das ausgegrabene Stück, daß sie den Redakteur dafür vier Monate ins Gefängnis steckte.‹ Karl Viëtor. Nur die Flucht hatte Büchner selbst im März 1835 vor der Haft gerettet: er hatte ein Jahr vorher die geheime ›Gesellschaft für Menschenrechte‹ gegründet und die Flugschrift *Der hessische Landbote* verfaßt, ›die schärfste und glänzendste aller politischen Flugschriften aus der deutschen Reaktionszeit‹ (Viëtor). Büchners Text wurde von seinem Freund und Mitarbeiter, dem Pfarrer Ludwig Weidig, überarbeitet und mit Zusätzen versehen: Mit Ausnahme des Vorberichtes, der auch von Weidig stammt, wurden dessen Ausführungen hier ausgelassen; in Büchners Original hieß es statt ›die Vornehmen‹ außerdem immer ›die Reichen‹. Karl Viëtor schreibt über Büchners politisches Denken: ›Den mächtigsten Strebungen des Zeitalters, des nationalen, scheint er gleichgültig gegenübergestanden zu haben. Für ihn gab es keine andere Lösung der deutschen Probleme als eine soziale und ökonomische Neuordnung! Die soziale Ungleichheit ist die Ursache aller Ungerechtigkeit, gestern und heute.‹ Als Büchner später hörte, daß die Bauern die meisten gefundenen Flugschriften sofort bei der Polizei ablieferten, gab er seine politischen Hoffnungen auf. Nach seiner Flucht widmete er sich in Straßburg philosophischen und naturwissenschaftlichen Studien; 1836 wurde er als Privatdozent für vergleichende Anatomie in Zürich habilitiert, wo er wenig später an Typhus starb.

Darmstadt, im Juli 1834

Vorbericht

Dieses Blatt soll dem hessischen Lande die Wahrheit melden, aber wer die Wahrheit sagt, wird gehenkt; ja sogar der, welcher die Wahrheit liest, wird durch meineidige Richter vielleicht gestraft. Darum haben die, welchen dies Blatt zukommt, folgendes zu beobachten:

1. *Sie müssen das Blatt sorgfältig außerhalb ihres Hauses vor der Polizei verwahren;*
2. *sie dürfen es nur an treue Freunde mitteilen;*
3. *denen, welchen sie nicht trauen wie sich selbst, dürfen sie es nur heimlich hinlegen;*

4. *würde das Blatt dennoch bei einem gefunden, der es gelesen hat, so muß er gestehen, daß er es eben dem Kreisrat habe bringen wollen;*
5. *wer das Blatt nicht gelesen hat, wenn man es bei ihm findet, der ist natürlich ohne Schuld.*

Frieden den Hütten! Krieg den Palästen!

Das Leben der *Vornehmen* ist ein langer Sonntag: Sie wohnen in schönen Häusern, sie tragen zierliche Kleider, sie haben feiste Gesichter und reden eine eigene Sprache; das Volk aber liegt vor ihnen wie Dünger auf dem Acker. Der Bauer geht hinter dem Pflug, der *Vornehme* aber geht hinter ihm und dem Pflug und treibt ihn mit den Ochsen am Pflug, er nimmt das Korn und läßt ihm die Stoppeln. Das Leben der Bauern ist ein langer Werktag; Fremde verzehren seine Äcker vor seinen Augen, sein Leib ist eine Schwiele, sein Schweiß ist das Salz auf dem Tische des *Vornehmen.*
Im Großherzogtum Hessen sind 718373 Einwohner, die geben an den Staat jährlich an 6363436 Gulden, als

1. Direkte Steuern	2128131 Fl.
2. Indirekte Steuern	2478264 Fl.
3. Domänen	1547394 Fl.
4. Regalien	46938 Fl.
5. Geldstrafen	98511 Fl.
6. Verschiedene Quellen	64198 Fl.
	6363436 Fl.

Dies Geld ist der Blutzehnte, der von dem Leib des Volkes genommen wird. An siebenhunderttausend Menschen schwitzen, stöhnen und hungern dafür. Im Namen des Staates wird es erpreßt, die Presser berufen sich auf die Regierung, und die Regierung sagt, das sei nötig, die Ordnung im Staat zu erhalten. Was ist denn nur das für gewaltiges Ding: der Staat? Wohnt eine Anzahl Menschen in einem Land, und es sind Verordnungen oder Gesetze vorhanden, nach denen jeder sich richten muß, so sagt man, sie bilden einen Staat. Der Staat also sind alle; die Ordner im Staate sind die Gesetze, durch welche das Wohl aller gesichert wird und die aus dem Wohl aller hervorgehen sollen. – Seht nun, was man in dem Großherzogtum aus dem Staat gemacht hat; seht, was es heißt: die Ordnung im Staate erhalten! Siebenhunderttausend Menschen bezahlen für sechs Millionen, das heißt sie werden zu Ackergäulen und Pflugtieren gemacht, damit sie in Ordnung leben. In Ordnung leben heißt hungern und geschunden werden. Wer sind denn die, welche diese Ordnung gemacht haben und die wa-

chen, diese Ordnung zu erhalten? Das ist die Großherzogliche Regierung. Die Regierung wird gebildet von dem Großherzog und seinen obersten Beamten. Die andern Beamten sind Männer, die von der Regierung berufen werden, um jene Ordnung in Kraft zu erhalten. Ihre Anzahl ist Legion: Staatsräte und Regierungsräte, Landräte und Kreisräte, geistliche Räte und Schulräte, Finanzräte und Forsträte usw. mit allem ihrem Heer von Sekretären usw. Das Volk ist ihre Herde, sie sind seine Hirten, Melker und Schinder; sie haben die Häute der Bauern an, der Raub der Armen ist in ihrem Hause; die Tränen der Witwen und Waisen sind das Schmalz auf ihren Gesichtern; sie herrschen frei und ermahnen das Volk zur Knechtschaft. Ihnen gebt ihr sechs Millionen Abgaben; sie haben dafür die Mühe, euch zu regieren; das heißt sich von euch füttern zu lassen und euch eure Menschen- und Bürgerrechte zu rauben. Sehet, was die Ernte eures Schweißes ist!
Für das Ministerium des Innern und der Gerechtigkeitspflege werden bezahlt 1 110 607 Gulden. Dafür habt ihr einen Wust von Gesetzen, zusammengehäuft aus willkürlichen Verordnungen aller Jahrhunderte, meist geschrieben in einer fremden Sprache. Der Unsinn aller vorigen Geschlechter hat sich darin auf euch vererbt, der Druck, unter dem sie erlagen, sich auf euch fortgewälzt. Das Gesetz ist das Eigentum einer unbedeutenden Klasse von *Vornehmen* und Gelehrten, die sich durch ihr eignes Machwerk die Herrschaft zuspricht. Diese Gerechtigkeit ist nur ein Mittel, euch in Ordnung zu halten, damit man euch bequemer schinde; sie spricht nach Gesetzen, die ihr nicht versteht, nach Grundsätzen, von denen ihr nichts wißt, Urteile, von denen ihr nichts begreift. Unbestechlich ist sie, weil sie sich gerade teuer genug bezahlen läßt, um keine Bestechung zu brauchen. Aber die meisten ihrer Diener sind der Regierung mit Haut und Haar verkauft. Ihre Ruhestühle stehen auf einem Geldhaufen von 461 373 Gulden (soviel betragen die Ausgaben für die Gerichtshöfe und die Kriminalkosten). Die Fräcke, Stöcke und Säbel ihrer unverletzlichen Diener sind mit dem Silber von 197 502 Gulden beschlagen (soviel kostet die Polizei überhaupt, die Gendarmerie usw.). Die Justiz ist in Deutschland seit Jahrhunderten die Hure der deutschen Fürsten. Jeden Schritt zu ihr müßt ihr mit Silber pflastern, und mit Armut und Erniedrigung erkauft ihr ihre Sprüche. Denkt an das Stempelpapier, denkt an euer Bücken in den Amtsstuben und euer Wachestehen vor denselben. Denkt an die Sporteln für Schreiber und Gerichtsdiener. Ihr dürft euern Nachbar verklagen, der euch eine Kartoffel stiehlt; aber klagt einmal über den Diebstahl, der von Staats wegen unter dem Namen von Abgabe und Steuern jeden Tag an eurem Eigentum

begangen wird, damit eine Legion unnützer Beamter sich von eurem Schweiße mästen; klagt einmal, daß ihr der Willkür einiger Fettwänste überlassen seid und daß diese Willkür Gesetz heißt, klagt, daß ihr die Ackergäule des Staates seid, klagt über eure verlornen Menschenrechte: Wo sind die Gerichtshöfe, die eure Klage annehmen, wo die Richter, die Recht sprächen? – Die Ketten eurer Vogelsberger Mitbürger, die man nach Rockenburg schleppte, werden euch Antwort geben.
Für das Ministerium der Finanzen 1551502 Fl.
Damit werden die Finanzräte, Obereinnehmer, Steuerboten, die Untererheber besoldet. Dafür wird der Ertrag eurer Äcker berechnet und eure Köpfe gezählt. Der Boden unter euren Füßen, der Bissen zwischen euren Zähnen ist besteuert. Dafür sitzen die Herren in Fräcken beisammen, und das Volk steht nackt und gebückt vor ihnen; sie legen die Hände an seine Lenden und Schultern und rechnen aus, wieviel es noch tragen kann, und wenn sie barmherzig sind, so geschieht es nur, wie man ein Vieh schont, das man nicht so sehr angreifen will.
Für das Militär wird bezahlt 914820 Gulden.
Dafür kriegen eure Söhne einen bunten Rock auf den Leib, ein Gewehr oder eine Trommel auf die Schulter und dürfen jeden Herbst einmal blind schießen und erzählen, wie die Herren vom Hof und die ungeratenen Buben vom Adel allen Kindern ehrlicher Leute vorgehen und mit ihnen in den breiten Straßen der Städte herumziehen mit Trommeln und Trompeten. Für jene neunhunderttausend Gulden müssen eure Söhne den Tyrannen schwören und Wache halten an ihren Palästen. Mit ihren Trommeln übertäuben sie eure Seufzer, mit ihren Kolben zerschmettern sie euch den Schädel, wenn ihr zu denken wagt, daß ihr freie Menschen seid. Sie sind die gesetzlichen Mörder, welche die gesetzlichen Räuber schützen; denkt an Södel! Eure Brüder, eure Kinder waren dort Bruder- und Vatermörder.
Für die Pensionen 480000 Gulden.
Dafür werden die Beamten aufs Polster gelegt, wenn sie eine gewisse Zeit dem Staate treu gedient haben, das heißt, wenn sie eifrige Handlanger bei der regelmäßig eingerichteten Schinderei gewesen, die man Ordnung und Gesetz heißt.
Für das Staatsministerium und den Staatsrat 174000 Gulden.
Die größten Schurken stehen wohl jetzt allerwärts in Deutschland den Fürsten am nächsten, wenigstens im Großherzogtum. Kommt je ein ehrlicher Mann in einen Staatsrat, so wird er ausgestoßen. Könnte aber auch ein ehrlicher Mann jetzt Minister sein oder bleiben, so wäre er, wie die Sachen stehn in Deutschland, nur eine Drahtpuppe, an der die fürstliche Puppe zieht; und an dem fürstlichen Popanz zieht

wieder ein Kammerdiener oder ein Kutscher oder seine Frau und ihr Günstling oder sein Halbbruder – oder alle zusammen.
Die Anstalten, die Leute, von denen ich bis jetzt gesprochen, sind nur Werkzeuge, sind nur Diener. Sie tun nichts in ihrem Namen, unter der Ernennung zu ihrem Amt steht ein L., das bedeutet Ludwig von Gottes Gnaden, und sie sprechen mit Ehrfurcht: ›Im Namen des Großherzogs.‹ Dies ist ihr Feldgeschrei, wenn sie euer Gerät versteigern, euer Vieh wegtreiben, euch in den Kerker werfen. Im Namen des Großherzogs sagen sie, und der Mensch, den sie so nennen, heißt: unverletzlich, heilig, souverän, Königliche Hoheit. Aber tretet zu dem Menschenkinde und blickt durch seinen Fürstenmantel. Es ißt, wenn es hungert, und schläft, wenn sein Auge dunkel wird. Sehet, es kroch so nackt und weich in die Welt wie ihr und wird so hart und steif hinausgetragen wie ihr, und doch hat es seinen Fuß auf eurem Nacken, hat siebenhunderttausend Menschen an seinem Pflug, hat Minister, die verantwortlich sind für das, was es tut, hat Gewalt über euer Eigentum durch die Steuern, die es ausschreibt, über euer Leben durch die Gesetze, die es macht, es hat adlige Herrn und Damen um sich, die man Hofstaat heißt, und seine göttliche Gewalt vererbt sich auf seine Kinder mit Weibern, welche aus ebenso übermenschlichen Geschlechtern sind.
Der Fürst ist der Kopf des Blutegels, der über euch hinkriecht, die Minister sind seine Zähne und die Beamten sein Schwanz. Die hungrigen Mägen aller vornehmen Herren, denen er die hohen Stellen verteilt, sind Schröpfköpfe, die er dem Lande setzt. Das L., was unter seinen Verordnungen steht, ist das Malzeichen des Tieres, das die Götzendiener unserer Zeit anbeten. Der Fürstenmantel ist der Teppich, auf dem sich die Herren und Damen vom Adel und Hofe in ihrer Geilheit übereinander wälzen – mit Orden und Bändern decken sie ihre Geschwüre, und mit kostbaren Gewändern bekleiden sie ihre aussätzigen Leiber. Die Töchter des Volks sind ihre Mägde und Huren, die Söhne des Volks ihre Lakaien und Soldaten. Geht einmal nach Darmstadt und seht, wie die Herren sich für euer Geld dort lustig machen, und erzählt dann euern hungernden Weibern und Kindern, daß ihr Brot an fremden Bäuchen herrlich angeschlagen sei, erzählt ihnen von den schönen Kleidern, die in ihrem Schweiß gefärbt, und von den zierlichen Bändern, die aus den Schwielen ihrer Hände geschnitten sind, erzählt von den stattlichen Häusern, die aus den Knochen des Volkes gebaut sind; und dann kriecht in eure rauchigen Hütten und bückt euch auf euren steinigen Äckern, damit eure Kinder auch einmal hingehen können, wenn ein Erbprinz mit einer Erbprinzessin für einen andern Erbprinzen Rat schaffen will, und durch die geöffneten

Glastüren das Tischtuch sehen, wovon die Herren speisen, und die Lampen riechen, aus denen man mit dem Fett der Bauern illuminiert. Was sind die Verfassungen in Deutschland? Nichts als leeres Stroh, woraus die Fürsten die Körner für sich herausgeklopft haben. Was sind unsere Landtage? Nichts als langsame Fuhrwerke, die man einmal oder zweimal wohl der Raubgier der Fürsten und ihrer Minister in den Weg schieben, woraus man aber nimmermehr eine feste Burg für deutsche Freiheit bauen kann. Was sind unsere Wahlgesetze? Nichts als Verletzungen der Bürger- und Menschenrechte der meisten Deutschen. Denkt an das Wahlgesetz im Großherzogtum, wonach keiner gewählt werden kann, der nicht hochbegütert ist, wie rechtschaffen und gutgesinnt er auch sei, wohl aber der Grolmann, der euch um die zwei Millionen bestehlen wollte.

Sehet an das von Gott gezeichnete Scheusal, den König Ludwig von Bayern, den Gotteslästerer, der redliche Männer vor seinem Bilde niederzuknien zwingt und die, welche die Wahrheit bezeugen, durch meineidige Richter zum Kerker verurteilen läßt; das Schwein, das sich in allen Lasterpfützen von Italien wälzte, den Wolf, der sich für seinen Baals-Hofstaat für immer jährlich fünf Millionen durch meineidige Landstände bewilligen läßt, und fragt dann: ›Ist das eine Obrigkeit von Gott, zum Segen verordnet?‹

Ha! du wärst Obrigkeit von Gott?
Gott spendet Segen aus;
Du raubst, du schindest, kerkerst ein,
Du nicht von Gott, Tyrann!

Hebt die Augen auf und zählt das Häuflein eurer Presser, die nur stark sind durch das Blut, das sie euch aussaugen, und durch eure Arme, die ihr ihnen willenlos leihet. Ihrer sind vielleicht zehntausend im Großherzogtum und eurer sind es siebenhunderttausend, und also verhält sich die Zahl des Volkes zu seinen Pressern auch im übrigen Deutschland. Wohl drohen sie mit dem Rüstzeug und den Reisigen der Könige, aber ich sage euch: Wer das Schwert erhebt gegen das Volk, der wird durch das Schwert des Volkes umkommen. Deutschland ist jetzt ein Leichenfeld, bald wird es ein Paradies sein. Das deutsche Volk ist ein Leib, ihr seid ein Glied dieses Leibes. Es ist einerlei, wo die Scheinleiche zu zucken anfängt. Wann der Herr euch sein Zeichen gibt durch die Männer, durch welche er die Völker aus der Dienstbarkeit zur Freiheit führt, dann erhebet euch, und der ganze Leib wird mit euch aufstehen.

Georg Büchner
Briefe an die Familie

Straßburg, den 1. Januar 1836

Ich werde zwar immer meinen Grundsätzen gemäß handeln, habe aber in neuerer Zeit gelernt, daß nur das notwendige Bedürfnis der großen Masse Umänderungen herbeiführen kann, daß alles Bewegen und Schreien der einzelnen vergebliches Torenwerk ist. Sie schreiben – man liest sie nicht; sie schreien – man hört sie nicht; sie handeln – man hilft ihnen nicht ...

... Übrigens gehöre ich für meine Person keineswegs zu dem sogenannten Jungen Deutschland, der literarischen Partei Gutzkows und Heines. Nur ein völliges Verkennen unserer gesellschaftlichen Verhältnisse konnte die Leute glauben machen, daß durch die Tagesliteratur eine völlige Umgestaltung unserer religiösen und gesellschaftlichen Ideen möglich sei. Ich komme vom Christkindelsmarkt: überall Haufen zerlumpter, frierender Kinder, die mit aufgerissenen Augen und traurigen Gesichtern vor den Herrlichkeiten aus Wasser und Mehl, Dreck und Goldpapier standen. Der Gedanke, daß für die meisten Menschen auch die armseligsten Genüsse und Freuden unerreichbare Kostbarkeiten sind, machte mich sehr bitter.

Zürich, den 20. November 1836

Was das politische Treiben anlangt, so könnt ihr ganz ruhig sein. Laßt Euch nur nicht durch die Ammenmärchen in unseren Zeitungen stören. Die Schweiz ist eine Republik, und weil die Leute sich gewöhnlich nicht anders zu helfen wissen, als daß sie sagen, jede Republik sei unmöglich, so erzählen sie den guten Deutschen jeden Tag von Anarchie, Mord und Totschlag. Ihr werdet überrascht sein, wenn Ihr mich besucht; schon unterwegs überall freundliche Dörfer mit schönen Häusern, und dann, je mehr Ihr Euch Zürich nähert und gar am See hin, ein durchgreifender Wohlstand; Dörfer und Städtchen haben ein Aussehen, wovon man bei uns keinen Begriff hat. Die Straßen laufen hier nicht voll Soldaten, Akzessisten und faulen Staatsdienern, man riskiert nicht, von einer adligen Kutsche überfahren zu werden; dafür überall ein gesundes, kräftiges Volk und um wenig Geld eine einfache gute, rein republikanische Regierung, die sich durch eine Vermögenssteuer erhält, eine Art Steuer, die man bei uns überall als den Gipfel der Anarchie ausschreien würde.

Karl Marx
Holzdiebstahl

Karl Marx, 1818 bis 1883, hat in den Jahren zwischen 1840 und 1850 als Publizist gewirkt. Seine Aufsätze erschienen in einer Reihe von Zeitschriften, vor allem in der *Rheinischen Zeitung*. An ihr arbeitete er seit Mai 1842 regelmäßig mit und war anschließend bis zu ihrem Verbot 1843 Redakteur. Die hier nur gekürzt wiedergegebene große Abhandlung über die Holzdiebstahlsdebatten schildert eine wirtschaftliche und soziale Krise, die Marx später in seinen nationalökonomischen Schriften als Aufkommen des Kapitalismus beschrieb. Daß er hier eine höchst irdische, materielle Frage analysierte, verdeutlicht ein Blick auf die sozialgeschichtlichen Hintergründe, wie sie in der Marx/Engels-Gesamtausgabe, Frankfurt 1927, gezeichnet werden: ›Der Entwurf eines Holzdiebstahlgesetzes, den die Regierung dem Sechsten Rheinischen Landtag vorgelegt hatte, war durch die außerordentliche Zunahme des Holzfrevels veranlaßt. Die Häufigkeit der Holzdiebstähle, ihr Überwiegen über alle anderen Arten von Diebstahl, blieb in den Rheinlanden hinter den entsprechenden Verhältnissen im Gesamtgebiet der preußischen Monarchie nicht zurück. In ganz Preußen betrafen 1836 fast siebenundsiebzig Prozent sämtlicher Strafuntersuchungen (207478) Holzdiebstahl und andere Forst- oder Jagdvergehen.‹
Karl Marx bittet den Leser um Geduld und Ausdauer für seine Bearbeitung dieses so ›sterilen Gegenstandes‹. Aber: ›Wir stellen in den Debatten des Landtages über das Diebstahlsgesetz unmittelbar die Debatten des Landtags über seinen Beruf zur Gesetzgebung dar.‹ Marx versucht also eine Kritik der ständischen Gesetzgebung am Beispiel konkreter sozialer Verhältnisse.
Lesehinweis: Karl Marx, *Rechtfertigung des Korrespondenten von der Mosel,* über die moselländischen Bauern, in Marx/Engels, *Gesamtausgabe (MEGA),* Erste Abteilung, Band 1, 1. Halbband, Frankfurt 1927, S. 355–383.

Gleich im Beginn der Debatte opponiert ein Stadtdeputierter gegen die *Überschrift* des Gesetzes, wodurch die Kategorie ›*Diebstahl*‹ auf einfache Holzfrevel ausgedehnt wird.
Ein Deputierter der Ritterschaft erwidert: ›Daß eben, weil man es nicht für einen Diebstahl halte, Holz zu entwenden, dies so häufig geschehe.‹
Nach dieser Analogie müßte derselbe Gesetzgeber schließen: weil man eine Ohrfeige für keinen Totschlag hält, darum sind die Ohrfeigen so häufig. Man dekretiere also, daß eine Ohrfeige ein Totschlag ist.
Ein anderer Deputierter der Ritterschaft findet es ›noch bedenklicher, das Wort ‚Diebstahl' nicht auszusprechen, weil die Leute, denen die

Diskussion über dieses Wort bekannt würde, leicht zu dem Glauben veranlaßt werden könnten, als werde die Entwendung von Holz auch von dem Landtage nicht dafür gehalten‹.

Der obenerwähnte Deputierte der Städte bemerkt zwar: ›Da sich die Strafe bis zu langem Gefängnis steigern könne, so führe eine solche Strenge Leute, die sonst noch auf gutem Wege wären, gerade auf den Weg des Verbrechens. Das geschehe auch dadurch, daß sie im Gefängnis mit Gewohnheitsdieben zusammenkämen; er halte daher dafür, daß man das Sammeln oder Entwenden von trockenem Raffholz bloß mit einer einfachen Polizeistrafe belegen solle.‹ Aber ein anderer Stadtdeputierter widerlegt ihn durch die tiefsinnige Anführung, ›daß in den Waldungen seiner Gegend häufig junge Bäume zuerst bloß angehauen und, wenn sie dadurch verdorben, später als Raffholz behandelt würden‹.

Man kann unmöglich auf elegantere und zugleich einfachere Weise das Recht der Menschen vor dem Recht der jungen Bäume niederfallen lassen. Auf der einen Seite nach Annahme des Paragraphen steht die Notwendigkeit, daß eine Masse Menschen ohne verbrecherische Gesinnung von dem grünen Baum der Sittlichkeit abgehauen und als Raffholz der Hölle des Verbrechens, der Infamie und des Elendes zugeschleudert worden. Auf der anderen Seite nach Verwerfung des Paragraphen steht die Möglichkeit der Mißhandlung einiger junger Bäume, und es bedarf kaum der Anführung! Die hölzernen Götzen siegen, und die Menschenopfer fallen!

Um grünes Holz sich anzueignen, muß man es gewaltsam von seinem organischen Zusammenhange trennen. Wie dies ein offenes Attentat auf den Baum, so ist es durch denselben ein offenes Attentat auf den Eigentümer des Baumes.

Wird ferner gefälltes Holz einem Dritten entwendet, so ist das gefällte Holz ein Produkt des Eigentümers. Gefälltes Holz ist schon formiertes Holz. An die Stelle des natürlichen Zusammenhangs mit dem Eigentum ist der künstliche Zusammenhang getreten. Wer also gefälltes Holz entwendet, entwendet Eigentum.

Beim Raffholz dagegen wird nichts vom Eigentum getrennt. Der Holzdieb erläßt ein eigenmächtiges Urteil gegen das Eigentum. Der Raffholzsammler vollzieht nur ein Urteil, was die Natur des Eigentums selbst gefällt hat, denn ihr besitzt doch nur den Baum, aber der Baum besitzt jene Reiser nicht mehr.

Sammeln von Raffholz und Holzdiebstahl sind wesentlich verschiedene Sachen. Der Gegenstand ist verschieden, die Handlung in bezug auf den Gegenstand ist nicht minder verschieden, die Gesinnung muß also auch verschieden sein, denn welches objektive Maß sollten wir an die Gesinnung legen, wenn nicht den Inhalt der Handlung und die Form der Handlung? Und diesem wesentlichen Unterschiede zum Trotz nennt ihr beides Diebstahl und bestraft beides als Diebstahl. Ja, ihr bestraft das Raffholzsammeln strenger als den Holzdiebstahl, denn ihr bestraft es schon, indem ihr es für einen Diebstahl erklärt, eine Strafe, die ihr offenbar über den Holzdiebstahl selbst nicht verhängt. Ihr hättet ihn denn Holzmord nennen und als Mord bestrafen müssen. Das Gesetz ist nicht von der allgemeinen Verpflichtung entbunden, die Wahrheit zu sagen. Es hat sie doppelt, denn es ist der allgemeine und authentische Sprecher über die rechtliche Natur der Dinge. Die rechtliche Natur der Dinge kann sich daher nicht an dem Gesetze, sondern das Gesetz muß sich nach der rechtlichen Natur der Dinge richten. Wenn das Gesetz aber eine Handlung, die kaum ein Holzfrevel ist, einen Holzdiebstahl nennt, so *lügt* das Gesetz, und der Arme wird einer gesetzlichen Lüge geopfert.

Sowenig es euch gelingen wird, den Glauben zu erzwingen: hier ist ein Verbrechen, wo kein Verbrechen ist, sosehr wird es euch gelingen, das Verbrechen selbst in eine rechtliche Tat zu verwandeln. Ihr habt die Grenzen verwischt, aber ihr irrt, wenn ihr glaubt, sie seien nur in eurem Interesse verwischt. Das Volk sieht die Strafe, aber es sieht nicht das Verbrechen, und weil es die Strafe sieht, wo kein Verbrechen ist, wird es schon darum kein Verbrechen sehen, wo die Strafe ist. Indem ihr die Kategorie des Diebstahls da anwendet, wo sie nicht angewendet werden darf, habt ihr sie auch da beschönigt, wo sie angewendet werden muß.

Man wird finden, daß die Gewohnheiten, welche Gewohnheiten der ganzen armen Klasse sind, mit sicherem Intinkt das Eigentum an seiner *unentschiedenen* Seite zu fassen wissen, man wird nicht nur finden, daß diese Klasse den Trieb fühlt, ein natürliches Bedürfnis, sondern ebensosehr, daß sie das Bedürfnis fühlt, einen rechtlichen Trieb zu befriedigen. Das Raffholz dient uns als Beispiel. Es steht sowenig in einem organischen Zusammenhang mit dem lebendigen Baum als die abgestreifte Haut mit der Schlange. Die Natur selbst stellt in den dürren, vom organischen Leben getrennten, geknickten Reisern und Zweigen im Gegensatz zu den festwurzelnden, vollsaftigen, organisch Luft, Licht, Wasser und Erde zu eigener Gestalt und individuellem Leben sich assimilierenden Bäumen und Stämmen gleichsam den Gegensatz der Armut und des Reichtums dar. Es ist eine physische Vorstellung von Armut und Reichtum. Die menschliche Armut fühlt diese Verwandtschaft und leitet aus diesem Verwandtschaftsgefühl ihr Eigentumsrecht ab. Sie empfindet in diesem Treiben der elementarischen Mächte eine befreundete Macht, die humaner ist als die menschliche. An die Stelle der zufälligen Willkür der Privilegierten ist der Zufall der Elemente getreten, die von dem Privateigentum abreißen, was es nicht mehr von sich abläßt. Sowenig den Reichen Almosen, die auf die Straße geworfen werden, gebühren, sowenig diese *Almosen der Natur*. Ähnlich verhält es sich mit Produkten, die in wildem Wachstum ein ganz zufälliges Akzidens des Besitzes und schon wegen ihrer Unbedeutendheit keinen Gegenstand für die Tätigkeit des eigentlichen Eigentümers bilden; ähnlich verhält es sich mit dem Nachlesen, Nachernten und dergleichen Gewohnheitsrechten.

Es lebt also in diesen Gewohnheiten der armen Klasse ein instinktmäßiger Rechtssinn, ihre Wurzel ist positiv und legitim, und die Form des *Gewohnheitsrechts* ist hier um so naturgemäßer, als das *Dasein der armen Klasse selbst* bisher eine *bloße Gewohnheit* der bürgerlichen Gesellschaft ist, die in dem Kreis der bewußten Staatsgliederung noch keine angemessene Stelle gefunden hat. – Die vorliegende Debatte bietet sogleich ein Beispiel, wie man diese Gewohnheitsrechte behandelt, ein Beispiel, worin die Methode und der Geist des ganzen Verfahrens erschöpft ist.

Ein Deputierter der Städte opponiert gegen die Bestimmung, wodurch auch das Sammeln von Waldbeeren und Preiselbeeren als Diebstahl behandelt wird. Er spricht vorzugsweise für die Kinder armer Leute, ›welche jene Früchte sammeln, um damit für ihre Eltern eine Kleinigkeit zu verdienen, welches seit *unvordenklichen Zeiten* von den Eigentümern gestattet und wodurch für die Kleinen ein *Gewohnheitsrecht* entstand‹. Dieses Faktum wird widerlegt durch die Notiz eines anderen Abgeordneten: ›In seiner Gegend seien diese Früchte schon Handelsartikel und würden faßweise nach Holland geschickt.‹

Man hat es wirklich schon an *einem Ort* so weit gebracht, aus einem Gewohnheitsrecht der Armen ein *Monopol* der Reichen zu machen. Der erschöpfende Beweis ist geliefert, daß man ein Gemeingut monopolisieren kann; es folgt daher von selbst, daß man es monopolisieren muß. Die Natur des Gegenstandes verlangt das Monopol, weil das Interesse des Privateigentums es erfunden hat. Der moderne Einfall einiger geldfuchsenden Handelskrämer wird unwiderleglich, sobald er Abfälle dem urteutonischen Interesse von Grund und Boden liefert. Die kleine, hölzerne, geistlose und selbstsüchtige Seele des Interesses sieht nur einen Punkt, den Punkt, wo sie verletzt wird, gleich dem rohen Menschen, der etwa einen Vorübergehenden für die infamste, verworfenste Kreatur unter der Sonne hält, weil diese Kreatur ihn auf seine Hühneraugen getreten hat. Er macht seine Hühneraugen zu den Augen, mit denen er sieht und urteilt; er macht den einen Punkt, in

welchem ihn der Vorübergehende tangiert, zu dem einzigen Punkte, worin das Wesen dieses Menschen die Welt tangiert. Nun kann ein Mensch aber doch wohl mir auf die Hühneraugen treten, ohne deswegen aufzuhören, ein ehrlicher, ja ein ausgezeichneter Mensch zu sein. Sowenig ihr nun die Menschen mit euren Hühneraugen, sowenig müßt ihr sie mit den Augen eures Privatinteresses beurteilen. Das Privatinteresse macht die eine Sphäre, worin ein Mensch feindlich mit ihm zusammentrifft, zur Lebenssphäre dieses Menschen. Es macht das Gesetz zum *Rattenfänger,* der das Ungeziefer vertilgen will, denn er ist kein Naturforscher und sieht deshalb in den Ratten nur Ungeziefer; aber der Staat muß in einem Holzfrevler mehr sehen als den Frevler am Holz, mehr als den Holzfeind. Hängt nicht jeder seiner Bürger durch tausend Lebensnerven mit ihm zusammen, und darf er alle diese Nerven zerschneiden, weil jener Bürger selbst *einen* Nerv eigenmächtig zerschnitten hat? Der Staat wird also auch in einem Holzfrevler einen Menschen sehen, ein lebendiges Glied, in dem sein Herzblut rollt, einen Soldaten, der das Vaterland verteidigen, einen Zeugen, dessen Stimme vor Gericht gelten, ein Gemeindemitglied, das öffentliche Funktionen bekleiden soll, einen Familienvater, dessen Dasein geheiligt, vor allem einen Staatsbürger, und der Staat wird nicht leichtsinnig eines seiner Glieder von all diesen Bestimmungen ausschließen, denn der Staat amputiert sich selbst, sooft er aus einem Bürger einen Verbrecher macht.
Der wahre Gesetzgeber darf nichts fürchten als das Unrecht, aber das gesetzgebende Interesse kennt nur die Furcht vor den Konsequenzen des Rechts, die Furcht vor den Bösewichten, gegen die es Gesetze gibt. Die Grausamkeit ist der Charakter der Gesetze, welche die Feigheit diktiert, denn die Feigheit vermag nur energisch zu sein, indem sie grausam ist. Das Privatinteresse ist aber immer feig, denn sein Herz, seine Seele ist ein äußerlicher Gegenstand, der immer entrissen und beschädigt werden kann, und wer zitterte nicht vor der Gefahr, Herz und Seele zu verlieren? Wie sollte der eigennützige Gesetzgeber menschlich sein, da das Unmenschliche, ein fremdes materielles Wesen, sein höchstes Wesen ist?
Der Landtag hat *vollkommen seine Bestimmung erfüllt.* Er hat, wozu er *berufen* ist, ein bestimmtes *Sonderinteresse* vertreten und als letzten Endzweck behandelt. Daß er dabei das Recht mit Füßen trat, ist eine *einfache Konsequenz seiner Aufgabe,* denn das Interesse ist seiner Natur nach blinder, maßloser, einseitiger, mit einem Worte gesetzloser Naturinstinkt, und kann das Gesetzlose Gesetze geben? Das Privatinteresse wird sowenig zum Gesetzgeben befähigt dadurch, daß man es auf den Thron des Gesetzgebers setzt, als ein Stummer, dem

man ein Sprachrohr von enormer Länge in die Hand gibt, zum Sprechen befähigt wird.

Wir wiederholen noch einmal, unsere Landstände haben ihre Bestimmung als Landstände erfüllt, aber wir sind weit entfernt, sie damit rechtfertigen zu wollen. Der Rheinländer mußte in ihnen über den Landstand, der Mensch mußte über den Waldeigentümer siegen. Es versteht sich von selbst, daß das Sonderinteresse wie kein Vaterland, so keine Provinz, wie nicht den allgemeinen, so nicht den heimischen Geist kennt. In direktem Widerspruch zu der Behauptung jener Schriftsteller der Einbildung, welche ideale Romantik, unergründliche Gemütstiefe und fruchtbarste Quelle individueller und eigentümlicher Gestaltungen der Sittlichkeit in einer Vertretung der Sonderinteressen zu finden belieben, hebt eine solche alle natürlichen und geistigen Unterschiede auf, indem sie an ihrer Stelle die unsittliche, unverständige und gemütlose Abstraktion einer bestimmten Materie und eines bestimmten, ihr sklavisch unterworfenen Bewußtseins auf den Thron erhebt.

Holz bleibt Holz in Sibirien wie in Frankreich; Waldeigentümer bleibt Waldeigentümer in Kamtschatka wie in der Rheinprovinz. Wenn also Holz und Holzbesitzer als solche Gesetze geben, so werden sich diese Gesetze durch nichts unterscheiden als den geographischen Punkt, wo, und die Sprache, worin sie gegeben sind. Dieser *verworfene Materialismus,* diese Sünde gegen den heiligen Geist der Völker und der Menschheit ist eine unmittelbare Konsequenz jener Lehre, welche die preußische Staatszeitung dem Gesetzgeber predigt, bei einem Holzgesetz nur an Holz und Wald zu denken und die einzelne materielle Aufgabe *nicht politisch,* d. h. nicht im Zusammenhang mit der ganzen Staatsvernunft und Staatssittlichkeit zu lösen.

Die *Wilden von Kuba* hielten das Gold für den *Fetisch der Spanier.* Sie feierten ihm ein Fest und sangen um ihn und warfen es dann ins Meer. Die Wilden von Kuba, wenn sie der Sitzung der rheinischen Landstände beigewohnt, würden sie nicht das *Holz* für den *Fetisch* der *Rheinländer* gehalten haben? Aber eine folgende Sitzung hätte sie belehrt, daß man mit dem Fetischismus den Tierdienst verbindet, und die Wilden von Kuba hätten die *Hasen* ins Meer geworfen, um die *Menschen* zu retten.

Friedrich Engels
Über die Lage der arbeitenden Klasse in England

Friedrich Engels, 1820 bis 1895, der zusammen mit Karl Marx als Begründer des sogenannten wissenschaftlichen Marxismus gilt, kam als Sohn eines Spinnereibesitzers nach England und lernte so die Arbeiterfrage in ihrer schärfsten frühkapitalistischen Ausprägung kennen. Schon 1827 hatte Heinrich Heine in seinen *Berichten (Englische Fragmente)* folgende Beobachtungen notiert: ›Schickt einen Philosophen nach London, beileibe keinen Poeten! Schickt einen Philosophen hin und stellt ihn an eine Ecke von Cheapside, er wird hier mehr lernen als aus allen Büchern der letzten Leipziger Messe. Das Bild, welches ich an der Ecke von Cheapside angaffte, war der *Übergang der Franzosen über die Beresina.* Als ich, aus dieser Betrachtung aufgerüttelt, wieder auf die tosende Straße blickte, wo ein buntscheckiger Knäuel von Männern, Weibern, Kindern, Pferden, Postkutschen, darunter auch ein Leichenzug, sich brausend, schreiend, ächzend und knarrend dahinwälzte: Da schien es mir, als sei ganz London so eine Beresina-Brücke, wo jeder in wahnsinniger Angst, um sein bißchen Leben zu fristen, sich durchdrängen will, wo der kecke Reiter den armen Fußgänger niederstampft, wo derjenige, der zu Boden fällt, auf immer verloren ist, wo die besten Kameraden fühllos einer über die Leiche des andern dahineilen und Tausende, die sterbensmatt und blutend sich vergebens an den Planken der Brücke festklammern wollten, in die kalte Eisgrube des Todes hinabstürzen.‹ Engels betonte im Vorwort seiner 1845 erstmals erschienenen Schrift, der folgender Text entnommen ist, daß die ›moderne große Industrie die ökonomischen Verhältnisse aller von ihr ergriffenen Länder in so riesigem Maße ausgleicht‹, daß er dem deutschen Leser kaum etwas anderes zu sagen hätte als dem amerikanischen und englischen. Der französische Germanist Robert Minder nennt Engels' Studie eine der ersten ›Fundamentalanalysen des modernen Gesellschaftsapparats, von pietistischer Ergriffenheit gespeist, Abgründe der modernen Gesellschaft erhellend‹; er vermutet, daß sie in ›jedem andern Land klassisch geworden wäre‹, während in Deutschland ›selbst heute noch kein Lesebuch Auszüge bringt‹.
Lesehinweis: Wilhelm Wolff, *Das Elend und der Aufruhr in Schlesien,* Neuausgabe *Der Kasematten-Wolff,* hg. von Erwin Reiche, Weimar 1950; Robert Prutz, *Das Engelchen,* Roman, 1851, Kapitel 7: *Das Fabrikdorf.*

So eine Stadt wie London, wo man stundenlang wandern kann, ohne auch nur an den Anfang des Endes zu kommen, ohne dem geringsten Zeichen zu begegnen, das auf die Nähe des platten Landes schließen ließe, ist doch ein eigen Ding. Diese kolossale Zentralisation, diese Anhäufung von dritthalb Millionen Menschen auf einem Punkt hat die Kraft dieser dritthalb Millionen verhundertfacht; sie hat London zur kommerziellen Hauptstadt der Welt erhoben, die riesenhaften

Docks geschaffen und die Tausende von Schiffen versammelt, die stets die Themse bedecken. Ich kenne nichts Imposanteres als den Anblick, den die Themse darbietet, wenn man von der See nach London-Bridge hinauffährt. Die Häusermassen, die Werften auf beiden Seiten, besonders von Woolwich aufwärts, die zahllosen Schiffe an beiden Ufern entlang, die sich immer dichter und dichter zusammenschließen und zuletzt nur einen schmalen Weg in der Mitte des Flusses freilassen, einen Weg, auf dem hundert Dampfschiffe aneinander vorüberschießen – das alles ist so großartig, so massenhaft, daß man gar nicht zur Besinnung kommt und daß man vor der Größe Englands staunt, noch ehe man englischen Boden betritt.
Aber die Opfer, die alles das gekostet hat, entdeckt man erst später. Wenn man sich ein paar Tage lang auf dem Pflaster der Hauptstraßen herumgetrieben, sich mit Mühe und Not durch das Menschengewühl, die endlosen Reihen von Wagen und Karren durchgeschlagen, wenn man die ›schlechten Viertel‹ der Weltstadt besucht hat, dann merkt man erst, daß diese Londoner das beste Teil ihrer Menschheit aufopfern mußten, um alle die Wunder der Zivilisation zu vollbringen, von denen ihre Stadt wimmelt.
Jede große Stadt hat ein oder mehrere ›schlechte Viertel‹, in denen sich die arbeitende Klasse zusammendrängt. Oft freilich wohnt die Armut in versteckten Gäßchen dicht neben den Palästen der Reichen; aber im allgemeinen hat man ihr ein apartes Gebiet angewiesen, wo sie, aus den Augen der glücklicheren Klassen verbannt, sich mit sich selbst durchschlagen mag, so gut es geht. Diese schlechten Viertel sind in England in allen Städten ziemlich egal eingerichtet – die schlechtesten Häuser in der schlechtesten Gegend der Stadt; meist zweistöckige Ziegelgebäude in langen Reihen, möglicherweise mit bewohnten Kellerräumen, und fast überall unregelmäßig angelegt. Diese Häuschen von drei bis vier Zimmern und einer Küche werden Cottages genannt und sind in ganz England – einige Teile von London ausgenommen – die allgemeinen Wohnungen der arbeitenden Klasse. Die Straßen selbst sind gewöhnlich ungepflastert, höckerig, schmutzig, voll vegetabilischen und animalischen Abfalls, ohne Abzugskanäle oder Rinnsteine, dafür aber mit stehenden, stinkenden Pfützen versehn. Dazu wird die Ventilation durch die schlechte, verworrene Bauart des ganzen Stadtviertels erschwert, und da hier viele Menschen auf einem kleinen Raume leben, so kann man sich leicht vorstellen, welche Luft in diesen Arbeiterbezirken herrscht. Die Straßen dienen überdies bei schönem Wetter als Trockenplatz; es werden von Haus zu Haus Leinen quer herüber gespannt und mit nasser Wäsche behangen.

Nehmen wir einige dieser schlechten Viertel durch. Da ist zuerst *London,* und in London die berühmte ›Rahenheckerei‹ *(rookery), St. Giles,* die jetzt endlich durch ein paar breite Straßen durchbrochen und so vernichtet werden soll. Dies St. Giles liegt mitten im bevölkerten Teile der Stadt, umgeben von glänzenden, breiten Straßen, in denen die schöne Welt Londons sich herumtreibt – ganz in der Nähe von Oxford Street und Regent Street, von Trafalgar Square und dem Strand. Es ist eine unordentliche Masse von hohen, drei- bis vierstökkigen Häusern, mit engen, krummen und schmutzigen Straßen, auf denen wenigstens ebensoviel Leben ist wie auf den Hauptrouten durch die Stadt, nur daß man in St. Giles bloß Leute aus der arbeitenden Klasse sieht. Auf den Straßen wird Markt gehalten, Körbe mit Gemüse und Obst, natürlich alles schlecht und kaum genießbar, verengen die Passage noch mehr, und von ihnen, wie von den Fleischerläden, geht ein abscheulicher Geruch aus. Die Häuser sind bewohnt vom Keller bis hart unters Dach, schmutzig von außen und innen, und sehn aus, daß kein Mensch drin wohnen möchte. Das ist aber noch alles nichts gegen die Wohnungen in den engen Höfen und Gäßchen zwischen den Straßen, in die man durch bedeckte Gänge zwischen den Häusern hineingeht und in denen der Schmutz und die Baufälligkeit alle Vorstellung übertrifft – fast keine ganze Fensterscheibe ist zu sehn, die Mauern bröcklig, die Türpfosten und Fensterrahmen zerbrochen und lose, die Türen von alten Brettern zusammengenagelt oder gar nicht vorhanden – hier in diesem Diebsviertel sogar sind keine Türen nötig, weil nichts zu stehlen ist. Haufen von Schmutz und Asche liegen überall umher, und die vor die Tür geschütteten schmutzigen Flüssigkeiten sammeln sich in stinkenden Pfützen. Hier wohnen die Ärmsten der Armen, die am schlechtesten bezahlten Arbeiter mit Dieben, Gaunern und Opfern der Prostitution bunt durcheinander – die meisten sind Irländer oder Abkömmlinge von Irländern, und diejenigen, die selbst noch nicht in dem Strudel moralischer Verkommenheit, der sie umgibt, untergegangen sind, sinken doch täglich tiefer, verlieren täglich mehr und mehr die Kraft, den demoralisierenden Einflüssen der Not, des Schmutzes und der schlechten Umgebung zu widerstehn.

Aber St. Giles ist nicht das einzige ›schlechte Viertel‹ Londons. In dem ungeheuren Straßenknäuel gibt es Hunderte und Tausende verborgener Gassen und Gäßchen, deren Häuser zu schlecht sind für alle, die noch etwas auf menschliche Wohnung verwenden können – oft dicht neben den glänzenden Häusern der Reichen findet man solche Schlupfwinkel der bittersten Armut. So wurde vor kurzem, bei Gelegenheit einer Totenschau, eine Gegend dicht bei Portman Square, einem sehr anständigen öffentlichen Platze, als der Aufenthalt ›einer Menge durch Schmutz und Armut demoralisierter Irländer‹ bezeichnet. So findet man in Straßen wie Long-Acre usw., die zwar nicht fashionabel, aber doch anständig sind, eine Menge Kellerwohnungen, aus denen kränkliche Kindergestalten und halbverhungerte, zerlumpte Frauen ans Tageslicht steigen. In der unmittelbaren Nähe des Drury-Lane-Theaters – des zweiten von London – sind einige der schlechtesten Straßen der ganzen Stadt – *Charles-*, *King-* und *Parker-Street*, deren Häuser ebenfalls von den Kellern an bis unters Dach von lauter armen Familien bewohnt sind. In den Pfarreien *St. John* und *St. Margaret* in Westminster wohnten 1840 nach dem Journal der statistischen Gesellschaft 5366 Arbeiterfamilien in 5294 ›Wohnungen‹ – wenn sie diesen Namen verdienen –, Männer, Weiber und Kinder, ohne Rücksicht auf Alter oder Geschlecht zusammengeworfen, zusammen 26830 Individuen, und von der obigen Familienzahl hatten drei Viertel nur ein einziges Zimmer. In der aristokratischen Pfarrei *St. Georg*, Hanover-Square, wohnten nach derselben Autorität 1465 Arbeiterfamilien, zusammen an 6000 Personen, in gleichen Verhältnissen – auch hier über zwei Drittel der ganzen Anzahl auf je ein Zimmer für die Familie zusammengedrängt. Und wie wird die Armut dieser Unglücklichen, bei denen selbst Diebe nichts mehr zu finden hoffen, von den besitzenden Klassen auf gesetzlichem Wege ausgebeutet! Der größte Arbeiterbezirk liegt indes östlich vom Tower – in *Whitechapel* und *Bethnal-Green*, wo die Hauptmasse der Arbeiter Londons konzentriert ist. Hören wir, was Hr. G. *Alston*, der Prediger von St. Philip's, Bethnal-Green, über den Zustand seiner Pfarrei sagt: »Sie enthält 1400 Häuser, die von 2795 Familien oder ungefähr 12000 Personen bewohnt werden. Der Raum, auf dem diese große Bevölkerung wohnt, ist weniger als 400 Yards (1200 Fuß) im Quadrat, und bei solch einer Zusammendrängung ist es nichts Ungewöhnliches, daß ein Mann, seine Frau, vier bis fünf Kinder und zuweilen noch Großvater und Großmutter in einem einzigen Zimmer von zehn bis zwölf Fuß im Quadrat gefunden werden, worin sie arbeiten, essen und schlafen. Ich glaube, daß, ehe der Bischof von London die öffentliche Aufmerksamkeit auf diese so höchst arme Pfarrei hinlenkte, man da am Westende der Stadt ebensowenig von ihr wußte, wie von den Wilden Australiens oder der Südsee-Inseln. Und wenn wir uns einmal mit den Leiden dieser Unglücklichen durch eigne Anschauung bekannt machen, wenn wir sie bei ihrem kargen Mahle belauschen und sie von Krankheit oder Arbeitslosigkeit gebeugt sehn, so werden wir eine solche Masse von Hilflosigkeit und Elend finden, daß eine

Nation wie die unsrige über die Möglichkeit derselben sich zu schämen hat. Ich war Pfarrer bei Huddersfield während der drei Jahre, in denen die Fabriken am schlechtesten gingen; aber ich habe nie eine so gänzliche Hilflosigkeit der Armen gesehn wie seitdem in Bethnal-Green. Nicht ein Familienvater aus zehn in der ganzen Nachbarschaft hat andere Kleider als sein Arbeitszeug, und das ist noch so schlecht und zerlumpt wie möglich; ja viele haben außer diesen Lumpen keine andere Decke während der Nacht und als Bette nichts als einen Sack mit Stroh und Hobelspänen.«

Wir sehn schon aus der obigen Beschreibung, wie es in diesen Wohnungen selbst auszusehn pflegt.

Zum Überfluß wollen wir den englischen Behörden, die zuweilen dahin geraten, noch in einige Proletarierwohnungen folgen.

Montag, den 15. Januar 1844, wurden zwei Knaben vor das Polizeigericht von Worship-Street, London, gebracht, weil sie aus Hunger einen halbgekochten Kuhfuß von einem Laden gestohlen und sogleich verzehrt hatten. Der Polizeirichter sah sich veranlaßt, weiter nachzuforschen, und erhielt von den Polizeidienern bald folgende Aufklärung: Die Mutter dieser Knaben war die Witwe eines alten Soldaten und späteren Polizeidieners, der es seit dem Tode ihres Mannes mit ihren neun Kindern sehr schlecht ergangen war. Sie wohnte Nr. 2, Pool's Place, Quaker-Street, Spitalfields, im größten Elende. Als der Polizeidiener zu ihr kam, fand er sie mit sechs Kindern in einem kleinen Hinterstübchen buchstäblich zusammengedrängt, ohne Möbel, ausgenommen zwei alte Binsenstühle ohne Boden, einen kleinen Tisch mit zwei zerbrochenen Beinen, eine zerbrochene Tasse und eine kleine Schüssel. Auf dem Herde kaum ein Funken Feuer und in der Ecke soviel alte Lumpen, als eine Frau in ihre Schürze nehmen konnte, die aber der ganzen Familie zum Bette dienten. Zur Decke hatten sie nichts als ihre ärmliche Kleidung. Die arme Frau erzählte ihm, daß sie voriges Jahr ihr Bett habe verkaufen müssen, um Nahrung zu erhalten; ihre Bettücher habe sie dem Viktualienhändler als Unterpfand für einige Lebensmittel dagelassen, und sie habe überhaupt alles verkaufen müssen, um nur Brot zu bekommen. – Der Polizeirichter gab der Frau einen beträchtlichen Vorschuß aus der Armenbüchse.

Im Februar 1844 wurde eine Witwe von sechzig Jahren, Theresa Bishop, mit ihrer sechsundzwanzigjährigen kranken Tochter der Wohltätigkeit des Polizeirichters von Marlborough-Street empfohlen. Sie wohnte in Nr. 5, Brown-Street, Grosvenor-Square, in einem kleinen Hinterzimmer, nicht größer als ein Schrank, worin nicht ein einziges Stück Möbel war. In einer Ecke lagen einige Lumpen, auf denen die beiden schliefen; eine Kiste diente als Tisch und Stuhl zugleich. Die Mutter verdiente etwas durch Stubenreinigen; sie hatten, wie der Wirt sagte, seit Mai 1843 in diesem Zustande gelebt, allmählich alles verkauft oder versetzt, was sie noch hatten, und dennoch nie die Miete bezahlt. – Der Polizeirichter ließ ihnen ein Pfund aus der Armenbüchse zukommen.

Es fällt mir nicht ein, zu behaupten, *alle* Londoner Arbeiter lebten in einem solchen Elend wie die obigen drei Familien; ich weiß wohl, daß zehn es besser haben, wo einer so ganz und gar von der Gesellschaft mit Füßen getreten wird – aber ich behaupte, daß Tausende von fleißigen und braven Familien, viel braver, viel ehrenwerter als sämtliche Reichen von London, in dieser eines Menschen unwürdigen Lage sich befinden und daß jeder Proletarier, jeder ohne Ausnahme, ohne seine Schuld und trotz allen seinen Anstrengungen vom gleichen Schicksal betroffen werden kann.

Die Kleidung der Arbeiter ist bei der ungeheuren Majorität in sehr schlechtem Zustande. Schon die Stoffe, die dazu genommen werden, sind nicht die geeignetsten; Leinen und Wolle sind aus der Garderobe beider Geschlechter fast verschwunden, und an ihre Stelle ist Baumwolle getreten. Die Hemden sind von gebleichtem oder buntem Kattun, ebenso die Kleider der Frauenzimmer meist gedruckter Kattun, wollene Unterröcke sieht man ebenfalls selten auf den Waschleinen. Die Männer haben meist Beinkleider von Baumwollensamt oder andern schweren baumwollnen Stoffen und Röcke oder Jacken von demselben Zeuge. Der Baumwollensamt *(fustian)* ist sogar sprichwörtlich die Tracht der Arbeiter geworden – *fustian jackets*, so werden die Arbeiter genannt und nennen sich selbst so im Gegensatz zu den Herren in wollenem Tuch *(broad-cloth)*, welches letztere ebenfalls als Bezeichnung für die Mittelklasse gebraucht wird. Als Feargus O'Connor, der Chartistenchef, während der Insurrektion von 1842 nach Manchester kam, erschien er unter dem rasendsten Beifall der Arbeiter in einem baumwollensamtnen Anzuge. – Hüte sind in England die allgemeine Tracht auch der Arbeiter, Hüte der verschiedensten Formen, runde, kegelförmige oder zylindrische, breitrandig, schmalrandig oder randlos – nur jüngere Leute tragen in den Fabrikstädten Mützen. Wer keinen Hut hat, faltet sich von Papier eine niedrige, viereckige Kappe. – Die ganze Bekleidung der Arbeiter – auch vorausgesetzt, daß sie in gutem Zustande ist – ist wenig in Einklang mit dem Klima. Die feuchte Luft Englands, die mit ihren schnellen Witterungswechseln mehr als jede andre Erkältungen hervorruft, nötigt fast die ganze Mittelklasse, Flanell auf der bloßen Haut des Oberkörpers zu tragen; flanellne Halsbinden, Jacken und Leibbinden sind fast allgemein im Gebrauch. Die arbeitende Klasse entbehrt nicht nur dieser Vorsorge, sondern ist auch fast nie imstande, überhaupt einen Faden Wolle zur Kleidung zu verwenden. Die schweren Baumwollenzeuge aber, obwohl dicker, steifer und schwerer als wollenes Tuch, halten dennoch Kälte und Nässe viel weniger ab als dieses, bleiben wegen ihrer Dicke und wegen der Natur des Materials länger feucht und haben überhaupt nicht die Dichtigkeit des gewalkten Wollentuchs. Und wenn der Arbeiter sich einmal einen wollenen Rock für den Sonntag anschaffen kann, so muß er in einen der ›billigen Läden‹ gehen, wo er schlechtes, sogenanntes ›*devil's dust*‹-Tuch bekommt, das ›nur aufs Verkaufen, nicht aufs Tragen‹ gemacht ist, und nach vierzehn Tagen reißt oder fadenscheinig wird – oder er muß sich beim Trödler einen halbverschlissenen alten Rock kaufen, dessen beste Zeit vorüber ist und der ihm nur für wenige Wochen gute Dienste leistet. Dazu kommt aber noch bei den meisten der schlechte Zustand ihrer Garderobe und von Zeit zu Zeit die Notwendigkeit, die besseren Kleidungsstücke ins Pfandhaus zu tragen. Bei einer sehr, sehr großen Anzahl aber, besonders denen irischen Bluts, sind die Kleider wahre Lumpen, die oft gar nicht mehr flickfähig sind oder bei denen man vor lauter Flicken die ursprüngliche Farbe gar nicht mehr erkennt. Die Engländer oder die Anglo-Iren flicken doch noch und haben es in dieser Kunst merkwürdig weit gebracht – Wolle oder Sackleinen auf Baumwollensamt oder umgekehrt, das macht ihnen gar nichts aus – aber die echten, eingewanderten Irländer flicken fast nie, nur im höchsten Notfalle, wenn das Kleid sonst in zwei Stücke reißt; gewöhnlich hangen die Lumpen des Hemdes durch die Risse des Rocks oder der Hosen heraus; sie tragen, wie Thomas Carlyle sagt, ›einen Anzug von Fetzen, die aus- und anzuziehen eine der schwierigsten Operationen ist, und nur an Festtagen und zu besonders günstigen Zeiten vorgenommen wird‹. Die Irländer haben auch das früher in England unbekannte Barfußgehen mit herübergebracht. Jetzt sieht man in allen Fabrikstädten eine Menge Leute, namentlich Kinder und Weiber, barfuß umhergehen, und dies findet allmählich auch bei den ärmern Engländern Eingang.

Wie mit der Kleidung, so mit der Nahrung. Die Arbeiter bekommen das, was der besitzenden Klasse zu schlecht ist. In den großen Städten Englands kann man alles aufs beste haben, aber es kostet teures Geld; der Arbeiter, der mit seinen paar Groschen haushalten muß, kann soviel nicht anlegen. Dazu bekommt er seinen Lohn meist erst Samstag abends ausgezahlt – man hat angefangen, schon Freitag zu be-

zahlen, aber diese sehr gute Einrichtung ist noch lange nicht allgemein –, und so kommt er Samstag abends um vier, fünf oder sieben Uhr erst auf den Markt, von dem während des Vormittags schon die Mittelklasse sich das Beste ausgesucht hat. Des Morgens strotzt der Markt von den besten Sachen, aber wenn die Arbeiter kommen, ist das Beste fort, und wenn es auch noch da wäre, so würden sie es wahrscheinlich nicht kaufen können. Die Kartoffeln, die der Arbeiter kauft, sind meist schlecht, die Gemüse verwelkt, der Käse alt und von geringer Qualität, der Speck ranzig, das Fleisch mager, alt, zäh, von alten, oft kranken oder verreckten Tieren – oft schon halb faul. Die Verkäufer sind meistens kleine Höker, die schlechtes Zeug zusammenkaufen und es eben wegen seiner Schlechtigkeit so billig wieder verkaufen können. Die ärmsten Arbeiter müssen noch einen andern Kunstgriff gebrauchen, um mit ihrem wenigen Gelde selbst bei der schlechtesten Qualität der einzukaufenden Artikel auszukommen. Da nämlich um zwölf Uhr am Sonnabendabend alle Läden geschlossen werden müssen und am Sonntag nichts verkauft werden darf, so werden zwischen zehn und zwölf Uhr diejenigen Waren, die bis zum Montagmorgen verderben würden, zu Spottpreisen losgeschlagen. Was aber um zehn Uhr noch liegen geblieben ist, davon sind neun Zehntel am Sonntagmorgen nicht mehr genießbar, und gerade diese Waren bilden den Sonntagstisch der ärmsten Klasse. Das Fleisch, das die Arbeiter bekommen, ist sehr häufig ungenießbar – weil sie's aber einmal gekauft haben, so müssen sie es essen. Aber sie werden auch auf noch andere Weise von der Geldgier der Mittelklasse geprellt. Die Krämer und Fabrikanten verfälschen alle Nahrungsmittel auf eine unverantwortliche Weise und mit der größten Rücksichtslosigkeit gegen die Gesundheit derer, die sie verzehren sollen.
Daß eine Klasse, welche in den geschilderten Verhältnissen lebt und so schlecht mit den allernotwendigsten Lebensbedürfnissen versehn ist, nicht gesund sein und kein hohes Alter erreichen kann, versteht sich von vornherein von selbst.

Wenn ein einzelner einem andern körperlichen Schaden tut, und zwar solchen Schaden, der dem Beschädigten den Tod zuzieht, so nennen wir das Totschlag; wenn der Täter im voraus wußte, daß der Schaden tödlich sein würde, so nennen wir seine Tat einen Mord. Wenn aber die Gesellschaft Hunderte von Proletariern in eine solche Lage versetzt, daß sie notwendig einem vorzeitigen, unnatürlichen Tode verfallen, einem Tode, der ebenso gewaltsam ist wie der Tod durchs Schwert oder die Kugel; wenn sie Tausenden die nötigen Lebensbedingungen entzieht, sie in Verhältnisse stellt, in welchen sie nicht leben *können;* wenn sie sie durch den starken Arm des Gesetzes zwingt, in diesen Verhältnissen zu bleiben, bis der Tod eintritt, der die Folge dieser Verhältnisse sein muß; wenn sie weiß, nur zu gut weiß, daß diese Tausende solchen Bedingungen zum Opfer fallen müssen, und doch diese Bedingungen bestehen läßt – so ist das ebensogut Mord wie die Tat des einzelnen, nur versteckter, heimtückischer Mord, ein Mord, gegen den sich niemand wehren kann, der kein Mord zu sein scheint, weil man den Mörder nicht sieht, weil alle und doch wieder niemand dieser Mörder ist, weil der Tod des Schlachtopfers wie ein natürlicher aussieht und weil er weniger eine Begehungssünde als eine Unterlassungssünde ist. Aber er bleibt Mord.

Georg Weerth
Der Lehrling

Georg Weerth, 1822 bis 1856, gehörte zum Kreis um Karl Marx und Friedrich Engels, redigierte das Feuilleton der revolutionären *Neuen Rheinischen Zeitung* und war, wie ihm Engels bescheinigte, der erste Dichter des deutschen Proletariats. In seinem Roman *Leben und Taten des berühmten Ritters Schnapphahnski* persiflierte er die Skandalgeschichten, die Arroganz und den fehlgeleiteten politischen Ehrgeiz des Fürsten Felix Lichnowski, darüber hinaus aber – wie er selber sagte – ›eine ganze Klasse der Gesellschaft‹. Weerth, von Beruf Kaufmann, starb mit vierunddreißig Jahren auf einer Geschäftsreise in Havanna an Tropenfieber. Die Skizze *Der Lehrling* ist den *Humoristischen Skizzen aus dem Deutschen Handelsleben* entnommen. In dem ›Herrn Preiss‹ lieferte Weerth eine Karikatur des reichen Handelsherrn Friedrich aus'm Weerth aus Köln, einem Verwandten, bei dem er 1842 arbeitete.

Wir stehen im Comptoir des Herrn Preiss.

Rötlich strahlt der Morgen durch zwei große, halb verstaubte Fenster auf die Tintenkleckse des Schreibpultes. Sandbüchsen, Federmesser, Gänsekiele und ähnliche friedfertige Instrumente schlummern in holder Gemeinschaft neben Postpapier und Propatria. Hohe, ledergepolsterte Dreifüße umringen das Pult; und das Pult hat Schubladen mit Schlössern und Riegeln daran von echtem Eisen. An den Wänden, die in ihrer Jugend unschuldig weiß waren, hängen Landkarten, die mit der Zeit alt geworden sind. Außer ihnen bemerkt man ein Porträt Napoleons, den jeder kennt, ein Porträt Rothschilds, den viele kennen, und ein Porträt Gottfrieds, Friedrich Jammers seliger Erben Sohn, den nur der Herr Preiss kennt, weil er einst auf *einen* Schlag siebenhundert Reichsgulden an ihm verdiente. Ein Bücherschrank schmückt den Hintergrund des Zimmers. Darin bemerkt man das Hauptbuch, gebunden in Schweinsleder, mit rotem Titel und messingenen Klammern; das Kassabuch, gebunden in grüne Leinewand, mit Ecken von Eisenblech; das Erkundigungsbuch, enthaltend günstige und ungünstige Zeugnisse über Moralität, d. h. Zahlungsfähigkeit der Mitglieder ehrenwerter Kaufmannschaft; das Kalkulationsbuch, darin Profit und Schaden auskalkuliert bis auf Heller und Pfennig; und endlich die Kladde, so schon viele Jahre lang gedient und reichlich besudelt worden mit roter und schwarzer Tinte, mit Türkenköpfen, Gänsefüßen und ähnlichen fratzenhaften Verzierungen längst verschollener Handelsgehilfen. Nur das Geheimbuch fehlt in

dieser trefflichen Bibliothek, denn dieses bewahrt man vor den Augen der Menge, weil die Aktiva und die Passiva des Herrn Preiss darin stehen, welche niemand schauen soll, damit nicht jemand den Schleier reiße von des Herrn Preiss etwaigen schamhaften Verhältnissen – –
Über dem Ganzen ruht eine siegellackduftende Atmosphäre, und schaust du um dich, da mußt du unwillkürlich ausrufen: *Hier wird Geld verdient!*
Die Uhr schlägt acht, und knarrend dreht sich die Tür in den Angeln. Ein tritt der Herr Preiss.
Herr Preiss ist ein kleiner, aber stattlicher Mann, handfest und rund, ernsthaften Antlitzes, doch freundlichsten Bäuchleins. Unter den ergrauten Wimpern schimmern zwei flinke, unternehmende Falkenaugen. Seine Nase ist etwas gebogen, die Lippen sind fein geschnitten, das Kinn steht ein wenig nach vorn. Der Herr Preiss ist ein schöner alter Kaufmann. Er trägt graue Hosen, einen langen, grünen Rock, Halstuch und Weste sind weiß, und den fast kahlen Schädel bedeckt die Mütze mit großem Lederschirm. Der Herr Preiss nimmt die Brille aus dem Futteral und beginnt seine Morgenandacht: er liest den Amsterdamer Handels- und Börsenbericht.
Lassen wir ihn lesen.
Wir wollen zurück nach der Türe sehen. Sie öffnet sich zum zweiten Male, und herein tritt der Buchhalter des Geschäftes, ein Vierzigjähriger; an der Hand führt er einen Knaben, kaum fünfzehn zählend.
Der Buchhalter ist lang und dürr; er besitzt eine rote Nase, und in dem feierlichen Ernste seines Antlitzes ist deutlich zu lesen, daß er sechshundert Taler verdient, jährlich, mit Mühe und Arbeit. Der Kopf des Knaben ist weniger ausdrucksvoll, er ist eher nichtssagend schön und gleicht einem gesunden Borsdorfer Apfel, an dem die Wespen des Jahrhunderts noch nicht genagt haben.
»Hier ist unser neuer Lehrling!« beginnt der Buchhalter, nachdem er den im Lesen vertieften Herrn einige Male spähend umwandelt hat.
»Ha, das fehlt auch noch!« erwidert der Herr Preiss. »Jetzt soll man sich wieder mit einem dummen Jungen abgeben!« Dann, auf den zarten Handelsbeflissenen losschreitend, fährt er fort: »Aber kommen Sie nur näher, mein lieber Sohn; ich habe mit Ihrem Vater den Kontrakt schon geschlossen. Sie stehen nun auf der Schwelle eines neuen Lebens, und wenn Sie sich nur gut halten, so wird es Ihnen auch schon gut gehen – aber das findet sich alles erst später!«
»Später, später!« wiederholt der Buchhalter bedeutsam. Das fromme, merkantilische Schlachtopfer errötet und verneigt sich ehrfurchtsvoll.
»Vor allen Dingen will ich Sie gleich mit Ihren Arbeiten näher be-

kannt machen. Arbeit ist unser Los, Arbeit ist unsre Bestimmung; mit der Arbeit verdienen wir unsern Käse und unser Brot, unsern roten und weißen Wein; die Arbeit bringt uns Lilien und Rosen.

Am besten tun Sie, wenn Sie am Morgen in aller Frühe aufstehen. Sie verrichten Ihr Gebet und gehen dann auf die Post, indem Sie den Offizianten erklären, Sie wären der neue Lehrling des Herrn Preiss und wünschten die Briefe zu erhalten. Das erste Mal soll jemand mit Ihnen gehen, damit Sie von vornherein gehörig legitimiert sind.

Die Briefe, diese viereckigen weißen Geheimnisse, ergreifen Sie sorgfältig und machen sich in entsetzlicher Hast damit aus dem Staube. Blitzschnell müssen Sie mir die Briefe überbringen, keine Minute lang auf der Straße verweilen, nichts darf Sie aufhalten – und wäre auch die Welt am Untergehen, so müssen Sie doch erst hierherlaufen und mir die Briefe aushändigen. Oh, es wäre schrecklich, wenn Sie je einmal in diesem Punkte nachlässig wären; denn sehen Sie, von den Briefen hängt alles ab – also merken Sie sich das!

Haben Sie die Briefe überbracht, so verfügen Sie sich zu dem Herrn Buchhalter und fragen Sie ihn, ob er Wechsel einzukassieren hat. Die Wechsel des Lebens sind vielfältig: Solawechsel, Tratten und Protestierte, manchmal sind sie betrübend, manchmal erfreulich. Die Protestierten gehören zu den betrübenden und die besten sind die, welche man nicht zu bezahlen hat. Glücklich der, welcher in gemäßigtem Wechselverhältnis mit der Gesellschaft steht; ihn werden nicht Rost, nicht Motten und nicht die Zinsen des Bankiers fressen; Ruhe wird seinen Schritt umsäuseln, und der Pfeffer eines Mahnbriefes wird nie den Mohn seines Schlafes stören.

Mit den Wechseln, die Ihnen der Buchhalter gibt, treten Sie in die Häuser, wo sie fällig sind; das heißt, wo die Wechsel fällig sind – Gott bewahre uns vor fallenden Häusern! Das Wechseleinkassieren ist ein wichtiges, ernstes Geschäft, wie denn überhaupt alles wichtig ist, wobei Geld im Spiele ist. Merken Sie sich das. Mit Geld ist nicht zu spaßen; mit dem Gelde muß man vorsichtig sein wie mit seiner Seele; Geld ist das A und O des Daseins, Geld ist alles – vergessen Sie das nie!

Ich will annehmen, Sie hätten einen Wechsel auf die Herrn Müller & Co. – Da gehen Sie auf das Comptoir des Herrn Müller und sagen laut und deutlich: ›Herr Müller! Hier habe ich einen Wechsel von Herrn Preiss und bitte um den Betrag.‹ Der Herr Müller wird den Wisch von oben bis unten besehen, er wird auch Sie einmal vom Wirbel bis zur Zehe mustern und wird, wenn die Sache übrigens in Ordnung ist, in seine Geldkiste greifen, um Ihnen die fragliche Summe vorzuzählen.

Dies ist ein Augenblick, von welchem vieles abhängt.
Ich muß Ihnen nämlich bemerken, daß es in der Handelswelt gar nicht auffällt, wenn sich der eine gegen den andern so gut wehrt, wie er kann. Im Handel hört alle Freundschaft auf, im Handel sind alle Menschen die bittersten Feinde. Ich will Ihnen das jetzt näher auseinandersetzen. Sie stehen vor Herrn Müller, um das Geld in Empfang zu nehmen. Er sah Sie an, er beschaut Sie nochmals, er denkt: ›Das scheint ein junger, unerfahrener Mensch zu sein‹, und zu gleicher Zeit fällt ihm ein, da er einige schlechte Münzsorten in seiner Kasse hat, daß es die höchste Zeit ist, dieselben wieder einmal in die Welt zu bringen, und daß Sie vielleicht der Mann sein würden, der ihn hierbei unterstützen könnte – und immer weiter denkt der Herr Müller, spricht aber kein Wort, sondern greift in seine Geldkiste und hat kein Mitleid mit Ihrer Jugend, mit Ihrer Anmut und Ihrem Unverstande, und, das versichere ich Ihnen, wenn Sie nicht gehörig aufpassen, da mischt Ihnen der Herr Müller ein paar beschnittene Dukaten, ein paar hannoversche Fünfgroschenstücke oder einige Blafferte unter Ihr Geld, so sicher wie zwei mal zwei vier ist – sehen Sie – und dann ist der Teufel los!
Es versteht sich von selbst, daß ich den Herrn Müller nur als ein unschuldiges Beispiel anführe. Der Herr Müller ist ein ehrenwerter Mann. Aber was geht Sie das an? Da doch jedenfalls die Möglichkeit vorhanden ist, daß selbst dem ehrenwerten Herrn Müller einmal etwas Menschliches passiert, so sind Sie unter allen Verhältnissen des Lebens verpflichtet, den Herrn Müller für einen – ich will gerade nicht sagen: Schuft – jedenfalls aber für das zu halten, was einem Schufte zwischen Hell und Dunkel aufs frappanteste ähnlich sehen könnte. Sie müssen sich steif und fest einbilden, der Herr Müller wolle Sie übertölpeln, und deswegen müssen Sie ihm auf die Finger passen, und dann werden Sie auch nie einen König Hieronymus, einen Coburger Dreier oder einen Dänischen Fuchs mit nach Hause bringen. Verstehen Sie mich?«
Dem jugendlichen Lehrling fiel es wie Schuppen von den Augen. Die Worte des Herrn Preiss durchdrangen ihn mit ihrer ganzen unermeßlichen Wahrheit.
»Haben Sie für Ihren Wechsel das richtige Geld zu den richtigen Kursen in Empfang genommen, so stecken Sie alles in Ihren Sack, binden den Sack mit einem Bindfaden zu und fassen den Sack mit der Hand so fest an, als es Ihre Kräfte erlauben.
Wie Sie es mit *einem* Wechsel machen, so machen Sie es mit allen, und sind Sie fertig, so kehren Sie unverzüglich nach Hause zurück. Unverzüglich, sage ich Ihnen! Das Geld in den Händen, schauen Sie weder

rechts noch links, bis Sie wieder auf unserm Comptoir stehen, wo Sie der Herr Buchhalter mit offenen Armen empfangen wird, wenn Sie keinen Bock geschossen haben.
Oh, schießen Sie keine Böcke! Hüten Sie sich vor den Böcken, nichts ist entsetzlicher als ein Bock.
Aus der Stadt zurückgekommen, beginnen Sie mit Comptoirarbeiten. Sehen Sie, hier ist das Kopierbuch. Das gehört Ihnen, das sollen Sie nun in Zukunft führen. Sie werden viel dadurch lernen, und die Beschäftigung ist interessant. Fast das ganze Geschäft läuft durch dieses Buch. Jeder Brief, den wir schreiben, muß hier kopiert werden. Obenhin schreiben Sie den Namen des Menschen, an den die Epistel gerichtet ist, und dann schlankweg alles, was folgt, bis zu den Empfehlungen, Grüßen und freundschaftlichen Versicherungen. Dergleichen Sachen brauchen Sie nie zu kopieren, denn es versteht sich von selbst, daß wir ›achtungsvoll‹ unterzeichnen, wenn jemand eine gute Bestellung gab, daß wir ihn mit unendlicher Liebe und Wärme umfassen, wenn er bestellte und zugleich bezahlte, und daß wir ihm unsre grenzenlose Verachtung zu erkennen geben und bloß ›höflich grüßen‹, wenn er auf zwei Mahnbriefe nicht erwiderte.
Machen Sie die Buchstaben so schön wie möglich, und vor allen Dingen nehmen Sie sich mit den Zahlen in acht. Das ist eine ernsthafte Geschichte. Wenn eine Zahl nicht richtig ist, da fährt gleich die Konfusion hinein von allen Ecken. Am Buchstaben ist mir nicht soviel gelegen, aber an der Zahl – hören Sie mal, guter Freund, kopieren Sie mir die Zahlen richtig, sonst sind wir geschiedene Leute. Zahlen regieren die Welt.
Ich brauche Ihnen wohl nicht zu sagen, daß es mit dem Abschreiben der Briefe nicht allein getan ist; es versteht sich von selbst, daß Sie sich auch den tiefen Sinn dessen, was Sie kopieren, einzuprägen haben. Das Kulante des Stils, die Eleganz der Wendungen, das Treffende in den Ausdrücken und Benennungen, die Höflichkeit inmitten der größten Grobheit und das Einschmeichelnde bei der heftigsten Erbitterung – alles, alles haben Sie sich zu bemerken, alles Ihrem Gedächtnis einzuprägen, damit Sie einst selbst Korrespondent werden können und damit ich Sie einst zur Höhe meines Geschäftes avancieren lassen kann.
Auch der einzelnen Manipulationen, welche die Korrespondenz berührt, müssen Sie sich stets zu erinnern wissen, und die Namen unsrer Kunden bemerken Sie sich und die Art, wie wir sie entweder über den Löffel barbierten, wie wir sie auf den Händen trugen oder wie wir sie im Gedränge untergehen ließen; denn daraus können Sie stets abnehmen, wes Geistes Kinder sie sind und welchen Kredit sie verdienen.

Sie sehen, ich übertrage Ihnen eine herrliche Arbeit. Das Kopierbuch ist das Evangelium des Comptoirs – und nun schreiben Sie es auch recht hübsch, damit ich Freude an Ihnen erlebe.
Groß ist der Handel und weltumfassend! Glücklich der, welcher unter seinen Fittichen geruht, denn ihm wird wohl sein wie einem Maienkäfer unter den Linden.
Sind die Comptoirarbeiten vorüber, da bricht ein neues Leben für Sie an. Sie beschäftigen sich nämlich dann auf dem Warenlager, in den Magazinen. Man wird Sie Muster anfertigen, Pakete machen und Ballen versenden lassen, wodurch Sie sich um unschätzbare Kenntnisse bereichern werden. Qualitäten und Preise der verschiedenen Waren erlernen Sie spielend, indem Sie dem Abschlusse manches Kaufes beiwohnen. Sie sehen, welche Sorte für diese Gegend zieht und welche für die andre paßt, Sie lernen die Sitten und Gewohnheiten der verschiedenen Völker kennen, ihre Fehler und ihre Tugenden, ihre Zahlungsfähigkeit und, ach! – auch ihre Insolvenz!
Menschen lernen Sie kennen, indem Sie mit Käufern und Verkäufern umgehen; studieren Sie ja die Schwächen eines jeden, denn das wird nie zu Ihrem Schaden sein. Merken Sie sich jedes Lächeln Ihres Gegenmannes, das geringste Zucken seiner Mundwinkel, die leiseste Bewegung seiner Augen, denn das Äußere des Menschen spiegelt oft genug das Innerste seiner Seele wider. Die Seele aber steht in genauem Zusammenhang mit dem Geldbeutel, und die Börse Ihres Gegners ist stets von speziellem Interesse für Sie.
Dunkel deute ich Ihnen die vielen Genüsse an, welche die Lust Ihrer Jugend und die Seligkeit Ihres Alters sein werden.
Gibt es etwas Schöneres als den Handel und Wandel? Gibt es ein vollkommeneres Wesen auf Erden als einen vollkommenen Kaufmann? Ein vollkommenes Wesen soll vor allen Dingen seine Zeit begreifen und sein Jahrhundert; ein guter Kaufmann verstand von jeher beides, denn er verstand sich auf sein eigenes Interesse!
Ruhig, im Bewußtsein seiner Würde, steht er da, und alle Künste und Wissenschaften der Welt drängen sich zu ihm heran, um ihm zu huldigen, um ihm zu dienen. Philosophie, Mathematik, Geographie, Ökonomie, die ganze Rechtswissenschaft samt der Medizin und allen übrigen Herrlichkeiten von einem Pol bis zum andern, was wären sie, wenn sie der Kaufmann nicht in preußisch Kurant verwandelte.
Glücklich preise ich Sie, daß ein gutes Schicksal Sie in den Port des Kommerzes führte. Arbeiten Sie treulich von sieben Uhr morgens bis neun Uhr abends, und gehen Sie endlich nach Hause und legen Sie sich zu Bette. Da lassen Sie alles, was Sie am Tage sahen und hörten, noch einmal an Ihrer Seele vorübergehen, Briefe und Wechsel, Duka-

ten und Krontaler, Geldsäcke und Kopierbücher, Kurse und Warenproben, Konkurrenten und Geschäftsfreunde, und stärken Sie sich hieraus zu neuer Tätigkeit durch einen kurzen, aber erquickenden Schlaf.
Verstehen Sie mich? Ich hoffe, Sie haben mich verstanden. Aber jetzt noch eins! Nämlich –«, hier machte der Herr Preiss eine lange Pause, er legte die Hand auf die Schulter des Lehrlings und sah ihn mit einem durchbohrenden Blicke an, »– nämlich, hören Sie, junger Mann! Ich habe Vertrauen in Sie. Sie sind von rechtschaffener Familie, und ich bin bereit, Sie in mein Geschäft durchaus einzuweisen; ich will Ihnen Gelegenheit geben, in dieser Welt fortzukommen. Vier Jahre lang werden Sie einstweilen bei mir bleiben, denn so lautet der Kontrakt, den ich mit Ihrem Vater geschlossen habe; diese vier Jahre werden Ihnen herumgehen wie ein Tag; denn keine Stunde sollen Sie müßig sein, und ich werde Ihnen genug zu tun geben. Hören Sie aufmerksam zu – *eines* befehle ich Ihnen vor allem, und ich will, daß Sie dieses *eine* halten sollen vor allem andern – nämlich, was Sie auch hören und was Sie auch sehen werden auf meinem Comptoir oder auf meinem Lager – kurz, was Ihnen auch begegnet im ganzen Umkreise meines Geschäftes, erwähnen Sie davon nicht das geringste, sobald Sie die Schwelle meines Hauses verlassen haben! Verstehen Sie mich? Stumm wie ein Fisch!«
»Stumm wie das Grab!« flüsterte der erschrockene Lehrling; er atmete tief auf, und seine unschuldigen Augen neigten sich vor den Flammenblicken des gewaltigen Prinzipals.
Während der Konversation des Herrn Preiss und des Lehrlings waren die übrigen Arbeiter ins Comptoir getreten und hatten sich lautlos an ihre Plätze gesetzt. Eine Totenstille entstand in dem mystischen Raume, und man hörte bald nur noch das Kritzeln der Federn, die in geschäftiger Eile über das Papier tanzten.

Georg Weerth
Die Armen in der Senne

Als im Jahre 1845 die Versammlung deutscher Gewerbetreibender einen Preis von hundert Dukaten für die beste schriftliche Lösung der Frage aussetzte, wo sich ›vorzugsweise Hilfsbedürftige unter den arbeitenden Klassen‹ befänden, schrieb Weerth empört: ›Also ihr deutschen Gewerbetreibenden habt noch nötig, einem Literaten hundert Dukaten zu bieten, um etwas über die Not der arbeitenden Klassen zu erfahren? Habt ihr denn nie die *Rheinische Zeitung* gelesen, wenn sie ihre Korrespondenzen aus der Eifel, von der Lahn oder der Mosel brachte? Habt ihr nie von den Armen Berlins gehört? Nichts über die Bauern in Westfalen, im Ravensbergischen, in der Senne? Sind Euch die Vorfälle in Schlesien unbekannt? – Es scheint, daß ihr lange Zeit in festem Schlaf gelegen habt.‹ Den Bericht über die Armen in der Senne schrieb Weerth – der in der Nähe der Senne seine Jugend verbracht hatte – 1843/44. Er wurde zuerst im *Deutschen Bürgerbuch für 1845* veröffentlicht.
Lesehinweis: Bettina von Arnim, *Dies Buch gehört dem König*, Berlin 1843.

Von den Höhen des Teutoburger Waldes sieht man in eine weite Ebene, die Senne genannt, deren ödester Teil sich zwischen Paderborn, Bielefeld und dem Fürstentum Lippe hinzieht. Sie gewährt einen eigentümlichen Anblick, der sich wohl am besten mit der Aussicht vergleichen läßt, die man in der Abenddämmerung von einem höhern Punkte des Strandes auf die See hat. Die Täuschung wird noch größer, wenn in den Strahlen der untergehenden Sonne, oder im Mondlicht, die dunklen Wasserflächen einiger Teiche zu leuchten beginnen, die hin und wieder den Sand durchschneiden und gewöhnlich von kleinen Fichtengehölzen umgeben sind. In solchen Augenblicken gewinnt die Gegend keineswegs einen schönen, vielmehr einen höchst unheimlichen und wahrhaft geisterhaften Anstrich. – Die Umrisse einiger Meierhöfe und zerstreuter Baumgruppen verschwinden, und bald gewahrt das Auge nur noch den schwarzblauen Farbton der Ebene, über welche die Nebel in weißen Wogen hereinbrechen.
Wir wollen von den Bergen hinuntersteigen und uns auf dem eigentlichen Terrain näher umsehen. –
Hier und dort, wo der Sand fester und feuchter ist, sieht man Buchweizen und Hafer in dünnen Halmen aufschießen; gleich daneben, hinter einem Zaun aus Birken geflochten, weidet eine magere, buntgefleckte Kuh, wohl die einzige Trösterin des Bauern, der nicht weit davon aus Lehm und Baumzweigen seine niedrige Hütte aufgeschla-

gen hat. Treten wir an die Tür derselben, da schlägt uns ein dichter Rauch entgegen, denn für einen Schornstein hat man nicht gesorgt. Ist im Winter der Herd erloschen, da muß der in der Hütte zurückgebliebene Rauch und Dunst noch wärmen. Gehen wir vorüber, da laufen uns einige zerlumpte Kinder nach; sie halten die Hände gefaltet und murmeln eine Sprache, welche niemand versteht. Aber in den kümmerlichen Blicken kann man lesen, was sie wollen, und gebt ihr einem kleinen Mädchen mit hellblonden Haaren eine Silbermünze, da ist es mehr, als sie je besaß, mehr, als sie in mehreren Wochen durch Flachsspinnen verdienen kann. – Es ist so rührend komisch, wenn man mit einem Bauern spricht, welcher eben aus Friesland zurückkommt, wo er einige Monate für Lohn arbeitete. Seine Augen blitzen vor Freude; er bringt Geld mit, Geld in dem kleinen ledernen Beutel; das kleine Feld ist unterdes leidlich gediehen; die Kuh ist noch am Leben; er dünkt sich reich und glücklich! Da sieht er plötzlich seine Kinder herbeilaufen, und er wird ernst und still; es fällt ihm ein, daß alles vielleicht nicht hinreicht, um die junge Brut durch den Winter zu bringen.
»Aber beim Teufel; lieber Mann, weshalb hat er auch so viele Kinder!« – »Ja«, sagt der Bauer dann, »die Obrigkeit ist auch gar nicht damit zufrieden. Sehn Sie, wenn unsereins heiraten will, da muß er erst auf dem Amt hundertfünfzig harte Taler vorzeigen können, und kann er dies nicht, da mag er gehn – er wird nicht kopuliert. Wenn ich nun unsers Nachbars junge Liese gern leiden mag und kein Geld habe, was tue ich dann? Entweder muß ich bei einem Paderborner Juden das Geld borgen und abscheuliche Prozente bezahlen, oder –«, und dann sieht mancher junge Bauer verschämt zur Erde.
Vor nicht gar langer Zeit fuhren wir von der lippeschen Grenze ins Preußische hinüber und wurden auf dieser Postwagenreise durch den Sand mehr hin- und hergeworfen als in dem lustigsten Sturm auf dem Kanal. Hinter uns lagen die altsassischen Wälder, in denen wir noch am Morgen einen der größten Hirsche ventre à terre vorüberrennen sahen – vor uns dehnte sich die Ebene mit ihrem rotblühenden Heidekraut, das immer höher aufwuchert, wo ein Teich den Boden feuchter macht. Einige Kiebitze, die schlanken Bewohner der Heiden, hüpften über das Moor und ergötzten uns durch ihr helles Geschrei, in das bisweilen ein alter Frosch mit verständiger ernster Stimme einfiel. Nebenbei lenkte ein alter Förster unsre Aufmerksamkeit auf einige Fichten, in deren Umzäunung wir die Trümmer einer Hütte bemerkten, die das Feuer jüngst zerstört zu haben schien. Die Geschichte, welche der alte Mann darauf erzählte, machte bald unsrer heitren Stimmung ein Ende:

»Im letzten Winter, als abwechselnd durch Schnee und Regen alle Wege durch die Senne ungangbar gemacht waren, hatte in jener Hütte, welche jetzt als Trümmer vor uns lag, die Not ihren Gipfel erreicht. – Ein junger Bauer verlor sein Weib, was ihm sechs kleine Kinder hinterließ. Sie zu ernähren, war das wenige Geld, was er aus Friesland mitbrachte, bald draufgegangen, und eine gänzliche Mißernte machte, daß seine Scheune diesen Winter ohne den gehörigen Vorrat von Früchten blieb. Dazu kam noch das lange Darniederliegen des Leinenhandels, der von England aus mit so großem Erfolg betrieben wird und der den Bauern jener Gegend, welche früher das Garn mit Nutzen zu Markte trugen, jetzt jede Möglichkeit nimmt, ihr Leben dadurch zu fristen. Alles hätte den jungen Bauern indes noch nicht niederbeugen können, denn noch blieben ihm ja zwei tüchtige Fäuste, die zu jeder Arbeit bereit waren und bei dem Bau des Armindenkmals in jener Zeit gerade die beste Gelegenheit dazu fanden. Aber, wie durfte er sich tagelang von seiner Hütte entfernen – sechs Kinder kauerten halb nackt am Feuer, und im Winkel der Stube lag auf hartem Strohlager der alte Vater, krummgezogen von der Gicht, von den fürchterlichsten Schmerzen geplagt, der weinend seine Knie umfaßte und ihn bat, nicht davonzugehen. Mehrere Male war schon das größte der Kinder in das nächste Dorf geschickt zu dem Prediger. Der Vater sei so krank, ließ man ihm sagen, er möge doch mit den Sterbesakramenten kommen.

Der Pastor war jedesmal erschienen – aber wozu der Trost schöner Worte? – Man ließ ihn rufen, weniger der Gottseligkeit wegen, als daß er noch einmal die Not sähe, noch einmal eine Unterstützung auswirkte oder vielleicht noch einmal in die eigene Tasche griffe; denn der kranke Vater machte noch keine Sterbemiene; sechzehn Wochen lag er schon am Boden, er war an Schmerzen gewöhnt, er wollte leider noch nicht sterben. – So ging der halbe Winter vorüber; die Gegend war von dichtem Nebel umhüllt; bald konnte man kein Kind mehr hinausschicken – es wäre in den sumpfigen Wegen, im Schnee, auf den unsichern Sandschichten unrettbar verloren gewesen; die Hilfe der Nachbarn wurde durch die vielen Armen immer kleiner, manchmal blieb sie ganz aus, und vom Hunger gestachelt, jammerten dann die Kinder in der Hütte umher.

Als die Sonne wieder einmal rot hinter den fernen Bergen hinabgesunken war und in der und um die Hütte das tiefste Dunkel lag, schleicht der junge Bauer aus der Tür, geht an die Wand, hinter welcher der kranke Vater lag, er schauert zusammen, zerdrückt noch eine Träne im Auge – und mit kräftigem Stoß reißt er die morsche Lehmwand auseinander. Der Kranke, gänzlich erschöpft, ist gerade in festen Schlaf versunken, er merkt nicht, daß ihm der kalte Nachtwind über das Gesicht streicht, und als er endlich wach wird, sich nicht von der Stelle bewegen kann und um Hilfe wimmert – da hört ihn niemand – man ist an das Jammern gewöhnt; der Sohn verbirgt sein Gesicht im Stroh, die Kinder schlafen. – Der Nebel ist indes verschwunden, in der Nacht wird es sternhell, es wird bitterkalt. – Um Mitternacht ist der Alte schon besinnungslos, als der Morgen kommt, ist er tot. –

Jetzt hat der junge Bauer nur noch für die Kinder zu sorgen. Nach einigen Tagen sieht man die Hütte in Flammen aufgehn. – Der Eigentümer steckte sie selbst in Brand und zieht mit den Kindern auf die nächsten Dörfer, um zu betteln.«

Wir schreiben dies in einer Fabrikstadt Englands, in einem echt chartistischen Loch, in dem Armut und Unheil zu Hause ist; man hat uns manche Sachen erzählt, die das Herz beben machen können, aber Geschichten, wie die erzählte aus der lieben *Heimat,* sind doch auch des Schauderns wert.

Gottlieb Schnapper-Arndt
Kinderarbeit

Die folgenden Untersuchungen von Gottlieb Schnapper-Arndt, 1846 bis 1904, sind seiner ›sozial-statistischen Untersuchung über Kleinbauerntum, Hausindustrie und Volksleben‹ entnommen, die unter dem Titel *Fünf Dorfgemeinden auf dem Hohen Taunus* 1883 erschienen. Die Studie ist ein ›schönes, heute zu Unrecht vergessenes, überaus detailreiches‹ (Heinz Maus) Beispiel dafür, wie man die Wirklichkeit des gesellschaftlichen Zusammenlebens erforschen muß und kann, wenn man sich nicht auf Schreibtisch- und Kathederweisheiten verlassen will. Heute treiben viele Institute – für die Werbung, für die Industrie, aber auch für die Politiker, die Parteien – ständig Meinungsforschung durch systematisches Befragen eines Bevölkerungsquerschnittes. Die moderne Soziologie holt sich ihr Material durch ›Feldforschung‹, das heißt, der Wissenschaftler begibt sich zu den Menschen, über die er Aussagen machen möchte. Schnapper-Arndt schrieb sein Buch nach mehrmaligem Besuch der ›so idyllisch daliegenden Dörfer‹. Was er beobachtete, als er sie nun ›an der Arbeit‹ sah, enthüllte eine Wirklichkeit fern aller Dorfromantik. Keine ›heiteren Bilder, noch nicht einmal der gigantische Kampf mit einem Schicksal, ‚das den Menschen erhebt', sondern ein ödes, stilles Ringen, ein Ringen, das keinen Preis erzielt hat, wie er solcher Mühe Lohn sein müßte‹. Aufschlußreich ist auch eine im Anhang mitgeteilte ›Familienmonographie‹, die mit genauem Zahlenmaterial ›in das Innere eines ärmeren Haushalts‹ einführt. Über die im Text erwähnte *Filetstrickerei* schreibt Schnapper-Arndt: ›Sie scheint von Wiesbaden aus 1853 in die Orte gelangt zu sein. Eine junge Lehrerin an einer höheren Bürgerschule Frankfurts erklärte sich bereit, für einige Monate in den Dörfern ihren Wohnsitz aufzuschlagen und die weibliche Jugend zu lehren, neben Handschuhen und Haarnetzen in Seide auch noch feinere Arbeiten in Baumwolle, wie bestickte Vorhänge und Möbelschoner, auszuführen.
Es war das eine Art von Strickerei, welche ihre Muster durch abwechselndes Ausstopfen und Freilassen eines filirten Netzgrundes zu Wege brachte.‹

Lesehinweis: Otto Rühle, *Das proletarische Kind*, in *Das Aktionsbuch*, hg. von Franz Pfemfert, Berlin 1917; Marie Jahoda, Paul Lazarsfeld und Hans Zeisl, *Die Arbeitslosen von Marienthal*, Leipzig 1933, neue Ausgabe Allensbach 1960.

Ich werde das Bild nicht leicht vergessen, das sich mir gleichsam als Vignette darbot, als ich zum ersten Male einen Ausflug nach den Feldbergdörfern machte. Vor der Türe einer geringen Hütte in Oberreifenberg saß ein Weib in den Vierzigern, neben ihr saßen vier Kinder und ein *dreijähriges* war dabei. Sie arbeiteten alle Filet: das dreijährige hielt ein Netz, damit ein anderes daran strickte, krampfhaft fest mit den zitternden Händchen.

Dergleichen habe ich nun freilich nicht wieder gesehen, obschon mir vielfach versichert worden ist, daß Beschäftigung so zarter Kinder zum Einziehen der Gummibändchen in die Netze und Handschuhe und zum Füllen der Nadeln für etwa zwei bis drei Stunden im Tage keineswegs sehr ungebräuchlich sei. Als sicher aber darf erachtet werden, daß es von achtjährigen Kindern wenige gibt, die, wenn die Nachfrage nicht daniederliegt (oder insoweit sie nicht andern Industrien obliegen), ohne Filetarbeit wären. Wer zu solchen Zeiten, des Sommers, wenn die Schule vorüber war, durch einen der Orte wandelte, der konnte sie allenthalben sitzen sehen, vor Haustüren, Bäumen, Zäunen, auf Leiterwagen, überall da, wo sich vorteilhafterweise der Nagel einschlagen läßt, an dem das Netz und damit das Kind selber befestigt wird. Selbst zu besonders stiller Jahreszeit (nach Weihnachten) waren die meisten Schulkinder noch beschäftigt. – Die den erwachsenen Männern obliegende Tätigkeit ist im Laufe des Jahrhunderts schwerlich anstrengender geworden. Von der dem jugendlichen Alter zugewiesenen Bürde kann man, wie mir scheint, nicht in gleicher Weise reden. Zwar wenige mögen leben, die von einer ganz freien Kindheit sprechen können, vielleicht niemand mag dazu imstande sein. Samt und sonders hat ja die ältere Generation beim Spinnen helfen müssen, und zwar nicht beim Spinnen zum Hausgebrauch, sondern bei dem um Lohn. ›Da ging es immer hin und her, der Boden war ganz aufgetreten, wo wir auf und ab liefen, und genug gab es, die krumme Beine davon bekamen.‹ Ich habe manche gesprochen, die – es ist keine Übertreibung dabei – sich in Rückerinnerung der Leiden, die sie als Kinder mit ihren Eltern durchgemacht, eine Träne im Auge zerdrückten.

Mancher flüchtige Beschauer geht mit einer Art von Genugtuung an dem Kinde vorüber, das er emsig und geschickt mit einer scheinbar leichten und doch nützlichen Arbeit beschäftigt sieht: er wiegt sich in der Illusion, als ob er es hier mit der zweckmäßigen Ausnutzung einer überflüsigen Mußestunde zu tun habe, und vergißt das *Andauernde* der Arbeit in Betracht zu ziehen. Von früh bis spät müssen diese Kinder mit den Größeren konkurrieren, werden sie angehalten mit mehr oder weniger Strenge, je nachdem der Charakter der Eltern es mit sich bringt. Der Lehrer von Schmitten taxierte die Gesamtarbeitszeit seiner Kinder neben der Schule auf sechs bis sieben Stunden, der von Seelenberg gab an, daß die Kinder morgens gegen fünf Uhr beginnen und abends zwischen sieben und zehn Uhr endigen, daß sie also eigentlich immer, insofern sie nicht Holz, Gras und Streu einheimsen, mit Filet beschäftigt seien, so daß man von eigentlichen Freistunden nicht reden könne. Wie solche Überanstrengung auf Geist und Kör-

per wirken muß, läßt sich denken. Verderb der Augen ist die häufigste Folge der Überarbeit (vierzehnjährige Mädchen hörte ich bereits darüber klagen), ferner Verkrümmung des Rückens und Schwindsucht, die dann öfters kurz nach der Verheiratung hervorzutreten pflegen. ›So sehr prägt manchen Mädchen‹, behauptete ein Lehrer, ›das Filetstricken einen eigenen Typus auf, daß ich imstande bin, besonders eifrige Fileteusen, schon wenn sie über die Straße gehen, an der Haltung des linken Armes zu erkennen.‹ Wie hoch aber die *Summe* ist, um welche die Gesundheit gefährdet, alle Lebensfreude dieser Kinder in die Schanze geschlagen wird, läßt sich aus den Lohnsätzen entnehmen. Die älteren Schulmädchen verdienen freilich verhältnismäßig nicht viel weniger als die Erwachsenen, für die Kleineren aber stellten, wenn sie all ihre freie Zeit opferten, zwanzig bis dreiundzwanzig Pfennig die Maximalsumme des Verdienstes dar (1876–1878).
Bei allen emsig arbeitenden Kindern, ja selbst noch bei Erwachsenen, schneidet das Seidengarn an dem Finger, um welchen die Masche gezogen wird, eine schmerzende Rinne ein. Dieselbe schließt sich jedesmal des Nachts, um dann gegen Abend bei fortgesetzter Arbeit abermals aufzubrechen. Aber nicht nur zur Erklärung übertriebener Lohnabgaben muß jener Arbeitsehrgeiz zu Hülfe genommen werden, sondern er übt einen gewichtigeren Einfluß aus. Man würde nämlich irren, wenn man Androhungen oder körperlichen, von seiten der Eltern ausgeübten Zwang für das wesentliche oder gar einzige Motiv, welches die Kinder an die Arbeit fesselt, halten würde. Daß solcher Zwang vorkomme, liegt in der Natur der Sache: »Auf einen Kreuzer Gewinn kriegen sie für drei Kreuzer Schläge«, hörte ich einen Nagelschmied ingrimmig ausrufen, »ich habe es aber meinen Leuten zu Hause gesagt, es darf mir kein Kind mehr geschlagen werden.« Dennoch glaube ich, daß nur von besonders rohen Leuten und kleinen oder übelgearteten Kindern gegenüber zu Zwangsmaßregeln gegriffen werde. Selbst die kleineren Kinder ziehen meist willig unter dem Joch, allenfalls durch das Wort der Eltern, am mächtigsten aber durch das Beispiel der älteren Geschwister angespornt. Und unter den Motiven, von welchen diese angetrieben werden, spielt eben jener Ehrgeiz und neben ihm nicht selten auch der Wunsch, die Familie zu unterstützen, eine hervorragende Rolle.
Wie mächtig jener Faktor wirke, dafür mag vielleicht als ein Beispiel anzuführen sein, daß in einem der Dörfer eine Anzahl besonders wohlhabender Eltern einen gemeinschaftlichen Filetabend ihrer Kinder suspendierten, weil sie beobachteten, daß sich dieselben im Wetteifer allzu übertrieben abarbeiteten. Der zweite Faktor ist von nicht geringerem Belang. Ich kann mich nicht enthalten, weil für die gleiche

Erscheinung besonders charakteristisch, den folgenden Teil eines Gespräches hier wiederzugeben, welches ich mit einem Handstricker führte. Mit welchem Jahre, fragte ich den Mann, haben Sie Ihre Kinder anfangen lassen zu stricken? *Antwort:* Meine Jungen habe ich unterrichtet, wie sie vier Jahre alt waren: als sie die Schule besuchten, hatten sie nur frei, wenn sie ihre Lektionen zu lernen hatten; beim Aufsagen und Wiederholen haben sie schon zu stricken angefangen. Über seinen jüngsten Sohn fügte er dann bei: Es war gut, daß er konfirmiert und Bergmann wurde. Ich mußte ihn zum Essen rufen, so fleißig war er; noch so zwei Jahre, und er war weg. Um neun Uhr sah ich oft, daß er sich übermüdete. *Frage:* Woran merkten Sie das? *Antwort:* Er hustete; er hätte noch eine halbe Nacht so fortgearbeitet, da er sah, daß es uns knapp ging.

So ist die Kinderhausarbeit eine Blutsteuer, welche gerade die edelsten Elemente am härtesten trifft; sind es doch gerade die bestgeartetsten Kinder, welche sich die Rute am strammsten binden helfen. Und wenn auch natürlicherweise in sehr bedrängter Lage höhere Anstrengungen als in begünstigter übernommen werden, so trifft dies doch nur in Vergleichung der äußersten Grenzen zu, so daß man sich, wenn man über das Los arbeitender Kinder bewegt ist, noch nicht einmal dem Troste überlassen darf, es möchte in den bessergestellten Familien allemal entsprechend weniger gearbeitet werden und auch bei den dürftigen Familien entsprechende Erleichterung eintreten, wenn die Lage sich vielleicht einmal günstiger gestalten sollte. Auch ich dachte anfangs, es könne, wo Natur also gegen sich selbst Front macht, wo Mütter in den zarten Seidenfäden, welche sie ihnen zum Verarbeiten hingeben, ihren Kindern gleichsam den Strang hinreichen, mit dem sie ihre Lebensfrische und ihre Gesundheit langsam hinwürgen müssen, nur Befriedigung äußerster Notdurft das auf so unnatürliche Weise Erstrebte sein.

Ich glaube nicht mehr, daß es sich so verhalte. Auch die Bessergestellten kürzen nur wenig an der Arbeitszeit ihrer Kinder. Was früher um Brot geschah, geschieht nun um Kleidung, geschieht um Schuldendekkung, geschieht um Vorwärtskommen überhaupt. Niemand will eine Quelle, die andere benutzen, seinerseits unbenutzt lassen. Man sieht alles umher arbeiten; soll man allein den Anfang machen und die Arbeit niederlegen? Der Vergleich mit andern Zuständen, wo alle Kinder noch sich ihrer Kindheit freuen können, ist ja überdies gar nicht aus der Erinnerung herzuholen – und man nehme es an sich selbst ab, was es heißt, von einer Lebensweise abzugehen, welche in den Kreisen, in denen man lebt, üblich ist.

Über die nachteiligen Folgen der Überarbeit sind die Leute sich frei-

lich in ruhigen Momenten theoretisch klar, das hindert sie aber noch lange nicht, dieselben praktisch zu unterschätzen, sie gleichsam als ein auferlegtes Schicksal ruhig in den Kauf zu nehmen. Und den Kindern bleibt ja auch die theoretische Erkenntnis lange fremd.
Ich rechnete einst mit einem Mädchen von zwölf Jahren die zurückgelegten Arbeitsstunden durch. Es war ein intelligentes Kind, aber klein und ohne einen Blutstropfen im Gesicht. Wir kamen an einen außergewöhnlichen Tagesverdienst. Wie ist das zugegangen? »Wir haben damals gebacken, und da habe ich bis zwölf Uhr nachts gefilleht.« Es stellte sich heraus, daß die Kleine sich ausbedungen hatte, was sie über eine Mark wöchentlich verdiene, für sich behalten zu dürfen. Sie hatte sich von dem Ersparten das letzte Mal ein Paar Ringelstrümpfe gekauft. Ich wurde mit dem Vater über das Ungeeignete dieses Verfahrens einig, und wir eröffneten der Kleinen, nachdem wir sie auf die Gefahr dieser übertriebenen Anstrengung aufmerksam gemacht hatten, daß der Vertrag von nun ab aufgehoben sei. Auf das Mädchen aber brachte unsere Auseinandersetzung nicht den gewünschten Eindruck hervor. Sie schlug die Augen nieder und hub bitterlich zu weinen an.
Wo Kinderarbeit sich eingenistet, da ist die Lebensfreude aus dem Alter, in welchem sie am liebsten verweilt, ein für allemal bis auf ein Minimum hinausgedrängt. Manches habe ich, nachdem ich einige Monate bei den Leuten zugebracht hatte, ruhiger mit angesehen. Aber gegen die Kinderarbeit habe ich mich am wenigsten abgestumpft. Die Schulzeit ist zu Ende, das Kind kommt nach Hause, rasch stürzt es eine Tasse Zichorienkaffee hinab – was beginnt es? Es greift nach keinem auch noch improvisierten Spielzeug, nach keinem Lesebuch. Es langt den mit alten Lappen überzogenen Backstein herunter, knüpft den Faden an und ist befestigt, bis die Dämmerungs- und dann die Essenszeit eine kurze Unterbrechung bringt oder bis es die Tischschublade öffnet, die zerfetzten Blätter eines Schulbuchs herausnimmt, sie eiligst überfliegt, um nur rasch wieder an den Backstein zu kommen. Und dies ist noch das freiere Kind. Genug gibt es, welchen gar keine Zeit bleibt, ihre Lektionen zu besehen. Zehn Minuten vor Schulanfang suchen sie rasch einen Kameraden auf, bei welchem sie die Rechnung oder die kleine schriftliche Arbeit abschreiben können. In ihrer Klage darüber, wie es nahezu unmöglich sei, häusliche Arbeiten zu erteilen, sind die Lehrer einstimmig. Man kann sich denken, mit welchen Schwierigkeiten unter solchen Umständen ein ohnehin spärlicher Dorfschulunterricht zu kämpfen haben muß.

Maximilian Harden
Die goldene Mittelalterlichkeit

›Maximilian Harden, 1861 bis 1927 – oder Ernst Felix Witkowski, wie sein Name eigentlich lautete –, wurde in den achtziger Jahren des neunzehnten Jahrhunderts durch Glossen, Feuilletons und literarische Kritiken eine bekannte Persönlichkeit in Berlin. Die folgende Schulszene stand am 23. September 1889 im *Berliner Tageblatt*. 1892 publizierte er das erste Heft seiner kulturpolitischen Wochenschrift *Die Zukunft*. Sie erscheint von da an regelmäßig, von einigen Beschlagnahmen vor und während des Ersten Weltkrieges abgesehen, jeden Freitag bis zum Jahre 1922. Der Titel *Zukunft* verrät den kritischen Optimismus, der die ersten Jahrgänge der Zeitschrift bestimmt. Fortschrittsglaube und Reformwille lassen sich an den Beiträgen der Mitarbeiter ablesen, zu denen Thomas und Heinrich Mann, Gustav Landauer und Lily Braun gehörten. 1918 ist Harden teils bestürzt, teils blinder Zustimmung und Begeisterung fähig. Seine Anhänger von einst halten Hardens Hinwendung zur Revolution für inkonsequent und ein Spiel seiner Laune. Wie kann der Bismarckianer, der sich vor Ausbruch des Weltkrieges zum Imperialismus bekannte, 1918 die Revolution begrüßen, die Morde an Luxemburg und Liebknecht anprangern, sich als Pazifist bekennen? – In wesentlichen Fragen hat sich Harden zwischen 1892 und 1922 nicht widersprochen. Und zu diesen gehören seine Sympathien für sozialistische Ideen, die 1892 ebenso spürbar sind, wie seine Verehrung Bismarcks 1922 nicht nachgelassen hat. Selbst seine Feinde müssen ihm bestätigen, daß er einer der größten deutschen Publizisten seit Börne und Heine ist.‹ Hans-Jürgen Fröhlich.
Lesehinweis: Kurt Tucholsky, *Der Prozeß um den Anschlag auf Maximilian Harden*, in *Maximilian Harden, Köpfe. Porträts, Briefe und Dokumente,* neu ausgewählt von Hans-Jürgen Fröhlich, Hamburg 1962.

›Wohl in keinem Unterricht ist so viel gesündigt worden als in dem Geschichtsunterricht ... Wenn man früher aus der alten Geschichte in die Geschichte des germanischen Mittelalters übertrat, dann wurde im Unterricht wie in den Lehrbüchern alles grau und schwarz gemalt, so daß dem Schüler ordentlich davor gruselte. Das ‚finstere Mittelalter' war der stehende Ausdruck, und man bekam nichts zu hören und zu sehen als die Ketzerverfolgungen der Päpste, den ‚Fanatismus der Kreuzzüge', die Flagellantenzüge und die Quälereien der Bauern durch den Adel und die Bischöfe ... Alle Verirrungen, alles Schlechte wurde hervorgezogen, von dem frischen, fröhlichen, gewerbsfleißigen, wohlhabenden und kunstsinnigen Volksleben des Mittelalters erfuhr man außer der Nennung der Namen der berühmten Dome so gut wie nichts.‹

›Der Reichsbote‹ vom 19. September 1889

Ort der Handlung: Ein finsteres Schulzimmer im Gymnasium der Gutgesinnten; an den Wänden kleine gefällige Abbildungen der eisernen Jungfrau, der spanischen Stiefel, Daumschrauben usw.; Stahlstiche der berühmtesten Ketzerrichter von Peter Arbuez bis auf Stöcker; über der schwarzen Wandtafel die Inschrift: ›Unfreiheit, Ungleichheit, Lüderlichkeit!‹
Zeit der Handlung: Im Jahre des revidierten Heils I nach Einführung der Butzenscheibenhistorik.

Lehrer: Wir kommen nunmehr zur zweiten Blüteperiode des Mittelalters, welche nach fast zweihundertjährigen, überaus traurigen Verirrungen wiederum an die erste anknüpft. Noch freilich müssen wir manchen Rückschritt machen, um im Deutschen Reiche das frische, fröhliche, gewerbsfleißige, wohlhabende und kunstsinnige Volksleben wiedererstehen zu sehen, welches im vierzehnten Jahrhundert unter der weisen und milden Herrschaft der Edelsten unserer Nation so herrlich emporgeblüht war. Noch besitzen wir nicht einmal in der deutschen Reichshauptstadt, deren Ehrenpflicht es doch wäre, die Führung nach rückwärts zu übernehmen, noch, sage ich, haben wir nicht einmal hier eine ›Judenklemme‹, mit der doch in den sonnigen Tagen der Raubritter und des Völkerglückes so überaus erfreuliche Resultate erzielt wurden; noch ist die Inquisition nicht wieder eingesetzt in ihre heiligen Rechte gegen Kirchen- und Reichsfeinde; noch sind die ältesten Adligen nicht sicher vor den plebejischen Siegelversuchen niedergeborener Gerichtsvollzieher, und der beschränkte Untertanenverstand maßt sich eine mitberatende und mitentscheidende Stimme an in Angelegenheiten, bei denen er nur schweigen und zahlen sollte. Aber, ihr deutschen Knaben und Jünglinge, verzagt dieserhalb nicht! Es muß und wird anders werden im Lande der Quitzows und der Herrenrechte! *Der Geschichtsunterricht muß umkehren.* Und an euch, meine Lieben, wird es dereinst sein, Zeugnis abzulegen von dem Wiedererblühen der goldenen Mittelalterlichkeit in den cheruskischen Landen; ihr werdet dem schändlichen Eintagsruhm der gottlosen und vaterlandsverräterischen Empörer, von Walther von der Vogelweide an bis auf Lessing und Schiller, ein längst verdientes Ende bereiten, und an die Stelle der umstürzlerischen Lehren von Freiheit und Gleichheit und anderem Unsinn werdet ihr die schneidigen Ideale einer neuen, guten, alten Zeit setzen. Dies zur Einleitung. Wir beginnen nunmehr mit der neuesten Geschichte vom Jahre 1848 bis auf den heutigen Tag. Schmidt, ich frage dich als den Klassenersten, was geschah im Jahre 1848? Entrüste dich ohne Scheu, mein Sohn!
Erster Schüler: Im Jahre 1848 wurden dem Volk endlich die Rechte

zugestanden, die es sich durch zahllose Opfer an Blut und Gut längst schon verdient hatte, sagt mein Vater, Herr Doktor.
Lehrer: Dein Vater ist ein – Stadtverordneter. Was kann man da anderes erwarten? Aber Primus bist du gewesen. Antworte du, von Gänserich, der du im nächsten Jahr ins Kadettenkorps aufgenommen werden sollst, antworte diesem gesinnungslosen Schüler. Was weißt du vom Jahre 1848?
Zweiter Schüler: Zu Befehl, Herr Doktor! Papa meint, wäre alles Unsinn gewesen. Man hätte den Kerls den Daumen aufs Auge halten müssen. Ins Loch oder vors Kriegsgericht jeden, der murrt oder muckst! Und mein großer Bruder, der Regierungsassessor, sagt immer, wenn man die Koture nicht so gottsjämmerlich verwöhnt hätte, dann würden die verdammten Judenjungen heute nicht das Maul so weit aufreißen.
Lehrer: Notiere dir selbst ein Lob, von Gänserich, und führe von heute an das Klassenbuch! Du bist nicht besonders klug, du könntest auch wohl fleißiger sein, aber du hast das Zeug zu einem modernen Ritter. Nehmt alle ein Beispiel an eurem neuen Primus!
Wir fahren fort. Wer von euch kann mir die wichtigsten Gedenktage in der neuesten deutschen Geschichte nennen?
Erster Schüler: Die Verleihung des Wahlrechts, die Kaiserproklamation, die Einführung der Selbstverwaltung, die ...
Lehrer: Schmidt! Soviel Worte, soviel Reichsfeindlichkeiten! Du hast die Gelegenheit übel genützt, deinen Fehler von vorhin wiedergutzumachen; ich fürchte, ich fürchte, du endest dermaleinst elendlich als ein freisinniger Volksverführer! Einstweilen werde ich dich als nicht vorhanden betrachten. Und an das reichstreue Gymnasiasten-Kartell richte ich die ernste Bitte, dieses räudige Schaf nicht zu dulden, bei den Vergnüglichkeiten der reinen Herde! Ich selbst werde mit dem Herrn Direktor Rücksprache darüber nehmen, ob es nicht am Ende angezeigt wäre, diesen frühen demagogischen Trieb einzuengen durch diskretionäre Ausnahmegesetze. Denn ich weiß, es sind noch mehrere unter euch, die nicht den echten Staatsglauben haben und die nicht wissen, daß neben der dreijährigen Wehrpflicht das Sozialistengesetz, der Abschluß des nationalen Kartells und die Wiedereinführung zünftlerischer Zwangsbestimmungen zu den herrlichsten Großtaten gehören in der stolzen Geschichte des jungen, mittelalterlichen Reiches! Von der Jugend aber erwartet das sehende Vaterland die Wiederkehr der alten Zeit. Und darum werde ich – und sollte ich darüber Professor werden und einen Orden bekommen – nimmer ermüden in meinem Eifer, euch die gewaltigen Lehren des Mittelalters einzuprägen. Wendet die Blicke voll Abscheu fort von den heidnischen

Greueln des Altertums wie von dem frechen Freiheitswahnsinn des achtzehnten Jahrhunderts und trachtet nach euren Kräften, das frische, das fröhliche Mittelalter wieder heraufzuführen, dessen glückverkündende Zeichen von diesen teuren, dunklen Wänden herabgrüßen. Wir dürfen nicht rasten und nicht ruhen, bis wir die Stände wieder haben und die Zünfte und die Privilegien des Adels und der Klerisei und bis wir Bürgerlichen wieder den Mund halten dürfen und den Beutel auftun. Dann werden wir keine Rechte mehr brauchen und keine Wahlen, und nur *ein* Reichsbote wird zum germanischen Volke reden dürfen, *unser* Reichsbote, der Reichsbote der goldenen Mittelalterlichkeit! Bis dahin aber heißt unsere Losung: Kampf aufs Messer dem Aufkläricht und dem Fortschritt! Den eigenen Vater dürfen wir nicht schonen, wenn es der heiligen Sache des Rückschritts gilt! Und nun gehet nach Haus und lehret die Eltern, auf daß sie nicht Schade nehmen an ihrer politischen Seele!

Paul Göhre
Drei Monate Fabrikarbeiter

Paul Göhre, 1864 bis 1928, war nach seinem Theologiestudium von 1891 bis 1894 Sekretär der Evangelisch-sozialen Kongresse in Berlin und machte verschiedene Versuche, von kirchlichen Stellen und selbstgegründeten karitativen Organisationen her gegen die Verelendung der Arbeiter zu kämpfen. Nach einigen Jahren kam er aber zu der Ansicht, daß dieser Kampf nur in den Reihen der Sozialdemokratie einigermaßen erfolgversprechend geführt werden könnte. Sein Übertritt zu der in dieser Zeit kirchen- und religionsfeindlichen Partei erregte großes Aufsehen: die Schrift, in der er seinen Schritt begründete, wurde in einer halben Million Exemplaren verbreitet. Göhre vertrat als Reichstagsabgeordneter auf dem rechten Flügel der SPD einen religiös fundierten Sozialismus. Der Weimarer Republik diente er als Staatssekretär. – Folgender Text ist seiner ersten Schrift, dem Bericht *Drei Monate Fabrikarbeiter und Handwerksbursche,* 1891, entnommen.
Lesehinweis: Göhre regte mehrere Autobiographien von Arbeitern an, darunter: Karl Fischer, *Denkwürdigkeiten und Erinnerungen eines Arbeiters,* Leipzig 1904;
William Bromme, *Lebensgeschichte eines modernen Fabrikarbeiters,* Jena-Leipzig 1906;
Wenzel Holek, *Lebensweg eines deutsch-tschechischen Handarbeiters,* Jena 1909.
Weiterhin ist Adolf Kolping, *Bilder und Szenen aus dem niederen Stadtleben,* in *Ausgewählte Volkserzählungen,* Regensburg 1932, zu erwähnen.

Anfang Juni des vorigen Jahres hängte ich meinen Kandidatenrock an den Nagel und wurde Fabrikarbeiter. Ein abgelegter Rock, ein ebensolches Beinkleid, Kommißstiefel aus der Militärzeit, ein alter Hut und ein derber Stock bildeten meinen abenteuerlichen Anzug. Eine vielgereiste Umhängetasche fand sich dazu, die nötigste Wäsche aufzunehmen, und gab, ein Paar Schuhe und die vorschriftsmäßige Bürste oben aufgeschnallt, einen prächtigen ›Berliner‹ ab. So zog ich eines frühen Morgens in struppigem Haar und Bart als richtiger Handwerksbursche mit klopfendem Herzen von daheim aus und bald darauf zu Fuß in das mir unbekannte Chemnitz ein. Hier in Chemnitz, dem Mittelpunkte der ausgedehnten sächsischen Großindustrie, habe ich fast drei Monate *unerkannt* als einfacher Fabrikarbeiter und beinahe ohne jeden Verkehr gelebt, habe in einer großen Maschinenfabrik mit den Leuten täglich elf Stunden gearbeitet, mit ihnen gegessen und getrunken, als einer der Ihrigen unter ihnen gewohnt, die Abende mit ihnen verbracht, mich die Sonntage mit ihnen vergnügt und so ein reiches Material zur Beurteilung der Arbeiterverhältnisse gesammelt, das mitzuteilen ich im folgenden versuchen will.

Als ich um die Mittagszeit in Chemnitz einzog, war ich, absichtlich ohne bestimmten Plan, völlig dem Zufall überlassen. Ich fragte, um mich zu orientieren, einen an der nächsten Ecke postierten Schutzmann, ob er mir vielleicht sagen könnte, wo man hier Arbeit nachgewiesen erhielte.
Was sind Sie? herrschte er mich in bedeutend unfreundlicherem Tone an, als ich es früher von Schutzleuten gewohnt war.
Expedient, Schreiber.
Da werden Sie wohl keine Arbeit in Chemnitz bekommen.
Ich mache auch jede andre Arbeit, gab ich zurück.
Dann gehen Sie einmal in die Zentralherberge, Zschopauer Straße; dort ist noch am ehesten irgendwelche Arbeit zu erfahren.
So war mir der weitere Weg gewiesen. Ich fragte mich nach der Zentralherberge durch. Die Herberge war zugleich Arbeitsnachweisstelle und gehörte räumlich zum Vereinshaus des, wenn ich recht berichtet bin, freisinnigen Chemnitzer Arbeitervereins.
Das vordere Zimmer der Herberge war mit einigen jungen Leuten in Sonntagskleidern und mit mehrern Handwerksmeistern besetzt, die hier auf zureisende Gesellen warteten. Auf einer großen Tafel an der Wand las ich: Zureisenden ist der Aufenthalt im vordern Zimmer nicht gestattet. So ging ich ins hintere. Dort sah es noch öder aus. Mehrere große graue Tische, um sie herum vielgebrauchte, mitunter durchgesessene Holzstühle bildeten neben einer alten Handwerkslade und dem primitiven Schenktische die einzigen Möbel dieses Zimmers, das mit einer dunstigen, dicken Luft gefüllt war. An den Wänden hingen viele Plakate mit Adressen von Herbergen der verschiedensten Städte. Es waren nur vier Mann in diesem Zimmer. Drei in blauem Kittel, die Hüte auf den Köpfen, saßen zusammen, ein andrer für sich.
Ich setzte mich schüchtern in eine Ecke. Es wurde mir in der neuen Umgebung doch etwas bang zumute, und ich dachte in diesen Augenblicken, wohl das einzige Mal, ernstlich an eine Umkehr.
Ich saß etwa eine halbe Stunde und wartete. Ich mußte, noch völlig unerfahren in dieser Lage, zunächst die Dinge einfach an mich herankommen lassen. Und sie kamen in der Gestalt des dürren beweglichen Männchens, das dort einsam am Tische saß. Er trat auf mich zu: Guten Tag, Landser.
Guten Tag, Landser, antwortete ich.
Auch einer von der Zunft? – Damit hielt er mir seinen ausgestreckten Zeigefinger vor die Augen. Ich wußte nicht, was er damit wollte. Doch ich ahnte, wie es sich gleich nachher herausstellte, mit Recht einen Schneider in ihm und sagte jedenfalls nein.

Was bist du denn? forschte er weiter.
Expedient, Schreiber.
Und warum bist du auf der Walze? Sage mal – damit rückte er vertraulich an mich heran –, es ist wohl nicht ganz richtig mir dir? Mir kannst du es schon erzählen. Du siehst noch so anständig aus, du bist wohl durchgebrannt?
Nein, sagte ich sehr einsilbig.
Oder kommst du vom Zuchthause? ...
Das war ein schöner Anfang. Doch durfte ich mein Schneiderlein nicht fahrenlassen. Ich wurde zunächst grob.
Dummer Kerl, glaubst du mir nicht, was ich dir erzähle? erwiderte ich, das allgemein gebräuchliche Du, das mir bald ganz geläufig war, ihm zurückgebend. Ich bin ein Expedient und habe zuletzt fast zwei Jahre lang bei einem Pastor gearbeitet, der eine christliche Zeitung herausgibt. Ich wäre auch noch dort; aber ich bekam von dem Korrekturenlesen und von nächtlicher Privatarbeit schwache Augen. Der Doktor verbot mir, sie diesen Sommer über nur im geringsten anzustrengen. Aber so lange zu bummeln, geht nicht; zu Hause zur Last liegen will man auch nicht. So bin ich hierhergekommen, um mir unterdessen in einer Fabrik etwas Verdienst zu suchen. Da brauche ich – setzte ich hinzu – doch die Augen auch nicht viel mehr aufzumachen, als wenn ich faulenze und immer spazierengehe.
Zur Bekräftigung dessen zog ich ein Arbeitszeugnis hervor, das mir der Herausgeber der bekannten ›Christlichen Welt‹, in deren Redaktion ich fast zwei Jahre lang als Hilfsarbeiter beschäftigt war, für alle Notfälle ausgestellt hatte, laut dessen ich so und so lange bei ihm in der Redaktion als Schreiber und Expedient gearbeitet hätte. Das wirkte.

Wir waren etwa fünfhundert Mann in unsrer Fabrik beschäftigt, denen allen ich selbstverständlich nicht gleich nahegekommen bin. In täglicher intimer Berührung war ich eigentlich nur mit hundertzwanzig bis hundertfünfzig Mann, von denen die meisten mit mir *einer* Abteilung, dem Werkzeugmaschinenbau, angehörten. An diesen habe ich vornehmlich die Erfahrung gemacht, die ich mitteile.
Ich beginne mit der Arbeitszeit. Sie dauerte von früh sechs Uhr bis mittags zwölf Uhr und von eins bis sechs Uhr nachmittags. Montags oder überhaupt an jedem ersten Arbeitstage einer neuen Woche erfolgte der Beginn morgens eine Stunde später, erst um sieben Uhr, eine von allen dankbar empfundene Erleichterung, für viele, namentlich junge Leute, die des Sonntags sich austollten, die Sonntagabend bis zwölf Uhr auf dem Tanzboden und den Rest der Nacht oft bei

ihren Mädchen zubrachten, die Möglichkeit, nun wenigstens ein paar Stunden noch schlafen zu können und nicht ganz übernächtig und kraftlos die Arbeit der neuen Woche anzutreten. Auch am Sonnabend war eine Stunde gestrichen. Da wurde schon um fünf Uhr nachmittags Feierabend gemacht. Sonst fand eine Unterbrechung dieser Arbeitszeit nur am Vormittag zwischen acht und acht Uhr zwanzig statt, wo das Frühstück genommen wurde; die Nachmittagsvesperpause war beseitigt, um die Leute schon sechs Uhr nach Hause schicken zu können. Abweichungen von dieser Arbeitszeit fanden, solange ich der Fabrik angehörte, nicht statt. Doch war in dieser Zeit mehrmals unter den Arbeitsgenossen von in Aussicht stehenden Überstunden die Rede, wenn die Nachricht von neuen umfangreichen Maschinenbestellungen, die gemacht seien, aus dem Kontor in die Arbeitsräume drang. Solche Gerüchte wurden nie mit Befriedigung aufgenommen und kolportiert; denn in dem Falle, daß sie sich bewahrheiteten, traten zwei Absätze unsrer Fabrikordnung in Kraft, die *alle* Arbeiter ohne Widerrede zur Übernahme solcher Überstunden bei dem gleichen Stunden- und Akkordlohne zwangen und folgendermaßen lauteten: ›Abweichungen von der gewöhnlichen Arbeitszeit werden durch Anschlag bekanntgemacht‹, und: ›Jeder Arbeiter ist verpflichtet, zu vereinbartem Lohne auch nach Feierabend zu arbeiten.‹
Über das *Einkommen* meiner Arbeitsgenossen kann ich nicht ganz sichre Zahlenangaben machen. Denn ich habe sie selbstverständlich nur von den Leuten selbst und kann darum für ihre genaue Richtigkeit nicht bürgen. Es war ungemein schwer, hierüber die volle Wahrheit zu erfahren. Jeder suchte seinen Verdienst vor dem andern zu verheimlichen, der eine, der mehr verdiente, um durch seinen Lohn nicht in den Geruch eines Schleichers und Günstlings zu kommen oder die Mitarbeiter nicht zu einer gleich hohen Lohnforderung zu veranlassen; der andre, der weniger verdiente, aus Scham und Furcht vor dem Spott und der Hänselei unvernünftiger Mitarbeiter.
Ich selbst, um damit zu beginnen, bekam als Neuling und Handarbeiter zwanzig Pfennige Lohn für die Stunde, den gewöhnlichen Anfangslohn, der aber auf Bitten, namentlich Verheirateter bald um ein bis zwei Pfennige erhöht zu werden pflegte. Das machte bei mir täglich, mit Ausnahme des Montags und Sonnabends, wo eine Stunde weniger gearbeitet wurde, zwei Mark dreizehn, an den beiden genannten Tagen eine Mark dreiundneunzig, in der ganzen Woche genau zwölf Mark achtundsiebzig. Davon gingen stets fast zwei Mark ab: an Krankenkassenbeiträgen, Strafgeldern für Verspätungen und Arbeitsversäumnisse, so daß ich selten mehr als elf Mark Verdienst auf die Woche herausbekam. Die übrigen Handarbeiter verdienten

zwölf bis fünfzehn Mark, durchschnittlich wohl vierzehn Mark die Woche, Schlosser fünfzehn bis einundzwanzig, ihre Monteure zweiundzwanzig bis achtundzwanzig, Bohrer, die im Lohn arbeiteten, fünfzehn bis neunzehn Mark.
Aus alledem geht hervor, daß von Not unter dieser Arbeiterklasse nicht die Rede sein kann. Jedenfalls ist sie eine der verhältnismäßig bestgestellten, konsumtionskräftigsten unter der gesamten sächsischen Arbeiterschaft, auch wenn man sich immer vor Augen hält, daß die angegebenen höchsten Zahlen nur für einen kleinen Prozentsatz der Arbeitsgenossen gelten, daß der Durchschnittsverdienst achtzig Mark im Monat beträgt und ein Stundenlohn von zweiunddreißig Pfennigen schon als sehr günstig angesehen wird.
Die vielen, die, wie namentlich Handarbeiter, bedeutend weniger als diese angegebene Summe verdienten, dazu eine zahlreiche Familie, Sorgen und Schulden hatten, die aber fleißig und strebsam waren und auf sich und ihre Angehörigen hielten, suchten durch *Nebenverdienst* ihr Einkommen einigermaßen zu erhöhen. Sie suchten sich auf alle Weise in ihren knappen Feierabendstunden sowie am Sonntage außerhalb der Fabrik ihre bald besser, bald schlechter gelohnte, bald leichte und angenehme, bald mühsame Nebenbeschäftigung. Hier einige Beispiele. Ein Packer, der gern und mit herzlichem Behagen von seinem Heim, seiner Frau und seinen erwachsenen und halberwachsenen Kindern zu erzählen pflegte, ein schlichter, treuherziger Charakter, schnitzte den Sonntagmorgen über Kleiderbügel und machte am Nachmittag und in der Nacht auf einem nicht allzufernen Dorfe den Tanzmeister; ein ehemaliger Schneider trieb in seiner Freizeit sein altes Handwerk, um sich Taschengeld zu verdienen, da er, wie er uns sagte, sein ganzes Verdienst, allvierzehntägig siebenundzwanzig Mark, bis auf eine Mark seiner Frau und seinen zwei Kindern heimbrachte; ein Zimmermann tischlerte nebenbei; ein andrer, der ein Barbierjunge gewesen, aber aus der Lehre entlaufen war, ging des Abends von Haus zu Haus und barbierte Bekannte und Genossen aus der Fabrik; mehrere machten des Sonntags Tanzmusik, einer, ein Dreher, in einer ›fidelen‹ Kneipe Ulkmusik; wieder einer verhandelte Fässer; ein Bohrer war sonntags nachmittags Hilfskutscher eines in den vermehrten Sonntagsbetrieb eingestellten Wagens der Chemnitzer Pferdeeisenbahn; ein Schlosser, der seinen Sohn Kaufmann werden ließ und etwa vierzig Jahre alt sein mochte, ein gutmütiger Kerl, aber ein großer, wenn auch nicht allzu unanständiger Verehrer geistiger Getränke, kellnerte allabendlich und allsonntäglich in einer unsrer vielbesuchten bessern Arbeiterkneipen – wohl ebenso aus dem Streben, etwas zu verdienen, als ab und zu einen billigen Trunk zu tun;

endlich fand ich nicht einen nur, der unter den Fabrikgenossen einen schwunghaften Handel mit billigen Zigarren im Preise von drei, vier, auch fünf Pfennigen trieb. Auch sonst suchte man sich auf allerhand Weise zu verdienen: durch Kohleneintragen bei Meistern und Direktoren, durch Grasmähen in deren Gärten und ähnliche Dinge.
Einen weitern Zuschuß brachte die Arbeit der Frauen und manchmal, doch nicht zu häufig, der größern Kinder. Es ist mir unmöglich, hierüber Genaueres zu sagen, ich vermag nur anzugeben, daß diese Frauenarbeit die allerverschiedenste war: Schneidern, Nähen für ein Geschäft, Waschen und Scheuern, Hausieren oder Handeln mit Grünzeug und andern Waren; wohl nicht häufig ging man in Fabriken, viel mehr wurden daheim auf der Strickmaschine Strümpfe gestrickt.
Nach dem allen wiederhole ich meine oben gemachte Aussage, daß von Not in unsrer Arbeitergruppe nicht die Rede sein konnte. Freilich auch nicht von Überfluß. *Denn der oben angegebene Betrag des jährlichen Durchschnittseinkommens von achthundert bis neunhundert Mark gestattet bei den heutigen hohen Wohnungs- und Lebensmittelpreisen eben gerade, daß ein Arbeiter mit einer nicht allzu zahlreichen Familie ohne schwere Nahrungssorgen leben kann.* Die Sache liegt aber sofort bedeutend ungünstiger, wo wie bei uns Handarbeitern das Jahreseinkommen nur zwischen sechshundert bis siebenhundert Mark betrug oder wo Krankheiten, Todes- und andre Unglücksfälle, längere Reserve- und Landwehrübungen des Mannes oder endlich ein häufig mit einer Arbeitspause verbundener Wechsel der Arbeit einen beträchtlichen Teil auch des höhern Einkommens verschlangen. Bei denen, die tausendzweihundert bis tausendfünfhundert Mark Einkommen hatten, war allerdings eine bessere höhere Lebenshaltung und einiger Luxus möglich und zu meiner Freude vielfach auch vorhanden. Im allgemeinen muß das Urteil aber dahin zusammengefaßt werden, daß auch bei dem angegebenen Durchschnittsverdienste die Lebensführung für eine Arbeiterfamilie nur in den allerbescheidensten, sagen wir in beschränkten, Verhältnissen möglich war.
Fast fünfundzwanzig Jahre hindurch wird in Chemnitz und Umgegend von der Sozialdemokratie agitiert, und immer waren es Parteigrößen, die hier ›in Arbeit‹ standen. So ist es nicht verwunderlich, daß schon 1881 über zehntausend und 1887 über fünfzehntausend, 1890 gar vierunddreißigtausendsechshundertzweiundvierzig sozialdemokratische Stimmen abgegeben wurden und daß in dem Vororte, in dem unsre Fabrik stand und die Mehrzahl von uns wohnte, bei der letzten Wahl siebenhundert sozialdemokratische und nur hundertfünfzig sogenannte ›reichstreue‹ Stimmen gezählt worden sein sollen.

Dieser Vergangenheit würdig, war auch während des letzten Sommers die Agitation der Partei ununterbrochen rege, auch hier wie an den meisten Orten Deutschlands überhaupt die einzige, die zu bemerken war. Sie war durchaus planmäßig, kraftvoll und ins einzelne gehend. Allwöchentlich große öffentliche Versammlungen für Angehörige irgendeines Arbeitszweigs oder auch für Männer und Frauen überhaupt hielten die Aufmerksamkeit der gesamten arbeitenden Bevölkerung für die Arbeiterpartei zunächst im allgemeinen lebendig. Freilich waren diese Versammlungen, wenigstens die, ich ich mitgemacht habe, meist nur dürftig besucht; und nur wenn ein besondrer Anlaß eine Reihe bestimmter Berufszweige zugleich beschäftigte oder ein bekannter von auswärts zitierter Redner, eine sozialdemokratische Größe, auftrat, schwollen sie zu imposanten Massenversammlungen an; sonst schwankte die Durchschnittszahl der Besucher wohl immer zwischen ein- bis zweihundert Mann; es waren die in der Bewegung voranstehenden Arbeiter, die immer den Ton angaben, wo etwas Sozialdemokratisches los war. Meist waren das gutsituierte Leute. Ich erinnere mich, daß ich in der ersten derartigen Versammlung, zu der ich als Arbeiter in die Stadt hineinkam, der einzige war, der im schmutzigen Arbeitszeug, ohne weißen Kragen und Schlips erschien; die andern hatten alle bessere Kleidung an. Jedenfalls aber erregten diese Versammlungen schon durch die ständigen großen roten Plakate, die sie vorher an allen Ecken und Enden der Stadt und Vorstädte ankündigten, ihren Zweck: die Aufmerksamkeit der Bevölkerung für die Bewegung wachzuhalten. Im übrigen bildeten sie nur den Rahmen für die intensivere besondre Agitation in den einzelnen Stadtteilen und Vorstadtdörfern.
Denn fast jeder dieser Bezirke besaß, und zwar nicht bloß bei herannahender Reichstagswahl, seinen *sozialdemokratischen Wahlverein*, der das ganze Jahr hindurch eine stille aber kluge und tiefgehende Tätigkeit entfaltete und dessen Mitglieder sich aus den überzeugtesten und zielbewußtesten Anhängern der Partei zusammensetzen. Man kann dreist behaupten, daß jeder sozialdemokratische Wahlverein eine Rednerschule für Anfänger bildet. Wenigstens war das bei dem unsers Vorortes, der etwa hundertzwanzig Mitglieder zählen sollte und eine Monatssteuer von zehn Pfennigen erhob, wirklich der Fall. Darum lag immer auch auf den Debatten, die sich an den jedesmaligen Vortrag oder die Vorlesung von Artikeln aus der sozialdemokratischen Volkstribüne knüpfte, der von allen beherzigte Nachdruck. Ja der Vorsitzende unsers Vereins sprach das zu Beginn jeder Debatte geradezu aus, wenn er zur lebhaften Teilnahme an ihnen aufforderte und diese Aufforderung mit immer denselben Worten etwa

so begründete: ›Die Sitzungen unsers Wahlvereins sind in erster Linie der Debatten wegen da. Es wird gewünscht, daß *jeder* redet, *jeder* sich ausspricht. Und wenn das auch in der kläglichsten Form geschieht, jeder ist sicher, nicht ausgelacht zu werden, *denn eben dazu sind wir allvierzehntägig hier zusammen, damit wir uns schulen, um in den großen Versammlungen unsern Gegnern mit Erfolg antworten zu können.*‹ Und ich muß sagen, man kam dieser Aufforderung getreulich nach. Bis gegen zwölf Uhr nachts. von acht Uhr abends, zogen sich meist die Debatten der von des Tages Last und Mühe müden Leute hin. Wer immer etwas auf dem Herzen hatte, redete es herunter, alt und jung, ohne Unterschied. Oft in der holprigsten Form, in Sätzen, von denen kein einziger richtig gebaut war, Gedanken, die ein grauenhaftes Gemisch von Wissen und Unwissenheit, von praktischer Erfahrung und Mangel an Überblick über das große Ganze und oft eine Verranntheit in Ansichten zeigte, über die selbst die klaren, klugen Köpfe unter den Genossen erschraken. Daneben aber zeigte sich unter uns auch eine Zahl so gewandter, so schlagfertiger, so scharf und praktisch urteilender Redner, daß ich im stillen voll Bewunderung und Scham diesen einfachen Webern, Schlossern, Handarbeitern zuhörte, deren Beredsamkeit und Sicherheit im Denken und Auftreten nach meinen Erfahrungen wohl nur eine kleine Zahl unserer Durchschnittsgebildeten gleichkommt.
Vortrag und Debatte wurden von den etwa vierzig Männern, die immer anwesend zu sein pflegten, mit größter Aufmerksamkeit verfolgt. Man sah es diesen sinnenden, leuchtenden Augen an, wie die Köpfe mitarbeiteten, die vorgetragenen Gedankengänge aufzufassen und mitzudenken.

Die allvierzehntäglich wiederkehrende Stunde der Lohnauszahlung war für alle ein sehnlichst erwarteter, festlicher Termin. An dem Nachmittag, der ihr voraufging, wurde nicht allzu eifrig gearbeitet, und wenn es sechs Uhr schlug, war im Nu unser ganzer Bau leer, und die Schar drüben im andern Gebäude, wo in zwei der Fabriksäle die wichtige Handlung vor sich ging, schnell und einfach genug. Ein Meister rief in alphabetischer Reihenfolge die Namen der Leute. Auf deren ›Hier‹ übergab ein andrer ihm eine Blechkapsel, in der die Lohnrechnung und das Geld in runder Summe lag. Ein Blick, und man hatte die Richtigkeit der Rechnung geprüft, ein Griff, und die leere Büchse wanderte in einen am Wege stehenden Korb. Wir bekamen nie die Bruchteile einer Mark ausgezahlt. Hatte einer zum Beispiel neunundzwanzig Mark siebenundneunzig Pfennige verdient, so erhielt er immer nur die neunundzwanzig Mark ausgehändigt. Die siebenund-

neunzig Pfennige wurden ihm gutgeschrieben und in das nächste Lohnkonto mit verrechnet. Damit waren die Leute auch wohl zufrieden.
Für mich war die ganze Szene immer besonders reizvoll. Sie bot dem Auge ein packendes Bild. Im Halbkreis stehen die rußigen Gestalten um die zwei Meister, im Arbeitskleide, den Hut auf dem Kopfe, den Blechkrug in der Hand, dicht gedrängt. Alte und Junge durcheinander, die einen sich neckend, andre gleichgültig wartend, andere mit finsterem, gespanntem Auge den ausrufenden Meister fixierend, bis ihr Name erklingt und sie ihr ›Hier‹ antworten können, ihr Arm sich vorstrecken und das Sauerverdiente empfangen darf. Dazu im Hintergrunde der Szene die großen Maschinen, die wie im Schlafe stumm, unbeweglich daliegen nach dem rastlosen Getriebe des Tages, an sie gelehnt da und dort ein Mann, der prüfend und bald lächelnd, bald enttäuscht den Inhalt seiner Büchse mustert. Und über allem das Abendrot der untergehenden Sonne, deren letzte flimmernde Strahlen durch die blinden Scheiben der hohen Fabrikfenster brechen.

Lily Braun
Die Wahlversammlung

Lily Braun, 1865 bis 1916, wurde als Tochter eines hohen deutschen Offiziers, von Kretschmann, in Halberstadt geboren. Durch ihren Mann, Prof. von Gyzycki, wurde sie in die Gedankenwelt des Sozialismus und der Frauenbewegung eingeführt und dadurch von den Normen und Vorstellungen des elterlichen Milieus, von denen sie sich bereits in ihrer Jugendzeit immer mehr gelöst hatte, endgültig getrennt. Nach dem Tod des ersten Mannes heiratete sie 1896 den sozialdemokratischen Publizisten Dr. H. Braun und trat offen zur sozialdemokratischen Partei über. Der folgende Text ist dem zweiten Band ihrer *Memoiren einer Sozialistin* entnommen. Als Vertreterin des rechten Flügels der Sozialdemokratie wurde sie von der sozialistischen Linken – u. a. von Franz Mehring – bekämpft. Die geschilderte Versammlung dürfte um 1880 stattgefunden haben.
Lesehinweis: Elly Heuss-Knapp, *Arbeit nach dem Zusammenbruch,* in *Ausblick vom Münsterturm,* Tübingen 1952.

Der Kaiser hatte den Reichstag aufgelöst. Wieder einmal war der Monarch mit dem Volk aufeinandergestoßen. Väter pflegen selten zu begreifen, daß ihre Kinder Menschen werden. Für ihn blieb das Volk – ›mein‹ Volk! – das Kind, das willenlose, und immer nur waren es ›Hetzer‹ und ›Unberufene‹, die sich als seine Wortführer aufspielten. Darum galt ihm das Heer – ein durch die Macht der Disziplin in das Stadium der Kindheit zurückgedrängtes Volk – stets als ›die einzige Säule, auf der unser Reich besteht‹, und ein Volksverräter war, wer seine Entwicklung hemmte. Im festen Glauben an die ihm von Gott selbst gegebene Macht verkündete er seinen Willen allen hörbar und nahm die stummen Verbeugungen derer, die um ihn standen, als Zeichen für die allgemeine Ergebenheit. Um die Militärvorlage tobte der Wahlkampf, der alte Parteien auseinanderriß und wie Scheidewasser die Geister voneinander trennte. In atemloser Spannung sah ich zu. Auch Egidy, der tapfere Träumer, der ›Edelanarchist‹, der keine Partei anerkannt und doch, getrieben von der unbestechlichen Wahrhaftigkeit seines Wesens, die Wahlparole der Sozialdemokratie nur in seine Sprache übersetzte, stand auf der Walstatt.
›Was sagen Sie dazu, daß unser gemeinsamer Freund sich zum Reichstag aufgestellt hat?‹ schrieb mir Wilhelm von Polenz. ›Überrascht er nicht immer wieder durch seinen Mut und die Konsequenz seiner Entwicklung? Ich komme dieser Tage nach Berlin und möchte Sie gern in eine seiner Wahlversammlungen begleiten.‹

Wenigen Ereignissen stand ich erwartungsvoller gegenüber als diesem ersten Besuch einer Volksversammlung!
Es war ein halbdunkler Raum, niedrig und verräuchert, in den wir eintraten. Er füllte sich nur langsam. Zuerst kam der Kreis der engeren Gemeinde Egidys, die seit seinem entschiedenen Eintritt in das praktisch-politische Leben sehr zusammengeschmolzen war; dann erschienen die vielen, die überall dabeisein müssen: sensationslüsterne Weiber, kühl-neugierige Skribenten; ganz nach vorn drängten sich die russischen Studenten und Studentinnen, die stets mit sicherem Instinkt die Luft geistiger Revolutionen wittern, und schließlich strömte es herein von Männern und Frauen, von denen ich nicht recht wußte, wohin sie gehörten. »Arbeiter!« sagte Polenz. Arbeiter?! Diese ernsten, ruhigen Menschen, deren bürgerliche Kleidung in nichts an den Kittel und das Schurzfell erinnerte?! Sie waren die stillsten, als Egidy sprach. Nur zuweilen warf einer eine ironische Bemerkung, einen derben Witz dazwischen, und die feinen Damen vorn entrüsteten sich und klatschten barbarischen Beifall, den der Redner vergebens zu beschwichtigen suchte.
»Courage hat er!« flüsterte ein blasses Mädchen mit wundgestichelten Fingern am Tisch neben mir. »Wat ick mir dafor koofe!« brummte ihr Begleiter. »Jetzt red' er uns zum Mund, weil er in'n Reichstag will – un nachher is er doch man bloß ein Junker mehr!«
»Bahn frei! Den neuen Männern und den neuen Zeiten!« – tönte es von der Rednertribüne, »aus dem Wege räumen, was eine kulturentsprechende, gottgewollte Entwicklung hemmt« – irgendwo pfiff einer durch die Finger – »wir Deutschen wollen das Christentum verwirklichen« – »Quatsch!« schrie jemand – »Ssst – ssst!« antwortete einmütig die Menge –, »ein Reich des Friedens gründen, wo jeder – Männer und Frauen – ein Recht an das Leben hat, wo niemand hungernd daneben steht, wenn die andern schwelgen.« – Die Studenten schrien, und ihre Gefährtinnen winkten mit Hüten und Taschentüchern. – »Wir sind ein mündiges Volk und werden uns aus eigener Kraft andere Zustände schaffen. Die nächsten Wochen sollen uns einen tüchtigen Schritt vorwärts bringen. Das Alte stürzt, und neues Leben blüht aus den Ruinen – damit an die Arbeit!« Ein kurzer Beifall, wie ein plötzlich ausbrechendes Gewitter, dann Stille – die Damen rückten an den Stühlen, die kleine Gemeinde bildete erwartungsvoll an der Türe Spalier. Da plötzlich stand das blasse Mädchen mit den zerstochenen Fingern auf der Tribüne; sie war sehr klein, ein echtes Proletarierkind, dem die Not von jeher die schwere Hand auf den Kopf gedrückt hatte, so daß es nicht wachsen konnte, und die Züge formte, so daß sie zeitlos blieben. Sie wechselte ein paar Worte mit Egidy, strich sich über den glat-

ten, stumpfblonden Scheitel und begann mit einer Stimme zu reden, deren Ton etwas Rauhes, Knarrendes an sich hatte.
»Der Herr Referent sagte mir, daß es in seinen Versammlungen nicht üblich ist, sich zur Diskussion zu melden. Er hat mir aber erlaubt, ihm eine Frage zu stellen, die mir und manchen meiner Parteigenossen« – ein paar Journalisten riefen höhnend »Aha«, reckten die Köpfe und klemmten sich den Zwicker auf die Nase, um die Rednerin genauer ins Auge fassen zu können – »während seiner Ausführungen auf den Lippen schwebte. Was er sagte, ist für uns nichts Neues gewesen. Es gehört seit Jahrzehnten zum eisernen Bestand der Sozialdemokratie, die dafür von seiten der herrschenden Klassen unterdrückt, verfolgt und mißachtet wird« – ein paar Damen steckten tuschelnd die Köpfe zusammen –, »die Gleichheit vor dem Gesetz, die allgemeine Einheitsschule, die Abschaffung der stehenden Heere – das alles sind Forderungen des Erfurter Programms. Und für die Befreiung des weiblichen Geschlechts aus politischer und sozialer Versklavung kämpft eine Partei von anderthalb Millionen deutschen Arbeitern, während die bürgerlichen Damen in ihren Wohltätigkeitskränzchen so was nicht einmal unter vier Augen zu flüstern wagen.« – »Aber – aber!« rief eine Frauenrechtlerin kopfschüttelnd und hob die schweren Lider wie eine gut geschulte Tragödin. Ich jedoch zuckte zusammen, als müßt' ich mich persönlich getroffen fühlen. – »Und wenn der Herr Referent mit so viel dankenswertem Eifer für den gesetzlichen Arbeiterschutz eintritt, so hätte er – zur Aufklärung für all die Herrschaften, die in unsere Versammlungen doch nicht kommen – wohl ein Wörtchen darüber sagen können, daß wir es waren und sind, deren rastloser Arbeit, nach Fürst Bismarcks eigenem Ausspruch, das bißchen Arbeiterschutz zu verdanken ist, das wir haben. Den Herren da oben ist das schon zuviel, sie schreien nach Flinten und Kanonen gegen den inneren Feind und winseln nach Liebesgaben für ihre Taschen ...« – Sie brach ab, ihre Stimme war kreischend geworden. Egidy stand ruhig mit verschränkten Armen und einer tiefen Falte auf der Stirn neben ihr.
»Und Ihre Frage, mein Fräulein?« fragte er.
»Ach so – meine Frage –« Ein verlegenes Lächeln ließ sie plötzlich ganz jung erscheinen, dann reckte sie sich, stemmte die Arme fest auf das Pult vor ihr, sah Egidy gerade ins Gesicht und sagte: »Wenn Sie dasselbe wollen, wie wir – warum sind Sie nicht Sozialdemokrat?«
Ein spannender Moment: tausend Augenpaare bohrten sich in das blasse, erregte Gesicht Egidys. »Das hab' ich gefürchtet –« flüsterte Polenz neben mir.
»Ich habe den Soldatenrock ausgezogen um meiner Überzeugung wil-

len – danach gibt es für mich kein Opfer mehr, das ich ihr nicht leichten Herzens bringen könnte. Ich bin nicht Sozialdemokrat, weil Ihre Partei das tiefste Bedürfnis der Menschenseele, das religiöse, niederhöhnt und niedertrampelt –«
»Das ist gelogen!« schrie eine Stimme ihm entgegen; er wurde noch um einen Schein blasser.
»Ich lüge nie«, dröhnte es in den Saal. »Und ich bin nicht Sozialdemokrat, weil Ihre Partei für eine gute Sache mit schlechten Waffen kämpft –«
Ein allgemeiner Tumult verschlang, was er noch sagte. »Bravo« – »Sehr richtig«, klang's von der einen Seite – »Pfui« – dröhnte es langgedehnt aus dem Hintergrunde. Der Polizeileutnant griff nach dem Helm, Egidy stand regungslos wie eine Mauer und starrte auf die sich erschrokken hinausdrängende Menge, die kleine Näherin suchte sich vergebens Gehör zu schaffen.
Ein Mann, auf eine Krücke gestützt, wirre schwarze Haarsträhnen um gelbe, eingefallene Züge, brach sich in diesem Augenblick Bahn bis zur Tribüne. »Genosse Reinhard – gottlob!« Die kleine Näherin streckte ihm von oben die Hand entgegen, ein paar andere sprangen helfend herzu, und neben ihr stand er.
»Genossen!«, wie unter einem Zauberschlag schwieg alles – der Polizeileutnant legte den Helm auf den Tisch, die sich ins Freie Schiebenden wandten sich um und blieben stehen, in Egidys steinerne Ruhe kehrte das Leben zurück –, »es ist unser unwürdig, eine Versammlung durch Lärm zu stören, in der wir nichts als Gäste sind. Noch weniger haben wir einen Grund, uns darüber aufzuregen, daß Herr von Egidy die Frage der Genossin Bartels ehrlich beantwortet hat. Mir war seine Antwort vielmehr höchst interessant. Alle jene bürgerlichen Ideologen, von den Ethikern an, die die Welt durch die Moral erobern wollen, bis zu den Christlichsozialen um Naumann würden uns eine ähnliche haben geben können. Und weil Sie so ehrlich sind, Herr von Egidy«, er wandte sich mit einer kleinen Kopfneigung zu dem neben ihm Stehenden, »darum lassen Sie sich auch unsere ehrliche Antwort gefallen: Rechnen Sie nicht auf unsere Stimmen. Sie sind ein braver Mann – Sie mögen allerlei brave Leute hinter sich haben –, aber unsere Sache bedarf solcher Kerle, wie wir sind – die den Dreschflegel und den Hammer – ›die schlechten Waffen!‹ – zu führen gelernt haben, denen die Maschine die Glieder zerriß« – er hob die Krücke wie eine Trophäe –, »an deren Leibern die Tuberkelbazillen fressen«, er reckte den mageren Arm in die Höhe. »Neunzehnhundert Jahre haben wir gewartet, daß Eure christlichen Liebes- und Barmherzigkeitspredigten uns helfen möchten – jetzt ist unsere Geduld erschöpft. Und wenn

Euch unsere Waffen nicht ritterlich genug sind – Ihr selbst seid daran schuld, daß wir sie brauchen müssen!« –
Die Augen des Redners weiteten sich, sie sahen ekstatisch in die Ferne, hinweg über die Menschen unter ihm, die Krücke fiel krachend zu Boden, und die Arme streckten sich aus. Still war's sekundenlang, man hörte nur die eigenen Atemzüge – dann brach es los: »Hoch Genosse Reinhard« – »Hoch die Sozialdemokratie« – »Nieder der Militarismus« – und plötzlich vereinigten sich die durcheinanderschreienden Stimmen zu einem einzigen vollen Gesang: der Schritt heranrükkender Massen, die überwältigende Einheit *eines* beherrschenden Gefühls, die rücksichtslose Kraft der Jugend lag darin.
»Kommen Sie«, sagte Polenz leise. Wie aus einem Traume sah ich auf. Der Saal war schon halb leer. Nur droben auf der Tribüne stand Egidy noch mit der kleinen Näherin.

Jakob Wassermann
Von Hexen und Hexenprozessen

Jakob Wassermann, 1873 bis 1934, der mit vielen seiner Romane großen Erfolg hatte, ließ 1915 eine zweibändige Sammlung von Prosatexten erscheinen, in denen er *Deutsche Charaktere und Begebenheiten* darstellte. Dabei verarbeitete er – wie hier in dem Bericht über den Hexenwahn – zeitgenössische amtliche Berichte, Gerichtsprotokolle, Autobiographien und ähnliche Dokumente zu historischen Porträts und Ereignissen. In seinem großen Werk *Hexen und Hexenprozesse* betrachtet Kurt Baschwitz diese als ein Beispiel dafür, wie ein Massenwahn ganz allgemein den Menschen aufgezwungen werden kann: ›Wir verlegen den Krieg gegen die alten Frauen als eine vermeintlich mittelalterliche Angelegenheit in eine entferntere Vergangenheit zurück. Wir sind aufgeklärt und teilen diesen Aberglauben nicht mehr, wir sind doch so ganz anders, und uns kann so etwas nicht passieren. Diese beschwichtende Vorstellung ist ein Selbstbetrug. Der Aberglaube in seinen verschiedensten Formen ist in Europa keineswegs ausgestorben. Fast unabsehbar ist das Leid, das durch Aberglauben zahllosen hilflosen alten Frauen im stillen und verborgenen zugefügt wird. Die Hexenverfolgungen waren das Werk eines Terrors, dem die Menschen recht- und wehrlos ausgeliefert waren. Nun bricht ein solcher vernunftbetäubender Zustand aber nicht als Eruption blinder Massenleidenschaften über die Menschheit herein. Daß hier eine Art von unberechenbaren und unbezähmbaren Gewalten im Spiel sei, ist ein moderner Aberglaube, der verbunden ist mit einer übertriebenen Angst vor der Fähigkeit verbrecherischer Demagogen, diese unheimlichen Kräfte der menschlichen Natur nach eigener Willkür heraufzubeschwören.‹
Lesehinweis: Wilhelm Ludwig Wekhrlin, *Neuester Hexenprozeß,* in *Das graue Ungeheuer,* Band 7, 1784 bis 1787;
Friedrich Schiller, Ausschnitt aus dem Roman *Der Geisterseher* über den Betrug des Sizilianers.

Am 4. Dezember 1484 erließ der Papst Innozenz eine Bulle, in welcher es heißt: Wir haben nicht ohne große Betrübnis erfahren, daß es in einigen Teilen von Deutschland, in Städten und Dörfern Personen gibt, welche ihres eigenen Heils uneingedenk vom katholischen Glauben abfallen, mit bösen Geistern sich verbinden und vermischen, durch ihre Zaubereien mit Hilfe des Teufels Menschen und Tieren schaden, die Felder und ihre Früchte verderben und viele schwere Verbrechen begehen. Kraft seines apostolischen Amtes trug der Papst den Ketzerrichtern Jakob Sprenger und Heinrich Krämer auf, wider alle solche Personen, wes Standes und Ranges sie auch sein mochten, die Inquisition zu vollziehen, die Schuldigen nach ihren Verbrechen zu züchtigen, in Haft zu bringen und an Leib und Vermögen zu strafen.

Der Kaiser Maximilian erkannte den Befehl des Papstes ausdrücklich an und forderte die Reichsstände auf, die Inquisitoren zu unterstützen. Kurz darauf erschien der *Malleus maleficorum,* der Hexenhammer, eine Art Hexendogmatik.

Der Hexenprozeß hat gleich einer furchtbaren Krankheit drei Jahrhunderte hindurch gewütet. Nie zuvor hat der menschliche Geist ein so albernes und grausames System gerichtlicher Prozedur erfunden, niemals hat die Kirche den Arm der weltlichen Justiz frevelhafter mißbraucht, nie hat eine Seuche, nie ein Krieg so furchtbaren Jammer über die Völker gebracht, nie sind Gelehrte und Laien, Päpste und Kaiser, Fürsten und Städte, Katholiken und Protestanten in einem so rohen, einfältigen und verhängnisvollen Wahn befangen gewesen. Die Opfer, die von der Mitte des fünfzehnten bis zur Mitte des achtzehnten Jahrhunderts unter den Martern der Henkersknechte und den Flammen der Scheiterhaufen umgekommen sind, beziffern sich auf viele Hunderttausende.

Das Volk glaubte an die Hexen und fürchtete sich vor ihnen; es war davon überzeugt, daß man ein Bündnis mit dem Teufel schließen könne. Man nahm an, daß der Teufel in eigener Person auf den Menschenfang ausgehe; dabei trug er eine schwarze Kleidung und auf dem schwarzen Hut eine rote Feder. Etliche Hexen sagten, er hätte einen Pferdefuß oder einen Kuhfuß.

Es war die heilige Pflicht jedes Menschen, eine der Hexerei verdächtige Person zu denunzieren, und die bloße Denunziation genügte zur Einleitung der Untersuchung. Die Ketzerrichter versprachen, den Namen des Angebers geheimzuhalten, und es wurden verschlossene Kästen mit einem Spalt im Deckel aufgestellt, damit anonyme Denunziationen hineingeworfen werden konnten. Als Indizien galten: böser Leumund, die Aussage einer andern Hexe, ein körperliches Gebrechen, rote Augen, große Gelehrsamkeit und schnell erworbener Reichtum. Ein lothringischer Oberrichter erklärte: »Das Weib ist verdächtig, wenn es nie und wenn es oft in die Kirche geht; es ist auch verdächtig, wenn sein Körper warm oder wenn er kalt ist.« Das Gefängnis für die Hexen war besonders hart; in manchen Orten gab es Hexentürme und Trunkenhäuser, und die Gefangenen wurden derart gefesselt, daß sie weder Arme noch Beine rühren konnten.

Ein Zeuge sagt aus, daß sein Vieh plötzlich gestorben sei, und ein anderer hat kurz zuvor die als Hexe verdächtigte Frau in der Nähe des Stalls gesehen. Dies genügte, um ihr die Schuld an dem Unglück beizumessen. Über eine Flur war ein Hagelwetter gekommen, und man hatte die Tochter einer verbrannten Hexe auf dem Feld erblickt; sie hat also den Hagel herbeigezaubert. Eine Nachbarin bringt einer

Frau, die im Wochenbett liegt, eine Suppe: die Frau ißt zuviel und wird krank; die Nachbarin muß es büßen, denn sie hat die Frau behext. In einem Wortwechsel hat ein Weib die Drohrede fallen lassen, der Müller solle noch an sie denken; der Müller spürt Schmerz in der Hüfte, und der unwissende Arzt kann das Übel nicht erklären; die Juristenfakultät überzeugt sich, daß die Hexe es ihm angetan hat und verurteilt sie zum Tod.

Das Verhör begann gewöhnlich mit der Frage, ob die Inquisitin glaube, daß es Hexen gäbe. Dann: weshalb die Inquisitin an einem gewissen Morgen so lange geschlafen habe? Man nahm an, sie habe die Nacht beim Hexentanz durchschwärmt und sei zu müde gewesen, um rechtzeitig aufzustehen. Dann: woher die Inquisitin die Wunden und Striemen am Leibe habe? Man nahm an, daß sie vom Teufel blutig geschlagen worden sei. Wollte die Beschuldigte nicht gestehen, daß sie eine Hexe sei, so scheute sich der Richter nicht, sie zu belügen und zu betrügen. Er sagte zu ihr: »Wenn du gestehst, so werde ich dich nicht zum Tode verurteilen.« Nach dem Hexenhammer sollte er sich dabei denken: ein anderer wird an meiner Stelle das Todesurteil fällen. Oder er versprach ihr das Leben, dachte jedoch an das ewige Leben. Erfolgte kein Bekenntnis, so redeten der Unglücklichen alle Geistlichen ins Gewissen und stellten ihr vor, welche Qualen ihrer warteten. Der Henker entkleidete sie, so daß sie ganz nackt dastand, und schor und sengte ihr alle Haare am Körper ab, für welches Geschäft offizielle Taxen in allen Städten bestanden; in Nürnberg bekam er dafür einen Gulden dreißig Kreuzer. Hierauf wurde sie genau untersucht, ob sie ein Zaubermittel an ihrem Körper versteckt trug.

Es galt als Glaubenssatz, daß das Wasser durch die Taufe des Heilands im Jordan geheiligt sei und nichts Teuflisches annehme; deshalb komme jede Hexe, die man untertauche, wieder an die Oberfläche und schwimme. Der Beschuldigten wurden Hände und Füße kreuzweise zusammengebunden, und man ließ sie an einem um den Leib gebundenen Strick dreimal in den Fluß oder Teich hinab. Sank sie unter, so ward sie für unschuldig, schwamm sie, so ward sie für schuldig angesehen. Da hing fast alles vom guten oder bösen Willen der Henkersknechte ab, die ihre bestimmten Kniffe hatten und das Untersinken oder Auftauchen zu bewerkstelligen verstanden.

Das Hauptmittel, ein Geständnis herbeizuführen, war jedoch die Tortur. Nach dem bestehenden Recht sollte die Angeklagte freigesprochen werden, wenn sie die Folter eine Stunde lang ertrug, und nur bei neuen, schweren Verdachtsgründen durfte die Folter wiederholt werden. Hätten die Gerichte diese Vorschriften befolgt, so wären nur wenig Hexen verbrannt worden, aber man half sich, indem man die

Hexerei für ein Ausnahmeverbrechen erklärte, das von den gesetzlichen Formen nicht abhing. Man folterte auf die erbärmlichsten Gründe hin; nicht, wie es in den Erkenntnissen gewöhnlich hieß, menschlicherweise und ziemlichermaßen, sondern ganz unziemlich und ganz unmenschlich. Nicht genug, daß man drei bis vier Stunden hindurch in einem fort folterte und daß die Richter die Delinquentin mit großen Gewichten an den Beinen beschwert hängen ließen, während sie ins Wirtshaus gingen und schmausten, man folterte auch ohne neue Indizien dieselbe Person mehrere Male und sagte, das sei nicht eine Wiederholung, die ja verboten war, sondern eine Fortsetzung der Tortur. Man trieb spitzige Keile zwischen die Nägel an Händen und Füßen, riß die Nägel mit Schmiedezangen ab, träufelte Pech und brennenden Schwefel auf den nackten Körper, ließ die Gefangenen nicht schlafen und baute sogenannte Hexenstühle, die hundertfünfzig eiserne Spitzen hatten.

Unter den Folterqualen verdrehten etliche die Augen und lachten konvulsivisch, etliche schliefen betäubt ein und fielen in Ohnmacht und Starrkrampf. Die Richter und die Henker hielten dies für ein Kunststück des Teufels, der sie verhöhnen wolle, und folterten nur um desto grausamer. Viele gaben den Geist auf, und die Richter und die Henker erklärten, der Teufel habe dem Delinquenten das Genick umgedreht.

In den meisten Fällen gestanden natürlich die Angeklagten auf der Folter. Sie bejahten alle Fragen und gaben auf Verlangen auch andere Personen als Hexen und Unholde an. Das Geständnis enthielt, was eben jedermann über den Teufelsbund und die Teufelsbuhlschaft wußte. Es besaß dann noch keine Beweiskraft, sondern mußte freiwillig wiederholt werden. Nun geschah es häufig, daß die Inquisiten, wenn die Schmerzen der Tortur vorüber waren, ihr Geständnis zurücknahmen. Die Folge war die Erneuerung und Verschärfung der Folter. Manche Unglückliche gestand und widerrief sechs-, sieben-, acht- und zehnmal, wurde sechs-, sieben-, acht- und zehnmal gemartert, bis sie endlich einsah, daß ihr alles nichts half. Nun ergab sie sich in ihr Schicksal und räumte in der Urgicht, so nannte man das der Tortur folgende Bekenntnis, ein, was man von ihr verlangte, sagte auch mit frecher Stirn denen, die sie fälschlich als Mitschuldige angegeben, die sinnlosesten Dinge ins Gesicht. Viele entleibten sich selbst, um den Qualen zu entgehen, andere gestanden freiwillig, weil sie wußten, was ihrer wartete, und blieben bei ihren unwahren Geständnissen auch dem Beichtvater gegenüber fest, denn sie fürchteten, der Priester werde ihren Widerruf dem Richter anzeigen und ihnen das Abendmahl verweigern. So gestand auch eine eingekerkerte Engländerin und bat nur um eine schnelle Hinrichtung. Auf dem Schafott redete sie mit lauter Stimme zum Volk: »Wißt ihr alle, die ihr mich heute seht, daß ich als Hexe auf mein eigenes Bekenntnis sterbe und daß ich alle Welt, vor allem aber die Obrigkeit und die Geistlichen von der Schuld an meinem Tode freispreche. Ich nehme sie gänzlich auf mich, mein Blut komme über mich! Und da ich dem Gott des Himmels bald werde Rechenschaft ablegen müssen, so erkläre ich mich so frei von der Hexerei wie ein neugeborenes Kind, da ich aber, von einem boshaften Weib angeklagt, unter dem Namen einer Hexe ins Gefängnis geworfen, von meinem Manne und meinen Freunden verleugnet ward und keine Hoffnung zur Befreiung und zum ehrenvollen Fortleben in der Welt mehr hatte, so leistete ich durch Verlokkung des Bösen ein Geständnis, das mir vom Leben hilft, dessen ich überdrüssig bin.«

In einzelnen Fällen waren die Richter verhärtet genug, dem Geständnis mehr zu glauben als ihren eigenen Augen. So wird berichtet: fünf Weiber zu Lindheim gestanden nach entsetzlichen Martern, daß sie auf dem Kirchhof ein vor kurzem gestorbenes Kind ausgegraben und zu Hexenbrei gekocht hätten. Die Ehemänner setzten es durch, daß das Grab in Gegenwart mehrerer Zeugen geöffnet und die Leiche ausgegraben wurde. Das Kind lag unversehrt im Sarg. Die Inquisition aber hielt den Leichnam für ein Blendwerk des Teufels und behauptete, das Geständnis müsse dennoch gelten. Die Weiber wurden zur Ehre Gottes verbrannt.

Man sollte meinen, daß auf der Folter zuletzt jedermann gestanden haben müßte; dem war aber nicht so. Namentlich die Frauen haben weit mehr erduldet als die Männer und oft den grausamsten Foltern zu Trotz nichts bekannt. In einer thüringischen Gebirgsstadt wurde eine Frau gefoltert, und während man ihr die Daumenschrauben anlegte, sang sie das Lied: ›Nun danket alle Gott.‹ Man versuchte es mit dem spanischen Stiefel, und sie betete den Glauben. Sie wurde mit auf den Rücken gebundenen Händen an einer Leiter, in deren Mitte eine Sprosse mit kurzen spitzen Hölzern angebracht war, in die Höhe gezogen, bis die Arme verdreht und umgekehrt über dem Kopf standen, sie aber sang: ›Eine feste Burg ist unser Gott.‹ Man schnallte sie von der Leiter herunter, zog sie wieder in die Höhe und wiederholte dies sechsmal, aber, so heißt es in den Akten, sie sang in einem fort. Als man sie nach dreistündiger Marter losband und ihr die Freiheit verkündete, bat sie sich zu essen aus, aß mit gutem Appetit und ging dann mit den von den spanischen Stiefeln zerquetschten Beinen zwei Stunden lang in ihre Heimat.

Zur Rechtfertigung des Scharfrichters wird in dem Protokoll aus-

drücklich bemerkt, daß er die volle Strafe angewendet und nicht etwa zu gelind verfahren sei.
Späterhin half indessen das Überstehen der Folter keineswegs zur Freiheit, weil man annahm, daß der Teufel die Hexe gegen die Qualen gestählt habe.
Eine der Hauptursachen, weshalb die Hexenprozesse so überhandnahmen, lag in der Habsucht der Richter und Gerichtsherren. Die Güter der Verurteilten wurden konfisziert, die Richter bekamen bedeutende Sporteln, und auch die Henker und Denunzianten zogen ansehnlichen Gewinn. Man fahndete auf reiche Hexen und teilte sich in die Beute. Gewissenlose Richter ängsteten vornehme Frauen mit der Drohung, daß auch an sie die Reihe kommen würde und erpreßten große Summen Geldes von ihnen, mit denen sie sich ihren richterlichen Schutz bezahlen ließen. In manchen Städten waren solcherart Richter, Schreiber und Henker reiche Leute geworden. Während die Gerichte sich an den Geldbeutel der Hexen hielten, schröpften Priester und Mönche die Behexten. Sie trieben für Geld die Teufel aus, lasen Messen, damit der Zauber nicht schade, und wandernde Bettelmönche zogen mit Säcken voll sogenannten Hexenrauches umher, den sie als Mittel gegen Zauberei teuer verkauften.
Die Reformation trug eher zur Vermehrung als zur Verminderung der Hexenprozesse bei. Luther und Melanchthon faßten den Teufel genauso wie die katholischen Kirchenlehrer auf, beschränkten seine Wirksamkeit durchaus nicht etwa auf das geistige Leben, sondern glaubten, daß er als Jüngling oder Jungfrau herumgehe und die Leute verführe, daß er am liebsten in den Leib der Schlange oder des Affen fahre, daß er Kinder stehle und unterschiebe und Hagel und Unwetter erzeuge. Außer der Geldgier trugen sicherlich auch Haß, Neid und Habsucht schuld an vielen Denunziationen; wer einen Feind hatte und ihn zu vernichten wünschte, konnte ihn leicht in einen schlimmen Prozeß wegen Zauberei verwickeln. Aber ein Motiv, dem ich weit mehr Bedeutung zuschreibe als allen übrigen, wird von den Schilderern und Historikern kaum in Betracht gezogen, nämlich das erotische. Ausschweifung und Askese führen gleichermaßen zur Grausamkeit, diese zur verhüllten, jene zur offenen. Gerade die finstersten Jahrhunderte des Mittelalters brachten beide zur höchsten Entfaltung, und war es in den katholischen Ländern der Übermut der Macht, der düstere Reiz, diese Macht an immer neuen Widerständen zu erproben, der Trieb, durch die Krämpfe der unschuldig Gemarterten das schwankend und bodenlos gewordene Lebensgefühl zu befestigen, das Verlangen, selbst noch in Weihrauchdämpfen und unter göttlichen Beschwörungen die Sinne zu stacheln und die Einbildungs-

kraft mit verworfenen Bildern zu bereichern, so war es in den protestantischen Ländern die niedergedrückte und gefesselte Sinnlichkeit, der Zwang zum Puritanismus und die plötzlich eingetretene Härte und Kälte des inneren Lebens, die auf ihre Weise Rache übten und Schrecken und Ruchlosigkeit heraufbeschworen. Das sechzehnjährige Mädchen, das nackt vor seinen Richtern und vor scheinbar unempfindlichen Henkersknechten steht, das alle Grade der Folter heldenmütig erträgt und ungeachtet der Schmerzen ihren edlen zuckenden Körper mit noch nicht bekämpfter Scham den scheinbar unempfindlichen Augen vieler Männer preisgeben muß, die sich zum Tribunal eingesetzt haben, um mit wahnsinnig gewordener Phantasie und scheinbarer Trockenheit ein Verbrechen zu richten, an welches im Innersten seiner Seele vielleicht keiner völlig glaubte, dieses junge Mädchen ist ein Symbol.

Heinrich Mann
Der Untertan

Heinrich Mann, 1871 bis 1950, schildert in der Romantrilogie *Das Kaiserreich* den Weg des wilhelminischen Imperialismus, und zwar von der Warte der verschiedenen Klassen aus: *Der Untertan,* 1918, war der Roman des Bürgertums, *Die Armen,* 1917, der des Proletariats, und *Der Kopf,* 1925, versuchte die Führer darzustellen. Dem *Untertan* bestätigt Theodor Eschenburg, daß er ›trotz mannigfacher Übertreibungen und Verzerrungen ein im Kern treffendes Bild der feudal-bürgerlichen Gesellschaft gegeben hat‹. Im Vorwort zu einer neuen Ausgabe schrieb Heinrich Mann 1929 selbst: ›Der Roman *Der Untertan* wurde von 1912 bis 1914 geschrieben. Die ersten Aufzeichnungen sind aus dem Jahre 1906; denn schon damals entfaltete der Typ des kaiserlichen Deutschen seine Eigenheiten bis zu einer betörenden Parodie. Im Augenblick, als der Roman des Untertans durch die Ereignisse bestätigt wurde und endlich öffentlich erscheinen konnte, fand der Untertan selbst die Besinnung, stutzte wenigstens, man hätte an Umkehr glauben können, womöglich an Bekehrung. Seinen eigenen Roman, die erste Ausgabe dieses *Untertan,* las er damals in ungeheuren Mengen – es ist genau zehn Jahre her.

Die neue Ausgabe des Romans wird von anderen Menschen gelesen werden. Sie erkennen nicht, was vom Erbe des einstigen Untertanen in ihnen selbst noch fortlebt. Sie sind unterrichtet über weiterwirkende Gefahren. Ich wünschte, dieses Buch vermöchte ein neues Geschlecht aufzuklären, wenn es das alte nicht mehr ändern konnte. Man kann auch in der Republik ein rechter Untertan sein. Dafür ist nicht nötig, daß man Herrscher verehrt und nachäfft. Dafür genügt, daß man irgendeine andere Macht gewähren läßt, vielleicht die Geldmacht. Man beugt sich unter ihren Willen wie unter das Schicksal selbst und tut nichts Ernstes, um auch nur das Ärgste, den nächsten Krieg, zu verhindern. Viel weniger besteht man auf besseren Gesetzen, auf sozialer Gerechtigkeit und auf Gerechtigkeit schlechthin. Das Zeichen des Untertans bleibt der Verzicht auf eigene Verantwortung. Sein Gewissen sollte mitentscheiden über die Ereignisse. Statt dessen läßt er sie kommen – mit Jubelgeschrei wie der frühere Untertan oder gleichgültig und ergeben wie heute die meisten. Das ist schlimm, wir haben immer noch zu lernen.‹

Ein Jahr nach dem Tode Heinrich Manns schrieb sein Bruder Thomas Mann am 16. März 1951 an Alfred Kantorowicz: ›Sie können dazu beitragen, im deutschen Volk – und zwar im ganzen deutschen Volk – die Erkenntnis zu verbreiten, welchen Schatz es an dem kühnen Lebenswerk dieses vornehm-einsamen und dabei der Demokratie leidenschaftlich ergebenen Geistes besitzt, eines Geistes voll Schönheitsdranges und gesellschaftlicher Vision, der in allem Glanz seines Künstlertums nichts wollte als dienen, bessern, helfen, den Weg des Guten weisen. Spät wird ihm Dank dafür, denn die Verbindung des Dichters mit dem politischen Moralisten war den Deutschen zu fremd, als daß ein kritisches Genie über ihr Schicksal etwas vermocht hätte, und noch

heute, fürchte ich, wissen wenige von ihnen, daß dieser Tote einer ihrer größten Schriftsteller war.‹
Die beiden Ausschnitte zeigen die Hauptfigur Diederich Heßling in für diesen Typ bezeichnenden Situationen; zitiert nach der Ausgabe München 1964.

Er war in diesen naßkalten Februartagen des Jahres 1892 viel auf der Straße, in der Erwartung großer Ereignisse. Unter den Linden hatte sich etwas verändert, man sah noch nicht, was. Berittene Schutzleute hielten an den Mündungen der Straßen und warteten auch. Die Passanten zeigten einander das Aufgebot der Macht. ›Die Arbeitslosen!‹ Man blieb stehen, um sie ankommen zu sehen. Sie kamen vom Norden her, in kleinen Abteilungen und im langsamen Marschschritt. Unter den Linden zögerten sie, wie verwirrt, berieten sich mit den Blicken und lenkten nach dem Schloß ein. Dort standen sie stumm, die Hände in den Taschen, ließen sich von den Rädern der Wagen mit Schlamm bespritzen und zogen die Schultern hoch unter dem Regen, der auf ihre entfärbten Überzieher fiel. Manche von ihnen wandten die Köpfe nach vorübergehenden Offizieren, nach den Damen in ihren Wagen, nach den langen Pelzen der Herren, die von der Burgstraße herschlenderten; und ihre Mienen waren ohne Ausdruck, nicht drohend und nicht einmal neugierig, nicht, als wollten sie sehen, sondern als zeigten sie sich. Andere aber ließen kein Auge von den Fenstern des Schlosses. Das Wasser lief über ihre hinaufgewendeten Gesichter. Ein Pferd mit einem schreienden Schutzmann trieb sie weiter, hinüber oder bis zur nächsten Ecke – aber schon standen sie wieder, und die Welt schien versunken zwischen diesen breiten hohlen Gesichtern, die fahler Abend beschien, und der starren Mauer dort hinten, auf der es dunkelte. – »Ich begreife nicht«, sagte Diederich, »daß die Polizei nicht energischer vorgeht. Das ist doch eine unbotmäßige Bande.«
»Lassen Sie's gut sein«, erwiderte Wiebel. »Die Schutzleute sind genau instruiert. Die Herren da oben haben ihre wohlüberlegten Absichten, das können Sie mir glauben. Es ist nämlich gar nicht immer zu wünschen, daß derartige Fäulniserscheinungen am Staatskörper gleich anfangs unterdrückt werden. Man läßt sie ausreifen, dann macht man ganze Arbeit!«
Die Reife, die Wiebel meinte, kam täglich näher, am Sechsundzwanzigsten schien sie da. Die Demonstrationen der Arbeitslosen sahen zielbewußter aus. In eine der nördlichen Straßen zurückgetrieben, quollen sie aus der nächsten, bevor man ihnen den Weg abschneiden konnte, verstärkt wieder hervor. Unter den Linden vereinigten sich ihre Züge, rannen, sooft sie getrennt wurden, wieder zusammen, erreichten das Schloß, wichen zurück und erreichten es noch einmal,

stumm und unaufhaltsam wie übergetretenes Wasser. Der Wagenverkehr stockte, die Fußgänger stauten sich, mit hineingezogen in die langsame Überschwemmung, worin der Platz ertrank, in dies trübe und mißfarbene Meer der Armen, das zäh dahinrollte, dumpfe Laute heraufwälzte und wie Maste untergegangener Schiffe die Stangen mit den Bannern hinaufreckte: ›Brot! Arbeit!‹ Ein deutliches Grollen, ausbrechend aus der Tiefe, jetzt drüben, jetzt hier: ›Brot! Arbeit!‹ Anschwellend über die Menge hinrollend, wie aus einer Gewitterwolke: ›Brot! Arbeit!‹ Eine Attacke der Berittenen, ein Aufschäumen, Zurückfließen, und Weiberstimmen im Lärm, schrill, gleich Signalen: ›Brot! Arbeit!‹

Man wird überrannt, vom Friedrichsdenkmal fegt es die Neugierigen hinunter. Aber sie haben aufgerissene Münder, aus kleinen Beamten, denen der Weg ins Amt versperrt ist, fliegt Staub auf, als würden sie geklopft. Er will ihm nach, wird in einem großen Schub weiter hinübergeworfen, bis vor das Fenster eines Cafés, hört das Klirren der eingedrückten Scheibe, einen Arbeiter, der schreit: »Da haben se mich neulich rausgesetzt for meine dreißig Fennje, weil ich keinen Zylinderhut hatte« – und dringt mit ein durch das Fenster, zwischen die umgeworfenen Tische, auf den Boden, wo man über Scherben fällt, einander die Bäuche einstößt und laut zetert. »Niemand mehr rein! Wir kriegen keine Luft!« Aber immer mehr steigen ein. Die Polizei drängelt. Und die Mitte der Straße sieht man frei liegen, gesäubert, wie für einen Triumphzug. Da sagt jemand: »Das ist doch Wilhelm!«

Und Diederich war wieder draußen. Niemand wußte, wie es kam, daß man auf einmal marschieren konnte, in gedrängter Masse, auf der ganzen Breite der Straße und zu beiden Seiten bis an die Flanken des Pferdes, worauf der Kaiser saß: er selbst. Man sah ihn an und ging mit. Knäuel von Schreienden wurden aufgelöst und mitgerissen. Alle sahen ihn an. Dunkles Geschiebe, ohne Form, planlos, grenzenlos, und hell darüber ein junger Herr im Helm, der Kaiser. Sie sahen: Sie hatten ihn heruntergeholt aus dem Schloß. Sie hatten: ›Brot! Arbeit!‹ geschrien, bis er gekommen war. Nichts hatte sich geändert, als daß er da war – und schon marschierten sie, als gehe es auf das Tempelhofer Feld.

Seitwärts, wo die Reihen dünner waren, sagten bürgerlich Gekleidete zueinander: »Na, Gott sei Dank, er weiß, was er will!«

»Was will er denn?«

»Der Bande zeigen, wer die Macht hat! Im guten hat er es mit ihnen versucht. Er ist sogar zu weit gegangen in den Erlassen vor zwei Jahren. Sie sind frech geworden!«

»Angst kennt er nicht, das muß man sagen. Kinder, dies ist ein historischer Moment!«

Diederich hörte es und erschauerte. Der alte Herr, der gesprochen hatte, wandte sich auch an ihn. Er hatte weiße Bartkoteletten und das Eiserne Kreuz.

»Junger Mann«, sagte er, »was unser herrlicher junger Kaiser da macht, das werden die Kinder mal aus den Schulbüchern lernen. Passen Sie auf!«

Viele hatten gehobene Brüste und feierliche Mienen. Die Herren, die dem Kaiser folgten, blickten mit äußerster Entschlossenheit drein, ihre Pferde aber lenkten sie durch das Volk, als seien alle die Leute zum Statieren bei einer Allerhöchsten Aufführung befohlen; und manchmal schielten sie seitwärts, nach dem Eindruck im Publikum. Er selbst, der Kaiser, sah nur sich und seine Leistung. Tiefer Ernst versteinte seine Züge, sein Auge blitzte hin über die Tausende der von ihm Gebannten. Er maß sich mit ihnen, der von Gott gesetzte Herr mit den empörerischen Knechten! Allein und ungeschützt hatte er sich mitten unter sie gewagt, stark nur durch seine Sendung. Sie konnten sich an ihm vergreifen, wenn es im Plan des Höchsten lag; er brachte seiner heiligen Sache sich selbst zum Opfer. War Gott mit ihm, dann sollten sie es sehen! Dann bewahrten sie für immer das Gepräge seiner Tat und die Erinnerung an ihre Ohnmacht!

Ein junger Mensch mit einem Künstlerhut ging neben Diederich, er sagte: »Kennen wir. Napoleon in Moskau, wie er sich solo unter die Bevölkerung mischt.«

»Das ist doch großartig!« behauptete Diederich, und die Stimme versagte ihm. Der andere zuckte die Achseln.

»Theater, und nicht mal gut.«

Diederich sah ihn an, er versuchte zu blitzen wie der Kaiser.

»Sie sind wohl auch so einer.«

Er hätte nicht sagen können, was für einer. Er fühlte nur, daß er hier, zum erstenmal im Leben, die gute Sache zu vertreten habe gegen feindliche Bemängelungen. Trotz seiner Aufregung sah er sich noch die Schultern des Menschen an: sie waren nicht breit. Auch äußerte die Umgebung sich mißbilligend. Da ging Diederich vor. Mit seinem Bauch drängte er den Feind gegen die Mauer und schlug auf den Künstlerhut ein. Andere knufften mit. Der Hut lag schon am Boden und bald auch der Mensch. Im Weitergehen bemerkte Diederich zu seinen Mitkämpfern:

»Der hat sicher nicht gedient! Schmisse hat er auch keine!«

Der alte Herr mit Bartkoteletten und Eisernem Kreuz war auch wieder da, er drückte Diederich die Hand.

»Brav, junger Mann, brav!«

»Soll man da nicht wütend werden?« erklärte Diederich, noch keu-

chend. »Wenn der Mensch uns den historischen Moment verekeln will?«
»Sie haben gedient?« fragte der alte Herr.
»Ich wäre am liebsten ganz dabei geblieben«, sagte Diederich.
»Na ja, Sedan ist nicht alle Tage« – der alte Herr betupfte sein Eisernes Kreuz. »Das waren *wir*!«
Diederich reckte sich, er zeigte auf das bezwungene Volk und den Kaiser.
»Das ist doch geradesogut wie Sedan!«
»Na ja«, sagte der alte Herr.
»Gestatten Sie mal, sehr geehrter Herr«, rief jemand und schwenkte sein Notizbuch. »Wir müssen das bringen. Stimmungsbild, verstehense? Sie haben wohl einen Genossen verwalkt?«
»Kleinigkeit« – Diederich keuchte noch immer. »Meinetwegen könnt es jetzt gleich losgehen gegen den inneren Feind. Unsern Kaiser haben wir mit.«
»Fein«, sagte der Reporter und schrieb: ›In der wildbewegten Menge hörte man Leute aller Stände der treuesten Anhänglichkeit und dem unerschütterlichen Vertrauen zu der Allerhöchsten Person Ausdruck geben.‹
»Hurra!« schrie Diederich, denn alle schrien es; und inmitten eines mächtigen Stoßes von Menschen, der schrie, gelangte er jäh bis unter das Brandenburger Tor. Zwei Schritte vor ihm ritt der Kaiser hindurch. Diederich konnte ihm ins Gesicht sehen, in den steinernen Ernst und das Blitzen; aber ihm verschwamm es vor den Augen, so sehr schrie er. Ein Rausch, höher und herrlicher als der, den das Bier vermittelt, hob ihn auf die Fußspitzen, trug ihn durch die Luft. Er schwenkte den Hut hoch über allen Köpfen, in einer Sphäre der begeisterten Raserei, durch einen Himmel, wo unsere äußersten Gefühle kreisen. Auf dem Pferd dort, unter dem Tor der siegreichen Einmärsche, und mit Zügen steinern und blitzend, ritt die Macht! Die Macht, die über uns hingeht und deren Hufe wir küssen! Die über Hunger, Trotz und Hohn hingeht! Gegen die wir nichts können, weil wir alle sie lieben! Die wir im Blut haben, weil wir die Unterwerfung darin haben! Ein Atom sind wir von ihr, ein verschwindendes Molekül, von etwas, das sie ausgespuckt hat! Jeder einzelne ein Nichts, steigen wir in gegliederten Massen als Neuteutonen, als Militär, Beamtentum, Kirche und Wissenschaft, als Wirtschaftsorganisation und Machtverbände kegelförmig hinan, bis dort oben, wo sie selbst steht, steinern und blitzend! Leben in ihr, haben teil an ihr, unerbittlich gegen die, die ihr fern sind, und triumphierend, noch wenn sie uns zerschmettert: denn so rechtfertigt sie unsere Liebe!

... Einer der Schutzleute, deren Kette das Tor absperrte, stieß Diederich vor die Brust, daß ihm der Atem ausblieb; er aber hatte die Augen so voll Siegestaumel, als reite er selbst über alle diese Elenden hinweg, die gebändigt ihren Hunger verschluckten. Ihm nach! Dem Kaiser nach! Alle fühlten wie Diederich. Eine Schutzmannskette war zu schwach gegen so viel Gefühl; man durchbrach sie. Drüben stand eine zweite. Man mußte abbiegen, auf Umwegen den Tiergarten erreichen, einen Durchschlupf finden. Wenige fanden ihn; Diederich war allein, als er auf den Reitweg hinausstürzte, dem Kaiser entgegen, der auch allein war. Ein Mensch im gefährlichsten Zustand des Fanatismus, beschmutzt, zerrissen, die Augen wie ein Wilder: der Kaiser, vom Pferd herunter, blitzte ihn an, er durchbohrte ihn. Diederich riß den Hut ab, sein Mund stand weit offen, aber der Schrei kam nicht. Da er zu plötzlich anhielt, glitt er aus und setzte sich mit Wucht in einen Tümpel, die Beine in die Luft, umspritzt von Schmutzwasser. Da lachte der Kaiser. Der Mensch war ein Monarchist, ein treuer Untertan! Der Kaiser wandte sich nach seinen Begleitern um, schlug sich auf den Schenkel und lachte. Diederich aus seinem Tümpel sah ihm nach, den Mund noch offen.

Diederich trank sein Bier aus und ging, an der Spitze der Seinen, hinunter. Der Hof war sauber gescheuert, den Eingang der Fabrik umrahmten Kränze und beschrieben eine Schleife um die Inschrift ›Willkommen!‹ Davor stand der alte Buchhalter Sötbier und sagte: »Na, guten Tag, Herr Doktor. Ich bin nicht raufgekommen, weil ich noch was zu tun hatte.«

»Heute hätten Sie das auch lassen können«, erwiderte Diederich und ging an Sötbier vorbei. Drinnen im Lumpensaal fand er die Leute. Alle standen sie in einem Haufen zusammen: die zwölf Arbeiter, die die Papiermaschine, den Holländer und die Schneidemaschine bedienten, und die drei Kontoristen samt den Frauen, deren Tätigkeit das Sortieren der Lumpen war. Die Männer räusperten sich, man fühlte eine Pause, bis mehrere der Frauen ein kleines Mädchen hinausschoben, das einen Blumenstrauß vor sich hinhielt und mit einer Klarinettenstimme dem Herrn Doktor Glück und Willkommen wünschte. Diederich nahm mit gnädiger Miene den Strauß; nun war es an ihm, sich zu räuspern. Er wandte sich nach den Seinen um, dann sah er den Leuten scharf in die Augen, allen nacheinander, auch dem schwarzbärtigen Maschinenmeister, obwohl der Blick des Mannes ihm peinlich war – und begann:

»Leute! Da ihr meine Untergebenen seid, will ich euch nur sagen, daß hier künftig forsch gearbeitet wird. Ich bin gewillt, mal Zug in den Betrieb zu bringen. In der letzten Zeit, wo hier der Herr gefehlt hat,

da hat mancher von euch vielleicht gedacht, er kann sich auf die Bärenhaut legen. Das ist aber ein gewaltiger Irrtum, ich sage das besonders für die alten Leute, die noch von meinem seligen Vater dabei sind.«
Mit erhobener Stimme, noch schneidiger und abgehackter, und dabei sah er den alten Sötbier an:
»Jetzt habe ich das Steuer selbst in die Hand genommen. Mein Kurs ist der richtige, ich führe euch herrlichen Tagen entgegen. Diejenigen, welche mir dabei behilflich sein wollen, sind mir von Herzen willkommen; diejenigen jedoch, welche sich mir bei dieser Arbeit entgegenstellen, zerschmettere ich.«
Er versuchte, seine Augen blitzen zu lassen, sein Schnurrbart sträubte sich noch höher.
»Einer ist hier der Herr, und das bin ich. Gott und meinem Gewissen allein schulde ich Rechenschaft. Ich werde euch stets mein väterliches Wohlwollen entgegenbringen. Umsturzgelüste aber scheitern an meinem unbeugsamen Willen. Sollte sich ein Zusammenhang irgendeines von euch –«
Er faßte den schwarzbärtigen Maschinenmeister ins Auge, der ein verdächtiges Gesicht machte.
»– mit sozialdemokratischen Kreisen herausstellen, so zerschneide ich zwischen ihm und mir das Tischtuch. Denn für mich ist jeder Sozialdemokrat gleichbedeutend mit Feind meines Betriebes und Vaterlandsfeind ... So, nun geht wieder an eure Arbeit und überlegt euch, was ich euch gesagt habe.«
Er machte schroff kehrt und ging schnaufend davon. In dem Schwindelgefühl, das seine starken Worte ihm erregt hatten, erkannte er kein einziges Gesicht mehr. Die Seinen folgten ihm, bestürzt und ehrfurchtsvoll, indes die Arbeiter einander noch lange stumm ansahen, bevor sie nach den Bierflaschen griffen, die zur Feier des Tages bereitstanden.

Alfred Döblin

Franz ist ein Mann von Format, er weiß, was er sich schuldig ist

Alfred Döblin, 1878 bis 1957, war seit 1911 Nervenspezialist und Kassenarzt in Berlin. 1933 mußte er als Jude und Antifaschist – Döblin war seit 1918 Sozialdemokrat – nach Paris, später in die USA emigrieren. Döblin verspottete leidenschaftlich jene Phantasten, ›welche die Großstadt nicht gelten lassen wollten: sie lebten dabei meist in der Großstadt und schwärmten für Provinz und Kuhglocken‹. Seinem Roman *Berlin Alexanderplatz,* der am Schicksal des Arbeiters Franz Biberkopf die Großstadt – das Berlin der zwanziger Jahre – beschreibt, ist der folgende Text entnommen: Franz, der sich von den Nationalsozialisten Arbeit und Ruhe verspricht, gerät in seinem Stammlokal, bei Henschke, mit Kommunisten in Streit. Erstmals erschienen 1929, Neuauflage Freiburg 1964.
Lesehinweis: Alfred Döblin, *Großstadt und Großstädter,* in *Minotaurus, Dichtung unter den Hufen von Staat und Industrie,* Wiesbaden 1953;
Alfred Kantorowicz, *Standartenführer Krencker,* in *Deutsche Schicksale,* Wien 1964.

Am Abend wird Franz richtig bei Henschke rausgeschmissen. Er tippelt allein an um neun, kuckt nach dem Vogel, der hat schon den Kopf unter dem Flügel, sitzt in der Ecke auf der Stange, daß son Tierchen nicht runterfällt, im Schlaf; Franz tuschelt mit dem Wirt: »Wat sagen Sie zu det Tierchen, det schläft Ihnen bei dem Radau, was sagen Sie, det ist großartig, muß det müde sein, ob dem der viele Qualm hier guttut, für sone kleine Lunge?« – »Det kennt gar nichts anderes bei mir, hier ist immer Rauch, in der Kneipe, heut ist noch dünn.«
Dann setzt sich Franz: »Na, ich werde mal heut nicht rauchen, sonst wirds noch zu dicke, und ein bißchen machen wir nachher auf, wird schon nich ziehen.« Georg Dreske, der junge Richard und drei andere setzen sich an einem Tisch gegenüber separat. Zwei sitzen bei, die kennt Franz nicht. Mehr sind nicht im Lokal. Wie Franz reinkam, war großer Spektakel und Reden und Schimpfen. Sofort, wie er die Türe aufmacht, werden sie leiser, die beiden Neuen, kucken oft zu Franz rüber, bücken sich über den Tisch, dann lehnen sie sich frech zurück, prosten sich zu. Wenn die schönen Augen winken, wenn die vollen Gläser blinken, dann ist wieder, wieder mal ein Grund zu trinken. Henschke, der Wirt mit der Glatze, macht sich am Bierhahn und Spülbecken zu tun, er geht nicht raus wie sonst, er hat da immer was zu murksen.
Dann wird mit einemmal die Unterhaltung am Nebentisch laut, der

eine Neue führt das große Wort. Der will singen, dem ist es hier zu ruhig, ein Klavierspieler ist auch nicht da; Henschke ruft herüber: »Für wen denn, das wirft das Geschäft nicht ab.« Was sie singen wollen, weiß Franz schon, entweder die ›Internationale‹ oder ›Brüder, zum Lichte, zur Freiheit‹, falls sie nicht was Neues haben. Es geht los. Die drüben singen die Internationale.
Franz kaut, denkt: die meinen mir. Können sie haben, wenn sie bloß nicht soviel rauchen. Wenn sie singen, rauchen sie nicht, das schadet dem kleinen Tier. Daß der alte Georg Dreske sich mit solchem Grünzeug zusammensetzt und nicht mal zu ihm rüberkommt, hätt er auch nicht für möglich gehalten. Son oller Stiebel, ist verheiratet, n ehrlicher Stiebel, und sitzt bei det junge Gemüse und hört sich die ihr Geschnatter an. De eine Neue ruft rüber: »Na, wie hat dir das Lied gefallen, Kollege?« – »Mir, gut. Ihr habt Stimmen.« – »Kannst doch mitsingen.« – »Ich eß lieber. Wenn ich fertig bin mit Essen, sing ich mit oder singe auch was.« – »Gemacht.«
Sie unterhalten sich weiter, Franz ißt und trinkt gemütlich, denkt an Lina und daß das Vögelchen im Schlaf nicht abkippt und sieht rüber, wer da eigentlich Pfeife raucht. Kasse hat er heute ganz schön gemacht, aber kalt wars. Von drüben verfolgen immer welche, wie er ißt. Die haben wohl Furcht, ich werd mir verschlucken. Es hat mal einen gegeben, der hat eine Wurststulle gegessen, und wie sie im Magen war, hat sie sich besonnen und ist nochmals raufgekommen in den Hals und hat gesagt: war kein Mostrich bei! Und dann ist sie erst richtig runtergegangen. Das macht die richtige Wurststulle, die wo von guten Eltern ist. Und wie Franz fertig ist und sein Bier hintergießt, richtig ruft der schon rüber: »Nu, wie ist, Kollege, willst du uns nu was vorsingen?« Die bilden wohl einen Gesangverein, können wir Eintritt nehmen, wenn sie singen, rauchen sie nicht. Bei mir brennts nicht. Was ich verspreche, wird gehalten. Und Franz denkt nach, indem er sich die Nase wischt, das tropft, wenn man ins Warme kommt, ziehen hilft nicht, er denkt, wo Lina bleibt, und soll ich mir noch ein Paar Würstchen genehmigen, ich nehme aber zu sehr zu, was soll man denen denn vorsingen, die verstehen ja doch nichts vom Leben, aber versprochen ist versprochen. Und plötzlich irrt durch seinen Kopf ein Satz, eine Zeile, das ist ein Gedicht, das hat er im Gefängnis gelernt, die haben es öfter aufgesagt, es lief durch alle Zellen. Er ist gebannt im Augenblick, sein Kopf ist von der Hitze warm und rot und hat sich gesenkt, er ist ernst und gedankenvoll. Er sagt, die Hand am Seidel: »Ein Gedicht weeß ich, aus dem Gefängnis, ist von einem Sträfling, der hieß, wart mal, wie der hieß, das war Dohms.«
Das war er. Ist schon raus, ist aber ein schönes Gedicht. Und er sitzt

allein am Tisch, Henschke hinter seinem Spülbecken und die andern hören zu, es kommt keiner rein, der Kanonenofen kracht. Franz, den Kopf aufgestemmt, sagt ein Gedicht auf, das Dohms gemacht hat, und die Zelle ist da, der Spazierhof, er kann sie ruhig ertragen, was mögen jetzt für Jungens drinstecken; er geht jetzt selbst auf dem Spazierhof, das ist mehr als die hier können, was wissen die vom Leben. Er sagt: »Willst du, o Mensch, auf dieser Erden ein männliches Subjekte werden, dann überleg es dir genau, eh du dich von der weisen Frau ans Tageslicht befördern läßt! Die Erde ist ein Jammernest! Glaub es dem Dichter dieser Strophen, der oft an dieser dofen, an dieser harten Speise kaut! Zitat aus Goethes Faust geklaut: Der Mensch ist seines Lebens froh gewöhnlich nur als Embryo!... Da ist der gute Vater Staat, er gängelt dich von früh bis spat. Er zwickt und beutelt dich nach Noten mit Paragraphen und Verboten! Sein erst Gebot heißt: Mensch, berappe! das zweite: halte deine Klappe! So lebst du in der Dämmerung, im Zustand der Belämmerung. Und suchst du ab und zu den steifen Verdruß im Wirtshaus zu ersäufen, in Bier, beziehentlich in Wein, dann stellt sich prompt der Kater ein. Inzwischen melden sich die Jahre, der Mottenfraß zermürbt die Haare, es kracht bedenklich im Gebälke, die Glieder werden schlapp und welke; die Grütze säuert im Gehirn, und immer dünner wird der Zwirn. Kurzum, du merkst, es wird jetzt Herbst, du legst den Löffel hin und sterbst. Nun frag ich dich, o Freund, mit Beben, was ist der Mensch, was ist das Leben? Schon unser großer Schiller spricht: ›Der Güter höchstes ist es nicht.‹ Ich aber sag: es gleicht ner Hühnerleiter, von oben bis unten und so weiter.«

Sie sind alle still.

Nach einer Pause meint Franz: »Ja, das hat der gemacht, war aus Hannover, ich habs aber behalten. Schön, was, ist was fürs Leben, aber bitter.«

Von drüben kommt es: »Na, da merk es dir man mit dem Staat, der gute Vater Staat, und wer dir gängelt, der Staat. Auswendig lernen, Kollege, damit ist auch nicht geschafft.« Franz hat noch den Kopf aufgestützt, das Gedicht ist noch da: »Ja, Austern und Kaviar haben die nicht und wir nicht. Man muß sich sein Brot verdienen, muß schwer sein fürn armen Deibel. Man muß froh sein, wenn man seine Beine hat und draußen ist.« Die schießen weiter von drüben, der Kerl wird doch schon aufwachen: »Man kann sich sein Brot auf verschiedene Art und Weise verdienen. In Rußland hats da früher Spitzel gegeben, die haben viel Geld mit verdient.« Der andere Neue trompetet: »Da gibts noch ganz andere bei uns, da sitzen welche oben an der Futterkrippe, die haben die Arbeiterschaft verraten an die Kapitali-

sten und werden dafür bezahlt.« – »Sind nicht besser als die Huren.« – »Schlimmer.«
Franz denkt an sein Gedicht und was wohl die guten Jungens da draußen machen, werden viele neue da sein, gibt ja jeden Tag Transporte, da rufen sie: »Nu mal los! Wie ist mit unserm Lied? Wir habe keene Musik, versprechen und nicht halten.« Ein Lied noch, können sie haben: ich verspreche, und ich halte. Erst anfeuchten.
Und Franz nimmt sein neues Seidel, zieht einen Schluck, was soll ich singen; im Moment sieht er sich im Hof stehen und irgendwas brüllen gegen die Hofwände, was einem heute so einfällt, was war es denn? Und friedlich langsam singt er, es fließt ihm in den Mund: »Ich hatt einen Kameraden, einen bessern gibt es nicht. Die Trommel schlug zum Streiheite, er ging an meiner Seiheite in gleichem Schritt und Tritt. In gleichem Schritt und Tritt.« Pause. Er singt die zweite Strophe: »Eine Kugel kam geflogen, gilt sie mir, oder gilt sie dir; sie hat ihn weggerihissen, er liegt zu meinen Fühüßen, als wärs ein Stück von mir. Als wärs ein Stück von mir.« Und laut den letzten Vers: »Will mir die Hand noch reichen, dieweil ich eben lad. Kann dir die Hand nicht geheben, bleib du im ewgen Leheben, mein guter Kameherad, mein – guter Kameherad.«
Laut und getragen, zurückgelehnt hat er zuletzt gesungen, tapfer und satt singt er. Zum Schluß haben sie drüben ihre Verblüffung überwunden und grölen mit und schlagen auf den Tisch und kreischen und machen Theater: »Mein guteher Kamekamerahad.« Franz aber ist, während er singt, eingefallen, was er eigentlich singen wollte. Da hat er auf dem Hof gestanden, nun ist er zufrieden, daß er es gefunden hat, ihm ist es gleich, wo er ist; jetzt ist er im Singen, es muß raus, das Lied muß er singen, die Juden sind da, die zanken sich, wie hieß doch der Pole und der feine alte Herr; Zärtlichkeit, Dankbarkeit; er schmettert in das Lokal: »Es braust ein Ruf wie Donnerhall, wie Schwertgeklirr und Wogenprall: Zum Rhein, zum Rhein, zum deutschen Rhein, wir alle wollen Hüter sein! Lieb Vaterland, magst ruhig sein, lieb Vaterland, magst ruhig sein. Fest steht und treu die Wacht, die Wacht am Rhein, fest steht und treu die Wacht, die Wacht am Rhein!« Das haben wir alles hinter uns, das wissen wir, und jetzt sitzen wir hier, und das Leben ist schön, schön, alles schön.
Drauf sind die ganz still, der eine Neue besänftigt sie, sie lassen es vorbeiziehen; Dreske sitzt gebückt und kratzt sich den Kopf, der Wirt tritt hinter dem Schanktisch vor, schnüffelt und setzt sich an den Tisch neben Franz. Franz grüßt am Schluß seines Liedes das ganze Leben, er schwenkt sein Seidel: »Prost«, schlägt auf den Tisch, strahlt, es ist alles gut, er ist satt, wo bleibt bloß Lina, er fühlt sein vol-

les Gesicht, er ist ein kräftiger Mann, gut im Fleisch mit Fettansatz. Keiner antwortet. Schweigen.
Einer schwingt drüben sein Bein über den Stuhl, knöpft sich die Jacke fest, zieht die Taille stramm, ein langer Aufrechter, ein Neuer, da haben wir den Salat, und im Parademarsch rüber zu Franz, der wird eins auf den Kopf kriegen, das heißt, wenn der Neue ranlangt. Der macht einen Hops und setzt sich rittlings auf Franzens Tisch. Franz sieht sich das an, wartet: »Na Mensch, es wird doch wohl noch Stühle hier geben im Lokal.« Der zeigt von oben runter auf Franzens Teller: »Was haste hier verzehrt?« – »Ich sage, es wird doch wohl noch Stühle hier geben im Lokal, wenn du Augen hast. Sag mal, dir haben se wohl als Kind zu heiß gebadet, sag mal.« – »Davon reden wir gar nicht. Ich will wissen, was du verzehrt hast.« – »Käsestullen, Ochse. Da liegt noch die Rinde für dich, Rindsvieh. Du gehst jetzt vom Tisch runter, wenn du keine Manieren hast.« – »Daß es Käsestullen sind rieche ich allene. Bloß woher.«
Aber Franz mit roten Ohren ist auf, die vom andern Tisch auch, und Franz seinen Tisch angefaßt, umgekippt und der Neue mitsamt Teller, Seidel und Mostrichfaß auf die Erde geplumst. Der Teller ist kaputt. Henschke hat das schon erwartet, stampft auf die Scherben: »Ausgeschlossen, Keilerei gibts bei mir nicht, in meinem Lokal wird nicht gehauen, wer nicht Frieden hält, fliegt raus.« Der Lange ist wieder auf den Beinen, schiebt den Wirt beiseite: »Gehn Sie man weg, Henschke, hier gibts keine Hauerei. Wir rechnen ab. Wenn einer was kaputt macht, muß ers bezahlen.« Ich hab mich ergeben, denkt Franz, hat sich ans Fenster geklemmt vor der Jalousie, hier geh ich los, wenn die mich bloß nicht anfassen, Mensch, wenn die mich bloß nicht anfassen; ich bin allen gut, aber es gibt ein Malheur, wenn der bloß nicht so dämlich ist, mich anzufassen.
Der Lange zieht die Hosen hoch, so, der fängt an. Franz sieht was kommen, was wird nu Dreske machen, der steht auch bloß da und sieht sich das an. »Orge, was ist denn das fürn Achtgroschenjunge, wo hast du dir denn den Rotzlöffel besorgt, den du anschleppst?« Der Lange fummelt an seinen Hosen, die rutschen ihm wohl, soll sich neue Knöppe annähen lassen. Der Lange höhnt gegen den Wirt: »Immer sprechen lassen. Faschisten können reden. Wat die sagen, die genießen bei uns Redefreiheit.« Und Dreske winkt mit dem linken Arm von rückwärts rum: »Nee, Franz, ich habe mich nich eingemischt, sieh zu, was du dir einbrockst mit deine Sachen und deine Lieder, nee, ich misch mir nich ein, so was hats hier noch nich gegeben.« Es braust ein Ruf wie Donnerhall, ach so, das Lied auf dem Hof, da wollen die dran tippen, da wollen die mitreden.

»Faschist, Bluthund!« Der Lange brüllt vor Franz: »Gib die Binde raus! Na, wirds bald?«
Jetzt gehts los, die wollen zu vier auf mich los, ich bleib mit dem Rükken am Fenster, erst mal ein Stuhl her. »Die Binde raus! Ich zieh sie ihm aus der Tasche. Ich verlange die Binde von dem Kerl.« Die andern sind bei ihm. Franz hat den Stuhl in den Händen. Haltet den mal erst fest. Erst festhalten. Dann zoppe ich los.
Der Wirt hält den Langen von rückwärts, bettelt: »Nun gehn Sie! Biberkopf, nu gleich, gehn Sie bloß los.« Dem ist für seinen Laden bange, hat wohl die Scheiben nicht versichert, na, von mir aus. »Henschke, natürlich, gibt so viele Lokale in Berlin, ich hab bloß auf Lina gewartet. Stehen Sie aber bloß die bei? Warum drängen die einen raus, wo ich jeden Tag hier sitze und die beiden Neuen heute abend zum erstenmal da sind.« Der Wirt hat den Langen zurückgedrängelt, der andere Neue spuckt: »Weil du ein Faschiste bist, du hast die Binde in der Tasche, Hakenkreuzler bist du.«
»Bin ich. Hab ich Orge Dreske erklärt. Und warum. Das versteht ihr nicht, und darum brüllt ihr.« – »Nee, du hast gebrüllt, die Wacht am Rhein!« – »Wenn ihr Radau macht, so wie jetzt, und setzt sich einer auf meinen Tisch, auf die Weise wird überhaupt keine Ruhe in der Welt. Auf die Weise nicht. Und es muß Ruhe werden, damit man arbeiten und leben kann. Fabrikarbeiter und Händler und alle, und damit Ordnung ist, sonst kann man eben nicht arbeiten. Und wovon wollt ihr denn leben, ihr Großschnauzen? Ihr macht euch ja mit Redensarten besoffen! Ihr könnt ja nichts als Radau und andere Leute tückisch machen, bis sie auch tückisch werden und euch eins überziehen. Wird sich einer von euch auf die Zehen treten lassen?«
Plötzlich brüllt er auch, was ist in ihm aufgegangen, und sprudelt nur so, er hat ihn losgelassen, ein Blutstrom flinkert durch seine Augen: »Verbrecher ihr, Kerle, ihr wißt ja nicht, was ihr tut, euch muß man die Raupen aus dem Kopf hauen, ihr ruiniert die ganze Welt, paßt auf, daß ihr nicht was erlebt, Blutvergießer, Schufte.«
Es sprudelt in ihm, er hat in Tegel gesessen, das Leben ist schrecklich, was ist das für ein Leben, der im Lied weiß es, wie ist es mir gegangen, nicht dran denken.
Und er brüllt weiter in einem Grausen, was tut sich da auf, er wehrt es ab, er tritt es runter, es muß gebrüllt werden, niederbrüllen. Das Lokal dröhnt, Henschke steht vor ihm am Tisch, wagt sich nicht ran an ihn, so steht er da, so brüllt das dem aus dem Hals, durcheinander, und schäumt: »Da habt ihr gar nichts zu sagen zu mir, da kann keiner kommen und mir was sagen, nicht ein einziger, das wissen wir alle besser, dafür sind wir nicht draußen gewesen und haben im Graben

gelegen, daß ihr hetzt, ihr Hetzer, Ruhe muß sein, Ruhe sag ich, könnt es euch hinter die Ohren schreiben, Ruhe und weiter nichts (ja, das ist es, da sind wir angelangt, das stimmt aufs Tipfelchen), und wer jetzt kommt und Revolution macht und keine Ruhe gibt, aufgehängt gehören die eine ganze Allee lang (schwarze Stangen, Telegraphenstangen, eine ganze Reihe an der Tegeler Chaussee, ich weiß Bescheid), dann werden die dran glauben, wenn sie baumeln, dann. Dann könnt ihr es euch merken und was ihr leistet, ihr Verbrecher. (Ja, so kommt Ruhe, dann sind sie still, das ist das einzig Wahre, werden wir erleben.)«
Eine Tobsucht, Starre ist Franz Biberkopf. Er kräht blind aus seiner Kehle heraus, sein Blick ist gläsern, sein Gesicht blau, gedunsen, er spuckt, seine Hände glühen, der Mann ist nicht bei sich. Dabei krallen seine Finger in den Stuhl, aber er hält sich nur am Stuhl fest. Jetzt wird er gleich den Stuhl nehmen und losschlagen.
Achtung, Gefahr im Verzug. Straße frei, Laden, Feuer, Feuer, Feuer. Dabei hört der Mann, der dasteht und brüllt, hört sich selbst, von weitem, sieht sich an. Die Häuser, die Häuser wollen wieder einstürzen, die Dächer wollen über ihn her, das gibt es nicht, damit sollen die mir nicht kommen, es wird den Verbrechern nicht gelingen, wir brauchen Ruhe.
Und es irrt durch ihn: es wird bald losgehen, ich werde etwas tun, eine Kehle fassen, nein, nein, ich werde bald umkippen, hinschlagen, einen Moment noch, einen Moment. Und da hab ich gedacht, die Welt ist ruhig, es ist Ordnung da. In seiner Dämmerung graut er sich: es ist etwas nicht in Ordnung in der Welt, die stehen da drüben so schrecklich, er erlebt es hellseherisch. Es lebten aber einmal im Paradiese zwei Menschen, Adam und Eva. Und das Paradies war der herrliche Garten Eden. Vögel und Tiere spielten herum.
Na, wenn der nicht verrückt ist. Die halten still, auch der Lange schnauft hinten bloß durch die Nase und zwinkert Dreske an; da wollen wir uns lieber hinsetzen an den Tisch, da wollen wir uns mal was anderes erzählen. Dreske stottert in der Ruhe: »So, nun gehst du wohl, Franz, jetzt kannst du den Stuhl loslassen, jetzt hast du genug geredet.« In dem läßt es nach, die Wolke zieht vorbei. Zieht vorbei. Gott sei Dank, zieht vorbei. Sein Gesicht blaßt ab, fällt ab.
Die stehn an ihrem Tisch, der Lange sitzt und trinkt. Die Holzindustriellen pochen auf ihren Schein, Krupp läßt seine Pensionäre verhungern, anderthalb Millionen Arbeitslose, in fünfzehn Tagen Zunahme um 226000. Der Stuhl ist aus Franzens Hand gefallen, seine Hand ist weich geworden, seine Stimme klingt gewöhnlich, er hält noch den Kopf gesenkt, sie regen ihn nicht mehr auf: »Ich geh. Vergnügen meinerseits. Was in eurem Kopf steht, geht mich nicht an.«

Alfred Döblin
Der Löwe und der Hund

Die Fabel vom Löwen und vom Hund stammt aus Döblins Abenteuerbuch *Giganten,* einem utopischen Roman, der in den Jahren zwischen 2700 und 3000 spielt. Die Fabel demonstriert, wie ein Starker, der Löwe, von einem Gerissenen, Skrupellosen, dem Hund, zugrunde gerichtet wird. Die Leser des 1932 neu erschienenen Buches, erstmals publiziert 1924 unter dem Titel *Berge, Meere und Giganten,* konnten das als die prophetische Gestaltung eines politischen Vorganges lesen, den sie sehr bald selbst erleben sollten: die Überlistung der deutschen Demokratie durch Hitler.

In seinem Roman *Geschwister Oppermann* läßt Lion Feuchtwanger eine seiner Figuren, den liberalen Schuldirektor François, zu dem jüdischen Schüler Oppermann sagen: »Es gibt jetzt eine Volksausgabe von Döblins *Giganten.* Das Buch als Ganzes ist etwas barock, aber es sind zwei Fabeln darin, die gehören zu den besten Seiten deutscher Prosa. Man müßte sie in alle Schullesebücher aufnehmen. Lesen Sie sie bitte, lieber Oppermann. Es wird Ihnen eine Freude sein, daß auch in dieser Zeit in Deutschland solche Prosa geschrieben wird.«

Das Haus eines Häuptlings war mit Stroh bedeckt. Vor der Tür saß der festlich geschmückte Häuptling mit einem rottätowierten Mädchen, seiner Tochter. Der Häuptling nahm die Hand vor den Mund, machte sie hohl und rief aus: »Dies ist meine Tochter Mutiyamba. Ich will sie verheiraten an den schönsten und stärksten Mann. Ich bin reich. Er braucht mir nichts zu zahlen. Ihr sollt überall ausrufen, in der Steppe, am Fluß, in den Bananengebüschen, auf der Sandinsel: der Häuptling Kassangi will seine Tochter Mutiyamba dem Schönsten und Stärksten geben.

Da war ein zarter Jüngling, Liongo, ein Waisenkind, der liebte das Mädchen. Er trug einen Lendenschurz aus Stroh, die Lanze konnte er nicht werfen. Er ging mit in die Steppe, an den Fluß, in die Bananengebüsche, auf die Sandinsel, um zu rufen, daß Kassangi die schöne schlanke Mutiyamba, ach, seine Mutiyamba, dem Schönsten und Stärksten geben wolle. Er ging den übrigen Trommlern voraus. An den Regenteichen sang der zarte Liongo, zwischen den großen Bäumen im Buschwald, unter Butterbäumen, auf denen Affen sprangen, sang Liongo, an Schluchten, aus denen dicke Wespen surrten, im wildaufgeschossenen Dickicht des Sorghumgrases, überall sang der arme Liongo schmetternd das Lob Mutiyambas, um den Stärksten und Schönsten zu locken.

In der Steppe lag ein junger gelber Löwe. Der hörte Liongo singen.

Und wie Liongo an der Fledermausschlucht das Mädchen pries, kroch auch ein wilder Hund hervor. Als der zarte Bote des Häuptlings vor seinen Palast zurückkehrte, waren schon viele Jünglinge dagewesen und von Kassangi verworfen. Mit dem armen heiseren Liongo zogen der Löwe und der wilde Hund an. Der Löwe warf die beiden stärksten Jünglinge um. Er übersprang mit einem Satz die höchste Einzäunung von Kassangis Gehöft. Einen Eimer Palmwein soff er in einem Zuge, und nachher schritt er gerade wie vorher. Ihm gab Kassangi die Tochter. Der prächtige gelbmähnige Löwe setzte sich neben sie. Mutiyamba erschrak, als das Untier ihr Mann geworden war. Aber sie war stolz über seine Kraft.
Und tags darauf feierten sie Hochzeit. Der wilde Hund Kri hatte sich gar nicht erst vor den Häuptling gewagt. Nun kauerte er im Saal am Boden neben dem jungen Löwen, dem nicht wohl war zwischen den Menschen an der Tafel. »Du kennst die Sitten hier nicht, Löwe. Du mußt den Brei zu dir herüberziehen, wenn du essen willst«, flüsterte der Hund herauf. Hintatzte der Löwe nach dem großen Napf, schlang ihn herunter. Die Gäste blickten betreten vor sich. Kassangi, der Häuptling, ließ sich nichts merken. Er befahl einen neuen Napf, schob ihn vor den jungen Bräutigam. Kri lauerte auf den Hinterbeinen: »Du bist Bräutigam. Du mußt Geschenke machen. Jedem Gast mußt du zur Erinnerung einen Löffel Brei in die Hand schütten.« Der Löwe wischte sich das Maul, erhob sich, drückte sich den großen Napf vor die Brust, goß jedem Gast Hirsebrei auf die Hand. Die ersten hielten still, die nächsten warteten nicht, liefen vor die Tür. Finster runzelte Kassangi auf seinem Platz die Stirn. Er rief Diener. Die Gäste ließ er säubern, die von draußen hereinrufen. Stumm verlief das Mahl. »Eine alberne Gesellschaft«, flüsterte Kri, als sie allein saßen, »du mußt dich nicht daran stoßen.«
Der Brautzug fuhr durch das Dorf. Neben Mutiyamba saß der prächtige Bräutigam auf dem Ochsenwagen. Man blies vor ihnen und hinter ihnen und trommelte gewaltig. Sie kamen vor Kassangis Haus, wo der Häuptling mit seinen Frauen stand. Einen Satz auf den Wagen machte der wilde Hund, kletterte auf die Planke zwischen dem Paar: »Mutiyamba, dein Bräutigam ist so finster. Vielleicht hast du ihn gekränkt. Streichle mich, ich bin sein Freund. Das wird ihn erheitern.« Und sie umarmte Kri. Sie küßte seine Schnauze. Sie blickte ihn zärtlich an. Im Zug kicherte man. Kassangi, der Vater, und seine Frauen erschraken. Was tat die Tochter, was würde ihr junger Gatte denken? In seinem Zimmer nahm der Löwe den Hund beiseite. »Was hast du angestellt, Hund! Ich werde dich zerreißen. Mutiyamba, meine Braut, hat dich geküßt. Mich hat sie noch nie geküßt.« – »Sieh her, Löwe, ich

habe mir beim Laufen einen Vorderfuß verstaucht. Das hat sie gesehen, Mutiyamba die Schöne, deine Gemahlin. Sie ist so mitleidig, so zart. Darum hat sie mich Armen geküßt.«
Kassangi mit den Gästen saß da und erwartete den Bräutigam zum Trunk. Da hinkte herein der junge Löwe, der starke, prächtige, zur Tür herein. Er hinkte rechts, er hinkte links. Und wie er bei Mutiyamba stand, quollen ihm Tränen aus den Augen: »Ich habe mir die Beine verrenkt, beide Hinterbeine, gestern, als ich dir zu Ehren sprang.« Er blickte sie kläglich an. Sie zog das Brusttuch über das Gesicht. Sie huschte, ihre beiden Mädchen hinter sich, aus dem Saal. Die qualmenden Männer rümpften die Nasen. Alle schnitten spöttische Mienen, spuckten in die Luft. Da bot der Häuptling dem Bräutigam den Krug: »Trink, Löwe. Meine Tochter Mutiyamba, das schönste Mädchen, ist dir zugefallen. Du hast keinen Kaufpreis zu zahlen. Deine Füße werden wieder heilen. Aber Geschenke wirst du machen. Das ist Sitte bei uns.« Der Löwe auf der Matte nahm den Trunk. Er verbeugte sich stumm vor dem Häuptling.
Er wanderte durch das Dorf, in die Steppe, um Geschenke zu holen. Kri, der gelbe Steppenhund, schlich hinter ihm. »Was soll ich ihr schenken, Kri, ihr und dem Vater Kassangi?« – »Darüber mußt du nicht nachdenken, Löwe. Zeige nur nicht, daß du reich bist, sonst ist er und das ganze Dorf beschämt. Was läufst du überhaupt so weit in die Steppe. Mach am Boden hier – deinen Kot hin. Das ist das Beste, das Einfachste. Das wird sie überzeugen von deiner Bescheidenheit. Ich will ein Körbchen aus Gras flechten, da tun wir den Kot hinein. Das Körbchen trage ich vor Kassangi und Mutiyamba.« Der Löwe dachte lange nach. Er sagte, das könne man nicht tun. Nein, das sei gegen allen Anstand. Der Hund aber sprach auf ihn ein. Er solle es doch einmal versuchen. Gefiele es dem Häuptling und den Frauen nicht, so könne der Löwe etwas anderes bringen. Darauf setzte sich der Löwe. Er saß voll Scham neben dem Feldrain in einem Acker Jams und preßte seinen Kot aus. Der Hund wühlte Jamsknollen aus dem Boden, die Zehen wie ein Menschenfuß hatten, raffte Blätter zusammen, schichtete den warmen Kot über Blätter und Knollen, glättete sie, bedeckte ihn mit jungen Blättern gegen Fliegen. Dann flocht er ein Graskörbchen, hob den geschmückten Kot hinein, spazierte ins Dorf. Hinkend, den mächtigen gelben Kopf senkend, folgte ihm der Löwe. Er stieß ab und zu einen jämmerlichen Ruf aus. Würdevoll knurrend betrat der wilde Hund die Halle Kassangis. Auf seinen Wink blieb der Löwe am Türpfosten stehen und schielte hinein. Das Körbchen überreichte Kri, sein Bote, dem Häuptling mit strengem undurchdringlichen Ausdruck. In Weinen brach Mutiyamba aus. Vor

dem Löwen, der sich ihr zärtlich näherte, floh sie. Der Häuptling warf voll Zorn das Körbchen von sich. Lächelnd und bescheiden verneigte sich der Löwe. Unsicher setzte er sich auf seinen beschmutzten Platz. Er saß noch da, als Kassangi und die Gäste unter Schmährufen die Halle verlassen hatten.
Sie berieten draußen, was gegen den Löwen zu tun sei. Sie bewaffneten sich mit Speeren und wollten ihm sagen: er müsse nach Sitte dieses Dorfes noch einmal die Probe bestehen. Die erste Probe werde angefochten. Sie dachten, er würde das Spiel bei seinen kranken Gliedern verlieren. Sie wandten sich an Kri. Der sagte: »Warum seid ihr betrübt, liebe Herren? Hoffnung ist die Säule der Welt.« Er erbot sich, allein, ohne Hilfe, den Löwen zu besiegen. Sie schüttelten die Köpfe, aber Kassangi sagte: »Wir wollen's versuchen«, und reichte dem würdigen Kri die Hand.
Und als am nächsten Tag Kri und der Löwe ihr Zelt verließen, war der Löwe erstaunt, wie alle sich vor Kri verneigten und vor ihm Platz machten. Ihn selbst beachtete keiner. Der mächtige Löwe sah den jämmerlichen Steppenhund an. »Kri, wie hast du das angestellt! Ich bin dein Freund, du wirst mich nicht im Stich lassen.« Der Hund zog ihn zwischen zwei Zelte. Da stellte er sich hin, zuckte und wackelte und schaukelte mit seinem Leib. Verwundert fragte der Löwe: »Was machst du?« – »Merkst du nichts? Hör, jetzt, hör einmal.« Der Löwe trat näher: »Ich höre nichts, ich höre nichts, Kri.« – »Du mußt auf meinen Bauch hören. Alle hören es. Ich habe über Nacht bewirkt, daß mich alle wie einen König begrüßen. Ich habe ja eine Glocke in meinem Leib.« – »Eine Glocke?« – »Eine klingende Glocke! Bei jedem Schritt schlägt sie an. Darum verneigen sie sich vor mir.« Der Löwe stand zwischen den Zelten und sann nach. Er hielt Kri zurück: »Sag mir, Kri, könntest du mir auch eine Glocke einsetzen?« Kri wiegte zweifelnd den Kopf; der Löwe werde die Schmerzen nicht aushalten. Der Löwe bettelte: Alle Feinde, die Kri im Wald und auf der Steppe hätte, würde er umbringen. Da ließ sich Kri herbei. Er wollte heute nacht mit einigen Vertrauten kommen und die Glocke in den Bauch des Löwen versenken. Beglückt zog der Löwe mit ihm wieder auf die Dorfstraße.
Mittags im Zimmer erklärte Kri: der Löwe müsse ihm noch vor Nacht einen Beweis seiner Widerstandskraft geben. Sonst wage er sich nicht, mit der Glocke zu kommen. Der Löwe lachte. Was Kri, der kleine Hund, ausgehalten hätte, könne er auch aushalten. Aber Kri blieb dabei, er müsse sich vergewissern. Sie gingen zu Tisch. Und als man in der großen Halle Matten ausgebreitet hatte, verlangte Kri eine glühende Eisenstange. Er flüsterte Kassangi ins Ohr, jetzt solle er se-

hen, was er mit dem machen werde. Dann mußte der Löwe sich Kri nähern. Ein zorniges Bellen ausstoßend schlug Kri ihm das heiße Eisen über die Hinterbeine. Einen kleinen Augenblick heulte, Entsetzen verbreitend, der Löwe, sperrte den Rachen gegen den Hund, der zur Tür huschte. Dann – zog der Löwe den Leib krumm, lächelte fade gegen Kri, der langsam näherkroch. Die Gäste, Kassangi und seine Tochter, sahen den beiden mit Staunen zu.
Von diesem Augenblick an war das Gesicht des Löwen verändert. Wie ein Städter wackelte der Löwe jetzt hilflos mit dem großen Kopf, schnaufte nach wenigen Schritten ohne Atem. Seine Füße zitterten: grauenvoll und besorgt blickte er nach allen Seiten. Und der Hund war nicht mehr Kri. Er trug eine Purpurkappe, von der goldene Bänder über Ohren und Hinterkopf herabhingen.
Still hockte der Löwe auf der Matte. Man bot ihm zu essen an. Er blickte mit schlaff hängenden Lippen nur auf Kri, der ihn ansah. Höhnisch boten ihm die Gäste mehr. Er wollte sich zurückziehen, um seine Schmerzen auszubrüllen. Er wollte trinken. Aber über den kleinen Krug hinaus gab man ihm nichts. Kein Mann, keine Frau, kein Tier beachtete ihn, ihn, den König der Tiere. Bevor man aufstand, flüsterte Kri wieder mit Kassangi. Ein Diener brachte wieder die glühende Stange. Der Löwe sah sie nicht, dumpf lag er über seiner Matte. Da schlug Feuer auf sein Vorderbein. So brüllte er jetzt, so warf er aus dem Rachen sein Donnerrollen, daß im Augenblick der Saal geleert war. Er wollte springen. Er konnte nicht. Er schlug um sich. Noch einmal brüllte er, und die Halle zitterte unter dem Donnerrollen. Sein Schwanz zerschlug den Tisch. Da erinnerte er sich, daß dies eine Probe Kris war. Er biß sich die Zunge, lahmte zur Tür, sank platt hin. Die Gäste waren alle geflohen. Kri wischte seitlich herein. Er horchte auf das Stöhnen des Freundes, auf das Flüstern. Und was der Löwe flüsterte? »Kri! Kri! Nicht böse sein. Komm näher. Ich war nicht vorbereitet. Kri, verlaß dich drauf!«
Kri ließ sich herbei. Die Gäste vor der Tür sahen, wie der Löwe den Kopf an dem elenden grauen Hund rieb. Einer nach dem andern kam näher. Ihre Angst legte sich, sie fingen wieder zu kichern an. Der Löwe beachtete es nicht. Er dachte nur an heute nacht und die Glocke. Dann würden sie ihn alle, alle achten. Ein bißchen Schmerz, was schadet ein bißchen Schmerz? Wenn doch erst Nacht wäre, und die Glokke wäre in seinem Bauch! Ach die Glocke! Und er durfte nicht einmal verraten, daß er sogar Kris Glocke nicht hörte.
Mit Sehnsucht erwartete der Löwe auf seinem Zimmer den wilden Hund. Der Sänger Liongo hatte ihm Wasserkrüge zum Kühlen für seine Pfoten gebracht. Finsternis. Der Löwe drehte sich um. Mit einer

Fackel stand Kri da. Flüsterte an der Tür, ohne sich zu nähern: »Löwe! He! Wie geht's, Löwe?« – »Gut, Kri. Ich erwarte dich. Komm doch herein.« – »Ich komm' schon.« – »Wo sind die Glocken?« Der Hund taumelte. Er hatte lange mit den Gästen pokuliert. Er lallte: »Da sind sie ja. Die lieben Glocken. Wird eine schöne Sache werden. Was meinst du, Löwe? Tun dir noch die Pfoten weh?« – »Nicht sehr.« Kri lachte schrill: »Siehst du, wie gut das ging. Herrlich. Die Stange genommen, hupp, auf die Pfoten: eins hupp, zwei hupp, drei hupp! Hat schön geschmeckt, was!« Der Löwe starrte immer auf die Glokken. Kri kraulte ihm rülpsend die Schulter: »Halt still, mein Söhnchen. Liebes strammes Söhnchen. Wir werden schon alles machen.« Und betrunken taumelte er im Zimmer herum und sang, ohne sich um den Löwen zu kümmern: »Mutiyamba, Mutiyamba. Kein Baum trägt Früchte, wie du Kleider trägst. Wer dich ansieht, Mutiyamba, muß die Augen schließen, aus Sehnsucht nach dir, als säße er vor einem Topf mit heißen Dämpfen.« – »Was singst du von meiner Braut?«

Vollgetrunken bis oben war Kri. Was fragte dieser große Narr da. »Kein Baum trägt so viel Früchte, wie sie Kleider trägt. Ihre Beine sind feine feine schlanke Kupfernadeln. – Kommt herein zu mir, hupp, ihr lieben Freunde.« Er wirtschaftete im Raum, legte Stricke hin. Der Löwe sah beklommen zu.

Durch die Tür trippelten sie, hielten sich an der Wand. »Was wollen die?« »Das sind meine Freunde, allesamt. Sie haben mit mir geschluckt den ganzen Tag. Geschluckt, getrunken, gefressen und gesoffen. He, war es kein herrlicher Nachmittag?« – »Ein herrlicher.« – »Und erst die Nacht! He, Löwe, aufgesessen.« – »Was redest du so grob mit mir?« – »Wird mir der Dickschädel vorschreiben, wie ich zu reden habe.« Den Atem hielt der Löwe an. Was war das? Aufbrüllte der Löwe. Der Hund torkelte an die Tür, die Menschen schoben sich zusammen. »Dickschädel, ich Dickschädel?« Kri kniff den Schwanz ein, torkelte an: »Löwe, Löwe, mußt nicht böse sein, ich hab viel getrunken. Jetzt angefangen. Du willst doch, Löwe?« Der blickte ihn lange an: »Ja.« Der Hund bellte böse: »Also.«

Die Gäste trugen Holzpflöcke unter den Armen, die schlugen sie mit Beilen in den Boden der Hütte. Der Löwe erschauerte, seine Lippen wurden schlaff: »Was machen sie?« Kri äffte nach: »Was machen sie? Stöcke schlagen sie ein.« Aus Liongos Krügen zog der Löwe die Pfoten. Er schleppte sich näher. Kri schnupperte an den Krügen: »Wer hat die hergebracht?« – »Liongo.« – »Ah, Liongo. Der! Der Schuft.« Wieder hielt der Löwe den Atem an, brüllte grauenhaft. Der Raum war leer. Kri hielt sich an der Schwelle. Scham und Wut hielten ihn

fest. Er bettelte verlogen: »Also dies sind die Pflöcke für die Pfötchen, dies die Stricke, in die du die Beine steckst. Damit du nicht zuckst, wenn ich die Glocke versenke. Ihr da! Kommt nur, der Löwe weiß, daß ihr verschwiegen seid. Er wird solche Glocke im Bauch haben, wie ich, die kling-kling macht, wenn man geht. Ihr werdet vor ihm hinfallen. Und Mutiyamba, oh! Wie wird sie ihn lieben!«
Die Fackeln brannten in dem Raum. Der Löwe schleppte sich zwischen die Pflöcke. An Mutiyamba dachte er. Dieser schlaue widrige Kri, der wilde Hund, der würde machen, daß sie ihn küßte. Den hatte sie im Wagen geküßt, auf die Schnauze. Den Kopf seitlich drehend weinte der Löwe. Wo war Liongo? Der Löwe stand zwischen den Pflöcken. Das Ohr des Hundes zog er zu sich heran: »Tut mir nicht zu weh.« Der Hund grinste heimtückisch.
Mit Seilen umschlangen sie die Beine des Löwen. Er legte sich ergeben auf die Seite, rollte auf den Rücken. Mit Gewalt rissen sie seine Beine auseinander nach vorn und hinten. Er knurrte. Er warf sich vor Angst. Die Gäste gluckten vor Freude, wie sie den weißen nackten Bauch des jungen Löwen sahen. Die Angstwellen liefen über ihn. Betrunken warfen sie die Hälse zurück. Sie torkelten um das liegende Untier. So laut war ihr Hohngelächter, daß Kassangi und Mutiyamba vor dem Haus erschienen und die Köpfe durch das Fenster steckten. Kri sprang herum, wetzte das Messer. Der Löwe, wie er das Wetzen des Messers hörte, fragte wilder vor Angst: »Und was tust du jetzt? Kri? Und was tust du jetzt? Und was jetzt?« – »Merkst du was?« – »Nein.« – »Jetzt was?« – »Nein.« – »Jetzt was?« – »Nein.« Da hatte der Hund das Messer scharf. Mit einem Satz sprang er dem Löwen auf die Brust, knirschte: »Jetzt, paß auf. Jetzt kommt's.«
Und im Augenblick hieb er das Messer mit voller Faust in den Leib, schlitzte und stieß und wühlte. Das heiße Blut spritzte ihm ins Gesicht, daß er geblendet war. Unter ihm der Löwe wühlte sich hoch, er zerrte nach rechts, nach links. Liongo war am Kopf des Löwen: »Löwe auf! Sie töten dich!« – »Er tötet mich. Es ist wahr«, tobte es durch den Kopf des Löwen. Er schleuderte sich herum, die Pflöcke brach er ab. Das Fell riß er sich von den Füßen. Sein Wehgebrüll! Kri erschlagen! Kri zerreißen! Kri mußte er erschlagen. Er toste, Seile und Pflökke nach sich wirbelnd, in den Haufen der Gäste. Er schlug, drückte, riß, biß, wohin er traf. Den Hund paßte er an der Tür, klatschte ihn nieder auf die Schwelle, zerriß ihn. Es war stockfinster draußen in der Gasse. Mehr töten! Mehr zerreißen! Kassangi, Kassangi, den sah er fliehen. Schnapp, und schon saß er ihm am Rücken, schnapp ihm ins Genick. – Der Jubel, das Weinen der Zuschauer! Jetzt weg, Löwe, flieh aus dem Dorf, in die Steppe.

Sein rollendes unaufhörliches Brüllen. Er hatzte gegen die Pfahlmauer. Er kam nicht hoch. Warum kam er nicht herauf? Was floß ihm heiß aus dem Leib, was schleppte er zwischen den Beinen? Vor Schmerz, vor schrecklich schwerem Weh verstummte er. Er trat auf die eigenen Därme. Noch einen einzigen furchtbaren Satz machte er. Grausig sein Gebrüll. Es ging in ein Röcheln über. Auf den Palisadenspitzen blieb er hängen. Stöhnend drehte und zerrte er da. Seine Augen waren blind. Speere sausten gegen ihn. Er verblutete.
Die Zuschauer weinten, als sie den jungen prächtigen Löwen auf den Palisadenspitzen den sterbenden Leib strecken sahen. Sie warfen Steine, als die Beerdigung der Opfer stattfand. Kassangi war tot. Den Hund schleppte man am Schwanz durch das Dorf. Eselskot hatte man in seinen Bauch getan; die rote senatorische Kappe mit den goldenen Bändern trug er vor dem Maul.
Mutiyamba trat aus ihrem Haus. Ein neuer Häuptling war jetzt da, der stieß sie hinaus. Sie lief zu Liongo. Er nahm sie in seine Hütte. Die Häuptlingstochter hörte nicht auf zu weinen.

Franz Kafka
Der Steuermann

Franz Kafka, 1884 bis 1924. ›Indem Kafka die Vision der Freiheit, das Bild des wahren Menschen bis zuletzt durchhielt, ist er zum schärfsten Kritiker menschlicher Versklavungen und Abhängigkeiten in der modernen deutschen Literatur geworden.‹ Wilhelm Emrich.
Die Parabel *Der Steuermann* schrieb Kafka Ende 1920, zitiert nach *Die Erzählungen,* Frankfurt am Main 1961.

»Bin ich nicht Steuermann?« rief ich. »Du?« fragte ein dunkler hochgewachsener Mann und strich sich mit der Hand über die Augen, als verscheuche er einen Traum. Ich war am Steuer gestanden in der dunklen Nacht, die schwachbrennende Laterne über meinem Kopf, und nun war dieser Mann gekommen und wollte mich beiseite schieben. Und da ich nicht wich, setzte er mir den Fuß auf die Brust und trat mich langsam nieder, während ich noch immer an den Stäben des Steuerrades hing und beim Niederfallen es ganz herumriß. Da aber faßte es der Mann, brachte es in Ordnung, mich aber stieß er weg. Doch ich besann mich bald, lief zu der Luke, die in den Mannschaftsraum führte und rief: »Mannschaft! Kameraden! Kommt schnell! Ein Fremder hat mich vom Steuer vertrieben!« Langsam kamen sie, stiegen auf aus der Schiffstreppe, schwankende müde, nächtige Gestalten. »Bin ich der Steuermann?« fragte ich. Sie nickten, aber Blicke hatten sie nur für den Fremden, im Halbkreis standen sie um ihn herum und, als er befehlend sagte: »Stört mich nicht«, sammelten sie sich, nickten mir zu und zogen wieder die Schiffstreppe hinab. Was ist das für Volk! Denken sie auch oder schlurfen sie nur sinnlos über die Erde?

Lion Feuchtwanger
Der Vortrag

Lion Feuchtwanger, 1884 bis 1958, Dramatiker und Erzähler mit zeitkritischen Absichten. Der Roman *Die Geschwister Oppermann,* erstmals 1933, Neuauflage Berlin 1957, ist der zweite Band einer Trilogie *Der Wartesaal,* die den Aufstieg des Nationalsozialismus und die Vertreibung der oppositionellen Intelligenz darstellt. – Der Text *Der Vortrag* schildert die Auseinandersetzung zwischen dem jüdischen Schüler Berthold Oppermann und einem völkisch gesinnten Lehrer über die Interpretation der Schlacht im Teutoburger Wald 9 n. Chr., in der Varus von Arminius dem Cherusker geschlagen wurde. **Lesehinweis:** Rudolf Wittenberg, *Der Nagel,* in *Die Sammlung,* Amsterdam 1934/35.

In der Fünfminutenpause vor der deutschen Stunde gab sich Berthold männlich, tat, als hätte er vergessen, was bevorstand, sprach mit den Kameraden über Gleichgültiges. Auch Oberlehrer Vogelsang tat, als kümmerte ihn nicht das Ereignis, das jetzt steigen sollte. Er trat ein, setzte sich stramm vors Katheder wie immer, blätterte in seinem Notizbuch. »Was hätten wir also heute? Richtig, den Vortrag Oppermanns. Bitte, Oppermann.« Und als Oppermann vorgetreten war, fügte Vogelsang, heute offenbar sehr gut aufgelegt, mit scherzhaft wohlwollender Aufmunterung hinzu: »Wolfram von Eschenbach, beginne!«

Berthold stand da, zwischen Katheder und Schulbänken, betont lässig, den rechten Fuß vorgesetzt, den rechten Arm hängend, die linke Hand leicht in der Hüfte. Er hatte sich's nicht leicht gemacht, war keiner Schwierigkeit ausgewichen. Aber er hatte es geschafft; er wußte jetzt klar, was uns oder was zumindest ihm Hermann der Deutsche bedeutete. Vom Standpunkt der Rationalisten aus mochte die Tat Hermanns nutzlos erscheinen, aber eine solche Auffassung hielt nicht stand vor dem Gefühl unbedingter Bewunderung, das die Befreiungstat des Mannes gerade in einem Deutschen von heute hervorrufen mußte. Diesen Gedankengang wollte Berthold ausführen gemäß den guten, alten Regeln, die er gelernt hatte: allgemeine Einleitung, Setzung des Themas, prinzipielle Stellungnahme des Vortragenden; Beweise, Einwände, Widerlegung der Einwände; zum Schluß nochmals, stark betont, die These des Vortragenden. Berthold hatte, was er sagen wollte, bis aufs Komma schriftlich fixiert. Da ihm aber die Worte leicht von den Lippen kamen, hatte er es verschmäht, sein Manu-

skript mechanisch auswendig zu lernen. Er wollte, sich streng an die Grundlinien haltend, die Formulierung des einzelnen dem Augenblick überlassen.
Da stand er also und sprach. Er sah vor sich die Gesichter seiner Kameraden, Max Webers, Kurt Baumanns, Werner Rittersteg, Heinrich Lavendels. Aber nicht für diese sprach er. Nur für sich selber und für den dahinten, den Feind.
Denn Oberlehrer Vogelsang hielt sich hinter Berthold, in seinem Rükken. Er saß stramm da, ließ sich nicht gehen, hörte zu. Berthold sah ihn nicht, aber er wußte, der Blick Vogelsangs war steif auf ihn gerichtet, genau auf seinen Nacken. Unter dem Kragen spürte er die Stelle, wohin der Blick Vogelsangs drang. Es war, wie wenn jemand mit spitzem Finger an diese Stelle stieß.
Berthold bemühte sich, an nichts zu denken außer an seine Sätze. Gute dreißig Minuten sollte er sprechen. Etwa acht Minuten hatte er hinter sich, die Einleitung war vorbei, das Thema gesetzt, seine These gesetzt, er war bei den ›Beweisen‹. Da spürte er, wie der Blick Vogelsangs ihn losließ. Ja, Vogelsang erhob sich, sehr leise, um nicht zu stören. Er kam vor, jetzt sah ihn Berthold an der linken Wand erscheinen. Er ging die linke Reihe der Bänke entlang, auf Fußspitzen, mit gemessenen, doch betont vorsichtigen Schritten; Berthold hörte das leise Knarren seiner Stiefel. Vogelsang ging nach hinten, in die Ecke links. Er wollte Berthold vor Augen haben, die Worte aus seinem Mund kommen sehen. Da stand er, hinter der letzten Bank, sehr aufrecht – stützte sich nicht die eine Hand auf einen unsichtbaren Säbel? –, die blaßblauen Augen starr auf Bertholds Mund gerichtet. Berthold, so beobachtet, fühlte sich unbehaglich. Er wandte den Kopf flüchtig dem Lehrer zu, aber der Anblick störte ihn noch mehr. Er sah geradeaus, rückte, wendete den Kopf, als wollte er eine Fliege vertreiben.
Er führte die ›Beweise‹ zu Ende. Er sprach nicht mehr so gut wie zu Beginn. Es war sehr warm im Raum, die Räume des Königin-Luise-Gymnasiums waren gewöhnlich überheizt, er schwitzte leicht auf der Oberlippe. Er kam jetzt zu den ›Einwänden‹. Die Tat Hermanns, sagte er, habe, vom Standpunkt nüchterner Vernunft aus gesehen, äußere Folgen auf die Dauer vielleicht nicht gezeitigt; zugeben müsse man, daß die Römer ein paar Jahre später genau da standen, wo sie vor der Schlacht gestanden waren. Ja, –
Er stockte einen Augenblick, wußte plötzlich nicht weiter. Er strengte sich an, sich zu konzentrieren. Im Geist vor sich sah er die schmalen Seiten seines lateinischen Tacitus, die großen Antiquatypen seiner schönen deutschen Tacitus-Ausgabe. Er schaute wieder nach der Ekke links hinten, dort stand Vogelsang, öffnete den Mund, schloß ihn,

öffnete ihn, sah vor sich nieder auf seine Fußspitzen. Jetzt müssen es schon acht Sekunden sein, daß er nicht weiterspricht. Oder zehn. Was hat er denn zuletzt gesagt? Ja, daß die Tat Hermanns eigentlich keine äußeren Folgen hatte. Keine Frage, Luthers Bibelübersetzung, Gutenbergs Erfindungen waren für Deutschland und sein Ansehen in der Welt bedeutsamer als die Schlacht im Teutoburger Wald. Die Tat des Arminius, das müssen wir zugeben, blieb praktisch ohne Bedeutung. Wollte er das so sagen? Das wollte er doch viel vorsichtiger ausdrükken, nicht so schroff, so hart. Nu wennschon. Weiter, Berthold. Nur keine Pause mehr, die erste Pause hat sowieso schon eine Ewigkeit gedauert. Aber jetzt hat er den Faden wieder. Jetzt kann ihm nichts mehr passieren. Von der ›Widerlegung‹ an ist er in Schwung. Eine zweite Pause? Nee, Herr Doktor, is nich.
Er lächelte schräg hinten in die Ecke, triumphierend. »Aber trotzdem«, setzt er an. Allein was ist denn? Warum verändert sich denn plötzlich das Gesicht Vogelsangs so merkwürdig? Warum läuft denn der Schmiß, der das Gesicht zerteilt, so rot an, warum reißt er denn die Augen so auf? Hilft alles nichts, Herr Doktor. Jetzt hab' ich den Faden wieder, jetzt bringen Sie mich nicht mehr aus dem Konzept. »Aber trotzdem«, setzt er an, frisch, kräftig, »dies alles zugegeben ... «
Da wird er unterbrochen. Scharf, quäkend, kommt es aus der Ecke: »Nein, nicht zugegeben. Ich gebe das nicht zu. Niemand hier gibt das zu. Ich dulde das nicht. Ich höre das nicht länger mit an. Was denken Sie sich denn, junger Mensch? Was für Leute glauben Sie denn, daß Sie vor sich haben? Hier, vor deutschen Menschen, in dieser Zeit deutscher Notwehr, wagen Sie es, die ungeheure Tat, die am Beginn der deutschen Geschichte steht, als nutzlos, als sinnlos zu bezeichnen? Sie geben das zu, sagen Sie. Sie erdreisten sich, die Argumente des ödesten Opportunismus in den Mund zu nehmen, und dann sagen Sie: Sie geben das zu. Wenn Ihnen schon selber jeder Funke deutschen Gefühls abgeht, dann verschonen Sie doch wenigstens uns vaterländisch Fühlende mit Ihren Kotwürfen. Ich verbitte mir das. Hören Sie, Oppermann. Ich verbitte mir das, nicht nur für mich selber, sondern im Namen dieser Anstalt, die vorläufig noch eine deutsche ist.«
Es ist totenstill geworden. Den meisten der Pennäler war in dem warmen Raum das Denken vergangen; sie sind schlaff dagesessen, vor sich hin dösend. Jetzt, bei dem scharfen, anschwellenden Gequäk Vogelsangs, schauen sie hoch, auf Berthold. War es wirklich so schlimm, was der gesagt hat? Und was eigentlich hat er denn gesagt? Es war etwas von Luther und Gutenberg. Ganz begriffen sie den Zorn Vogelsangs nicht, aber wahrscheinlich hat sich Oppermann wirklich ein

bißchen übernommen. Man soll in solchen Vorträgen sagen, was in den Schulbüchern steht, nicht mehr und nicht weniger. Es scheint, er hat sich hineingeritten.
Berthold selber, wie Vogelsang ihn unterbricht, ist zunächst tief verwundert. ›Was will er denn? Warum schreit er denn so? Er soll mich gefälligst zu Ende sprechen lassen. Bisher war es nicht üblich, daß man den Vortragenden unterbrach. Doktor Heinzius hat es nie getan. Aber der liegt nun in der Erde des Stahnsdorfer Waldfriedhofs. Und der da schreit. Man muß doch die ‚Einwände' bringen. Man darf sie nicht unterschlagen, man muß sie widerlegen. So haben wir's gelernt, so steht es in den Regeln, so hat es Doktor Heinzius uns beigebracht. Ich habe ja nichts gegen Hermann gesagt. Es war doch ein ‚Einwand'. Ich wollte ihn doch widerlegen. Mein Manuskript liegt vor. Meine eigene Stellungnahme habe ich doch klar gegeben, zu Beginn von Teil B. Er soll doch schon aufhören, er soll doch nicht so schreien.
Ich habe gleich ein schlechtes Gefühl gehabt, wie er mir den ‚Hermann' vorschlug. Ich hätte beim ‚Humanismus' bleiben sollen. Heinrich hat es auch gleich gesagt, er ist ein Schwein, es ist pure persönliche Gemeinheit.
Er redet doch lauter Unsinn. Da liegt mein Manuskript, in der Bank, in der Schultasche. Man braucht es nur zu lesen, und man sieht klar wie Kloßbrühe, daß das Schwein lauter Unsinn redet.
Was hab ich denn eigentlich gesagt? Genau weiß ich's nicht mehr. Im Manuskript war's nicht. Ich könnte mich trotzdem auf mein Manuskript berufen. Dann sieht jeder, wie es gemeint war.
Ich will mich nicht auf mein Manuskript berufen. Der Hermann war ein oller Indianer, ich kann ihn nicht riechen. Der ‚Einwand' war richtig. So hab ich's gesagt, und so ist es.‹
Er hat die lässige Haltung aufgegeben. Er steht sehr aufrecht, den fleischigen Kopf hoch, die grauen Augen geradeaus. Er läßt die Worte des Feindes auf sich einprasseln.
Der scheint jetzt zu Ende mit seinem Salm. Berthold steht da, nagt mit den großen, weißen Zähnen die Unterlippe. Jetzt müßte er das Manuskript herausziehen und sagen: ›Was wollen Sie denn, Herr Oberlehrer? Bitte, hier ist das Manuskript.‹ Aber er sagt es nicht. Er schweigt, bitter, verstockt. Die grauen Augen hält er fest den blaßblauen des andern entgegen. Endlich, nach einer ewigen Pause, deutlich, aber nicht laut, sagt er: »Ich bin ein guter Deutscher, Herr Oberlehrer, ich bin ein ebenso guter Deutscher wie Sie.«
Diese ungeheure Anmaßung des Judenjungen verschlägt Doktor Vogelsang für einen Augenblick die Sprache. Dann will er losbrechen. Aber er hat alle Trümpfe in der Hand, er will sie nicht durch einen

Temperamentsausbruch verspielen. Er bezwingt sich. »So«, begnügt er sich zu sagen, auch seinerseits nicht sehr laut, »ein guter Deutscher sind Sie? Wollen Sie das gefälligst den andern überlassen, zu bestimmen, wer ein guter Deutscher ist und wer nicht. Ein guter Deutscher.« Er schnaubt verächtlich durch die Nase. Und jetzt, endlich, kommt er vor aus seiner Ecke, aber nicht mehr leise, laut und stramm knarrt jeder Schritt. Geradewegs auf Berthold zu kommt er. Jetzt steht er ihm gegenüber, Aug in Aug mit ihm, und vor der totenstillen Klasse, unter atemloser Spannung, mit gespielter Ruhe und Mäßigung, fragt er: »Wollen Sie sich nicht wenigstens entschuldigen, Oppermann?«
Den zehnten Teil eines Augenblicks hat Berthold von selber daran gedacht, sich zu entschuldigen. Er hat etwas gesagt, was er nicht sagen wollte, hat es obendrein, in einem Augenblick mangelnder Konzentration, schroff und unglücklich gesagt. Warum das nicht zugeben? Dann ist die Geschichte erledigt, er kann seinen Vortrag zu Ende halten, und alle müssen sehen, daß er ein guter Deutscher ist und daß der da ihm Unrecht tut. Aber vor dem Blick Vogelsangs, vor seinem widerwärtigen, hochfahrenden, zerteilten Gesicht verflüchtigt sich diese Anwandlung, noch bevor sie recht Gedanke geworden ist.
Die Kameraden alle starren auf Berthold. Die Haltung Vogelsangs hat Eindruck gemacht. Oppermann hat, scheint es, die Schnauze wirklich zu voll genommen. Aber wie immer, klein beigeben darf er jetzt nicht, das wäre unmännlich. Neugierig warten sie, was er tun wird.
Sie stehen, Vogelsang und er, Aug in Aug. Endlich tut Berthold den Mund auf. »Nein, Herr Oberlehrer«, sagt er, immer leiser, geradezu bescheiden. »Ich werde mich nicht entschuldigen, Herr Oberlehrer«, fügt er hinzu. Alle sind befriedigt. – Auch Vogelsang ist befriedigt. Jetzt erst hat er gesiegt. Jetzt, durch diese Haltung Oppermanns, hat er Gelegenheit, zu zeigen, wie ein deutscher Schulmann zersetzende Elemente zertritt. »Schön«, erklärt er, »ich nehme das zur Kenntnis, Schüler Oppermann. Setzen Sie sich auf Ihren Platz.«
Berthold geht nach seiner Bank. Sicherlich war es unklug, was er getan hat. Er merkt das an der Haltung des Feindes, an seinen aufblitzenden Augen. Aber wenn er nochmals die Wahl hätte, er machte es genauso. Er kann sich nicht bei diesem Menschen entschuldigen.
Der andere ist fest entschlossen, unter allen Umständen Maß zu halten. Aber er kann sich doch nicht versagen, dem Schüler Oppermann, während der sich unter die andern setzt, zuzurufen, obenhin, aber gerade darum voll Triumph und Hohn: »Vielleicht werden Sie noch einmal froh sein, Oppermann, wenn man sich mit einer solchen Sühne begnügt.« Und: »Wir gehen jetzt an die Lektüre unseres Kleist«, beschließt Bernd Vogelsang leicht und überlegen die Episode.

Das Gerücht von dem, was sich ereignet hat, verbreitet sich schnell durch die ganze Anstalt. Noch vor Ablauf des Vormittags hat auch Rektor François es erfahren. Er wundert sich nicht, als sich Oberlehrer Vogelsang bei ihm einfindet.
Vogelsang gönnt sich kaum einen mißbilligenden Blick auf die Voltaire-Büste, so erfüllt ist er von dem Geschehenen. Allein er bezähmt sich, vermeidet geflissentlich jede Übertreibung, gibt einen exakten Bericht. François hört ihn mit sichtlichem Unbehagen an, streicht sich nervös mit den kleinen, gepflegten Händen den Knebelbart. »Unangenehm«, sagt er mehrere Male, nachdem Vogelsang zu Ende ist, »außerordentlich unangenehm.«
»Was gedenken Sie gegen den Schüler Oppermann zu unternehmen?« fragt Vogelsang gemessen.
»Der Junge ist gewissenhaft«, meint Rektor François, »zudem am deutschen Aufsatz und an seinen Vorträgen interessiert. Er hat sicher sein Manuskript sorgfältig ausgearbeitet. Vielleicht sollte man das Manuskript erst einsehen, bevor man ein endgültiges Urteil fällt. Wahrscheinlich liegt ein lapsus linguae vor. Ist das der Fall, dann brauchte man wohl, bei aller Würdigung Ihrer Motive, Herr Kollege, eine solche rednerische Entgleisung nicht allzu streng zu beurteilen.«
Vogelsang zog die Brauen hoch, befremdet. »Ich glaube, Herr Rektor, man kann den Fall nicht streng genug beurteilen. In einer Zeit, da der Schmachfriede, das Versailler Diktat, sich am wüstesten auswirkt, erfrecht sich ein junger Bursche, eine der hehrsten deutschen Taten durch platte rationalistische Kritik zu zersetzen. Während wir deutschen Menschen, wir bewußt Nationalen vornean, um den Wiederaufstieg des Volkes so über alles Maß schwer zu ringen haben, verhöhnt ein Schüler, ein Knabe, die Anstrengungen, mit der unsere Ahnen ihre Ketten sprengten. Ihrem Voltaire vielleicht, Herr Rektor, mag ein solches Verhalten angestanden haben. Aber wie man sich um Entschuldigungsgründe bemühen kann, wenn der Schüler eines, immer noch deutschen, Gymnasiums sich dermaßen erdreistet, das, ich muß offen gestehen, übersteigt mein Verständnis.«
Rektor François rückte unruhig in seinem Sessel; die dünne, rosige Haut seines Gesichts zuckte. Fast noch mehr als unter dem Inhalt dessen, was der Mensch sagte, litt er unter der Form. Das geschwollene Deutsch, das blecherne Volksversammlungspathos schuf ihm körperliches Unbehagen. Wenn der Bursche wenigstens ein Konjunkturjäger wäre. Das schlimmste ist, daß er es ehrlich meint, daß er den Unsinn glaubt, den er daherschwatzt. Er hat, aus Minderwertigkeitsgefühl, sein Inneres mit einem Panzer des billigsten Nationalismus umschient, durch den kein Strahl der Vernunft durchkam. Und er, Fran-

çois, muß das Gefasel ruhig mit anhören, aufmerksam, höflich. Welch dunkle Zeit. Wieder einmal hat Goethe recht: ›Das Menschenpack fürchtet sich vor nichts mehr als dem Verstand. Vor der Dummheit sollten sie sich fürchten, wenn sie begriffen, was fürchterlich ist.‹ Und er, François sitzt da, das Bessere wissend, mit gebundenen Händen. Er darf nicht zu dem gescheiten Jungen stehen gegen den Hornochsen, seinen Lehrer. Läßt man sich hinreißen, wagt man es, sich offen zur Vernunft zu bekennen, dann blökt die ganze Ochsenbande der völkischen Zeitungen los. Und die Republik ist schwach, die Republik gibt immer klein bei. Sie läßt einen im Stich, um die blökenden Ochsen zu besänftigen. Man verliert Amt und Brot, die Kinder verproletarisieren, und man kommt um das Beste, was das Leben zu verschenken hat, ein ruhiges Alter.
Doktor Vogelsang mittlerweile legte jetzt seine Meinung über die Einzelheiten des Falles dar. »Lapsus linguae«, sagte er, »lapsus linguae haben Sie gesagt. Aber liegt die Bedeutung dieser Schulvorträge nicht gerade darin, daß sie durch den Kontakt mit dem Hörer das wahre Gefühl des Vortragenden frei machen?« Er war bei seinem Lieblingsthema. »Die Rede ist wichtiger als die Schrift. Das großartige Beispiel des Führers beweist es. Und was der Führer darüber sagt in seinem Buche ›Mein Kampf‹ . . . «
Hier aber unterbrach ihn Rektor François. »Nein, Herr Kollege«, sagte er, »Ihnen auf dieses Gebiet zu folgen, lehne ich ab.« Seine milde Stimme klang ungewohnt entschieden, seine freundlichen Augen blitzten scharf durch die großen Gläser der Brille, seine zarten Wangen röteten sich, er richtete sich auf, man sah, daß er größer war als Oberlehrer Vogelsang. »Sie wissen, Herr Kollege, seit Bestehen dieser Anstalt kämpfe ich hier für die Reinheit des deutschen Wortes. Ich bin keine Kämpfernatur, das Leben hat mir manches Zugeständnis abgepreßt. Aber eines darf ich behaupten: in diesem Kampf habe ich keinen Kompromiß gemacht. Und ich werde keinen machen. Man hat mir, selbstverständlich, das Buch Ihres Führers gebracht. Einige Kollegen haben es in ihre Schulbibliotheken aufgenommen. Ich nicht. Ich kenne kein zweites Werk, so befleckt mit Sünden gegen den Geist der Sprache wie dieses. Ich kann nicht zulassen, daß innerhalb meiner Anstalt dieses Buch auch nur zitiert wird. Ich muß Sie dringend bitten, Kollege, das Buch in diesem Haus nicht zu zitieren, nicht vor mir und nicht vor Ihren Schülern. Ich dulde nicht, daß das Deutsch der Jungens verhunzt wird.«
Bernd Vogelsang saß da, die dünnen Lippen verpreßt. Er war fleißig, gründlich, wußte Bescheid um deutsche Sprache und Grammatik. Er hat einen Fehler gemacht. Er hätte vor diesem übelwollenden Mann

das Buch des Führers nicht zitieren sollen. Es war leider nicht zu leugnen, daß Rektor François in gewissem Sinne recht hatte. Der größte lebende Deutsche, der Führer der deutschen Bewegung, war nicht vertraut mit den Elementen der deutschen Sprache. Das hatte er freilich mutatis mutandis mit Napoleon gemein, mit dem er auch gemein hatte, daß er nicht auf dem Gebiet des Reiches geboren war, das zu befreien er kam. Aber Bernd Vogelsang litt gleichwohl unter den sprachlichen Mängeln des Führers. Wie immer, er mußte die Frechheiten des Rektors wehrlos einstecken, man konnte nichts dagegen vorbringen. Der unsichtbare Säbel war ihm entfallen. Er saß da, die Lippen verkniffen, schweigend.
Rektor François hatte zunächst noch seine Empörung genossen. Das Leben zwingt einen zu Opfern des Intellekts; allein so tief ist er noch nicht gesunken, daß man es wagen dürfte, ihm den Kot des Buches ›Mein Kampf‹ als Parfüm aufzuschwatzen. Allmählich aber beunruhigte ihn das finster verbissene Gesicht des Oberlehrers, sein böses Schweigen. Rektor François hat sein geliebtes Deutsch mit Kraft verteidigt, jetzt ist es genug. Er wandelte sich zurück in den konzilianten Herrn, der er von Natur war. »Verstehen Sie mich recht, Kollege«, begütigte er. »Es liegt mir fern, etwas gegen Ihren Führer zu sagen. Sie wissen, wie Kaiser Sigismund jenen Bischof abtat, der seine grammatikalischen Fehler bemängelte: ›Ego imperator Romanus supra grammaticos sto.‹ Von Ihrem Führer verlangt niemand, daß er die deutsche Grammatik beherrscht: aber von den Schülern des Königin-Luise-Gymnasiums verlange ich das.«
Es klang wie eine Entschuldigung. Aber es blieb eine Frechheit von diesem François, so ohne Scheu von den Mängeln des Führers zu sprechen. Was ihm, Vogelsang, zu denken erlaubt war, das zu sagen blieb diesem weibischen Manne noch lange verboten. Auf keinen Fall wird sich Bernd Vogelsang von seiner Sache abbringen lassen. ›Trotz alledem!‹ denkt er.
In diesem Augenblick wurde dem Oberlehrer Doktor Bernd Vogelsang die Ahndung dessen, was der Schüler Oppermann verbrochen hatte, zur Lebensaufgabe.
»Zur Sache, Herr Rektor«, quäkte er, und jetzt war der unsichtbare Säbel wieder da. »Es liegt im Fall Oppermann nicht nur eine Schmähung des Deutschtums vor, die in diesen Zeiten an Verrat grenzt, sondern auch eine ungewöhnlich dreiste Verletzung der Schuldisziplin. Ich muß Sie nochmals fragen: Was gedenken Sie gegen den widerspenstigen Schüler Oppermann zu unternehmen?«
Rektor François saß da, müde, höflich, ungefährlich wie zuvor. »Ich werde es mir überlegen, Herr Kollege«, sagte er.

Gerüchte hatten im Königin-Luise-Gymnasium schnelle Beine. Ein Jahr zuvor hatte Pedell Mellenthin den jungen Oppermann, Sohn des Möbelgeschäfts, überaus devot gegrüßt. Jetzt schaute er weg, als Berthold das Gebäude verließ. Hingegen stand er noch stramm, als Oberlehrer Vogelsang schon zwei Schritte entfernt war. Wer hat es immer gesagt, daß der Neue den Lahmärschen zeigen wird, was eine Harke ist? Und wer hat es jetzt gezeigt? Wieder einmal hat sich erwiesen, was für eine Nase Pedell Mellenthin hat.

Lion Feuchtwanger
Herr Hinkel

Nach der Machtübernahme durch Hitler waren ›zur Aufrechterhaltung der Ordnung‹ Einheiten der SA zu ›Hilfspolizisten‹ gemacht worden. Sie verhafteten in ganz Deutschland Gegner des Regimes und Juden und mißhandelten sie in den SA-Kasernen. Auch diese Tage und Wochen des Jahres 1933, über die viele dokumentarische Zeugnisse aus dem gesamten damaligen Reichsgebiet existieren, sind in Feuchtwangers Roman *Die Geschwister Oppermann,* erstmals 1933, Neuauflage Berlin 1957, dargestellt. Der Text schildert die Verhaftung des jüdischen Möbelhändlers Oppermann.
Lesehinweis: Fritz Ball, *Eine Nacht im Gestapokeller,* in *Wir haben es gesehen. Augenzeugenberichte über Terror und Judenverfolgung im Dritten Reich,* redigiert und herausgegeben von Gerhard Schoenberner, Hamburg 1962.

In das Chefkontor in der Gertraudtenstraße kam der Jude Markus Wolfsohn. Er war von den Deutschen Möbelwerken entlassen worden. »Schön, Wolfsohn«, sagte Martin, »Sie können bei mir eintreten.« Noch am gleichen Nachmittag erschien bei Martin der Packer Hinkel, Leiter der völkischen Betriebszelle des Möbelhauses Oppermann. Erregt verlangte er, Martin habe Herrn Wolfsohns Einstellung sowie die von drei andern jüdischen Verkäufern rückgängig zu machen und statt ihrer ›Arier‹ einzustellen. »Ich glaube«, sagte freundlich Martin, »Sie täuschen sich über Ihre Befugnisse, Hinkel«, und er zeigte ihm eine Zeitungsmeldung. Nur amtliche Stellen, hieß es da, nicht die Leiter einzelner völkischer Organisationen dürften in die Betriebsleitung eingreifen. Bösartig, aus engen Augen, schaute der Packer Hinkel seinen Chef an. »Erstens«, erwiderte er, »haben Sie, wenn ich in Uniform bin, ›Herr Hinkel‹ zu mir zu sagen. Zweitens ist diese Verordnung nur für das Ausland gedruckt und geht mich nichts an. Drittens werde ich über Ihr Verhalten an geeigneter Stelle zu berichten wissen.« – »Schön«, sagte Martin. »Aber jetzt sehen Sie zu, Herr Hinkel, daß endlich die Sendung für Seligmann & Co. fertig wird. Herr Brieger sagte mir, es liege nur an Ihnen, daß die Sendung nicht schon gestern abging.« – »Die Arbeit für den nationalen Aufstieg geht vor«, erwiderte der Packer Hinkel.
In der Nacht drauf, gegen Morgen, kamen sie zu Martin Oppermann in die Corneliusstraße. Das verstörte Mädchen beiseite schiebend, stand einer mit Revolver und Gummiknüppel in Martins und Liselottes Schlafzimmer, hinter ihm vier oder fünf andere, sehr junge Bur-

schen. »Herr Oppermann?« fragte der Führer höflich. »Ja«, sagte Martin. Es war nicht Schreck oder der Wille zur Unfreundlichkeit, was seine Stimme brummig klingen ließ, sondern es war nur, weil er noch verschlafen war. Liselotte war hochgefahren, aus großen, entsetzten Augen starrte sie auf die Burschen. Es war ein Glück, sagte man überall im Reich, in die Hände der Staatspolizei zu fallen, aber wehe dem, der in die Hände der Völkischen fiel, und dies waren Völkische. »Was wollen Sie von uns?« fragte Liselotte ängstlich. »Von Ihnen gar nichts, meine Dame«, sagte der junge Mensch. »Sie haben sich anzuziehen und mit uns zu kommen«, sagte er zu Martin. »Schön«, sagte Martin. Er überlegte angestrengt, welche Stellung der Bursche wohl in der Landsknechtsarmee einnahm; man erkannte das an dem Aufschlag am Kragen, dem sogenannten Spiegel. Aber wie man so einen hieß, darauf konnte Martin nicht kommen. Er hätte ihn am liebsten gefragt, aber das hätte der junge Mensch wohl als Hohn aufgefaßt. Im übrigen war Martin sehr ruhig. Man wußte, daß in den Kellern der Landsknechtsunterkünfte viele erschlagen worden waren, man kannte die Namen, und ganz unzerzaust kamen aus diesen Kellern nur wenige heraus; aber er hatte seltsamerweise keine Angst. »Sei ruhig, Liselotte«, bat er. »Ich bin bald wieder zurück.« – »Das hängt wohl nicht von Ihnen allein ab, Herr«, sagte der mit den zwei Sternen. Sie brachten ihn in eine Taxe. Er saß schlaff da, die Augen halb geschlossen. Es kann ihm wenig mehr passieren. Eigentlich sind seine Dinge in Berlin erledigt. Was immer Martin geschieht, Liselotte wird zu leben haben.

Seine Begleiter unterhalten sich halblaut: »Ob wir ihn gleich an die Wand stellen? Hoffentlich dürfen *wir* ihn verhören: nicht die Achtunddreißiger.« Martin wiegt den Kopf. Was für kindliche Methoden. Sie wollen, daß er seine jüdischen Angestellten entläßt. Vielleicht werden sie ihm das durch Mißhandlungen abzutrotzen suchen. Man hat Großkaufleute, Betriebsdirektoren in völkische Kasernen geschleppt, in Konzentrationslager, um ihnen ihren freiwilligen Rücktritt abzupressen oder den Verzicht auf irgendwelche Rechtstitel. Die Völkischen wollen die Industrien, die die fünfhunderttausend Juden aufgebaut haben, für sich selber. Sie wollen ihre Geschäftshäuser, ihre Stellungen, ihr Geld. Dafür ist ihnen jedes Mittel recht. Er glaubt nicht, daß sie ihn lange dabehalten werden. Lieselotte wird telefonieren, Mühlheim wird telefonieren.

Man brachte ihn in ein oberes Stockwerk, in einen kahlen Raum. Ein Mann saß da mit vier Sternen am Uniformkragen, ein anderer an einer Schreibmaschine. Der mit den zwei Sternen meldete: »Truppführer Kersing mit einem Gefangenen.« Richtig, Truppführer heißen

die mit den zwei Sternen. Man fragte Martin die Personalien ab. Dann erschien einer in einer reicheren braunen Uniform, keine Sterne am Kragen, sondern ein Blatt. Der Mann setzte sich hinter den Tisch. Es war ein ziemlich großer Tisch, ein Leuchter mit Kerzen stand darauf, eine Flasche Bier und einige nach Jurisprudenz aussehende Bücher. Der Mann warf die Bücher durcheinander. Martin beschaute sich den Leuchter. ›Was für eine läppische Aufmachung‹, dachte er. ›Der hat also ein Blatt am Kragen. Es ist übrigens kein Blatt, sondern Eichenlaub. In diesen Dingen sind sie sehr genau.‹
»Sie heißen Martin Oppermann«, fragte der mit dem Eichenlaub. ›Das dürften sie nun endlich wissen‹, denkt Martin. ›Standarte heißt das‹, fällt ihm ein. ›Standartenführer heißt so einer mit dem Laub, das ist schon ein ganz Großer, ein Räuberhauptmann.‹ »Ja«, sagt er. »Sie haben sich Anordnungen der Regierung widersetzt?« fragt man ihn hinter dem Leuchter. »Nicht daß ich wüßte«, sagt Martin. »In diesen Zeiten«, sagt jetzt ernst der mit dem Eichenlaub, »ist Widerstand gegen die Anordnungen des Führers eine landesverräterische Handlung.« Martin zuckt die Achseln. »Ich habe mich den Anordnungen meines Packers Hinkel widersetzt«, sagt er, »von dem mir nicht bekannt ist, daß ihm irgendeine amtliche Funktion zugewiesen worden wäre.« – »Schreiben Sie«, sagte der mit dem Eichenlaub, »der Angeklagte leugnet und macht Ausflüchte. Führen Sie den Mann ab«, ordnet er an.
Der Zweigesternte und drei andere brachten Martin die Treppen wieder hinunter und dann noch tiefer, über schlechterleuchtete Stufen. ›Dies also ist der Keller‹, dachte Martin. Man kam jetzt vollends ins Dunkle, es ging durch einen langen Gang. Man packte Martin hart an den Armen. »Gehen Sie im Schritt, Mensch«, sagte eine Stimme. Es war ein langer Korridor, es ging um eine Ecke, um noch eine. Jemand leuchtete ihm mit einer elektrischen Lampe ins Gesicht. Nun ging es ein paar Stufen hinauf. »Bleib im Schritt, Kerl«, sagte man zu ihm und schubste ihn in den Rücken. ›Was für kindische Methoden‹, dachte Martin.
Man mochte ihn zehn Minuten kreuz und quer geführt haben, dann stieß man ihn in einen größeren, dämmerigen Raum. Das hier sah ernster aus. Auf Lumpen und Pritschen lagen Menschen, ihrer zwanzig bis dreißig, halbnackt, blutig, stöhnend, übel anzuschauen. »Sag ›Heil Hitler‹, wenn du wo eintrittst«, kommandierte einer von seinen Begleitern und stieß ihn in die Seite. »Heil Hitler«, sagte folgsam Martin. Sie schoben sich durch die engen Reihen der übel Anzusehenden, Stöhnenden. Geruch von Schweiß, Kot, Blut war im Raum. »In Warteraum vier ist kein Platz mehr«, sagte der Zweigesternte.

Man brachte Martin in einen andern Raum, der kleiner war, grell erleuchtet. Hier standen ein paar Menschen, mit dem Gesicht gegen die Wand. »Stell dich hierher, Saujud«, sagte man zu Martin, und er mußte sich neben die andern stellen. Ein Grammophon spielte das Horst-Wessel-Lied. ›Die Straße frei den braunen Bataillonen‹, quäkte es, ›Die Straße frei dem Sturmabteilungsmann. Es schaun aufs Hakenkreuz voll Hoffnung schon Millionen. Der Tag für Freiheit und für Brot bricht an.‹ – »Mitsingen«, kommandierte man. Knüppel wurden geschwungen, und die mit dem Gesicht zur Wand sangen. Dann wurde eine Platte mit einer Rede des Führers gespielt, dann wieder das Horst-Wessel-Lied. »Grüßen«, kommandierte man, und wer Arm oder Finger beim altrömischen Gruß nicht stramm genug hielt, bekam einen Schlag auf Arm oder Finger. »Mitsingen«, hieß es dann wieder. So ging es eine Weile. Dann wurde das Grammophon abgestellt, und es war nun völlige Stille im Raum.
Das mochte so eine halbe Stunde dauern. Martin war sehr müde, er drehte vorsichtig den Kopf zur Seite. »Willst du still stehn, Mensch«, sagte einer und schlug ihn über die Schulter. Es tat weh, aber eigentlich nicht sehr. Dann begann wieder das Grammophon. ›Die Nadel ist abgenützt‹, dachte Martin, ›und ich bin hundemüde. Einmal wird es denen auch zu langweilig werden, meinen Rücken anzuschauen.‹ – »Wir beten jetzt das Vaterunser«, kommandierte die Stimme. Gehorsam sagten sie das Vaterunser her. Martin hatte es lange nicht gehört, er hatte nur eine vage Ahnung. Er achtete genau auf die Worte, eigentlich waren es gute Worte. Das Grammophon verkündete die fünfundzwanzig Punkte des Parteiprogramms. ›Jetzt habe ich ja mein Training in einem gewissen Sinn‹, dachte Martin. ›Liselotte hängt jetzt sicher an der Strippe und telefoniert. Mühlheim auch. Liselotte, das ist das Schlimmste.‹
Zwei Stunden stehen, das klingt nach nichts. Aber es ist nicht leicht für einen Mann, nahe der Fünfzig, und keiner körperlichen Anstrengung gewohnt. Das grelle Licht und sein Widerschein an der Wand quälte Martins Augen, das Gequäke des Grammophons seine Ohren. Aber dann, ihm schien es eine Ewigkeit, es waren zwei Stunden, wurde es ihnen wirklich zu langweilig. Sie befreiten ihn von der Wand, führten ihn wieder über Treppen und durch dunkle Gänge und schließlich in ein kleines Zimmer, ziemlich dunkel. Diesmal saß einer mit drei Sternen vor einem Tisch mit einem Leuchter. »Haben Sie noch einen Wunsch? Oder haben Sie sonst noch etwas zu bestellen?« fragte er Martin.
Wieder übernahmen ihn die Jungens. Martin hätte sich am liebsten mit ihnen unterhalten, aber er war zu müde. Der nächste, der mit ihm

sprach, war der Packer Hinkel. Er war nicht in Uniform. »Ich habe mich für Sie eingesetzt, Herr Oppermann«, sagte er, ihn aus seinen engen Augen musternd. »Schließlich war man einige Jahre zusammen. Ich glaube, es ist besser, Sie geben nach. Unterschreiben Sie, daß Sie sich den Anordnungen des Betriebsrates fügen und die vier Leute entlassen, und Sie sind frei.« – »Sie meinen es wahrscheinlich gut, Herr Hinkel«, sagte friedfertig Martin. »Aber hier unterhandle ich nicht mit Ihnen. Über Geschäfte verhandle ich nur in der Gertraudtenstraße.« Der Packer Hinkel zuckte die Achseln.
Man wies Martin eine Pritsche an in einer kleinen Kammer. Er hatte Kopfschmerzen; auch die Stelle am Rücken, auf die man ihn geschlagen hatte, schmerzte jetzt. Er versuchte, sich die Sätze des Vaterunsers ins Gedächtnis zurückzurufen. Aber die hebräischen Worte des Totengebetes, die er unlängst gesprochen hatte, drängten vor. Es war gut, allein zu sein. Er war sehr erschöpft. Aber man schaltete das Licht nicht aus, das hinderte ihn am Schlafen.
Noch bevor die Nacht um war, wurde er wieder in den Raum gebracht, wo man ihn aufgenommen hatte. Hinter dem Tisch mit dem Leuchter saß jetzt einer ohne Laub, mit nur zwei Sternen. »Sie können gehen, Herr Oppermann«, sagte er. »Es sind nur noch einige Formalitäten zu erfüllen. Wollen Sie, bitte, das hier unterschreiben.« Es war eine Bestätigung, daß er gut behandelt worden war. Martin las, wiegte den Kopf. »Wenn ich zum Beispiel meine Angestellten so behandelte«, sagte er, »ich weiß nicht, ob sie mir das bestätigen.« – »Sie wollen doch nicht sagen, Herr«, schnarrte der Mensch, »daß Sie hier schlecht behandelt worden seien?«
»Wollen?« fragte Martin zurück. »Schön«, sagte er, »ich werde es nicht sagen.« Er unterschrieb. »Dann wäre noch das da«, sagte der Mensch. Es war eine Anordnung, zwei Mark zu bezahlen, eine Mark für Unterkunft, eine Mark für Verpflegung und Behandlung. ›Die Musik ist frei‹, dachte Martin. Er bezahlte, bekam eine Quittung. »Guten Morgen«, sagte er. »Heil Hitler«, sagte der Zweigesternte.
Martin, wie er hinaus ins Freie trat, fühlte sich plötzlich hundeelend. Es regnete, die Straße war leer, es war lange vor dem Morgen. Es sind noch nicht vierundzwanzig Stunden, daß sie ihn geholt haben. Wenn er nur nach Hause kommt. Die Beine sind ihm so weich, sie sacken unter einem weg. Ein Königreich für eine Taxe. Da ist ein Schupo. Der Schupo schaut ihn scharf an. Vielleicht hält er ihn für betrunken, vielleicht auch sieht er ihm an, daß er aus dem Landsknechtsquartier kommt. Die Staatspolizisten hassen die völkischen Landsknechte, sie nennen sie die ›Braune Pest‹, ekeln sich vor ihnen. Jedenfalls hält der Schupo still und fragt Martin freundlich: »Was haben Sie, Herr? Ist

Ihnen nicht wohl?« – »Vielleicht könnten Sie mir eine Taxe besorgen, Herr Wachtmeister«, sagt Martin. »Mir ist wahrhaftig soso.« – »Gemacht, Herr«, sagt der Schupo.

Martin setzt sich auf den Treppenvorsprung eines Hauses. Er hält die Augen geschlossen. Die Schulter, wo er den Hieb bekommen hat, schmerzt ihn jetzt ernstlich. Es ist ein sonderbarer Anblick, den Chef des Möbelhauses Oppermann so auf der Straße hocken zu sehen, ziemlich zerbeult, heruntergekommen. Aber er steht nicht mehr, er sitzt, er kann die Augen geschlossen halten; eigentlich, so übel ihm ist, fühlt er sich wohl. Und wie gut tut der leichte Regen. Die Taxe kommt, der Schupo hilft ihm hinein, er kann noch die Adresse angeben. Dann sitzt er in der Taxe, schräg, mehr liegend, wie tot, schläft, schnarcht, gegen seine Gewohnheit, ist es ein Gemisch von Röcheln und Schnarchen.

Der Chauffeur, wie er an dem Haus in der Corneliusstraße ankommt, läutet. Liselotte selber öffnet, hinter ihr, halb angezogen, ist der Portier, verstört und erfreut, wie er Martin erblickt. Zusammen mit ihm hilft sie Martin hinauf. Im Wintergarten bringen sie ihn nicht weiter. Er sitzt da, in einem Sessel, hat die Augen wieder geschlossen, schläft, schnarcht.

Egon Erwin Kisch
Schreib das auf, Kisch!

Egon Erwin Kisch, 1885 bis 1948, nahm als Korporal der österreichisch-ungarischen Armee am Ersten Weltkrieg teil. Sein Kriegstagebuch, das er später *Schreib das auf, Kisch!* nannte und aus dem hier ein Kapitel folgt, registriert das Kriegsgeschehen nüchtern, genau und sachlich, ohne es effektvoll aufzuputzen. Kisch stammt aus einer großbürgerlichen tschechisch-jüdischen Familie; sein Interesse galt aber weniger der Schicht, in der er geboren war, als dem tschechischen Proletariat in Prag – ein deutsches gab es nicht –, das er als Gerichtsreporter der *Bohemia* und des *Prager Tagblattes* in den Kneipen, Volksküchen und Armenasylen aufsuchte. Er machte aus der journalistischen Darstellungsform der Reportage eine Kunstform.
Lesehinweis: Egon Erwin Kisch, *Volksküchen,* in *Die Abenteuer in Prag,* 1920.

Der Journalismus, so sagt man, führt zu allem, wenn man ihn verläßt. Ich verließ den Journalismus 1914, um Soldat zu werden, und wohin führte er mich?
Zu Beginn des Weltkriegs, gleich mit den ersten Truppen, ging ich als Korporal der österreichisch-ungarischen Armee in die Schwarmlinie. Das wurde mir schwerer gemacht als jenen, die sich nicht dazu drängten, weil die mir vorgesetzten Kommandostellen in Heimat und Etappe mich als Historiographen (wie der Euphemismus für Reklamechef lautet) bei sich behalten wollten.
Mich jedoch verlangte es nach dem großen Abenteuer, und so lag und schoß und rannte ich vor dem Feind. Der Feind war zunächst das Königreich Serbien.
Ich hatte also einen neuen Beruf, wenn auch nur den zeitweiligen eines Soldaten. Zum erstenmal sah ich Begebenheiten von innen, die wichtiger waren als alle, die in der Presse erschienen. Daß nicht die wichtigen, sondern die belanglosen Begebenheiten in der Presse erschienen, war für mich selbst inmitten des unfaßbaren Grauens ein Stoff zum Nachdenken.
Meine Kompanie hatte Sturmangriff auf die Dammstraße von Kolubara gemacht. Die hundertfünfzig Schritte hatten mehr als die Hälfte unserer Leute gekostet, Burschen, mit denen ich Tag und Nacht beisammen gewesen war, von denen ich jeden Gedanken und jede Regung kannte. Mit manch einem hatte ich Freundschaft bis zum Tod geschlossen. Heute war der Termin abgelaufen.
Eine Landwehrkompanie hat uns abgelöst. Wir liegen wieder, redu-

ziert, in unserer alten Stellung, die jetzt nicht mehr vorderste Linie, sondern Regimentsreserve ist. Noch immer bombardiert die feindliche Artillerie das 150 Schritte breite Maisfeld, dessen Erwerbung uns so teuer zu stehen kam.
Mit dem Essen kommt auch Post zu uns, für mich eine Zeitung. Da ich sie aufschlage, wird Fähnrich Frank auf einer Bahre vorbeigetragen, Bauchschuß. Ich trete auf ihn zu: »Grüß mir Prag.« – »Ich komm' nicht mehr bis Prag«, stöhnt er.
Ich schaue in die Zeitung. ›Heeresbericht nördlicher Kriegsschauplatz‹ ... ›südlicher Kriegsschauplatz‹ ... Leitartikel: ›Gegen die Flucht in die Sachwerte‹.
Ich führte eine Patrouille zur linken Nachbarkompanie und frage dort einen Gefreiten, der abseits seine Notdurft verrichtet, nach dem Kompaniekommando. Er weist mit der Hand die Richtung.
Fast gleichzeitig bäumt sich die Erde auf, Schollen sausen mir in den Mund, in die Augen. Da ich wieder sehen kann, sehe ich den Rumpf des Gefreiten auf dem Boden, aus dem Hals spritzt Blut hoch. Die Granate fuhr durch seinen Kopf hindurch ins Erdreich, ein Blindgänger.
Ich bin wieder in meinem Unterstand, mir zittern noch die Glieder, ich bemerke, daß meine Hose mit Blut bespritzt ist. Schnell die Zeitung, nur vergessen, auf andere Gedanken kommen.
›Im Nachlaß des Barons Wladimir Schlichtner fand sich eine von Fragonard mit einem gewagten Bild geschmückte Tabatiere, die begreiflicherweise bei der gestrigen Auktion ...‹ – ›Dem sonntägigen Wettspiel zwischen ‚Sportbrüder' und ‚Deutscher Fußballklub', die einander bei ihrem letzten Zusammentreffen nach erbittertem Kampf ein unentschiedenes Spiel lieferten, wird mit um so größerer Spannung entgegengesehen, als ...‹
Sanitäter tragen in einem Zeltplan einen Verwundeten, vor unserem Unterstand legen sie ihn hin, um auszuruhen. Ich schaue in sein Gesicht: es ist fahl. Ich berühre seine Hand: sie ist kalt. Die Legitimationskapsel wird ihm abgenommen, seine Taschen geleert, und er wird hinter den Pflaumenbaum getragen, wo die Toten liegen.
Zwischen mich und meinen alten Beruf hat sich eine Distanz geschoben. Ich sehe jetzt anders. Mein journalistisches mit meinem soldatischen Auge vereint, ergeben ein plastisches Bild der Dinge.
Etwas Ähnliches wie die ›Zeitung‹, die ich als Kind für mich allein verfaßt und gedruckt hatte, ist jetzt mein Tagebuch. Jeden Tag stenographiere ich meine Lebensweise und meine Gedanken, die Lebensweise und Gedanken von Hunderttausenden. Stundenlang schreibe ich in mein Notizbuch. Die Kameraden spotten: »Schreib das auf,

Kisch!« Der Satz wird zur ständigen Redensart. Auch wenn ich nicht dabei bin, unterstreichen die Soldaten ihre Witze, Flüche, Drohungen, Klagen mit einem »Schreib das auf, Kisch!« Kisch schreibt auf, wenn der letzte Hosenknopf abreißt, wenn das einzige Stück Seife in den Brunnen fällt, wenn Blut in den Eßnapf spritzt. Manches schreibe ich auf, was ich als Journalist nicht gewußt hätte. Manches hätte ich als Journalist auch dann nicht geschrieben, wenn ich es gewußt hätte, denn es wäre mir zu belanglos erschienen. Manches schreibe ich auf, was ich als Journalist nicht hätte schreiben dürfen, die Zeitung nicht gedruckt hätte. Mein Tagebuch weiß und darf. Welch ein Unterschied zwischen einem Spezialkorrespondenten und einem Soldaten, zwischen Zeitung und Notizbuch, zwischen einem Tag, den die Zeitung spiegelt, und einem Tag im Schützengraben überlebt.
Wir kamen an einen Fluß, der durch Spiegelung des Mondlichts etwas Helles gab. Ist das die Save? Wenn es die Save ist, sind wir oberhalb oder unterhalb der Drinamündung? Einer will eine Streichholzschachtel ins Wasser werfen, um die Stromrichtung festzustellen. »Die Schachtel ist zu schade«, wehren die Freunde. – »Sie ist ja leer.« – Aber auch eine leere Streichholzschachtel ist ein Wertobjekt. So werfen wir eine Feldpostkarte in den Fluß. Sie schwimmt nach rechts, wir gehen nach links. Soldaten kriechen aus dem Uferschilf und schließen sich uns an, andere überholen uns, wieder andere kommen uns entgegen und beteuern, daß wir in falscher Richtung gehen. Allerdings, wenn der Fluß, in den wir die Postkarte warfen, nicht die Save, sondern die Drina war, entfernen wir uns von der Überschiffungsstelle. Aber bald hören wir, hören entsetzt, daß wir richtig gehen.
Ein ungeheuerliches Gedränge saugt uns auf. Soldaten werfen Gewehre und Tornister von sich, ziehen ihre Stiefel aus. Hunderte stehen im Wasser, um sich in dem herüberkommenden Ponton einen Platz zu sichern, bevor er anlegt. Durch Gebrüll und durch Schwenken der Arme wollen sie den Ponton veranlassen, bei ihnen anzulegen.
Andere haben die Absicht, den Strom bis ans österreichische Ufer zu durchwaten. Mit den Armen das Gleichgewicht herstellend, stapfen sie vorwärts, eine geschlossene Gruppe. Ihr schließe ich mich an. Weil das Gewehr an meiner Schulter mich am Balancieren hindert, stecke ich den Kopf in den Gewehrriemen. Wir stolpern über Tornister, Brotsäcke und Gewehre, die im Flußbett liegen. Kaum ein Viertel der Strombreite haben wir zurückgelegt, als ein verstörter Haufe uns entgegenkommt: es geht nicht weiter, der Fluß ist zu tief, die Strömung wirft einen um.
Mit einemmal erhält das Schreien einen gemeinsamen Text: »Die Serben sind schon am Ufer!« Tatsächlich verdichtet sich das Pfeifen der

Projektile, ein horizontaler Regen prasselt los, nicht über unsere Köpfe sausen jetzt die Schüsse, sondern ins Wasser. Ins Wasser, in dem wir sind.

Wir hasteten nach rechts und zurück, denn nur links, so scheint es, sind die Serben. Wer kann, beginnt zu schwimmen. Fünf Schritte schräg vor mir schwimmt Oberleutnant Batek. Ich rufe seinen Namen, aber er hört mich nicht. Ich will ihn einholen, da taucht sein Kopf unter und kommt nicht mehr zum Vorschein.

Rings um mich Ertrinkende, gegen den Ertrinkungstod sich Wehrende, Jappende, Röchelnde. Der oder jener versucht, sich den Krallen des Wassers zu entreißen, springt hoch, um sich an dem Nichts emporzuziehen. Im gleichen Augenblick sinkt er zurück. Manchmal verliert einer den Boden, während sein Nachbar noch aufrecht steht; der reicht ihm die Hand und rettet ihn. Wenn sich Nichtschwimmer an Schwimmer klammern, werden sie verzweifelt abzuschütteln versucht. Gemeinsam schlagen sie um sich, gemeinsam sinken sie in die Tiefe.

Plötzlich geht eine Bewegung nach links durch die Massen, obwohl man links die serbischen Schützen vermutet. Aber von dort scheint auch Rettung zu winken. Links fahren drei unserer Pontons dem serbischen Ufer zu, um Soldaten aufzunehmen. Mitgerissen eile ich auch hin (soweit man eilen kann, wenn das Wasser fast bis zum Hals reicht). Einer der Pontons wird von den im Fluß Stehenden aufgehalten, bevor er ans Ufer kann. Der Ponton liegt quer. Während alle auf der ihnen zugekehrten Seite in den Kahn springen, stapfe ich zu der entfernteren, zu der dem österreichischen Ufer zugekehrten, und fasse den Bordrand. Noch ein zweiter ist so schlau gewesen und hängt schon dort.

Ich bitte einen im Kahn, mich hineinzuziehen. Er packt mich, vermag mich aber nicht über den Rand zu heben, so hoch ich mich auch emporziehe. Ein anderer Bootsinsasse bemüht sich, meinen Nachbar ins Innere zu zerren, gleichfalls vergeblich. »Hilf zuerst dem da und dann mir«, sage ich zu dem, der mit mir beschäftigt ist.

Er tut es, und mein Nachbar ist drinnen.

Der Ponton hat sich gefüllt, die Insassen verlangen: »Abstoßen, keinen mehr hereinlassen!«

Ich rufe meinem Helfer zu, jetzt wieder mir zu helfen, aber der denkt nicht mehr daran, ebensowenig mein früherer Nachbar, der mir seinen Platz im Boot verdankt.

Unterdessen ist das ganze Fahrzeug, einschließlich meiner privilegiert geglaubten Pontonseite, von etwa sechzig verzweifelten Händen umsäumt. »So können wir nicht rudern«, schreien die Pioniere, und das

ist das Signal zu einem Angriff gegen die Hängenden. Mit Gewehrkolben schlägt man auf sie ein, bis sie loslassen. Sie fallen ins Wasser, tauchen auf und sinken wieder unter.
Der Aufgabe, mich vom Bootsrand abzuschütteln, unterzieht sich ein Bursch, dessen Gesicht ich niemals vergessen werde. Auf seiner Bluse trägt er die papageigrünen Aufschläge der Einundneunziger, eine golden glänzende Locke schwingt sich zum Auge hin; zu diesem Blond passen die Augen, hellblaue große Kugeln, gutmütige Augen, möchte man sagen. Diese Augen würdigen die meinen keines Blickes, sind nur auf meine Finger gerichtet, die sich verzweifelt an die Brüstung klammern. Im Boot kniend, beginnt er meine Hände vom Bootsrand zu lösen, so gleichmütig, als schäle er Nüsse. Es gelingt ihm, meine rechte Hand zu öffnen, und er macht sich an meine linke. Im gleichen Moment aber habe ich mich von neuem mit der rechten Hand festgekrallt.
So geht es also nicht. Einen Augenblick denkt er nach, wobei er seine Mütze in den Nacken schiebt, dann faßt er mit einer Hand meinen linken kleinen Finger, mit der anderen den rechten und versucht, sie zu brechen.
Während dieser Prozedur bin ich keineswegs stumm. Zuerst flehe ich ihn an, verspreche, ihm ewig dankbar zu sein, appelliere an seine Kameradschaft, erkläre ihm, daß durch mich das Boot ja nicht umkippen werde.
Das alles berührt ihn kaum. Schon hat er meinen kleinen Finger in seiner Macht. »Du feiger Hund«, brülle ich, »ich kenne dich genau. Wenn ich hinüberkomme, zeige ich dich als Mörder an.«
Verfehlt ebenfalls jede Wirkung. Ich habe ihm den Finger wieder entwunden, er hebt den Fuß, um auf meine Hand zu treten, aber der Bootsrand ist zu hoch. Nur ein Fußstoß in die Fingerspitzen trifft mich.
Die im Boot sind wütend, daß ich mich geradezu dagegen auflehne, ertränkt zu werden. »Helft mir, diesen da ins Wasser zu schmeißen«, ruft der Goldblonde.
Nun will ich nicht weiter lästig fallen, lasse mich los und plumpse hinab. Stehen kann ich nicht mehr, das Wasser ist zu tief. Ebensowenig vermag ich zu schwimmen. Bei jedem Tempo schiebt sich mein Gewehr hoch und gibt mir einen Nackenstoß. Den Gewehrriemen über den Kopf zu zerren, um mich des Gewehres zu entledigen, gelingt nicht. Ich muß Wasser treten, aber die schweren Kommißstiefel zerren mich grundwärts.
Inzwischen hat sich der Ponton gedreht und Fahrt gewonnen. Er ist an einer so tiefen Stelle, daß er keinen weiteren Angriff von Fußgän-

gern zu gewärtigen hat. Fast fährt er über mich hinweg. Mit letzter Kraft schnelle ich mich hoch und packte ihn am Heck. Mein Gesicht presse ich an die Bordwand, ich möchte nicht gesehen werden, am allerwenigsten von den blauen Kulleraugen.
In die Pfiffe der Projektile, in das Aufwimmern der Getroffenen, in die Schreie, Schreie, Schreie vom Ufer her mischen sich jetzt neue Töne, das tiefe Surren von Schrapnells. Ihre Füllkugeln dringen ins Wasser und ins Blut.
Ein Sprengstück – oder sind es mehrere? – saust in den Ponton. »Der Boden ist durch!« – »Zeltblätter, Mäntel hineinstopfen! Schnell, schnell! Rascher!« Ich höre diese Rufe, ohne etwas zu sehen. Nebenan gleitet ein anderer Ponton, ein Artilleriegeschoß schlägt direkt hinein; der Ponton kippt um, ich schaue weg.
Der unsrige bewegt sich rasch, die Strömung treibt ihn ab, einige hundert Schritte nördlich von der Überschiffungsstelle kommt er nahe ans österreichische Ufer. Er landet nicht am Ufer, sondern einige Meter davon entfernt. Die Insassen springen heraus, helfen einander mit Stoßen und Ziehen über den lehmigen Flußgrund und die glatte Böschung. Bevor ich mich von der Hinterwand nach vorn gegriffen habe, ist der Ponton leer.
Ich versuche, an Land zu gehen, das Wasser reicht mir bis ans Kinn, die Strömung tut, was sie kann, mich umzuwerfen, ich rufe um Hilfe. Einer oder der andere wendet den Kopf, aber jeder ist froh, die Böschung erklommen zu haben; keiner kehrt zurück. Ich glaube, einen Kompaniekameraden zu erkennen. »Neumaier!« schreie ich, »Neumaier!« aus Leibeskräften. Neumaier fragt zurück: »Wer ruft mich?« – »Ich, der Kisch.« Er kommt herunter, streckt mir sein Gewehr entgegen, ich fasse zu, er zieht mich an Land. Der Uferstrand ist abschüssig und glitschig, an meinen Sohlen klebt der Lehm des Flußgrunds. Ich bin am Ende meiner Energie, meine Finger schmerzen vom Fußstoß des Kulleräugigen und meine Arme vom Festhalten am Boot. Ich verliere das Gleichgewicht, falle rücküber ins Wasser. Neumaier springt mir nach, richtet mich auf. Er stellt sich hinter mich, packt mich bei den Hüften, stößt mich vorwärts und aufwärts über den Damm.
Boden, Boden unter den Füßen!

Kurt Tucholsky
Aufpasser, Gerichtsdiener, Kontrollierer

Kurt Tucholsky, 1890 bis 1935, benutzte virtuos, beeinflußt von Heinrich Heine, die poetischen Reize der Umgangssprache, vor allem des Berliner Gassenjargons.
Seit 1913 Mitarbeiter von Siegfried Jacobsohns *Schaubühne*, später der *Weltbühne*, übernahm er 1926 – nach Jacobsohns Tod – die Herausgeberschaft dieser scharf oppositionellen Zeitschrift. Nach seiner Emigration 1933 schrieb und veröffentlichte er fast nichts mehr. Er begründete diese Haltung in einem Brief an Walter Hasenclever vom 4. März 1933: ›Man kann für eine Majorität kämpfen, die von einer tyrannischen Minorität unterdrückt wird. Man kann aber nicht einem Volk das Gegenteil von dem predigen, was es in seiner Mehrheit will – (auch die Juden).‹ 1935 beging Tucholsky Selbstmord.
Die folgenden Stücke werden zitiert nach *Gesammelte Werke*, 4 Bde., hg. v. Mary Gerold Tucholsky und Fritz J. Raddatz, Reinbek 1960.

Wenn ich aus meinem Fenster sehe, so erblicke ich drüben auf der anderen Straßenseite die ziegelrote Front einer Berliner Gemeindeschule. Im Sommer, und wenn es warm ist, auch im Frühling – dann machen wir beide, die Gemeindeschule und ich, unsere Fenster auf. Ich höre dann so, wie dreiundfünfzig Kinderkehlen versichern, daß sie preußisch seien und auch preußisch sein wollen, und ich höre, wie man den ganzen Tag ununterbrochen zum lieben Gott Choräle hinaufschickt, so daß der alte Mann beinahe glauben muß, Preußen sei wirklich eine große Kinderstube.
Aber am ergötzlichsten ist es doch um zehn Uhr und um elf Uhr, kurz, immer dann, wenn drüben gerade die Pause zu Ende gegangen ist. Dann warten die Klassen auf den Eintritt der Lehrer und Lehrerinnen, und wenn fünfzig Kinder in einer Stube sitzen, dann geht es natürlich nicht leise zu. Und da ist eine Klasse, sie wohnt gleich hinter den ersten Fenstern links in der zweiten Etage. Da sitzen lauter kleine Mädchen drin und machen einen Heidenspektakel, bis der Herr Lehrer hereinkommt oder das Fräulein Lehrerin, um ihnen das große Einmaleins und die kleinen Näharbeiten beizubringen. Und weil doch nun alles auf der Welt seine Ordnung haben muß, so hat man über das unruhige Gewimmel ein paar Aufpasser gesetzt, vielleicht sind es die Ersten der Klasse, und die müssen nun vorn auf dem Podium stehen und müssen aufpassen, daß niemand laut ist.
Und es ist nun ganz merkwürdig, aber um diese Zeit, um zehn Uhr oder um elf Uhr, höre ich kaum etwas von der unruhigen Klasse, son-

dern immer nur zwei helle, kreischende Stimmen, es sind immer dieselben, und ich kenne sie schon, und sie schreien: »Ruhig! Wollt ihr wohl ruhig sein! Ihr sollt stille sein! Stille! Ruhig!«
Und von der ganzen Klasse höre ich nichts als dies: Ruhe! Stille! Die anderen sind wirklich stumm und rühren sich nicht mehr, und nur die Aufpasserinnen wittern immer noch Rebellen und ersuchen im höchsten Sopran um anständiges Benehmen ...
Was aber die deutsche Politik angeht, so will ich nichts gesagt haben.

Die Verhandlungen vor den Strafgerichten sind in Deutschland öffentlich. So? Da gehen Sie einmal nach Moabit und versuchen Sie die Probe aufs Exempel. Da sitzt vor jeder Tür ein bissiger Höllenhund und belfert. Und im Gerichtssaale wirft er Sie zwar nicht heraus, aber er gibt doch deutlich zu erkennen, daß eigentlich *er* hier Recht spricht ...
Natürlich sind es kleine Unteroffiziere mit einem dreckigen Gehalt. Aber statt etwas dafür zu tun, daß es besser wird, schlagen sie sich auf die Seite ihrer Brotgeber – die übrigens so viel Kulanz gar nicht verlangen – und behandeln die Zuhörer, wie sich nur Deutsche behandeln lassen.
Einer steht im Zuschauerraum auf, weil ihm vermutlich die Beine eingeschlafen sind – schon ist jener da und befiehlt: »Setzen!« Was sind das alles für Dummheiten! Er soll lieber aufpassen, daß nicht so oft das Schild: ›Zuschauerraum ist überfüllt!‹ an den Türen klebt, auch wenn's leer ist, statt sich Übergriffe zu erlauben, die man nicht nur wörtlich beantworten sollte.
Eine Kleinigkeit – gewiß. Aber die ganze Indolenz, der ganze Stumpfsinn des Publikums zeigt sich hier, wo ein paar gehörige Zurückweisungen gegen einen genügen würden, um die ganze Gattung in Räson zu bekommen.
Jedes Volk hat die Subalternen, die es verdient. Diese hier verdienten – sagen wir ... ein andres Volk.

Da ist die Berliner Straßenbahn ... Aber es wird ja auf den anderen Bahnen nicht viel anders sein ... Also da sitzen nun die Leute da und träumen und glotzen und unterhalten sich und manche lesen –. Auf einmal betritt ein uniformierter Mann den Wagen und sagt: »Die Fahrscheine bitte!« – Das ist ein Beamter, der hauptsächlich zur Kontrolle der Schaffner angestellt ist.
Pflichtschuldig wühlt alles in den Taschen. Alle reichen das Stückchen Papier dem Beamten hin. Nur einer hat seinen Fahrschein verloren.
Es ist doch ein Bedientenvolk, das deutsche. Denn nun sehen alle den

Mann an, als ob er ein Verbrechen begangen habe. Denn sie bilden sich ein, der Beamte kontrolliere sie. Dabei ist der Beamte höflich und tut eigentlich nichts, was diesen Aberglauben bestärken könnte. Aber sie denken sich das so und sind voller Ehrfurcht und verabscheuen alle den Mann, der seinen Fahrschein verloren hat. Einen Augenblick hat er den ganzen Wagen gegen sich. Manche mögen ja ein bißchen teilnahmsvoll zusehen, wie er sich abmüht, und sie denken sich schaudernd in seine entsetzliche Lage ...

Sie ducken sich. Sie bekommen einen roten Kopf. Der Verlierer einen dunkelroten. Er entschuldigt sich. Er sagt nicht: »Ich hab' ihn verlegt, ich werde meinethalben nachbezahlen ...« Er fühlt sich ertappt. Man sollte nicht denken, einen Erwachsenen vor sich zu haben, der vielleicht eine Frau hat, Kinder, die er erziehen soll, Angestellte, die er anschnauzt ... Hier ist er ganz klein. Denn hier ist das Heiligste an einen Deutschen herangetreten: die Uniform. Und da hört der Spaß auf.

Eine Kleinigkeit, eine Belanglosigkeit, gewiß. Aber doch wieder eine einfache Beobachtung des täglichen Lebens, die zeigt, wie hier der einzelne gar nicht erst wagt, zu sagen: »Hallo! Hier bin ich!« – Sondern er bekommt einen roten Kopf, duckt sich und sucht den Fahrschein.

Und das ist eine Misere des deutschen Lebens.

Kurt Tucholsky
Der Preußenhimmel

Tucholskys *Preußenhimmel* ist keine Verhöhnung der christlichen Vorstellung vom ewigen Leben, sondern eine scharfe Satire auf die ›himmlische Gerechtigkeit‹, wie sie sich in den Köpfen eines verrannten deutschnationalen Kleinbürgertums malte. Es gab eben eine ›Turnlehrertheologie‹ (Heinrich Böll), die sich den heiligen Petrus nur als preußischen Unteroffizier vorstellen konnte. Die Satire spielt auf den Mord an dem sozialistischen Ministerpräsidenten der Münchner Räterepublik, Kurt Eisner, an. Eisner wurde von dem jungen Grafen Arco auf Valley niedergeschossen, den eine parteiische Justiz bald wieder freiließ.

Über die Freilassung Graf Arcos berichtete die *Münchner Post* 1924: ›Der begnadigte Eisner-Mörder Graf Arco wurde bei seiner Rückkehr in sein Schloß St. Martin im Innkreis von der Bevölkerung des Dorfes auf das lebhafteste gefeiert. Die erste Begrüßung vollzog am Nachmittag die Gemeindevertretung mit dem Bürgermeister an der Spitze.‹ Der *Miesbacher Anzeiger* schrieb: ›Er ist inzwischen siebenundzwanzig Jahre alt geworden, gewachsen, breit geworden, ein fester Kampl, und soll sich seines Lebens freuen wie seiner Tat fürs Vaterland.‹ (14. April 1924.)
Lesehinweis: Erich Mühsam, *Gerechtigkeit für Max Hölz,* Berlin 1926.

Petrus (vor einer Engelsfront): Brust raus, der rechte Flügelmann! Was ist das wieder für eine himmelschreiende Richtung! Wollt ihr die Heiligenscheine zusammennehmen! Der zweite Engel mehr nach hinten! So – so … Halt! Bei allen Heiligen! – Nicht mit den Flügeln wakkeln! Ganze Abteilung – kitt! Ganze Abteilung – kitt!
Der liebe Gott (von rechts)
Petrus: Achtung! Augännnnnn – rechts! (Ruck) Ein Petrus – zwei Oberengel – siebenundachtzig Engel zum Exerzieren angetreten.
Der liebe Gott: Danke! Mojn, Leute!
Die Engel (in einer Silbe): Guten Morgen, lieber Gott (sprich Bau!)
Der liebe Gott: Na, gibts was Neues, lieber Petrus?
Petrus: Nein, Exzellenz!
Der liebe Gott: Sehn gut aus, die Leute! Kriegt ihr eure Löhnung auch pünktlich?
Die Abteilung: Zu Befehl, lieber Gott!
Der liebe Gott: Lassen Sie die Leute wegtreten!
Petrus: Weggetreten! (Abteilung ab)
Der liebe Gott: Komm Sie mal mit in die Kanzlei, mein lieber Petrus! Wolln uns mal den Zugang ansehn!
Petrus: Zu Befehl, Exzellenz!

(In der Aufnahmekanzlei)
Ein Arbeiter (beschmutzter und aufgerissener Rock. Zerschlagenes Gesicht. Zerschlagene Hände. Hinkt. Richtet sich mühsam auf, als er des lieben Gottes ansichtig wird): Guten Morgen!
Petrus: Warten Sie gefälligst, bis Sie gefragt wern! Und nehm Sie mal hier ne stramme Haltung an, vastanden! Sie sind hier nicht in Ihrem sozialdemokratischen Parteibüro! Heißen?
Der Arbeiter: Pettenkofer.
Petrus: Ich bin Wachtmeister. Heißen?
Der Arbeiter: Pettenkofer!
Petrus: Ich bin Wachtmeister. Heißen?
Der Arbeiter: Pettenkofer.
Petrus: Pettenkofer, Herr Wachtmeister, heißt das, du dußlige Sau! Wie heißt das?
Der Arbeiter: Pettenkofer, Herr Wachtm ... ach, entschuldigen Sie, bin ich hier richtig, im Himmel?
Petrus: Halten Sies Maul, wenn Sie mit mir reden! Was willst du hier?
Der Arbeiter: Ich wurde bei Marburg ermordet. Mein Leib lag auf der Chaussee. Studenten erschossen mich. Mein Tod ist ungesühnt.
Der liebe Gott (erhebt sich in seiner ganzen Größe. Gardemaß): Scheren Sie sich raus! Was glauben Sie denn eigentlich! Meinen Sie, wir sind hier in einem Kommunistennest? Wenn die braven Marburger kommen, werden wir sie aufnehmen! Sie nicht! Raus! Scher dich zum Teufel!
Der Arbeiter (stumm ab)
Der liebe Gott (drin): Was sich diese Leute alles einbilden! Noch liegt Deutschland unter meinem Himmel und liegt mein Himmel über Deutschland!
Petrus: Zu Befehl, Exzellenz!
Der Arbeiter (draußen): Wahrlich, so wie es drunten ist, so wird es auch droben sein! Die Hölle? Ich bin vier Jahre Soldat gewesen.
Der liebe Gott (drin): Wissen Sie – is doch 'n janz anderer Zug im Himmel, seitdem mich Willem zum preußischen lieben Gott ernannt hat. Der hohe Alliierte droben, hat er immer jesagt ... Schade, daß er den Krieg verloren hat! War doch alles so nett organisiert ...! Hatn auch eijentlich gar nicht verloren ... Die andern haben bloß jesiegt –! Petrus!
Petrus: Exzellenz?
Der liebe Gott: Noch jemand?
Petrus: Werde gleich mal nachsehn, Exzellenz! (öffnet eine Tür) Zugang?
Eine Stimme: Jawohl.

Petrus: Rein!
Der Zugang (preußische Leutnantsuniform. Knallt an der Tür die Hacken zusammen, daß der Kalk von den Wänden rieselt)
Der liebe Gott: Bitte, Petrus.
Petrus: Name?
Der Zugang: Arco-Valley.
Petrus: Beruf?
Der Zugang: Bayerischer Nationalheld.
Petrus: Zuletzt wohnhaft?
Der Zugang: Polizeilich gemeldet: Zuchthaus Straubing. Daselbst lebenslänglich verbüßt: einen Monat. Aufenthaltsort: München. Bin mit eijenem Flugzeug hier raufjeflogen.
Petrus: Himmlische Qualifikationen?
Der Zugang (hebt die rechte Hand. Es klebt Blut daran)
Der liebe Gott (interessiert): Ah –?
Der Zugang (sehr stramm): Eisner, Exzellenz.
Der liebe Gott (befriedigt): Soso – soso. Weiter, Petrus.
Petrus: Na, Herr Baron wissen doch aber ... Du sollst nicht ... Herr Baron sollen nicht töten?
Der Zugang (herunterrasselnd): Ich habe von meinem nationalen Recht der Notwehr Gebrauch gemacht, indem ich einen landfremden Schädling beseitigte, wie es mir mein Gewissen befahl. Der Dank aller Guten ist mir gewiß, von einer Prokuristenstellung gar nicht zu reden.
Petrus: Bon. Schwere Arbeit jewesen, Herr Baron?
Der Zugang: Von hinten erschossen, Wachtmeister.
Petrus (fragender Blick zum lieben Gott. Der nickt): Passiert!
Der Zugang: Danke gehorsamst. (ab)
Der liebe Gott: Kolossal ordentlicher Mann. Und wir rüsten nicht ab, und unsere himmlische Wehr behalten wir auch – und unsere Fahne ist Schwarz-Weiß-Rot – und wenn ich alle guten Preußen und deutschen Soldaten erst bei mir hier oben habe –: dann wird mir ganz wohl sein!
Petrus: Mir auch, Exzellenz!
Das deutsche Arbeitervolk (von unten): Uns auch, Exzellenz! Uns auch –!

Carl Jacob Burckhardt
Besuch im KZ Esterwegen

Carl Jacob Burckhardt, geb. 1891, der Schweizer Historiker, wurde im Februar 1937 Hoher Kommissar des Völkerbundes für die Freie Stadt Danzig. Der folgende Text ist seinem Buch *Meine Danziger Mission* entnommen und schildert seinen Besuch im nationalsozialistischen Konzentrationslager Esterwegen, wo er auch mit dem dort inhaftierten pazifistischen Schriftsteller Carl von Ossietzky sprechen konnte, der damals – 1937 – schon am Ende seiner Kraft war. Ossietzky starb 1938. Von dem sozialdemokratischen Reichstagsabgeordneten Ernst Heilmann, 1937 ebenfalls Häftling in Esterwegen, berichtet Dr. Hans Bredow, der ›Vater des deutschen Rundfunks‹, in seinen Memoiren: ›Ernst Heilmann wurde wegen seiner engen Verbindung mit dem Berliner Rundfunk interniert. Er wurde von Anfang an in sadistischer Art und Weise gequält, verrichtete aber mit stoischer Gelassenheit seine Arbeit, die Latrinen zu reinigen. Schließlich gab er es auf, trat eines Morgens beim Appell aus dem Glied und ging seelenruhig auf den Ausgang zu. Die Wachen schossen auf ihn, trafen ihn aber nicht tödlich. Erst später starb er unter unaufgeklärten Umständen.‹
Auch mit Heilmann sprach Burckhardt bei seinem Besuch in Esterwegen.
Lesehinweis: Bruno Apitz, *Nackt unter Wölfen,* Halle 1958 und Hamburg 1961; Kurt Gerstein, *Augenzeugenbericht,* in *Das Ende des Schreckens,* Dokumente, hg. von Erich Kuby, München 1955.

Nachdem die Tafel aufgehoben war, sagte mir der Obergruppenführer kalt: »Wir haben nicht vom Gegenstand Ihres Besuches gesprochen, gehen wir hinüber!«
Wieder die ängstliche Verwandlung aller andern zu Nebenfiguren, Schweigen, beflissenes Lächeln, Zur-Seite-treten. Dann waren wir in des Herzogs Arbeitszimmer allein. Ein blitzschneller Blick Heydrichs nach rechts und links, auf die Vorhänge – Gewohnheit –, dann schaute er mich zum ersten Mal eine Sekunde lang an. Es schauen mich zwei Personen gleichzeitig an, sagte ich mir, und diese Feststellung war von einem abwehrenden Gefühl begleitet; nur das eine Mal hat Heydrich mir in das Gesicht geschaut, im Bruchteil einer Sekunde.
»Sie wollen«, begann er, »Konzentrationslager besuchen! Wir können alles zeigen, es geht aber nicht an, daß Sie unvorbereitet, ohne Führung und Erklärung, die Häftlinge sprechen. Unter diesen Leuten sind gefährliche Verbrecher, Agenten, Propagandisten. Sie werden Ihnen die Ohren vollschwätzen und nachher werden sie sich groß tun mit angeblichen Aussprüchen von Ihnen.« (Wie oft sollte ich dies später erleben, aber nicht in Konzentrationslagern!) »Was hat man

davon«, so fuhr er fort, »wenn keinerlei Kontrolle, keine Zeugen vorhanden sind, zeugenlose Gespräche sind immer gefährlich, heute besonders. Sie müssen nicht vergessen, wir kämpfen, der Führer kämpft gegen den Weltfeind. Es geht darum, nicht nur Deutschland wieder gesund zu kriegen, wir müssen die Welt vor ihrem geistigen und moralischen Untergang retten, das hat man bei Ihnen noch nicht verstanden. Also, es geht nicht, die Antwort des Herrn Reichsführers ist negativ. Besuchen Sie *die* Lager, die wir Ihnen vorschlagen.«
Ich antwortete: »Der Herr Reichsführer Himmler ist nicht in Berlin, Sie treffen ihn aber, wie ich höre, morgen. Wollen Sie ihm von mir folgendes sagen: Wenn dasjenige wahr ist, was gerüchtweise über die Behandlung politischer Häftlinge in Deutschland verlautet, dann muß ein Besuch der Lager in der Weise erfolgen, wie es mir vorgeschlagen wird. Wenn die Gerüchte dagegen unbegründet sind, dann in der Art, um welche ich nachgesucht habe. Der Bericht über die Feststellungen, die zu machen ich in der Lage sein werde, wird nur an die Regierung des Landes gerichtet, dessen Staatsangehörige interniert sind. Das genügt; ich warte in Berlin solange, bis Sie mir die Antwort zugestellt haben, fällt sie wiederum negativ aus, fahre ich zurück; im Falle, daß Ihr Standpunkt sich ändern sollte, besuche ich in der erwähnten Weise das Lager, das *ich* bezeichnen werde und außerdem sodann die mir von Ihnen vorgeschlagenen Lager.«
Wir erhoben uns gleichzeitig. Heydrich stellte sich vor mich hin, und, indem er über meine linke Schulter schaute, sagte er gepreßt: »Man hält uns für Bluthunde im Ausland, ist es nicht so?« Und dann: »Es ist fast zu hart für den einzelnen, aber hart wie Granit müssen wir sein, sonst geht das Werk unseres Führers zu Grunde, viel später wird man uns danken für das, was wir auf uns genommen haben.«
Gleich darauf verließ Heydrich die Herrengesellschaft, ein junger, böser Todesgott. Noch vor Heydrichs gewaltsamem Tod in Prag sollte mir einer seiner Mitarbeiter erzählen, Heydrich habe sich dem Trunk ergeben, er habe den Alkohol schlecht vertragen und habe Anfälle von zerstörerischer kalter Wut gehabt. Einmal sei er spät in der Nacht in seine Berliner Wohnung zurückgekommen, in sein taghell erleuchtetes Badezimmer, er habe sich plötzlich in dem die ganze Rückwand des Raumes füllenden Spiegel seinem Ebenbild gegenüber gesehen, er habe die Pistole aus der Halfter gerissen und habe zwei Schüsse auf diesen Doppelgänger abgegeben mit dem Ruf: »Hab ich dich endlich, Canaille!« Er hatte auf den andern geschossen, er, der Gespaltene, den Mann seiner andern Gesichtshälfte hatte er getroffen, aber nur in dem splitternden Spiegelglas, er wurde ihn dadurch nicht los und sollte bis zum Schluß mit ihm zusammengehen.

Am übernächsten Tag nach der Begegnung beim Herzog von Coburg schickte mir Heydrich nachmittags um drei Uhr einen Mann ins Hotel, der mich in das berüchtigte Prinz-Albrecht-Palais, den Sitz der Gestapo abholte. Unbewegliche schwarze Wachen standen auf den Treppenstufen, sie schienen keiner Mutter Söhne mehr zu sein, aus der Saat von Ares' Zähnen mußten sie hervorgegangen sein.
Amtsräume der nationalsozialistischen Größen waren alle gleich. Rechts stand der gewaltige Schreibtisch wie im Palazzo Venezia, links an der Wand ein runder Tisch mit Deckchen, um den Tisch zwei Fauteuils und das Kanapee an der Wand, Überreste ›der guten Stube‹.
Heydrich teilte mir mit, daß der Reichsführer SS meinem Verlangen Folge gegeben habe und daß meine Reise in der von mir vorgeschlagenen Weise stattfinden könne. Dann forderte er mich als Gastgeber auf, sein Museum zu besuchen. Ich glaubte, es handle sich um ein Kriminalmuseum.
Wir betraten einen Saal, in welchem lauter gläserne Schaukästen standen wie für die mineralogische Sammlung eines Provinzmuseums. Die Schaukästen enthielten handschriftlich geführte Listen, Namenslisten, über jedem Kasten war eine nationale Fahne angebracht. »Das sind die Listen der Logenbrüder aller Länder«, erläuterte Heydrich, »vielleicht interessiert Sie die Schweiz.« Da ich erklärte, kein Interesse zu haben, öffnete er die Tür zu einem zweiten schwarz drapierten Raum, in welchem vorerst völlige Dunkelheit herrschte, er war fensterlos. Heydrich schaltete ein violettes Licht ein, langsam traten allerlei Kultgegenstände der Maurer aus dem Schatten hervor. Leichenblaß in dem fahlen Schein, durchschritt Heydrich den Raum, redend über die Weltverschwörung, die Grade der Einweihung und die natürlich an der Spitze der Hierarchie okkult das Ganze zur Zerstörung allen Lebens leitenden Juden. Es folgten niedrige enge Räume, immer düsterer, die man nur gebückt durchschritt, mit Totengerippen, die, automatisch bewegt, einen mit ihren Knochenhänden an den Schultern faßten.
Bevor wir die aus allen Freimaurerlogen Deutschlands zusammengeplünderte Dekoration verließen, öffnete der Obergruppenführer noch einen schmalen Raum, der hell erleuchtet war, und von der Wand strömte mir aus drei gerahmten Manuskripten, wie Trost, Goethes vertraute Handschrift entgegen. ›Goethe als Lügner‹ stand über den gerahmten Manuskripten, und ich las zuerst zwei kurze Briefe; im ersten teilte Goethe seine Zugehörigkeit zu einer Rosenkreuzergesellschaft mit, im zweiten, bei Anlaß seines Aufnahmegesuches in eine Loge, versicherte er eidesstattlich, nie einer Geheimgesellschaft angehört zu haben. Dann waren drei weitere Briefe vorhanden.

Im ersten versprach Goethe Frau von Stein, sie am späten Nachmittag aufzusuchen, im zweiten teilte er einem vorübergehend in Weimar weilenden Reisenden mit, daß er ihn um jene selbe Zeit nicht empfangen könne, da er sich zu einer Persönlichkeit, deren Name mir entfallen ist, verfügen müsse, und diesem Betreffenden schreibt er in einem dritten Billet, er sei durch das Kommen des Reisenden daran verhindert, seiner Einladung zu folgen.
Am nächsten Morgen wurde ich von einem Beamten namens Tamaschke, der den humoristischen Titel ›Sturmbannführer‹ führte, in früher Stunde aufs Tempelhofer Feld abgeholt. Eine Polizeimaschine stand auf dem Flugplatz bereit, und ich erklärte, mich nach Esterwegen begeben zu wollen. Der Sturmbannführer telefonierte mit verschiedenen Stellen, aber in so kurzer Zeit war in Esterwegen nichts eingreifend zu ändern. Wir landeten bei Wilhelmshaven, dort erwartete uns ein Wagen, der uns hinaus ins Moor führte. Aus dem Bodennebel, als wir uns unserm Ziel auf einem Dammweg näherten, tauchten die Umrisse eines römischen Castrums auf, Wassergräben und ein gewaltiges Viereck, vier Türme, mit Maschinengewehren in den Schießscharten bestückt, Starkstrom-geladene Stacheldrahtumzäunung, das Rechteck abgeteilt, nach dem Eingang eine Art Villenviertel für die Wachmannschaften; ein Weiher, ein kleiner, von den Häftlingen angelegter Berg oder besser Hügel mit Bergform, mit Blumen und Sträuchern bepflanzt, im zweiten, größeren Teil des Rechteckes die Baracken der Häftlinge, Küche, Lazarett, Latrinen und die Verhörräume. Das Übliche, man hat es inzwischen hundertfältig gesehen und erlitten.
Der Lagerkommandant namens Loritz, Unteroffizier im Ersten Weltkrieg, war von Beruf ein Schlächter aus Bayern. Brueghel. Höflichkeitszeremonien ohne Ende, zuerst kasernenhofartig, dann unterwürfig. Die andern sind mir entfallen, ich sehe sie nicht mehr vor mir, außer einen jungen Mann von fataler Eleganz, den Lagerarzt. Die Herren wollten mir früh am Morgen ein Glas deutschen Sekt anbieten; nachdem ich abgelehnt hatte, betraten wir als finstere, gereizte Gruppe das eigentliche Konzentrationslager.
Zuerst hörte man nur das Gebrüll der Meldungen. Ich unterschied unter den Häftlingen drei Sorten, die einen, denen die Buchstaben BV (Berufsverbrecher) aufgenäht waren, die andern, deren schlotternde Sträflingsjoppen den Buchstaben P, das ist politische Verbrecher, trugen, und endlich diejenigen, die durch eine gelbe, runde Scheibe gekennzeichnet waren.
Ich sprach mit einer ganzen Anzahl von Häftlingen zeugenlos. Die Lagergewaltigen, wenn ich sie aufforderte, zurückzutreten, gehorchten

verlegen, fast knirschend, um den angsterfüllt auf sie einredenden Tamaschke geschart. Einer der ersten Sträflinge, die ich ansprach, ein hochgewachsener, furchtloser Mann, lehnte seinen Besen an die Wand und stellte sich vor: »Heilmann, preußischer Staatsminister, Sozialdemokrat und Jude.« Was er verlangte, war das Unmögliche, die Normen des Rechtsstaates, ein Verhör, einen Verteidiger, ein Urteil. Seit anderthalb Jahren war er hier, keine Anklage wurde gegen ihn erhoben, kein Verhör fand statt, Gelegenheit zur Verteidigung wurde ihm nicht gegeben. Er klagte nicht, er verlangte scharf, eindringlich, daß ihm zu seinem Recht verholfen werde. Auf meine Frage, wie die Behandlung sei, ging er kaum ein und sagte nur wegwerfend: »hundsföttisch«. Er wollte keine sentimentalen Töne hören. »Ich verlange mein Recht«, sagte er, »es ist Ihre Pflicht, sobald Sie draußen sind, sich dafür einzusetzen.«
Ich besitze Aufzeichnungen über das Gespräch mit einem Sterbenden im Lazarett. Ich unterhielt mich mit einem blutjungen Katholiken, der an Krücken ging wegen eines Oberschenkelbruchs. »Mißhandlung?« – »Nein, Krach!« – »Mit wem?« – »Mit dem Bettnachbarn.« – »Was ist das für einer?« – »Ein BV, zwei Morde.« Bettnachbar eines noch nicht Zwanzigjährigen, der verhaftet wurde, weil er zur Kirche ging. Mit vierundzwanzig Häftlingen habe ich an dem Vormittag ohne Zeugen gesprochen. Ich wollte Zeit gewinnen, möglichst viele Eindrücke sammeln, die Arbeitsgruppen sehen, die aus dem Moor zurückkehrten. Der Lagerkommandant sagte: »Der Führer will keine Arbeitskraft ungenützt lassen, in allen Gefängnissen der Systemzeit verschimmelten alte Verbrecher, lebenslängliche, die mußten herangeholt, einsatzbereit gemacht werden.«
Der kritische Augenblick meines Besuches trat um drei Uhr nachmittags ein. Wir hatten auf mein Begehren in der Kantine der Sträflinge etwas zu uns genommen, dann haben wir weiter besichtigt. Um drei Uhr nachmittags, mitten auf dem großen Freiplatz zwischen den Baracken, sagte ich zu dem Kommandanten, Standartenführer Loritz: »Jetzt wünsche ich Herrn von Ossietzky zu sehen und zeugenlos mit ihm zu sprechen, den Hamburger Pazifisten und Schriftsteller Ossietzky, den Nobelpreisträger.«
Die Umstehenden nahmen eine fast drohende Haltung an, Loritz hochrot im Gesicht, preßte hervor: »Wen wollen Sie sehen? Wer ist das?«
»Sie wissen es genau!«
»Kein Häftling dieses Namens ist hier.«
»Doch, er ist hier, falls er noch lebt. Wir wollen keine Zeit verlieren«, dann lauter, »falls er nicht mehr lebt, mache ich Sie persönlich verantwortlich.«

Jetzt schrie Loritz: »Unmöglich, ausgeschlossen, ich weigere mich.« Tamaschke, der Verzweiflung nahe, versuchte, auf mich einzureden. Nun ein einziges Mal, entschloß ich mich auch zu dem Kasernenhofton:
»Was ist das für eine verdammte Schweinerei, daß hier Befehle nicht durchgehen. Sie kennen Ihren Befehl, ich sehe die Häftlinge, die ich zu sehen wünsche und spreche mit ihnen, Sie wissen, um was es geht.«
Mehr brauchte der Unteroffizier nicht. Schon lief einer aus dem Gefolge in die hinterste Baracke. Dann standen wir schweigend, wieder schaute ich auf die Armbanduhr, drei Minuten, fünf, zehn.
Nach zehn Minuten kamen zwei SS-Leute, die einen kleinen Mann mehr schleppten und trugen als heranführten.
Ein zitterndes, totenblasses Etwas, ein Wesen, das gefühllos zu sein schien, ein Auge verschwollen, die Zähne anscheinend eingeschlagen, er schleppte ein gebrochenes, schlecht ausgeheiltes Bein.
Ich ging ihm entgegen, reichte ihm die Hand, die er nicht ergriff.
»Melden!« schrie Loritz.
Ein unartikulierter, leiser Laut aus der Kehle des Gemarterten.
Ich zu Loritz: »Zurück!«
»Herr von Ossietzky«, sprach ich ihn an, »ich bringe Ihnen die Grüße Ihrer Freunde, ich bin der Vertreter des Internationalen Komitees vom Roten Kreuz, ich bin hier, um Ihnen, soweit uns dies möglich ist, zu helfen.«
Nichts. Vor mir, gerade noch lebend, stand ein Mensch, der an der äußersten Grenze des Tragbaren angelangt war.
Kein Wort der Erwiderung.
Ich trat näher. Jetzt füllte sich das noch sehende Auge mit Tränen, lispelnd unter Schluchzen sagte er:
»Danke, sagen Sie den Freunden, ich sei am Ende, es ist bald vorüber, bald aus, das ist gut.« Und dann noch ganz leise: »Danke, ich habe einmal Nachrichten erhalten, meine Frau war einmal hier; ich wollte den Frieden.« Dann kam wieder das Zittern. Ossietzky verneigte sich leicht in der Mitte des weiten, leeren Lagerplatzes und machte eine Bewegung, als wolle er militärische Stellung annehmen, um sich abzumelden. Dann ging er, das eine Bein nachschleppend, mühsam Schritt vor Schritt zu seiner Baracke zurück.
Diesem Vorgang folgte der Besuch des Arrestraumes. Darüber versuchte ich in Berlin durch einen Mittelsmann der englischen Botschaft Meldung zu machen; ein einziger Häftling wurde mir gezeigt in einem Käfig, wie mir gesagt wurde, ein englischer Spion.
Es war inzwischen halb sechs Uhr geworden; ich mußte Zeit gewinnen, um die Moorarbeiter bei ihrer Rückkehr zu sehen. So sprach ich

wieder viele Häftlinge an. Die meisten hatten Angst, sie meldeten sich und antworteten dann kurz und ausweichend, Essen gut, Behandlung nicht zu klagen.
Loritz und der Arzt versuchten zum Aufbruch zu mahnen. Und nun kamen endlich diejenigen, die ich erwartet hatte: dreißig Mann etwa, wie eine Gruppe von lauter Ossietzkys, Krüppel aus dem Dunkel auftauchend im Licht der Bogenlampen, ein fast unglaublicher Regiefehler. Ich nehme an, es handelte sich um Kommunisten.
Später, nachdem unser Bericht an die Reichsregierung, ein zweiter Bericht an eine in diesem Zusammenhang besonders wichtige Mittlerpersönlichkeit abgegangen war, erfuhr ich, Loritz sei selbst als Häftling in ein Konzentrationslager eingeliefert worden. Mir wurde gesagt: »Auf Grund Ihres Rapports!« Das wird wohl stimmen, aber jedenfalls deswegen, weil aus meinem Bericht hervorging, daß Loritz einen Regiefehler begangen hatte. Es wurden von mir zwei Berichte geschrieben, ein knapper offizieller, der durch das Deutsche Rote Kreuz an den Reichsführer Himmler und ein anderer, der durch die Vermittlung eines großen Arztes an Adolf Hitler ging, von dem damals noch viele Gegner des Regimes sagten: »Er weiß nichts von diesen grauenhaften Vorgängen.«
Vier Jahre später erzählte mir Hans Heinrich Lammers, der Chef der Reichskanzlei, Hitler habe ihn einmal mitten in der Nacht gerufen und habe ihn gefragt: »Haben wir in der Reichskanzlei eine Ausgabe der gesammelten Werke Friedrich Schillers?« Lammers habe dies nicht gewußt. »Schauen Sie nach«, habe der Führer ihm gesagt: »und falls die Bücher vorhanden sind, suchen Sie mir den Aufsatz über den – Verbrecher aus verlorener Ehre –«, diesen Aufsatz hatte ich in meinem Spezialbericht erwähnt. Hitler habe dann den Text des großen, freien und reinen Geistes aufmerksam gelesen, habe sich aber nicht geäußert.
Ossietzky wurde bald nach meiner Reise entlassen, starb aber kurz nach seiner Befreiung. Die Berufsverbrecher wurden für kurze Zeit von den sogenannten politischen Verbrechern getrennt.
Mir schien damals, was in Deutschland geschehe, sei unser aller Sache, und auch ich neigte noch dazu anzunehmen – nicht mehr lange –, es geschähen Dinge, von denen die oberste Führung nichts wisse.

Hans Fallada
In der Herrenkonfektionsabteilung

Hans Fallada, 1893 bis 1947, lernte in den zahlreichen Aushilfeberufen, die er zeitweise ausübte, die Alltagswelt der kleinen Leute kennen. Einige seiner politisch-sozialen Zeitromane sind Porträts des deutschen Kleinbürgers. Fallada, weniger ›Dichter‹ als Reporter, war ein Chronist seiner Zeit: In den Romanen *Bauern, Bonzen und Bomben,* 1931, und *Kleiner Mann, was nun,* 1932 (daraus der folgende Ausschnitt), schildert er das Durcheinander der ersten Nachkriegsjahre; in *Wolf unter Wölfen,* 1937, die Zeit der Weltwirtschaftskrise; nach dem Zweiten Weltkrieg erschien von ihm ein Roman um einen Widerstandskämpfer, *Jeder stirbt für sich allein,* 1947. In dem Bändchen *Hoppelpoppel, wo bist du?* sammelte Fallada seine *Kindergeschichten,* Neuausgabe Stuttgart 1955.
Lesehinweis: Joseph Roth, *Der Reisende in Kaffee erzählt,* in Joseph Roth, *Werke,* Band 3, Köln-Berlin 1956.

Es ist der einunddreißigste Oktober, morgens neuneinhalb Uhr. Pinneberg ist in der Herrenkonfektionsabteilung von Mandel dabei, graue gestreifte Hosen zu ordnen.
»Sechzehn fünfzig ... Sechzehn fünfzig ... Sechzehn fünfzig ... Achtzehn neunzig ... zum Donnerwetter, wo sind die Hosen zu Siebzehn fünfundsiebzig? Wir hatten doch noch Hosen zu Siebzehn fünfundsiebzig! Die hat doch wieder dieser Schussel von Keßler versaubeutelt. Wo sind die Hosen –?«
Etwas weiter in den Verkaufsräumen hinten bürsten die Lehrlinge Beerbaum und Maiwald Mäntel ab. Maiwald ist Sportsmann, auch die Lehrzeit als Konfektionär kann Sport sein. Maiwalds letzter Rekord: einhundertneun Mäntel in der Stunde tadellos gebürstet, allerdings mit zuviel Schwung. Ein Galalithknopf zerbrach, und Jänecke, der Substitut, gab dem Maiwald was aufs Dach.
Die Lehrlinge zählen ziemlich laut: »Siebenundachtzig, achtundachtzig, neunundachtzig, neunzig ...«
Pinneberg sortiert weiter. Sehr still heute für einen Freitag. Erst ein Käufer ist dagewesen, hat einen Monteuranzug gekauft. Natürlich hat Keßler das gemacht, hat sich vorgedrängt, trotzdem Heilbutt, der erste Verkäufer, dran gewesen wäre.
Heilbutt aber ist Gentleman.
Heilbutt sieht über so etwas hinweg, Heilbutt verkauft auch so genug, und vor allem Heilbutt weiß, wenn ein schwieriger Fall kommt, läuft Keßler doch zu ihm um Hilfe. Das genügt Heilbutt. Pinneberg würde

das nicht genügen, aber Pinneberg ist nicht Heilbutt. Pinneberg kann die Zähne zeigen, Heilbutt ist viel zu vornehm dazu.
Heilbutt steht jetzt hinten am Pult und rechnet etwas. Pinneberg betrachtet ihn, er überlegt, ob er Heilbutt nicht fragen soll, wo die fehlenden Hosen liegen könnten. Es wäre ein guter Grund, mit Heilbutt ein Gespräch anzuknüpfen, aber Pinneberg überlegt es sich besser: nein, lieber nicht. Er hat ein paarmal versucht, sich mit Heilbutt zu unterhalten, Heilbutt war immer tadellos höflich, aber irgendwie fror die Unterhaltung ein. Pinneberg will sich nicht aufdrängen, gerade weil er Heilbutt bewundert, will er sich nicht aufdrängen. Es muß zwanglos kommen, es wird schon kommen. Und dabei hat er die phantastische Idee, Heilbutt möglichst heute noch in die Wohnung in der Spenerstraße einzuladen. Er muß seinem Lämmchen Heilbutt zeigen, aber vor allem muß er Heilbutt das Lämmchen zeigen. Er muß beweisen, daß er kein gewöhnlicher flacher Verkäufer ist, er hat Lämmchen. Wer von den anderen hat so was?
Langsam kommt Leben in das Geschäft. Eben noch standen sie alle herum, schrecklich gelangweilt, nur ganz offiziell beschäftigt, und nun verkaufen sie plötzlich. Wendt ist in Arbeit, Lasch verkauft, Heilbutt verkauft. Nun Keßler, der hat es auch nicht abwarten können, eigentlich wäre Pinneberg dran gewesen. Aber schon hat auch Pinneberg seinen Käufer, jüngeren Herrn, einen Studenten. Doch Pinneberg hat kein Glück: der Student mit den Schmissen verlangt kurz und knapp einen blauen Trenchcoat.
Es schießt durch Pinnebergs Hirn: ›Keiner am Lager. Der läßt sich nichts aufschwatzen. Keßler wird grinsen, wenn ich 'ne Pleite schiebe. Ich muß die Sache machen ...‹
Und schon hat er den Studenten vor einem Spiegel: »Blauer Trenchcoat, jawohl. Einen Moment bitte. Wenn wir erst mal diesen Ulster probieren dürften?«
»Ich will doch keinen Ulster«, erklärte der Student.
»Nein, selbstverständlich nicht. Nur der Größe wegen. Wenn der Herr sich bemühen wollen. Sehen Sie – ausgezeichnet, was?«
»Na ja«, sagt der Student. »Sieht gar nicht so schlecht aus. Und nun zeigen Sie mir mal einen blauen Trenchcoat.«
»Neunundsechzig fünfzig«, sagt Pinneberg beiläufig und fühlt vor, »eines unserer Reklameangebote. Im vorigen Winter kostete der Ulster noch neunzig. Angewebtes Futter. Reine Wolle ...«
»Schön«, sagt der Student. »Den Preis wollte ich ungefähr anlegen, aber ich möchte einen Trenchcoat. Zeigen Sie mir mal ...«
Pinneberg zieht langsam und zögernd den schönen Marengo-Ulster aus. »Ich glaube nicht, daß Ihnen irgend etwas anderes so gut stehen

würde. Blauer Trenchcoat ist eigentlich ganz abgekommen. Die Leute haben ihn sich übersehen.«
»Also, nun zeigen Sie mir endlich –!« sagt der Student sehr energisch. Und sachter: »Oder wollen Sie mir keinen verkaufen?«
»Doch, doch. Alles, was Sie wollen.« Und er lächelt auch, wie der Student bei seiner Frage eben gelächelt hat. »Nur –«, er überlegte fieberhaft. Nein, nicht schwindeln, man kann es ja versuchen: »Nur, ich kann Ihnen keinen blauen Trenchcoat verkaufen.« Pause. »Wir führen keinen Trenchcoat mehr.«
»Warum haben Sie mir das nicht gleich gesagt?!« sagt der Student, halb verblüfft, halb ärgerlich.
»Weil ich Sie nur davon überzeugen wollte, wie ausgezeichnet Ihnen dieser Ulster steht. Bei Ihnen kommt er wirklich zur Geltung. Sehen Sie«, sagt Pinneberg halblaut und lächelte, wie um Entschuldigung bittend, »ich wollte Ihnen nur zeigen, wieviel besser der ist als ein blauer Trenchcoat. Das war so eine Mode – na ja! Aber dieser Ulster ...« Pinneberg sieht ihn liebevoll an, streicht einmal über den Ärmel, hängt ihn wieder über den Bügel und will ihn in den Ständer zurückhängen.
»Halt!« sagt der Student. »Ich kann ja immer noch mal ..., schlecht sieht er ja nicht gerade aus ...«
»Nein, schlecht sieht er nicht aus«, sagt Pinneberg und hilft dem Herrn wieder in den Mantel. »Der Ulster sieht direkt vornehm aus. Aber vielleicht darf ich dem Herrn noch andere Ulster zeigen? Oder einen hellen Trenchcoat?« Er hat gesehen, die Maus ist beinahe in der Falle, sie riecht den Speck schon, jetzt darf er es riskieren.
»Helle Trenchcoats haben Sie also doch!« sagt der Student grollend.
»Ja, wir haben da was ...«, sagt Pinneberg und geht an einen anderen Ständer.
In diesem Ständer hängt ein gelbgrüner Trenchcoat, zweimal ist er schon im Preise zurückgesetzt worden, seine Brüder vom selben Konfektionär, von derselben Farbe, vom gleichen Schnitt haben längst ihre Käufer gefunden. Dieser Mantel, das scheint ein Schicksal, will nicht von Mandel fort ... Jedermann sieht in diesem Mantel irgendwie komisch verbogen, falsch oder halb angezogen aus ...
»Wir haben da was ...«, sagt Pinneberg. Er wirft den Mantel über seinen Arm. »Ich bitte sehr, ein heller Trenchcoat. Fünfunddreißig Mark.«
Der Student fährt in den Ärmel. »Fünfunddreißig?« fragt er erstaunt.
»Ja«, antwortet Pinneberg verächtlich. »Solche Trenchcoats kosten nicht viel.«
Der Student prüft sich im Spiegel. Und wieder bewährt sich die Wun-

derwirkung dieses Stücks. Der eben noch nette junge Mann sieht aus wie eine Vogelscheuche. »Ziehen Sie mir das Ding nur schnell wieder aus«, ruft der Student, »das ist ja grauenhaft.«
»Das ist ein Trenchcoat«, sagt Pinneberg ernst.
Und dann schreibt Pinneberg den Kassenzettel über neunundsechzig fünfzig aus, er gibt ihn dem Herrn, er macht seine Verbeugung: »Ich danke auch verbindlichst.«
»Nee, *ich* danke«, lacht der Student und denkt jetzt sicher an den gelben Trenchcoat.
›Na also, geschafft‹, denkt Pinneberg. Er überblickt schnell die Abteilung. Die anderen verkaufen noch oder verkaufen schon wieder. Nur Keßler und er sind frei. Also ist Keßler der nächste dran. Pinneberg wird sich schon nicht vordrängen. Aber, während er gerade Keßler ansieht, geschieht das Seltsame, daß Keßler Schritt um Schritt gegen den Hintergrund des Lagers zurückweicht. Ja, es ist gerade so, als wollte Keßler sich verstecken. Und wie Pinneberg gegen den Eingang schaut, sieht er auch die Ursache solch feiger Flucht: Da kommen erstens eine Dame, zweitens noch eine Dame, beide in den Dreißigern, drittens noch eine Dame, älter, Mutter oder Schwiegermutter, und viertens ein Herr, Schnurrbart, blaßblaue Augen, Eierkopf. ›Du feiges Aas‹, denkt Pinneberg empört. ›Vor so was reißt du natürlich aus. Na warte!‹
Und er sagt mit einer sehr tiefen Verbeugung: »Was steht bitte zu Diensten, meine Herrschaften?« und dabei läßt er seinen Blick ganz gleichmäßig einen Augenblick auf jedem der vier Gesichter ruhen, damit keines zu kurz kommt.
Eine Dame sagt ärgerlich: »Mein Mann möchte einen Abendanzug. Bitte, Franz, sag doch dem Verkäufer selbst, was du willst!«
»Ich möchte ...«, fängt der Herr an.
»Aber Sie scheinen ja nichts wirklich Vornehmes zu haben«, sagte die zweite Dame in den Dreißigern.
»Ich habe euch gleich gesagt, geht nicht zu Mandel«, sagte die Ältliche. »Mit so was muß man zu Obermeyer.«
»... einen Abendanzug haben«, vollendet der Herr mit den blaßblauen Kugelaugen.
»Einen Smoking?« fragt Pinneberg vorsichtig. Er versuchte, die Frage gleichmäßig zwischen den drei Damen aufzuteilen und doch auch den Herrn nicht zu kurz kommen zu lassen, denn selbst ein solcher Wurm kann einen Verkauf umschmeißen.
»Smoking!« sagen die Damen empört.
Und die Strohblonde: »Einen Smoking hat mein Mann natürlich. Wir möchten einen Abendanzug.«

»Ein dunkles Jackett«, sagt der Herr.
»Mit gestreiftem Beinkleid«, sagte die Dunkle, die die Schwagerin zu sein scheint, aber die Schwägerin der Frau, so daß sie als die Schwester des Mannes wohl noch ältere Rechte über ihn hat.
»Bitte schön«, sagt Pinneberg.
»Nein, doch nicht so was«, sagt die Frau, als Pinneberg ein Jackett in die Hand nimmt.
»Wenn der Herr die Schulter etwas anheben wollte?«
»Daß du die Schultern nicht anhebst! Mein Mann läßt immer die Schultern hängen. Dafür muß es eben unbedingt passend sein.«
»Dreh dich mal um, Franz.«
»Nein, ich finde, das ist ganz unmöglich.«
»Bitte, Franz, rühr dich etwas, du stehst da wie ein Stock.«
»Das ginge vielleicht eher.«
»Warum ihr euch hier bei Mandel quält ...?«
»Sagen Sie, soll mein Mann ewig in diesem einen Jackett rumstehen? Wenn wir hier nicht bedient werden ...«
»Wenn wir vielleicht dies Jackett anprobieren dürften ...«
»Bitte, Franz.«
»Nein, das Jackett will ich nicht, das gefällt mir nicht.«
»Wieso gefällt dir denn das nicht? Das finde ich sehr nett!«
»Fünfundfünfzig Mark.«
»Ich mag es nicht, die Schultern sind viel zu wattiert.«
»Wattiert mußt du haben, bei deinen hängenden Schultern.«
»Saligers haben einen entzückenden Abendanzug für vierzig Mark. Mit Hosen. Und hier soll ein Jackett ...«
»Verstehen Sie, junger Mann, der Anzug soll was hermachen. Wenn wir hundert Mark ausgeben sollen, können wir auch zum Maßschneider gehen.«
»Probier dies mal über, Franz.«
»Nein, ich probier nicht mehr über, ihr macht mich ja doch bloß schlecht.«
»Was soll denn das wieder heißen, Franz? Willst du einen Abendanzug haben oder nicht?«
»Du!«
»Nein, du willst ihn.«
»Du hast gesagt, der Saliger hat einen, und ich mache mich einfach lächerlich mit meinem ewigen Smoking.«
»Dürfte ich gnädiger Frau noch dies zeigen? Ganz diskret, etwas sehr Vornehmes.« Pinneberg hat sich entschlossen, auf Else, die Strohblonde, zu tippen.
»Das finde ich wirklich ganz nett. Was kostet er?«

»Allerdings sechzig. Aber es ist auch etwas ganz Exklusives. Gar nichts für die Masse.«
»Also Franz, jetzt ziehst du das Jackett an.«
»Er hat es doch schon angehabt!«
»Nicht dies!«
»Doch.«
»Also, jetzt gehe ich, wenn ihr euch hier streiten wollt.«
»Ich gehe auch. Else will wieder um jeden Preis ihren Willen durchsetzen.«
Allgemeine Aufbruchstimmung. Die Jacketts werden, während die spitzen Reden hin und her fliegen, hierhin geschoben, dorthin gezerrt...
Vergebens hat Pinneberg versucht, ein Wort anzubringen. Nun, in der höchsten Not, wirft er einen Blick um sich, er sieht Heilbutt, sein Blick begegnet dem des anderen... Es ist ein Hilfeschrei.
Und zugleich tut Pinneberg etwas Verzweifeltes. Er sagt zu dem Eierkopf: »Bitte, Ihr Jackett, mein Herr!«
Und er zieht dem Mann das strittige Sechzigmark-Jackett an, und kaum sitzt es, ruft er auch schon: »Ich bitte um Verzeihung, ich habe mich versehen.« Und ganz ergriffen: »Wie Sie das kleidet.«
»Ja, Else, wenn du das Jackett...«
»Ich habe immer gesagt, dies Jackett...«
»Nun, sage mal du, Franz...«
»Was kostet dies Jackett?«
»Sechzig, gnädige Frau.«
»Aber für sechzig, Kinder, ich finde das ja Wahnsinn. Bei den heutigen Zeiten sechzig. Wenn man schon durchaus bei Mandel kauft...«
Eine sanfte, aber bestimmte Stimme neben Pinneberg sagt: »Die Herrschaften haben gewählt? Unser elegantestes Abendjackett.«
Stille.
Die Damen sehen auf Herrn Heilbutt. Herr Heilbutt steht da, groß, dunkel, bräunlich, elegant.
»Es ist ein wertvolles Stück«, sagt Herr Heilbutt nach einer Pause. Und dann verneigt er sich und geht weiter, entschwindet, irgendwohin, hinter einen Garderobenständer, vielleicht war es Herr Mandel selber, der hier durchging?
»Für sechzig Mark kann man aber auch was verlangen«, sagt die unzufriedene Stimme der Alten. Doch sie ist nicht mehr ganz unzufrieden.
»Gefällt er dir denn auch, Franz?« fragt die blonde Else. »Auf dich kommt es doch schließlich an.«
»Na ja...«, sagt Franz.

»Wenn wir nun auch passende Beinkleider ...«, beginnt die Schwägerin.
Aber das wird nicht mehr tragisch mit den Beinkleidern. Man ist sich sehr rasch einig, es wird sogar ein teures Beinkleid. Der Kassenzettel lautet insgesamt über fünfundneunzig Mark, die alte Dame sagt noch einmal: »Bei Obermeyer, sage ich euch ...« Aber niemand hört auf sie.
Pinneberg hat an der Kasse noch eine Verbeugung gemacht, eine Extraverbeugung. Nun kehrt er zurück an seinen Stand, er ist stolz wie ein Feldherr nach gewonnener Schlacht und zerschlagen wie ein Soldat.

Joseph Roth
Zipper und sein Vater

Joseph Roth, 1894 bis 1939, hat in seinen Arbeiten vor allem die sterbende Donaumonarchie meisterlich dargestellt. Sein großer Roman *Radetzkymarsch* ist das Gegenstück zu Robert Musils *Mann ohne Eigenschaften.* Der Roman *Zipper und sein Vater,* aus dem hier ein Ausschnitt folgt, beschreibt Haltung und Leiden des österreichischen Kleinbürgertums im Ersten Weltkrieg und schafft auch damit eine Ergänzung zur Musilschen Welt, die gesellschaftlich höher angesiedelt ist. Ausschnitt zitiert nach *Werke,* 3 Bde., Köln 1956.
Lesehinweis: Leonhard Frank, *Der Vater,* Erzählung in *Der Mensch ist gut,* Zürich und Leipzig 1918.

Nach dem Abitur – Zipper hatte es wegen der alphabetischen Reihenfolge erst am letzten Tag abgelegt – hielt der alte Zipper seinem Sohn eine kleine Privatrede: »Ich selbst habe nie studiert, wie du weißt. Ich bin dennoch ein Mann geworden. Ich hätte aber studiert, wenn nicht die ungünstigen Umstände mich daran gehindert hätten. Ich kann dir nicht so viel geben, daß du wie ein reicher junger Mann lebst. Aber zu essen wirst du haben und studieren kannst du, was dir gefällt. Ich rate dir, Jura zu studieren. Mach auf jeden Fall den Doktor. Ich selbst gebe nichts auf Titel und äußere Ehren. Aber die Welt ist noch nicht so fortgeschritten.«
Arnold Zipper wurde also Jurist. Ich studierte Philosophie. Aber wir kamen immer noch einige Male in der Woche zusammen. Wie bisher aß ich oft bei den Zippers. Des Alten Sympathie blieb mir gesichert. Nichts ereignete sich im Hause Zipper, was ich nicht einen Tag später erfahren hätte.
Eines Sonntags, es war ein heißer Sommertag, wurde der Thronfolger in Sarajewo erschossen.
Die Frau Zipper war untröstlich. Man hätte glauben können, ihr Bruder sei erschossen worden. Herr Zipper dagegen hatte hier eine glänzende Gelegenheit, seine rebellische Gesinnung zu beweisen. Während seine Frau, das Taschentuch vor einem Auge, das Lorgnon vor dem andern, in der Zeitung die Details las, sagte Zipper:
»Man soll von den Toten nur Gutes sprechen. Der Thronfolger war ein Hund. Aber vielleicht wäre er gar nicht so böse gewesen ohne seine Frau. Vor zwei Jahren bestellt sie bei Weinhorn einen Anzug auf Maß für ihren jüngeren Sohn. Der Zuschneider selbst fährt hinaus, einmal, zweimal, zehnmal. Dann ist der Anzug fertig, der Zuschnei-

der bringt ihn persönlich, da sagt die Sophie: Sie müssen ihn zurücknehmen, ich kann Ihnen nicht helfen, ich habe ausdrücklich kurze Hosen bestellt, ich hasse die langen Hosen bei Kindern! Und nichts! Nicht einen roten Kreuzer Trinkgeld! So sind diese Leute! Die Serben müssen ersticken im eigenen Fett. Die ungarischen Magnaten haben Angst, ihre Schweine werden billiger werden. Alles zusammen ein Gesindel! Als ich bei den Vierundachtzigern war, kam er einmal zu den Manövern. Ein Hund! Die Bosheit strahlte ihm aus den Augen!«
»Der arme Kaiser!« klagte Frau Zipper.
»Der Kaiser wird froh sein, daß der Kerl umgekommen ist!«
»Pst!« sagte Frau Zipper. »Sprich nicht so laut!«
»Ich hab' keine Angst, ich sag' jedem meine Meinung!«
Zippers Meinung änderte sich aber doch in den nächsten Tagen, als die Demonstrationen begannen. Er selbst zog vor die serbische Gesandtschaft. Er kam nach Hause und erzählte:
»Man wird's ihnen schon zeigen! Der Thronfolger war ein Hund, aber was geht es die Serben an? Wir wären schon selbst mit ihm fertig geworden. Jetzt werden sie sehn, daß mit uns nicht zu spaßen ist. Die Polizei ist doch großartig! Zieht vom Leder, und im Nu sind alle weggeblasen. Der ganze Platz in fünf Minuten gesäubert. Der Inspektor Hawerda hat heute Dienst gehabt. ›Brav habt's Ihr gearbeitet!‹ hab' ich ihm gesagt. – (Ein netter Mensch, der Inspektor Hawerda.) – Aber doch ein bissel zu viel mit den Säbeln. Schließlich ist das der Wille des Volks. – ›Dienst ist Dienst!‹ sagte der Hawerda. – Das muß man auch verstehn!«
Schließlich war Zipper enttäuscht, daß man nicht sofort gegen die Serben marschierte. Von allen Menschen, die ich damals kannte, war er der einzige, den die Mobilisierung nicht überraschte.
»Ich hab' es immer gesagt, daß es ohne Krieg nicht ausgehn wird.«
Und Zipper, Zipper, der revolutionäre Zipper sagte zu seiner Frau: »Pack mir die Uniform aus, man kann nicht wissen. Im Krieg spielen Krampfadern keine Rolle. Ich bin ein alter Soldat, mag der Kaiser sein, wie er will, ich hab' den Eid geleistet.«
Vielleicht wäre Zipper gegen den Krieg gewesen, wenn sich die Gesinnung seiner Frau nicht geändert hätte. An dem Tag, an dem die ersten Männer einzurücken begannen, hörte ihr Patriotismus auf.
»Wenn man will, kann man sich immer in Güte einigen«, sagte Frau Zipper. – »Misch dich nicht in die Weltpolitik«, rief der Alte. »Arnold, morgen meldest du dich freiwillig!« Da sah ich zum erstenmal Frau Zipper aufspringen. Zum erstenmal hörte ich sie kreischen. Sie stand auf gegen ihren Mann, sie erhob den Sessel, sie mußte in diesem Augenblick die Kraft von tausend Müttern gefühlt haben.

»Nein!« rief sie. »Solange ich lebe, wird sich keiner meiner Söhne freiwillig melden. Arnold nicht und Cäsar auch nicht. Geh allein in den Krieg. Ich brauch' dich nicht! Geh, geh zu deinem Kaiser! Du! Du!« Sie raufte sich die Haare. Zum erstenmal sah ich Blut in ihr Gesicht steigen. Sie wurde schön. Zum erstenmal nach zwanzig Jahren wurde sie wieder schön. – Da schwieg Zipper. Arnold meldete sich nicht, und der Alte meldete sich auch nicht. – Aber jedesmal, sooft ich mit dem Herrn Zipper zusammentraf, hielt er folgenden Vortrag:
»Wir ziehen uns zurück, wir lassen die galizische Ebene den Russen. Wir teilen uns, wir werden zwei Fronten bilden. Vom Norden und vom Süden werden wir die Russen packen, verstehen Sie, in einer Zange!« Er krümmte Zeige- und Mittelfinger, spreizte sie und schloß sie wieder. »Indessen wird im Westen Paris erobert. Die Franzosen unterwerfen sich, denn wenn sie noch länger warten, werden sie im Süden von Italien angegriffen. Dann wirft Wilhelm die ganze Armee nach dem Osten. In drei Monaten ist der Zar vernichtet. Die ganze Kunst besteht heutzutage darin, den Feind zu umzingeln. Mit möglichst wenig Truppenmaterial umzingeln! Außerdem muß man die richtige Balance halten zwischen Offensive und Defensive.«
Jeden Tag las Zipper alle Zeitungen. Er vernachlässigte sogar das Sechsundsechzig. In seinem Stammkaffee war er einer der glühendsten Patrioten. Einige begannen sich über ihn lustig zu machen. Er wurde wild. Er drohte, den und jenen anzuzeigen. Man zog sich zurück. Die Zweifler grüßte er nicht. Mit seiner Frau sprach er nicht mehr. Auch seine kleinen Scherze gab er auf. Wie lange war es schon her, seitdem er seinen Chronometer hatte läuten lassen! Wie lange war es her, seitdem er zum letztenmal im Zirkus gewesen war! Nur in die Theater ging er noch. Selbst seine einflußreichen Freunde vernachlässigte er, Polizeiinspektoren verachtete er. Was taten sie? Sie blieben zu Hause. Sie drückten sich! Sie ›tarchenierten‹!
Eines Tages sah ich ihn mit einer schwarzen eisernen Uhrkette. Auch trug er drei eiserne Ringe. ›Gold gab ich für Eisen!‹ stand auf allen drei eingraviert.
Einmal ging er mit Arnold und mir, Nägel in den ›Eisernen Mann‹ schlagen. – »Hier«, sagte er, »ich spendiere dir einen Nagel!« Und er kaufte für mich einen Nagel, weil ich kein Geld hatte. Er selbst schlug nicht weniger als fünf ein.
Jede Woche kam er mit einem neuen Abzeichen. Er trug das schwarzgelbe Kreuz, das silberne und ein Edelweiß am Hut. Einer der Wohltätigkeitsvereine, denen er angehörte, veranstaltete eine Sammlung alter Kleider und warmer Wollsachen für unsere Krieger zu Weihnachten. Zipper selbst begleitete den Wagen, einen großen Trainwa-

gen. Vor jedem Haus hielt er, ging mit einer Glocke in den Flur und nahm die Geschenke entgegen. Er fuhr eine Woche lang herum, die ganze sogenannte Warme-Woll-Woche. Jeden Abend kam er spät nach Hause. Sein Papier-Kommissionsgeschäft begann langsam einzuschlafen. Nur von einem patriotischen Verein, der unter dem Protektorat der Gräfin Windischgrätz stand, bekam er jeden Monat einen Auftrag, Drucksorten zu beschaffen. Auch im militärgeographischen Institut war man auf Zipper aufmerksam geworden. Eine Zeitlang schien es, als würde er bei der Papierlieferung für das Werk: ›Unsere Helden im Winter‹ etwas verdienen. Da kam ein anderer und machte das Geschäft.

Endlich kamen Arnold und ich zum Militär. Einen Monat später war auch Cäsar in Uniform. Arnold konnte, sollte und mußte Offizier werden. Also kümmerte sich der alte Zipper um seinen Sohn Cäsar überhaupt nicht. Cäsar wohnte in der Kaserne, kam nur einmal nach Haus, einen Tag, bevor seine Marschkompanie ins Feld ging. Er betrank sich, lag achtzehn Stunden auf dem Sofa und schrie aus dem Schlaf. »Ein schöner Held, ihr Sohn!« sagte der alte Zipper. Am Abend holte uns der alte Zipper von der Einjährigenschule ab. Er trank ein Glas Bier mit unserm Feldwebel. Eines Tages, es war ein nebliger Novemberabend, das Licht der kriegsmäßig reduzierten Laternen sah aus wie in Watte verpackt, standen wir fünf Minuten vor der Schule und warteten auf den alten Zipper. Er kam nicht. Plötzlich tauchte vor uns ein Feldwebel auf, ein kleiner Feldwebel. Wir salutierten. Da lachte der Feldwebel. Es war der alte Zipper. Er hatte sich freiwillig gemeldet.

Oh, wie schön sah er aus! Er trug eine Extrauniform, seine Goldborten glänzten, sein teefarbener Schifferbart war verschwunden, nur sein kleiner, grauer Schnurrbart, auch er stark reduziert, war übriggeblieben. In der prallen Uniform sah man deutlich, daß der alte Zipper einen Bauch hatte und daß er sich in den Hüften wiegte, wenn er ging, und daß er mit den Füßen stark nach auswärts trat.

Er ließ uns ein paarmal auf der Straße salutieren. Wir gingen mit ihm in ein Wirtshaus, und er erzählte alte Geschichten von seinem Regiment. Jetzt war er im Landsturm, und weil er etwas Tschechisch verstand, kam er nach einigen Tagen in die russische Zensurabteilung. Er sollte die Briefe an russische Kriegsgefangene prüfen. Er konnte sie aber nicht lesen. Er fing an Russisch zu lernen. Indessen häuften sich auf seinem Tisch die Briefe. Er verteilte sie unter seinen Untergebenen und lernte fleißig Russisch.

Er ließ sich fotografieren: am Schreibtisch, die Briefe, die er nicht lesen konnte, in zwanzig sortierten Päckchen vor sich; mit Mütze,

Überschwung und Säbel; mit Arnold, dem Einjährigen; mit Arnold und mir; mit Arnold zu Hause; mit Arnold auf der Straße. Alle Bilder hingen im Salon.
Dann gingen wir ins Feld, er begleitete uns zur Bahn. Er begann zu winken, bevor der Zug abging. Der Zug stand nämlich noch nicht auf dem richtigen Geleise. Man verschob ihn oft. Immer, wenn ich dachte, jetzt wäre der alte Zipper schon zu Hause, erschien er wieder. Weil er ein Feldwebel war, konnte er bis in die fernsten Güterbahnhöfe vordringen, während alle andern den ersten Bahnsteig schon verlassen mußten. So froh, wie damals, als wir in den Tod gingen, hatte ich den alten Zipper noch nie gesehen. Als unser Zug schon endgültig abrollte, erschien er noch einmal, lief neben dem Waggon her, ein Zeitungsblatt in der Hand, und rief uns nach: »Sieg bei Lublin!«
Wir sahen uns an, Arnold und ich, und begannen eine Wurst zu essen.

Zwei Monate später verlor Cäsar sein linkes Bein.
Der alte Zipper teilte diese Begebenheit Arnold mit: Er bekommt eine tadellose Prothese! – schrieb der alte Zipper. Und die Mutter schrieb nur eine einzige Zeile dazu. Man sah, wie ihre Hand gezittert hatte. Ich erinnere mich deutlich an ihre Schrift. Die Buchstaben lagen wie Bündel dünner Drähte über- und nebeneinander. Bleibe ganz und gesund! – schrieb die Frau Zipper.
Arnold aber bekam einen Steckschuß und Urlaub und die Leutnantscharge. Was gab es Schöneres für den alten Zipper. Er ließ sich fotografieren als Feldwebel, der Sohn als Leutnant daneben. Arnold schickte mir die Fotografie. Da stand der alte Zipper, hielt seine Hand auf der Schulter des Leutnants und blickte starr geradeaus. Immerhin war er älter geworden. Seine Wangen hingen schlaff an den Gesichtsknochen, und auf der Hand, die des Sohnes Schulter hielt, sah man Krampfadern. Arnold schrieb, es ginge jetzt nicht mehr so schlecht. Die Mutter beziehe Geld für alle drei eingerückten Männer. Cäsar würde jetzt versorgt werden, weil er ja ein Bein verloren habe.
Ein wenig später bekam ich Urlaub. Da sah ich, wie die Frau Zipper um Mitternacht mit einem Schemel und einem halbgestrickten Strumpf, mit Brille und Topf und Markttasche vor den Laden ging, um am Morgen Fleisch und Milch zu holen. Immer noch sprach Zipper zu seiner Frau in der dritten Person. Dennoch stand er um drei Uhr morgens auf, um seine Frau abzulösen. Cäsar hätte als Invalider ohne zu warten alle Nahrungsmittel bekommen können. Aber er kam nur einmal in der Woche aus dem Spital nach Hause, am Samstagnachmittag, humpelte zur Lade in der Kommode, wo die Mutter ihre Geldbörse verbarg, leerte sie und begab sich ins Wirtshaus.

Er war finster geworden, seine kurze Stirn schien noch kürzer zu sein, sie bestand nur noch aus einem kleinen Stückchen tausendfach zerknitterter Haut. Immer hing ein trauriges, dumpfes Lächeln in seinen Mundwinkeln, es war wie das Abzeichen eines selbstgefälligen Stumpfsinns, wie der Anfang eines Fluches und wie der Beginn einer Verwandlung aus dem Menschen zum Tier.
Er bekam eine Prothese, die nicht paßte, er warf sie weg. Er zerbrach eine Krücke nach der andern. Wenn die Mutter ihn im Spital besuchte, versteckte er sich im Klosett. Man schickte ihn ins Irrenhaus. Er bekam einen Wutanfall, wurde in die Tobsuchtszelle gesperrt, weinte, wurde sanft, sprach nichts mehr. Er begann Zeitungspapier zu essen. Die Irrenhäuser füllten sich, man konnte ihn nicht mehr behalten, man schlug den Zippers vor, ihn nach Hause zu nehmen.
Jetzt schien er endgültig verblödet zu sein. Er saß in einem samtenen roten Stuhl, den man aus dem Salon geholt hatte, und aß die Kriegsberichte, die der alte Zipper gelesen hatte.
Einmal erwischte er eine Zeitung, die der Vater erst am Nachmittag lesen sollte. Der alte Zipper versuchte, seinem Sohn das Blatt wegzunehmen. Da verlor Cäsar seine Sanftmut. Er sprang auf, fiel nieder, erhob sich, verwüstete mit seinem Stock alle Möbel, das Geschirr, die Spiegel. Man holte Sanitäter, Cäsar verfiel in Delirium und starb einige Tage später.
In der einen Stunde, in der Cäsar wütend und die Frau Zipper in Ohnmacht gefallen war, färbten sich die Haare Zippers weiß. Er begrub seinen Sohn und war plötzlich ein alter Mann. Er sprach zu seiner Frau wieder, er sagte ihr wieder: Du. Die Briefe, die er Arnold ins Feld schickte, klangen wie zerbrochene Glocken. Seine Schrift war immer noch flott, seine Buchstaben waren immer noch rund und groß, seine Unterschrift lag immer noch eingewickelt in ihrem alten Ornament, das einer großen Schleife ähnlich sah oder einem Schmetterling. Die Wendungen, mit denen er seine Briefe einleitete und schloß, waren immer noch die alten. Jeder Brief begann mit der Anrede: Mein innig geliebter Sohn! – jeder schloß mit den Worten: ohne sonstige Wichtigkeiten Dein Dich liebender Vater. – Aber in den Briefen war die Rede von der Bitterkeit der Zeit. Sie strömten einen trostlosen, unerbittlichen Nebel aus. Er stieg aus ihnen auf wie aus herbstlichen Feldern. Die Briefe rochen schlimmer als der Tod. Sie waren wie das Leben der Lebendigen im Krieg.
Man hatte dem alten Zipper ein Verdienstkreuz gegeben. Er bat um die Erlaubnis, außerhalb der Dienststunden Zivil zu tragen. Ich wünsche mir nur, so schrieb er einmal an Arnold, Dich noch einmal zu sehen.

Ich dachte an den Alten aus den Friedenszeiten, der mit uns die Türme bestiegen, die Liliputaner besichtigt hatte, den Schnelläufer, den Wanderzirkus, den Löwenmenschen, die Frauen ohne Unterleib, an den alten Zipper, der seine Uhr unter merkwürdigen Umständen in Monte Carlo erworben hatte, der sein geheimes Läutewerk in Bewegung setzte, Mäuschen aus Zündholzschachteln springen ließ und das Tischtuch gespenstisch bewegte. Ich sah, wie es zu Ende ging mit ihm, den wir gekannt hatten. Er verwandelte sich in einen ganz unbekannten, neuen. War das noch der Zipper?
Als ich das letztemal in Urlaub kam, besuchte ich ihn. Er ging in Zivil, es war ein Sonntag, ich traf ihn vor seiner Haustür. Sein Schnurrbart war weiß, seine Haare waren weiß, er stützte sich auf den Stock mit der Elfenbeinkrücke, und sein Rücken war rund. Zipper war um einen halben Kopf kleiner geworden. Einige Male blieb er auf der Stiege stehen, nicht um Atem zu holen, wie mir schien, sondern um nachzudenken. Er sprach sehr wenig. Als wir oben waren, ging er in die Küche und sagte: »Fanny, komm her!«
Es kam die Frau Zipper. Ich erfuhr so zum erstenmal, daß sie Fanny hieß.
Ihre Haare waren farblos wie immer. Ihr Gesicht war mager, ihre Hände waren hart wie immer. Nur aus ihrem Kinn war, wenn sie lächelte, die letzte Erinnerung an ein Grübchen geschwunden.
In der Ecke neben dem Fenster, in dem Zimmer, in dem wir so oft gesessen hatten, als in der Welt noch Frieden und bei den Zippers noch Krieg gewesen war, in der Ecke stand ein roter samtener Sessel aus dem Salon.
»Hier«, sagte Zipper, »ist Cäsar immer gesessen, die letzten Wochen.« Frau Zipper ging wieder in die Küche.
»Wann wird dieser Krieg zu Ende sein?« fragte Zipper.
»Noch nicht, glaube ich«, sagte ich. »Wir warten auf den Tod.«
Ich fuhr wieder in den Krieg. Und der Krieg war nicht zu Ende. Die alten Zippers dienten und die jungen. Millionen Zippers schossen und starben und hunderttausend wurden verrückt.
Jedesmal kamen Briefe an Arnold. Sie enthielten alle dasselbe.
Arnold schrieb Briefe nach Hause. Ich fügte immer einen Gruß hinzu.
Manchmal, wenn ich die Feldwachen kontrollierte, sah ich das Zimmer der Zippers vor mir – und es kam mir vor wie ein Zimmer des Friedens.

Joseph Roth
Unter Tag

Joseph Roth, 1894 bis 1939, wurde in einem kleinen Ort in Wolhynien geboren, das damals noch zur alten k. u. k. Monarchie Österreich-Ungarn gehörte. Nach dem Ersten Weltkrieg lebte er als Journalist in Wien, später in Berlin. In den zwanziger Jahren war er ständiger Mitarbeiter der *Frankfurter Zeitung*. Am 30. Januar 1933 ging Roth in die Emigration und lebte hauptsächlich in Paris, wo er fünfundvierzigjährig in einem Armenspital starb. *Unter Tag* ist einer Folge von Texten entnommen, die als *Briefe aus Deutschland* unter dem Pseudonym Cureus 1927 in der *Frankfurter Zeitung* abgedruckt wurden.
In einer *Erinnerung an Joseph Roth* schreibt Benno Reifenberg, der mit ihm befreundet war: ›Ich nenne Joseph Roth mit Bedacht einen Dichter, weil er, wohin man ihn auch auf Reisen schickte – und er ist viel im Auftrag der großen Zeitungen gereist –, von überallher mehr von sich als von der Fremde heimbrachte. Er hatte freilich viel gesehen, er kannte die europäischen Häfen, der heisere Baßton der Sirenen lag ihm im Ohr und der melancholische Pfiff der Eisenbahnen, er fuhr die Wolga hinab und saß in den Caféhäusern aller Metropolen, wieviel Nächte verbrachte er nicht in Wartesälen der äußersten Bahnhöfe des alten Österreich und des neuen Deutschland. Joseph Roth hat ein ruhiges, klares Deutsch geschrieben, was inmitten der aufgeregten Jahre nach dem Krieg 1914–1918 die allerwenigsten vermocht haben. Die Beschreibungen des Dichters vermieden es, dem Leser die eigene Einbildungskraft zu verstellen. Joseph Roth hat einmal die Kraft, in Bildern zu schauen, ‚erhaben' genannt. Ich glaube wirklich, dieser Kraft wegen ging von dem eher zierlichen, schmächtigen Mann seine seltsame, unbedingte Anziehung aus: Man wollte nicht wissen, was er dachte, sondern wie er die Dinge sah, man wollte durch seine Bilder die eigenen Augen schärfen.‹
Lesehinweis: *Fazit – Ein Querschnitt durch die deutsche Publizistik*, hg. von Ernst Glaeser, Hamburg 1929; Bernard von Brentano, *Alsdorf*, in *Der Beginn der Barbarei in Deutschland*, Berlin 1932.

Lieber Freund, ich hätte gewünscht, Sie wären mit mir gewesen, damit ich sehe, wann wir einander zustimmen und wann wir auseinandergehen. Deshalb schreibe ich Ihnen heute noch, etwas unbesonnen und formlos: auf der Rückseite eines Plakats und mit Bleistift, in der Ecke eines Wirtshaustisches, an dem außer mir noch fünf Menschen sitzen, vier Männer und eine Frau. Sie kümmern sich nicht um mich, obwohl sie so aussehen, als hätten sie nichts anderes zu tun. Sie sprechen auch nichts miteinander. Unaufhörlich stellt man neugefüllte Biergläser vor sie hin. So schweigt es auch an allen anderen Tischen. Die kleine Schankstube ist voll, aber sie erinnert an ein Panoptikum am Vormittag. Ein hübsches Mädchen trägt Biergläser aus. Auch es ist schweigsam, so daß es unnahbar aussieht. Einige Männer rauchen. Der blaue Rauch verstärkt noch die Schweigsamkeit, er ist der visuelle Ausdruck der Stille.

Mein lieber Freund, nach diesem Gestern ist die heutige Stille doppelt grausam. Von drei Uhr nachmittags bis zehn Uhr abends war ich sechshundert Meter unter der Erde, in einer Kohlengrube. Die Grube steht in französischer Regie. Ich war angekündigt. Der französische Verwalter empfing mich. Er sprach deutsch. Er war freundlich, kurz und sachlich. Er sprach sofort, ohne Einleitung, vielleicht wollte er Fragen vermeiden. Wozu aber hatte er mich in sein Büro kommen lassen? Wahrscheinlich, um mich anzusehen. Ich hatte einen Augenblick das Gefühl, daß ich gemustert werde. Keineswegs unangenehm! Der Mann sieht aus weichen, dunklen Augen; sie streichelten mehr, als sie blickten. Dann unterschrieb ich ein Formular, Verzicht auf eine Entschädigung, wenn ich untergehen sollte, ein Pendant zu einem Testament. Geht man wirklich unter, so bekommt solch ein Papier eine Bedeutung, wird von der Grubenverwaltung mit einer gewissen tragischen Satisfaktion meinem Rechtsanwalt vorgelegt, und die Erben krepieren dank meinem Wissensdurst. Hierauf ging ich den Steiger suchen, er begegnete mir schon im Hof, blaß, schwarzhaarig, im Kostüm des Bergarbeiters, randlose Mütze, schwere Stiefel, schwerer Stock ohne Krücke, mit metallenem Knopf. Wir gaben uns die Hand, es sah ein wenig aus wie ein Bündnis. Ich ging in eine Badezelle. Ein Stuhl, eine Wanne, Kleiderhaken, ein kleiner Spiegel über einem nackten Brett, ein Fenster. Sehr warm. Ein Mann bringt mir Kleider, Grubenuniform. Eine kegelförmige Mütze, schwer, gründlich, aus einem filzigen Stoff, ein grobleinenes Hemd, eine blaue Bluse, blaue Hosen, dicke Wollsocken, schwere genagelte Stiefel, ein Taschentuch aus Fahnenstoff, einen Stock mit Metallknopf und Zwinge und eine Blechmarke mit einer Öse. Auf der Marke steht: Besuch. Sie ist mein Obolus. Ich werde sie, bevor ich in die Grube einfahre, an ein Brett hängen, damit man im Falle einer Katastrophe weiß, daß ich auszugraben bin. Ich kleide mich langsam um. In der Einsamkeit meiner Zelle denke ich an die Katastrophe, wie ein Verurteilter an das Schafott. Nur nicht übertreiben, sage ich zu mir, teile mich in zwei, in einen Vorsichtigen und einen Stoiker. Es muß noch ein Stück von mir bei dieser Teilung abgefallen sein, ein Stück, das beobachtet und feststellt, boshaft und eisig, wahrscheinlich das schriftstellerische Stückchen Gehirn, mit dem ich sonst, wenn ich ganz bin, die gütigen Dinge schreibe. Das registriert, wie der Vorsichtige zärtlichen Abschied von dem blauen Anzug nimmt, den er so gerne getragen. Es ist, als hätte

sein Leben im Unterfutter des Anzuges gelegen und als zöge er mit der blauen Bluse den Tod an. Der Stoiker legt indessen sorgfältig Brieftasche, Zigaretten, Streichhölzer und Uhr auf das Brett vor dem Spiegel. »Ich bin fertig!« sagt der Stoiker.
In drei Teile zerfallen und geführt vom Steiger, warte ich auf den Lift in der großen Halle. Sie ist hoch und weit und von Zuglüften unaufhörlich durchweht. Ihr steiniger Boden ist schwarz, feucht und schmutzig. Die Kohlenwagen, die in kurzen Zeitabständen aus den Aufzügen herausrollen, hinterlassen, obwohl sie auf Schienen laufen, weit über ihre vorgeschriebene Bahn verstreute Schmutzspuren. Im übrigen ist hier von einer Emsigkeit der Arbeit wenig zu sehen. Vielmehr rollen die Kohlenwagen mit einer gewissen Gelassenheit heran. Zu viele Menschenhände schienen mir – einem Laien allerdings – an die Arbeit verschwendet. Wahrscheinlich, denke ich, geht es in Amerika mechanischer, rascher, geölter. Ein Wagen stockt, zwei Räder knirschen, ein, zwei Arbeiter müssen stoßen, wo doch alles, wie ich es mir vorträume, nur so zu gleiten hätte. Jedesmal, wenn ein Lift sich in Bewegung setzt, ertönt ein Glockensignal. Ein Mann rückt an einem Hebel. Und obwohl die Glocke laut und sogar schrill ist, wie ein Alarm, wirkt ihre regelmäßige Wiederkehr und die Einfachheit der Bewegung, die der Mann am Hebel vollführt, wie eine solide Beruhigung. Die Glocke und der Hebel sind gleichsam vom zuverlässigsten Pflichtgefühl erfüllt. Sie sind die sichersten Zeichen der Gefahrlosigkeit. Und nichts mehr geschieht. In der Ecke plaudern ein paar Männer. Dieser Raum könnte ebensogut eine leere Markthalle sein. Oben, unter dem sehr hohen, beinahe unsichtbaren Plafond müßten Balken liegen und im Gebälk Fledermäuse wohnen, ungestört, das heilige Geflügel der alten Ruinen-Romantik. Ich aber sehne mich geradezu nach den neuen, den scharfen, stählernen Mechanismen; nach der vielbesungenen Schönheit sausender Räder, glatter und in unbarmherziger Rasanz zu einem grauen Streifen Luft verschwimmender Treibriemen; nach dem ganzen schimmernden Requisit der technischen Hymnen, der rhapsodischen Ingenieure und der Propheten des Schwungrads. Nichts von alledem. Nur schwarzer Schmutz, Zugluft und quietschende Gebrechlichkeit.
Das Glockensignal, allerdings. Es verkündet endlich einen leeren Aufzug, in dem wir hinunterfahren können. In diesem Augenblick vermisse ich nichts so sehr wie eine Tasche links an der Bluse. Nur rechts ist eine, sie enthält das Taschentuch, den einzigen Gegenstand, den man auch noch unter der Erde nötig hat. Meine linke Hand findet keine Tasche, heimatlos irrt sie in der Luft herum. Sechs Taschen enthielt mein blauer Rock, der hängt jetzt in der Zelle. Brieftasche, Uhr,

einen reizenden *Koh-i-noor,* mit dem ich noch viel hätte schreiben können. Alles werden meine Erben kriegen. Ich muß in den Lift.
Denken Sie nicht an einen Lift wie im Hotel etwa. Es ist ein Blechkasten, dem die vordere und die hintere Wand fehlen. Auf den Bahnhöfen befördert man Gepäckstücke in derlei offenen Kasten. Boden und Decke sind aus Eisen. Die Füße stehen im nassen Kohlenstaub. An der Decke hängen ein paar eiserne Ringe, an denen man sich festhalten muß – wegen der fehlenden Wände und der rasenden Schnelligkeit des Aufzugs. Jetzt ertönt die Glocke. Jetzt gilt sie mir. Ich ergreife den Ring. Mutig, könnte man fast sagen. Wir sausen hinab.
Hinab! Welch ein kurzes Wort! Und wieviel enthält es! Die unerbittliche Schwärze einer langen, unendlich dünkenden Mauer; den vehementen Wind, der als eine elementare Antwort der Tiefe auf unsere Einfahrt uns böse entgegenfaucht; die unerschöpfliche Ewigkeit von finsteren drei Minuten, die unaufhaltsam hinunterführen.
Mit einem sanfteren Aufschlag, als nach seiner Schnelligkeit vorauszusehen war, landet unser Lift. Ein enger Raum, eine Art Vorzimmer zur Tiefe. Niedrig, von wenigen elektrischen Lampen notdürftig beleuchtet. Das Licht meines Grubenlämpchens kommt immerhin schon zur Geltung. Den ganzen Raum erfüllen unerklärliche Stimmen. Es rauscht und murmelt, summt und braust, es knattert und heult, es tropft und klingt, es weht und pfeift. Es ist, als vermischten sich hier, im Schoß der Erde, die Echos aller Geräusche, Melodien und Stimmen, die auf der Oberfläche ertönen. Vielleicht hört man hier alle Quellen auf einmal. Hier, in der Nähe, liegt vielleicht die mütterliche Urader aller irdischer Säfte und Flüssigkeiten. Nichts von alledem! Es ist nur das weitverzweigte und verworrene System der Wasserleitung, es ist der Ausgangspunkt der zahlreichen Röhren, die über den Schächten dahinlaufen, um die Gefahren der Gasentwicklung zu vermindern.
»Jetzt werden wir zehn Minuten hier bleiben«, sagt der Steiger. »Wir müssen ›Augen machen‹!« – »Was müssen wir?« – »Augen machen, das heißt: uns an die Dunkelheit gewöhnen.« Und damit die Zeit nicht ganz nutzlos verstreiche, erklärt er mir allerhand Fachausdrükke. »Der Bergmann nennt«, sagt mir der Steiger, »was sich unter ihm befindet: das Liegende, was über ihm ist: das Hangende.« – »Das Hangende«, erwiderte ich, »ist also sein Himmel, das Liegende seine Erde.« – »Sein Himmel und seine Erde«, wiederholte der Steiger. Mit einer Stimme, von der ich gewünscht hätte, Sie könnten sie vernehmen, lieber Freund! Und nie mehr würden Sie sagen, daß die Gewohnheit eine Macht sei und daß ein Leid, in dem man ein ganzes Leben verbringt, nicht gefühlt werde.

Wir stoßen ein Tor auf, das Tor zur Unterwelt. Hier, am Eingang zu ihr, ist ein Motor angebracht, der Wind erzeugt, frische Luft für die Schächte. Es weht grausam, ich denke unaufhörlich an den klassischen Schlauch des Äolus. Woher nur diese mythischen Assoziationen? Es ist, als hätte sich einer jener Träume realisiert, die vor fünfzehn Jahren aus meinen Büchern in meine Nächte wandelten, dem Gedächtnis Bilder schenkten, dem Herzen die Sensation der Schrecknisse und die langen bunten Fäden der Phantasie. Ich schreibe es Ihnen, lieber Freund, und nichts schätze ich in diesem Augenblick in Ihnen höher als die Tatsache, daß Sie kein Ingenieur sind, sondern ein Humanist.

Nun beginnt unser Weg. Er ist eng und niedrig. Er ist finster und naß. Er ist schlüpfrig und kalt. Er ist erfüllt von jenem unheimlichen Geräusch und von dem atembeklemmenden Gestank der gestockten Luft. Über mir sechshundert Meter Erde. Und jeder einzelne Millimeter drückt auf meinen Kopf. Die hölzernen Balken, die das Gewölbe stützen, geben fast sichtbar dem Druck nach. Die Masse Erde hat die Tendenz, keine Höhlung in sich zu dulden. Sie will ihre inneren Wunden wieder schließen. Ich kann nicht mehr aufrecht stehen. Ich gehe gebückt und stoße trotzdem immer wieder mit dem Kopf gegen einen Balken, einen Pfosten, eine Schraube. Immer niedriger senkt sich die Decke. Ich gehe zwischen einem schmalspurigen Gleis. Kohlenwagen stehen hier, warten auf die Fracht, versperren uns den Weg. Wir müssen seitwärts ausweichen, in den klatschenden Abflußgraben. Immer noch summt es in den Röhren über uns. Wasser tropft auf den gebeugten Nacken. Die Tropfen schlagen auf die Haut wie kleine nasse Hämmerchen. Plötzlich steht da ein Pferd. Ein Tier aus Finsternis. Blind und stumm. Es sieht nicht, und es wiehert nicht. Ich fasse seinen Hals, drehe es aus seiner schrägen Stellung und habe die Empfindung, als wäre es ein Schaukelpferd aus Holz. Es reagiert nicht, es läßt sich drehen und wenden. Es hat eine Mähne aus taubem Haar. Es hat einen Körper aus welkem Leder. Es war noch jung, als es in die Unterwelt kam. – Der Grund des Grabens ist rauh und holprig. Man stolpert und platscht. Immer niedriger wird die Decke, immer enger der Weg. Jetzt gehe ich nicht nur gebückt, sondern auch schief nach dem Innern geneigt. Jetzt rutsche und krieche ich, die Knie geknickt, die Füße im Wasser, die Ellenbogen auf den Knien, den Stock vor mich gestreckt, einen tastenden Zeiger. Das Lämpchen hängt in einem Knopfloch der Bluse, das Glas klirrt an das metallene Gitter, der runde Schimmer huscht über den Boden, Gespenst eines Lichtes. Es wird warm und feucht, wie in einem Waschkessel. Es hämmert das Herz. Der Atem wird kurz und stoßend. Gas steigt in die Nase, ein Block aus Gestank. In der Kehle steckt ein Knäuel. An dem Gaumen klebt die Zunge. Eine Bohrmaschine hackt. Ein scharfer Keil stößt hundertmal in der Sekunde in die Kohle. Es klingt wie eine riesengroße Nähmaschine. Mit höhnischem Getöse rutschen schwere Kohlenblöcke die Rutschen hinunter. Es ist, als donnerte es in den Himmeln aus Blech. Aber darüber vernimmt man immer noch das Summen der Wasserleitung. Arbeiter kauern und schlagen gegen die Wände. Andere liegen auf dem Rücken und schlagen gegen die Decke. Und die Maschine steppt Kohle. Und es tropft, und es donnert Blech, und es rauscht Wasser. Ich habe mich gefaltet, viermal gefaltet, wie ein Rock in einem kleinen Koffer. Wenn ich irgendwo eine Minute lehnen kann, gebückt, wie ich bin, atme ich auf. Ich habe nur eine einzige Sehnsucht: fünf Minuten aufrecht stehen! – Aber wir kriechen weiter. Wissen Sie, lieber Freund, was ein Grubenarbeiter verdient? Sechshundert bis siebenhundert Francs im Monat. Das sind hundert Mark oder etwas über hundert Mark. Akkordarbeit. Achtstundentag. Eine halbe Stunde bleibt ihm für den Weg nach oben. Eine halbe Stunde braucht er für Bad und Umkleiden. »Wäre es theoretisch möglich«, fragte ich einen älteren und klugen Arbeiter, »die Arbeitsbedingungen besser zu gestalten? Die Schächte so hoch zu bauen, daß man aufrecht stehen kann? So breit, daß man nicht im Graben zu waten brauchte? Die drückende Erde gewissermaßen immer wieder auseinanderzustemmen? Balken und Stützen öfters zu erneuern? Für mehr und bessere Luft zu sorgen?« – Der Arbeiter lachte mich aus: »Theoretisch ist alles möglich. Aber bessere Arbeitsbedingungen sind erstens nicht unsere Sorge; und zweitens«, meinte er, »verminderten sie die Rentabilität der Kohle in einem unerträglichen Maß. Wir brauchen keine bequemeren Schächte. Wir brauchen nur eines: mehr Arbeit und mehr Geld!« – Und er schickte mir einen mitleidigen Blick nach.

Später traf ich einen bekannten Ingenieur, der hier in einer deutschen Fabrik beschäftigt ist. Jung, zu neunzig Prozent sympathisch, wenn man so sagen kann, wahrscheinlich ein gutherziger Mann, aber unrettbar forsch. Sie kennen diese Forschheit, die eigentlich das Unterfutter einer bestimmten, gewissermaßen nach innen getragenen Angst ist. Auf den gesunden und sorglosen Gesichtern mancher Menschen liegt wie ein Mensurschmiß diese Forschheit, der man es meilenweit ansieht, daß sie die Humanität einen ›Dusel‹ nennt und, um ja nicht mißverstanden zu werden, das Wort ›Humanitätsdusel‹ erfunden hat. Sprach ich diesem jungen Mann von menschlicher Würde, so hörte er: Kommunismus. Und sagte ich, daß die Grube schlimmer sei als ein Schützengraben, so dachte er, ich sei ein Pazifist. Es war fast unmöglich, mit ihm zu sprechen – aus dem einfachen und eigentlich beschämenden Grund, weil er nur sein Fach verstand und gegen die Trauer der Welt ungefähr eine Aversion hatte wie viele Menschen gegen das Läuten der Kirchenglocken. Er hatte selbst in einer Grube gearbeitet, und weil er besser wußte als ich, was ein ›Bremsberg‹ sei, glaubte er bereits zu wissen, was ein Mensch auf dem Bremsberg sei. Es war, wenn er mir etwas sagte, als erklärte ein Markensammler einem Geographen die fremden Länder. »Herr«, sagte er, »mir hat die Arbeit gar nichts geschadet. Sie wissen gar nicht, wie viele sich hier herumdrücken, ohne zu arbeiten. Ich habe viel kompliziertere Dinge zu erledigen. Ich habe zehn und zwölf Stunden täglich.« – »An einem Schreibtisch«, sagte ich. »Ihr Vater war Oberlandesgerichtsrat. Als Sie klein waren, fuhren Sie mit Ihrer Frau Mama im Sommer an die Nordsee. Wenn Sie Ihre Arbeitsbluse ablegten, lag in Ihrer Rocktasche ein Diplom und eine Visitenkarte. Wenn Sie diese vorzeigten, so war es wie ein Fenster in die Zukunft.« – Er hörte schon lange nicht mehr zu. »Ich habe schwere Jahre hinter mir!« versicherte er treuherzig. »Und die leichten lagen vor Ihnen«, erwiderte ich. Und wir gingen ins Kasino ein Schnitzel essen.

Um halb zehn abends kam ich aus der Grube. Während ich badete und ein erschütterndes Wiedersehen mit meinen geliebten Kleidern feierte, saß der Steiger auf einem Schemel und aß ein belegtes Brot. Er mußte noch einmal hinunter. Obwohl er, kaum fünfzigjährig, eine Nachtschicht nicht mehr mitmachen kann. »Würden Sie, wenn Sie Söhne hätten, sie auch in die Grube schicken?« – »Keinesfalls«, sagte der Steiger. Und nach einer Weile: »Aber mein Vater hat das auch gesagt – und mein Großvater auch.«
Lieber Freund, die geradezu naturhafte Ausweglosigkeit scheint mir am erschütterndsten in dieser Antwort ausgedrückt. Daß die Arbeit erblich sein kann, wie ein mythologischer Fluch, haben Sie das gewußt? Er ist seit den Tagen des Tantalus breiter und anonymer geworden, er ist gewachsen wie ein schauderhafter Baum, und der furchtbare Schatten seiner furchtbaren Krone liegt nicht über einem Geschlecht, sondern über tausend Geschlechtern. Ich weiß, mein lieber Freund, daß Sie mit diesem Brief unzufrieden sein werden. Denn die etwas nachlässige, aber produktive Güte, die Sie haben, möchte gerne Auswege erzeugen und Hilfe aus Regionen holen, von denen ich genau weiß, daß sie unzugänglich und verschlossen sind. Wenn die ›Rentabilität‹ wichtig ist, kann die Humanität nicht bestehen. Das scheint mir unabhängig von Gesellschaftsordnung und Revolution. Es bleibt, glaube ich, nichts übrig als der hoffnungslose Blick, mit

dem ich gestern abend, als ich die Unterwelt verließ, den nächtlichen Himmel begrüßte. Er erschien mir nicht tröstlicher als das ›Hangende‹.
Nächstens werde ich Ihnen einige Daten mitteilen.
Inzwischen bin ich Ihr alter *J. R.*

Oskar Maria Graf
Der Mittler

Oskar Maria Graf, geb. 1894, nennt sich selbst mit gutem Grund ›Provinzschriftsteller‹ und ›Weltbürger‹. Viele seiner Werke verraten einen Volksdichter, der ›mit allen Fasern dem Boden der Heimat verwurzelt‹ ist; sofort nach dem Ersten Weltkrieg schloß er sich dem Kreis der Münchner sozialistischen Revolutionäre Kurt Eisner, Gustav Landauer, Ernst Toller und Erich Mühsam an. Seit seiner Emigration 1933, über Wien, die Tschechoslowakei und Rußland bis zu seinem Tode 1967, lebte Graf in New York.
Der Mittler ist, hier gekürzt, dem ersten Band seiner *Kalendergeschichten* entnommen, über die Walter Benjamin 1931 in der *Frankfurter Zeitung* schrieb: ›*Geschichten vom Land* heißt der eine, *Geschichten aus der Stadt* der andere Band, und diese Einteilung dokumentiert seinen eigenen Werdenszwiespalt, ‚den Bauernsohn vom Starnberger See, der in der Stadt München zum Dichter wurde‘. Auf eine festgefügte Gesellschaft nun aber ist er in beiden Lebenskreisen nicht mehr gestoßen. Diese Geschichten sind pointenlos, entschädigen für billigen Gehalt durch eine lautere und exakte Beobachtung und sind schüchterne Versuche, die alten Kalendergeschichten in eine neue Richtung zu lenken.‹
Lesehinweis: Ernst Toller, *Eine Jugend in Deutschland,* Amsterdam 1933, Neuausgabe Hamburg 1963. Dort werden die Liquidierung der Münchner Räterepublik und die Aburteilung ihrer Führer durch eine oft parteiische Justiz geschildert.

In unseren Gau drang die Kunde von der Revolution Anno achtzehn sehr schnell, denn wir sind kein gottverlassenes Hinterland. Unsere Ortschaften rundherum liegen alle nahe an der Bahnstation, und von da aus gelangt man in einer knappen Stunde nach München. Der Postbote bringt Tag für Tag in fast jedes Haus die Zeitung, und durch den regen Fremdenverkehr hat sozusagen die Stadt auf das Leben bei uns bereits sehr deutlich abgefärbt.
Dennoch wird mir jeder recht geben müssen, wenn ich sage, daß das Landvolk den damaligen Ereignissen kein Interesse entgegenbrachte. Was hatte sich denn durch sie geändert? Gar nichts. Alles ging bei uns wie immer. Eins nur rechnete man der Revolution hoch an. Nämlich daß sie mit dem Krieg ein Ende gemacht hatte und die Feldsoldaten heimbrachte. Das war ein greifbarer Nutzen. Mit schönem ländlichem Gepränge wurden nun in jedem Pfarrort vom Veteranenverein ›Kriegerheimkehrfeiern‹ abgehalten, und lustig ging es dabei zu. Mannhafte Reden wurden geschwungen, und Freibier und Freiessen gab es.
Währenddem aber kamen immer wieder neue Botschaften aus der

Stadt. Einige Leute, die hineinfuhren, erzählten nach ihrer Rückkunft allerhand ungewohnte Dinge. Beispielsweise, daß da drinnen in München kein Mensch mehr was arbeite. Jeden Tag sei's Feiertag, und ewig sähe man große Züge, die mit einem Heidenlärm durch die Straße zögen.
»Soso«, hieß es dann bei uns, »soso, privatisiern teana's d' Stodterer, und mir soitn eahna 's Fressn liefern? ... *Mir* soitn arbatn, daß sie Gaudi macha kinna.«
Alsdann kam die Wahl zum Landtag und zur Nationalversammlung, und zum ersten Male tauchten in allen Ortschaften die geschäftigen Leute auf, schlugen grelle Plakate an und hielten Reden in den Wirtschaften. Das war sehr unterhaltlich. Die einen schimpften, die anderen hielten wahre Predigten, aber alle diese Herren lobten die Bauernschaft über alles. Sie hatten darum auch stets großen Beifall.
Dazumal verteilte noch jede Partei ihre Stimmzettel selber. Ein Stück weißes oder rotes oder grünes Papier war's, drauf stand der jeweilige Kandidatenname, das Kuvert bekam man auch dazu. Die Bauern ließen sich auf den Versammlungen die Dinger ruhig zustecken. Am Tag vor der Wahl brachten entweder die Schulkinder vom Lehrer, der seit ewiger Zeit Gemeindeschreiber war, Stimmzettel heim, oder der Mesner und Gemeindediener trug sie in jedes Haus. Die galten und wurden abgegeben. Meistens wenigstens. Freilich einige Siebengescheite wählten nach ihrem eigenen Kopf.
Gut also, die Wahl ging vorüber, jeder Tag hatte wieder das gleiche Gesicht. Urplötzlich aber wurde es anders. Die Zeitungen kamen ein paarmal nicht, endlich erfuhr man von der Ermordung des Ministerpräsidenten, und jetzt rasselten ab und zu vollbesetzte Lastautomobile durch die Dörfer. Wilde Gestalten standen droben, alle schwer bewaffnet, mit wehenden roten Fahren. Sie warfen Flugblätter in die gaffenden Bauern und redeten stoßweise daher von ›Revolution in Gefahr‹ und ›Räterepublik‹ und weiß Gott was noch alles.
Selbigerzeit kamen einmal zwei ziemlich fremdartig angezogene Männer mit einem noch auffallender gekleideten Weibsbild nach Leitelfing, gingen ziemlich schüchtern durchs Dorf und machten Einkehr beim Konditor Dobler, der auch Kaffee ausschenkte. Dort erkundigten sie sich nach einem Herrn Hausmeister Joseph Wieseder. »Hausmeister Wieseder?« fragte der Dobler, der ziemlich gut Hochdeutsch konnte, beflissen und neugierig zugleich und betonte dabei das erste Wort frageartig: »Sie meinen vielleicht den Gärtner Wieseder, aber der ist kein Hausmeister ... Wenigstens ich – ich könnt's nicht sagen ... Aber der Wieseder ist gleich da drüben, sehn Sie, das zweite Haus da hinten im Garten drinnen.«

»Sagen Sie, Herr Konditormeister, wie ist denn die Villa Stuberbühler zum Wohnen ... Wir möchten uns nämlich dort einmieten.«
»Das Haus vom Oberapotheker Stuberbühler? ... Jaja, jetzt ist's was anderes ... Das hat der Wieseder in Aufsicht, jaja, bei dem kriegen Sie Auskunft und die Schlüssel.«
»Und ruhig ist's auch, was?« fragte das junge Weibsbild und zog ihre merkwürdig verzierte hohe braune Lederkappe vom dichtbehaarten Kopf. »Jaja, sehr ruhig ... Liegt ganz in einem Garten, kein Mensch kommt vorbei.«
Die zwei Männer hatten sich inzwischen erhoben und zahlten.
Alle drei bedankten sich freundlichst über die Auskunft und gingen zum Gärtner Wieseder hinüber. Dort zeigten sie einen Brief des Oberapothekers Stuberbühler aus München, und kurz darauf sah man sie mit dem Wieseder durch das Dorf gehen. Aus allen Fenstern lugten die Leute und verfolgten den Trupp mit halb neugierigen, halb mißtrauischen Blicken.
»Meechtn Sie gleich dobleibn?« erkundigte sich der Wieseder, als man die Villa besichtigt hatte. Und fragend schaute er auf die drei, die außer einer braunen Ledermappe gar kein Gepäck hatten.
»Ja natürlich ... Unser Gepäck kommt noch ... Wir müssen sowieso die nächsten Tage mal nach München«, erzählte der Strohblonde in etwas rascher preußischer Art.
Von da ab hausten die drei seltsamen Fremden in der Stuberbühler-Villa auf ihre Art. Man sah sie sehr selten im Dorf. Nur nachts leuchteten unten in der Stube und im ersten Stock oft sehr lang die Fenster. Dicht verhängt waren sie allesamt. Kein Mensch konnte durchsehen. Öfters kam's vor, daß einer oder alle drei beim Konditor Dobler Kaffee tranken oder Kuchen kauften. Meist blieben sie ziemlich lang im Laden. Nun ja, der Dobler war ja früher allerhand in der Welt herumgekommen. War er grad gut aufgelegt, so ging ihm der Schnabel wie geölt, und wenn jemand über Bücher mit ihm ins Gespräch kam, vergaß er schier die Arbeit.

Mitte April war es schon geworden. Weiß der Teufel, jetzt kamen aus München jeden Tag sonderbare Nachrichten. Kein Mensch kannte sich mehr aus. Aber damals zeigte sich deutlich, daß Stadt und Land eben doch mehr zusammenhängen, als der Bauer gemeinhin annehmen will. Ganz langsam wurde es nun auch bei uns heraußen unruhiger, und die Gleichgültigkeit den politischen Ereignissen gegenüber hatte aufgehört. Jetzt beredete man jede Neuigkeit viel interessierter, und in den Wirtschaften gab es manchmal ungewohnt heftige Dispute. Die Meinungen rannten mitunter wie raufende Stiere gegeneinan-

der, derart, daß die Streitenden nicht selten zutiefst verfeindet auseinandergingen. Allerdings, wer genau hinhörte, konnte sich absolut kein Bild machen, für oder gegen wen die Leute waren. Sic schimpften vor allem gegen die Regierung, die nach Bamberg geflüchtet war und dort – wie man sagte – ›in der Luft schwebte‹. So was sei ganz einfach feig, und wenn der Herr im Staat keine Macht über das ›Gschwerl‹ mehr habe, sollt' er keinen Herrn machen und sei nicht einmal das Davonjagen wert. Hinwiederum zeterte jeder über die landfremden Schlawiner, die jetzt in München alles durcheinanderbrächten. Kurzum, ausgeräumt müßte werden, hieß es, Ordnung gemacht.
Immer wieder fuhren Lastkraftwagen mit bewaffneten Arbeitern lärmend durch die Dörfer. Vorne, am Verdeck des Lenkers, war eine rote Fahne angebracht, die lustig im Winde wehte.
In den nächsten Tagen hörte man droben auf der Bolzwanger Höhe heftiges Gewehrgeknatter, zwischenhinein auch etliche Kanonenschüsse, die weithin brummten. Auf den Feldern und Äckern hoben die Leute den Kopf, horchten und schauten forschend in die Gegend. »Jetz, moan' i, geht's gor hart auf hart!« schrie der Schlemmer zum Aulingeracker hinüber, und der Nachbar meinte: »Jaja, solang macha's scho umananda, bis recht wos Saudumms rauskimmt!«
Um neun Uhr hielt auf einmal ein solches Lastauto vor dem sperrangelweit offenen Gartengatter vom Bürgermeister Reglinger. Die Rotarmisten sprangen in aller Eile herab und gingen auf die Haustüre zu. Zehn oder zwölf Mann mochten es sein, jeder hatte sein Gewehr lässig unterm Arm und schaute entschlossen drein. Der erste von ihnen griff an die Türklinke und merkte, daß von drinnen zugeriegelt war. Er rüttelte fest. Links vom Reglinger, auf einer kleinen buckligen Erhöhung, liegt die Konditorei, rechter Hand vom Bauernhof ist der große, heckenumzäunte Obstgarten. Der Dobler, welcher durchs Fenster alles gesehen hatte, trat aus seiner Ladentüre und schrie laut:
»He, Kameraden, wos is's denn?«
»Is do neamd dahoam?« fragte der an der Reglingertür in unverfälschtem Münchner Dialekt.
»Ja, scho!« sagte der Dobler.
»Ja, worum macht er nachha nett auf, dö hobn doch Roß an Stoi (Stall)?« fragte der Führer der Rotarmisten wiederum.
»Jaja, dös scho ... I woaß's aa net!« erwiderte der Dobler ruhig.
In diesem Augenblick aber krachte ein donnernder Schuß aus dem vorderen Fenster des Reglingerhauses, und erschrocken zuckten die Bewaffneten zusammen, faßten sich aber sofort wieder, wichen ungefähr zehn Schritte zurück und legten an. Beim Dobler standen jetzt Mutter, Tochter und Sohn aufgeregt da, beim Wieseder bellte der

Hund wie angestochen, und der Gärtner lief samt seiner Alten auf den Zaun zu.
»Aufmachen!« schrie der Anführer der Armisten und starrte auf die Stelle, von wo der Schuß gekommen war. »I mog net ... Macht's daß'z weiterkemmt's!« plärrte es von irgendwoher: »Weita, oda i schiaß!« Da schlugen die Armisten die Gewehre an die Backen.
»Hoit's! Kamerad'n, hoit's! ... Loßt's mi einigeh!« brüllte da der Dobler und lief schnurstracks auf die Leute zu. »Hoit's! ... It schiaßn!«
Die Armisten stutzten und – richtig – sie senkten die Gewehre. Der Dobler stand schon bei ihnen.
»Geh, Kamerad'n, i bin doch aa an Feld gwen ... Geh, der damische Kerl do drinna spinnt ja ... Wart's, loßt's mich einigeh, dö Sach' kriagn ma scho!« versuchte der mutige Konditor zu beruhigen, und da, gerade, als er sich aufs Haus zuwendete, sah er den Reglinger in großen Sätzen durch den Obstgarten laufen.
»Pauli! Pauli!« schrie der Dobler aus Leibeskräften: »Pauli! Hoit, loß redn mit dir!« Aber der Bauer war schon in der dichten Hecke, die Zweige bogen sich und schlugen wieder zusammen, weg sprang der Fliehende. Die Armisten wußten eine Sekunde lang nicht aus und ein und umzingelten mit einemmal den Dobler feindlich.
»Was! ... Kurzen Prozeß! ... Quatsch!« hörte man einen Preußen schreien.
»Geh, Hergottsakrament, Kam'radn, geh! ... I hob doch grod koa Unglik wolln ... Hergott, i bin doch aa bloß a kloana Mo' ... Geh, härt's mi doch o!« hörten die zusammengelaufenen Leute den Dobler: »Mir denka doch oi gleich!«
»Verräter, Schuft!« knirschte der schrille Preuße: »Kein Pardon!«
Aber der Dobler ließ sich nicht einschüchtern, laut, aber ruhig sagte er: »Mir liegt nix dro, wann'ds mi derschiaßt's! I hob an Feld hundertmoi sowos mitgmacht ... Red's liaba gscheit! Sogt's wos'z mächts! Wos i macha ko', tua i!« Und das änderte wirklich die Situation. Der Führer schrie befehlsgewaltig: »Ruhe! Gewehr bei Fuß!«
»Also Roß braucht's«, verhandelte nun der Dobler weiter, aber durch den glücklichen Umstand, daß jetzt zwei weitere Lastautos mit verwundeten und bewaffneten Rotarmisten in wildem Tempo daherrasselten, verlief alles sozusagen im Sande.
»Alles zurück! Kein Fuhrwerk mehr nötig! Die Weißen sind in der Übermacht!« schrie der Führer des ersten Autos und machte aufgeregte Armbewegungen. Die Armisten vor dem Reglingerhaus sprangen – eins, zwei, drei – auf ihren Wagen, und davon ging es in größter Eile. Zuletzt standen nur noch der Dobler und die benachbarten Leu-

te vor dem Bürgermeisteranwesen. Gottesfroh atmete jeder auf, und nicht ohne Bewunderung blickten alle auf den mutigen Konditor.
Den ganzen Tag und die ganze Nacht wälzten sich Autos der roten Armee durch das Dorf. Kein Mensch kümmerte sich um sie, jeder blieb hübsch geruhig hinter seinen vier Wänden.
Vom Pfarrdorf Schiefelbach kam am übernächsten Tag der Mesner Gögginger in der größten Eile dahergefahren. Er warf sein Rad an den Gartenzaun vom Bürgermeister und lief ins Haus. Ungefähr zehn Minuten nachher marschierten er und der Reglinger stolz und mannhaft, mit umgehängtem Gewehr und weißblauen Armbinden durch den Vorgarten auf die Straße.
Er teilte mit, daß in einer Viertelstunde ein Bataillon Regierungstruppen ankomme und ›die Parade‹ abnehme.
»I hob scho recht g'habt, daß i geschossn hob! Mit dö rotn Hund derf ma koane Umständ macha!« verteidigte er sich überheblich und schaute dabei auf den Dobler. Jetzt hörte man klingendes Spiel, und wie das schon ist, in alle Mannsbilder kam ein militärischer Geist. Der Mesner lief den heranziehenden Regierungstruppen entgegen, die wiederum beeilten sich und stießen bald auf den Dorfhaufen.
»Halt! Kehrt euch! – Gewehr ab!« kommandierte der geschnürte Offizier mit krächzender Stimme und dann: »Rührt euch.« Die Leitelfinger standen erwartungsvoll da. »n' Taach! Sind Sie der Bürgermeister?«
»Jawohl, Herr Hauptmann, jawohl!« antwortete der Reglinger eifrig und stand stramm.
»Ist was Verdächtiges im Dorf ... Ein Roter?« erkundigte sich der Hauptmann scharf.
»J-ja-jawohl, Herr Hauptmann ... Wir wolltn grad selbst eingreifn!« sagte der Bürgermeister beflissen laut, daß die Leitelfinger erstaunt auf ihn glotzten.
»Soso! Wo denn?« überstürzte sich der Offizier fast, zog eiligst seinen Revolver heraus und schrie: »Marsch! Vier Mann vor! Mir nach! Marsch!« Im nächsten Augenblick schon rannte er mit seiner Mannschaft und dem Bürgermeister auf die Stuberbühler-Villa zu, hinterher trotteten halb erschreckt und halb neugierig die Leitelfinger Wehrmänner, fingen dann auch zu laufen an, durchs Gartentürl, bis zur verschlossenen Türe.
»Auf da!« schrie der Offizier und befahl schneidend: »Sofort Haus umstellen! Marsch, marsch!« Aber, sie hätten sich gar nicht so drohend anzustellen brauchen – die seltsamen drei waren nirgends aufzufinden, totenstill lag jeder Raum da. Wütend riß der Hauptmann alle Schubladen heraus, warf die Stühle um, stieß mit dem Säbel in die

Tapete und riß sie mutwillig herunter. Die Soldaten schnüffelten nicht weniger. Das einzige, was man fand, waren etliche Flugblätter des Zentralrates und ziemlich zerlesene Broschüren. Zuletzt stand der Herr Hauptmann, umgeben von den Soldaten und den Dörflern, in der durchwühlten Stube und knirschte, indem er sein Monokel fester ins Auge klemmte: »Bande, feige!«

»Äh-ä-ä, hat wer die Leute gekannt? ... Wer weiß was davon?« fragte er, und nach einem ganz kurzen Stocken sagte der Reglinger: »Jajawohl, Herr Hauptmann, beim Dobler waren sie fast jeden Tag.«

»Dobler? ... Wer ist das?« hob der Offizier das Gesicht und maß den vortretenden Konditor streng: »So! Bei Ihnen? ... Sie sind Konditor! Ja? ... Da war dieses Pack öfter ... Sie haben sich auch immer länger unterhalten mit der Bande, was?« Er trat sehr hart und überheblich vor den kleinen, ruhigen Mann: »Was ist denn da immer gesprochen worden, hä? ... Na, wie war's?«

Sonderbar, rundherum schauten jetzt die Leute auf den Konditor, dem und jenem verschlug es förmlich den Atem.

»Von Büchern is g'redt wordn, Herr Hauptmann ... I könnt eigntli sunst nix weita sogn drüba ... Sie hobn iahna Sach' zoit –«, antwortete der Dobler unmilitärisch: »I bin G'schäftsmann! ... Wos mei Kundschaft macht, kümmert mi nix.«

»Soso, soso – und bloß zu Ihnen sind die Leute immer gekommen?« forschte der Hauptmann aufdringlich weiter und maß den Dobler schon wieder so herausfordernd: »Und was waren das für Bücher, hm ...? ... Hm, Meister? ... Komisch, daß die Bande in sonst keinem Haus verkehrt hat! ... Sie scheinen mir ja schon der rechte Bruder zu sein!« Er wandte sich gezückt an den Bürgermeister: »Wie konnten denn die Leute wissen, daß wir schon so nah waren ... Hat sie jemand drauf aufmerksam gemacht?«

Der Reglinger wurde jäh blaß und stockte. »Niemand, Herr Hauptmann ... Sie san ja sonst in koa Haus kemma«, brachte er erst nach einer Weile heraus. Es klang ziemlich tonlos.

»So ... Herr Dobler? ... Haben vielleicht Sie was gesagt, hä! Antwort!« schrie der Offizier und wölbte sich auf wie gebläht.

»Nein! ... I net!« gab der Dobler stumpf an.

»Aba, daß'd mit dö Rotn guat umspringa host kinna, dös sell hot ma gsehng, wia i ausn Haus geschossn hob«, sagte jetzt mit einem leisen, hämischen Unterton der Bürgermeister zum Konditor.

»Er hot ja *dir* helfa woin, Bürgermoasta«, brachte der Wieseder endlich übers Herz, aber der Offizier fuhr ihn sofort scharf an: »Maul halten!«

Der Bürgermeister erzählte gewiß alles der Wahrheit gemäß, aber der

Ton macht schließlich die Musik, und in solch gespannten Augenblikken kann ein Wort alles verderben.

Der Dobler war so voller Zorn, daß er kein Wort mehr herausbrachte. Weiß wie die Wand war sein Gesicht. Auch den meisten Dörflern gefiel dieses Berichten nicht, aber hol der Teufel das Militär, es regiert ohne Einsicht. Da ist man am besten still.

»Hm, also, er hat mit den Roten verhandelt, und sie haben nachgegeben... Kameraden, hat er zu ihnen gesagt, soso«, meckerte der Hauptmann und wandte sich wiederum an den Dobler: »Kameraden, haben Sie gesagt, ja?«

»Ja«, quälte der Dobler aus sich heraus, »Wenn's geschossn hätt'n, waar dös größte Unglück rauskemma.«

»Jaja-ja«, brummten einige Leitelfinger. »Maul halten!« schrillte es ihnen schon wieder entgegen.

»Sie sind ein Roter!« plärrte der Hauptmann. »Einer von der Bande!«

»Nein, das bin ich nicht!«

»Jawohl!« brüllte der Offizier noch erregter und gab dem Dobler plötzlich einen wuchtigen Stoß, daß er zurücksank. »Lügen auch noch, feiger Schweinehund!«

»Ja – ja, jetz dös –«, murrten mehrere Dörfler stockend.

»Weg da... Hinaus, da, Marsch!« peitschte der Befehl, und wie verängstete Schafe drängten die Wehrmannen sich aus der Stube. Der Dobler wischte sich das Blut mit dem Ärmel aus dem Gesicht. Gerade in die Zähne hatte ihn der Hauptmann gestoßen.

»Herr Bürgermeister, Sie bleiben da... Und *Sie* auch!« sagte der Offizier und riß den Konditor zurück. Er drehte sich zu den Soldaten und befahl: »Der wird abgeführt.«

»Zu Befehl«, klang's dumpf zurück. Die Stube war sozusagen gesäubert. Nur der Hauptmann, die Soldaten, der Bürgermeister und der Dobler standen noch drinnen.

Der Offizier kommandierte scharf: »Dobler!... Marsch, vorausgehn!« Der Konditor wandte sich hölzern um, machte ein, zwei, drei Schritte, einen furchtbaren Knall tat es, und der Getroffene kippte mit einem abgerissenen Schrei, wie abbrechend, nach hinten, dann sackte seine Gestalt in gestreckter Länge nach vorne und fiel dumpf krachend auf den Boden des Hausgangs.

»Ho... In Gottswilln!« stieß der Bürgermeister fassungslos heraus und fiel fast um. Der Dobler warf sich noch etliche Male und blieb starr liegen. Das warme Blut rann kleinfingerdick aus seinem Hinterkopf über den Hals herab und bildete eine dunkle Lache auf dem glatten Steinboden. An der offenen Haustüre drängten sich die verwirrten Leitelfinger und glotzten starr aus ihren käs'weißen Gesichtern.

»Erledigt! Marsch!« rief der Offizier schneidend und steckte seinen Revolver in die Gurttasche. Die Soldaten stampften vor ihm her, ins Freie. Die Leitelfinger wichen zurück. »So geht's mit den roten Hunden!« sagte der Hauptmann kühn und marschierte mit seinem Trupp aus dem Garten. Gleich darauf zog das Bataillon mit klingendem Spiel ab.
Lange wußten die Dörfler nicht, was sie tun sollten. Sie standen einfach da und schauten. Drinnen in der Stube hockte der Reglinger und weinte zerstoßen. »We-e-henn i dös gwüßt hätt!... We-e-henn i dös gwüßt hätt!« plapperte er in einem fort und wurde immer wirrer.
»Hm... Je-etzt sowos!... Hm, scheißli, scheißli, hm«, machte endlich der Wieseder. »Wega nix und wieda nix. Dös-dös san Metzga!... Mit dö Rotn host redn kinna... Hm, aba dö bringa an jedn um, hm-hm!« Und dann trugen er und der Ederer den toten Dobler zu seiner Mutter vor. Man kann sich denken, wie die verzweifelt war.
Lange Zeit ging das Grauen im Dorf herum. Wirklich, wenn ein Soldat auftauchte, zitterte jeder. Insgeheim hat es oft geheißen, der Reglinger habe sich bloß geärgert, weil damals bei den Roten der Dobler nicht so feig davongelaufen sei wie er, und habe dem armen Teufel eins auswischen wollen. So sei das ja immer auf der Welt: Zuerst ein Held sein und im nächsten Augenblick das Gegenteil davon werden müssen, besonders wenn alle Leute es sehen, das verwinde ein Mannsbild absolut nicht. Aber daß alles so – so furchtbar hinausgehe, das habe doch kein Mensch und der Reglinger sicher auch nicht gedacht.
Kommt die alte, eisgraue Doblerin wirklich einmal auf die Sache zu sprechen, so schließt sie meistens mit den bitteren Worten: »So san d'Leit... Um Gotteswilln hilf ja koan!... Scho in der Stund drauf is er imstand und bringt di selba um!«

Oskar Maria Graf

Die Worte

Ein zeitgemäßes Märchen

Nach der Machtergreifung der Nationalsozialisten wurden am 10. Mai 1933 auf öffentlichen Plätzen deutscher Hochschulstädte unter Heilrufen und Beifall die Bücher Hunderter verfemter Autoren verbrannt. Graf befand sich am Tage dieses Autodafés in Wien. Im Kaffeehaus überraschten ihn Freunde mit der Nachricht, daß seine Bücher *nicht,* wie die von Walter Benjamin, Bertolt Brecht, Alfred Döblin, Lion Feuchtwanger, Franz Kafka, Erich Kästner, Egon Erwin Kisch, Heinrich Mann, Alfred Neumann, Joseph Roth, Kurt Tucholsky und Carl Zuckmayer – um nur ein paar Namen zu nennen –, verbrannt, sondern ›empfohlen‹ worden seien. Darauf schrieb er den Protestbrief *Verbrennt mich!* an Goebbels, den die *Wiener Arbeiterzeitung* am 11. Mai 1933 veröffentlichte.

›Ich bin also dazu berufen, einer der Exponenten des ‚neuen' deutschen Geistes zu sein! Vergebens frage ich mich, womit ich diese Schmach, diese Unehre verdient habe. Nach meinem ganzen Leben und nach meinem ganzen Schreiben habe ich das Recht, zu verlangen, daß meine Bücher der reinen Flamme des Scheiterhaufens überantwortet werden und nicht in die blutigen Hände und die verdorbenen Hirne der braunen Mordbanden gelangen! – Verbrennt die Werke des deutschen Geistes! Er selber wird unauslöschlich sein, wie eure Schmach!‹

Die Studenten der Münchner Universität veranstalteten – auf behördliche Anweisung – bald eine eigene Verbrennung der Werke Oskar Maria Grafs.

Einmal – das Jahr und die Zeit kann ich nicht mehr sagen – in einer lauen Spätsommernacht trafen sich tief in einem verborgenen Walde alle ausgesprochenen, alle gedruckten und alle geschriebenen Worte der Menschen. Entgeistert sahen sie einander an, denn sie kannten sich kaum mehr. Verunstaltet und von den Menschen unkenntlich gemacht war jedes. Die Liebe glich dem Haß, die Macht der Schwachheit, der Friede dem Unsinn – kurz und gut, jedes war anders als es hieß. Wie Verbrecher, wie Ausgestoßene, wie schwere Sünder standen sie da und hatten alle schmerzliche Gesichter. Man sah es auch jedem von ihnen an, daß es heimatlos war.

Gar erbarmungswürdig sahen *die* Worte aus, die einstens ein Menschenmund leichtfertig hinausgejagt hatte und die in keinem Ohr ein Unterkommen fanden. Vergrämt und vertrocknet kauerten die gedruckten Worte auf dem weichen Moosboden, und ihrer Schar entströmte ein erstickender Modergeruch. Selbst das jüngste von ihnen, das erst gestern auf ein Zeitungsblatt gepreßt worden war, hatte nichts Lebendiges mehr an sich.

Und endlich die geschriebenen Worte, die waren vollends nur noch Hauche.
Lange, lange schwiegen die Worte. Still umgab sie der Wald, und der Mond übergoß ihre klägliche Schar. Nichts hörte man, als das Seufzen der Legion. »Was sind wir doch für mißachtete Geschöpfe!« weinte endlich ein uraltes Wort auf. Und alle nickten und alle weinten. Die Stunden verrannen. Es verging eine lange Zeit. Keines fand einen Rat. Der Mond und die Sterne verloren langsam ihren Glanz, mattfarben hing schon der unendliche Himmel über den hohen Bäumen.
»Was wollen wir denn tun gegen unsere Schmach?« schrie wieder ein gesprochenes Wort: »Der Tag wird wieder kommen, und die Tiere werden uns zertreten. Kehren wir lieber wieder zurück zu den Menschen, hier droht uns ganz und gar der Tod!«
Da aber erscholl ein millionenfaches Hohngelächter seiner Leidensgenossen, so jäh, daß der Wald sich zu regen begann, daß die Blätter an den Ästen der Bäume sich rührten, daß die aufgewachten Vögel schüchtern ihr Morgengetriller anstimmten und Reh und Hase, Fasan und Eichkätzchen ihre schlafmatten Glieder streckten. Viele Worte erschraken darob und rotteten sich zusammen; es sah aus, als wollten sie sich wirklich hinwegheben und zurückkehren in ihre Sklaverei. Andere widerstrebten, es entstand ein unentschlossenes Hin und Her; keines wußte recht, was es wollte, und viele riefen: »Was sollen wir hier eigentlich?«
Jetzt aber erhoben sich die Worte ›Liebe‹ und ›Friede‹. Unzählbare Geschwister hatten sie aus allen Gattungen, und ihre Schar rief mit einem Male: »Bleibt! Es gibt eine Rettung für uns alle!«
»Rettung? Wie denn? Was sollen wir denn tun?« fragten alle erstaunt und zitternd.
»Nicht wieder zurückkehren zu unseren Peinigern, zu den Menschen!« war die Antwort.
»Was denn dann?« fragten alle Worte entsetzt.
»Sterben! Lieber sterben, als weiter so mißachtet zu sein!« schrien die Scharen der ›Liebe‹.
»Nein, nicht sterben – nicht sterben – bloß nicht sterben!« wimmerte fast die ganze Schar, »gibt es denn gar keinen anderen Ausweg?«
Und ein großes Ratschlagen ging an, doch es schien keinen Weg zu geben, der aus der Verwirrung führte.
»Seht doch«, rief da plötzlich ein ganz kleines Wort, »die Nebelschwaden steigen schon aus dem Boden; setzen wir uns doch einfach auf ihren Rücken und lassen uns zum Himmel tragen.« – Und obgleich die alten und gesetzten Worte heftig widersprachen, weil es

ihre Würde kränkte, einem so kleinen Naseweis folgen zu sollen – niemand hörte auf sie. Alle sprangen auf die Rücken der Nebelschwaden – und aufwärts ging's in den Himmel. Sankt Peter war nicht sehr erbaut von einer solchen Schar neuer Ankömmlinge und fragte ziemlich unwirsch: »Was wollt ihr hier! Woher kommt ihr?« Und schon winkte er den Engeln, daß sie die ungebetenen Eindringlinge aus dem Himmel jagen sollten. Diese aber hatten Mitleid mit den armen, abgehetzten Worten und sagten: »Ach, laß sie doch da!« Und sie gaben ihnen einen Unterschlupf. Und merkwürdig – als die Worte nun einander betrachteten, da kannten sie sich wieder als die, welche sie vor vielen tausend Jahren gewesen waren, ehe Mißbrauch mit ihnen getrieben wurde. Und jedes sah so aus, wie es hieß. –
Furchtbares geschah von da ab auf der Erde. Die Menschen erwachten in derselbigen Frühe, wollten reden und konnten nicht mehr. Ohnmächtig sahen sie einander in die Augen. Sie rannten aus den Häusern, auf die Straßen und Plätze und wollten aufschreien, aber jeder von ihnen ward stumm. Sie warfen die Arme verzweifelt, sie stürzten durcheinander, sie gaben sich Zeichen, aber sie verstanden sich nicht. Einer nahm ein Papier und wollte etwas schreiben, aber in seinem Innern fand sich kein Wort. Vor Grauen fiel er tot um. – In den mächtigen Hallen der Zeitungsdruckereien herrschte der ärgste Tumult. Die Redakteure konnten nicht mehr schreiben, die Setzer wußten die Bedeutung der Lettern nicht mehr und wurden so verwirrt, daß sie auf einmal alles durcheinander warfen, mit Picken und Hämmern die Rotationsmaschinen demolierten und wie wahnsinnig ins Freie rannten.
Anfangs wußten die Menschen vor Entsetzen nicht mehr, was sie tun sollten, und begannen, in wilder Panik aufeinander loszugehen. Sie töteten einander ohne Grund und vernichteten alles, was ihnen einstens lieb und wert gewesen war. Gewalttaten und Zerstörungen erfüllten die Tage und Nächte. – Aber als sie schließlich sahen, auch so kommt das Wort nicht mehr, als ihre Stummheit nicht aufhörte und sie müde und erschöpft wurden, da ging jeder der Überlebenden wieder an seine Arbeit, und langsam kam eine große Ruhe, ein nie gekannter Friede zur Welt. Keinen Streit gab es mehr, kein Gezänk; Glück und Eintracht herrschten.
Wohlgefällig sahen die Worte auf die Menschen herab, und es faßte sie eine große Sehnsucht, wieder zurückzukehren. Eines Nachts entwichen sie aus dem Himmel, hockten sich auf die Regenwolken und fielen mit dem Regen zur Erde nieder. Alsobald hoben die Menschen die Worte wieder auf und freuten sich sehr. Einer aber sagte: »Brüder, laßt uns alle Worte in ein großes Haus einsperren, damit sie uns

nicht wieder entkommen.« – Und das taten sie. – Kaum jedoch waren die Menschen des Wortes wieder mächtig, da fing das alte Elend von vorne an. Alle finsteren Gewalten waren wieder aufgewacht. Haß und Zwietracht, Lüge und Betrug beherrschten die Erde wie ehedem. Wieder waren die armen Worte zu niedrigster Sklaverei verdammt, und ein Entkommen war unmöglich.
»O Gott im Himmel!« klagte die ›Liebe‹ einmal: »Wie sind wir geschlagen!« Der graue ›Hohn‹ aber spottete finster: »Ihr hattet ja solche Angst vor dem Sterben! Hätten wir uns lieber damals von den Tieren des Waldes zertreten lassen und wären nicht mehr!«
Und: »Ja! Ja! Ja!« stöhnten sie alle, doch jäh verstummten sie – denn schon wieder kam ein Mensch, der sie brauchte –, und sie mußten gehorchen.

Bert Brecht
Flüchtlingsgespräche

Bertolt Brecht, 1898 bis 1956, wurde auf der Flucht vor den Nazis um die halbe Welt getrieben: Tschechoslowakei, Österreich, Schweiz, Frankreich, Dänemark, Schweden, Finnland, UdSSR und endlich USA. Brecht starb in Ostberlin, wo er zuletzt Regisseur des ›Berliner Ensembles‹ war. Seine *Flüchtlingsgespräche,* Frankfurt am Main 1961, werden mit folgenden Sätzen eingeleitet: ›Die Kriegsfurie hatte Europa halb abgegrast, aber sie war noch jung und hübsch und überlegte es sich, wie sie noch einen Sprung nach Amerika hinüber machen könnte, als im Bahnhofsrestaurant von Helsingfors zwei Männer saßen und, sich ab und zu vorsichtig umblickend, über Politik redeten. Der eine war groß und dick und hatte weiße Hände, der andere war untersetzter Statur mit den Händen eines Metallarbeiters.‹ Ziffel, der Große, Dicke, hat ein paar Seiten Memoiren geschrieben, weil er sonst doch nichts tun kann. Den Namen ›Hitler‹ mögen die beiden nicht aussprechen. Er ist für sie der ›Wieheißterdochgleich‹.

Als Ziffel und Kalle sich wieder trafen, hatte Ziffel ein weiteres Kapitel seiner Memoiren fertig.

Ziffel liest: ›Ich bin von Beruf Physiker. Ein Teil der Physik, die Mechanik, hat an der Gestaltung des modernen Lebens großen Anteil, jedoch habe ich selbst sehr wenig mit Maschinerie zu schaffen. Selbst diejenigen meiner Kollegen, die den Ingenieuren einige Winke für den Stukabau geben, selbst diese Ingenieure arbeiten ungefähr so friedlich und weltfern wie etwa ein höherer Bahnbeamter.
Etwa zehn Jahre meines Lebens verbrachte ich in einem Institut, das in einer ruhigen Gartenstraße lag. Mein Essen nahm ich in einem nahe gelegenen Restaurant ein, meine Wohnung hielt mir eine Eingehfrau in Ordnung, und befreundet war ich mit Leuten aus meinem Fach.
Ich lebte das friedliche Leben einer Intelligenzbestie. Wie erwähnt, hatte ich eine anständige Schule genossen, und dazu kamen gewisse Privilegien, die vielleicht nicht groß waren, aber doch einen gewaltigen Unterschied ausmachten. Ich stammte aus einer ‚guten Familie' und wurde von meinen Eltern durch erhebliche Geldaufwendungen in den Besitz einer Bildung gesetzt, die mir ein ganz anderes Leben verschaffte, als die Millionen armer Teufel um mich herum es führen konnten. Ich war unbestritten ein Herr und konnte als solcher mehrmals im Tag warm essen, dazwischen rauchen, am Abend in ein Theater gehen und so viele Bäder nehmen, als ich Lust hatte. Meine Schuhe

waren leicht, meine Hosen keine Mehlsäcke. Ich konnte ein Bild genießen, und ein Musikstück brachte mich nicht in Verlegenheit. Wenn ich mit meiner Eingehfrau über das Wetter sprach, wurde es mir als Menschlichkeit angerechnet.
Die Zeit war verhältnismäßig ruhig. Die Regierung der Republik war nicht gut und nicht schlecht, also im Ganzen eher gut, da sie sich nur um ihre eigenen Angelegenheiten kümmerte, wie die Vergebung von Posten usw., und die Leute, die mit ihr nur indirekt zu tun hatten und das Volk ausmachten, halbwegs in Ruhe ließ. Jedenfalls kam ich mit meinen natürlichen Anlagen, wie immer sie waren, einigermaßen durch. Freilich ging es, genau genommen, in meinem Beruf und auch sonst nicht ohne alle Reibungen ab. Einige kleinere Brutalitäten waren gelegentlich vonnöten, ob es sich nun um eine Frau oder um Kollegen handelte, ab und zu eine mittlere Charakterlosigkeit, aber im Grund nichts, was ich nicht leicht aufbringen konnte, ebenso leicht wie jeder andere meinesgleichen. Aber die Tage der Republik waren leider gezählt.
Ich habe weder die Absicht noch die Fähigkeit, ein Bild der plötzlich so erschreckend überhand nehmenden Arbeitslosigkeit und allgemeinen Verarmung zu entwerfen oder gar die sich hier auswirkenden Kräfte aufzuzeigen. Es war das tief Beunruhigende der bedrohlichen Situation, daß nirgends Ursachen zu dieser jähen Verschlechterung zu entdecken waren.
Wie es schien, war die ganze zivilisierte Welt von unheimlichen Krämpfen geschüttelt, warum wußte niemand. Die Männer in den Konjunkturforschungsinstituten, die doch über genaue Notierungen auf dem Gebiet der wirtschaftlichen Erscheinungen verfügten, zeigten ihren Kopf nur dadurch, daß sie ihn schüttelten. Die Politiker ‚gerieten in Bewegung' wie die Hausbalken bei einem Erdbeben. Die wissenschaftlichen Veröffentlichungen der Ökonomen versiegten, dafür wurden unzählige astrologische Zeitschriften gegründet.
Ich machte eine seltsame Beobachtung.
Ich stellte fest, daß das Leben in den Zentren der Zivilisation so verwickelt geworden war, daß auch das beste Gehirn es nicht mehr überblicken und also nicht mehr irgendwelche Voraussagungen machen konnte. Mit unserer ganzen Existenz hängen wir allesamt von der Wirtschaft ab, und sie ist eine so komplizierte Angelegenheit, daß, sie zu überblicken, so viel Verstand nötig ist, als es überhaupt nicht gibt! Hier hatten Menschen eine Wirtschaft aufgebaut, die zu überblicken Übermenschen nötig waren!
Der Untersuchung der Situation stellten sich eigentümliche Schwierigkeiten in den Weg. Ich muß hier an eine Erfahrung der modernen

Physik denken, den Heisenbergschen Unsicherheitsfaktor. Dabei handelt es sich um Folgendes: die Forschungen auf dem Gebiet der Atomwelt werden dadurch behindert, daß wir sehr starke Vergrößerungslinsen benötigen, um die Vorgänge unter den kleinsten Teilchen der Materie sehen zu können. Das Licht in den Mikroskopen muß so stark sein, daß es Erhitzungen und Zerstörungen in der Atomwelt, wahre Revolutionen anrichtet. Eben das, was wir beobachten wollen, setzen wir so in Brand, indem wir es beobachten. So beobachten wir nicht das normale Leben der mikrokosmischen Welt, sondern ein durch unsere Beobachtung verstörtes Leben. In der sozialen Welt scheinen nun ähnliche Phänomene zu existieren. Die Untersuchung der sozialen Vorgänge läßt diese Vorgänge nicht unberührt, sondern wirkt ziemlich stark auf sie ein. Sie wirkt ohne weiteres revolutionierend. Dies ist wahrscheinlich der Grund, warum die maßgebenden Kreise tiefer schürfende Untersuchungen auf dem sozialen Gebiet so wenig ermuntern.

Da sich Übermenschen, fähig, diese Wirtschaft zu überblicken, wie sie war, nicht meldeten und gewisse Leute schon vorschlugen, die Wirtschaft selber radikal zu vereinfachen, um sie überblickbar und dirigabel zu machen, fanden in dieser Situation einige Männer Gehör, die ihre Entschlossenheit verkündeten, die Wirtschaft einfach überhaupt nicht in Betracht zu ziehen.

Der Wieheißterdochgleich war plötzlich in aller Mund.

Dieser hervorragende Mann hatte seit Jahren in einer Provinzstadt, bekannt durch ihre Kunst und ihr hervorragendes Bier, allerhand Kleinbürger um sich gesammelt und ihnen mit einer in unserem Lande ungewöhnlichen Beredsamkeit versichert, daß eine große Zeit im Heraufkommen sei.

Nachdem er einige Jahre im Zirkus aufgetreten war, gewann er das Vertrauen des Reichspräsidenten, eines Generals, der den ersten Weltkrieg verloren hatte, und wurde in Stand gesetzt, den zweiten vorzubereiten.

Ich aber, der ich schon eine große Zeit in meiner Jugend erlebt hatte, bewarb mich eilig um eine Stelle in Prag und verließ Hals über Kopf das Land.‹

Kalle hatte die Vorlesung mehrmals unterbrechen wollen, aber sein Respekt vor Geschriebenem hatte ihn abgehalten.

Kalle: Wann haben Sie zum erstenmal vom Faschismus gehört?
Ziffel: Vor Jahren, als von einer Bewegung, welche gegen die ewigen italienischen Zugverspätungen gerichtet war und die Größe des alten römischen Reichs wieder aufrichten wollte. Ich hörte, die Mitglieder trügen schwarze Hemden. Ich hielt es aber für einen Irrtum, daß man auf Schwarz Schmutz nicht sieht, braune Hemden sind da weit praktischer, aber natürlich, diese Bewegung kam nachher und konnte die Erfahrungen der ersten ausnützen. Die Hauptsache schien mir, daß der Dingsda dem italienischen Volk ein gefährliches Leben – vita pericolosa – versprach. Nach den italienischen Zeitungen soll das bei der Bevölkerung stürmischen Jubel ausgelöst haben.
Kalle: Ich seh: mit einer großen Zeit kann man Sie jagen. Sie wollen sich nicht dazu überreden lassen, heldenhaft aufzutreten.
Ziffel: Ich hab mir gelegentlich ein paar kleinere Tugenden angeschafft, für den Privatgebrauch, nichts Hervorragendes oder Teures, alles zum Verschleiß. Ich habs mir zum Beispiel geleistet und hab dem großen Stilte widersprochen in einer Frage der Atomtheorie, auf die Gefahr hin, daß er mich wissenschaftlich zerreißt. Damit Sie im Bild sind: das ist ungefähr der ersten Besteigung des Matterhorns gleichzusetzen. Ich glaub, Sie halten mich lediglich für einen bequemen Menschen, aber Sie haben mich nicht im Labor gesehen.
Kalle: Nach Ihrem Reden könnt man Sie vielleicht für einen Kleinbürger halten, der nur für seine Bequemlichkeit ist und seine Ruh haben will.
Ziffel: Ich weiß, was für Leute Sie meinen. Sie betrachtens als eine Unbequemlichkeit, wenn man sie hindert zu verfaulen. Aber ich betrachts als eine Unbequemlichkeit, wenn man mich hindert, daß ich mich oder noch besser, daß ich außer mir selber noch irgend was andres entwickel, sagen wir die Atomtheorie. Die Herrschaft über die Luft erobern ist was andres, als die Herrschaft in der Luft erobern.
Kalle: Die großen Männer habens nicht leicht mit Ihnen.
Ziffel: Ich sehe keinen Grund, es ihnen besonders leicht zu machen.
Kalle: Wenn man sich finanziell etwas rühren kann, ists natürlich eher möglich, daß mans ihnen schwer macht, wenigstens für einige Zeit. Für die Mittellosen ists schwieriger.
Ziffel: Sie stellen sich auch ganz ein auf die Mittellosen, das heißt das Volk. Diese faschistischen Bewegungen bezeichnen sich überall als Volksbewegungen. Sie schlagen gegen die Reichen einen oft sehr harten Ton an, besonders, wenn sie mit Unterstützungen der Parteikasse

knickrig sein wollen und ihr eigenes Bestes nicht verstehn. Wenn ich auch überzeugt bin, daß gerade der kleine Beitrag es schafft. Und je strenger sie gegen die Reichen reden, desto reichlicher fließt der kleine Beitrag und desto reicher werden sie. Aber sie müssen dafür auch was leisten. Von den großen Männern wird heutzutage im allgemeinen zu viel verlangt. Es ist kein Wunder, daß sie den furchtbaren Forderungen nicht nachkommen können. Zum Beispiel wird gefordert, daß sie vollkommen selbstlos sind. Ich möcht wissen, wie sie das machen sollen und wieso grad sie? Aber sie müssen immerfort versichern, daß sie nichts davon haben, als den Kummer und die Sorgen und die schlaflosen Nächte, und der Wieheißterdochgleich muß öffentlich Tränen vergießen nach dem Litermaß, daß ers ehrlich meint. Nur dann folgt ihm das Volk in den Krieg, wenn der Wieheißterdochgleich ihn aus Idealismus vom Zaun bricht und nicht aus Gewinnsucht.

Kalle: Vor ein paar Jahren hat er eine Rede darüber gehalten, daß er kein Rittergut und kein Bankkonto hat. Das ist kühl aufgenommen worden. Die einen waren peinlich berührt, weil sie selber sich ein oder zwei Güter genommen haben, und die andern wollten sich die Konzentrationslager, die er für sie gebaut hat, nicht schenken lassen. Man hat sich den Kopf darüber zerbrochen, von was er lebt. Man hat herausgefunden, daß er nicht viel braucht. Warum, in die Oper hat er eine Freikarte. Er hat das Gerede schließlich abstoppen müssen und einen Entschluß gefaßt, welchen Beruf er ergreifen wollte. Er hat den Beruf eines Schriftstellers gewählt. Als Reichskanzler hat er befohlen, daß man ihm als Reichskanzler nichts zahlen darf, das war ihm ein Vergnügen, aber er hat zweitens befohlen, daß man ihm als Schriftsteller sein Buch ›Mein Kampf‹ abkauft, auf welche Weise sein Kampf ein voller Erfolg geworden ist. Von dem Honorar hat er die Reichswehr und das Reichskanzlerpalais gekauft und ganz anständig gelebt.

Ziffel: Es ist interessant, wieviel Müh sie sich geben, zu beweisen, daß sie das Hinschlachten von Millionen Menschen und die Unterdrükkung und geistige Verkrüppelung ganzer Völker umsonst machen und nichts dafür liquidieren.

Kalle: Sie müssen zeigen, daß sie sich mit Kleinigkeiten nicht abgeben. Sie leben in ganz großen Gedanken, und alles Niedrige ist ihnen fremd, wenns einen Krieg planen.

Worauf sie voneinander schieden und sich entfernten,
ein jeder an seine Statt.

Ziffels Memoiren III
Über Bildung

Ziffel zog einige Manuskriptseiten aus der Jackentasche, als Kalle schnell eine Frage stellte.

Kalle: Hat es eigentlich einen besonderen Vorfall gegeben, daß Sie abgefahren sind? In Ihren Memoiren sagen Sie nichts davon. Es ist da nur eine Unlust, zu bleiben.
Ziffel: Ich habe es nicht eingefügt, weil es nicht von allgemeinem Interesse sein kann. Wir hatten einen Assistenten im Institut, der ein Proton nicht von einem Zellkern unterscheiden konnte. Er war der Überzeugung, daß das verjudete System ihn am Hochkommen hinderte, und so trat er in die Partei ein. Ich habe eine Arbeit von ihm korrigieren müssen, und er hat gefunden, daß ich in die nationale Erhebung nicht hineinpasse und ihn mit Haß verfolge, weil er für den Wieheißterdochgleich war. Das allein hat meinen Aufenthalt im Land problematisch gemacht, wie der Wieheißterdochgleich die Regierung übernommen hat. Ich bin von Natur unfähig, mich großen und mitreißenden Gefühlen vertrauensvoll hinzugeben, und ich bin einer energischen Führung nicht gewachsen. In großen Zeiten stören Leute wie ich das harmonische Bild. Ich hab davon gehört, daß man eigene Lager errichtet hat, wo man Leute wie mich vor der Wut des Volkes schützen wollte, aber die haben mich nicht gelockt. Ich werde weiterlesen.
Kalle: Meinen Sie, daß Sie sich nicht kultiviert genug vorgekommen sind für dieses Land?
Ziffel: Bei weitem nicht kultiviert genug, als daß ich in dem ganzen Dreck hätt menschenwürdig weiterexistieren können. Nennen Sies Schwäche, aber ich bin nicht so human, daß ich angesichts von zu viel Unmenschlichkeit ein Mensch bleiben kann.
Kalle: Ich hab einen gekannt, der war Chemiker und hat Giftgas hergestellt. Er ist privat ein Pazifist gewesen und hat vor der pazifistischen Jugend Vorträge gegen den Wahnsinn des Kriegs gehalten und ist sehr scharf geworden im Vortrag, sie haben ihn immer wieder vermahnen müssen, er soll sich in den Ausdrücken mäßigen.
Ziffel: Warum habt ihr ihn reden lassen?
Kalle: Weil er recht gehabt hat, wenn er gesagt hat, daß er mit dem, was er fabriziert, nichts zu tun hat, so wenig ein ixbeliebiger Arbeiter in einer Fahrradfabrik etwas mit den Fahrrädern zu tun hat. Und er hat genau wie wir was dagegen gehabt, daß man mit dem, was man fabriziert, nichts zu tun hat. Wir haben genau gewußt, daß wir für den

Krieg arbeiten, indem wir überhaupt arbeiten. Denn wenn die Fahrräder, die an und für sich unschuldige Gegenständ sind, nicht über die Grenzen gehn können, weil die Märkte besetzt sind, dann gehn eines schönen Tags die Tanks über die Grenzen, das ist klar. Ich hab Leute sagen hören, der Handel und die Wirtschaft sind human, nur der Krieg ist unhuman. Aber der Handel und die Wirtschaft sind erstens nicht human und zweitens führens bei uns zum Krieg. Und dann wolltens einen humanen Krieg. Macht Krieg, aber nicht gegen die Zivilbevölkerung! Mit Kanonen, aber nicht mit Gas! Der amerikanische Kongreß hat die Rüstungsgewinne, hör ich, auf zehn Prozent begrenzt, und zwar gesetzlich. Er hätt ebensogut die Menschenverluste im Krieg gesetzlich auf zehn Prozent beschränken können! Die Barbarei kommt schon von der Barbarei, indem der Krieg von der Wirtschaft kommt. Entschuldigens, daß ich politisch geworden bin.
Ziffel: Die Kultur hat überhaupt nichts mit der Wirtschaft zu tun.
Kalle: Leider.
Ziffel: Was heißt leider? Redens verständlich mit mir, ich bin Wissenschaftler und faß schwer auf.
Kalle: Ich bin auf die Volkshochschul gegangen. Ich hab geschwankt, was ich lernen soll: Walther von der Vogelweide oder Chemie oder die Pflanzenwelt der Steinzeit. Praktisch gesehn wars gleich, verwenden hätt ich keins können. Wenn Sie Physik gelernt haben, haben Sies mit einem Seitenblick auf die Erwerbsmöglichkeiten gemacht und sich nur zugelegt, was Sie wieder haben verkaufen können, für uns hat sichs nur um Bildung gehandelt und nach welcher Seit wir sie ausbauen.
Ziffel: Und nach welcher Seit haben Sie sie ausgebaut?
Kalle: Ich hab Walther von der Vogelweide genommen und am Anfang ists auch gegangen, aber dann bin ich arbeitslos geworden und da war ich abends zu müd und habs aufgesteckt. Die Vorträg waren frei, sie haben nichts gekostet und nichts eingebracht, aber ein Reclambändchen hat so viel gekostet wie ein Dutzend Zigaretten. Vielleicht hab ich auch nur nicht den richtigen Habitus dafür gehabt, daß ich alle Schwierigkeiten überwunden hätt. Der Junge von meiner Wirtin hat die ganze Pflanzenwelt auswendig gelernt mit der Zeit, er hat eine eiserne Energie gehabt, ist nie einen Abend spazieren gegangen, nie ins Kino und hat nichts gemacht als sich gebildet, und er hat sich sogar dadurch geschadet, indem er Brillen gebraucht hat, was ihn an der Drehbank gehindert hat, wenn das auch am Schluß egal war, weil er arbeitslos geworden ist.
Ziffel: Wie Sie sagen, es liegt nur an Ihnen, ob Sie sich bilden wollen oder nicht. Ich bin sicher, daß der Junge von Ihrer Wirtin noch mehr

hätt leisten können. Er hat bestimmt immer noch nicht seine Zeit ganz ausgenützt, wenn er nachgedacht hätt, hätt er wahrscheinlich gefunden, daß er so und so oft ohne ein Buch auf dem Klosett war oder immer wieder vom Buch aufgeschaut hat beim Lesen. Das mag nur drei Sekunden sein, aber rechnen Sie zusammen, nehmen Sie zwanzig, dreißig Jahre Aufschaun vom Buch beim Lesen, das macht unter Umständen eine ganze Woche Versäumis aus! Die Pflanzenwelt ist groß, es ist ein kolossales Gebiet, ein vollständiges Wissen darüber erfordert eine unmenschliche Leidenschaft für den Gegenstand, besonders von einem Mechaniker, der noch andres zu tun hat. Und es ist ganz falsch, daß Sie die Frage aufwerfen, ob das Wissen etwas einbringt, denn wer nicht das Wissen um des Wissens willen erstrebt, soll die Finger davon lassen, weil er kein wissenschaftlicher Geist ist.
Kalle: Ich hab die Frage nicht aufgeworfen, wie ich den Kurs genommen hab.
Ziffel: Dann waren Sie geeignet und es liegt von seiten der Wissenschaft nichts gegen Sie vor. Sie wären befugt gewesen, bis in Ihr Greisenalter was von Walther von der Vogelweide zu hören, und vom ethischen Standpunkt aus sind Sie sogar höher gestanden, als der Herr, der die Vorträge gehalten hat, da er mit seiner Wissenschaft immerhin verdient hat. Schad, daß Sie nicht durchgehalten haben.
Kalle: Ich weiß nicht, ob es viel Sinn gehabt hätt auf die Dauer. Wozu meinen Schönheitssinn ausbilden, indem ich die Bilder von dem Rubens anschau, und die Mädchen, die in Betracht kommen, haben alle die Gesichtsfarb, die sie in der Fabrik kriegen? Und der Junge von meiner Wirtin studiert die Pflanzenwelt und sie hat nicht das Geld für ein Stäudel Salat!
Ziffel: Wir könnens so ausdrücken: wenn der Bildungsdrang in einem Land einen so heroischen und selbstlosen Anstrich kriegt, daß er allgemein auffällt und für eine hohe Tugend gehalten wird, wirft das ein schlechtes Licht auf das Land.

Bald darauf schieden Ziffel und Kalle voneinander und entfernten sich, jeder an seine Statt.

Bert Brecht

Die unwürdige Greisin

›Die Faszination, die Brecht immer wieder hat, schreibe ich vor allem dem Umstand zu, daß hier ein Leben wirklich vom Denken aus gelebt wird. Christen verhalten sich zum Jenseits, Brecht zum Diesseits. Das ist einer der Unterschiede zwischen ihm und den Priestern, denen er, wie gerne er sie auch aus seiner anderen Zielsetzung heraus verspottet, nicht so unähnlich ist.‹ Max Frisch.
Lesehinweis: Alfons Petzold, *Tausend Adressen im Tag,* in *Pfad aus der Dämmerung,* Wien 1947;
Elisabeth Hauptmann, *Gastfeindschaft,* Erzählung in *Dreißig neue Erzähler des neuen Deutschland,* hg. von Wieland Herzfelde, Berlin 1932.

Meine Großmutter war zweiundsiebzig Jahre alt, als mein Großvater starb. Er hatte eine kleine Lithographenanstalt in einem badischen Städtchen und arbeitete darin mit zwei, drei Gehilfen bis zu seinem Tod. Meine Großmutter besorgte ohne Magd den Haushalt, betreute das alte, wacklige Haus und kochte für die Mannsleute und Kinder. – Sie war eine kleine magere Frau mit lebhaften Eidechsenaugen, aber langsamer Sprechweise. Mit recht kärglichen Mitteln hatte sie fünf Kinder großgezogen – von den sieben, die sie geboren hatte. Davon war sie mit den Jahren kleiner geworden.

Von den Kindern gingen zwei Mädchen nach Amerika, und zwei Söhne zogen ebenfalls weg. Nur der Jüngste, der eine schwache Gesundheit hatte, blieb im Städtchen. Er wurde Buchdrucker und legte sich eine viel zu große Familie zu. – So war sie allein im Haus, als mein Großvater gestorben war.

Die Kinder schrieben sich Briefe über das Problem, was mit ihr zu geschehen hätte. Einer konnte ihr bei sich ein Heim anbieten, und der Buchdrucker wollte mit den Seinen zu ihr ins Haus ziehen. Aber die Greisin verhielt sich abweisend zu den Vorschlägen und wollte nur von jedem ihrer Kinder, das dazu imstande war, eine kleine geldliche Unterstützung annehmen. Die Lithographenanstalt, längst veraltet, brachte fast nichts beim Verkauf, und es waren auch Schulden da. – Die Kinder schrieben ihr, sie könne doch nicht ganz allein leben, aber als sie darauf überhaupt nicht einging, gaben sie nach und schickten ihr monatlich ein bißchen Geld. Schließlich, dachten sie, war ja der Buchdrucker im Städtchen geblieben.

Der Buchdrucker übernahm es auch, seinen Geschwistern mitunter über die Mutter zu berichten. Seine Briefe an meinen Vater, und was

dieser bei einem Besuch und nach dem Begräbnis meiner Großmutter zwei Jahre später erfuhr, geben mir ein Bild von dem, was in diesen zwei Jahren geschah.
Es scheint, daß der Buchdrucker von Anfang an enttäuscht war, daß meine Großmutter sich weigerte, ihn in das ziemlich große und nun leerstehende Haus aufzunehmen. Er wohnte mit vier Kindern in drei Zimmern. Aber die Greisin hielt überhaupt nur eine sehr lose Verbindung mit ihm aufrecht. Sie lud die Kinder jeden Sonntagnachmittag zum Kaffee, das war eigentlich alles.
Sie besuchte ihren Sohn ein- oder zweimal in einem Vierteljahr und half der Schwiegertochter beim Beereneinkochen. Die junge Frau entnahm einigen ihrer Äußerungen, daß es ihr in der kleinen Wohnung des Buchdruckers zu eng war. Dieser konnte sich nicht enthalten, in seinem Bericht darüber ein Ausrufezeichen anzubringen.
Auf eine schriftliche Anfrage meines Vaters, was die alte Frau denn jetzt so mache, antwortete er ziemlich kurz, sie besuche das Kino.
Man muß verstehen, daß das nichts Gewöhnliches war, jedenfalls nicht in den Augen ihrer Kinder. Das Kino war vor dreißig Jahren noch nicht, was es heute ist. Es handelte sich um elende, schlechtgelüftete Lokale, oft in alten Kegelbahnen eingerichtet, mit schreienden Plakaten vor dem Eingang, auf denen Morde und Tragödien der Leidenschaft angezeigt waren. Eigentlich gingen nur Halbwüchsige hin oder, des Dunkels wegen, Liebespaare. Eine einzelne alte Frau mußte dort sicher auffallen.
Und so war noch eine andere Seite dieses Kinobesuchs zu bedenken. Der Eintritt war gewiß billig, da aber das Vergnügen ungefähr unter den Schleckereien rangierte, bedeutete es ›hinausgeworfenes Geld‹. Und Geld hinauswerfen war nicht respektabel.
Dazu kam, daß meine Großmutter nicht nur mit ihrem Sohn am Ort keinen regelmäßigen Verkehr pflegte, sondern auch sonst niemanden von ihren Bekannten besuchte oder einlud. Sie ging niemals zu den Kaffeegesellschaften des Städtchens. Dafür besuchte sie häufig die Werkstatt eines Flickschusters in einem armen und sogar etwas verrufenen Gäßchen, in der, besonders nachmittags, allerlei nicht besonders respektable Existenzen herumsaßen, stellungslose Kellnerinnen und Handwerksburschen. Der Flickschuster war ein Mann in mittleren Jahren, der in der ganzen Welt herumgekommen war, ohne es zu etwas gebracht zu haben. Es hieß auch, daß er trank. Er war jedenfalls kein Verkehr für meine Großmutter.
Der Buchdrucker deutete in einem Brief an, daß er seine Mutter darauf hingewiesen, aber einen recht kühlen Bescheid bekommen habe. »Er hat etwas gesehen«, war ihre Antwort, und das Gespräch war damit

zu Ende. Es war nicht leicht, mit meiner Großmutter über Dinge zu reden, die sie nicht bereden wollte.
Etwa ein halbes Jahr nach dem Tod des Großvaters schrieb der Buchdrucker meinem Vater, daß die Mutter jetzt jeden zweiten Tag im Gasthof esse.
Was für eine Nachricht! – Großmutter, die zeit ihres Lebens für ein Dutzend Menschen gekocht und immer nur die Reste aufgegessen hatte, aß jetzt im Gasthof! Was war in sie gefahren?
Bald darauf führte meinen Vater eine Geschäftsreise in die Nähe, und er besuchte seine Mutter. – Er traf sie im Begriffe, auszugehen. Sie nahm den Hut wieder ab und setzte ihm ein Glas Rotwein mit Zwieback vor. Sie schien ganz ausgeglichener Stimmung zu sein, weder besonders aufgekratzt noch besonders schweigsam. Sie erkundigte sich nach uns, allerdings nicht sehr eingehend, und wollte hauptsächlich wissen, ob es für die Kinder auch Kirschen gäbe. Da war sie ganz wie immer. Die Stube war natürlich peinlich sauber, und sie sah gesund aus.
Das einzige, was auf ihr neues Leben hindeutete, war, daß sie nicht mehr mit meinem Vater auf den Gottesacker gehen wollte, das Grab ihres Mannes zu besuchen. »Du kannst allein hingehen«, sagte sie beiläufig, »es ist das dritte von links in der elften Reihe. Ich muß noch wohin.«
Der Buchdrucker erklärte nachher, daß sie wahrscheinlich zu ihrem Flickschuster mußte. Er klagte sehr.
»Ich sitze hier in diesen Löchern mit den Meinen und habe nur noch fünf Stunden Arbeit und schlechtbezahlte, dazu macht mir mein Asthma wieder zu schaffen, und das Haus in der Hauptstraße steht leer.«
Mein Vater hatte im Gasthof ein Zimmer genommen, aber erwartet, daß er zum Wohnen doch von seiner Mutter eingeladen werden würde, wenigstens pro forma, aber sie sprach nicht davon. Und sogar als das Haus voll gewesen war, hatte sie immer etwas dagegen gehabt, daß er nicht bei ihnen wohnte und dazu das Geld für das Hotel ausgab!
Aber sie schien mit ihrem Familienleben abgeschlossen zu haben und neue Wege zu gehen, jetzt, wo ihr Leben sich neigte. Mein Vater, der eine gute Portion Humor besaß, fand sie ›ganz munter‹ und sagte meinem Onkel, er solle die alte Frau machen lassen, was sie wolle. – Aber was wollte sie?
Das nächste, was berichtet wurde, war, daß sie eine Bregg bestellt hatte und nach einem Ausflugsort gefahren war, an einem gewöhnlichen Donnerstag. Eine Bregg war ein großes, hochrädriges Pferdegefährt mit Plätzen für ganze Familien. Einige wenige Male, wenn wir

Enkelkinder zu Besuch gekommen waren, hatte Großvater die Bregg gemietet. Großmutter war immer zu Hause geblieben. Sie hatte es mit einer wegwerfenden Handbewegung abgelehnt, mitzukommen. – Und nach der Bregg kam die Reise nach K., einer größeren Stadt, etwa zwei Eisenbahnstunden entfernt. Dort war ein Pferderennen, und zu dem Pferderennen fuhr meine Großmutter.
Der Buchdrucker war jetzt durch und durch alarmiert. Er wollte einen Arzt hinzugezogen haben. Mein Vater schüttelte den Kopf, als er den Brief las, lehnte aber die Hinzuziehung eines Arztes ab.
Nach K. war meine Großmutter nicht allein gefahren. Sie hatte ein junges Mädchen mitgenommen, eine halb Schwachsinnige, wie der Buchdrucker schrieb, das Küchenmädchen des Gasthofs, in dem die Greisin jeden zweiten Tag speiste. Dieser ›Krüppel‹ spielte von jetzt an eine Rolle.
Meine Großmutter schien einen Narren an ihr gefressen zu haben. Sie nahm sie mit ins Kino und zum Flickschuster, der sich übrigens als Sozialdemokrat herausgestellt hatte, und es ging das Gerücht, daß die beiden Frauen bei einem Glas Rotwein in der Küche Karten spielten. ›Sie hat dem Krüppel jetzt einen Hut gekauft mit Rosen drauf‹, schrieb der Buchdrucker verzweifelt. ›Und unsere Anna hat kein Kommunionskleid!‹
Die Briefe meines Onkels wurden ganz hysterisch, handelten nur von der ›unwürdigen Aufführung unserer lieben Mutter‹ und gaben sonst nichts mehr her. Das Weitere habe ich von meinem Vater. – Der Gastwirt hatte ihm mit Augenzwinkern zugeraunt: »Frau B. amüsiert sich ja jetzt, wie man hört.«
In Wirklichkeit lebte meine Großmutter auch diese letzten Jahre keineswegs üppig. Wenn sie nicht im Gasthof saß, nahm sie meist nur ein wenig Eierspeise zu sich, etwas Kaffee und vor allem ihren geliebten Zwieback. Dafür leistete sie sich einen billigen Rotwein, von dem sie zu allen Mahlzeiten ein kleines Glas trank. Das Haus hielt sie sehr rein, und nicht nur ihre Schlafstube und die Küche, die sie benutzte. Jedoch nahm sie darauf ohne Wissen ihrer Kinder eine Hypothek auf. Es kam niemals heraus, was sie mit dem Geld machte. Sie scheint es dem Flickschuster gegeben zu haben. Er zog nach ihrem Tod in eine andere Stadt und soll dort ein größeres Geschäft für Maßschuhe eröffnet haben.
Genau betrachtet lebte sie hintereinander zwei Leben. Das eine, erste als Tochter, als Frau und als Mutter, und das zweite einfach als Frau B., eine alleinstehende Person ohne Verpflichtungen und mit bescheidenen, aber ausreichenden Mitteln. Das erste Leben dauerte etwa sechs Jahrzehnte, das zweite nicht mehr als zwei Jahre.

Mein Vater brachte in Erfahrung, daß sie im letzten halben Jahr sich gewisse Freiheiten gestattete, die normale Leute gar nicht kennen. So konnte sie im Sommer früh um drei Uhr aufstehen und durch die leeren Straßen des Städtchens spazieren, das sie so für sich ganz allein hatte. Und den Pfarrer, der sie besuchen kam, um der alten Frau in ihrer Vereinsamung Gesellschaft zu leisten, lud sie, wie allgemein behauptet wurde, ins Kino ein!
Sie war keineswegs vereinsamt. Bei dem Flickschuster verkehrten anscheinend lauter lustige Leute, und es wurde viel erzählt. Sie hatte dort immer eine Flasche ihres eigenen Rotweins stehen, und daraus trank sie ihr Gläschen, während die anderen erzählten und über die würdigen Autoritäten der Stadt loszogen. Dieser Rotwein blieb für sie reserviert, jedoch brachte sie mitunter der Gesellschaft stärkere Getränke mit.
Sie starb ganz unvermittelt an einem Herbstnachmittag in ihrem Schlafzimmer, aber nicht im Bett, sondern auf dem Holzstuhl am Fenster. Sie hatte den ›Krüppel‹ für den Abend ins Kino eingeladen, und so war das Mädchen bei ihr, als sie starb. Sie war vierundsiebzig Jahre alt.
Ich habe eine Fotografie von ihr gesehen, die sie auf dem Totenbett zeigt und die für die Kinder angefertigt worden war.
Man sieht ein winziges Gesichtchen mit viel Falten und einen schmallippigen, aber breiten Mund. Viel Kleines, aber nichts Kleinliches. Sie hatte die langen Jahre der Knechtschaft und die kurzen Jahre der Freiheit ausgekostet und das Brot des Lebens aufgezehrt bis auf den letzten Brosamen.

Bert Brecht

Der natürliche Eigentumstrieb

Alle Stücke aus *Geschichten vom Herrn Kenner,* aus *Gesammelte Werke,* Band 13, Frankfurt am Main 1967.

Als jemand in einer Gesellschaft den Eigentumstrieb natürlich nannte, erzählte Herr K. die folgende Geschichte von den alteingesessenen Fischern: An der Südküste von Island gibt es Fischer, die das dortige Meer vermittels festverankerter Bojen in einzelne Stücke zerlegt und unter sich aufgeteilt haben. An diesen Wasserfeldern hängen sie mit großer Liebe als an ihrem Eigentum. Sie fühlen sich mit ihnen verwachsen, würden sie, auch wenn keine Fische mehr darin zu finden wären, niemals aufgeben und verachten die Bewohner der Hafenstädte, an die sie, was sie fischen, verkaufen, da diese ihnen als ein oberflächliches, der Natur entwöhntes Geschlecht vorkommen. Sie selbst nennen sich wasserständig. Wenn sie größere Fische fangen, behalten sie dieselben bei sich in Bottichen, geben ihnen Namen und hängen sehr an ihnen als an ihrem Eigentum. Seit einiger Zeit soll es ihnen wirtschaftlich schlecht gehen, jedoch weisen sie alle Reformbestrebungen mit Entschiedenheit zurück, so daß schon mehrere Regierungen, die ihre Gewohnheiten mißachteten, von ihnen gestürzt wurden. Solche Fischer beweisen unwiderlegbar die Macht des Eigentumstriebes, dem der Mensch von Natur aus unterworfen ist.

Bert Brecht

Hungern

Herr K. hatte anläßlich einer Frage nach dem Vaterland die Antwort gegeben: »Ich kann überall hungern.« Nun fragte ihn ein genauer Hörer, woher es komme, daß er sage, er hungere, während er doch in Wirklichkeit zu essen habe. Herr K. rechtfertigte sich, indem er sagte: »Wahrscheinlich wollte ich sagen, ich kann überall leben, wenn ich leben will, wo Hunger herrscht. Ich gebe zu, daß es ein großer Unterschied ist, ob ich selber hungere, oder ob ich lebe, wo Hunger herrscht. Aber zu meiner Entschuldigung darf ich wohl anführen, daß für mich leben, wo Hunger herrscht, wenn nicht ebenso schlimm wie hungern, so doch wenigstens sehr schlimm ist. Es wäre ja für andere nicht wichtig, wenn ich Hunger hätte, aber es ist wichtig, daß ich dagegen bin, daß Hunger herrscht.«

Die Frage, ob es einen Gott gibt

Einer fragte Herrn K., ob es einen Gott gäbe. Herr K. sagte: »Ich rate dir, nachzudenken, ob dein Verhalten je nach der Antwort auf diese Frage sich ändern würde. Würde es sich nicht ändern, dann können wir die Frage fallenlassen. Würde es sich ändern, dann kann ich dir wenigstens noch so weit behilflich sein, daß ich dir sage, du hast dich schon entschieden: Du brauchst einen Gott.«

Eine gute Antwort

Ein Prolet wurde vor Gericht gefragt, ob er die weltliche oder die kirchliche Form des Eides benutzen wolle. Er antwortete: »Ich bin arbeitslos.« – »Dies war nicht nur Zerstreutheit«, sagte Herr K. »Durch diese Antwort gab er zu erkennen, daß er sich in einer Lage befand, wo solche Fragen, ja vielleicht das ganze Gerichtsverfahren als solches keinen Sinn mehr haben.«

Anna Seghers
Auf der Flucht

Anna Seghers, geb. 1900 – die eigentlich Netti Radvany, geb. Reiling, heißt –, wollte schon vor ihrer Teilnahme am Charkower Kongreß der Internationalen Vereinigung revolutionärer Schriftsteller – 1929 – als kommunistische Autorin gelten. 1933, als ihre Bücher verboten wurden, floh sie nach Frankreich, später nach Mexiko. 1947 kehrte sie nach Berlin zurück. Anna Seghers lebt in der DDR. In einem Essay schreibt Marcel Reich-Ranicki über *Das siebte Kreuz* (1942), ›diesen Heimatroman‹, dem der folgende Text entnommen ist: ›Es sollte ein politisches Kampfbuch sein, ein episches Pamphlet gegen den Nationalsozialismus. Aber das entscheidende Merkmal aller Kampfbücher fehlt dem Roman ganz und gar: Er kennt keine Aggressivität; denn die Trauer ist stärker als die Empörung. Nicht ein Rachegesang, sondern eine Elegie, nicht ein Buch des Hasses, sondern der Milde, der Barmherzigkeit, der Liebe, ist *Das siebte Kreuz.* Für dieses Bild vom Leben im Deutschland des Jahres 1937 gelten die Worte: ‚Gnade statt Gerechtigkeit'.
Sie sind in der Domszene zu finden, einem der schönsten Abschnitte des Romans. Auf den Mann, der sich im Dom verborgen hält, den Arbeiter Georg Heisler, wartet ein Kreuz. Er ist zusammen mit sechs Leidensgefährten aus einem Konzentrationslager geflohen, in dem nun sieben Kreuze stehen, an denen die wiedereingefangenen Flüchtlinge sterben sollen. Tatsächlich werden sechs von ihnen in wenigen Tagen – lebendig oder tot – herbeigeschafft. Aber das siebente Kreuz bleibt leer. Georg will nur noch eins: sein Leben retten. Und er wird an einer einzigen Grundsituation gezeigt: als gejagter Flüchtling. Geschwächt und übermüdet, krank und hungrig, geplagt von schrecklichen Träumen und KZ-Erinnerungen irrt er durch die Städte und Dörfer am Rhein und Main, durch die engere Heimat der Verfasserin also. Solange es auf deutschem Boden einen totalitären Staat gibt, sollte man sich hüten, die Geschichte der Flucht des Georg Heisler als historischen Roman zu lesen.‹
Lesehinweis: Elisabeth Langgässer, *Verfolgung,* Erzählung in *Akzente,* Jahrgang 1956, Heft 6;
Alfred Neumann, *Die Legende vom Bastard,* in *Es waren ihrer sechs,* 1944; Anna Seghers, *Das Obdach,* in *Erzählungen,* Band I, Neuwied und Berlin 1963;
Helmuth J. von Moltke, *Letzter Brief vor der Hinrichtung,* in *Das Ende des Schreckens,* hg. von Erich Kuby, München 1955.

Unterdessen hatte das Läuten aufgehört. Und die plötzliche Stille auf dem Platz, da auch das Zittern aufhörte in der Mauer, an der er lehnte, als ob sie gleichsam von neuem versteinerte, brachte ihm nochmals zum Bewußtsein, wie stark und mächtig das Geläute gewesen war. Er trat sogar weg und sah nach den Türmen hinauf. Es wurde ihm schwindlig, bevor er die oberste aller Spitzen gefunden hatte, denn

über den beiden nahen gedrungenen Türmen erhob sich noch ein einzelner Turm in den Herbstabendhimmel mit einer solchen mühelosen Kühnheit und Leichtigkeit, daß es ihn schmerzte. Dann aber dachte er plötzlich, daß es in einem so großen Haus nicht an Stühlen fehlen könnte. Er suchte sich einen Eingang, eine Tür, kein Tor. Er wunderte sich, daß er wirklich hineingelangte. Er fiel auf das nächste Ende der nächsten Bank. Hier, dachte er, kann ich mich ausruhen. Er sah sich dann erst um. So winzig war er sich nicht einmal unter dem weiten Himmel vorgekommen. Wie er die drei, vier Frauen entdeckte, da und dort, so winzig wie er selber, und den Abstand begriff zwischen sich und dem nächsten Pfeiler und den Abstand zwischen den einzelnen Pfeilern und von seinem Platz aus kein Ende sah, weder über sich noch vor sich, sondern nur Raum und wieder Raum, da staunte er ein wenig; und das war vielleicht an allem das Staunenswerteste, daß er sich einen Augenblick vergaß.
Der Küster aber, fest auftretend, da ihm der Ort ja gewohnt war, und weil er tat, was sein Beruf war, machte dem Staunen sogleich ein Ende. Er trabte zwischen den Pfeilern daher und verkündete laut und fast ärgerlich: »Schließung des Doms«, und zu den Frauen, die sich von ihrem Gebet nicht trennen konnten, sagte er mehr belehrend als tröstend, der Herrgott sei auch noch morgen da. Georg war vor Schreck aufgesprungen. Die Frauen gingen langsam hinaus durch eine ihnen nähere Tür an dem Küster vorüber. Georg ging zurück zu der Tür, durch die er gekommen war. Diese Tür war aber bereits geschlossen, und er mußte sich eilen, um quer durch das Hauptschiff den Frauen nachzukommen. Da zuckte es ihm durch den Kopf. Statt vorzulaufen, duckte er sich hinter einem großen Taufstein und ließ den Küster abschließen.

Als der Küster fortgegangen und die Haupttür verschlossen und auch der letzte Schall in einem Gewölbe zersplittert war, da begriff Georg, daß er jetzt eine Gnadenfrist hatte, einen so gewaltigen Aufschub, daß er ihn fast mit Rettung verwechselte. Ein heißes Gefühl von Sicherheit erfüllte ihn zum erstenmal seit seiner Flucht, ja seit seiner Gefangenschaft. So heftig dieses Gefühl war, so kurz war es. In diesem Loch, sagte er sich, ist es aber verdammt kalt.
Die Dämmerung war so tief, daß die Farben in den Fenstern erloschen. Sie hatten inzwischen den Grad erreicht, wo die Mauern zurückweichen, die Gewölbe sich heben und die Pfeiler sich endlos aneinanderreihen und hochwachsen ins Ungewisse, das vielleicht nichts ist, vielleicht die Unendlichkeit. Georg fühlte sich plötzlich beobachtet. Er kämpfte mit diesem Gefühl, das ihm Körper und Seele lähmte.

Er streckte den Kopf unter dem Taufbecken heraus. Fünf Meter von ihm entfernt, vom nächsten Pfeiler, traf ihn der Blick eines Mannes, der dort mit Stab und Mitra an seiner Grabplatte lehnte. Die Dämmerung löste den Prunk seiner Kleider auf, die von ihm wegflossen, aber nicht seine Züge, die klar, einfach und böse waren. Seine Augen verfolgten Georg, der an ihm vorbeikroch.
Die Dämmerung drang nicht von außen ein wie an gewöhnlichen Abenden. Der Dom selbst schien sich aufzulösen und zu entsteinern. Die paar Weinranken an den Pfeilern und die Fratzengesichter und dort ein zerstochener nackter Fuß waren Einbildungen und Rauch, alles Steinerne war am Verdunsten, und nur Georg war vor Schreck versteinert. Er schloß die Augen. Er tat ein paar Atemzüge, dann war es vorbei, oder die Dämmerung war noch ein wenig dichter geworden und dadurch beruhigender. Er suchte sich ein Versteck. Er sprang von einem Pfeiler zum andern. Er duckte sich, als sei er noch immer beobachtet. An dem Pfeiler, vor dem er jetzt hockte, lehnte, gleichmütig aus seiner Grabplatte über ihn hinwegsehend, ein runder gesunder Mann, auf seinem vollen Gesicht das dreiste Lächeln der Macht. In jeder Hand eine Krone, unbemerkt von Georg, krönte er unablässig zwei Zwerge, die Gegenkönige des Interregnums. Georg sprang in einem Satz, als seien die Zwischenräume belauert, zu dem nächsten Pfeiler. Er sah an dem Mann hinauf, dessen Kleider so reich waren, daß er sich hätte hineinwickeln können. Er fuhr zusammen. Ein menschliches Angesicht, das sich über ihn beugte voll Trauer und Besorgnis. Was willst du denn noch, mein Sohn, gib auf, du bist schon am Anfang zu Ende. Dein Herz klopft, deine kranke Hand klopft. Georg entdeckte einen geeigneten Ort, eine Mauernische. Er rutschte quer durch das Seitenschiff, unter den Blicken von sechs Erzkanzlern des Heiligen Reichs, mit einer abgespreizten Hand wie ein Hund, der sich eine Pfote geklemmt hat. Er setzte sich zurecht. Er rieb das Gelenk seiner kranken Hand, das sich versteift hatte. Er rieb seine Kniegelenke, seine Knöchel und Zehen.
Er hatte schon Fieber. Die kranke Hand durfte ihm keinen Streich spielen, bis er bei Leni ankam. Bei Leni wurde verbunden, gewaschen, gegessen, getrunken, geschlafen, geheilt. Er erschrak. Da mußte er ja die Nacht, die er sich eben unendlich gewünscht hatte, so rasch wie möglich hinter sich bringen. Er versuchte wieder, sich Leni vorzustellen. Ein Zauber, der manchmal gelang und manchmal mißriet, je nach Ort und Stunde. Diesmal gelang er: ein schmales, neunzehnjähriges Mädchen auf dünnen, sehr hohen Beinen, die blauen Augen fast schwarz unter dichten Wimpern, in einem blaßbraunen Gesicht. Das war der Stoff seiner Träume. Im Licht der Erinnerung, im Lauf der

Trennung war aus dem Mädchen, das ihm in der Wirklichkeit zuerst fast unschön erschienen war und ein wenig komisch, durch ihre langen Arme und Beine, die ihrem Gang etwas ungeschickt Fliegendes gaben, eine Art von Fabelgeschöpf geworden, das auch in Sagen nur dann und wann vorkommt. Nach jedem Tag weiterer Trennung war es aus jedem weiteren Traum noch zarter, noch fliegender entlassen worden. Er überschüttete sie auch jetzt, an die eiskalte Wand gelehnt, um nicht einzuschlafen, mit Liebesworten. Sie mußte sich aufrichten, glaubte er, und in die Dunkelheit horchen.
Unzählige solcher Beteuerungen, unwirkliche weitläufige Abenteuer waren dem einzigen Mal gefolgt, das sie wirklich zusammen waren. Er hatte schon am folgenden Tag aus der Stadt gemußt. In seinen Ohren ihre Versicherungen, eintönig verzweifelt: »Ich will hier warten, bis du kommst. Mußt du fliehen, geh' ich mit.«
Er konnte noch immer von seinem Platz aus den Mann am Eckpfeiler erkennen. Trotz der Dunkelheit war das Gesicht von weitem eher noch klarer. Auf den gekrümmten Lippen das letzte, das äußerste Angebot: Friede statt Todesangst, Gnade statt Gerechtigkeit.
Die kleine Wohnung in Niederrad, die Leni mit einer ältlichen Schwester teilte, die meistens auf Arbeit fort war, lag günstig für ein Versteck oder eine Flucht. Erwägungen dieser Art hatten ihn damals über die Schwelle des kleinen Zimmers verfolgt, obwohl er dabei sonst alles andre vergessen hatte, seine früheren Liebschaften und ganze lange Strecken seines verflossenen Lebens. Selbst als die Wände des Zimmers zusammenwuchsen wie undurchdringliche Hecken, war der Gedanke in seinem Kopf nicht erloschen, daß das hier im Notfall ein günstiger Unterschlupf war. Als man ihn damals in Westhofen holte, Besuch sei gekommen, da hatte er einen Augenblick gefürchtet, sie seien auf Leni verfallen. Er hatte die Frau, die man ihm damals vorführte, zuerst überhaupt nicht erkannt. Sie hätten ebensogut das erstbeste Bauernmädchen aus dem nächsten Dorf vor ihn hinstellen können, so fremd war ihm diese Elli, die sie herangeholt hatten.
Er mußte im Einschlafen gewesen sein. Er erwachte vor Schreck. Der Dom dröhnte. Ein heller Lichtschein flog quer durch den ganzen Dom – über seinen vorgestreckten Fuß weg. Sollte er fliehen? War noch Zeit? Wohin? Die Tore waren alle verschlossen bis auf eines, aus dem das Licht fiel. Er konnte vielleicht noch unbemerkt in eine der Seitenkapellen entkommen. Er stemmte sich auf seine kranke Hand, schrie auf und knickte zusammen. Er wagte jetzt nicht mehr, über das Lichtband wegzukriechen. Die Stimme des Küsters erschallte: »Ihr Schlampen, ihr Weibsbilder, jeden Tag was andres!« Die Worte dröhnten wie Urteilsverkündigungen des Jüngsten Gerichts. Eine alte

Frau, die Mutter des Küsters, rief: »Da steht sie ja, deine Tasche.« Die Stimme der Küstersfrau setzte ein, von Mauern und Pfeilern zurück geworfen, ein wahres Triumphgeheul: »Ich hab' ja gewußt, daß ich sie beim Putzen zwischen die Bänke gestellt hab'.« Die beiden Frauen zogen ab. Es klang, als ob Riesinnen schlurften. Das Tor wurde abermals abgeschlossen. Von allem blieb bloß noch Schall zurück, zerschlug sich und dröhnte noch einmal laut, als wollte er gar nicht versiegen, verhallte im entferntesten Teil und zitterte immer noch, als Georg schon zu zittern aufgehört hatte.

Er lehnte sich wieder an seine Wand. Die Lider waren ihm schwer. Jetzt war es vollkommen dunkel. So schwach war der Schimmer der einzelnen Lampe, die irgendwo in der Dunkelheit schwebte, daß er kein Gewölbe mehr erhellte, sondern einem nur zeigte, daß diese Finsternis schlechthin undurchdringlich war. Und Georg, der sich vorhin nichts anderes gewünscht hatte, atmete schwer und beklommen.

Du mußt jetzt dein Zeug ausziehen, riet ihm Wallau, denn später wirst du zu schwach sein. Er fügte sich, wie er sich Wallau immer gefügt hatte, und staunte, weil seine Erschöpfung dabei abnahm. Wallau war zwei Monate nach ihm eingeliefert worden. »Du bist also Georg.« In diesen vier Worten, mit denen der ältere Mann ihn begrüßte, hatte Georg zum erstenmal seinen eignen vollen Wert gespürt. Ein Freigelassener hatte draußen von ihm erzählt. Während man ihn in Westhofen auf den Tod quälte, bildete sich in den Dörfern und Städten seiner Heimat das Urteil über Georg, das unzerstörbare Grabmal. Selbst jetzt dachte Georg, selbst hier in seiner eiskalten Mauer: wenn ich Wallau in meinem Leben nur in Westhofen treffen könnte, ich würde alles noch einmal auf mich nehmen ... Zum ersten-, vielleicht auch zum letztenmal war in sein junges Leben eine Freundschaft gekommen, wo es nicht darum ging, zu prahlen oder sich klein zu machen, sich festzuklammern oder sich völlig hinzugeben, sondern nur zu zeigen, wer man war, und dafür geliebt zu werden.

Die Dunkelheit war jetzt für seine Augen nicht mehr so dicht. Der Kalk auf der Mauer schimmerte schwach wie frischgefallener Schnee. Er spürte am ganzen Körper, daß er sich dunkel abhob. Sollte er seinen Ort nochmals wechseln? Wann wird man hier vor der Messe aufschließen? Bis zum Morgen gibt es noch unzählbar viele Minuten der Sicherheit. So viele Minuten hat er noch vor sich, wie zum Beispiel der Küster Wochen. Denn auch der Küster ist schließlich nicht für ewig gesichert.

Weit von ihm weg, gegen den Hauptaltar zu, erhob sich ein einzelner Pfeiler hell sichtbar, weil das Licht in seinen Riefen entlanglief. Dieser

einzelne helle Pfeiler schien jetzt das ganze Gewölbe zu tragen. Aber wie das alles kalt war! Eine eisige Welt, als hätte sie nie eine menschliche Hand berührt, nie ein menschlicher Gedanke. Als sei er in einen Gletscher verschlagen. Er rieb seine Füße und alle seine Gelenke mit der gesunden Hand. Das ist eine Zuflucht, in der man erfrieren kann. »Drei Saltos. Das ist das höchste, was der menschliche Körper aus sich herausholen kann.« Das hatte ihm Belloni, sein Mitgefangener, genau erklärt. Belloni. Artist, mit seinem gewöhnlichen Namen Anton Meier, war vom Trapez weg verhaftet worden. Man hatte in seinem Gepäck ein paar Briefe gefunden, die von der Artistenloge aus Frankreich geschickt wurden. Wie oft war er aus dem Schlaf geholt worden, um Kunststücke vorzumachen. Ein dunkler, schweigsamer Mensch, ein guter Kamerad, aber sehr fremd. »Ach nein, es gibt vielleicht nur drei lebende Artisten, die das machen können. Gewiß, es kann mal diesem und jenem glücken, aber nie als Dauerleistung.« Er war von sich aus an Wallau herangetreten, um ihm zu sagen, daß er selbst unter allen Umständen eine Flucht versuchen würde. Sie kämen sowieso hier nicht mehr heraus. Er baue bei dieser Flucht auf die Gewandtheit seines Körpers und die Hilfsbereitschaft seiner Freunde. Er hatte ihm, Georg, eine Adresse gegeben, wo er ihm Geld und Kleider auf alle Fälle lassen wollte. Wahrscheinlich ein anständiger Junge, aber zu fremd, um recht aus ihm klug zu werden. Georg wollte diese Adresse nicht verwerten. Er wollte Leni Donnerstag früh zu den alten Freunden nach Frankfurt schicken. Wenn Pelzer zu seinem Verstand Bellonis Sehnen und Muskeln gehabt hätte, dann wäre er wahrscheinlich durchgekommen. Den Aldinger hatten sie sicher inzwischen eingefangen. Er konnte der Vater all dieser Lümmel sein, die jetzt vielleicht seine Haare rissen, in sein altes Bauerngesicht hineinspuckten, das seine Würde selbst dann nicht verloren hatte, wenn er nicht mehr bei Verstand zu sein schien. Der Bürgermeister des Nachbarorts hatte ihn angezeigt, aus einem alten Familienzwist.
Füllgrabe war unter allen sieben der einzige, den er von früher gekannt hatte. Er hatte ihm aus seiner Ladenkasse oft eine Mark auf die Sammelliste gesetzt. Er war auch in der größten Verzweiflung einen gewissen Groll nie ganz losgeworden. Er sei hineingeschlittert, man hätte ihn überredet, er hätte nie nein sagen können.
Albert lebt vielleicht schon nicht mehr. Der hatte sich Wochen durch alles gefallen lassen, die Winzigkeit seiner Schuld beteuernd, irgendeine Devisengeschichte: bis er rasend wurde und Zillich ihn in die Strafkolonne herübernahm. Wie viele furchtbare Schläge dieser Albert erduldet haben mußte, bis auch aus seinem stumpfen Herzen der Funke herausgeschlagen wurde.

Ich werde ja hier noch erfrieren, dachte Georg. Man wird mich finden. Man wird den Kindern das Mauerstück zeigen: hier fand man einmal einen Flüchtling in einer Herbstnacht erfroren, in jenen wilden Zeiten. Wieviel Uhr war es? Bald Mitternacht. Er dachte in einer neuen ganz vollkommenen Dunkelheit: ob jemand von früher sich meiner erinnert? Meine Mutter? Sie schimpfte ohne Unterlaß. Auf kranken Füßen watschelte sie im Schimmelgäßchen herum, klein und dick, mit ihrer sehr großen, leise wippenden Brust. Ich werd' sie ja nie mehr wiedersehen, dachte Georg, selbst wenn ich am Leben bleibe. Ihm waren von ihrer äußeren Erscheinung immer nur ihre Augen bewußt gewesen, junge braune Augen, dunkel von Vorwurf und Ratlosigkeit. Jetzt schämte er sich sogar, weil er sich damals vor jener Elli geschämt hatte, die drei Monate seine Frau gewesen war, weil seine Mutter so eine Brust gehabt hatte und so ein komisches Sonntagskleid. Er dachte an seinen kleinen Schulfreund Paul Röder. Sie hatten zehn Jahre lang in derselben Gasse Klicker zusammen gespielt und weitere zehn Jahre Fußball. Dann hatte er ihn aus den Augen verloren, weil er selbst ein anderer geworden war, der kleine Röder aber derselbe geblieben. Jetzt dachte er an sein rundes, von Sommersprossen getupftes Gesicht, wie an eine liebe, für immer versperrte Landschaft ... Er dachte auch an Franz. Er war gut zu mir, dachte Georg, er hat sich viel Mühe mit mir gemacht. Danke, Franz. Wir hatten uns dann verzankt. Warum nur? Was mag aus ihm geworden sein? Ein ruhiger Mensch, ordentlich, treu.

Georg stockte der Atem. Quer durch das Seitenschiff fiel der Widerschein eines Glasfensters, das vielleicht von einer Lampe erhellt wurde aus einem der Häuser jenseits des Domplatzes oder von einer Wagenlaterne, ein ungeheurer, in allen Farben glühender Teppich, jäh in der Finsternis aufgerollt, Nacht für Nacht umsonst und für niemand über die Fliesen des leeren Doms geworfen, denn solche Gäste wie Georg gab es auch hier nur alle tausend Jahre.

Jenes äußere Licht, mit dem man vielleicht ein krankes Kind beruhigt, einen Mann verabschiedet hatte, schüttete auch, solang es brannte, alle Bilder des Lebens aus. Ja, das müssen die beiden sein, dachte Georg, die aus dem Paradies verjagt wurden. Ja, das müssen die Köpfe der Kühe sein, die in die Krippe sehen, in der das Kind liegt, für das es sonst keinen Raum gab. Ja, das muß das Abendmahl sein, als er schon wußte, daß er verraten wurde, ja, das muß der Soldat sein, der mit dem Speer stieß, als er schon am Kreuze hing ... Er, Georg, kannte längst nicht mehr alle Bilder. Viele hatte er nie gekannt, denn bei ihm daheim hat es das alles nicht mehr gegeben. Alles, was das Alleinsein aufhebt, kann einen trösten. Nicht nur was von andern gleichzeitig durchlitten wird, kann einen trösten, sondern auch was von andern früher durchlitten wurde.

Dann erlosch das äußere Licht. Es war noch finsterer als vorher. Georg dachte an seine Brüder, besonders an seinen kleinsten, den er selbst aufgezogen hatte, mit einer Zärtlichkeit, die eher einer Art Kätzchen als einem Kind galt. Er dachte an sein eigenes Kind, das er nur einmal kurz gesehen hatte. Dann dachte er an nichts Bestimmtes mehr. Gesichter kamen und gingen, bald verschwommen, bald überdeutlich. Manche brachten Stücke von Gassen mit, manche Schulhöfe und Sportplätze, manche den Fluß und manche Wolken und Wälder. Sie strömten von selbst auf ihn ein, daß er sich festhalten möge an dem, was ihm lieb gewesen war. Dann wurde alles gestaltloser, er konnte sich weder das Gesicht seiner Mutter noch sonst ein Gesicht zurückrufen. Seine Augen waren ihm wund, als hätte er all das wirklich betrachtet. Weit weg, wo er längst keinen Dom mehr vermutet hatte, leuchtete etwas Buntes auf. Draußen fuhr ein Auto vorbei. Traf sein Licht auf eines der Fenster, schlug der Widerschein auf den Boden. Dunkelheit folgte, wenn sein Licht auf ein Mauerstück traf.

Georg horchte. Der Motor lief weiter. Er hörte das Gequietsche und Gelächter von Männern und Frauen, die in ein offenbar viel zu kleines Auto gezwängt wurden. Sie fuhren ab. Ganz rasch wurden die Fensterfarben zwischen die Pfeiler geworfen, zurückgezogen, immer weiter von Georg weg, Georg fiel der Kopf auf die Brust. Er schlief ein. Er kippte über auf seine kranke Hand. Er wachte vor Schmerz auf. Die tiefste Nacht war schon überschritten. Vor ihm auf dem Mauerstück begann der Kalk zu schimmern. In umgekehrter Folge als am Abend begann zuerst die Dunkelheit zu verdunsten, dann wurden Pfeiler und Wände von einem unaufhörlichen Rieseln ergriffen, als sei dieser Dom aus Sand gebaut. Vom schwächsten äußersten Frühlicht getroffen, entstanden die Bilder in den Fenstern, aber nicht leuchtend, sondern in dumpfen trüben Farben. Zugleich hörte das Rieseln auf, und alles fing an zu erstarren. Das ungeheure Gewölbe des Hauptschiffs erstarrte in dem Gesetz, nach dem es unter dem Kaisergeschlecht der Staufer erbaut worden war, aus der Vernunft einzelner Baumeister und der unerschöpflichen Kraft des Volkes. Das Gewölbe erstarrte, in das sich Georg verkrochen hatte, jenes Gewölbe, das schon zu den Zeiten der Staufer ehrwürdig gewesen war. Die Pfeiler erstarrten und all die Fratzen und Tierköpfe in den Kapitälen der Pfeiler, die Bischöfe auf den Grabplatten vor den Pfeilern erstarrten von neuem in ihrer stolzen Todeswachheit, mitsamt den Königen, auf deren Krönung sie bis zum Übermaß stolz waren.

Höchste Zeit für mich, dachte Georg. Er kroch hinaus. Er zog das

Bündelchen mit den Zähnen und seiner gesunden Hand zusammen. Er schob es zwischen eine Platte und einen Pfeiler. Am ganzen Körper gespannt, mit glühenden Augen, wartete er auf den Augenblick, da der Küster aufschließen möge.

Elisabeth Langgässer
Untergetaucht

Elisabeth Langgässer, 1899 bis 1950, stand dem Dichterkreis um die Zeitschrift *Die Kolonne* nahe. Da sie Halbjüdin war, wurde ihr 1936 Schreibverbot auferlegt. In ihren *Gesammelten Werken,* Hamburg 1964, versucht sie, einem neuen katholischen Weltbild Ausdruck zu geben. *Untergetaucht* schildert Erlebnisse aus der Zeit nach dem Zusammenbruch, als auf bestimmten Eisenbahnstrecken – zwischen Großstädten und Landgemeinden vor allem – die ›Hamsterzüge‹ fuhren. Es waren fahrplanmäßige Züge, an denen die ›Hamsterer‹ in förmlichen Trauben auf den Trittbrettern hingen, auf den Puffern und Dächern saßen. Neben dem ›Kartoffelexpreß‹ gab es von den Hafenstädten ins Inland die ›Heringszüge‹.

»Ich war ja schließlich auch nur ein Mensch«, wiederholte die stattliche Frau immer wieder, die in der Bierschwemme an dem Bahnhof der kleinen Vorortsiedlung mit ihrer Freundin saß, und schob ihr das Möhrenkraut über die Pflaumen, damit nicht jeder gleich merken sollte: die hatte sich was gegen Gummiband oder Strickwolle aus ihrem Garten geholt, und dem Mann ging das nachher ab. Ich spitzte natürlich sofort die Ohren, denn obwohl ich eigentlich nur da hockte, um den ›Kartoffelexpreß‹, wie die Leute den großen Hamsterzug nennen, der um diese Zeit hier durch die Station fährt, vorüberklackern zu lassen – er ist nämlich so zum Brechen voll, daß ein Mann, der müd' von der Arbeit kommt, sich nicht mehr hineinboxen kann –, also, obwohl ich im Grund nur hier saß, um vor mich hinzudösen, fühlte ich doch: da bahnte sich eine Geschichte an, die ich unbedingt hören mußte; und Geschichten wie die: nichts Besonderes und je dämlicher, um so schöner, habe ich für mein Leben gern – man fühlt sich dann nicht so allein.

»Am schlimmsten war aber der Papagei«, sagte die stattliche Frau. »Nicht die grüne Lora, die wir jetzt haben, sondern der lausige Jacob, der sofort alles nachplappern konnte. ›Entweder dreh' ich dem Vieh den Hals um, oder ich schmeiße die Elsie hinaus‹, sagte mein Mann, und er hatte ja recht – es blieb keine andere Wahl.«

»Wie lange«, fragte die Freundin (die mit dem Netz voller Karotten), »war sie eigentlich untergetaucht? Ich dachte damals, ihr wechselt euch ab – mal diese Bekannte, mal jene; aber im Grund keine länger als höchstens für eine Nacht.«

»Naja. Aber wie das immer so geht, wenn man mit mehreren Leuten

zugleich etwas verabredet: hernach ist der erste ja doch der Dumme, an dem es hängenbleibt, und die anderen springen aus, wenn sie merken, daß das Ding nicht so einfach ist.«
»Der Dumme?« fragte die Freundin zweifelnd und stützte den Ellbogen auf. »Das kannst du doch jetzt nicht mehr sagen, Frieda, wo du damals durch diese Elsie fast ins Kittchen gekommen bist. Schließlich muß man ja heute bedenken, daß dein Mann gerade in die Partei frisch aufgenommen worden war und Oberpostsekretär. Was glaubst du, wie wir dich alle im stillen bewundert haben, daß du die Elsie versteckt hast, zu so was gehört doch Mut!«
»Mut? na, ich weiß nicht. Was sollte ich machen, als sie plötzlich vor meiner Tür stand, die Handtasche über dem Stern? Es schneite und regnete durcheinander, sie war ganz naß und dazu ohne Hut; sie mußte, wie sie so ging und stand, davongelaufen sein. ›Frieda‹, sagte sie, ›laß mich herein – nur für eine einzige Nacht. Am nächsten Morgen, ich schwöre es dir, gehe ich ganz bestimmt fort.‹ Sie war so aufgeregt, lieber Himmel, und von weitem hörte ich schon meinen Mann mit dem Holzbein die Straße herunterklappern – ›aber nur für eine einzige Nacht‹, sage ich ganz mechanisch, ›und weil wir schon in der Schule zusammengewesen sind.‹ Natürlich wußte ich ganz genau, daß sie nicht gehen würde; mein Karl, dieser seelensgute Mensch, sagte es schon am gleichen Abend, als er mir das Korsett aufhakte und dabei die letzte Fischbeinstange vor Aufregung zerbrach; es machte knack, und er sagte: ›Die geht nicht wieder fort.‹« Beide Frauen, wie auf Verabredung, setzten ihr Bierglas an, bliesen den Schaum ab und tranken einen Schluck; hierauf, in einem einzigen Zug, das halbe Bierglas herunter, ich muß sagen, sie tranken nicht schlecht.
»Es war aber doch wohl recht gefährlich in euerer kleinen verklatschten Siedlung, wo jeder den andern kennt«, meinte die Freundin mit den Karotten. »Und dazu noch der Papagei.«
»Aber nein, an sich war das gar nicht gefährlich. Wenn einer erst in der Laube drin war, kam keiner auf den Gedanken, daß sich da jemand versteckt hielt, der nicht dazugehörte. Wer uns besuchte, kam bloß bis zur Küche und höchstens noch in die Kammer dahinter; alles übrige war erst angebaut worden – die Veranda, das Waschhaus, der erste Stock mit den zwei schrägen Kammern, das ganze Gewinkel schön schlummrig und eng, überall stieß man an irgendwas an: an die Schnüre mit den Zwiebeln zum Beispiel, die zum Trocknen aufgehängt waren, und an die Wäscheleine. Auch mit der Verpflegung war es nicht schlimm, ich hatte Eingemachtes genug, der Garten gab soviel her. Nur der Papagei: ›Elsie‹ und wieder ›Elsie‹ – das ging so den ganzen Tag. Wenn es schellte, warf ich ein Tischtuch über den

albernen Vogel, dann war es augenblicks still. Mein Mann, das brauche ich nicht zu sagen, ist wirklich seelensgut. Aber schließlich wurde er doch ganz verrückt, wenn der Papagei immerfort ›Elsie‹ sagte; er lernte eben im Handumdrehen, was er irgendwo aufgeschnappt hatte. Die Elsie, alles was recht ist, gab sich wirklich die größte Mühe, uns beiden gefällig zu sein – sie schälte Kartoffeln, machte den Abwasch und ging nicht an die Tür. Aber einmal, ich hatte das Licht in Gedanken schon angeknipst, ehe der Laden vorgelegt worden war, mußte die Frau des Blockwalters, diese Bestie, sie von draußen gesehen haben. ›Ach‹, sagte ich ganz verdattert vor Schrecken, als sie mich fragte, ob ich Besuch in meiner Wohnküche hätte, ›das wird wohl meine Cousine aus Potsdam gewesen sein.‹ – ›So? Aber dann hat sie sich sehr verändert‹, sagte sie und sieht mich durchdringend an. ›Ja, es verändern sich viele jetzt in dieser schweren Zeit, Frau Geheinke‹, sagte ich wieder. ›Und abends sind alle Katzen grau.‹
Von da ab war meine Ruhe fort; ganz fort, wie weggeblasen. Immer sah ich die Elsie an, und je mehr ich die Elsie betrachtete, desto jüdischer kam sie mir vor. Eigentlich war das natürlich ein Unsinn, denn die Elsie war schlank und zierlich gewachsen, braunblonde Haare, die Nase gerade, wie mit dem Lineal gezogen, nur vorne etwas dick. Trotzdem, ich kann mir nicht helfen – es war wirklich ganz wie verhext. Sie merkte das auch. Sie merkte alles und fragte mich: ›Sehe ich eigentlich so aus?‹ – ›Wie *so*?‹ entgegnete ich wie ein Kind, das beim Lügen ertappt worden ist. ›Du weißt doch – meine Nase zum Beispiel.‹ – ›Nö. Deine Nase nicht.‹ – ›Und die Haare?‹ – ›Die auch nicht. So glatt wie sie sind.‹ – ›Ja, aber das Löckchen hinter dem Ohr‹, sagt die Elsie und sieht mich verzweifelt an, verzweifelt und böse und irr zugleich – ich glaube, hätte sie damals ein Messer zur Hand gehabt, sie hätte sich und mich niedergestochen, so schrecklich rabiat war sie. Schließlich, ich fühlte es immer mehr, hatte ich nicht nur ein Unterseeboot, sondern auch eine Irre im Haus, die sich ständig betrachtete. Als ich ihr endlich den Spiegel fortnahm, veränderte sich ihre Art zu gehen und nachher ihre Sprache – sie stieß mit der Zunge an, lispelte und wurde so ungeschickt, wie ich noch nie einen Menschen gesehen habe: kein Glas war sicher in ihren Händen, jede Tasse schwappte beim Eingießen über, das Tischtuch war an dem Platz, wo sie saß, von Flecken übersät. Ich wäre sie gerne losgewesen, aber so, wie ihre Verfassung war, hätt' ich sie niemand mehr anbieten können – der Hilde nicht und der Trude nicht und erst recht nicht der Erika, welche sagte, sie könne auch ohne Stern und Sara jeden Menschen auf seine Urgroßmutter im Dunkeln abtaxieren. ›Ja?‹ fragte die Elsie. ›Ganz ohne Stern? Jede Wette gehe ich mit dir ein, daß man dich auch für *so eine*

hält, wenn du mit Stern auf die Straße marschierst – so dick und schwarz, wie du bist.‹ Von diesem Tag an haßten wir uns. Wir haßten uns, wenn wir am Kochherd ohne Absicht zusammenstießen, und haßten uns, wenn wir zu gleicher Zeit nach dem Löffel im Suppentopf griffen. Selbst der Papagei merkte, wie wir uns haßten, und machte sich ein Vergnügen daraus, die Elsie in den Finger zu knappern, wenn sie ihn fütterte. Endlich wurde es selbst meinem Mann, diesem seelensguten Menschen, zu viel, und er sagte, sie müsse jetzt aus dem Haus – das war an demselben Tag, als die Stapo etwas gemerkt haben mußte. Es schellte, ein Beamter stand draußen und fragte, ob sich hier eine Jüdin namens Goldmann verborgen hätte. In diesem Augenblick trat sie vor und sagte mit vollkommen kalter Stimme: Jawohl, sie habe sich durch den Garten und die Hintertür in das Haus geschlichen, weil sie glaubte, das Haus stünde leer. Man nahm sie dann natürlich gleich mit, und auch ich wurde noch ein paarmal vernommen, ohne daß etwas dabei herauskam, denn die Elsie hielt vollkommen dicht. Aber das Tollste war doch die Geschichte mit dem Papagei, sage ich dir.«

»Wieso mit dem Papagei?« fragte die Freundin, ohne begriffen zu haben.

»Na, mit dem Papagei, sage ich dir. Die Elsie nämlich, bevor sie sich stellte, hatte rasch noch das Tischtuch auf ihn geworfen, damit er nicht sprechen konnte. Denn hätte er ›Elsie‹ gerufen: na weißt du – dann wären wir alle verratzt.«

»Hättest du selber daran gedacht?« fragte die Freundin gespannt.

»Ich? Ich bin schließlich auch nur ein Mensch und hätte nicht andres im Sinn gehabt, als meinen Kopf zu retten. Aber Elsie – das war nicht die Elsie mehr, die ich versteckt hatte und gehaßt und am liebsten fortgejagt hätte: Das war ein Erzengel aus der Bibel, und wenn sie gesagt hätte: ›Die da ist es, diese Dicke, Schwarze da!‹ – Gott im Himmel, ich wäre mitgegangen!« Na, solch 'ne Behauptung, sagen Sie mal, kann selbst einem harmlosen Zuhörer schließlich über die Hutschnur gehen. »Und der Jacob?« fragte ich, trinke mein Bier aus und setze den Rucksack auf. »Lebt er noch, dieses verfluchte Vieh?«

»Nein«, sagte die dicke Frau ganz verblüfft und faßt von neuem nach den Karotten, um die Pflaumen mit dem Karottenkraut ringsherum abzudecken. »Dem hat ein Russe wie einem Huhn die Kehle durchgeschnitten, als er ihn füttern wollte, und der Jacob nach seiner lausigen Art ihm in die Finger knappte.«

»Böse Sache«, sagte ich, »liebe Frau. Wo ist jetzt noch jemand, der Ihren Mann vor der Spruchkammer... (eigentlich wollte ich sagen ›entlastet‹, doch hol es der Teufel, ich sagte, wie immer:) entlaust?«

Erich Kästner

Mama bringt die Wäsche
Aus Berliner Tagebuchblättern

Erich Kästner, 1899 bis 1975, ist einer der Schriftsteller, die nach dem Expressionismus zu den ›Erfindern‹ der ›Neuen Sachlichkeit‹ wurden. Darunter hat man weniger ein ästhetisches Stilprinzip zu verstehen als eine innere Haltung. Diese Autoren hatten, wie Herbert Roch es ausdrückt, ›genug vom ‚reinen Geist', von der ‚reinen Kunst', von der reinen Lüge und sehnten sich nach Wirklichkeit und Tatsachen. Sie waren böse darüber, daß die Welt so böse war, wie Hermann Kesten, einer ihrer Wortführer, es ausgedrückt hat. Und sie nahmen den Kampf mit dem Bösen auf, nicht als Metaphysiker und als Propagandisten eines Heroismus, sondern als Zerstörer nationalistischer und militaristischer Legenden. Sie traten als soziale Ankläger auf, als Kritiker von Verhältnissen, als deren Opfer sie sich fühlten‹.
Alfred Andersch nennt Kästner einen voltairischen Geist, ›rationalistisch-aufklärerisch, aber auch mit dem Geist und der Grazie, den Begleitern der Aufklärung‹.
Die folgende Schilderung des zerstörten Berlin im vorletzten Kriegsjahr 1944 erschien zuerst in der *Neuen Zeitung* in München, März 1947.
Lesehinweis: Günther Birkenfeld, *April 1945*, in *Im Zeichen des Bären. Die schönsten Berlin-Geschichten*, ausgewählt von Hugo Stummel, Hamburg o. J.; Max Frisch, *Tagebuch 1946 bis 1949*, Frankfurt 1950.

17. Januar 1944

Vorgestern nacht war nun also meine Wohnung an der Reihe. Ein paar Kanister ›via airmail‹ eingeführten Phosphors aufs Dach, und es ging wie das Brezelbacken. Geschwindigkeit ist keine Hexerei. Dreitausend Bücher, acht Anzüge, einige Manuskripte, sämtliche Möbel, zwei Schreibmaschinen, Erinnerungen in jeder Größe und mancher Haarfarbe, die Koffer, die Hüte, die Leitzordner, die knochenharte Dauerwurst in der Speisekammer, die Zahnbürste, die Chrysanthemen in der Vase und das Telegramm auf dem Schreibtisch: ›ankomme 16. früh anhalter bahnhof bringe weil paketsperre frische wäsche persönlich muttchen.‹ Wenigstens einer der Schreibmaschinen wollte ich das Leben retten. Leider sausten mir schon im dritten Stock brennende Balken entgegen. Der Klügere gibt nach.
Hinterher ist einem seltsam leicht zumute. Als habe sich das spezifische Gewicht verändert. Für solidere Naturen bestimmt ein abscheuliches Gefühl. Nicht an die Güter hänge dein Herz! Die Bücher werden mir am meisten fehlen. Einige Briefe. Ein paar Fotos. Sonst? Empfindungen wie: ›Jetzt geh ich heim, leg mich auf die Couch, guck in den Kronleuchter, denk an fast gar nichts, lauf nicht ans Telefon

und nicht an die Tür, wenn's läutet, bin so allein, daß die Tapete Gänsehaut kriegt ... « Damit ist's aus. Für Jahrzehnte. Und dann die Bettwäsche, die Oberhemden, die gestickten Taschentücher, die Krawatten, die mir Mutter allweihnachtlich schenkte. Die stolze Schenkfreude, die sie nach jeder großen Wäsche immer wieder neu hineingeplättet hat. Das ist nun mitverbrannt. Ich glaubte, dergleichen könne gar nicht verbrennen. Man muß, ehe man mitreden kann, alles erst am eigenen Leib erfahren. Oder an der eignen Leibwäsche. Na ja.
Den Schlüssel hab ich noch. Wohnung ohne Schlüssel ist ärgerlich. Schlüssel ohne Wohnung ist geradezu albern. Ich wollte die Dinger wegwerfen. In eine passende Ruine. Und ich bring's nicht fertig! Mir wär's, als würfe ich frisches Brot auf den Müll. Welch unsinnige Hemmung Schlüsseln gegenüber, die wohnungslos geworden sind! Trotzdem ist es so. Non scholae sed vitae discimus.

Wenn wenigstens die Mama nicht gekommen wäre! Seit den ersten Angriffen auf Berlin hatte ich ihre Besuche hintertrieben. Zuweilen mit wilden Ausreden. Wozu ihre Besorgnisse durch den Augenschein noch steigern? Ein paarmal war sie richtig böse geworden. Ich hatte es hingenommen. Und nun rückte sie mit dem Wäschekarton an! Ausgerechnet in dem Augenblick, in dem mir die Engländer die Wohnung gekündigt hatten. Die Stadt brannte noch. Das Verkehrsnetz war zerrissen. Die Feuerwehr stand unrasiert und übernächtig vor züngelnden Fassaden. In der Roscherstraße war kein Durchkommen. Möbel lehnten und lagen naß, schief und schmutzig im Rinnstein. An den Ecken wurden heißer Kaffee und Klappstullen verteilt.
Was half's? Ich zog also gestern im Morgengrauen zum Bahnhof Charlottenburg. Natürlich gesperrt. Zum Bahnhof Zoo. Gesperrt. Zu Fuß an den schimmelfarbigen Flaktürmen vorbei zum Bahnhof Tiergarten. Die Stadtbahn fuhr. Bis Lehrter Bahnhof. Alles aussteigen. Pendelverkehr bis Friedrichstraße. Umsteigen. Anhalter Bahnhof. Gesperrt. Wo kommen die Züge aus Dresden an? Am Görlitzer Bahnhof. Ankunftszeiten? Achselzucken. Als ich im Görlitzer Bahnhof einpassierte, war ich genau drei Stunden unterwegs. Der Schnellzug aus Dresden. Vielleicht gegen zehn Uhr. Vielleicht auch gegen elf. Ich stellte mich an die Sperre und wich nicht von der Stelle, bis, nach endlosem Warten, der Zug einlief. Er hatte, irgendwo bei Berlin, auf freier Strecke halten müssen.
Die Reisenden sahen blaß und nervös aus. Den Qualm über der Stadt hatten sie von weitem ausgiebig beobachten können. Ängstlich suchten ihre Augen nach den Angehörigen hinter der Sperre. Was alles war in der Neuzeit über Nacht möglich, wer weiß, schwerer Angriff

auf die Reichshauptstadt, noch jetzt von den Bränden bonbonrosa angehauchte Rußwolken überm Dächermeer, die lächerlichen Luftschutzkeller, mit den Fenstern halb überm Gehsteig, die Gas- und Wasserröhren in Kopfhöhe, rasch tritt der Tod den Menschen an. Siemensstadt soll auch wieder drangewesen sein, und wenn Paula erst einmal schläft, kann man neben dem Bett Kanonenkugeln abschießen, sie hört nichts, dann das Kind anziehen, der Rucksack, der schwere Koffer, der verfluchte Krieg. Ley hat eine Bar im Bunker, wo hab ich eigentlich die Fahrkarte. Mensch, gib gefälligst mit deiner dämlichen Kiste Obacht, und bitte, lieber Gott, laß ihnen nichts passiert sein ...
Da entdeckte ich die Mama. Mit dem Wäschekarton an der Hand. Ich winkte. Sie sah unverwandt geradeaus. Ich rief. Winkte. Rief. Jetzt bemerkte sie mich. Lächelte verstört. Nickte mehrmals. Ging hastig auf die Sperre zu und hielt dem Beamten steif die Fahrkarte entgegen.

Noch während wir in der dröhnenden Bahnhofshalle standen, berichtete ich ihr, was geschehen war. Die Wohnung sei verbrannt. Das gesamte Gartenhaus. Das Vorderhaus. Die Seitengebäude. Auch andere Häuser in der Straße. In den Straßen ringsum. In anderen Vierteln. Berlin eigne sich heute ganz und gar nicht für Mütter über siebzig. »Weißt du was«, sagte ich, »wir bleiben hier in der Nähe, essen in einer Kneipe zu Mittag, unterhalten uns gemütlich – und mit dem ersten Nachmittagszug fährst du zurück. Es wird zeitig dunkel. Am Ende gibt's wieder Alarm. Vielleicht auch nicht; denn seit sie meine Wohnung erwischt haben, hat Berlin für sie enorm an Reiz eingebüßt. Trotzdem ...« Ich lachte ziemlich künstlich.
Da fragte sie leise: »Die Teppiche auch?«
Mir verschlug's den Atem.
»Und das neue Plumeau?«
Ich erklärte ihr noch einmal und so behutsam, wie eine Bahnhofshalle es zuläßt, daß das Feuer keine Ausnahme gemacht habe. Die Teppiche seien fort, das neue Plumeau von Thiels aus der Prager Straße, das Klavier, auf dem ich als Kind die Dur- und Molltonarten geübt hätte, die Möbel aus den Deutschen Werkstätten, die Cottasche Goethe-Jubiläumsausgabe, das Zwiebelmuster, die dünnstieligen Weingläser, die Badewanne, die Tüllvorhänge, der Liegestuhl samt dem Balkon ...
»Komm!« sagte sie, »ich muß die Wohnung sehen!« Es gelang ihr noch nicht, die vier Zimmer aus der Welt wegzudenken. Sie lief auf die Straße. War nicht zu halten. Wir fuhren. Stiegen aus, Stiegen um. U-Bahn. Stadtbahn. Ab Tiergarten pendelte ein Omnibus. An einer

Station kam ich mit der einen Hand und dem Wäschekarton nicht ins Abteil. Der Rest war längst im Wagen. Die Leute rührten sich nicht. Ich mußte sehr laut werden, bis ich meine Hand und den Karton wieder hatte. Die Mama stand oder saß, je nachdem, und starrte ins Leere. Tränen liefen über ihr Gesicht wie über eine Maske.
Zwei Stunden dauerte es diesmal bis Charlottenburg. Vom Bahnhof aus steuerte sie den von früher her gewohnten Weg, kaum daß ich Schritt halten konnte. Der Zugang durch die Sybelstraße war abgeriegelt. Also Dahlmannstraße, Kurfürstendamm, Küstriner Straße. Über Stock und Stein über Stuck und Stein. Auch hier ging's plötzlich nicht weiter. Trümmer, Qualm, Feuerwehr, Einsturzgefahr, es hatte keinen Zweck. Noch ein paar Schritte. Aus. Die Räume überm Haustor waren heruntergesackt. Der Schutt versperrte den Blick in den Hof. Der Sargdeckel war zugeklappt. Die Mama blickte ratlos um sich. Dann packte sie meinen Arm und sagte: »Bring mich zurück.«
Wieder zwei Stunden Fahrt. Unheimliches Gedränge. Autobus, Stadtbahn, U-Bahn, aussteigen, pendeln, umsteigen. Meine Befürchtung, der Anblick solcher Ruinenfelder wie etwa des Hansaviertels werde ihr Herz meinethalben mit neuer, stärkerer Angst erfüllen, erwies sich als unbegründet. Sie sah auch jetzt nicht links noch rechts. Wahrscheinlich schaute sie in den großen Wäscheschrank aus hellgrünem Schleiflack. In das Fach mit den Überschlaglaken, Bettüchern und Kopfkissenbezügen. In das Fach mit den sorgfältig gestapelten Oberhemden. In die Schachteln mit den exakt gefalteten Taschentüchern. Auf die säuberlich geschichteten Frottiertücher, Handtücher und Wischtücher.
Da waren auch noch die zwei nagelneuen Kamelhaardecken. Von Salzmanns. Und der dunkelblaue Bademantel vom Geburtstag vor zwei Jahren. Und das Silber. Für zwölf Personen. Stück um Stück nacheinander gekauft. Mein Junge, wissen Sie, hat eine Aussteuer wie ein heiratsfähiges Mädchen. Und jedes Jahr schenk ich ihm etwas hinzu. Ja, selbstverdient, natürlich. Dreiundsiebzig werd ich im April. Aber wenn ich ihm nichts mehr schenken könnte, würde mir das Leben keinen Spaß mehr machen. Er sagt zwar jedesmal, nun müßte ich endlich mit Arbeiten aufhören. Doch das lass' ich mir nicht nehmen. Schriftsteller ist er. Er darf aber nicht schreiben. Seine Bücher hat man verbrannt. Und nun die Wohnung ...
Als der Schnellzug anrückte, dunkelte es bereits. Ich lief eine Weile nebenher und winkte. Sie biß sich auf die Lippen und versuchte zu lächeln.
Dann fuhr ich wieder nach Charlottenburg. Neun Stunden war ich insgesamt in Berlin herumgegondelt. Am Mantel fehlten zwei Knöp-

fe. Als ich am Stuttgarter Platz aus dem Omnibus kletterte, sagte jemand: »Es wird gleich Voralarm geben!« Da fing ich zu laufen an. Manchmal schlug mir der Wäschekarton gegen die Beine. In der Ferne heulte die erste Sirene. Das mußte Grunewald sein.

Erich Kästner
Der gordische Knoten

Kästner veröffentlichte die Geschichte *Der gordische Knoten* 1946 in der von ihm begründeten Jugendzeitschrift *Pinguin.* Er wollte versuchen, ›den Halbwüchsigen die militante Geschichtsschreibung in Frage zu stellen‹. Als andere mögliche Überschrift würde sich auch ein Satz eignen, den Harry Pross einmal geschrieben hat: ›Politik als Ruhm der Täter ist in Wahrheit das Elend der Menschheit.‹
Lesehinweis: Erich Kästner, *Das Märchen von der Vernunft,* in *Gesammelte Schriften,* Band 5, Köln-Berlin 1959.

Wir alle kennen ihn noch aus der Geschichtsstunde, den makedonischen Alexander. Und auch die Anekdote mit dem berühmten Gordischen Knoten kennen wir noch, die dem jugendlichen Eroberer nachgesagt wird. Als er in Gordium einzog und von dem kunstvoll geschlungenen Knoten hörte, den bislang kein Mensch hatte aufknüpfen können, ließ er sich stracks hinführen, besah sich das berühmte Ding von allen Seiten, bedachte den Orakelspruch, der dem Auflöser des Problems großen Erfolg und weithallenden Ruhm verhieß, zog kurzentschlossen sein Schwert und hieb den Knoten mittendurch.
Na ja. Die Soldaten Alexanders jubelten natürlich. Und man pries die Intelligenz und Originalität des jungen Königs. Das ist nicht gerade verwunderlich. Eines muß ich allerdings ganz offen sagen – meine Mutter hätte nicht dabeisein dürfen! Wenn meine Mutter daneben gestanden hätte, hätte es Ärger gegeben. Wenn ich als Junge, kein Haar weniger originell und intelligent als Alexander, beim Aufmachen eines verschnürten Kartons kurz entschlossen mein Schwert beziehungsweise mein Taschenmesser zog, um den gordischen Bindfaden zu durchschneiden, bekam ich mütterlicherseits Ansichten zu hören, die denen des Orakels diametral widersprachen und die jubelnden Truppen aus Makedonien außerordentlich verblüfft hätten. Alexander war bekanntlich ein großer Kriegsheld, und die Perser, Meder, Inder und Ägypter pflegten Tag und Nacht vor ihm zu zittern. Nun, meine Mutter hätte sich diesem Gezitter nicht angeschlossen. ›Knoten schneidet man nicht durch!‹ hätte sie in strengem Tone gesagt. ›Das gehört sich nicht, Alex! Strick kann man immer brauchen!‹
Und wenn Alexander der Große nicht so jung gestorben, sondern ein alter, weiser Mann geworden wäre, hätte er sich vielleicht eines Tages daran erinnert und bei sich gedacht: ›Diese Frau Kästner, damals in

Gordium, hatte gar nicht so unrecht. Knoten schneidet man nicht durch. Wenn man es trotzdem tut, sollten die Soldaten nicht jubeln. Und wenn die Soldaten jubeln, sollte man sich wenigstens nichts darauf einbilden!‹

Ich habe in den verflossenen Jahren gelegentlich kurze gereimte Epigramme geschrieben und in einer kleinen Mappe aufgehoben. Eines dieser Epigramme beschäftigt sich zufälligerweise auch mit dem Gordischen Knoten, und so scheint es mir angebracht, den Fünfzeiler in diesem Zusammenhange zu veröffentlichen.

Über den Nachruhm
Den unlösbaren Knoten zu zersäbeln,
gehörte zu dem Pensum Alexanders.
Und wie hieß jener, der den Knoten knüpfte?
Den kennt kein Mensch.
Doch sicher war es jemand anders ...

Es ist wirklich merkwürdig, nicht? Da setzt sich jemand auf die Hosen und bringt mit viel Fleiß, Gescheitheit und Geschick einen Knoten zustande, der so raffiniert geschlungen ist, daß ihn kein Mensch auf der Welt aufknüppern kann, und den, der das Kunststück fertigbrachte, hat uns die Geschichte nicht überliefert! Aber wer das Taschenmesser herauszog, das wissen wir natürlich! Die Historiker haben seit Jahrtausenden eine Schwäche für die starken Männer. Auf steinernen Tafeln, auf Papyrusrollen, auf Pergamenten und in dicken Büchern schwärmen sie von Leuten, welche die Probleme mit Schwertstreichen zu lösen versuchten. Davon zu berichten, wie sich die Fäden des Schicksals unlösbar verschlangen, das interessiert sie viel weniger. Und darüber zu schreiben, wie seltsame Idealisten solche Schicksalsverknotungen friedlich entwirren wollten, ödet sie an. Dem Zerhacken der Knoten gilt ihr pennälerhaftes Interesse, und sie haben nicht wenig dazu beigetragen, die alten gordischen Methoden in Ansehen und am Leben zu erhalten.
Wir haben gerade wieder einmal das Vergnügen gehabt, persönlich dabeigewesen zu sein, als so ein Knoten zersäbelt, statt mühselig aufgedröselt wurde. Es war kolossal interessant. Die Haare stehen uns jetzt noch zu Berge, soweit sie uns nicht ausgegangen sind. Und während sich auf internationalen Konferenzen Abgesandte aus aller Welt abquälen, die neuen Knoten zu entwirren, die sich allenthalben bilden, sitzen, nicht zuletzt bei uns, schon wieder Anhänger der Säbel-

theorie herum und knurren: »Ist ja alles Quatsch! Wozu lange knüppern? Durchhacken ist das einzig Senkrechte!«
Ich finde, man sollte wirklich langsam dazu übergehen, statt der Knoten die Leute durchzuhauen, die solche Ratschläge geben.

Erich Kästner

Ansprache zum Schulbeginn

Erich Kästner schrieb diese Ansprache – wie eine ganze Reihe ähnlicher Gedanken eines Kinderfreundes –, während man in den ›Erziehungsministerien über neuen Lehrplänen, Lesebüchern und Schulreformen brütete‹: ›Es geht um Deutschlands Zukunft. Und wie sich diese Zukunft gestalten wird, hängt nicht zuletzt davon ab, wie wir die Kinder lehren werden, die Vergangenheit zu sehen.‹ Seine Plädoyers für eine demokratische, kritisch-aufklärerische Erziehung gelten vor allem dem Geschichtsunterricht: ›Man hat uns die falschen Jahreszahlen eingetrichtert und abgefragt. Man hat uns die gefährliche Größe ausgemalt, und die echte Größe fiel unter das Katheder. Man hat die falschen Ideale ausposaunt, und die wahren hat man verschwiegen. Man hat uns Kriegsgeschichte für Weltgeschichte verkauft.‹

Liebe Kinder, da sitzt ihr nun, alphabetisch oder nach der Größe sortiert, zum erstenmal auf diesen harten Bänken, und hoffentlich liegt es nur an der Jahreszeit, wenn ihr mich an braune und blonde, zum Dörren aufgefädelte Steinpilze erinnert. Statt an Glückspilze, wie sich's eigentlich gehörte. Manche von euch rutschen unruhig hin und her, als säßen sie auf Herdplatten. Andre hocken wie angeleimt auf ihren Plätzen. Einige kichern blöde, und der Rotkopf in der dritten Reihe starrt, Gänsehaut im Blick, auf die schwarze Wandtafel, als sähe er in eine sehr düstere Zukunft.

Euch ist bänglich zumute, und man kann nicht sagen, daß euer Instinkt tröge. Eure Stunde X hat geschlagen. Die Familie gibt euch zögernd her und weiht euch dem Staate. Das Leben nach der Uhr beginnt, und es wird erst mit dem Leben selber aufhören. Das aus Ziffern und Paragraphen, Rangordnung und Stundenplan eng und enger sich spinnende Netz umgarnt nun auch euch. Seit ihr hier sitzt, gehört ihr zu einer bestimmten Klasse. Noch dazu zur untersten. Der Klassenkampf und die Jahre der Prüfungen stehen bevor. Früchtchen seid ihr, und Spalierobst müßt ihr werden! Aufgeweckt wart ihr bis heute, und einwecken wird man euch ab morgen! So, wie man's mit uns getan hat. Vom Baum des Lebens in die Konservenfabrik der Zivilisation – das ist der Weg, der vor euch liegt. Kein Wunder, daß eure Verlegenheit größer ist als eure Neugierde.

Hat es den geringsten Sinn, euch auf einen solchen Weg Ratschläge mitzugeben? Ratschläge noch dazu von einem Manne, der, da half kein Sträuben, genauso ›nach Büchse‹ schmeckt wie andre Leute auch? Laßt es ihn immerhin versuchen, und haltet ihm zugute, daß er nie vergessen hat, noch je vergessen wird, wie eigen ihm zumute war, als er selber zum erstenmal in der Schule saß. In jenem grauen, viel zu groß geratenen Ankersteinbaukasten. Und wie es ihm damals das Herz abdrückte. Damit wären wir schon beim wichtigsten Rat angelangt, den ihr euch einprägen und einhämmern solltet wie den Spruch einer uralten Gedenktafel:

Laßt euch die Kindheit nicht austreiben! Schaut, die meisten Menschen legen ihre Kindheit ab wie einen alten Hut. Sie vergessen sie wie eine Telefonnummer, die nicht mehr gilt. Ihr Leben kommt ihnen vor wie eine Dauerwurst, die sie allmählich aufessen, und was gegessen worden ist, existiert nicht mehr. Man nötigt euch in der Schule eifrig von der Unter- über die Mittel- zur Oberstufe. Wenn ihr schließlich drobensteht und balanciert, sägt man die ›überflüssig‹ gewordenen Stufen hinter euch ab, und nun könnt ihr nicht mehr zurück! Aber müßte man nicht in seinem Leben wie in einem Hause treppauf und treppab gehen können? Was soll die schönste erste Etage ohne den Keller mit den duftenden Obstborten und ohne das Erdgeschoß mit der knarrenden Haustür und der scheppernden Klingel? Nun – die meisten leben so! Sie stehen auf der obersten Stufe, ohne Treppe und ohne Haus, und machen sich wichtig. Früher waren sie Kinder, dann wurden sie Erwachsene, aber was sind sie nun? Nur wer erwachsen wird und Kind bleibt, ist ein Mensch! Wer weiß, ob ihr mich verstanden habt. Die einfachen Dinge sind so schwer begreiflich zu machen! Also gut, nehmen wir etwas Schwieriges, womöglich begreift es sich leichter. Zum Beispiel:

Haltet das Katheder weder für einen Thron noch für eine Kanzel! Der Lehrer sitzt nicht etwa deshalb höher, damit ihr ihn anbetet, sondern damit ihr einander besser sehen könnt. Der Lehrer ist kein Schulwebel und kein lieber Gott. Er weiß nicht alles, und er kann nicht alles wissen. Wenn er trotzdem allwissend tut, so seht es ihm nach, aber glaubt es ihm nicht! Gibt er hingegen zu, daß er nicht alles weiß, dann liebt ihn! Denn dann verdient er eure Liebe. Und da er im übrigen nicht eben viel verdient, wird er sich über eure Zuneigung von Herzen freuen. Und noch eines: Der Lehrer ist kein Zauberkünstler, sondern ein Gärtner. Er kann und wird euch hegen und pflegen. Wachsen müßt ihr selber.

Nehmt auf diejenigen Rücksicht, die auf euch Rücksicht nehmen! Das klingt selbstverständlicher, als es ist. Und zuweilen ist es furchtbar schwer. In meine Klasse ging ein Junge, dessen Vater ein Fischgeschäft hatte. Der arme Kerl, Breuer hieß er, stank so sehr nach Fisch, daß uns anderen schon übel wurde, wenn er um die Ecke bog. Der

Fischgeruch hing in seinen Haaren und Kleidern, da half kein Waschen und Bürsten. Alles rückte von ihm weg. Es war nicht seine Schuld. Aber er saß, gehänselt und gemieden, ganz für sich allein, als habe er die Beulenpest. Er schämte sich in Grund und Boden, doch auch das half nichts. Noch heute, fünfundvierzig Jahre danach, wird mir flau, wenn ich den Namen Breuer höre. So schwer ist es manchmal, Rücksicht zu nehmen. Und es gelingt nicht immer. Doch man muß es stets von neuem versuchen.

Seid nicht zu fleißig! Bei diesem Ratschlag müssen die Faulen weghören. Er gilt nur für die Fleißigen, aber für sie ist er sehr wichtig. Das Leben besteht nicht nur aus Schularbeiten. Der Mensch soll lernen, nur die Ochsen büffeln. Ich spreche aus Erfahrung. Ich war als kleiner Junge auf dem besten Wege, ein Ochse zu werden. Daß ich's, trotz aller Bemühung, nicht geworden bin, wundert mich heute noch. Der Kopf ist nicht der einzige Körperteil. Wer das Gegenteil behauptet, lügt. Und wer die Lüge glaubt, wird, nachdem er alle Prüfungen mit Hochglanz bestanden hat, nicht sehr schön aussehen. Man muß nämlich auch springen, turnen, tanzen und singen können, sonst ist man, mit seinem Wasserkopf voller Wissen, ein Krüppel und nichts weiter.

Lacht die Dummen nicht aus! Sie sind nicht aus freien Stücken dumm und nicht zu eurem Vergnügen. Und prügelt keinen, der kleiner und schwächer ist als ihr! Wem das ohne nähere Erklärung nicht einleuchtet, mit dem möchte ich nichts zu tun haben. Nur ein wenig warnen will ich ihn. Niemand ist so gescheit oder so stark, daß es nicht noch Gescheitere und Stärkere als ihn gäbe. Er mag sich hüten. Auch er ist, vergleichsweise, schwach und ein rechter Dummkopf.

Mißtraut gelegentlich euren Schulbüchern! Sie sind nicht auf dem Berge Sinai entstanden, meistens nicht einmal auf verständige Art und Weise, sondern aus alten Schulbüchern, die aus alten Schulbüchern entstanden sind, die aus alten Schulbüchern entstanden sind, die aus alten Schulbüchern entstanden sind. Man nennt das Tradition. Aber es ist ganz etwas anderes. Der Krieg zum Beispiel findet heutzutage nicht mehr wie in Lesebuchgeschichten statt, nicht mehr mit geschwungener Plempe und auch nicht mehr mit blitzendem Küraß und wehendem Federbusch wie bei Gravelotte und Mars-la-Tour. In manchen Lesebüchern hat sich das noch nicht herumgesprochen. Glaubt auch den Geschichten nicht, worin der Mensch in einem fort gut ist und der wackre Held vierundzwanzig Stunden am Tage tapfer! Glaubt und lernt das, bitte, nicht, sonst werdet ihr euch, wenn ihr später ins Leben hineintretet, außerordentlich wundern! Und noch eins: Die Zinseszinsrechnung braucht ihr auch nicht mehr zu lernen, obwohl sie noch auf dem Stundenplan steht. Als ich ein kleiner Junge

war, mußten wir ausrechnen, wieviel Geld im Jahre 1925 aus einem Taler geworden sein würde, den einer unserer Ahnen 1525, unter der Regierung Johannes des Beständigen, zur Sparkasse gebracht hätte. Es war eine sehr komplizierte Rechnerei. Aber sie lohnte sich. Aus dem Taler, bewies man uns, entstünde durch Zinsen und Zinseszinsen das größte Vermögen der Welt! Doch dann kam die Inflation, und im Jahre 1925 war das größte Vermögen der Welt samt der ganzen Sparkasse keinen Taler mehr wert. Aber die Zinseszinsrechnung lebte in den Rechenbüchern munter weiter. Dann kam die Währungsreform, und mit dem Sparen und der Sparkasse war es wieder Essig. Die Rechenbücher haben es wieder nicht gemerkt. Und so wird es Zeit, daß ihr einen Rotstift nehmt und das Kapitel ›Zinseszinsrechnung‹ dick durchstreicht. Es ist überholt. Genauso wie die Attacke auf Gravelotte und der Zeppelin. Und wie noch manches andere.
Da sitzt ihr nun, alphabetisch oder nach der Größe geordnet, und wollt nach Hause gehen. Geht heim, liebe Kinder! Wenn ihr etwas nicht verstanden haben solltet, fragt eure Eltern! Und liebe Eltern, wenn Sie etwas nicht verstanden haben sollten, fragen Sie Ihre Kinder.

Willi Bredel
Der Oberkalkulator

Willi Bredel, 1901 bis 1964, Arbeitersohn und selbst Metalldreher, war – weit mehr als andere kommunistische Schriftsteller – von den Parolen der Parteiorganisation beeinflußt. Sein Roman *Maschinenfabrik N & K* stellt die sozialen Auseinandersetzungen der zwanziger Jahre ganz aus der Sicht des kommunistischen Gewerkschaftlers dar und verzerrt die historischen Tatbestände: Bredels Roman ist in unversöhnlichem Haß viel mehr gegen die sozialdemokratischen ›Arbeiterverräter‹ gerichtet als gegen die Arbeitgeber. Billige Effekte werden ohne künstlerische Skrupel eingesetzt: so läßt der Autor eine der Figuren, den ›Gottsucher‹, der bei einer Demonstration erschossen wird, als letzten Satz die Worte: ›Ich möchte der Partei beitreten‹, flüstern. Der Roman enthält jedoch einige flüssig und ohne künstliche Effekte erzählte Passagen, die Wirklichkeiten beleuchten, die sonst unbeachtet blieben.
Eine dieser Passagen schildert die Rationalisierung in einem Großbetrieb der Stahlindustrie in den zwanziger Jahren unseres Jahrhunderts. Erstmals 1930 erschienen, Neuauflage Berlin 1960.

Jetzt war es fünfzehn Minuten vor sieben. Das grüne Bäckerauto fuhr wie jeden Morgen um diese Zeit hier vorbei. Die drei Arbeitermädel von der Gummifabrik kamen dort um die Ecke. Wie jeden Morgen um diese Zeit humpelte der Alte mit den schlohweißen Haaren und dem merkwürdig langen Kinn über die Kanalbrücke. Dann rasselte auch schon drüben, wie jeden Morgen um diese Zeit, fünfzehn Minuten vor sieben, der Schlüssel des Pförtners im Schloß der schweren Eisentür, und die Arbeiter, die bereits vor dem Fabrikgebäude standen oder am Geländer des Kanals lehnten, schritten langsam in den Fabrikhof. Es war ein diesiger, naßkalter Februarmorgen. Mit hochgeklappten Kragen, die Hände tief in den Taschen, schritten die Arbeiter mit unwirschen, verschlafenen Gesichtern dahin.
Je mehr die Uhr auf sieben ging, desto lebhafter wurde der Zustrom. Der Pförtner, ein kleiner, verhungert aussehender Kriegsbeschädigter, stand am Eingang und murmelte ununterbrochen: »'n Morgen, 'n Morgen!«
Da heulte die Fabriksirene kurz und schrill. Fünf Minuten vor sieben. Auch von den anderen Fabriken pfiff, heulte, schrie es. Die Arbeiter auf den Straßen beschleunigten ihre Schritte. Einige junge Weiber liefen lautlos über die Kanalbrücke, sie mußten zur Gummifabrik, die noch ein ganzes Stück entfernt lag. Im Fabrikeingang bei Negel & Kopp staute es sich jetzt. Arbeiter mit Fahrrädern hatten Mühe,

sich durch das Tor zu zwängen. Gesprochen wurde fast gar nicht. Keiner hatte Lust, den Mund aufzutun, nur der Alte mit dem lahmen Bein murmelte immer wieder: »'n Morgen! 'n Morgen!«
Diejenigen, die sich schon umgezogen hatten, gingen über den Fabrikhof in ihre Werkstattabteilung. Einige schüttelten sich, als sie die naßkalten, dreckigen und öligen blauen Kittel am Leibe hatten und in die kalte, feuchte Luft kamen.
In dem Umkleideraum, gleich links am Eingang, war es jetzt übervoll. Jeder trachtete so schnell wie möglich in seine ›Plünnen‹ zu kommen. Außer einer Schar Lehrlinge, die hinten in der Ecke rumorten, stieg jeder stumm in seine Arbeitshosen, knöpfte den Kittel zu und ging hinaus. An der Zentralheizung standen die Arbeitsleute, alte verhutzelte Gestalten, die klappernd vor Kälte ihre Glieder aufzuwärmen suchten.
Ein Pfiff, lang, abscheulich grell. Sieben Uhr. Und dann eine Schreierei in den Lüften in allen Tonarten. Fast gleichzeitig wurden die großen Elektromotoren angestellt, und die Vorgelege von Hunderten von Maschinen ratterten durch die Räume. An einigen großen Hobelmaschinen, die mitten im Span abgestellt waren, quälte sich kreischend und ächzend der Stahl durch das Eisen.
Bevor Gellert, der lahme Pförtner, das Tor schloß, sah er immer noch einmal nach Nachzüglern aus. Er kannte sie schon, die immer auf die letzte Minute oder gar zu spät kamen. Er wollte gerade seinen Kopf wieder zurückziehen und schließen, als er den langen Erwin drüben um die Ecke rennen sah. Ganz außer Atem kam der an.
»Immer dieselben!«
»Sing nicht, Alter!« rief der Lange und setzte über den Hof. Stempelte man nämlich an der Kontrolluhr fünf Minuten nach sieben Uhr, dann wurden dreißig Minuten abgezogen. –
»Nun wird auch bei Ihnen rationalisiert!« kam Meister Westmann zu Melmster. »Waren nicht die Seitenflansche mit den Messingbüchsen Ihre erste Arbeit?«
»Allerdings!«
»Das wird in Zukunft Ihre Spezialität werden, die Sie auf neuer rationalisierter Basis fertigstellen sollen! – Welche Zeit haben Sie noch dafür bekommen?«
»Ich weiß nicht genau, sechzehn oder achtzehn Stunden!«
»O nee! – Ich hab' hier die Abrechnung! – Vierzehneinhalb Stunden! – Gearbeitet haben Sie sechzehn Stunden! – Jetzt muß es in zehn Stunden geschafft werden!«
»Ist die ganze Rationalisierung nur eine Heruntersetzung der Zeit?«
»Nicht nur!« erwiderte Meister Westmann lächelnd: »Sie bohren die

Flanschen, die Büchsen werden in der Automatenbank gemacht und von den Jungens eingeschlagen. Dann nehmen Sie die Flanschen auf einen Federdorn und drehen sie fertig. Siebeneinhalb Stunden erhalten Sie dafür!«
»Ich kann Ihnen jetzt schon sagen, das ist unmöglich!«
»Es ist alles genau auskalkuliert! Sie bekommen eine Vorrichtung, an der Sie mit zwei Stählen zugleich arbeiten können!«
»Soll ich mich gleich umstellen?«
»Ja, fangen Sie gleich die Flansche zu bohren an!«
Der Rotkopf bekam ähnliche Anweisungen. Er sollte fortan Spindeln drehen, seine Bank zog am besten zylindrisch. Die Aussicht stimmte ihn ganz zufrieden, denn es war laufende Arbeit. Aber die Zeit, erklärte er, hat ein Verrückter oder ein Schneider ausgetüftelt.
Mit Hochdruck wurde jetzt im Betrieb rationalisiert. Bereits am Nachmittag hatte Melmster die gebohrten Flanschen wieder zurück. Er richtete nun den Federdorn aus und begann die Stähle an der neuen Vorrichtung auszuprobieren. Da näherte sich auch schon der Oberkalkulator mit seinen Kalkulationsgehilfen. Sie gruppierten sich um Melmsters Bank und wollten ihr an Tabellen zurechtaddiertes und multipliziertes Wunderwerk praktisch erprobt sehen.
Melmster nahm sich bei Anwesenheit dieser Akkordteufel selbst ein feierliches Versprechen ab, ruhig und überlegt zu bleiben und keine Hetzpsychose aufkommen zu lassen.
Er rechnete noch die Entfernung der beiden Stähle aus, als der eine Kalkulator auch schon die erste Belehrung vom Stapel ließ.
»Nehmen Sie doch ein genaues Zwischenstück!«
»Haben Sie eins?«
Schweigen!
Damit war die Unterhaltung fürs erste wieder beendet. –
Dann ließ er die Bank laufen. Mindestens acht Augenpaare verfolgten den Arbeitsvorgang. Beide Stähle setzten zugleich an. Melmster kurbelte vorsichtig. Die Stähle schnitten gut. –
Der erste Flansch war zwei Millimeter zu stark. Melmster gab dem einen Stahl einen kleinen Schlag. – Sein durch die dauernde Dreherei entwickeltes Gefühl für die Arbeit bestimmte die Schnelligkeit der Umdrehungen und des Kurbelns. So wurden einige Flansche fertig. Zwei Kalkulatoren rechneten ununterbrochen. Einige flüsterten. Es schien etwas nicht zu stimmen.
»Lassen Sie einen Gang schneller laufen, und kurbeln Sie auch ruhig schneller, die Flächen brauchen nicht direkt blank zu werden!«
»Das hält der Stahl nicht aus!« widersprach Melmster.
»Natürlich hält er das aus!«

Melmster wußte genau, wie schwach der Federdorn war und daß der Stahl nicht haken durfte, sonst schlug der Dorn, darum sagte er standhaft: »Das ist unmöglich!«
»Es gibt nichts Unmögliches!« belehrte ihn der ›Ober‹: »Ich will Ihnen das zeigen!«
Melmster ging bereitwilligst zur Seite.
»Ja, so dürfen Sie die Stähle nicht schleifen!« Er spannte die Stähle aus und ging sie schleifen.
Olbracht grinste über Melmsters Demütigung.
Der ›Ober‹ kam mit den Stählen zurück, spannte sie ein, nahm das Maß und warf den Riemen einen Gang schneller.
Melmster sah, daß der hintere Stahl viel zu niedrig eingespannt war – so mußte er unterhaken –, er sagte aber nichts.
Der ›Ober‹ drehte. Seine Gehilfen sahen ihm aufmerksam und bewundernd zu.
»Notieren Sie die Zeit!« rief er siegesgewiß und kurbelte drauflos. Fast hatte er die Fläche herunter, da rutschte der hintere Stahl unter den Flansch. Es knackte, der Stahl würgte sich ins Material, holperte über den Federdorn und verbog die leichten Federflügel. Erschreckt riß der ›Ober‹ den eingeklemmten Stahl zurück. Er war vollkommen abgeschliffen, und der demolierte Federdorn schlug wie ein Lämmerschwanz.
Die Kalkulatoren standen mit aufgerissenen Mäulern dabei, hilf- und fassungslos. Der ›Ober‹ hatte einen zum Platzen knallroten Kopf. – Melmster aber erglühte bis oben hin vor Schadenfreude.
»Nein, so etwas!« kam der ›Ober‹ endlich wieder zu sich! – »Der Stahl steht zu tief, nicht wahr?« wandte er sich an Melmster.
Der zuckte die Achseln.
Von den Herumstehenden war einer noch verlegener als der andere.
»Also, drehen Sie die Dinger fertig – wir werden ja sehen, wie Sie mit der Zeit auskommen!«
»Das heißt, ich muß mir erst einen neuen Federdorn drehen!«
»Ja! Ja!« nickte der ›Ober‹, und mit langen Gesichtern schob der ganze Troß ab.

Karl R. Popper
Hat die Weltgeschichte einen Sinn?

Karl R. Popper, geb. 1902, zählt seit dem Erscheinen seines Werkes *Logik der Forschung,* Wien 1935, zu den führenden Gestalten einer modernen, wissenschaftlichen Philosophie, die ihren Ausgangspunkt von Wien nahm; zum sogenannten ›Wiener Kreis‹ gehörten Rudolf Carnap, Reichenbach u. a. Die Machtergreifung Hitlers zwang die meisten dieser Richtung anhängenden Philosophen in die angelsächsischen Länder, wenn sie nicht schon vorher dort Lehrstühle bekommen hatten. In Deutschland verbreiteten sich unterdessen Heidegger und seine Schüler; nur langsam fand nach 1945 das um Klarheit und logische Schärfe bemühte Philosophieren der Denker um den ›Wiener Kreis‹ auch bei uns wieder Interesse.

Der folgende Text ist ein Teil von Poppers Schlußwort zu seinem großen Werk *Die offene Gesellschaft und ihre Feinde,* das er dem Andenken Kants, ›des Philosophen der Freiheit, der Menschlichkeit und des Gewissens‹, widmet, dem ›kritischen Philosophen der Aufklärung und nicht dem des deutschen Idealismus‹ – siehe dazu Seite 25. Popper faßte den Entschluß zur Niederschrift dieses Buches, in dem äußerst kritische Abhandlungen über die Ideen von Platon, Hegel und Marx stehen, im März 1938, als ihn die Nachricht vom Einmarsch der deutschen Truppen in Österreich erreichte. Das Werk war der Versuch, diese ›Ereignisse und ihre Gründe zu verstehen‹. Schon dieser äußere Umstand demonstriert, daß Poppers Probleme die unserer eigenen Zeit sind, obgleich er sich mit einigen derjenigen ›größten geistigen Führer der Vergangenheit‹ beschäftigt, die den ›immer wieder erneuten Angriff auf Freiheit und Vernunft unterstützt haben‹. In seiner Einleitung bemerkt der Verfasser: ›Dieses Werk versucht zu zeigen, daß sich diese Zivilisation noch immer nicht vom Schock ihrer Geburt erholt hat – vom Schock des Übergangs aus der Stammes- oder ‚geschlossenen' Gesellschaftsordnung, die magischen Kräften unterworfen ist, zur ‚offenen' Gesellschaftsordnung, die die kritischen Fähigkeiten des Menschen in Freiheit setzt. Es versucht, einige der Hindernisse zu beseitigen, die einer rationalen Behandlung der Probleme des sozialen Wiederaufbaus im Wege stehen. Dies geschieht durch eine Kritik jener sozialphilosophischen Ideen, die verantwortlich sind für das weitverbreitete Vorurteil, daß eine demokratische Reform der Gesellschaft unmöglich sei. Die mächtigste dieser Richtungen habe ich Historizismus genannt. Sie glauben, Gesetze der Geschichte entdeckt zu haben, die es ihnen ermöglichen, den Verlauf historischer Ereignisse vorherzusehen. Es versucht weiterhin zu zeigen, daß wir vielleicht einmal die Mitschöpfer unseres Geschicks werden können, wenn wir es aufgegeben haben, als seine Propheten zu posieren.‹

Ähnliche Gedanken, wie sie von Popper vertreten werden, wird man bei deutschen Philosophen des zwanzigsten Jahrhunderts nur selten finden; eher schon haben deutsche Schriftsteller solche Ideen vertreten, so Kästner – siehe Seite 318 oder sein Text *Gedanken eines Kinderfreundes* über Friedrich II. von Preußen – und

Bert Brecht – *Fragen eines lesenden Arbeiters:* ›Wer baute das siebentorige Theben? / In den Büchern stehen die Namen von Königen. / Haben die Könige die Felsbrocken herbeigeschleppt? / Und das mehrmals zerstörte Babylon, / Wer baute es so viele Male auf? / Das große Rom ist voll von Triumphbögen. Über wen / Triumphierten die Cäsaren? / Der junge Alexander eroberte Indien? / Er allein? / Cäsar schlug die Gallier. / Hatte er nicht wenigstens einen Koch bei sich? / Philipp von Spanien weinte, als seine Flotte / Untergegangen war. Weinte sonst niemand? / Friedrich der Zweite siegte im Siebenjährigen Krieg. Wer / Siegte außer ihm?‹

Hat die Weltgeschichte einen Sinn? Ich will mich hier nicht mit dem Problem des Sinnes des Wortes ›Sinn‹ beschäftigen; ich setze voraus, daß die meisten Menschen mit hinreichender Klarheit wissen, was sie meinen, wenn sie vom ›Sinn der Geschichte‹ oder dem ›Sinn des Lebens‹ sprechen. Und in diesem Sinn, in dem Sinn, in dem die Frage nach dem Sinn der Geschichte gewöhnlich gestellt wird, gebe ich zur Antwort: *Die Weltgeschichte hat keinen Sinn.*

Um meine Gründe für diese Ansicht zu geben, muß ich zunächst etwas über jene Art von ›Geschichte‹ sagen, an die man denkt, wenn man die Frage nach ihrem Sinn stellt. Bisher habe ich selbst über die ›Geschichte‹ gesprochen, als bedürfe dies keiner weiteren Erklärung. Das ist jetzt nicht mehr möglich; denn ich möchte es klarmachen, daß es eine *›Geschichte‹ in dem Sinn, in dem die meisten Menschen davon sprechen, einfach nicht gibt;* und das ist zumindest ein Grund, warum ich sage, daß sie keinen Sinn hat.

Wie kommen die meisten Menschen dazu, das Wort ›Geschichte‹ zu verwenden? (Ich meine hier ›Geschichte‹ in dem Sinn, in dem wir sagen, daß ein Buch die Geschichte Europas *betrifft* – nicht in dem Sinne, in dem wir sagen, daß es eine Geschichte Europas *ist.*) Sie lernen es in der Schule und an der Universität. Sie lesen Bücher darüber. Sie sehen, was in Büchern behandelt wird, die den Titel einer ›Weltgeschichte‹ oder einer ›Geschichte der Menschheit‹ tragen, und sie gewöhnen sich daran, in der Geschichte eine mehr oder weniger bestimmte Reihe von Tatsachen zu sehen. Diese Tatsachen, so glauben sie, bilden die Geschichte der Menschheit.

Wir haben aber bereits gesehen, daß der Bereich der Tatsachen unendlich reich ist und daß wir daher eine Auswahl treffen müssen. Unseren Interessen entsprechend könnten wir zum Beispiel über die Geschichte der Kunst schreiben; oder über die Geschichte der Sprache; oder über die Geschichte von Speisegebräuchen; oder über die Geschichte des Typhusfiebers. Sicher ist keine dieser Darstellungen eine Geschichte der Menschheit (noch sind sie es alle zusammengenommen). Wenn von der Geschichte der Menschheit gesprochen wird, so denkt man vielmehr an die Geschichte des ägyptischen, des babylonischen, des persischen, des mazedonischen und des römischen Reiches und so weiter bis in die Gegenwart. Mit anderen Worten: Man spricht von der *Geschichte der Menschheit;* aber was man meint und was man in der Schule gelernt hat, ist die *Geschichte der politischen Macht.*

Es gibt keine Geschichte der Menschheit, es gibt nur eine unbegrenzte Anzahl von Geschichten, die alle möglichen Aspekte des menschlichen Lebens betreffen. Und eine von ihnen ist die Geschichte der politischen Macht. Sie wird zur Weltgeschichte erhoben. Aber das ist eine Beleidigung jeder anständigen Auffassung von der Menschheit. Es ist kaum besser, als wenn man die Geschichte der Unterschlagung oder des Raubes oder des Giftmordes zur Geschichte der Menschheit machen wollte. Denn *die Geschichte der Machtpolitik ist nichts anderes als die Geschichte internationaler Verbrechen und Massenmorde* (einige Versuche zu ihrer Unterdrückung eingeschlossen – das ist wahr). Diese Geschichte wird in der Schule gelehrt, und einige der größten Verbrecher werden als ihre Helden gefeiert.

Aber gibt es wirklich keine Universalgeschichte im Sinne einer konkreten Geschichte der Menschheit? Eine solche Geschichte kann es nicht geben. Dies muß die Antwort jedes humanitär gesinnten Menschen und insbesondere jedes Christen sein. Eine konkrete Geschichte der Menschheit – wenn es sie gäbe – müßte die Geschichte aller Menschen sein. Sie müßte die Geschichte aller menschlichen Hoffnungen, Streitigkeiten und Leiden sein. Denn kein Mensch ist wichtiger als irgendein anderer. Diese konkrete Geschichte kann nun offenkundig nicht geschrieben werden. Wir müssen Abstraktionen machen, wir müssen vernachlässigen und auswählen. Aber damit kommen wir zu den vielen Geschichten; und unter ihnen zu jener Geschichte internationaler Verbrechen und Massenmorde, die als die Geschichte der Menschheit, als die ›Weltgeschichte‹ angepriesen worden ist.

Aber warum wurde gerade die Geschichte der Macht und nicht zum Beispiel der Religion oder der Dichtkunst ausgewählt? Dafür gibt es verschiedene Gründe. Einer dieser Gründe ist, daß die Macht uns alle, die Dichtung aber nur wenige von uns beeinflußt. Ein anderer ist, daß die Menschen die Neigung haben, die Macht anzubeten. Aber es steht ohne jeden Zweifel fest, daß die Verehrung der Macht einer der übelsten Götzendienste der Menschheit ist, ein Relikt aus der Zeit der Fesseln, aus der Zeit der menschlichen Knechtschaft. Die Verehrung der Macht ist aus der Furcht geboren, aus einem Gefühl, das man mit Recht verachtet. Ein dritter Grund dafür, daß die Machtpolitik zum Kern der ›Geschichte‹ erhoben worden ist, liegt in der Tatsache, daß

die Mächtigen verehrt werden wollten und daß sie die Mittel besaßen, ihre Wünsche durchzusetzen. Viele Historiker schrieben unter der Aufsicht der Kaiser, der Generäle und der Diktatoren.
Ich weiß, daß diese Ansicht an vielen Stellen auf den stärksten Widerspruch stoßen wird, einige Apologeten des Christentums eingeschlossen; denn obgleich sich im Neuen Testament kaum ein Satz findet, der diese Lehre unterstützen könnte, so gilt die Ansicht, daß Gott sich in der Geschichte offenbart, doch oft als ein Teil des christlichen Dogmas; dasselbe gilt von der Ansicht, daß die Geschichte sinnvoll ist und daß ihr Sinn der Zweck Gottes ist. Aber das lasse ich nicht gelten. Ich behaupte, daß diese Ansicht reiner Götzenkult und Aberglauben ist, und das nicht nur vom Standpunkt eines Rationalisten und Humanisten, sondern auch vom christlichen Standpunkt aus betrachtet.
Was steckt hinter diesem theistischen Historizismus? Mit Hegel betrachtet er die Geschichte – die politische Geschichte – als eine Bühne oder besser noch als eine Art langwieriges Shakespearedrama; und die Zuschauer halten entweder die ›großen historischen Persönlichkeiten‹ oder die Menschheit in abstracto für die Helden dieses Spieles. Dann stellen sie die Frage ›Wer hat das Stück verfaßt?‹ Und sie denken, daß sie eine fromme Antwort geben, wenn sie sagen ›Gott‹. Aber das ist ein Irrtum. Ihre Antwort ist reine Lästerung, denn das Spiel wurde (und das wissen sie) nicht von Gott, sondern unter der Aufsicht von Generälen und Diktatoren von den Professoren der Geschichte geschrieben.
Ich bestreite nicht, daß die Betrachtung der Geschichte vom christlichen Standpunkt aus ebenso gerechtfertigt ist wie ihre Betrachtung von jedem anderen Standpunkt aus; und es sollte sicher betont werden, daß wir zahlreiche Ziele und Ideale unserer abendländischen Kultur, wie die Freiheit und die Gleichheit, dem Einflusse des Christentums verdanken. Aber zur selben Zeit besteht die einzige rationale und auch die einzige christliche Einstellung selbst zur Geschichte der Freiheit in dem Eingeständnis, daß wir selbst für sie die Verantwortung tragen, und das in demselben Sinne, in dem wir für den Aufbau unseres Lebens verantwortlich sind; und daß nur unser Gewissen, nicht aber der weltliche Erfolg unser Richter sein kann. Die Lehre, daß Gott sich und seinen Urteilsspruch in der Geschichte offenbart, ist von der Lehre ununterscheidbar, daß der weltliche Erfolg der letzte Richter und die letzte Rechtfertigung unserer Handlungen ist; sie läuft auf dasselbe hinaus wie die Lehre, daß die Geschichte urteilen wird, das heißt, daß zukünftige Macht Recht ist. Die Behauptung, daß Gott sich in dem offenbart, was man gewöhnlich ›Geschichte‹ nennt, in der Geschichte internationaler Verbrechen und Massen-

morde, diese Behauptung ist eine grobe Lästerung; denn was sich wirklich im Bereich des menschlichen Lebens ereignet – das wird durch diese grausame und zugleich kindische Affäre kaum je berührt. Das Leben des vergessenen, des unbekannten individuellen Menschen; seine Trauer, seine Freude, seine Leiden und sein Tod – sie sind der wirkliche Gehalt der menschlichen Erfahrung durch alle Zeiten. Könnte die Geschichte das erzählen, dann würde ich sicher nicht sagen, daß es Lästerung ist, den Finger Gottes in ihr zu sehen. Aber eine solche Geschichte gibt es nicht und kann es nicht geben; und was von der Geschichte existiert, unsere Geschichte der Großen und Mächtigen, ist bestenfalls eine schale Komödie, eine Opera buffa, die von den Mächten hinter der Wirklichkeit gespielt wird (vergleichbar Homers Opera buffa der olympischen Mächte hinter der Szene der menschlichen Streitigkeiten). Sie ist, was einer unserer schlechtesten Instinkte, die götzenhafte Verehrung der Macht, uns als die Wirklichkeit vorspiegelt. Und in dieser nicht einmal vom Menschen geschaffenen, sondern von ihm gefälschten ›Geschichte‹ wagen einige Christen den Finger Gottes zu sehen! Sie wagen es, zu verstehen und zu wissen, was Sein Wille ist, wenn sie Ihm ihre erbärmlich kleinen historischen Interpretationen in die Schuhe schieben! Wenn ich darauf bestehe, daß wir den Erfolg nicht verehren sollten, daß er nicht unser Richter sein kann, daß wir uns nicht von ihm blenden lassen dürfen, wenn ich insbesondere zu zeigen versuche, daß ich in dieser Einstellung mit dem meiner Ansicht nach wahren Christentum übereinstimme, so sollte man mich nicht mißverstehen. Diese Bemerkungen haben nicht das Ziel, eine ›jenseitige‹ Haltung zu verteidigen. Ich weiß nicht, ob das Christentum von einer anderen Welt ist; aber das eine ist sicher: Es lehrt, daß die einzige Weise, in der wir unseren Glauben zeigen können, darin besteht, daß wir den Bedürftigen praktische und weltliche Hilfe zukommen lassen. Und es ist sicher möglich, eine Haltung äußerster Reserve und sogar Verachtung für weltliche Erfolge im Sinne von Macht, Ruhm und Reichtum mit einem Versuch zu vereinen, in dieser Welt sein Bestes zu tun, und die Ziele, zu deren Annahme man sich entschlossen hat, mit der klaren Absicht zu fördern, sie zum Erfolg zu führen; nicht um des Erfolges willen, nicht, weil uns die Geschichte rechtfertigen wird, sondern um dieser Ziele selbst willen. Unsere intellektuelle wie auch unsere sittliche Erziehung ist korrupt. Sie ist verdorben durch die Bewunderung der Brillanz, durch die Bewunderung der Weise, in der Dinge gesagt werden, die an die Stelle einer kritischen Betrachtung des Gesagten (und des Getanen) tritt. Sie ist verdorben durch die romantische Idee des Glanzes auf der Bühne der Geschichte, auf der wir alle Schauspieler sind. Wir sind dazu erzogen, bei allen unseren Handlungen die Galerie im Auge zu behalten. Da man mit Recht fühlt, daß wir uns ein Ziel wählen müssen, das über uns hinausweist, ein Ziel, dem wir uns widmen können und dem wir Opfer bringen können, zieht man den Schluß, daß das Kollektiv mit seiner ›historischen Mission‹ dieses Ziel sein müsse. Es wird uns also gesagt, daß wir Opfer bringen müssen, und zur gleichen Zeit erfahren wir, daß wir auf diese Weise einen ausgezeichneten Handel machen. Wir sollen Opfer bringen – aber wir erhalten dadurch Ruhm und Ehre; wir werden ›Hauptrollen‹, Helden auf der Bühne der Geschichte; für einen kleinen Einsatz gewinnen wir großen Lohn. Dies ist die zweifelhafte Moral einer Zeit, in der nur eine winzige Minorität wirklich zählte und in der sich niemand um das gemeine Volk kümmerte. Das ist die Moral jener Menschen, die als politische und intellektuelle Aristokraten eine Chance haben, in die Lehrbücher der Geschichte einzugehen. Sie aber kann keinesfalls die Moral derjenigen sein, die sich für Gerechtigkeit und Gleichberechtigung einsetzen; denn der historische Ruhm kann nicht gerecht sein, und er läßt sich nur von sehr wenigen erringen. Die große Zahl der Menschen, die gerade ebensoviel und vielleicht mehr wert sind, wird immer vergessen bleiben. Wir brauchen eine Ethik, die Erfolg und Belohnung überhaupt ablehnt. Und eine solche Ethik braucht nicht erst erfunden zu werden. Sie ist nicht neu. Sie wurde, zumindest in seinen Anfängen, vom Christentum gelehrt. Sie wird, wieder, von der industriellen wie auch der wissenschaftlichen Zusammenarbeit unserer Tage gelehrt. Die romantische historizistische Ruhmesmoral scheint glücklicherweise im Abnehmen begriffen zu sein. Der Unbekannte Soldat zeigt dies. Wir beginnen einzusehen, daß ein Opfer ebensoviel und vielleicht noch mehr wert ist, wenn es anonym gebracht wird. Unsere ethische Erziehung muß nachfolgen. Wir müssen lernen, unsere Arbeit zu tun, unsere Opfer um dieser Arbeit willen zu bringen und nicht um des Ruhmes willen oder um Schande zu vermeiden. (Daß wir alle eine gewisse Ermunterung, Hoffnung, Lohn und sogar Tadel brauchen, ist eine völlig andere Sache.) Wir müssen unsere Rechtfertigung in unserer Arbeit finden, in dem, was wir selbst tun, und nicht in einem fiktiven ›Sinn der Geschichte‹.

Die Geschichte hat keinen Sinn, das ist meine Behauptung. Aber aus dieser Behauptung folgt nicht, daß wir nichts tun können, daß wir der Geschichte der politischen Macht entsetzt zusehen müssen oder daß wir gezwungen sind, sie als einen grausamen Scherz zu betrachten. Denn wir können sie interpretieren mit einem Auge auf jene Probleme der Machtpolitik, deren Lösung wir in unserer eigenen Zeit versuchen wollen. Wir können die Geschichte der Machtpolitik deuten vom Standpunkt unseres Kampfes für die offene Gesellschaft, für eine Herrschaft der Vernunft, für Gerechtigkeit, Freiheit, Gleichheit und für die Kontrolle des internationalen Verbrechens. Obwohl die Geschichte keinen Zweck hat, können wir ihr dennoch diese unsere Zwecke auferlegen, und *obwohl die Geschichte keinen Sinn hat, können doch wir ihr einen Sinn verleihen.*

Weder die Natur noch die Geschichte kann uns sagen, was wir tun sollen. Tatsachen, seien es nun Tatsachen der Natur oder Tatsachen der Geschichte, können die Entscheidung nicht für uns treffen, sie können nicht die Zwecke bestimmen, die wir wählen werden. Wir sind es, die Zweck und Sinn in die Natur und in die Geschichte einführen. Die Menschen sind einander nicht gleich; aber wir können uns entschließen, für gleiche Rechte zu kämpfen. Menschliche Institutionen, wie etwa der Staat, sind nicht rational, aber wir können uns entschließen zu kämpfen, um sie mehr rational zu machen. Wir selbst wie auch unsere gewöhnliche Sprache sind im großen und ganzen eher emotional als rational; wir können aber versuchen, etwas mehr rational zu werden, und wir können uns darin üben, unsere Sprache nicht als ein Instrument des Selbstausdrucks (wie unsere romantischen Erziehungstheoretiker sagen würden), sondern als ein Instrument der rationalen Kommunikation zu verwenden. Die Geschichte selbst – ich meine hier natürlich die Geschichte der Machtpolitik und nicht die nichtexistente Geschichte der Entwicklung der Menschheit – hat weder ein Ziel noch einen Sinn, aber wir können uns entschließen, ihr beides zu verleihen. Wir können sie zu unserem Kampf für die offene Gesellschaft und gegen ihre Feinde machen (die, in die Ecke getrieben, immer genau ihre humanitären Gefühle beteuern werden); und wir können sie dementsprechend interpretieren. Schließlich läßt sich dasselbe auch über den ›Sinn des Lebens‹ sagen. An uns liegt es, zu entscheiden, was der Zweck unseres Lebens sein soll, und unsere Ziele zu bestimmen.

Ich halte diesen Dualismus von Tatsachen und Entscheidungen für fundamental. Tatsachen als solche haben keinen Sinn; sie können einen Sinn nur durch unsere Entscheidungen erhalten. Der Historizismus ist nur einer der vielen Versuche, über diesen Dualismus hinwegzukommen; er ist aus der Furcht geboren, denn er scheut vor der Einsicht zurück, daß wir die Verantwortung tragen, selbst für die Maßstäbe, die wir auswählen. Aber ein solcher Versuch scheint mir genau das zu sein, was man gewöhnlich einen Aberglauben nennt. Denn er nimmt an, daß wir dort ernten können, wo wir nicht gesät haben; er versucht uns einzureden, daß alles gut ausgehen wird und muß, wenn wir nur mit der Geschichte Schritt halten, und daß wir selbst keine grundlegende Entscheidung zu treffen brauchen; er versucht unsere Verantwortlichkeit auf die Geschichte und damit auf ein uns weit überragendes dämonisches Kräftespiel zu übertragen; er versucht unsere Handlungen auf die verborgenen Absichten dieser Mächte zu gründen, auf Absichten, die uns nur in mystischen Inspirationen und Intuitionen geoffenbart werden können; und er stellt damit uns und unsere Handlungen auf das moralische Niveau eines Menschen, der, durch Horoskope und Träume inspiriert, seine Glückszahl in der Lotterie wählt. Wie die Glücksspiele, so ist auch der Historizismus aus unserer Verzweiflung an der Rationalität und der Verantwortlichkeit unserer Handlungen geboren. Er ist eine entartete Hoffnung und ein entarteter Glauben, ein Versuch, die Hoffnung und den Glauben, der in unserem moralischen Enthusiasmus und in der Verachtung des Erfolges begründet ist, durch eine Sicherheit zu ersetzen, die einer Pseudowissenschaft entspringt; einer Pseudowissenschaft der Sterne, der ›menschlichen Natur‹ oder des historischen Schicksals.

Der Historizismus, so behaupte ich, ist nicht nur rational unhaltbar, sondern er widerspricht auch jeder Religion, für die das Gewissen wichtig ist. Denn eine solche Religion muß mit der rationalistischen Einstellung zur Geschichte insofern übereinstimmen, als sie betont, daß wir für unsere Handlungen und für die Rückschläge dieser Handlungen auf den Lauf der Geschichte unumschränkte Verantwortung tragen. Es ist wahr – wir brauchen Hoffnung; ohne Hoffnung zu handeln oder zu leben übersteigt unsere Kraft. Aber wir brauchen *nicht* mehr und wir dürfen nicht mehr erhalten. Wir brauchen nicht Gewißheit. Insbesondere die Religion sollte kein Ersatz für Träume und für Wunscherfüllung sein; sie sollte weder dem Besitz einer Karte in der Lotterie noch dem Besitz einer Police in einer Versicherungsgesellschaft gleichen. Der Historizismus in der Religion ist ein Element des Götzendienstes und des Aberglaubens.

Dieser Nachdruck auf den Dualismus von Tatsachen und Entscheidungen bestimmt auch unsere Einstellung zu Ideen wie der Idee des ›Fortschrittes‹. Wenn wir glauben, daß die Geschichte fortschreitet oder daß wir selbst fortschreiten müssen, dann begehen wir denselben Fehler wie ein Mensch, der die Geschichte für sinnvoll hält und der glaubt, daß sich dieser Sinn in ihr entdecken läßt und ihr nicht verliehen zu werden braucht. Denn fortschreiten heißt sich auf ein bestimmtes Ziel zu bewegen, auf ein Ziel, das für uns als menschliche Wesen besteht. ›Die Geschichte‹ kann dies nicht tun; nur wir, die menschlichen Individuen, können es tun; wir können es tun, indem wir jene demokratischen Institutionen verteidigen und stärken, von denen die Freiheit und mit ihr der Fortschritt abhängt. Und wir werden es viel besser tun, sobald wir einmal die Tatsache besser erkannt haben, daß der Fortschritt bei uns liegt, daß er abhängt von unserer Wachsamkeit, von unseren Anstrengungen, von der Klarheit, mit der wir unsere Ziele vorstellen, sowie auch vom Realismus unserer Wahl. Statt als Propheten zu posieren, müssen wir zu den Schöpfern unseres Geschicks werden. Wir müssen lernen, unsere Aufgaben zu erfüllen, so gut wir nur können, und wir müssen auch lernen, unsere Fehler aufzuspüren und einzusehen. Und wenn wir einmal von der Idee abgekommen sind, daß die Geschichte der Macht unser Richter sein wird, wenn wir nicht mehr von der Frage besessen sind, ob uns die Geschichte wohl rechtfertigen wird, dann wird es uns vielleicht eines Tages gelingen, die Macht unter unsere Kontrolle zu bekommen. In solcher Weise könnten wir sogar die Geschichte rechtfertigen. Sie hat eine solche Rechtfertigung dringend nötig.

Peter Suhrkamp
Über das Lesen

Peter Suhrkamp, 1891 bis 1959, war Dramaturg und Regisseur in Darmstadt, Journalist in Berlin und seit 1936 Leiter des Verlages S. Fischer. Die Anstrengungen der Nationalsozialisten, den traditionsreichen Verlag zu schließen, scheiterten an Suhrkamps ›unermüdlicher Wachsamkeit‹. Im Frühjahr 1944 wurde er dann doch verhaftet. In einem Nachwort zu einer Ausgabe von Suhrkamps Reden und Aufsätzen, *Der Leser,* schreibt Hermann Kasack: ›Nachdem er überraschend im Februar 1945 aus dem Konzentrationslager entlassen worden war, lag er monatelang im Krankenhaus. Er hat die Folgen der politischen Haft niemals überwunden. An ihnen ist er nach einem mit großer Zähigkeit geführten Leben vierzehn Jahre später gestorben. Im Herbst 1945 erhielt er die erste Verlagslizenz in Berlin. Nachdem er den von ihm in Deutschland geretteten Verlagsteil an die Erben S. Fischers zurückgegeben hatte, gründete er 1950 einen eigenen Verlag. Peter Suhrkamp war beides in einem: ein Lesender, der als idealer Lektor einen Verlag auserlesener Literatur ins Leben gerufen hat; ein Schreibender, der sich unablässig mit der Welt des Buchs auseinandersetzt und über seine Haltung zu den ihn bedrängenden Fragen Rechenschaft ablegt.‹

»Neuerdings bin ich auch dieser abscheulichen Gewohnheit verfallen, den Tag mit dem Lesen der Zeitung zu beginnen«, sagte ich neulich zu einem Bekannten. Er sah mich verständnislos an. Als ich ihm erklärte, bis vor kurzem hätte ich nach dem Frühstück einige Seiten in einem guten Buch gelesen, setzte er ohne noch ein Wort für mich seinen Weg fort, als wäre etwas Bedauerliches zwischen uns getreten. »Natürlich nicht in einem Roman«, beharrte ich eigensinnig, »sondern etwas, das nachdenken macht, zum Denken anregt. Einen Essay von Bacon, eine Arbeit von Ernst Hello oder von Paul Valéry, in Goethes naturwissenschaftlichen Schriften, den Noten und Abhandlungen zum Divan.« Als ich erzählte, das Liebste dafür wären mir Hebels Schatzkästlein, La Fontaines Fabeln und Grimms Märchen gewesen, und daß ich in meinen Morgenstunden immer wieder zu diesen Büchern zurückgekehrt sei, schnappte er fast nach mir: ob ich ihn höhnen wolle. Nun erzählte ich, daß ich einige Zeit in einem Schulinternat lebte, wo es Sitte war, vor dem Frühstück ein Präludium und eine Fuge von Bach anzuhören. »Warum soll man den Tag nicht mit einer anspruchsvollen Gewohnheit beginnen!« – »Das praktische Leben ist gewöhnlich. Überspanntheit und Einbildung im gewöhnlichen Umgang: man stolpert über seine eigenen Füße.« – »Das Lesen am Morgen dient mir eigentlich dazu, die Flügel meiner Einbildung zu binden, den Geist wach zu machen für eine Ordnung in meinen Schritten, für das genaue Maß. Es ist ein Mittel gegen Ungenauigkeit und Zerstreutheit. Es legt den Bleikeil in mein Fahrzeug.« Und hier erzählte ich meinem Bekannten die Anekdote von dem alten, zum Tode verurteilten Chinesen. Am Abend vor seiner Hinrichtung nach seinen letzten Wünschen gefragt, bat er um die Sieben Bücher der Weisheit. Das war auch in China ungewöhnlich, und morgens fragte man ihn, warum er nach den Büchern verlangt habe, sein Gedächtnis daure doch nur noch wenige Minuten. »Ich füllte meine Seele«, war seine Antwort.

Es gibt viele Arten zu lesen, und man muß zwischen Lesen und Lesen scheiden: Lesen, um zu lernen, Lesen, um in etwas einzudringen, Lesen, um den Geist in Bewegung zu bringen, Lesen als Gespräch, Lesen als Kunst. Alle lassen sich in drei Arten zusammenfassen: Lesen zur Orientierung, Lesen als Übung und schöpferisches Lesen. Dazu ist in neuerer Zeit noch eine sehr verbreitete Art gekommen: Lesen aus Gewohnheit. Und diese Gewohnheit kann, wie das Rauchen, zur Süchtigkeit anwachsen. Der so Geplagte muß in jedem unbeschäftigten Augenblick, wo er auch immer sein mag, lesen.

Lesen können: das gilt allgemein als Maßstab für die Kultur eines Volkes. Vor weniger als fünfzig Jahren noch zählte man die Analphabeten in einem Volk – heute zählt man die Millionenzahl der Bücher eines Jahres. Der Vertauschung des Maßstabes ist man sich noch kaum bewußt. Lesen lernen, das ist die Entdeckung einer neuen Welt. Dem Geist wird ein Fenster für den Blick auf eine andere Wirklichkeit geöffnet. Diese andere Wirklichkeit eröffnet den Kräften des Geistes eine Freiheit, die vorher nicht da war, und sie enthüllt eine Ordnung, die unter den Kräften des Geistes gültig ist; sie offenbart Gesetze, durch die Phantasie, Gedanke, Gefühl und inneres Gesicht zu einer eigenen Welt geordnet werden. Der Schüler im Lesen entdeckt auf eine Weise, daß es verschiedene Welten gibt, und diese Weise ist so eindeutig und so bedeutend wie die Mathematik und wie die Musik. Die Zeichenschrift blüht im Licht der Begabung zu einer wundersamen Welt auf. Als ein rechtes Wunder geschieht das nur, wo Einfalt, Ehrfurcht und Glaube vorhanden sind. Die Begabung aber verlangt Anstrengung und Bemühung unsererseits.

Um hinter das Geheimnis des Lesens zu kommen, vergegenwärtige man sich, wie das Kind lesen lernt. Es buchstabiert: M-u-t; Mut; t-e-r: ter; Mut-ter; da kommt ihm das Gehör zu Hilfe: ›Mutter‹. – Die Rolle des Gehörs, des Hinhorchens beim Lesen! – Und da sieht das

Kind die Mutter: aus der Buchstabenkette ist das Bild geworden, eine Erscheinung ist lebendig daraus hervorgetreten. Wie ein Zauber ist das geschehen! Das innere Hören und das innere Sehen sind die Elemente von jedem Lesen, sie müssen im Leben vollzogen werden. Kein Lesender sollte sich zufriedengeben, wenn er nicht hört, was er liest, und wenn er nicht sieht, was er liest. Die Finessen des Lesens lernt erst kennen, wer dasselbe Buch sehr oft oder gar immer wieder liest; und wer etwas Auswendiggelerntes langsam liest. Mein Beruf zwingt mich, viel zu lesen, um es kennenzulernen; wenn ich aber etwas für mich lesen will, dann kehre ich gern immer wieder zu wenigen Büchern zurück. Wenn man dasselbe wieder und immer wieder liest – nur klassische Werke vertragen das –, tritt einem mit der Zeit aus dem Gelesenen ein Gesicht entgegen: der Mensch, der das schrieb. Er tritt nicht aus den Erkenntnissen hervor, die darin ausgesprochen sind, und nicht aus den Begebenheiten, die dargestellt wurden. Es ist das Wie des Vortrags, und nicht das, was gesagt wird.

So kann Lesen zu einem Gespräch werden mit einem Menschen, der nicht gegenwärtig ist, mit dem Autor. Das erschließt die Möglichkeit, mit großen Menschen Umgang zu haben; und mit Menschen, die mehr wissen und mehr sind als die, denen ich täglich begegne; mit erlauchten Geistern, zu denen ich in einem ehrfürchtigen Verhältnis stehe; und was sie mir geben, ist weit mehr als das, was in dem Buch steht, das ich gerade lese. Das ermöglicht ein Gespräch mit Menschen anderer Zeiten und mit Menschen anderer Welten. Sie treten aus dem Buch, das ich lese, lebendig hervor. Ich erscheine vor ihnen mit meinen Angelegenheiten, und dann sind es nicht bloß meine Angelegenheiten, sondern sie erscheinen im Licht eines anderen Lebens, einer anderen Welt und einer anderen Größe. Sie hören auf, Angelegenheiten bloß des Augenblicks zu sein, und erscheinen in der Perspektive – nicht der Vergangenheit oder eines fernen Kontinents –, in der Perspektive des einigen Lebens.

Aber jetzt lesen; – kann man jetzt lesen? – Mit der Frage nach dem Können wird auf eine Voraussetzung für alles Lesen gedeutet: der Leser muß heil sein; er muß bei sich sein; aber er darf nicht ganz und gar mit sich beschäftigt sein, muß Kräfte frei haben für etwas anderes; er muß frei genug sein, um sich anderem widmen zu können. Und gehört diese Freiheit von sich nicht zum Menschen? . . . Dann muß sie in jeder Lage gesucht werden. – Mit der Frage nach dem Dürfen wird ein alter Klassenstandpunkt wieder aufgegriffen: da galt Lesen als Luxus und gar als kultivierte Form des Faulenzens. Arme Leute durften überhaupt nicht lesen, bestenfalls um zu lernen. In dieser Form ist das Lesen in Gegensatz gesetzt zur Lebensnotdurft und zu den Ansprüchen des praktischen Lebens. Für eine solche Anschauung gilt als ausgemacht, daß Lesen fürs reale Leben untüchtig mache oder zumindest davon abhalte. In jener Welt kann man zwei miteinander gekoppelte Tendenzen vernehmen: die Menschen seien dumm zu erhalten und sie seien glücklich zu erhalten. Diese Erörterungen wurden in einer Welt gepflogen, in der eine Menschenklasse für eine andere zu arbeiten hatte. In einer Streberwelt, wie sie nach 1871 bei uns groß geworden ist, zur Zeit des grandiosen wirtschaftlichen Aufstiegs. Bei keinem anderen Volk in Europa ist diese Moral je so verbreitet gewesen, sie hat die Kultur in der Breite und in der Kontinuität gehindert. Sie hat es bei uns dahin gebracht, daß fast jeder Mensch ein schlechtes Gewissen verspürt, wenn er über der Beschäftigung mit geistigen Dingen Praktisches versäumte.

Sehr viele Menschen haben ein Vorurteil gegen das Lesen, bei uns wenigstens die Hälfte aller Menschen, ich glaube, es sind wohl noch mehr. Zunächst alle, deren Lebensgang sie nicht dazu kommen ließ, das Lesen kennenzulernen, das sind fast alle, die nur die Volksschule besuchten. Sie hätten eigentlich keinen Grund, weil auch sie in der Schule Lesen lernten und übten. Ihre Vorurteile sind, Lesen sei Luxus und Müßiggang, und sie wären nicht gebildet genug und nicht dafür begabt, und überhaupt sei Lesen auch zu nichts nutze und gehörte zu dem feinen und eingebildeten Getue. Diese Vorurteile können zu Eigensinn und Trotzigkeit verhärten. Die Gesellschaft hat eine traurige Schuld daran. Sie schließt den Volksschüler davon aus, die großen und ewigen Schöpfungen im Wort kennenzulernen – und die Gesellschaft weiß das nicht. Mit dem Nachholen der Bildung in Volkshochschulen ist diese Schuld so wenig abzutragen wie mit Aufführungen in der Art des Rundfunks. – Eine weitere Gruppe von Ignoranten besteht unter Männern der Wirtschaft. Sie lesen, um orientiert zu sein, aber sie weisen Lesen als Übung und schöpferisches Lesen mit einem nachsichtigen Lächeln von sich. Sie halten Lesen für Verwöhnung und für eine Angelegenheit von Frauen, Kindern und Narren, freundlicher gesinnt, nennen sie letztere auch ›Idealisten‹. Von sich sprechen sie in diesem Zusammenhang als von ›Erwachsenen‹. Das sagt genug. Sie ahnen, daß der wahre Leser ein Liebender sein muß. Ob sie auch wissen, daß Frauen nicht nur den Menschen zur Welt bringen, und daß Empfangen und Gebären innigst zusammenhängen? Ob sie deshalb nur mit Diskretion von ihrer Abneigung gegen das Lesen sprechen? – Merkwürdig bleibt ihre Unaufmerksamkeit in diesem Punkt auf die größten in ihrem Kreise, von denen auf die Schulter getippt zu werden sonst ihr Stolz ist: wirklich große Männer der Wirtschaft sind nämlich meist Leser von hohen Graden – aber an ihnen wird das als gene-

röse Laune und Liebhaberei belächelt. Die ›erwachsenen‹ Männer haben jetzt erlebt, daß das Gegründetste, das Gewaltigste und das Best geordnete dem Untergang verfallen kann; und das mag der Grund sein, weshalb vor manchen von ihnen, wenn auch noch wirr durcheinander, jetzt die großen Bücher auftauchen. Sie mögen ahnen, daß große Entscheidungen unterirdisch vorbereitet sind, in unterirdisch verlaufenden Strömen, auf denen alles Oberirdische treibt. Wie hätten sonst alle in gleicher Weise von Unheil betroffen werden können! Sie suchen jetzt Verbindungen zu den verborgenen Mächten.
So viele Menschen sind es bei uns, die nur im Gehege ihres jeweiligen Alltags leben, mit alltäglichen Sorgen und Mühen, zwischen persönlichen Befriedigungen und persönlichen Enttäuschungen, mit ehrgeizigen Spekulationen, und an den Schranken der Realität immer wieder zurückgeworfen, zwischen Glauben und Aberglauben. Aus Namen, Ziffern und Dingen fügen sie in ihrer Vorstellung mühsam die Bilder von anderen Zeiten und von anderen Ländern. Jenseits des real Vorstellbaren und jenseits des vernünftig Denkbaren hört für sie die Welt auf. Nur im gegenwärtigen Zustand ihres Lebens können sie sich sehen und sich empfinden. Sie kennen nicht die Bilder, in denen das dunkel Erlebte aus einer dumpfen Wirklichkeit in die höhere Sphäre reiner Bewußtheit gehoben ist; nicht die dichterische Vision, die mit ihrem magischen Licht den Grund des Lebens jenseits des Denkbaren, dort, wo er in Dunkel liegt, erleuchtet, wie Gedachtes nie erleuchten kann. Wenn sie sich umsehen in ihrem Leben, finden sie da Anfänge, Versuche, Unfertiges in zufälligem Durcheinander. Wie nötig brauchten sie die klare Linie einer vollständigen Lebensbiographie als Halt für die Augen auf dem Wege zwischen den Bruchstücken im Feld des eigenen Lebens. Wer gibt ihnen den Glauben an die Prädestiniertheit ihres Lebens, so daß sie unangefochten – und wenn um sie her die Welt in Trümmer geht –, den Blick ruhig an den Gang des Lebens geheftet, ihre Bahn dahingehen könnten. Sie sehen an den Menschen anderer Völker, mit denen sie in dem engen Raum Europa zusammen leben sollen, daß sie eine andere Haarfarbe haben, daß ihr Gesicht zwischen den Backenknochen heller gespannt ist, den weicheren Schmelz ihrer Augen, daß sie anderes wollen, und daß ihre Gedanken einen anderen Schritt gehen, aber sie werden niemals ahnen, daß sie selbst nicht die wären, die sie sind, ohne diese anderen mit ihnen; daß zwischen Isolierung und Kommunikation mit diesen ihr eigenes Schicksal schwankt. Daß die innere Kommunikation in der Liebe des Geistes zu den anderen geschieht! Kennt jemand, um das an einem Beispiel nur anzudeuten, die Franzosen, der nicht ihre Schriftsteller kennt; der nicht wenigstens für Momente von der alten Klarheit,

von dem naiven Rationalismus, von dem nüchternen Rausch bezaubert war: Dingen, die sich beim Lesen französischer Dichter im eigenen Geist auszubreiten beginnen, und nur so als Erlebnis wahrgenommen werden können? – Ich bin wirklich der Ansicht, daß Lesen Erfahrungen und Wissen gibt, wie selbst ein erfolgreiches Leben sie niemals schenkt. Allerdings will ich nicht behaupten, daß Lesen Menschen auch glücklicher machte.

Max Frisch
Der andorranische Jude

In seinem Theaterstück *Andorra* hat Max Frisch, geb. 1911, eine soziologische Erkenntnis exemplifiziert: eine Minderheit nimmt die Rolle an, die die Mehrheit ihr zudiktiert. Wenn man, wie in Deutschland, einer Gruppe (den Juden) jahrhundertelang nicht gestattet, einen anderen Beruf als den des Händlers zu ergreifen, glauben die Angehörigen dieser Gruppe bald selbst daran, daß dieser Beruf ihnen ›im Blut‹ liegt, daß er ihrem ›Wesen‹ entspricht.
In Form einer Fabel hat Max Frisch das Thema von *Andorra* bereits im *Tagebuch,* zehn Jahre vor der Fertigstellung des Theaterstücks, aufgegriffen.

In Andorra lebte ein junger Mann, den man für einen Juden hielt. Zu erzählen wäre die vermeintliche Geschichte seiner Herkunft, sein täglicher Umgang mit den Andorranern, die in ihm den Juden sehen: das fertige Bildnis, das ihn überall erwartet. Beispielsweise ihr Mißtrauen gegenüber seinem Gemüt, das ein Jude, wie auch die Andorraner wissen, nicht haben kann. Er wird auf die Schärfe seines Intellektes verwiesen, der sich eben dadurch schärft, notgedrungen. Oder sein Verhältnis zu Geld, das in Andorra auch eine große Rolle spielt: er wußte, er spürte, was alle wortlos dachten; er prüfte sich, bis er entdeckte, daß es stimmte, es war so, in der Tat, er dachte stets an das Geld. Er gestand es; er stand dazu, und die Andorraner blickten sich an, wortlos, fast ohne ein Zucken der Mundwinkel. Auch in Dingen des Vaterlandes wußte er genau, was sie dachten; sooft er das Wort in den Mund genommen, ließen sie es liegen wie eine Münze, die in den Schmutz gefallen ist. Denn der Jude, auch das wußten die Andorraner, hat Vaterländer, die er wählt, die er kauft, aber nicht ein Vaterland wie wir, nicht ein zugeborenes, und wie wohl er es meinte, wenn es um andorranische Belange ging, er redete in ein Schweigen hinein, wie in Watte. Später begriff er, daß es ihm offenbar an Takt fehlte, ja, man sagte es ihm einmal rundheraus, als er, verzagt über ihr Verhalten, geradezu leidenschaftlich wurde. Das Vaterland gehörte den andern, ein für allemal, und daß er es lieben könnte, wurde von ihm nicht erwartet, im Gegenteil, seine beharrlichen Versuche und Werbungen öffneten nur eine Kluft des Verdachtes; er buhlte um eine Gunst, um einen Vorteil, um eine Anbiederung, die man als Mittel zum Zweck empfand auch dann, wenn man selber keinen möglichen Zweck erkannte. So wiederum ging es, bis er eines Tages entdeckte,

mit seinem rastlosen und alles zergliedernden Scharfsinn entdeckte, daß er das Vaterland wirklich nicht liebte, schon das bloße Wort nicht, das jedesmal, wenn er es brauchte, ins Peinliche führte. Offenbar hatten sie recht. Offenbar konnte er überhaupt nicht lieben, nicht im andorranischen Sinn; er hatte die Hitze der Leidenschaft, gewiß, dazu die Kälte seines Verstandes, und diesen empfand man als eine immer bereite Geheimwaffe seiner Rachsucht; es fehlte ihm das Gemüt, das Verbindende; es fehlte ihm, und das war unverkennbar, die Wärme des Vertrauens. Der Umgang mit ihm war anregend, ja, aber nicht angenehm, nicht gemütlich. Es gelang ihm nicht, zu sein wie alle andern, und nachdem er es umsonst versucht hatte, nicht aufzufallen, trug er sein Anderssein sogar mit einer Art von Trotz, von Stolz und lauernder Feindschaft dahinter, die er, da sie ihm selber nicht gemütlich war, hinwiederum mit einer geschäftigen Höflichkeit überzuckerte; noch wenn er sich verbeugte, war es eine Art von Vorwurf, als wäre die Umwelt daran schuld, daß er ein Jude ist –
Die meisten Andorraner taten ihm nichts.
Also auch nichts Gutes.
Auf der anderen Seite gab es auch Andorraner eines freieren und fortschrittlichen Geistes, wie sie es nannten, eines Geistes, der sich der Menschlichkeit verpflichtet fühlte: sie achteten den Juden, wie sie betonten, gerade um seiner jüdischen Eigenschaften willen, Schärfe des Verstandes und so weiter. Sie standen zu ihm bis zu seinem Tode, der grausam gewesen ist, so grausam und ekelhaft, daß sich auch jene Andorraner entsetzten, die es nicht berührt hatte, daß schon das ganze Leben grausam war. Das heißt, sie beklagten ihn eigentlich nicht, oder ganz offen gesprochen: sie vermißten ihn nicht – sie empörten sich nur über jene, die ihn getötet hatten, und über die Art, wie das geschehen war, vor allem die Art.
Man redete lange davon.
Bis es sich eines Tages zeigt, was er selber nicht hat wissen können, der Verstorbene: daß er ein Findelkind gewesen, dessen Eltern man später entdeckt hat, ein Andorraner wie unsereiner –
Man redete nicht mehr davon.
Die Andorraner aber, sooft sie in den Spiegel blickten, sahen mit Entsetzen, daß sie selber die Züge des Judas tragen, jeder von ihnen.

Günther Anders

Speisewagen zwischen Hiroshima und Nagasaki

Günther Anders, geb. 1902, wurde durch mehrere zeit- und kulturkritische Bücher bekannt. 1958 nahm er an der vierten ›Weltkonferenz gegen Atom- und Wasserstoffbomben und für Abrüstung‹ in Tokio teil. In seinem 1959 veröffentlichten Tagebuch, dem der folgende Text entnommen ist, berichtet Anders über seine Erlebnisse und Erfahrungen. In der *Einleitung* dazu heißt es: ›Nicht vom sogenannten ‚Fernen Osten' handeln diese Japan-Blätter, sondern von einem sehr nahen: ausschließlich von demjenigen Lande, das durch die Namen Hiroshima und Nagasaki bezeichnet wird: in dem also das atomare Zeitalter zur wirklichen Erfahrung geworden ist. Nicht nur Zeitgenossen sind wir heute, sondern Raumgenossen. Wir leben in der mörderischen Nachbarschaft jedes andern Individuums und jedes andern Landes. Es waren zwei Chancen, die sich mir in Japan boten. Einmal die, zu sehen, wie der ‚post-atomare Mensch' lebt; und dann: die Grundsätze und die Maßnahmen zu erwägen, durch die diese neue mörderische Nachbarschaft in eine friedliche überführt werden könnte. Eine Versammlung von Kernphysikern oder Politikern waren wir nicht. ‚Kompetent' oder ‚Experten' waren wir insofern, als wir wußten, worum es geht: nämlich um Sein oder Nichtsein; und daß Rettung nur möglich ist durch Herstellung einer alle Grenzen und Vorgänge ignorierenden Front gegen jene, die so, als handelte es sich um Maßnahmen industrieller oder taktischer Natur und in konventionellem Maßstab, die Herstellung der nuklearen Waffen und deren Lagerung, die angeblichen Testexplosionen und die Probeflüge, die Installierung von Raketenbasen und die Einexerzierung von Spezialisten weiterbetreiben.‹

Lesehinweis: Hans Henny Jahnn, *Der Mensch im Atomzeitalter,* in *Aufzeichnungen eines Einzelgängers,* München 1959.

Mir gegenüber saß einer, der fünf Minuten lang den Zucker in seinem Kaffee umrührte. Hätt' ihm den Löffel aus der Hand schlagen können. Deutscher Ingenieur, ehemaliger Berliner, hat irgendwo im Süden Fischvereisungs-Installationen montiert. Nun froh, aus dem Kaff rauszukommen, nach einer Woche zurück nach Düsseldorf. Und was *ich* hier verloren hätte.

»Verloren nichts. Aber gewonnen. Sehr viel sogar.«

»Gratuliere.«

»Danke. Ja, wichtige Einsichten habe ich gewonnen.«

Sein Löffel stockt. Er blickt mich an, verkneift dabei sein Gesicht, als sei ihm etwas ins Auge geflogen.

»Die auch zu Hause wichtig sein werden. Die wichtigsten, die man heute gewinnen kann. Komme nämlich aus Hiroshima.«

»Bin ich auch gewesen. Affenhitze.«

»Auch. Aber das ist nicht das einzige. Habe dort nämlich die Feier mitgemacht.«
»Welche Feier?«
»Des Bombenabwurfs.«
»Geschmacksache.«
»Und bin in den Krankenhäusern gewesen. Und habe einige der Opfer gesehen. Und ihre Geschichten gehört.«
»Ach. – Und?«
Dieses ›Und‹ ist das gemeinste, das ich je gehört habe. So bald wird sich das kaum vergessen lassen.
Er winkt ab. »Damit kommen Sie mir nicht. Das sind wirklich olle Kamellen.«
»Inwiefern?«
»Wo wir heute ja viel bessere machen.«
(›Wir‹! Welche beneidenswerte Solidarität auf der anderen Seite!)
»Sie meinen, weil man heute zwei Millionen auf einmal umbringen kann, und sogar ohne eigens hinkutschieren zu müssen; und damals nur läppische zweihunderttausend und man mußte noch eigens hinkutschieren – deshalb sind die zweihunderttausend heute nicht mehr erwähnenswert?«
Er zuckt mit den Schultern. »Ist ja alles außerdem hübsch säuberlich entrümpelt. Viel netter sogar als früher, sagt man.«
»Und?«
»Wie das Hotel nur hieß?« sinniert er. »Richtig. Modern Hiroshima oder so. Sehen Sie: ›Modern.‹ Nein ›New‹. Alles neu macht der Mai. In bester Lage. Direkt vis-à-vis dem Museum, falls Sie was für Gruseln übrighaben.«
»Hab ich«, antworte ich.
»Scheint mir auch so. Wissen Sie, was für einer Sie sind?«
»Na?«
»Wissen Sie alleine. Ein Panikmacher.«
»Was Sie nicht alles merken. Ein professioneller sogar.«
Das macht ihn einen Augenblick lang stutzig. ›Professionell‹ klingt sonderbar. »Wollen Sie mich durch den Kakao ziehen?«
»Nicht im mindesten. Schließlich gibt es ja auch Professionelle, die die Mitwelt in Gefahr bringen. Übrigens auch Sie in Gefahr bringen, vergessen Sie das nicht. Und die diese Gefahr professionell verniedlichen oder professionell unterschlagen. Also muß es ja wohl auch ein paar andere geben, die sich dazu entschließen, die Mitwelt professionell vor dieser Gefahr zu warnen.«
»Klingt logisch.«
»Aber?«

Er zuckte mit den Schultern. »*Auch* ein Beruf. – Sind Sie was Politisches?«
»Nein.«
»Oder so ein Kernphysiker?«
»Auch nicht.« –
»Na also. Nichts für ungut. Aber was verstehen Sie denn davon? Warum überlassen Sie dann nicht den ganzen Atomkrempel den zuständigen Herren?«
»Aus einem einfachen Grunde. Weil es keine zuständigen Herren gibt.«
»*Ein* Kompetenter sitzt in jeder Branche.«
»Das ist ja das Entsetzliche.«
»Was?«
»Daß Sie die mögliche Zerstörung der Welt als eine *Branche* ansehen.«
Da es im Interesse der Lüge liegt, der Wahrheit einen anderen Namen zu geben, meint er: »Sie sind mir ein ganz Schlauer.«
»Kompetenz besteht nicht nur im Bescheidwissen, sondern auch im Entscheidungen-Treffen. Oder nicht?«
»Und?«
»Und Sie finden, daß Kanzler oder Außen- oder Verteidigungsminister, weil sie ein paar Ziffern mehr über die wahrscheinlichen Millionen Toten kennen als wir, ein Recht darauf haben, über das Sein oder Nichtsein aller zu entscheiden? Zum Beispiel Ihrer Kinder? Sie können sich darauf verlassen: Diese Herren verstehen genau so wenig davon wie Sie. Weil sie sich nämlich genau so wenig vorstellen wie Sie. Weil sie nämlich genau so faul sind wie Sie, wenn es gilt, sich die Sache vorzustellen. Faulpelze der Apokalypse seid ihr alle.«
»Fleiß mangelhaft.«
»Ungenügend. – Und wer glaubt und wer betont und wer nachplappert, wir sollten uns auf ›Kompetente‹ verlassen, der beweist damit außer seiner Faulheit, daß er total inkompetent ist. Nämlich in Sachen Weltuntergang.«
Er hatte mir amüsiert zugehört. »Mein Herr«, meinte er dann kopfschüttelnd, »das können Sie alles Ihrer Großmama erzählen. *Ich* weiß, worauf's ankommt. Nämlich: Für welche Firma reist der Herr? – Wenn man *das* weiß, dann kann's einem nicht durchs Dach regnen.«
»Meine Firma ist Ihnen unbekannt.«
»Wird sich herausstellen.«
»Schauen Sie«, meinte ich etwas behäbig. »Sie sind doch *auch* für die westlichen Werte, nicht?«

»Schön. Natürlich. Aber was soll das?«
»Ich nämlich auch: für den Wert der Freiheit, und den des Gewissens.«
»Machen Sie doch keine Zicken. Sie wissen doch sehr genau, wo ich hinaus will. In wessen Auftrag Sie sich hier herumtreiben. Und für wen Sie Ihre schönen Reden halten.«
»Genau das habe ich Ihnen eben beantwortet. Ich bin nämlich freier Schriftsteller. Und was ich tue, das tue ich aus freiem Entschluß.«
»Schön. Sie wollen nicht. Geht mich ja auch nichts an. Schriftsteller möcht' ich auch sein. Auch ein Beruf.«
»Das würd' ich mir an Ihrer Stelle noch überlegen. Ich jedenfalls habe einen Menschenschinder zum Chef. Einen mit Genauigkeitsfimmel.«
»Tut mir leid.« Er hat nicht verstanden.
»Und außerdem ist es wirklich ein komischer Beruf. *Einmal* leben – und dann dieses eine Leben damit verbringen, der Mitwelt die Gefahr, in der sie schwebt, zu verraten ... ich muß schon sagen ...«
»Verraten ist gut«, meint er lachend.
»Sogar das Beste, was man heute tun kann.«
»Wissen Sie was?« ruft er da plötzlich, und vor Vergnügen wirft er seine beiden Hände in die Luft. In der Rechten blitzt sein Messer, in der Linken seine Gabel. *»Das* sollten Sie sich auf Ihre Visitenkarten drucken: ›Professioneller Verräter‹.«
Leider muß ich mitlachen.
So unglaublich das klingt – aber so gehen solche Unterhaltungen eben vor sich – dieses gemeinsame Lachen hat in seinen Augen sofort alle Differenzen ausgelöscht, und offenbar stellt es für ihn auch den völlig befriedigenden Abschluß unseres Gesprächs dar. Auf deutsch ruft er »Zahlen!« (»Die verstehen schon«, meint er blinzelnd: Der geborene Kolonialmann.) Und dann, so als appeliere er damit an den für alle Menschen gültigen und alle Unterschiede annullierenden Generalnenner: »Ist ja doch alles Quatsch.«
»Was?«
Mit seinen zwei bewaffneten Händen weist er nun auf die Reisfelder außerhalb der Zugfenster. »Können *Sie* sich vielleicht vorstellen, daß das alles zu Ende geht?« Das Resultat liefert er gleich mit: »Na also.«
Ich schüttle meinen Kopf.
»Klar wie kalter Kaffee.«
»Ganz unklar. – Das ist es ja gerade.«
»Fängt er schon wieder an.« (Er zahlt. »Trinkgeld nehmen sie nicht. Praktisch.«) –
»Also was haben Sie jetzt noch auszusetzen?«
»Daß Sie glauben: Weil *Sie* sich die Sache nicht ausmalen können,

kann auch *die Sache* nicht passieren. Weil *Sie* nicht können, kann auch *sie* nicht.«
Er ist bereits aufgestanden. »Na schön«, meint er, »machen Sie nur so weiter. Wissen Sie, was ich zuerst gedacht hatte? Ist ja schnuppe. Aber jetzt weiß ich: Sie sind nur eine komische Nudel.« Und geht. –

Horst Lange
Was ich nie vergessen werde...

Horst Lange, geb. 1904, schrieb den folgenden Text 1946 für die Zeitschrift *Der Ruf*. Die Redaktion, Alfred Andersch und Hans-Werner Richter, versah ihn – damals am 1. Oktober 1946 – mit einer Vorbemerkung, die man heute nur wiederholen kann: ›Das Urteil im Nürnberger Prozeß wird in diesen Tagen gesprochen. Die Diskussion über die juristischen Voraussetzungen des langwierigen Verfahrens mag noch einige Zeit anhalten – den wirklichen Hintergrund menschlichen Leidens, auf dem sich der Prozeß abspielte, wird sie niemals verdecken können. So scheint es uns angemessen, statt eines politischen Nachwortes einige Erinnerungsblätter des Dichters Horst Lange abzudrucken, deren grauenhafte Wahrheit unser inneres Urteil über die Hauptschuldigen an diesem Kriege bestätigt.‹
Lesehinweis: Peter Martin Lampel, *Amoklauf*, Funkszene;
Arnold Bender, *Das Los*, Erzählung; beide in *Deutsches Wort in dieser Zeit*, hg. von Herbert Burgmüller, München o. J.; Wolfdietrich Schnurre, *Die Tat*, Erzählung in *Eine Rechnung, die nicht aufgeht*, Olten und Freiburg 1958;
Friedrich Hoffmann, *Das Jesuskind von Ostrowice*, in *Das Erlebnis der Gegenwart*, hg. von Bernt von Heiseler und Hans Fromm, Stuttgart 1960.

Ich werde die tränenüberströmten Gesichter des jungen, schlanken, hochgewachsenen Feldwebels und einer schmalen, schwarzhaarigen, von Schmerz und Angst ganz betäubten Frau nicht vergessen, und wie sie mir entgegenkamen, die Treppen des Divisionsgebäudes von Liegnitz herab, aus dem Saal heraus, in dem sie eben ihr Todesurteil gehört hatten, das über sie gefällt worden war, weil sie versucht hatten, den irrsinnigen Krieg, den sie nicht mehr ertragen konnten, hinter sich zu lassen und in einem Boot über den Bodensee zur Schweiz hinüberzuflüchten; den hoffnungslosen, blinden Blick, mit dem er mich streifte, als er auf dem Flur von den Wachen beiseite gewinkt wurde, damit sie ihm die Handschellen wieder anlegten, die er vor Gericht nicht getragen hatte, die machtlose, gleichgültige Geste, mit der er ihnen seine Arme hinhielt, während die Frau schon durch die Tür geführt wurde und der verkrümmte Rücken im sommerlichen Abendlicht noch einmal, zum letztenmal, sichtbar wurde, als lege der Himmel ihr ein wärmendes Tuch um die zuckenden Schultern...
Ich werde das steinerne, wie ausgelöschte Gesicht des Deserteurs nicht vergessen, der am Vorabend seiner Erschießung in das Reservelazarett 101 in Berlin zur Augenuntersuchung geführt wurde, weil ein Vermerk in seinem Gesundheitsbuch fehlte und vor seiner Tö-

tung noch ergänzt werden sollte; die schlenkernden, marionettenhaften Bewegungen, die er machte, als wäre er jetzt schon nicht mehr am Leben, die gleichmütigen, mechanischen Antworten, die er mit belegter Stimme auf sinnlose Fragen gab; den lauernden Blick des diensteifrigen Postens, der jede seiner Regungen aus schrägen Augen genau beobachtete; das Schweigen, das der Verurteilte hinterließ, als er weggeführt worden war, das uns allen die Kehlen zusammenschnürte und die Geschäftigkeit der Schwestern und Ärzte für Minuten, nur für Minuten, lähmte ...
Ich werde das dunkle Gemurmel des Irrsinnigen nicht vergessen, um Mitternacht, an der Front vor Jelnja, während die Geschütze schwiegen, und wie er aus dem Dunkel auf mich zugekommen war, indem ich dort Posten stand, wie er herangeschwebt war, torkelnd, die Arme schlenkernd und mit den Füßen vielleicht gar nicht mehr auf dem Boden, von vorn, aus der ersten Linie, halb ausgezogen, einen Stiefel in der Hand; im stäubenden Sternenlicht, das glitzernd zuckte (als sei der Himmel über dieser zerschlagenen und brandigen Erde von einer fiebrigen Nervosität), wie ein Oger wirkend, der gierig umgeht; die heisere, flüsternde, gedämpfte, zischende Stimme, die mich unaufhörlich fragte, ob ich seine Mutter nicht gesehen hätte, von der man sagte, sie sei hier in der Nähe, den übelriechenden Atem, der mir ins Gesicht wehte, indes drüben, hinter den russischen Stellungen, das Zucken der Abschüsse sichtbar wurde und die Granaten schon über uns hinwegsausten und auf unserer Nachschubstraße einschlugen; die Unruhe, die ihn ergriff, als er das Schießen hörte, und wie er auf einem Bein zu tanzen begann und zu schreien anfing, lauthals zu brüllen, als wir ihn festhielten, weil er auf uns eindringen wollte; und wie das Echo von den Hügeln und Hauswänden zurückschlug, einer höhnischen Lache vergleichbar, und daß die Nacht danach doch wieder ihren täuschenden Frieden zurückgewann, hinter dem so viel Tod lauerte ...
Ich werde den neunzehnjährigen SS-Mann nicht vergessen, im Reserve-Kriegslazarett zu Lublin, wie er, die Stille nicht ertragend, in seinem Bett lag, mit unruhigen Händen über die karierte Decke fahrend, und wie er das Eiserne Kreuz bald von sich wegschob, bald wieder hastig an sich nahm, als könnte es ihm gestohlen werden, und zuerst noch plappernd, dann aber immer deutlicher und klarer werdend, Geschichten erzählte, denen niemand zuhörte und die von Erschießungen handelten; wie er mitunter, in schlechtem Gewissen verstohlen um sich blickend, halblaut flüsterte und dann wieder dringlicher wurde und seine Stimme erhob; und wie es zuletzt eine einzige Geschichte war, die er unablässig wiederholte, im Bett hochfahrend, auf

den Fluren hin und her gehend, jeden mit dieser Geschichte überfallend wie aus dem Hinterhalt seines zunehmenden Wahnsinns, mit der Geschichte gleichsam um sich schlagend, einem Tobsüchtigen vergleichbar, der nicht mehr fähig ist, sich zu beherrschen, und auf alle eindringt, die ihm in den Weg laufen, so lange, bis seine Kräfte ihn verlassen haben und er zusammensackt, um nicht mehr hochzukommen; wie er diese Geschichte immer wieder damit begann, daß er an jenem Tage in Rußland, in Borissow oder bei Minsk, schon sechshundert Juden erschossen hatte, er, er allein, mit seiner Maschinenpistole hinter der gesichtlosen Reihe entlanggehend, die am Rande der tiefen Grube kniete; und wie dann seine Stimme plötzlich schrill wurde und zerbarst, als er schilderte, daß eine, die da kniete, sich noch einmal umdrehte und ihr Gesicht zu ihm hinwandte, das kalkweiße Gesicht einer jungen Frau mit dunklen Augen; und wie dann der Satz wiederkehrte, bei dem er jedesmal, wenn er ihn aussprach, ein wenig tiefer in der Finsternis versank, ein einfacher Satz von wenigen Worten, aber er wog schwer genug: »... und da sah ich, daß das ein Mensch war ...«; immer wieder diese neun Worte, die ihn nach unten zogen, mitten in die tiefste Nacht hinein, über den Acheron hinaus, dorthin, woher die Toten kamen, als sie von Odysseus durch jenes Blutopfer beschworen wurden ...
Ich werde das Feldlazarett von Lataschino nicht vergessen, hundertzwanzig Kilometer nordwestlich Moskau, und wie ich mich aus den wütenden Wirbeln des Schneesturms in diese warme, nach Blut, Kot, Essen, Zigarettenrauch, Schweiß und Desinfektionsmitteln riechende Schulstube gerettet hatte, aus einem Inferno ins andere, aus dem eisigen dort draußen in dieses stickige, wo die Männer sich leerbluteten, weil nicht genügend Verbandmaterial da war, wo sie einem widerlichen Tod aus Nachlässigkeit und Schlamperei erlagen, weil sich niemand um sie kümmerte (diesem Tod, von dem es dann zu Hause hieß: es sei ein Heldentod gewesen – ›... kein schönrer Tod ist auf dieser Welt ...‹ –, einen Blick nur für die Mütter, für die Frauen und Mädchen ins Feldlazarett von Lataschino, dorthin, wohin sie so oft wimmernd mit den letzten Atemzügen von jungen und alten Männern vergeblich gerufen wurden – und sie hätten alle Lügen durchschaut, mit denen dieser Krieg glorifiziert wurde!); die abgebrühten, mechanischen, unbeteiligten Handlangerdienste der Sanitätsdienstgrade, von denen alle Welt wußte, daß sie den Augenblick abpaßten, da die Schwerverletzten starben, um ihnen die Ringe, die Uhren und andere Habseligkeiten wegzunehmen; und wie die Tür sich immer wieder auftat, um neue Elendsfiguren einzulassen, während draußen, schon ganz in der Nähe, die russischen Maschinengewehre ihre Todesnähte

steppten, auf allen Seiten und unaufhörlich und immer deutlicher; und wie sie den Verbrannten hereintrugen, der sich vor Schmerzen krümmte, und wie sie gleich danach die Bahre mit dem jungen Unteroffizier brachten, dessen Unterleib eine einzige breiige, rote Fleischmasse war, und danach den Feldwebel, der kein Zeichen einer Verwundung aufwies und am Tisch saß, den Kopf in beide Hände gestützt und weinend um seine Kompanie jammerte: »... meine schöne Kompanie ... meine schöne Kompanie ...«, eine Baukompanie von lauter alten Leuten, von Familienvätern, ohne schwere Waffen, die, mit zwanzig Schuß für das Gewehr, zum Einsatz gekommen und in einer halben Stunde aufgerieben worden war; und wie alle ringsum auf den Strohschütten saßen: die mit den in Lumpen gewikkelten erfrorenen Gliedmaßen und jene, die nur einen Streifschuß bekommen hatten und sich ganz wohl fühlten und Läuse sammelten aus den Uniformen und rauchten und ihre Kochgeschirre leerlöffelten, und keiner hörte auf den Feldwebel, dem die Tränen übers Gesicht liefen, weil er einhundertzwanzig Familienväter verloren hatte und selbst übriggeblieben war ...
Ich werde das nie vergessen, wo alle anderen schon längst nicht mehr daran denken ...

Wolfdietrich Schnurre
Der Zwiespalt

Schnurre, geb. 1920, ist einer der vielseitigsten Schriftsteller der deutschen Gegenwartsliteratur; er schreibt Fabeln, Tiergeschichten, satirische Gedichte, Essays, Feuilletons, Hörspiele, Romane. Vor allem aber wurde der Rang seiner Kurzgeschichten von der Literaturkritik hervorgehoben, ›diese Verbindung von Sozialkritik und Poesie‹ (Walter Jens). ›Schnurre ist ein engagierter Schriftsteller, also ein Mann, der der Zeit auf die durchaus nicht sauberen Finger sieht.‹ (Marcel Reich-Ranicki.) In dem Band *Funke im Reisig*, 1963, hat die Erzählung *Der Zwiespalt* zwei Teile. Teil 1 trägt den Untertitel *August 1959*, Teil 2, der hier nicht abgedruckt wird, *Juni 1963*. Nun ist es Walter, der die Absicht hat, Ostberlin zu verlassen: »Seit der Mauer ist alles durcheinandergeraten. Da atmeste die Angst mit der Luft ein; da kannste noch so allein sein, vom Mißtrauen wirste immer begleitet.« Walter hat sich entschlossen: »Tut mir leid, Else; muß die Dunkelheit ausnutzen.«

Sie stand am Fenster und wartete auf Walter. Es war dunkel, vom Marx-Engels-Platz wehten Mörtelstaub- und Holzgasgeruch herüber, und in der teerschwarzen Spree unter ihr spiegelten sich zittrig die paar Laternen von der Burgstraße wider. Sie hätte es ihm auch schreiben können, sogar ein Zettel auf dem Tisch hätte genügt, denn so war es nicht, daß er sie nicht verstünde; er verstand sie sehr gut. Aber verstehen nützte hier nichts, auf den Kopf kam es hierbei nicht an. Vielleicht aufs Herz. Doch sein Herz *hing* ja gerade an dem, was sie forttrieb; also was war es nun, worauf sie noch hoffte. Sie nahm an, daß es die jetzt fast zwanzig Jahre waren, die sie zusammenlebten. Sicher, die waren es. Zwar, was hieß schon zusammenleben, wenn er von früh bis abends in der Setzerei war und nach dem Dienst auch noch angeln ging an die Spree, und sie täglich gut ihre zehn Stunden lang im HO bediente; trotzdem, man konnte sich aufeinander verlassen, man hörte es atmen neben sich nachts, und sonntags fiel sogar manchmal ein Ausflug zu zweit in den Plenterwald oder an den Müggelsee ab. Das verband natürlich, und hätte er fünfundvierzig, als ihr das mit dem Soldaten widerfuhr, nicht darauf bestanden, daß der Arzt einen Eingriff vornahm, wodurch sie nun weder das fremde noch ein eigenes Kind haben konnte, die Verbindung wäre bestimmt noch sehr viel fester gewesen.
Rechts kroch fern jetzt eine glühende Raupe über die Spree. Die S-Bahn. Das war Jannowitzbrücke dort drüben, dann kam Alexan-

derplatz, dann kam Marx-Engels-Platz, dann kam Friedrichstraße. Manchmal, wenn der Wind günstig stand, hörte sie den Zugabfertiger »letzter Bahnhof im Demokratischen Sektor« durch den Lautsprecher sagen; die Stimme kam schon in ihren Träumen vor, und heute nun würde sie sie seit langem wieder einmal ganz aus der Nähe und dann in Wirklichkeit nie wieder hören. Nie wieder, nein.
Sie wollte etwas wie Erschütterung spüren nun; wenigstens eine Gänsehaut; aber nicht einmal ihr Pulsschlag beschleunigte sich, als sie sich das Nie-wieder noch einmal klarzumachen versuchte. Komisch, dachte sie, und dabei kenn ich die Ecke hier jetzt – zweiundvierzig Jahre, hätte sie weiterdenken müssen, aber sie dachte nicht gern an ihr Alter, es hätte nicht gut zu ihrem Vorsatz gepaßt; seit ich n Kind war, dachte sie daher zu Ende. Doch sie war wohl einfach zu fertig mit allem hier, als daß sie der Gedanke, in Westberlin jetzt neu zu beginnen, noch aufgeregt hätte; außerdem hatte sie es sich schon viel zu oft vorgestellt, damit war keine Gänsehaut mehr zu erzeugen.
Die Tür knarrte, sie fuhr herum, und Walter trat ein, sie hatte ihn gar nicht aufschließen hören. »n Abend, Else«, sagte er.
Jetzt kam das Herzklopfen nach. »n Abend, Walter.«
Er schien kein Licht gemacht zu haben auf der Treppe, sonst hätten seine Augen sich unmöglich so schnell an das Dunkel im Zimmer gewöhnen und gleich auch das Köfferchen auf der Couch erkennen können. »Willste verreisen?« Er lehnte sich neben ihr aus dem Fenster, und sie nahm wieder den Duft der Druckerschwärze wahr, der von ihm ausging, sie roch es immer noch gern.
»Ich wollt warten mit m Weggehen, bis du kämst.«
Er schwieg und starrte auf seine gefalteten Hände, oder vielleicht sah er auch an ihnen vorbei und ins reglos um die Anlegepfosten stagnierende Wasser hinab, es war sein Anglerblick, das einzige an ihm, was sie haßte.
»Komm, red was.«
Er hielt einen Augenblick den Atem an, sie hörte es; doch er sprach nicht, er schluckte nur zweimal.
»Ich dacht, s legt sich wieder«, sagte sie; »aber s wird nur schlimmer. Ich hab mich aus m Lokal abends ja schon bald nicht mehr nach Hause getraut, so verlorn, so – so grau, so versteppt ist hier alles. Und so was von Leere, von Stille!« Jetzt war die Gänsehaut da, sie fröstelte. »Ne Mondlandschaft ist das hier, höchstens mal n paar Plakate dazwischen.« Ein Motorkahn tuckerte unter ihnen dahin, im Pfeifenkopf des Mannes am Steuer glühte in rhythmischen Intervallen der Tabak auf.
»Ich glaub«, sagte er langsam, »du machst n Fehler, Else. Du siehst

bloß die Gegend. Gibt aber doch auch Menschen hier, oder –?« Er hob etwas den Kopf, vermied jedoch, sie anzusehen.
»Menschen –«, sagte sie und bog die Mundwinkel nach unten; »was denn für welche. Ich seh sie ja, Walter; ich bedien sie ja jeden Tag im HO. Sie schlingen ihr Essen runter, kippen ihr Korn, ihre Molle, reden gedämpft, wechseln s Thema, wenn sich n andrer an n Tisch setzt, lachen nicht, lächeln nicht, knautschen ihr armes Papiergeld zusammen, lassen sich auf n Pfennig rausgeben, stehn müde und kaputt auf und gehn genauso grau und unlustig weg, sie sie kamen.«
»Trotzdem«, sagte er, »das sind sie, Else: die Berliner. Ich seh sie in der U-Bahn frühmorgens ja noch viel grauer und unausgeschlafener als du. Aber kannste dir vorstelln, daß mir manchmal ganz mulmig zumut ist, wenn ich dann so im Gang steh und seh die beiden Bankreihen voll dösender, schweigsamer, wildfremder und doch alle mit'nander verbundener Menschen sich in dem schaukelnden Wagen da so gegenübersitzen?«
Ein Schlepper tutete fern; sie lauschte dem Pfiff abwesend nach. Doch; sie konnte es sich vorstellen. »Du hasts gut«, sagte sie; »du siehst in den Leuten hier noch Berliner. Aber Mensch, ich merks doch an mir, Walter: wir sind ja längst schon genauso abgestorben und leer wie die Straßen hier nachts. Warum sehn ich mich denn so nach Lichtreklame, nach erleuchteten Schaufenstern, nach nettgekleideten Menschen, nach m bißchen Gemütlichkeit? Weil ich leben will, Walter. Weil das hier n Stück Steppenstadt ist, weil man versandet hier, weil man verstaubt und verdorrt.« Ihre Stimme zitterte, sie merkte es und schwieg.
Er holte tief Luft. »Und wenn alle so machten? Durch wen lebt Ostberlin denn? Doch nicht durch die mit ihrem Parteikram. Durch uns, Else. *Wir* sind die Berliner, nicht die.«
»Du redst, als wärn wir ne Macht.«
»Na, ist Zähigkeit vielleicht schon mal ne Schwäche gewesen?«
»Ich bin aber nicht zäh«, sagte sie erschöpft. »Ich bin kaputt, Walter; ich kann nu nicht mehr. Ich bin hier geborn; ich hab gedacht, zu der Gegend stehste, Else, egal, was kommt; und ich weiß auch: sie braucht uns. Aber mich hat sie aufgebraucht jetzt. Ich hab ihr seit fünfundvierzig alles an Kraft gegeben, was ich hab; ich dacht, ich kriegs wieder. Aber man kriegt nichts wieder.«
»S liegt an einem selber, ob man was wiederkriegt«, sagte er und nickte nach links, zur Kurfürstenbrücke hin; »kuck dir den glühenden Himmel da an. S Herzblut Berlins, Else.« Und meins, dachte sie, schwieg aber. »Oder hier«, sagte er; »da: die Spree. Überall kannste dir Kraft holen, an jeder Ecke.«

»*Du* kannst es«, sagte sie beinahe heftig. »Ich kanns nicht. Ich brauch mehr als n Trost; ich erstick hier.«
Er schwieg und starrte wieder über seine gefalteten Hände weg ins Wasser hinab: der Anglerblick.
Sie merkte, daß sie anfing, ihn zu beneiden; es war Zeit. »Also, ich geh dann«, sagte sie, ohne sich von der Stelle zu rühren. Sie spürte, er hielt wieder den Atem an, schluckte wohl auch; doch er richtete sich nicht auf, er schien Blei in den gefalteten Händen zu haben.
Langsam ging sie zur Couch und nahm ihren Koffer; jetzt war wieder das alte Leergefühl in ihr, keine Erregung, keine Müdigkeit, nicht einmal Trauer. »Wiedersehn, Walter.«
Tür zu, Treppenlicht, gehn.
Auf dem Hof roch es nach nasser Asche und schimmligem Holz; sie war froh, ihre flachhackigen Schuhe angezogen zu haben, da brauchte sie nicht bei jedem Schritt Angst vor den Pflasterrissen zu haben.
Die Breite Straße herab pfiff der Wind, er brachte Moderduft mit: die Spree. *Seine* Spree.
Else ging eng an den Häusern entlang, der Himmel hier war zum Polypen geworden, seit so viele Dächer fehlten; er hatte Sternensaugnäpfe an seinen Armen, die rissen einen hinauf. Aber dann blieben die Häuser zurück, und die gepflasterte Taiga des Marx-Engels-Platzes tat sich vor ihr auf. Kein Mensch weit und breit, nur die steinern verbeulte Kohlrabiknolle des Doms hinten rechts mit den stumm trompetenden Engeln auf den Gesimsen.
Auf der Zementtribüne hatte sich eine Plakatecke gelöst und klatschte schlapp gegen den wellig gewordenen Text. Es nützte nicht viel, sich vorzustellen, daß hier einst das Schloß stand, oder vor sieben Monaten noch Weihnachtsmarkt gewesen war mit einer ultraviolett geheizten Straße zwischen den Buden und Erzgebirgszwergen, wie Riesen so groß, die einer wie der andere an finster blickende Rotarmisten erinnert hatten; es nützte auch nichts, den Blick zu senken; die Leere fiel einen von allen Seiten an, und, das Köfferchen an sich gepreßt, rannte sie los, zur Kupfergrabenbrücke hinüber.
Ein Omnibus kam ihr, die Linden herab, entgegen, aufatmend starrte sie, als er an ihr vorbeirumpelte, in die grell beleuchteten teilnahmslosen Gesichter hinter den Scheiben. Vom Zeughaus an wurde es besser, die Straßenlaternen leuchteten, die Linden rauschten, sogar ein paar Menschen waren zu sehen, und vor dem Gitter des renovierten Ehrenmals stand Hand in Hand ein Paar in FDJ-Uniform und starrte, sich auf die Zehen hebend, in die kahle Grotte dahinter.
Wird schon bald wieder was flackern da drin, dachte Else, und sie sah sich im Weitergehen als Schulmädchen, von andern Mädchen um-

ringt, aus einem der Zeughausfenster gespannt die Wachablösung beobachten, eckige Maschinenmenschen mit Stahlhelmen und kantigen Kinnen, vor denen Walter, wenn er auf Urlaub war, mit zusammengepreßten Lippen die Hand an den Mützenrand legen mußte.
Die narbigen Säulen vom Brandenburger Tor waren bestrahlt, sie sah sie fern durch die Blätter schimmern. Dahinter begann, was sie sich gewöhnt hatte, das neue Leben zu nennen. Das heißt, im Grunde begann gar nichts da, die Stadt ging weiter, es wuchs sogar dasselbe Unkraut da wie hier, und die Krähen im Tiergarten, hatte sie sich einmal an einem Sonntagmorgen überzeugt, krächzten nicht anders als die, die sie immer aus dem Küchenfenster auf den Platanen des Schinkelplatzes sitzen sah; vielmehr: gesehen *hatte,* war wohl jetzt richtiger. Und doch begann da hinten eine andere Welt. Schon die Luft. Es war vielleicht noch nicht die Luft der Freiheit, aber die Luft der Hoffnung war es auf alle Fälle. Ich find bestimmt was da drüben, dachte sie; und wenns erst mal bloß ne Aufwartung ist.
Als sie in die Friedrichstraße einbog, merkte sie, daß sie Herzklopfen bekommen hatte. Hier war auch Leben; vor dem Tanzlokal standen ein paar junge Leute mit flappenden weiten Hosen, langen Haaren und breiten, sorgfältig gebundenen Krawatten umher, sie summten und wippten im Takt dazu in den Knien. Else versuchte im Gehen etwas von der Leuchtschrift zu erhaschen, die im Schneckentempo über die grobmaschige Rasterschiene am Bahnübergang kroch. Irgendeine Delegation war irgendwo festlich empfangen worden; gut hatten die es. Sie ging die paar Stufen hinauf und durch die leere Halle zum Schalter. »Einmal zwanzig bitte.«
Ihr war, sie hätte durch eine Röhre gesprochen, und sie wunderte sich, daß ihr die Schalterbeamtin die Karte anstandslos gab, merkte die ihr denn nicht an, daß sie rüberwollte, republikflüchtig war, wie es hieß?
Doch; man merkte ihr etwas an; auf dem Bahnsteig oben musterte einer der Transportpolizisten sie, und die Daumen hinter dem Koppelschloß, kam er mit wiegenden Schritten heran. Der verdammte Koffer; dabei waren bloß zwei Kleider, etwas Wäsche, das Waschzeug und die einarmige Sofapuppe darin. Aber es schien dem Mann um etwas anderes zu gehen, denn er lächelte. Nicht lange allerdings, dann fiel ihr wohl Licht ins Gesicht, und der Polizist hörte auf zu lächeln und schlenderte lautlos pfeifend an ihr vorbei. Else lehnte sich an einen Kinoschaukasten und schloß einen Moment lang die Augen. Dann kam der Zug; und da war sie jetzt: die Stimme; die Lautsprecherstimme aus ihren Träumen. »Friedrichstraße«, sagte sie; »letzter Bahnhof im Demokratischen Sektor.«

Amen, sagte Else.
Steif, die Fäuste um den Koffergriff gekrampft, daß die Knöchel weiß wurden, setzte sie sich auf einen Fensterplatz. Nicht denken, gleichgültig aussehn, noch kannste rausgeholt werden. Nein, nun nicht mehr; die Türen schlossen sich, der Zug fuhr an; niemand im Abteil beachtete sie.
Sie versuchte sich klarzumachen, was sie jetzt tat, aber weiter als bis zu der Feststellung, daß sie S-Bahn fuhr, kam sie nicht, und dann begann auf einmal Berlin durch ihr schwach erhelltes Spiegelgesicht in der Scheibe zu ziehen, die Reichstagsruine mit den zwei Drahtpferdegerippen darauf, auf denen man tags noch die Rückgratstützen der längst zu Schamott gewordenen Reiter erkannte, die Schrott- und die Kohlenplätze entlang der Spree, der Humboldt-Hafen mit seinen Baukasten-Speicherhäusern dahinter, der Lehrter Bahnhof, die Moabiter Güterschuppen und fern, über dem dunklen Tiergarten, wie ein zertrümmerter Sternhimmel gleißend, das andre Berlin, das helle, das ersehnte, das frohe, und atemlos preßte Else die Stirn gegen die Scheibe und starrte hinüber.
Das war es, ja; hier überall war es jetzt, jeder dieser Lichtfunken da konnte das Zimmer erhellen, das sie sauberhalten würde in Zukunft. Vielleicht n Büroraum, dachte sie, bloß nicht gleich Leute um einen rum.
Aber Bellevue stiegen sie schon ein, lachende, hübsch gekleidete Paare, die Mädchen sorgfältig zurechtgemacht und mit wippenden Rökken, die jungen Männer vollwangig und kurzgeschoren, Glanz auf den Schuhen, die Hemden so weiß, daß die Augen weh taten, Paradiesmenschen.
Aber es war seltsam, so sehr sie sich auch nach ihnen gesehnt hatte, Else freute sich nicht, sie zu sehen; sie konnte es sich noch so befehlen, es gelang nicht, es stand etwas davor: ein Mann, ein kleiner vornübergebeugter Mann, der nach Druckerschwärze roch und schweigend auf seine gefalteten Hände sah. Und auch ein Omnibus rumpelte jetzt durch sie hindurch, und Else sah wieder die grell erleuchteten, müden und teilnahmslosen Gesichter mit den Schattenbacken, den Augenkratern hinter den Scheiben, und plötzlich drehte sich draußen das Hansa-Viertel vorbei, riesige, frevelhaft hohe, wabenartig aufgestockte, und Wabe um Wabe ätzend erleuchtete Wohnkasernen, die an den Himmel zu stoßen schienen, und Elses ratlos verwirrtes Spiegelgesicht, das minutenlang in diese Wolkenkratzersiedlung mit eingeplant war, Türen hatte, Fenster hatte, Gardinen hatte, Hausnummern, Treppen, Balkons, es sah sie an, und sie sah, daß es fragte: Was willst n hier, Else, hm.

Sie schloß die Augen und versuchte an die HO-Küche zu denken, an den Dampf, an das Brechreiz erregende Geruchsgemisch, an den Rost im Innern des Schranks, in dem ihr Kittel hing, an die erschöpften, glänzenden Gesichter der andern Frauen, hörte sich monoton »den Personalausweis bitte« sagen, wenn ein Gast was bestellte; sah auch die Gäste, versuchte, sie sich so grau, so unterschiedslos wie nur möglich vorzustellen, vergeblich; sie sah sie zwar, ja, sah sie ganz deutlich, sah alles, als ob es Wirklichkeit wäre, und doch war der Überdruß, war der Ekel, war die Ermattung, waren all ihre Einwände plötzlich verschwunden. Da saßen Menschen, Menschen wie sie, grau zwar, geduckt, müde, aber Berliner; Berliner, die aushielten, die *auch* hier geboren waren, die *nicht* weggingen, die blieben, weil sie festklebten am Alex, nicht loskamen von ihren kahlen, grauen, zernarbten Straßen, die ihren altgewordenen Zimmern, ihren kriegsversehrten Häusern, ihren rissigen Höfen die Treue hielten. Sicher, da waren auch Funktionäre drunter, Bonzen, Radfahrer. Aber was wogen die gegen die andern? Nichts. Wir, sagte eine Stimme in ihr, *wir* sind die Berliner, nicht die.
Und im selben Augenblick, da sie an ihrem rasenden Herzklopfen spürte, es war Walters Stimme gewesen, wurde die Nacht draußen hell, Reklame zuckte grün, rot, gelb auf, Zeitungskioske strahlten, die Kontur eines hellerleuchteten Hochhauses war flammend ins Nachtschwarz geritzt, der Zug hielt, Menschen strömten herein: bunt, heil, glatt, gepflegt, und Else sprang auf, ihren Koffer an sich gedrückt, und drängte hinaus.
Zoo. Immer war es diese Station gewesen, die sie in ihren Wunschträumen als neues Startzentrum umkreiste. Und jetzt? Ich hab mich geirrt, dachte sie, oder ich träum; ich bin fremd hier, ich hab mich verfahrn; nie gesehn, die Betonklötze von Häusern hier ringsum. N Land hinterm Mond. Sie fiel auf eine Bank und starrte mit brennenden Augen auf die funkelnde Hardenbergstraße und zur angestrahlten Gedächtniskirchen-Ruine hinüber, und wieder arbeitete ihr Blick sich, Wimpernschlag um Wimpernschlag, das schmalfenstrige Hochhaus hinauf und versuchte, Ruhe zu finden, Ausschau zu halten.
Die Menschen, dachte sie; mein alter Fehler, ich seh immer bloß die Gegend; aber es gibt doch auch Menschen hier, oder –? Doch; es gab Menschen, Hunderte. Sie schoben sich unten die Straße entlang, sie säumten den Bahnsteig, sie standen vorm Ausschank, liefen auf und ab, saßen neben ihr, rauchten, lasen, schwiegen, lachten, sprachen. Doch es waren Fremde, sie hatten nichts mit denen, die Else täglich bedient hatte, zu tun, wie aufgeklebt hätte auch nur einer von ihnen zwischen denen im HO gewirkt.

Was machste bloß, dachte sie. Hier *haste* doch nu dein Lachen, dein Licht, deine netten Kleider, freu dich doch, Mensch. Sie gab sich auch große Mühe, aber sie wußte nicht, worüber sie sich freuen sollte. Und auf einmal fiel ihr ein, daß sie nur vier S-Bahn-Stationen gefahren war. Vier S-Bahn-Stationen, und man war in einem anderen Land. Aber fast zugleich fiel ihr auch noch etwas anderes ein: Vier S-Bahn-Stationen, und eine Lautsprecherstimme würde »Friedrichstraße« in die stille Dunkelheit sagen.
Sie war sehr ruhig, als sie in der entgegengesetzten Richtung, aus der sie gekommen war, wieder in den Zug stieg. Sie blieb an der Tür stehen, den Koffer hatte sie achtlos ins Gepäcknetz gelegt. Während die Bahn anfuhr und draußen noch einmal das Zooviertel aufleuchtete, dachte sie an den Kupfergraben. Dort stand jetzt, dicht an der Grünstraßenbrücke, über seine gefalteten Hände gebeugt, ein kleiner, nach Druckerschwärze riechender Mann und gab auf seine Aalangeln acht. Sie nahm sich vor, ganz leise zu sein, wenn sie neben ihn trat; wie sie ihn kannte, würde das die beste Art sein, es zu vergessen.

Wolfdietrich Schnurre
Der Januskopf der Zivilisation

Lesehinweis: Wolfdietrich Schnurre, *Parabeln,* in *Jahresring* 58/59, Stuttgart

Ein Nashorn hatte einen Touristenbus attackiert; dabei war ihm ein Benzinkanister auf dem Horn steckengeblieben, den es nun nicht mehr herunterbekam. ›Erhebt sich die Frage‹, dachte es dumpf, ›nehme ich es als Fluch, oder gewöhne ich mich daran, eine Kopfbedekkung in ihm zu sehen.‹

Die schwierige Position Gottes

›Und verschone uns mit Feuer, Mißernten und Heuschreckenschwärmen‹, beteten die Farmer am Sonntagmorgen. Zu gleicher Zeit hielten die Heuschrecken einen Bittgottesdienst ab, in welchem es hieß: ›Und schlage den Feind mit Blindheit, auf daß wir in Ruhe seine Felder abnagen können.‹

Arno Schmidt
Zu ähnlich

Arno Schmidt, geboren 1914 in Hamburg, mußte sein Mathematik-Studium nach einem Zusammenstoß mit der NSDAP abbrechen und wurde dann kaufmännischer Angestellter und Dolmetscher. Heute lebt er als freier Schriftsteller in Bargfeld bei Celle. Radikaler als alle deutschen Autoren seiner Generation veränderte Schmidt die ästhetischen und literarischen Traditionen. In einem *Werkstattbericht* verteidigte er 1955 seine Arbeitsmethoden gegen die – sogar von ›Fachleuten‹ kommenden – ›befremdlichsten Urteile‹: ›Unsere bisher gebräuchlichsten Prosaformen entstammen sämtlich spätestens dem 18. Jahrhundert; auch sind bereits in jenen Jahren Musterbeispiele für jede einzelne davon gegeben worden. Es wäre aber für die Beschreibung und Durchleuchtung der Welt durch das Wort (die erste Voraussetzung zu jeder Art von Beherrschung!) ein verhängnisvoller Fehler, wollte man bei diesen ‚klassischen' Bauweisen stehenbleiben! Besonders nötig war und ist es, endlich einmal zu gewissen, immer wieder vorkommenden verschiedenen Bewußtseinsvorgängen oder Erlebnisweisen die genau entsprechenden Prosaformen zu entwickeln.‹
Als Funkautor benutzt Arno Schmidt die Form des Dialog-Essays, die er den Bedingungen des Mediums Funk angepaßt hat. In ihr berichtete er von seinen Wiederentdeckungen in der Literaturgeschichte – nicht zuletzt aus der Epoche der Aufklärung: ›In unserer augenblicklichen kulturellen Situation heißt ein Zurückgehen auf Leute wie ihn – Johann Heinrich Voss –: Fortschreiten.‹

»Och, Geschichten weiß der Herr Rat: Der könnt' die Vögel von'n Bäumen locken!«, und sah mich dazu, sehr von unten her, aus glitzernden Altersaugen an. »Ja, ja, gewiß, Hagemann«, sagte ich diplomatisch, »ob sie aber auch alle wahr sind?«
Er warf sofort die Arme (mit den immer noch mächtigen Fäusten daran) in die Luft. »Wieso denn nich?!« nieselte er empört. »Was hier im Lauf der Jahre alles passiert iss! – Und dann die viel'n Ins-trumente: Ogottogott, wenn ich nich so'n festen Kopf hätte ...« Er entfernte sich, ungläubig murmelnd; und ich begab mich unbefriedigt wieder zur Terrasse zurück, wo man mich schon erwartete.
Vermessungsrat a. D. Stürenberg erklärte eben dem Hauptmann, daß man auch als Laie durchaus noch bessere Karten einer Gegend als die allgemein für das Nonplusultra angesehenen ›Meßtischblätter‹ erwerben könne. »Jedes Katasteramt verkauft Ihnen anstandslos für – 6 Mark sind's, glaub' ich, zur Zeit – die sogenannten ›Plankarten‹, im Maßstab 1:5000, die ebenfalls die gesamte Topographie enthalten. Da haben Sie dann genau jedes einzelne Gebäudlein eingezeichnet:

Wohnhäuser von Schuppen durch die Schraffierung unterschieden, Straßennamen. Alles sehr zu empfehlen.« Er nickte fachmännisch und kerbte mit einem silbernen Spezialmesserchen seine Zigarre vorne ein. »Natürlich gibt es auch noch großmaßstäblichere Pläne, in Verbindung mit dem ›Grundbuch‹; sie werden, falls Zeit dazu sein sollte, laufend ergänzt. Ich kenne das.« Er wiegte den mächtigen Kopf und stöhnte vor Erinnerungen.
Vom See her wogte träge ein Wind- – na ja ›stoß‹ konnte man's eben nicht nennen, dazu war das Luftmeer heut zu guter Laune: es spülte flüssigkeitshaft lau über unsre Hände und entblößte Unterarme. »Ideal für die Ernte«, bemerkte Apotheker Dettmer wichtig; und Frau Dr. Waring bestätigte gutsherrschaftlich (obwohl auch sie den Teufel etwas davon verstand); Emmeline dehnte verstohlen die badelustigen Beine (eins davon zu mir her?), und während sie noch schlau an mir vorübersah, hob Stürenberg bereits an:
»Sie wissen ja, daß ich vor 25 Jahren, im ›Dritten Reich‹, vorzeitig pensioniert wurde – ich komme darauf, weil es mit den eben erwähnten großmaßstäblichen Grundstückskarten zusammenhängt. Ich hatte damals einige Katasterämter westlich der Ems unter mir und war eben im Auto auf dem Wege nach Meppen, als ich doch nahe einer stattlich im hübschen Grüngrundstück liegenden Villa ein paar Landmesser bei der Arbeit sehe: Einer hat das Stativ aufgebaut; zwei Gehilfen stehen malerisch auf rotweiße Latten gelehnt – wie das ja jeder kennt. Dabei war doch, meines Wissens, im Augenblick hier gar nichts ... Ich lasse jedenfalls Hagemann halten, steige aus, und gebe mich dem Mann am Fernrohr zu erkennen. Der sieht überhaupt nicht hoch, sagt nur scharf: ›Fahr'n Sie weiter!‹ Nun wurde mir dieses zu dick. Ich war ja schließlich sein übernächsthöherer Vorgesetzter! Außerdem hätte es jegliches alte ehrliche Geodätenherz empört, wie das Fernrohr des Kerls irgendwohin mitten in die Villa zeigte. Auf meine diesbezügliche Beanstandung hin sagte er drohender: ›Gehen Sie sofort Ihres Weges!‹; hob auch den Kopf –: ich hatte das Gesicht noch nie gesehen, wo ich doch meine sämtlichen Beamten in- und auswendig kannte! Jetzt wurde mir die Sache verdächtig; zumindest lag ja ›Anmaßung von Dienstbefugnissen‹ vor. Ich forderte ihn also auf, in meinen Wagen zu steigen und mir zur nächsten Polizeidienststelle zu folgen. Sein ohnedies brutales Gesicht verstellte sich noch mehr. Er machte sich klein zum Angriff und pfiff seine Komplizen herbei. Die packten mich und hätten mich in mein Auto gestopft, wenn nicht Hagemann eingegriffen hätte. Er warf, strategisch völlig richtig, zuerst den Rädelsführer kopfüber in den ungewöhnlich tiefen Straßengraben – Moorboden, Sie wissen ja. Dann kam er mir zu Hilfe. Die bei-

den Verbleibenden bildeten sich, glücklich für uns, ein, sie müßten ihre Latten auf Hagemanns Kopf zerschlagen – und von dem Augenblick an war unser Sieg entschieden. Durch all ihr Faustschlagen, Stoßen und Zähnefletschen hindurch drang Hagemanns Haupt, Schild und Angriffswaffe zugleich, unwiderstehlich vor; schon verlor der eine stückweise Jacke und Hemd, während ich dem anderen die Nase öffnete. Unterdes tauchte aus dem Graben das jetzt struppige Antlitz des Anführers auf. Er rief seinen Leuten ein Kommando zu, worauf sie sich sofort zurückzogen, sich auf drei im Gebüsch versteckte Motorräder warfen und davonstanken.«

Der Hauptmann hatte interessiert der Schilderung des Gefechtes gelauscht, nahm jetzt einen sehr großen Kognak, und Stürenberg fuhr fort: »Mein erstes war, durch das so geheimnisvoll gerichtete Fernrohr zu visieren: es zeigte mitten auf jene Haustür! Ich ging hin und läutete den Besitzer heraus. Ein langer, dürrer Mann, aschgrau vor Angst im Gesicht. Nachdem ich ihn informiert hatte, zog er mich flehend in die Tür, verriegelte hinter uns und berichtete nun seinerseits kurz: Er sei Jude und sein Haus würde seit zwei Tagen von verkleideter Gestapo bewacht, die nur darauf warteten, daß einer seiner längst gesuchten Verwandten sich zu ihm stähle; dann sollten sie beide ›abgeholt‹ werden! Als er erfuhr, daß seine Wächter in die Flucht geschlagen seien, bat er mich – zitternd am ganzen Leibe, der arme Kerl; es ging ja auch buchstäblich ›um sein Leben‹! –, ob ich ihn nicht rasch im Auto zur nahen holländischen Grenze hin befördern könne? Auf meine Einwilligung hin rannte er treppauf und kam sofort mit dem unverkennbar längst bereitgehaltenen ›schnellen Köfferchen‹ zurück.«

Der Hauptmann – wohl nicht direkt ›Antisemit‹; aber immerhin erzogen, jedem, auch dem ephemer-doofsten Gesetz zu gehorsamen – knurrte unbefriedigt; während der gutmütige Dettmer befriedigt und fleißig nickte.

»Ich also wie der bare Teufel die Straße nach Provinzialmoor runtergefahren. Er, neben mir, plappert unaufhörlich, krankhaft-nervös; zeigt auch verängstet nach einer fernen Vogelscheuche im Feld (in einer Art, daß sogar ich mich verblüfft hinbog), hat unruhige Hände – ist ja wohl begreiflich. Ich fahre energisch vor'm Schlagbaum vor. Er lächelt, herzzerbrechend tapfer, zum Abschied. Geht hin, zeigt was – und kommt durch: nie werd' ich vergessen, wie er dann da im Holländischen stand und beide Arme ekstatisch hochstieß! – Ich rollte nachdenklich wieder durchs Flachland zurück und – der Motor schnarchte. Während ich noch in Meppen mit dem Leiter des dortigen Katasteramtes kopfschüttelnd den raren Fall besprach, wurde plötzlich die Straße voller Motorengeräusch; vier schwarzen Limousinen entstiegen gut 20 SS-Männer und umstellten die Ein- beziehungsweise Ausgänge. Ich mußte mit! – Ja, n'türlich, Hagemann auch. – Bei der anschließenden Vernehmung galt als besonders ›gravierend‹, daß ich, als Beamter, meinen Führerschein nicht bei mir hatte (was mir übrigens das erste Mal in meinem Leben passiert war!); jedoch wurden wir ein paar Tage später wieder entlassen, da unsere relative Unschuld an der Prügelszene nachzuweisen war, und von meiner Beihilfe zur Flucht jenes Unseligen schien man gottlob nichts zu ahnen. Immerhin wurde ich bald darauf durch eine ›Verfügung‹ meines Amtes erst vorübergehend ›enthoben‹; später sogar gänzlich pensioniert. Keine Bemühung meiner Vorgesetzten hat etwas ausrichten können.« Er wölbte die breiten Augenbrauen und fluchte bei der Erinnerung noch heut durch die Nase.

»Das für mich niederschlagendste war noch, daß ich in jenen Tagen zusätzlich die Zeitungsanzeige vom Tode des betreffenden jüdischen Arztes in den Blättern lesen mußte! Da ich ja nichts mehr zu tun hatte, kaufte ich einen Kranz, fuhr hin und legte ihn am – noch offenen – Sarg nieder. Er war in seiner eigenen Villa aufgebahrt, lang und dürr; man hatte ihm also die Häscher auch über die Grenze noch nachgeschickt.«

Von Dettmer und der Tante kam je ein gerührtes »Tz!«. Der Hauptmann trank ehern, und Emmeline streifte sich, zappelig, den Rock höher (allem Anschein nach hätte sie ihn am liebsten über den Kopf ziehen und ins Wasser springen mögen!); aber noch lutschte Stürenberg unerbittlich an seiner Havanna: »Merkwürdig war nur, daß ich 14 Tage später aus England einen eingeschriebenen Brief erhielt: darin ein begeistertes Dankschreiben meines Arztes – und mein Führerschein! Er hätte sich keinen anderen Rat gewußt, beichtete er, als ihn während unserer Fahrt aus dem Fach unterm Schaltbrett zu expropriieren. Mit ihm sei er anstandslos durch den Schlagbaum gelassen worden. Es stimmte auch, denn er hat mir immer wieder einmal, und dankbar, geschrieben. Zur Zeit lebt er in den USA und will nächstes Jahr auf Besuch kommen.«

»Ja, aber –« wandte der Apotheker betroffen ein –, »ich denk', Sie haben ihn damals im Sarge liegen sehen!«; und auch wir andern blickten verwirrt uns und dann wieder ihn an. Stürenberg zuckte nur die untersetzten Achseln: »Was weiß ich von Geheimpolizisten?« sagte er abweisend. »Vielleicht hat der SS-Führer – der ja wohl auch, wie damals gern üblich, ›mit seinem Kopf‹ für den Erfolg seines Auftrages einstehen mußte – seinen ganzen Sturmbann antreten lassen. Vielleicht hat ihm einer zu ähnlich gesehen ...?«

Er breitete die Hände und stand gewichtig auf.
»Ja, aber –« schnarrte der Hauptmann betroffen. »Ja, aber –« sagte die Tante unzufrieden. »Ja, aber –« dachten auch der Apotheker und ich uns in die überraschten Gesichter. Nur Emmeline schien mit dem Ausgang der Geschichte sehr zufrieden; vielleicht nur, weil sie überhaupt zu Ende war.

Wolfgang Borchert
Lesebuchgeschichten

Wolfgang Borchert, 1921–1947, saß als zwanzigjähriger Soldat im Militärgefängnis: zuerst, weil man ihn verdächtigte, sich selbst verwundet zu haben, anschließend wegen mündlicher und brieflicher Bemerkungen ›gegen Staat und Partei‹. Zwei Jahre später, 1943, kurz bevor er wegen einer Leberkrankheit vom Militär entlassen werden sollte, wurde er wieder verhaftet und wegen politischer Witze zu neun Monaten Gefängnis verurteilt. Nach dem Krieg war er Schauspieler, Kabarettist und Regieassistent. Mit seinem Stück *Draußen vor der Tür,* das einen Tag nach seinem Tode uraufgeführt wurde, traf er die Sprache seiner Generation, die er selbst ›Generation ohne Abschied‹ nannte. Im Nachwort zu einer Auswahlausgabe der Werke Wolfgang Borcherts schreibt Heinrich Böll: ›Er zählt zu den Opfern des Krieges, es war ihm über die Schwelle des Krieges hinaus nur eine kurze Frist gegeben, um den Überlebenden, die sich mit der Patina geschichtlicher Wohlgefälligkeit umkleideten, zu sagen, was die Toten des Krieges, zu denen er gehört, nicht mehr sagen konnten: daß ihre Trägheit, ihre Gelassenheit, ihre Weisheit, daß alle ihre glatten Worte die schlimmsten ihrer Lügen sind. Das törichte Pathos der Fahnen, das Geknalle der Salutschüsse und der fade Heroismus der Trauermärsche – das alles ist so gleichgültig für die Toten.‹
Lesebuchgeschichten aus Wolfgang Borchert, *Das Gesamtwerk,* 1949.
Lesehinweis: Wolfgang Borchert, *Dann gibt es nur eins,* in *Draußen vor der Tür und ausgewählte Erzählungen,* Hamburg 1956.

Alle Leute haben eine Nähmaschine, ein Radio, einen Eisschrank und ein Telefon. Was machen wir nun? fragte der Fabrikbesitzer.
Bomben, sagte der Erfinder.
Krieg, sagte der General.
Wenn es denn gar nicht anders geht, sagte der Fabrikbesitzer.

Kegelbahn. Zwei Männer sprachen miteinander.
Nanu, Studienrat, dunklen Anzug an. Trauerfall?
Keineswegs, keineswegs. Feier gehabt. Jungens gehn an die Front. Kleine Rede gehalten. Sparta erinnert. Clausewitz zitiert. Paar Begriffe mitgegeben: Ehre, Vaterland, Hölderlin lesen lassen. Langemarck gedacht. Ergreifende Feier. Ganz ergreifend. Jungens haben gesungen: Gott, der Eisen wachsen ließ. Augen leuchteten. Ergreifend. Ganz ergreifend.
Mein Gott, Studienrat, hören Sie auf. Das ist ja gräßlich.
Der Studienrat starrte die anderen entsetzt an. Er hatte beim Erzählen lauter kleine Kreuze auf das Papier gemacht. Lauter kleine Kreuze. Er

stand auf und lachte. Nahm eine neue Kugel und ließ sie über die Bahn rollen. Es donnerte leise. Dann stürzten hinten die Kegel. Sie sahen aus wie kleine Männer.

Zwei Männer sprachen miteinander.
Na, wie ist es?
Ziemlich schief.
Wieviel haben se noch?
Wenn es gut geht: viertausend.
Wieviel können Sie mir geben?
Höchstens achthundert.
Die gehen drauf.
Also tausend.
Danke.
Die beiden Männer gingen auseinander.
Sie sprachen von Menschen.
Es waren Generale.
Es war Krieg.

Als der Krieg aus war, kam der Soldat nach Haus. Aber er hatte kein Brot. Da sah er einen, der hatte Brot. Den schlug er tot.
Du darfst doch keinen totschlagen, sagte der Richter.
Warum nicht, fragte der Soldat.

Wolfgang Borchert
Das Brot

›Wolfgang Borchert war achtzehn Jahre alt, als der Krieg ausbrach, vierundzwanzig, als er zu Ende war. Krieg und Kerker – einiger Witze wegen, die er erzählt hatte – hatten seine Gesundheit zerstört, das übrige tat die Hungersnot der Nachkriegsjahre.
Borcherts Erzählung *Brot* ist Dokument, Protokoll des Augenzeugen einer Hungersnot, zugleich aber ist sie eine meisterhafte Erzählung, kühl und knapp. Diese kleine Erzählung wiegt viele gescheite Kommentare über die Hungersnot der Nachkriegsjahre auf, und sie ist mehr noch als das: ein Musterbeispiel für die Gattung Kurzgeschichte, die nicht mit novellistischen Höhepunkten und der Erläuterung moralischer Wahrheiten erzählt, sondern erzählt, indem sie darstellt.‹ Heinrich Böll.
Das Brot aus Wolfgang Borchert, *Das Gesamtwerk,* Hamburg 1949

Plötzlich wachte sie auf. Es war halb drei. Sie überlegte, warum sie aufgewacht war. Ach so! In der Küche hatte jemand gegen einen Stuhl gestoßen. Sie horchte nach der Küche. Es war still. Es war zu still, und als sie mit der Hand über das Bett neben sich fuhr, fand sie es leer. Das war es, was es so besonders still gemacht hatte: sein Atem fehlte. Sie stand auf und tappte durch die dunkle Wohnung zur Küche. In der Küche trafen sie sich. Die Uhr war halb drei. Sie sah etwas Weißes am Küchenschrank stehen. Sie machte Licht. Sie standen sich im Hemd gegenüber. Nachts. Um halb drei. In der Küche.
Auf dem Küchentisch stand der Brotteller. Sie sah, daß er sich Brot abgeschnitten hatte. Das Messer lag noch neben dem Teller. Und auf der Decke lagen Brotkrümel. Wenn sie abends zu Bett gingen, machte sie immer das Tischtuch sauber. Jeden Abend. Aber nun lagen Krümel auf dem Tuch. Und das Messer lag da. Sie fühlte, wie die Kälte der Fliesen langsam an ihr hoch kroch. Und sie sah von dem Teller weg.
»Ich dachte, hier wäre was«, sagte er und sah in der Küche umher.
»Ich habe auch etwas gehört«, antwortete sie, und dabei fand sie, daß er nachts im Hemd doch schon recht alt aussah. So alt wie er war. Dreiundsechzig. Tagsüber sah er manchmal jünger aus. Sie sieht doch schon alt aus, dachte er, im Hemd sieht sie doch ziemlich alt aus. Aber das liegt vielleicht an den Haaren. Bei den Frauen liegt das nachts immer an den Haaren. Die machen dann auf einmal so alt.
»Du hättest Schuhe anziehen sollen. So barfuß auf den kalten Fliesen. Du erkältest dich noch.« Sie sah ihn nicht an, weil sie nicht ertragen

konnte, daß er log. Daß er log, nachdem sie neununddreißig Jahre verheiratet waren.
»Ich dachte, hier wäre was«, sagte er noch einmal und sah wieder so sinnlos von einer Ecke in die andere, »ich hörte hier was. Da dachte ich, hier wäre was.«
»Ich hab auch was gehört. Aber es war wohl nichts.« Sie stellte den Teller vom Tisch und schnippte die Krümel von der Decke.
»Nein, es war wohl nichts«, echote er unsicher.
Sie kam ihm zu Hilfe: »Komm man. Das war wohl draußen. Komm man zu Bett. Du erkältest dich noch. Auf den kalten Fliesen.«
Er sah zum Fenster hin. »Ja, das muß wohl draußen gewesen sein. Ich dachte, es wäre hier.«
Sie hob die Hand zum Lichtschalter. Ich muß das Licht jetzt ausmachen, sonst muß ich nach dem Teller sehen, dachte sie. Ich darf doch nicht nach dem Teller sehen. »Komm man«, sagte sie und machte das Licht aus, »das war wohl draußen. Die Dachrinne schlägt immer bei Wind gegen die Wand. Es war sicher die Dachrinne. Bei Wind klappert sie immer.« Sie tappten sich beide über den dunklen Korridor zum Schlafzimmer. Ihre nackten Füße platschten auf den Fußboden.
»Wind ist ja«, meinte er, »Wind war schon die ganze Nacht.«
Als sie im Bett lagen, sagte sie: »Ja, Wind war schon die ganze Nacht. Es war wohl die Dachrinne.«
»Ja, ich dachte, es wäre in der Küche. Es war wohl die Dachrinne.« Er sagte das, als ob er schon halb im Schlaf wäre.
Aber sie merkte, wie unecht seine Stimme klang, wenn er log.
»Es ist kalt«, sagte sie und gähnte leise, »ich krieche unter die Decke. Gute Nacht.«
»Nacht«, antwortete er und noch: »Ja, kalt ist es schon ganz schön.«
Dann war es still. Nach vielen Minuten hörte sie, daß er leise und vorsichtig kaute. Sie atmete absichtlich tief und gleichmäßig, damit er nicht merken sollte, daß sie noch wach war. Aber sein Kauen war so regelmäßig, daß sie davon langsam einschlief.
Als er am nächsten Abend nach Hause kam, schob sie ihm vier Scheiben Brot hin. Sonst hatte er immer nur drei essen können.
»Du kannst ruhig vier essen«, sagte sie und ging von der Lampe weg. »Ich kann dieses Brot nicht vertragen. Iß du man eine mehr. Ich vertrage es nicht so gut.« Sie sah, wie er sich tief über den Teller beugte. Er sah nicht auf. In diesem Augenblick tat er ihr leid.
»Du kannst doch nicht nur zwei Scheiben essen«, sagte er auf seinen Teller.
»Doch. Abends vertrage ich das Brot nicht gut. Iß man. Iß man.«
Erst nach einer Weile setzte sie sich unter die Lampe an den Tisch.

Helmut Heißenbüttel
Kalkulation über was alle gewußt haben

Helmut Heißenbüttel, geboren 1921 in Wilhelmshaven, als Soldat schwer verwundet, studierte Architektur, Germanistik und Kunstgeschichte, seit 1955 Arbeit in einem Verlag und seit 1957 Redakteur am Rundfunk. Seine Lyrik und seine Prosa sind nicht ›poetisch‹ im Allerweltssinn. Beeinflußt von dem Philosophen Ludwig Wittgenstein, seziert er die Sprache. Bezeichnend sind schon die Titel seiner Versbände: *Kombinationen, Topographien* und später ganz nüchtern *Textbuch I, Textbuch II* ... Was er mit seinen Texten will, formuliert er selbst so: ›Ich möchte keine Poesie machen, ich möchte der Wahrheit nachgehen ... Es scheint heute etwas in Vergessenheit geraten zu sein, daß Literatur nicht aus Vorstellungen, Bildern, Empfindungen, Meinungen, Thesen, Streitobjekten, ‚geistigen Gebrauchsgegenständen' usw. besteht, sondern aus Sprache, daß sie mit nichts anderem als mit Sprache zu tun hat.‹ Daß solche Erläuterungen alles andere als ein Bekenntnis zur ›reinen‹, a-politischen ›Dichtung‹ sind, beweist Heißenbüttel mit vielen seiner Texte.

natürlich haben alle was gewußt der eine dies und der andere das aber niemand mehr als das und es hätte schon jemand sich noch mehr zusammenfragen müssen wenn er es gekonnt hätte aber das war schwer weil jeder immer nur an der oder der Stelle war wo er immer nur dies oder das zu hören kriegte heute weiß es jeder aber da nützt es nichts mehr weil es nur hätte nützen können solange es etwas bedeutete heute ist es was nicht mehr zu ändern ist usw.
einige haben natürlich etwas mehr gewußt aber das waren die die sich bereit erklärt hatten mitzumachen und die auch insofern mitmachten als sie halfen die anderen zum Mitmachen zu bringen mit Gewalt oder mit Versprechungen und weil sie geholfen haben haben sie natürlich auch etwas wissen müssen denn es hat zwar vor allen verheimlicht werden können aber nicht ganz vor denen die usw.
und dann gab es natürlich welche die schon eine ganze Menge wußten die mittlere Garnitur die auf dem einen oder dem anderen Sektor auch was zu sagen hatten da haben sie zwar nur was beaufsichtigen können was in der Organisation vorgesehen war und ihnen waren nur einzelne Teile vom Plan bekannt aber es gehörte zum Plan und so hätten sie sich vielleicht auch das Ganze zusammenreimen können oder haben es vielleicht sogar getan aber sie trauten sich nicht es auch nur vor sich selber zu wissen und vor allem fehlte ihnen eins und das war der springende Punkt das was sie hätten wissen müssen wenn sie es wirklich usw.

die oben wußten natürlich das meiste auch untereinander denn wenn sie nichts voneinander gewußt hätten hätten sie es nicht machen können und es hätte gar nichts geklappt denn so etwas mußte alles miteinander und zusammen funktionieren und wo einer nicht funktionierte war er erledigt wie sich schon gleich zu Anfang und noch deutlicher später gegen Ende gezeigt hat usw.
und natürlich war bei den paar die fast alles wußten auch schon fast sicher was man wissen mußte und wieso es funktionierte wie durch Mitwisser Mitwisser zu machen und Mitwisser zu Mittätern und Mittäter zu Übelwissern und Übelwisser zu Übeltätern usw.
und wer fast alles wußte war so mächtig daß er fast alles tun und für das Ganze denn er war ja einer von denen die das Ganze usw.
die haben es schon gewußt und weil sie es gewußt haben sind sie bei der Stange geblieben denn es war ihre Angelegenheit daß usw.
und weil man sagen kann daß die es schon gewußt haben sagt man heute oft daß die es waren die dies aber das stimmt nicht völlig denn eins haben die nicht gewußt das wohl doch entscheidend war denn das usw.
denn das hat eben nur ein einziger gewußt und der war es ja auch aber wenn er es gewußt hat den springenden Punkt sozusagen mit dem erst was wirklich bedeutete und was das heißt es ist ja genau das passiert und daß es passiert ist usw. das was alle gewußt haben das hat der natürlich nicht gewußt usw.
denn das konnte er nicht wissen und hatte keine Ahnung davon was alle dachten und annahmen und sich überlegten usw. und daran lag es schließlich daß alle etwas gewußt haben aber einer nur alles bis auf das was alle gewußt haben usw.
die etwas mehr wußten konnten nichts machen ohne alle und die schon eine ganze Menge wußten nichts ohne die die etwas mehr wußten und die fast alles wußten nichts ohne die die schon eine ganze Menge wußten usw. aber weil nur einer es wirklich wußte konnten ihm die fast alles wußten nicht weglaufen und weil die fast alles wußten konnten ihnen die die schon eine ganze Menge wußten nicht weglaufen usw. so haben sich alle gegenseitig bei der Stange gehalten unwissend wissend wissend ohne zu wissen usw.
und so hat das funktioniert

Günter Grass
Über die erste Bürgerpflicht

Günter Grass, geboren 1927 in Danzig, erlebte das Ende des Zweiten Weltkrieges als Luftwaffenhelfer und Soldat. Seit 1953 lebt er – mit kurzen Unterbrechungen – in Berlin.
Grass ist einer der – heute noch – seltenen deutschen Schriftsteller, die einen Sinn für das politisch Machbare haben. Diese Feststellung hat ihren Grund keineswegs in der Tatsache, daß er – als erster und im Grunde nach wie vor einziger – sich aktiv als sozialdemokratischer Wahlkämpfer betätigt hat; ›politisch machbar‹ ist auch Konservatismus à la CDU oder Kommunismus à la SED. Nicht sein sozialdemokratisches Engagement, sondern die Tatsache seines *konkreten,* in politische Aktion umgesetzten Humanismus ist das Seltene in einem Land, das den vorgeblichen Gegensatz von Geist und Macht kultiviert hat.
Grass kann Romane schreiben, die – wie die *Blechtrommel* – die internationale Kritik in Entzücken versetzen. Er kann Stücke schreiben, die – wie *Die Plebejer proben den Aufstand* – zwei Drittel der Intellektuellen gegen ihn aufbringen. Er kann Reden halten, die Hausfrauen und Versicherungsangestellte und Arbeiter und (sogar) Studenten überzeugen. Noch wichtiger aber: Grass hat den Mut zur Vergänglichkeit. Jetzt und hier etwas zu ändern ist ihm wichtiger als recht behalten zu haben. Eine seltene Tugend, die er mit ein paar Schwächen geschickt zu dem vereint, was er heute ist: ein politisch-literarischer Markenartikel. Der Mann geht einen gefährlichen Weg und hat im Vorbeigehen schon manchem geholfen.
Seine *Rede über das Selbstverständliche* hielt er am 9. Oktober 1965 anläßlich der Verleihung des Georg-Büchner-Preises. Sie ist ›demokratischer Kleinkram‹; sie ist eine wichtige Station auf dem Weg der deutschen Schriftsteller zu einem neuen Selbstverständnis.

Zwar sollte von Georg Büchner hier, heute, die Rede sein, aber mein Papier – Sie verzeihen – ist fleckig vom Wahlkampf. Während fünf Wochen volontierte ich, ein Saisonreisender, und sammelte Stimmen, das Kleingeld der Demokratie. Wenig abgesichert, auf dem Seil, ohne Netz – es durfte sich jedermann von mir distanzieren –, war ich dennoch gewiß, das Selbstverständliche zu tun. Das alles nicht ohne Anstrengung. Wem fiele es leicht, jeden zweiten Konjunktiv zu vermeiden. So rief ich in volle Säle hinein und setzte auf Sieg. Doch zwischen fehlendem Schlaf und beginnender Heiserkeit vermehrten sich die Notizen. Während Eisenbahnfahrten, deren Schienengeräusche die Sprechchöre der ›Jungen Union‹ persiflierten, oder beim Hotelfrühstück widerlegten sich kleine Hoffnung und immer fetter werdende Zweifel. Da, zwischen die ›Bild-Zeitung‹ und die ›Frankfurter Allgemeine‹ gepflanzt, sitzt er, der stumme Wahlredner. Die groben und

die gepflegten Lügen löffelt er mit den weichen Eiern im Glas. Dialektgefärbte Zwischenrufe von gestern bewohnen unkündbar sein Gehör. Schon greift die Unruhe von übermorgen nach der ersten Zigarette des soeben beginnenden Tages. Wird dieser Satz hinlangen? Ist er zu kurzarmig? Ist er beweglich genug, mit einer Versammlung spielen zu können? Ist das ein Rezept, was vorgestern wirkte: die Galerie bevorzugen, wegdenken, wieder entstehen lassen und mit dem Parkett im Beifall vereinen? Bleibt immer das Ungesagte als Bodensatz. Lege den Löffel fort! Nur nicht aufrühren! Es könnte der Zorn läufig werden. Er ist nicht stubenrein und pißt alle Ecken an. Es könnte zum Himmel stinken und weiträumige Gelehrtenrepubliken zu Rieselfeldern machen. – Sag nur die Hälfte und packe die Andersen-Rede zwischen die Hemden und Socken. Was richtest du aus gegen tausend im Gespräch liebenswürdige, gelegentlich von Skrupeln zerfressene, aber hoffnungslos eingekaufte Journalisten. Sie stülpen deinem Wort den Magen um. Mit Andacht zitieren sie falsch. Morgen steht in der ›Welt‹: ›Blechtrommler ist für Abtreibung.‹ Schau sie dir an, deine Generation! Bierernst und überernährt brütet sie hinter dem Steuer, sucht Parkplätze und folgt verbissen dem Kreisverkehr.
Unheiliger Büchner, steh' mir bei! Ich soll eine Rede halten angesichts dieser Festversammlung. Frei schwimmend im zähflüssigen Ruhm, gepriesen, gehaßt und freundlich zum Kopfstand ermuntert, soll ich mit Deinem Namen Kerzen anzünden, damit es uns heimelig werde, damit die Tradition unter Übermalungen und der Firnisschicht schimmere: Büchner als Erbe, Verpflichtung und Dauer-Engagement? ›Der Hessische Landbote‹ und der Wahlkampf? Büchner, Weidig, Minnigerode und die Folgen? Das hüpft nur so von den Lippen und möchte Ostern feiern in den Aufsätzen all jener Primaner, die sich samt Mamma und Pappa kurz vor den Wahlen mit einem erbärmlichen Schülertaschengeld allzu willig bestechen ließen.
Nein, kein Anlaß besteht, die Sprache anmutig tänzeln zu lassen. Diese Sauce ist mehlgebunden. Wem der Löffel zum Maul paßt, der mag sich mit solcher Pampe einig finden. Ich ergreife Partei. Und lobe und preise jenen geschundenen und ewig bedrückten SPD-Funktionär, der sich im Wahlkreis Bocholt gegen die siebzigprozentige Ignoranz mit wenig Erfolg anstemmt; und ich klage den Hochmut jener Professoren und Studenten an, denen die Politik bloßes Parteigezänk, denen die Realität Ekel und allein die Utopie süß ist.
Ich lobe und preise jenen Münsterländer Bauern, der zum ersten Mal, sich vorher und nachher bekreuzigend, die Sozis gewählt hat. Ihm ist etwas aufgegangen. Er hat, müde von den Rüben, den Rehwinkel in sich besiegt, hat es dreimal gegen den Wind gesprochen, fünfmal im

voraus gebeichtet und dann getan. Um ihn zu ehren, klage ich an unsere Hohepriester der knitterfreien Biographie, die sich das possierliche Vorrecht, Gewissen der Nation spielen zu dürfen, jeweils im Feuilleton irgendeiner halbliberalen Zeitung abverdienen. Wer kennt sie nicht, ihre feinziselierten Entrüstungsschreie? Wer genösse nicht, prompt jeden Donnerstag, ihre einerseits-andererseits-Springprozession? Dem einen fällt zu jeder Affäre ein manierlich Bonmot ein. Dem anderen versagt geistreich und zeilenschindend die Sprache. »Peinlich, peinlich ...«, murmelt erschüttert der dritte. So klopfen sie ihre tollkühnen Sprüche und besingen in windstillen Reservaten, jeweils nach Anfrage: Die Freiheit des Geistes, die Unabhängigkeit der Intellektuellen und die Schwierigkeit beim Schreiben der Wahrheit. Gottähnlich tänzelnd über den Abgasen unserer Gesellschaft, ordnen sie ihren Seminar-Marxismus gleich Schäfchenwolken und sorgen sich um Indochina und Persien, also um weitentlegenes Elend, das sie, dank ihrer geistigen Hochstände, mühelos einsehen können. Eher gelänge ihrer Tinte ein hymnisch langes Heldenepos auf Fidel Castro und die Zuckerrohrinsel, als daß ihnen einfiele, mit einem schlichten Plädoyer für Willy Brandt der Lüge im eigenen Land die Beine zu verkürzen. Wer wollte auch verlangen, daß sich diese kleidsam weltbürgerliche Elite mit unseren kleinbürgerlichen Sozialdemokraten und ihren mühseligen Reformbestrebungen einließe? Zwar meine ich, daß sich der ›Große Hessenplan‹ des hessischen Ministerpräsidenten Georg August Zinn mit seiner volkswirtschaftlich begründeten Architektur von Büchners und Weidigs Flugblatt, dem ›Hessischen Landboten‹, also unserem ersten Zeugnis moderner politischer Agitation, herleiten läßt, aber was wiegt solch ein ›Großer Hessenplan‹, gewogen an dem utopischen Wurf eines Gesellschaftsbildes, in dem sich das reine Nordlicht und ein pfötchengebender Marxismus in kosmopolitischer Eleganz finden und hoch über Schaum und Kleinbürgertum, ohne Neckermanns Katalog und enthoben dem Straßenbahnmief, sein Elysium begründet?

Nein! Nicht mehr ernst, sondern mittels Gelächter Huckepack nehmen und schon zu Lebzeiten auf marmornen Sockeln abstellen. Seht, das Gewissen unserer Nation! Es kannte keine Kompromisse und ließ sich nicht mit dem Mittelmaß ein. Trotz aller Verlockungen stieg es nie zum Volk herab, sondern blieb immer hübsch säuberlich unter sich – und lobte den Frieden und verdammte die Atombombe. Und verabscheute den Kapitalismus einerseits und die Diktatur des Proletariats andererseits. Aber für die Sozialdemokraten, mit ihren abgeschliffenen Ecken und ihrem zum Hinken verurteilten Elan, vermochten wir dieser Elite kein freundliches Ja zu entlocken.

Ob unsere Feuilleton-Ritter am 19. September bemerkt haben, daß auch ihnen die Quittung gereicht worden ist? – Denn diese Niederlage läßt sich nicht allein auf dem lastengewohnten Rücken der Sozialdemokratie abbuchen. Wer immer sich einerseits freischaffendem Geist verpflichtet fühlte und andererseits meinte, nicht Partei ergreifen zu dürfen: er ist abgewählt worden und fortan ohne Mandat.

Meine Damen und Herren.

Wie peinlich. Ich betrüge Sie in aller Öffentlichkeit um den Genuß einer Festrede und verschleppe den profanen Wahlkampf über den Termin hinaus bis in den Windschatten dieser Akademie. Ohne Abstand, ja, noch immer betroffen von den ruckenden Prozentzahlen auf dem Fernsehschirm, betrat ich diesen Saal und erteilte dem Zorn das Wort.

Seien Sie versichert: Vorsorglich und mit dem notwendigen Respekt hielt ich Rücksprache mit Georg Büchner. Er wußte, was das ist: Scheitern. Nachdem ihm die Flugblattaktion schiefgegangen war und die Bauern das schöne teure Papier zum nächsten Polizeiposten getragen hatten, nach Klemms Verrat und dem vergeblichen Versuch, den gefolterten Minnigerode zu befreien, blieben ihm: die Resignation in Straßburg, der subtile Selbstmord durch Arbeit, ätzender Spott für die damals schon in Dünkel und Kleinmut befangenen deutschen Liberalen und die grimmig ins Gelächter gekehrte Forderung seiner Wut, es möge Mißernte herrschen und nur der Hanf gedeihen. Georg Büchner gab mir den Freipaß: Sag es! Sei ein schlechter Verlierer! Scheue dich nicht, blind für vergilbte Verdienste zu sein! Wenn es geht, vermeide Zitate! Und tu es gleich, noch vor dem 19. – es geht um Stimmen. Also ruhig und gezielt den Preis in die Waage werfen. Später, das zählt nicht. Warum denn Rücksicht nehmen auf eine Akademie?

Der Wähler hatte inzwischen das Wort. Die Gewichte sind verteilt. Eine Tür schlug zu, und einige Schriftsteller, ganz am Rande, hatten ihren Fingerspitzen zu wenig Sorge getragen. Nun schmerzen sie und verführen zum Wehgeschrei und altbekannten Lamento von den verpaßten Chancen: Hätten wir doch ... Wären wir doch ... Und warum wir und nicht andere? Wir, über lange, den Augenblick jagende Sätze gebeugt, wir, gewohnt, mit Geduld den Gegenstand zu beklopfen, bis er uns Antwort gibt, Tradition im Rücken und vor uns weißes Papier – wir schrecken zusammen, wenn die Gewalt ihr Nickerchen auf dem Sofa unterbricht, wenn der eben noch schlummernde Biedersinn erwachend zur Hybris sich auswächst. Er, der immerzu ›Ich‹ sagt, hat die Kunst ›entartet‹ genannt, er, der Auserwählte, hat das schreckliche, das ›gesunde Volksempfinden‹ angesprochen, er, der

abermals Bestätigte, hat schlimmen Worten aus Goebbels' Schatzkästlein zu neuem Glanz verholfen. Darauf Wehgeschrei und hilflose Proteste. Weinerliches Geplärre, als habe nicht der wohlbekannte Spießer, verkleidet als Bundeskanzler, die tausendjährigen Zähne gezeigt. Altjüngferliche Entrüstung im Feuilleton der Wochenzeitschrift ›Die Zeit‹, als habe ein Gärtnerbursche, mitten im Damenstift, einen skandalösen Wind streichen lassen. Warum die Aufregung? So ging man zu Lessings Zeiten, so ging man zu Büchners Zeiten und so geht man zu Heinrich Bölls Zeiten gefahrlos in Deutschland mit Schriftstellern um. Denn in der Regel entzündet sich die öffentliche Meinung eher an den erhöhten Telefongebühren als an den Wehwehchen irgendwelcher Intellektueller, die ihre Feuilleton-Idylle nicht verlassen wollen.
Wäre es nicht selbstverständlich gewesen, direkt und wie es Bürgerpflicht ist, in aller Deutlichkeit das Lager jener Partei aufzusuchen, die uns Gewähr gibt, daß die Haßtiraden der Goebbels und Streicher nicht abermals nach Taten verlangen? Wer wollte erwarten, daß ein Bauer im Westerwald die demokratischen Grundrechte richtig wahrnimmt, wenn es Professoren, Wissenschaftlern und Schriftstellern an der Einsicht gebricht, daß niemals der unverbindliche und über den Parteien schwebende Protest an die Wohlanständigkeit diesem Übel abhelfen kann?
Es muß sehr schwer sein, das Selbstverständliche zu tun. In diesem Lande schlüpft wahrlich eher das berühmte Wüstentier durch ein Nadelöhr, als daß ein Gelehrter seinen geistigen Hochstand verläßt und der stinkenden Realität seine Reverenz erweist.
Eine Wahl ging über unser Land dahin. Im Chor der Redner vermißte ich Stimmen. Wo sind die geblieben, denen vor Jahren noch das politische Dauer-Engagement einigen Nachtprogramm-Flair verliehen hatte? Wo, Alfred Andersch, hat Ihre beredte Entrüstung die Milch der Reaktionäre gesäuert? Wo, Heinrich Böll, hat Ihr hoher moralischer Anspruch die bigotten Christen erbleichen lassen?
O, schöne Fiktion des freien, beziehungsweise vogelfreien, des unabhängigen, beziehungsweise von der Unabhängigkeit abhängigen Schriftstellers beziehungsweise Dichters!
Wer hat ihm das rührende Sammetjäckchen des freien und unabhängigen Berufsstandes angemessen? Und wie viele Dichter sah ich, so äffisch gekleidet, ihre Freiheit und Unabhängigkeit gleich Schoßhunden spazierenführen? Wie selbstherrlich verstanden sie es, sich am eigenen, selbstgeflochtenen Zopf aus dem Sumpf, das heißt aus der Realität, die immer geneigt ist, unfrei und abhängig zu machen, herauszuziehen? Wie kühn, gleich indianischen Wildpferden auf Breit-

wand in Eastman-Color, tummelten sie sich: geistreich, anmutig, geübt in Paradoxen und Allegorien. Die hohe Schule des Geistes vermag eben jede peinliche Alltäglichkeit just in eine Parabel zu verwandeln. Wer an den Katastrophen der Wirklichkeit nicht teilhat – denn teilhaben heißt oft genug schuldig werden –, liefert seinen im Eigenbau erfundenen Katastrophen jeweils im letzten Kapitel, zum Selbstkostenpreis, die Katharsis nach. Da bleibt keine Frage im Raum stehen. Jeden Topf beglückt ein Deckelchen. Die Utopie machts möglich. Sie, der Aufklärung verwöhntes Kind – neben sechs anderen Kindern, die sich bis heute im Tagelohn abrackern müssen –, sie darf sich alles wünschen und findet am Ende wie Robinson sogar einen freundlichen Freitag.

O, Ihr schmalbrüstigen Radikalen, denen Reformen zu langsam und widersprüchlich verlaufen. Ihr redet Revolutionen das Wort, die längst stattgefunden und sich selbst umgebracht haben, während die viel verlachten Reformisten, soweit sie die Revolutionen von links und rechts überlebten, unverdrossen hier ein bißchen verbessern, dort bebend aber immerhin das Recht verteidigend, ihr Programm den wechselnden Zeiten anpassen, also von Kompromissen gehemmt, unendlich langsam vom Fleck kommen und sich Sozialdemokraten nennen. Ihnen gehört mein Respekt. Ihre Niederlage ist meine Niederlage. Und ihre Fehler suche ich bei mir. Wenn diese Rede zu trösten vermag, dann soll sie all den skeptischen, mit trokkenem Witz begabten und ganz versteckt sentimentalen Altsozialdemokraten gewidmet sein, die mich von Flensburg bis Garmisch lehrten, was die Freiheit in Cloppenburg kostet, wie links Jesus Christus heute noch steht und wie jung ein achtzigjähriger Sozi sein kann zwischen lauter vergreisten Studenten.

Meine Damen und Herren! Anfangs versprach ich, Bilanz zu ziehen. Der Anlaß dieser Rede gab mir die Möglichkeit, mit Georg Büchner die deutsche Emigration zu ehren. Wenn unsere Jugend nicht lernt, sie als gewichtigen und oft besseren Teil unserer Geistesgeschichte zu werten, wenn, wie abermals zu befürchten ist, uns der Geist und die Künste, zum wievielten Male, emigrieren, dann wird es an der Zeit sein, unsere Nachbarn zu warnen: Gebt acht, ihr Tschechen, Polen, Holländer und Franzosen: die Deutschen sind wieder zum Fürchten! – Wenn diese Rede einen Titel haben soll, dann mag sie heißen: ›Rede über das Selbstverständliche‹. Den Mund aufmachen – der Vernunft das Wort reden – die Verleumder beim Namen nennen. Wird es morgen schon selbstverständlich werden, das Selbstverständliche und seinen Sieg vorzubereiten? Sieg! – Ausrufezeichen. Sieg? – Fragezeichen. Sieg: – Doppelpunkt.

Erika Runge

Erna E.
Hausfrau

Erika Runge, geb. 1939, studierte Literatur- und Theaterwissenschaft und arbeitet vorwiegend als Autorin und Regisseurin für das Fernsehen. Bekannt wurden ihre Fernsehinterviews *Bottroper Protokolle*, aus denen auch der Text über die Hausfrau Erna E. stammt. Die Buchausgabe dieser Sendung leitete Martin Walser mit einem Vorwort ein, das er *Bericht aus der Klassengesellschaft* überschrieb. Seine Thesen gelten der politischen Funktion dokumentarischer Literatur:
›Die Politiker aller bei uns zugelassenen Parteien reden uns andauernd ein, wir lebten schon in einer Demokratie. Die Politik-Beobachter und -Macher in den Zeitungen bestätigen das. Die Aussagen, die in diesem Buch gedruckt werden, beweisen, daß die Politiker und die ihnen zugehörigen Journalisten zumindest einer Selbsttäuschung verfallen sind. Es stimmt, ich lebe in einer Demokratie, die Politiker leben in einer Demokratie, die Journalisten leben in einer Demokratie. Die Arbeiter und Arbeiterinnen, die hier zu Wort kommen, leben nicht in derselben Demokratie. Wir wollen das nicht wissen. Wir wissen es auch gar nicht. Die Arbeiter und ihre Familien in Bottrop kommen ja nicht zu Wort. Sie schreiben nicht in der Zeitung, sitzen nicht im Parlament, schreiben keine Bücher. Nein, in Soziologiebüchern kommen sie auch nicht zu Wort, auch wenn der Soziologe sich noch so tierforscherisch liebevoll mit dieser fremden Sorte beschäftigt. In Literatur und Film kommen sie auch so gut wie nicht zu Wort. Es ist lächerlich, von Schriftstellern, die in der bürgerlichen Gesellschaft das Leben ‚freier Schriftsteller' leben, zu erwarten, sie könnten mit Hilfe einer Talmi-Gnade und der sogenannten schöpferischen Begabung Arbeiter-Dasein im Kunstaggregat imitieren oder gar zur Sprache bringen. Alle Literatur ist bürgerlich. Bei uns. Auch wenn sie sich noch so antibürgerlich gebärdet. Ich bin nicht so sicher, daß sie nichts als ‚affirmativ' sei, aber bürgerlich ist sie sicher. Das heißt: sie drückt bürgerliche Existenz aus, Leben unter bürgerlichen Umständen, Gewissen, Genuß, Hoffnung und Kater in bürgerlicher Gesellschaft. Arbeiter kommen in ihr vor wie Gänseblümchen, Ägypter, Sonnenstaub, Kreuzritter und Kondensstreifen. Arbeiter kommen in ihr vor. Mehr nicht.‹

Wenn mein Mann mal Frühschicht hat, stehen wir um 5 Uhr auf, um 6 Uhr fängt die Frühschicht an, wenn er normale Frühschicht hat. Um ½6 geht er ausm Haus. Wo ich den Kleinen noch nicht hatte, den Martin, hab ich mich noch hingelegt bis ½7 immer, dann bin ich auch aufgestanden, wegen die beiden, Ralph und Simone. Ja, und jetzt muß ich auch aufbleiben, weil um 6 Uhr der Kleine kommt, denn hab ich ihn auch um ½7 fertig, und dann kommt der raus, der Große, der wacht von alleine auf. Und denn zieh ich ihn an, und wenn ich ihn angezogen hab, dann mach ich eben noch mal was andres, dann ist die schon wieder da. Na, dann tun wir zusammen Frühstück essen, dann bring ich den Ralph jetzt zum Kindergarten, ja, und denn is 9 Uhr, ¼ vor 9, bis ich wieder hier bin, dann geht die Arbeit hier los. 10 Uhr kommt der Kleine, der muß gebadet werden und muß auch versorgt werden. Dann wird eingekauft, schnell alles im Laufschritt gemacht, Essen gekocht für die Kinder, für mein Mann, 12 Uhr den Kleinen wieder abholen, den Ralph, ja und dann leg ich die auch noch immer hin. Ja, und wenn mein Mann dann kommt – erst tut er essen, dann beschäftigt er sich mit de Kinder, überhaupt mit der Simone. Ja, dann hat er ja auch noch andere Sachen zu tun, für die Gewerkschaft hauptsächlich, überhaupt jetzt, wo die Zeche stillgelegt wird. Meistens, nachmittags, geh ich dann mit die Kinder raus, wenn schön Wetter ist, die müssen ja auch frische Luft haben, dann geh ich meistens nach Hause zu meiner Mutter hin. Und ja, kommt man nach Hause, dann wirds wieder Zeit für Abendbrotmachen und dann die Kinder in Bett bringen, die Sachen auswaschen, die sie vom Tag hatten, ja, und dann bin ich mal froh, wenn ich zwei Stunden sitzen kann. Dann guck ich manchmal Fernsehen, oder ich stopf oder strick, muß ja immer was gemacht werden. Ins Bett gehn – ja, um 11, ½11. Da, wo der Kleine noch nicht war, bin ich ja früher gegangen, wenn mein Mann dann abends weg war, dann bin ich auch schon mal um 9 gegangen, ½10, aber so, jetzt komm ich erst immer um 11, ½11 im Bett. Das ist jetzt jeden Abend. Man muß ja durchhalten.

Wir sind eigentlich von Ostpreußen. Mein Vater war schon 46 hier, wir kamen 48 her. 44 bin ich geboren. Mein Vater war vorher in der Landwirtschaft, dann hat er auf Zeche angefangen, hier in *Rheinbaben*. Ich hab drei Geschwister, eine Schwester und zwei Brüder. Meine Schwester ist auch verheiratet hier, die hat auch schon drei Kinder. Mein Bruder ist Bergmann auf *Rheinbaben*, hat auch drei Kinder, und mein kleiner Bruder, der ist 17 und auch Bergmann, Lehrling.

Ich hab hier meine Volksschule gemacht, dann hab ich zwei Jahre Lehre gemacht als Strickerin. Eigentlich wollt ich Konditorin werden, in der Bäckerei die Torten machen und so. Wo ich noch in der Schule war, hab ich meiner Mutter immer viel backen geholfen, wir haben zu Hause nur gebacken, jeden Sonntag oder auch Weihnachten, Plätzchen und Torten, alles ham wir selbst gemacht. Und da hatt ich nachher Lust gehabt, inne Konditorei, so Torten machen und so, auch die kleinen Plätzchen, Berliner Ballen und so. Auf einmal hab ich dann keinen Spaß mehr dran gehabt. Aber wo ich denn da in die Lehre ging, dat gefiel mir nachher alles nicht, da dacht ich doch: hätt ich man lieber den andern Beruf gewählt. Und da hieß es ja nur noch: wir wollen Geld verdienen. Ich ging in die Lehre rein, da war ich 14. Erst

war man immer in e Schule, hat man nichts andres gekannt wie Schule – und dann auf einmal muß man, dann steht man auf eignen zwei Beinen. Erst, da gefiel mir dat nicht. Aber nachher denkt man: du mußt das sowieso schaffen, und du schaffst das. Strengt man sich schon von alleine an, nich? Es ging nachher. Aber es war ja auch keine große Strickerei.
Drei Jahre war ich dann in ne Strickfabrik, zwei Jahre Lehrzeit, und dann noch ein Jahr so. Im Haushalt war ich auch noch tätig, das kann man ja immer mal gebrauchen, nich. Im Haushalt hatt ich auch mehr gehabt, da hatt ich freie Kost, und ich konnte da meine Wäsche waschen, alles, und hab 100 Mark gekriegt im Monat. Das war nur für mich. Da war ich 17 und hatte 100 Mark gehabt, das war viel. Die ham alle gesagt: das war viel gewesen. Und da war ich so ¾ Jahr gewesen, und dann bin ich nachher zu B. in die Kleiderfabrik. Da fing ich mit 1,38 Stundenlohn an und war im Akkord. Ich war noch keine 18, und das darf man ja nicht, und war am Band am arbeiten und im Akkord. Und die im Akkord haben alle über 2 Mark gehabt. Und da hab ich mich mal beschwert, und da sagt der drauf, ich hätte ja schon meine Lehre ausgehabt, er könnte mich nicht mehr ans Jugendband setzen, wo keine Akkordarbeit ist, sie haben überall Akkordarbeit, nich. Da sage ich, dann soll er mich bei die Lehrmädchen hinsetzen, für 1,38. Da sagte er: »Nee, dat kommt nich in Frage, da ham wir kein Platz für.« Da sag ich: »Tut mir ja leid, aber dann kann ich auch nicht weiter hier arbeiten. Für 1,38 im Akkord, da tu ich das nicht.«
Da bin ich nachher noch woanders hingekommen, und da wars genauso, da hatt ich 2 Pfennig dann mehr gekriegt, war auch Akkord gewesen, und da mußte man immer so viel Kästen schieben und sowat alles. Und wo ich dann nachher gesagt hab: »Ich geh nicht im Akkord.« Da hat er mir auch nich mehr gegeben, und da hab ich dann auch aufgehört. Das tut ja keiner, für so wenig Geld im Akkord arbeiten. Wir haben jede 10 Tage Geld gekriegt, wat war dat: 50 Mark. 1961 war das. Hinterher war ich nochmal in der Strickerei gewesen. Da ging ich wohl auch klein ran, aber das hat sich nachher gesteigert, und da hatt ich nachher 68 Mark in der Woche, jeden Freitag 68 Mark, und das hat sich nachher gesteigert bis 70, 75 Mark. Und dann konnte man sich dat ja mitnehmen, und da bin ich nachher auch geblieben.
Wir hatten hier in Bottrop son Klub gehabt, nen Jugendklub gehabt, Deutscher Freier Jugendklub nannte der sich, einfach n Jugendklub war das, nich, und da sind wir, die ganzen jungen Mädchen und die Jungens, alle da drin gewesen. Da haben wir uns kennengelernt, so flüchtig, mein Mann und ich. Nachher, von mein Nachbar der Junge, hat Geburtstag gehabt, der war auch im Klub gewesen, der hat Ge-

burtstag gehabt, da kam mein Mann auch zufällig gerade hin – so haben wir uns denn da kennengelernt. Wir haben da gefeiert, und anschließend, bin ich, hat mein Mann mich nach Haus gefahren, der hatn Wagen gehabt zu der Zeit noch. Und n andern Tag kam er denn wieder, hat mich abgeholt, dann sind wir tanzen gegangen, dann sind wir auch mal abends zusammen im Kino gewesen. Ja, 4 Jahre sind wir jetzt verheiratet. Als der Ralph geboren wurde, hab ich noch gearbeitet. Der war ja so schwer krank gewesen, der hat ne Darmverschlingung gehabt und n Magenpförtnerkrampf. Da war er 3½ Wochen, wo er im Krankenhaus kam. Mit nem halben Jahr hab ich ihn denn rausgekriegt, da hab ich aufgehört zu arbeiten. Ja, und dann war er bei meine Mutter, ich hab ihn dann ja nicht gekriegt, meine Mutter hat ihn mir ja nicht gegeben. Der Junge war so krank gewesen, und ich hab noch bei meine Schwiegermutter wohnen müssen, wir hatten ja nicht sofort diese Wohnung, und da hab ich nur ein Zimmer gehabt, dadrauf mußt ich kochen und schlafen, da konnt ich den Jungen ja auch nicht gebrauchen.
Träume hatte ich ... Erstens: nicht so früh heiraten. Hatt ich überhaupt nicht vorgehabt. Und zweitens – mit 22 schon 3 Kinder, das ist auch n bißchen viel. Ich wollte, wo wir geheiratet hatten, und so, wie ich früher immer schon gesagt hatte: »Wenn ich mal später heirate, dann ein Kind, und dann geh ich so lange arbeiten, bis man alles hat.« Hatt ich immer gesagt, früher. Da hab ich meinen Mann noch gar nicht gekannt, nich. Da sagt ich: »Ein Kind, arbeiten – und ich willn Auto haben.« Fürn Auto würd ich auch noch arbeiten. Da sagt mein Mann nachher, wo ich meinen Mann kennengelernt hab: »Ja, du wollst doch arbeiten gehn?« »Ja«, sag ich, »wenn ich den Ralph nur hätte, wär ich bestimmt gegangen, denn den hätte meine Mutter genommen.« Aber es ging ja nicht. Ja, und dann? Mit Geld so knausern, hätt ich mir auch nicht vorgestellt. Jede 10 Tage, es kommt darauf an, wie viele Schichten dat warn, kam er mal mit 120, 150, mal hat er auch 160 gehabt, zweimal im Monat. Und wenn er dann Rest-Lohn hatte, er hat ja denn einmal im Monat Rest-Lohn, ja, dann kam er mal mit 300 Mark nach Hause. Und damit kann man keine großen Sprünge machen. Hier die Miete kostet 109 Mark. Jetzt kriegen wir nochn Zuschuß von der Zeche, aber wenn der dann wegfällt, dann zahlen wir hier 150 Mark dafür. Und dann soll man das alles aufbringen. Bei dem wenigen Lohn, was er hat, und dann so viel Miete. Und die Kinder wolln essen, die Kinder wolln angezogen werden. Dat hab ich mir wirklich früher nie vorgestellt, daß mir das später mal so schlecht gehen würde. Ich konnte mein Geld für mich selbst behalten, früher, ich hab mich eingekleidet, alles. Ich hatte Sachen gehabt! Aber heutzuta-

ge – ich weiß nicht, wie ich mit dem Geld rumkommen soll, das mein Mann nach Hause bringt. Ich mach mir die Haare selbst, da hab ich ja kein Geld für, zum Frisör. Ich war beim Frisör gewesen, kurz bevor ich ins Krankenhaus kam mit dem Kleinen, da hab ich ne Lockwelle gehabt, ne einfache Lockwelle und Haare abgeschnitten, da hab ich 9 Mark bezahlt. Und da kann man nich jeden Monat für nachn Frisör gehen.
Meine Mutter kommt mir viel helfen, davon ab. Morgen fahr ich wieder zur Stadt, mein Mann hat Krankenschein gehabt, jetzt muß ich morgen Krankengeld abholn, jetzt kann ich ja nicht alle drei mitnehmen, muß meine Mutter morgen komm. Mein Mann, wenn der Zeit hat, der hilft mir auch. Der macht viel. Der paßt auf die Kinder auf, der tut schon mal saugen oder blankreiben, und dann tut er mir schon mal helfen abtrocknen. Aber ich sag ja: nur wenn er grade Zeit hat. Dat macht er schon. Und er sagt schon mal: »Geh und nimm die Simone und geht schon mal ne Stunde raus.« Dann paßt er auf die andern beiden auf.
Wat ich früher alles gemacht hab, wo ich noch nich verheiratet war! Wir warn viel tanzen gewesen, und ich war auch in der Gewerkschaft drin. Gewerkschaftsjugend, bunten Nachmittag und so, das fehlt mir heutzutage. Ich hab auch mitgemacht, hat eine Hand die andre gewaschen, mal hat man dies gemacht, dann hat man das gemacht. N bunten Nachmittag, bekannte Solisten, die ham gesungen, und abends war dann anschließend, um 10 Uhr, war dann Tanz gewesen. Und da hat man auch Lose verkauft und son bißchen gemacht. War wirklich schön gewesen. Und – wie lange war ich schon nicht mehr tanzen. Ich geh so gerne tanzen! Mein Mann auch ... Bin ja neugierig, wann wir dies Jahr mal Karneval feiern könn. Wir tun in der Wirtschaft feiern, das is immer einmalig. Bei *Fortuna,* im Fußballklub die Feste, einmalig ... Ich glaub aber nich, daß dat dies Jahr geht. Wegen die Kinder und wegen dem wenigen Geld. Erst sind Feierschichten wieder, dann wird die Zeche stillgelegt, dann wieder die Sorgen. Wegen die Kinder, ach, da könnte man schon für ein Tag die Mutter holn, wär ja nich schlimm gewesen, aber die Geldsorgen ... Ich hatte nie geglaubt, daß die Zeche mal stillgelegt wird.
Ich interessier mir eigentlich nicht für Politik. Mein Mann, der schimpft da schon immer. Sagt er: »Interessier dich mal n bißchen dafür, dat ist gut für dich.« Naja, wenn ich mal meine Arbeit fertig hab ... Jetzt komm ich bald überhaupt nicht mehr zum Zeitunglesen. Sonst komm ich schon mal beim Frühstück und so zum Zeitunglesen, aber jetzt, wo die Kleinen schon alleine sitzen, alleine essen wolln, da komm ich überhaupt gar nicht mehr dazu, nich. Ich hör

schon mal Tagesschau oder guck schon schnell inne Tageszeitung rein, wat da Neues drinsteht oder so, nich, aber muß schon sagen, sonst interessier ich mich auch nich für Politik.
Und wegen *Rheinbaben,* die sind alle so am Sagen: »Dat wird noch wat geben, dat wird noch wat geben!« Ja, dat wird noch wat geben, dat steht fest. Aber wat soll man dagegen tun? Wir Armen könn ja auch nichts dagegen tun, daß die Zeche stillgelegt wird. Heute Mittag, wo ich einkaufen gegangen bin, da sagte mir die Geschäftsfrau auch: »Mein Gott«, sagt se, »wat wird dat noch geben? Früher ham se die Taschen immer voll geholt, und heute holn sie nur noch zur Hälfte.« Ich sag: »Da seid ihr auch ein Teil mit Schuld. Verkauft doch eure Ware nicht so teuer, verkaufts doch n bißchen billiger.« »Ja«, sagt sie, »wenn wir die billiger machen, dann wird woanders wieder aufgeschlagen.« Ich sag: »Dann müßt ihr alle zusammengreifen, dann müßt ihr alle zusammen sagen: jetzt ist stopp, jetzt wern wir mal die Preise n bißchen senken. Und dann werd ihr auch wieder eure Ware los.« »Ja«, sagt sie, »ich versteh das nicht. Und jetzt überhaupt noch, wenn sie *Rheinbaben* stillegen, dann wer ich überhaupt nichts mehr los, dann könn wir unser Geschäft bald schließen.« Da sagt ich auch: »Kann ich nichts dafür. Ich kauf nur dat ein, was ich ganz nötig brauche und wat die Kinder brauchen, dat andre kann ich mir auch nicht mehr leisten.« Jeden Tag hab ich sonst Obst gekauft, jetzt kann ich höchstens zweimal in der Woche, wenn hier Markt ist. Freitags hol ich Obst, und dann hol ich nochmal Mittwoch in der Stadt Obst. Und im Nu is ja dat Obst weg, weil die Kinder viel Obst essen. Und auch die Wirtschaften, wat wern die denn jetzt machen. Die wern jetzt alle langsam zumachen. Ganz bestimmt. Hier schießen doch immer nur Wirtschaften und Imbiß-Stuben aus de Erde raus. Aber Krankenhäuser oder sowas, das baun se nich. Hier in Bottrop gibt es zwei Krankenhäuser, und die sind überfüllt.
Ich war jetzt bein Hausarzt gewesen, und der Hausarzt, von selbst hat ers ja nicht gesagt, aber ich hab ihn gefragt, ob ich die Pille kriegen kann, und da hat er gesagt: »Ja.« Meine Schwester, die hat sie ja direkt vom Arzt gekriegt, weil sie so unregelmäßig ihre Periode gehabt hat, und die braucht sie nicht zu bezahlen, die braucht nur 50 Pfennig fürs Rezept zahlen. Und wir müssen se zahlen, 5 Mark. Aber dafür gibt man lieber die 5 Mark aus. Ich könnt mir dat auch gar nicht vorstellen: 4 Kinder. Nee!
Meine Kinder solln alle 3 die Schule besuchen, dat sie was wern. Nämlich ich konnte dat nich, meine Eltern, die konnten dat einfach nicht aufbringen, es is keiner von uns auf e höhere Schule gegangen, aber meine Kinder solln das machen. Da soll keiner aufn Pütt. Die

Zeche wird et dann sowieso nich mehr geben. Aber so, die sollen irgendwie wat anderes wern. Die solln auf e Schule gehen. Dat hab ich auch schon zu mein Mann gesagt: »Dat kann ich nich haben, daß die mal so arm wern wie wir. Die sollns mal n bißchen besser haben wie wir.« Nich, is doch wahr! Unsereiner, der maloocht und arbeitet und arbeitet und hat doch nichts.
Und ich hab schon gesagt, wenn der Kleine, der ganz Kleine, 2 oder 3 Jahre alt ist, daß ich dann einen hab für die zum Aufpassen, dann würd ich ne Arbeit nehmen, und wenns von morgens früh ist bis mittags, dann würd ich noch arbeiten gehen, ja. Man muß ja auch warten, wat mein Mann nachher für ne Beschäftigung hat, wieviel Geld er nach Hause bringt, man kann ja nicht sagen – je nachdem, wolln wir erstmal gucken. Wenn er genug verdienen sollte, ja – ein Auto möcht ich haben. Nämlich, ein Mann allein schafft dat nich, und dann noch die Familie und die teure Miete, schafft einer nich allein. Da möcht ich schon gerne arbeiten fürs Auto. Daß man Samstag oder Sonntag mal rausfahren kann und nich immer hier im Kohlenpott bleiben muß. Man will ja auch mal rausfahren und die Welt mal sehn, nich? Nach n Sauerland runter oder so. Et gibt hier in Deutschland so schöne Sachen, so schöne Städte, nich. Noch nie war ich weggewesen, ich war noch nie raus gewesen. Zur Erholung war ich wohl, zwei Mal, nach Norderney. Aber sonst ... Oder wir ham früher, vom Klub, schon mal son paar Fahrten gemacht, aber das war höchstens mal so fürn halben Tag gewesen. Anschließend sind sie dann in die Wirtschaft gegangen, ham getanzt und so. Aber da sieht man ja nichts, ich möcht ja mal was sehn! Es gibt so schöne Gegenden hier in Deutschland, überhaupt hier so in der Gegend, oder nachn Sauerland runter. Ja, fürn Auto, daß man Samstag oder Sonntag mal wegfahren könnte, dafür würd ich noch arbeiten.

Günter Wallraff

Im Akkord

Günter Wallraff, geboren 1942 in der Nähe von Köln, begann nach dem Besuch des Gymnasiums die Ausbildung als Buchhändler. Von 1963 bis 1965 arbeitete er in fünf Industriebetrieben. Seine Reportagen darüber, die zunächst unter Pseudonym vor allem vom Rundfunk gesendet und von Gewerkschaftszeitschriften veröffentlicht wurden, haben Wallraff als sozialkritischen Autor bekannt gemacht. Seine realistischen, journalistisch genau recherchierten Erlebnisberichte vom Arbeiterdasein am Fließband einer Autofabrik, auf der Helling einer Werft, am Hebel einer Rohrschneidemaschine oder in der Sinteranlage eines Stahlwerks erregten nicht zuletzt deshalb so großes Aufsehen, weil in der deutschen Nachkriegsliteratur die Sozialfigur des Arbeiters und seine Welt nur ausnahmsweise – und dann höchst ›literarisch‹ – vorkamen. Wallraff drang als erster hinter die Werkstore vor. Was er dort fand, war allzuoft ein inhumaner Arbeitsalltag. Von Arbeitgeberseite wurden diese dokumentarischen Texte in ihrem ›neuen sprachlichen Realismus‹ durchaus richtig eingeschätzt und deshalb auch mit aller Schärfe bekämpft: Wallraffs Industriereportagen sind eine ›scharfe Waffe‹ in der Auseinandersetzung um eine menschenwürdige Arbeitswelt.

Da sitze ich und feile. Jedes Stahlplättchen hat vier Seiten, und an jeder Seite ist ein quadratischer Einschnitt. Immer rundherum. Die vorstehenden scharfen Kanten muß ich wegfeilen. Warum wohl? Damit sich keiner daran schneidet? Aber das kann nicht sein. Die hauchdünnen Plättchen werden später von keinem mehr angefaßt. Sie finden in irgendeinem Apparat ihren Platz.

An die 300 Plättchen habe ich schon befeilt. 500 warten noch darauf. Immer rundherum. Diese Arbeit verführt zum Nachdenken oder Träumen. Aber dann ist es mit der Arbeit aus und aus dem Akkord wird nichts. Ich befeile dasselbe Plättchen schon zum drittenmal. Man muß aufpassen dabei. Aber das kann man nur für kurze Zeit durchhalten. Dann läßt die Konzentration ganz von selbst wieder nach. Es ist paradox: ich kann nur aufpassen, wenn ich mich nicht auf meine Arbeit konzentriere.

Diese Arbeit würde sich hervorragend als Beschäftigungstherapie für Schwachsinnige eignen.

Ich habe Wut auf die blödsinnige Maschine, die diese Plättchen so unvollkommen gemacht hat, daß ich nun noch jedes einzelne Stück glattfeilen muß. Ich muß als Lückenbüßer für diese noch nicht durchautomatisierte Maschine herhalten. Auf dem Laufzettel steht unter

Sorte: ›5165 – 7042, Rel. bkg, 190, T. 123.‹ Darunter kann ich mir nichts vorstellen.

Man hat mir bei der Einstellung gesagt, daß ich in die ›Meßgerätefertigung‹ komme. Wer garantiert mir, daß diese simplen Plättchen nicht am Ende noch Teilstücke, zum Beispiel für Peilvorrichtungen an Kanonen oder Atomgeschützen sind? Die Arbeit erscheint mir fremd und sinnlos, weil ich das fertige ›ganze Stück‹ nicht kenne.

Heute ist mein erster Arbeitstag. Ich bin froh, daß ich die Formalitäten bei der Einstellung hinter mir habe.

In der supermodern eingerichteten Empfangshalle des Einstellbüros für Arbeiter waren die lederbezogenen Bänke leer. Nur eine ältere Frau mit abgearbeiteten Händen und abgetragener Kleidung hockte spitz auf der vordersten Kante einer Bank, als ob sie sich vor dem pastellfarbenen Lederpolster fürchte. Der ältere, seriös wirkende Herr auf der Bewerbungsstelle für Arbeiter war außergewöhnlich freundlich zu mir. Er erhob sich, als ich von der Vorzimmerdame hereingeführt wurde, und auf mein ›Guten Tag‹ hin begrüßte er mich mit Handschlag und ›Grüß Gott‹.

Mein vorgedrucktes Bewerbungsformular, worauf ich unter ›die letzten vier Tätigkeiten? der Reihenfolge nach! von wann bis wann?‹ nur ›Gelegenheitsarbeiten‹ quergeschrieben hatte, übersah er großzügig. Ja, ich fühlte mich so, als ob ich mich um einen höheren, ungemein wichtigen Posten bewerben würde, so zuvorkommend behandelte er mich. Der Herr erklärte noch, daß ich mich glücklich schätzen dürfte, bei einer renommierten und sozial einzigartig geführten Firma Mitarbeiter zu werden.

Als ich mich nach der Höhe des Stundenlohns erkundigte, wurde er schon etwas kühler. »2,35 als Garantielohn am Anfang. Nachher können Sie selbst im Akkord mehr daraus machen. Wir bezahlen nach Leistung. Die Stückzahl ist das Entscheidende.« – »Dann kann ich das Doppelte bekommen, wenn ich doppelt soviel leiste?« – »Wo denken Sie hin. 20 Prozent Akkordzuschlag ist bei uns die Grenze.« Ich sagte ihm, dieser Stundenlohn sei mir zu wenig, »woanders kann ich als ungelernter Arbeiter an die 4 Mark und sogar noch darüber bekommen«. Er überlegte. Ja, er hätte noch eine besser bezahlte Arbeit für mich. »2,50 Grundlohn, aber das ist auch das Äußerste. Hier, in unserer Stadt, ist dafür das Leben ja auch viel billiger als in anderen Städten.« Ich nahm die Stelle an.

Wohnen mußte ich auch irgendwo. Die Firma hat eine Zimmervermittlungsstelle. Zimmer an ›Hilfskräfte‹ werden aber hier üblicherweise nicht vermittelt. Die werden ins Junggesellenheim gesteckt – zu viert auf ein Zimmer. Trotzdem versuchte ich mein Glück. Ich sagte

nicht, daß ich Arbeiter sei. Die Dame bot mir als ›unterste Preisgrenze‹ ein möbliertes Zimmer zu 90 DM an.
Ich fuhr sofort hin, um es festzumachen. Die Vermieterin fragte zuerst, ob ich Ausländer wäre. An die vermietet sie grundsätzlich nicht. Dann wollte sie wissen, ob ich auch kein Arbeiter wäre? Sie hätte bisher nur an ›seriöse‹ Herren vermietet. Der letzte, ein Oberingenieur, habe sechs Jahre bei ihr gewohnt. Ich mußte mich bei ihr als Angestellter ausgeben, um das ›Ohne-fließend-Wasser-Zimmer‹ überhaupt zu bekommen.
Zum Glück ist mein erster Arbeitstag bald überstanden. Viel schlauer als heute morgen bin ich auch jetzt noch nicht.
Man hat mir einen blauen Kittel in die Hand gedrückt, ›rumdrehn, so, paßt‹, und mir eine Kiste voll Werkzeug unter den Arm geklemmt, dafür mußte ich unterschreiben.
Dann hat mich noch jemand vor Unfällen gewarnt, »nur ja uffjepaßt, daß nix Schlimmes passiert, von wegen Finger abquetschen und so an de Maschinen, wir müssen für jeden schweren Unfall 2000 Mark an die Berufsgenossenschaft zahlen«. Das nehme ich mir zu Herzen.
Ich entdecke einige, die einen Verband um den Finger oder die Hand gewickelt haben. Die an den Maschinen sehen weder rechts noch links. Ich glaube, es hat keiner bemerkt, daß ich neu bin. Nur der Italiener neben mir, der auch an Plättchen herumfeilt, hat Notiz von mir genommen. Er grinst zu mir herüber. »Arbeit nix schwer, Arbeit aber auch nix gut. Akkord is Scheiße!« Hastig hat er mir die Worte an den Kopf geschmissen, ohne dabei seine Arbeit zu unterbrechen.
Immer wenn er einen Kasten mit Plättchen fertig hat, rechnet er umständlich etwas aus, wobei er seine Finger zu Hilfe nimmt. Dann füllt er einen Zettel aus, überträgt das anschließend noch in ein kleines Heft. Das kostet ihn allerhand Zeit.
In der viertelstündigen Frühstückspause spricht er mich noch mal an. Ihn interessiert, ob ich schon eine Zeitkontrollmarke habe. Nicht? Das kann er sich denken, die warten immer eine Woche ab, weil viele in den ersten Tagen wieder gehen. Er will es auch nicht mehr lange machen. Die Arbeit wird ihm zuviel. »Für dieselbe Arbeit früher 20 Minuten, heute 9 Minuten Zeit«, gibt er mir zu verstehen, und »attenzione, Kalkulator, buh!« Wenn der kommt – an der Stoppuhr und an seinem weißen Kittel kann ich ihn erkennen –, soll ich nicht zu schnell arbeiten, sonst schindet er noch mehr Arbeit heraus.
Ein Arbeiter, der vorbeikommt und die Worte aufgeschnappt hat, bestätigt es und fügt noch hinzu: »Zuerst steigen die Preise. Dann müssen wir lange genug darum kämpfen, um die Löhne anzugleichen. Ist das erreicht, schraubt die Werksleitung unser Arbeitspensum in

die Höhe. Und steigert womöglich trotz der Lohnerhöhung noch ihren Gewinn. Die Dummen sind immer wir ...«
Jeden Morgen um 6 Uhr, auf dem Weg zur Arbeit in der Straßenbahn, das gleiche Bild. Die meisten lesen Bild-Zeitung.
Vor den Werkstoren haben sich Verkäufer des Groschenblatts postiert und rufen die Tagesschlagzeile aus: »Noch ein Mord, der Würger ist mitten unter uns!« und »Oben ohne« und »Geschändete Frauenleiche klagt an!« und »Goldwater schwer im Kommen; er verspricht uns Deutschen: Ich mach mit der Mauer kurzen Prozeß!« und »Strauß sagt: Hoppla, ich bin wieder da!«
Auf dem Werksgelände sind stumme Ausrufer aus Pappe postiert, mit Selbstbedienungskästen vorm Bauch. In der Frühstückspause lesen die meisten dann ›Bild‹.
Eine 17jährige Arbeiterin neben mir spricht mich während der Frühstückspause an. Ihre einzige Lektüre ist das Springer-Blatt. Sie meint: »Deutschland ist dem Ami doch haushoch überlegen und brauchte ihn nicht mehr, wenn es sich mit Frankreich zusammentäte; und mit Frankreich könnten wir dann auch den Russen kaltmachen. Und lynchen sollte man den Stücklen!« (›Bild‹ führt in diesen Tagen gerade seine Attacken wegen der Telefongebührenerhöhung gegen den Postminister.)
Die Arbeiterin, die höchstens wie eine 14- bis 15jährige aussieht, steht bereits voll im Akkord. Sie setzt alles daran, die Akkordspitze von 20 Prozent Mehrarbeit herauszuholen. Sie sagt: »Ich bin auf das Geld angewiesen. Wenn man einmal an die Zulage gewöhnt ist, kommt man ohne nicht mehr aus!« Oft schafft sie die Akkordspitze dennoch nicht: »Trotzdem daß der Meister mich gut leiden mag und mir schon die beste Arbeit zuteilt.« Das war in den letzten beiden Wochen der Fall. Sie konnte nur mit halbem Akkordzuschlag abrechnen. Aber sie war an das Geld gewöhnt und darauf angewiesen und mußte Vorschuß nehmen. So steht sie jetzt mit 40 DM minus zu Buch. Beim nächsten ›Lohnabschlag‹ muß das Defizit wieder ausgeglichen sein, und sie ist gezwungen, die Akkordspitze zu erreichen.
Wir verrichten beide die gleiche Arbeit, sie ist trotzdem zwei Lohngruppen tiefer als ich eingestuft. Sie erhält in Lohngruppe vier 2,18 DM Stundenlohn, ich in Lohngruppe sechs 2,51 DM. Macht in der Woche 13,20 DM Unterschied, im Monat 52,80 DM. Ein Betrag, der empfindlich spürbar ist bei nur 330 DM netto monatlich. Dabei unterscheidet sich unsere Arbeit in nichts, und sie dürfte ihr als Mädchen schwerer fallen als mir.
Sie bringt mir einen Trick beim Feilen bei, so komme ich mit der vorgeschriebenen Zeit wenigstens ungefähr hin, zuvor brauchte ich das

Doppelte. Dem Meister war es nicht eingefallen, mir das zu erklären, es war ja nicht seine Zeit, die ich erreichen mußte.
Einmal zeigt mir das Mädchen in der Pause ein Foto und erklärt stolz: »Das ist mein Bub.« Sie erzählt: »Ich bin reingefallen. Er wollte mich heiraten. Jetzt zahlt er nicht mal die Alimente und geht extra nicht arbeiten, damit man sie nicht vom Lohn pfänden kann.« Das Kind wird von ihrer Mutter aufgezogen. Sie zahlt ihr im Monat 60 Mark dafür. (›Die hat selbst auch nur 180 Mark Rente im Monat.‹)
Zuerst wohnte sie selbst noch mit dem Kind bei ihrer Mutter und kam jeden Tag als Pendlerin 130 km mit dem Zug in die Stadt. Da war sie dreizehn Stunden täglich unterwegs, acht Stunden Arbeit und fünf Stunden An- und Abreiseweg. Dann wurde ihr das Fahrgeld zuviel. Jetzt wohnt sie im Ledigenheim für 60 DM im Monat und fährt an jedem Wochenende nach Hause zu ihrem Sohn.
Von den weit über 10000 Werksangehörigen ist jeder sechste Pendler. Ihre Zahl wächst ständig. Anfangs waren es nur die umliegenden Dörfer im Umkreis von 50 Kilometern, die von den Werksbussen erfaßt wurden. Jetzt bemühen sich Werber, auch die abgelegensten Nester in über 100 Kilometern Entfernung zu erschließen, um an billige und willige Arbeitskräfte zu kommen. Die meisten Pendler waren zuvor in der Landwirtschaft beschäftigt. Sie sind im Sog der Landflucht zur Industrie gekommen. Im Verdienst haben sie sich kaum verbessert. Aber sie machen sich bei der Arbeit nicht mehr schmutzig, und die Arbeitszeit ist geregelter.
Trotzdem wandern viele von ihnen sehr bald wieder in andere Berufszweige ab. Die Fluktuation gerade unter ihnen ist besonders stark. Ein ehemaliger Melker, jetzt drei Monate hier, sagt mir: »Ich kündige zum Ersten. Der Werber in unserem Dorf hatte versprochen, die 2,50 in der Stunde gälten nur als Einstellohn. Mein Verdienst würde sehr bald höherklettern. Jetzt glaube ich nicht mehr daran. Hier sind Arbeiter zehn und sogar fünfzehn Jahre dabei und bekommen nur ein paar Pfennige mehr. Außerdem müssen die Anfahrtswege bei der Arbeitszeit immer hinzugerechnet werden. Dann ist es kein Achtstundentag mehr, sondern ein Zwölfstundentag. Und diese Arbeit ist nichts. Immer dasselbe machen, was sogar mein kleiner Bruder schon könnte, der noch nicht zur Schule geht, man wird ja blöde dabei!«
Er will jetzt zum Straßenbau überwechseln. In der Nähe seines Dorfes wird eine neue Straße verlegt. Er verdient dort ein paar Groschen mehr. »Lieber da hart zupacken als hier noch kindisch werden!« So drückt er es aus. Es stimmt, es gibt langjährige ›Mitarbeiter‹ des Werkes, die mit ihrem Stundenlohn gerade acht Pfennige über dem allgemeinen Einstellohn liegen.

In der pompös aufgemachten Betriebsordnung – mit echtem Ledereinband –, die jedem bei der Einstellung überreicht wird, kann man jedoch zu seiner Beruhigung lesen: ›Wer sein Schicksal mit unserer Firma verbindet, kann damit rechnen, daß ihm die gleiche Verbundenheit bekundet wird, solange sein persönliches Verhalten, seine Arbeitsleistung und die wirtschaftlichen Verhältnisse der Firma es erlauben.‹

Die wirtschaftlichen Verhältnisse des Riesenunternehmens dürften nicht gerade schlecht sein, wie die steigenden Aktienkurse in den letzten fünfzehn Jahren verraten. Trotzdem liegt ein Großteil der Löhne und Gehälter kaum über dem Existenzminimum. Ein 43jähriger Arbeiter, verheiratet, drei Kinder im schulpflichtigen Alter, bringt es mit Akkordzuschlag auf 480 DM netto im Monat. Er sagt: »Fällt der Akkord aus irgendeinem Grund einmal weg, ist es bitterste Armut!«

Nach zwei Wochen Feilen habe ich mich ›lahmgefeilt‹. Das rechte Handgelenk ist leicht angeschwollen, die Finger verlieren an Beweglichkeit, die vorgeschriebene Zeit reicht nicht mehr aus. Ich melde mich beim Meister.

Der schüttelt an meinem Handgelenk herum, beargwöhnt die Beweglichkeit meiner Finger und begutachtet schließlich mein Werkzeug ›Hand‹. »Ist immer noch zu was nutze, solang sie nicht ab ist. Da haben wir gleich ein Heilpflästerchen für.«

Er schiebt mir zwei Kästen hin, gefüllt bis zum Rand mit kleinen Messingringen. Ich folge ihm damit zu einer Bohrmaschine, er richtet den Bohrer ein, betätigt den Einstellknopf und führt mir schweigend drei Arbeitsgänge vor. Da gibt es nichts zu erklären, die Arbeit tut sich sozusagen von selbst, das sieht man auf den ersten Blick. Er überläßt mich mit den Tausenden von Messingringen meinem Schicksal.

Ich sehe mir zuerst den ›Arbeits- und Lohnzettel‹ an, der jedem Arbeitsposten beiliegt. ›Benennung: Hülse‹, ist darauf vermerkt und ›Stückzahl: 15000‹, ferner steht da noch unter ›Werkstoff Bezeichn.: DK 5 DIN 1540, St VII, 32‹, unter ›Arbeitsgang: Bohrung ausdrehen‹ und ›Arbeitsposition: 29‹, das wird schon alles seine Richtigkeit haben, obwohl ich die Stückzahl bei dieser Menge nicht nachprüfen kann.

Auch die Zeit ist genormt und genau festgesetzt: ›$^{0}/_{0}$ 10‹, das ist die Verteilzeit, also muß ich 100 Hülsen in 10 Minuten schaffen, das sind bei 15000 Stück 1500 Minuten, das macht 25 Stunden. Ich nehme mir vor, die Akkordspitze zu erreichen, muß also 20 Prozent an Zeit herausholen. Statt in 25 Stunden muß ich nun in 20 Stunden fertig sein. Eine ›Rüstzeit‹ von 15 Minuten ist mir als Vorgabe gegeben. Sie ist zum Einstellen der Maschine und für den Gang zur Toilet-

te eingeplant worden. Es ist eine leichte Arbeit, eine saubere Arbeit, eine schöne Arbeit. Die Hülse an den Bohrer halten, so wird der scharfkantige Grat weggeschliffen. Der Bohrer sirrt beruhigend und einschläfernd, der Metallstaub rieselt wie feinster Flitter über meine Hände. Um die angegebene Stückzahl nachzuprüfen und um meine Zeit zwischendurch kontrollieren zu können, zähle ich während der Arbeit die Hülsen. Jeweils bei Hunderten ein Strich.
Beim fünften Strich sitze ich schon eine Stunde über meinen Hülsen, bin also schon 20 Minuten im Rückstand. Ich gehe zum Meister. Der kommt unwillig mit und führt es mir noch einmal vor. Genauso habe ich es auch gemacht. Ich frage den Meister, worauf es bei dieser Arbeit ankommt, vielleicht braucht der Grat nicht so tief geschliffen zu werden, dann ginge es mit der Zeit. Meine Frage hat den Meister verwirrt. Er weiß auch nicht, wo Sinn und Zweck dieser Arbeit liegen, und entgegnet: »So und nicht anders wird's gemacht. Es muß nämlich gut aussehen, basta!« Ein Arbeiter, der das mitbekommen hat, erklärt mir nachher, wie ich es anstellen muß. »Die Bohrung nur halb so tief ausdrehen. Sonst holt man unmöglich den Akkord. Die Revision läßt es auch so durchgehen.«
Nach vier Stunden ›Bohrung ausdrehn‹ haben sich meine Hände eingespielt. Es läuft wie am Schnürchen, traumhaft sicher und schnell.
Auf einmal vergesse ich die Hülse an den Bohrer zu halten, dafür halte ich mechanisch meinen Finger hin. Ich bin ziemlich reingeratscht. Das Blut sickert aus der Fingerkuppe und vermischt sich mit dem Bohrstaub zu einer klebrigen Masse.
Jetzt verlangte das ›Arbeitsschutz-Merkblatt für Neueintretende‹ sowie der gesunde Menschenverstand, daß die Wunde desinfiziert wird. Das Merkblatt mahnt: ›Vernachlässigen Sie auch kleine Verletzungen nicht. Selbst wenn diese noch so belanglos und ungefährlich erscheinen, können sie bei Verschmutzung zur Blutvergiftung führen. Gehen Sie deshalb bitte auch in diesen Fällen zum Verbandraum, und lassen Sie sich dort versorgen.‹ Aber wer versorgt indessen meine Arbeit? Ich würde 20 Minuten an Zeit verlieren, der Verbandraum liegt 5 Minuten entfernt. Ich gehe nicht hin. Das Akkordfieber hat mich gepackt. Bei Schichtschluß drücke ich zufrieden auf den roten Abschaltknopf. Ich bin noch 20 Minuten unter der vorgenommenen äußersten Abrechnungszeit geblieben, morgen kann ich mir etwas Ruhe gönnen.
Als ich in der Trambahn dem Schaffner meine Knipskarte hinhalte, merke ich, daß meine Hand zittert. Nicht sehr stark, aber ich kann sie beim besten Willen nicht ruhig halten, ein leichtes Vibrieren, wie das Ausschlagen des Bohrers, wenn ich die Hülse dagegenpresse.

Am folgenden Tag läßt meine Konzentration merklich nach. Ich gerate wieder in Zeitrückstand. Es war wie ein Wettlauf mit der Zeit, einmal liegt sie vorn, ein andermal ich, ich muß am Ende als Sieger aus diesem Rennen hervorgehen, sonst verliere ich Geld.
Mir gegenüber, durch eine Glasscheibe getrennt, sitzt eine jüngere Arbeiterin an einer Maschine und ›drückt‹ pausenlos Schweißwarzen in kleine Eisenplättchen. Jetzt, wo meine Konzentration nachläßt, nehme ich sie zum erstenmal richtig wahr. Sie ist sehr hübsch, schade, daß die Glaswand zwischen uns ist, ich würde sie sonst einmal ansprechen, könnte sie eventuell näher kennenlernen. Sie ist dermaßen in ihre Arbeit verbissen, daß sie nichts bemerkt.
Da blickt sie einmal von ihrer Arbeit auf, über mich hinweg auf die Hallenuhr und fährt noch hastiger in ihrer Arbeit fort.
Flirts oder ein Kennenlernen bei der gemeinsamen Arbeit kommen so gut wie nie vor, dafür sorgt der Akkord.
Am dritten Tag geht diese Arbeit ihrem Ende zu. Sämtliche Gedanken sind aus mir gewichen, ich bin selbst nur noch eine leere Hülse, wie die Metallhülsen, die ich bearbeiten muß.
Als ich fertig bin, habe ich das Rennen mit fünf Minuten Vorsprung gewonnen. Dafür sind die Fingerspitzen jetzt taub, die Fingernägel zum Teil eingerissen und einige Nägel bis aufs rohe Fleisch abgeschliffen.
Ich zähle die Striche und zähle sie noch einmal, es sind und bleiben 153, demnach habe ich nicht 15000 Hülsen, wie auf dem ›Arbeits- und Lohnzettel‹ angegeben, sondern 300 Stück mehr bearbeitet. Die 24 Minuten Mehrarbeit stehen mir zu, ich will sie verrechnet bekommen. Der Meister lehnt ab: »Wenn Sie's gemacht haben, ist das Ihre Sache. Berechnet wird grundsätzlich nur die angegebene Stückzahl, hier 15000. Der Rest ist dann als Ausschußquote einkalkuliert.« – »Aber ich hatte überhaupt keinen Ausschuß!« – »Ist bei Ihrer Arbeit auch kaum drin. Beim nächsten, dem Gewindedreher, schon eher. Hätten die 300 ruhig liegenlassen können, hätt Ihnen keiner was sagen können, wär Ihr Recht gewesen, ist nun zu spät!«
Auf diese Weise leisten die meisten mehr Arbeit, als man ihnen verrechnet, denn wer macht sich schon die Mühe und zählt bei der Arbeit ununterbrochen?! Viele Arbeiter beklagen sich über die Ungerechtigkeit bei der Arbeitszuteilung.
Ein schon älterer und abgearbeiteter Arbeiter, der am längsten von uns hier ist, beschwert sich: »Unser Meister teilt mir grundsätzlich immer die schlechteste Arbeit zu, wo man mit der Zeit unmöglich auskommen kann. Er kann mich nämlich nicht leiden, weil ich ihn von früher her kenne, als er noch Stellvertreter des Meisters war. Da-

mals drückte er sich, wo er konnte, und schob anderen seine Arbeit zu. Er weiß, daß ich alles über ihn weiß, und das wurmt ihn, und er will es mir zeigen. Ich kann schon seit langem nur noch mit halbem Akkord abrechnen, weil er mir wirklich die sauigste Arbeit zuteilt. Er hat auch seine Lieblinge. Von denen läßt er sich nach Feierabend Schnäpse spendieren. Dafür gibt er denen dann auch die Vorzugsarbeit.«

Das gesamte Akkordsystem ist äußerst fragwürdig. Es gibt eine gesonderte Kalkulationsabteilung, dort sitzen Leute, die wir hier nie zu Gesicht bekommen, und tüfteln unsere Zeiten aus. Ein anderer Arbeiter sagt: »Es ist oft geradezu lächerlich, wie die die Zeiten veranschlagen. Man meint, die hätten keinen blassen Schimmer davon, wie hier die Arbeit läuft. Da kommt's gar nicht mal selten vor, daß sie den gleichen Arbeitsgang 20 oder 30 Prozent höher kalkulieren als vorher. Theoretisch hat man dann das Beschwerderecht. Aber lauf du mal zu denen aufs Büro und mach dich unbeliebt, wenn es um 20 Minuten geht. Immer besser ist: Schnauze halten! Es ist auch schon mal vorgekommen – ein einziges Mal zwar bisher nur –, daß sie sich um eine Stunde zu unseren Gunsten verkalkuliert haben. Das blieb schön geheim. Man ist ja nicht auf den Kopf gefallen!«

Noch aus einem weiteren Grund ist das ganze Akkordsystem hier illusorisch. Denn man zahlt nicht das volle Gehalt, sondern das verminderte Gehalt plus Akkordzuschlag, also Zwang zum Akkord. Man sollte angemessene Normallöhne für Normalleistungen zahlen. So aber ist es ein System des gegenseitigen Mißtrauens.

Nach sieben Wochen Akkordarbeit reiche ich meine Kündigung ein. Der Meister ist nicht besonders erstaunt darüber. Von den etwa 40 Arbeitern aus meiner Umgebung haben sechs in der kurzen Zeit ihre Stelle aufgegeben. Neue Gesichter sind hinzugekommen. An meinem letzten Arbeitstag teilt mir die Schreiberin mit, daß ich mich im Lohnbüro zu melden habe. Ich frage mich durch. Dort sitzt eine Dame. Sie erklärt mir, daß sie dazu da ist, herauszubekommen, ›warum so viele neue Mitarbeiter das Werk so schnell wieder verlassen‹.

Routinemäßig stellt sie an alle Ausscheidenden ihre Fragen, um die geheimen Gründe zu erforschen und sie statistisch auszuwerten. Die Fragen liest sie von einem Fragebogen: »Schwierigkeiten mit Ihren Kollegen?« – »Vom Meister benachteiligt?« – »Wie war das Kantinenessen?« – »Haben Sie familiäre Schwierigkeiten?« Und so weiter. Das Wesentliche fragt sie nicht; sonst müßte sie den Konzern und das ihn ermöglichende System in Frage stellen.

Worterläuterungen

Acheron in der griechischen Mythologie Fluß der Unterwelt
Äolus in der griechischen Mythologie Gott der Winde
Akzessist Anwärter
Akzise bis ins neunzehnte Jahrhundert Bezeichnung indirekter Steuern (Verbrauchs-, Verkehrssteuern)
A la file der Reihe nach
Alumnus Zögling einer höheren Lehranstalt, der dort auch wohnt und ißt
ambrosisch köstlich im Geschmack
Anathema Bezeichnung für etwas, das dem Untergang geweiht ist; Verwünschungs- und Bannformel
a priori von vornherein; vom Bewußtsein unabhängig
Archon Gebietender, oberster Staatsbeamter im alten Athen
Ares in der griechischen Mythologie der Gott des Krieges
Assekuradeur Versicherungsagent
Atimie Entziehung der bürgerlichen Ehre als Strafe, Ehrlosigkeit
Bastonade die Prügelstrafe, aus dem Orient
Bataille Schlacht
blessieren verletzen, verwunden
Castrum Lager, Schloß, Burg
Deismus das System, welches einen von der Welt verschiedenen, ihr gegenüberstehenden und sich nicht offenbarenden Gott als letzte Ursache aller Dinge lehrt
Deklination Biegung, Beugung in der Grammatik: Oberbegriff für die Kasus-Bildung; in der Astronomie: Abweichung
desolat verwüstet, öde, traurig, trostlos
Douane Zoll, Zollhaus
Douceur Trinkgeld, Schmeichelei
Ego imperator Romanus supra grammaticos sto Ich, der römische Herrscher, stehe über den grammatischen Regeln
Enakssöhne zu Moses' Zeit Riesenvolk im südlichen Kanaan
Entresol Halb-, Zwischengeschoß
ephemerisch schnell vergehend
Esprit de corps Standesgeist
Expensen Kosten, besonders Gerichtskosten
Fauxpas der Fehltritt, Taktlosigkeit
frugalement einfach, genügsam, dürftig
furagieren Verpflegung entgegennehmen
Gratial Geschenk, Trinkgeld
haranguieren feierlich anreden
Heloten Staatssklaven in Sparta
horror vacui die Angst vor der Leere
Hypochondrie unbegründete Krankheitsfurcht
in abstracto allgemein gesagt
Ingredienz Zutat, Bestandteil einer Mischung

Inklination Neigungswinkel einer Planetenbahn gegen die Erdbahnebene
in petto in Bereitschaft, auf Vorrat
Inskription Einzeichnung, Namenseintragung
jam satis est es ist schon genug
Kassationsgericht Obergericht, das sich nur mit der Rechtsfrage befaßt
Konchylie Weichtiere mit Gehäuse (Schnecken, Muscheln)
Konnexion einflußreiche Verbindung und Bekanntschaft
konsilieren von der Universität verweisen
kopulieren verbinden, verheiraten
Kulanz (geschäftlich) Entgegenkommen
Kupido Begierde, römische Benennung des Liebesgottes
la bourse ou la vie den Geldbeutel oder das Leben
legibus barbarorum nach den Gesetzen der Barbaren (der im Gegensatz zu Rom unzivilisierten Völker)
leucadische Felsen nach der Hypothese W. Dörpfelds war Leukas, eine der Ionischen Inseln, das homerische Ithaka
Mäander eine Verzierung in der Architektur und in der Dekoration
Malefikant Bösewicht
Markeur Wärter und Zähler beim Billardspiel; auch: Kellner
marode entkräftet, ermattet
Memnon in der griechischen Sage Sohn der Eos (Göttin der Morgenröte), Fürst von Äthiopien, von Achilles vor Troja getötet
Morbidität Krankheitshäufigkeit
Monodrama dramatisches Spiel, in dem nur eine Person auftritt
Najaden, Dryaden, Hamadryaden in der griechischen Mythologie Gottheiten der Gewässer und der Bäume
ne in publica Commoda pecces daß du nicht gegen das öffentliche Wohl sündigst
non scholae sed vitae discimus nicht für die Schule, sondern für das Leben lernen wir
Oger menschenfressender Riese im Märchen
okkult verborgen, geheim
Panduren bewaffnete Leibdiener der kroatisch-slowenischen Edelleute. Seit 1741 Pandurenkorps, das 1756 in das 53. österreichische Infanterieregiment umgewandelt wurde
par excellence recht eigentlich vorzugsweise, schlechthin
per ardua ad astra durch alle Beschwerlichkeiten zu den Sternen
Plafond durch Stukkatur oder Malerei verzierte Decke
Plaine Ebene
Point d'honneur Ehrenpunkt
pokulieren bechern, zechen
Posamentier ursprünglich Verfertiger von Borten und Tressen, später von allem, was zur Dekoration von Kleidern gehört
Quietismus Ruhe, Gelassenheit, Passivität
Quatember ursprünglich die vierteljährlich gebotenen drei Fasttage der katholischen Kirche; dann auch Termine für Steuern u. ä.
Quodlibet musikalischer Scherz, bei dem mehrere Melodien gleichzeitig erklingen, Mischmasch, Durcheinander
rastrieren Notenlinien ziehen
Regalien königliche Rechte
Reliquiarium Reliquienschrein
Retirade Zufluchtsstätte

Rezidiv Rückfall
rasonnieren nachdenken, Kritik üben
Relegationsräte Wortspiel aus Legationsrat und Relegation (Verweisung von der Schule oder Universität)
ripostieren Begriff aus dem Fechtsport; parieren und rasch nachstoßen; auch: treffende Erwiderung
salvieren retten, bergen
Signalement Personalbeschreibung; etwa in einem Paß oder auf einem Steckbrief
Simonie Amtserschleichung; vor allem: Erwerbung geistlicher Ämter durch Bestechung
soufflieren dem Schauspieler einen Text leise vorsprechen
subordinieren unterordnen
Sporteln Gebühren für Amtshandlungen, Gerichtskosten
Substitut Ersatzmann, Gehilfe
Supplik Bittschrift
Syllogismus logischer Schluß
Tantalus in der griechischen Mythologie König von Phrygien, Sohn des Zeus und der Pluto
tarchenieren in Österreich gebräuchliches Schimpfwort für ›faulenzen‹
sympathetisch seelenverbunden
Terzius weltliches oder klösterliches Mitglied eines Dritten Ordens
theistisch gottgläubig
Topus Wendung, Melodie, rednerischer Vergleich
Traktament Behandlungsweise, Bewirtung; früher: Löhnung
ventre à terre in gestrecktem Lauf
versifex Versmacher
Vestalen jungfräuliche Priesterinnen der römischen Göttin Vesta
Vokation Berufung zu einem Amt
Vox populi, vox dei die Stimme des Volkes ist die Stimme Gottes

Literaturnachweis

Hans Albert, *Die Idee der kritischen Vernunft,* in *Club Voltaire I,* hg. von Gerhard Szczesny, München 1953;

Theodor Geiger, *Die Gesellschaft zwischen Pathos und Nüchternheit,* Aarhus 1960; Neuausgabe unter dem Titel *Demokratie ohne Dogma,* München 1963;

Wilhelm Götting, *Was aber bleibt, stiften die Lehrer, Ein kritischer Bericht,* in *Die Welt der Literatur,* Jg. 2, Heft 2, 1965;

Rolf Gutte, *Keineswegs nur in Bayern . . .,* in *Frankfurter Hefte,* 18. Jg., 1963;

Hildegard Hamm-Brücher, *Anmerkungen zu bayerischen Schulbüchern,* in *Frankfurter Hefte,* Jg. 18, 1963;

dies., *Wie es im Schulbuch steht,* in *Sind wir noch das Volk der Dichter und Denker?,* hg. von Gert Kalow, Hamburg 1964;

Hubert Ivo, *Unzeitgemäßer Literatur-Unterricht,* in *Frankfurter Hefte,* Jg. 19, 1964;

Arthur und Erwin Kern, *Sprachschöpferischer Unterricht,* Freiburg 1951;

Walther Killy, *Zugelassen zum Gebrauch in Schulen – Kritische Anmerkungen zur Physiognomie des deutschen Lesebuches,* in *Neue Deutsche Hefte,* Jg. 3, 1956;

Hans Mayer, *Von guten und schlechten Traditionen deutscher Sprache und Literatur,* in *Sind wir noch das Volk der Dichter und Denker?,* Hamburg 1964;

Robert Minder, *Die Literaturgeschichten und die deutsche Wirklichkeit,* in *Sind wir noch das Volk der Dichter und Denker?,* Hamburg 1964;

ders., *Kultur und Literatur in Deutschland und Frankreich, Fünf Essays,* Frankfurt am Main 1962, Reihe *Insel-Bücherei* Nr. 771;

Peter Krebs, *Schulbücher von gestern – für die Schüler von heute,* in *Süddeutsche Zeitung,* Nr. 41/1963;

Alfred Oberlack, *Schulbücher unter dem Dreschflegel,* Bad Godesberg 1965;

Peter-Martin Roeder, *Zur Geschichte und Kritik des Lesebuches der höheren Schule,* Reihe *Marburger Pädagogische Studien,* Band 2, Weinheim/Bergstraße 1961;

Wolfgang Schulz, *Unbehagen an Lesebüchern – Ein Beitrag zum Thema Erziehung und Gesellschaft,* in *Deutsche Jugend,* Jg. 9, 1961;

Fritz Stern, *Kulturpessimismus als politische Gefahr – Eine Analyse nationaler Ideologie in Deutschland,* Vorwort Ralf Dahrendorf, Bern-Stuttgart-Wien 1963;

Dolf Sternberger, *Acht Thesen zum Deutschunterricht,* in *Jahrbuch 1964,* Deutsche Akademie für Sprache und Dichtung, Heidelberg 1965.

Quellennachweis

Herausgeber und Verlag danken folgenden Autoren und Verlagen für die Abdruckgenehmigung:

Günther Anders: *Speisewagen zwischen Hiroshima und Nagasaki.* Aus *Der Mann auf der Brücke* (C. H. Beck'sche Verlagsbuchhandlung, München)
Wolfgang Borchert: *Lesebuchgeschichten / Das Brot* (Rowohlt Verlag, Reinbek bei Hamburg)
Bert Brecht: Aus *Flüchtlingsgespräche / Der natürliche Eigentumstrieb / Hungern.* Aus *Gesammelte Werke,* Band 13, Frankfurt am Main 1967 / *Die unwürdige Greisin / Der natürliche Eigentumstrieb / Hungern / Die Frage, ob es einen Gott gibt / Eine gute Antwort* (Suhrkamp Verlag, Frankfurt am Main)
Willi Bredel: *Der Oberkalkulator.* Aus *Maschinenfabrik N & K* (Aufbau-Verlag, Berlin u. Weimar)
Carl Jacob Burckhardt: *Besuch im KZ Esterwegen.* Aus *Meine Danziger Mission* (Verlag Georg D. W. Callwey, München)
Alfred Döblin: *Franz ist ein Mann von Format.* Aus *Berlin Alexanderplatz / Der Löwe und der Hund.* Aus *Giganten* (Walter-Verlag, Freiburg i. Br.)
Hans Fallada: *In der Herrenkonfektionsabteilung.* Aus *Kleiner Mann, was nun?* (Rowohlt Verlag, Reinbek bei Hamburg)
Lion Feuchtwanger: *Der Vortrag / Herr Hinkel.* Aus *Die Geschwister Oppermann* (Rowohlt Verlag, Reinbek bei Hamburg)
Max Frisch: *Der andorranische Jude.* Aus *Tagebücher 1946–49,* Frankfurt am Main 1950 (Suhrkamp Verlag, Frankfurt am Main)
Oskar Maria Graf: *Der Mittler.* Aus *Kalendergeschichten* (Verlag Kurt Desch, München). *Die Worte – Ein zeitgemäßes Märchen.* Aus *Licht und Schatten. Eine Sammlung zeitgemäßer Märchen,* Berlin 1927 (Gisela Graf, New York)
Günter Grass: *Über die erste Bürgerpflicht.* Aus *Rede über das Selbstverständliche* (Luchterhand Verlag, Neuwied/Rhein)
Helmut Heißenbüttel: *Kalkulation über was alle gewußt haben* (Luchterhand Verlag, Neuwied/Rhein)
Erich Kästner: *Mama bringt die Wäsche / Der gordische Knoten.* Aus *Der tägliche Kram / Ansprache zu Schulbeginn.* Aus *Die kleine Freiheit* (Droemer Verlag, München/Atrium Verlag, Zürich)
Franz Kafka: *Der Steuermann.* Aus *Beschreibung eines Kampfes* (S. Fischer Verlag, Frankfurt/Main)
Egon Erwin Kisch: Aus *Schreib das auf, Kisch!* (Aufbau-Verlag, Berlin und Weimar)

Horst Lange: *Was ich nie vergessen werde...* (Claassen Verlag, Düsseldorf)
Elisabeth Langgässer: *Untergetaucht* (Claassen Verlag, Düsseldorf)
Heinrich Mann: Aus *Der Untertan* (Claassen Verlag, Düsseldorf)
Karl R. Popper: *Hat die Weltgeschichte einen Sinn?* Aus *Die offene Gesellschaft und ihre Feinde* (J. C. B. Mohr [Paul Siebeck], Tübingen)
Joseph Roth: Aus *Zipper und sein Vater / Unter Tag.* Aus der Folge *Briefe aus Deutschland* (Verlag Kiepenheuer & Witsch, Köln)
Erika Runge: *Erna E.* Aus *Bottroper Protokolle* (Suhrkamp Verlag, Frankfurt/Main)
Arno Schmidt: *Zu ähnlich.* Aus *Trommler beim Zaren* (Goverts-Krüger-Stahlberg Verlag, Stuttgart)
Wolfdietrich Schnurre: *Der Zwiespalt.* Aus *Funke im Reisig / Der Januskopf der Zivilisation / Die schwierige Position Gottes* (Walter-Verlag, Freiburg i. Br.)
Anna Seghers: *Auf der Flucht.* Aus *Das siebte Kreuz* (Luchterhand Verlag, Neuwied/Rhein)
Kurt Tucholsky: *Aufpasser, Gerichtsdiener, Kontrollierer / Der Preußenhimmel* (Rowohlt Verlag, Reinbek bei Hamburg)
Günter Wallraff: *Im Akkord.* Aus *Industriereportagen* (Verlag Kiepenheuer & Witsch, Köln)

Inhaltsverzeichnis